20세기 이야기

1910년대

20세기 이야기 _1910년대
나라를 잃다(國內) I 제국주의의 붕괴(國外)

1판 1쇄 발행일 2017년 5월 15일

지은이 김정형
발행인 한숙희
발행처 답다출판
출판등록 제2012-000343호(2012년 11월 1일)
주소 (06161) 서울시 강남구 선릉로94길 7 현죽빌딩 7층
전화 02)733-9389 I **팩스** 02)6280-9387
전자우편 dabda12@naver.com

편집디자인 오숙이
인쇄 상지사 P&B
용지 동남지류유통

ISBN 978-89-98451-01-1 04900
ISBN 978-89-98451-10-3(세트)

20세기 이야기

1910년대

나라를 잃다(國內)
제국주의의 붕괴(國外)

답다

【일러두기】

1. 외래어 표기는 '외래어 표기법'에 따르되 일부 외래어는 관행을 따랐다. 예를 들어 '에르빈 로멜', '메릴린 먼로', '마틴 루서'가 외래어 표기법상으로는 맞지만 오랫동안 익숙하게 사용해온 '롬멜', '마릴린', '루터'로 표기했다.
2. 중국의 지명과 인명은 중국어 원음(마오쩌둥, 베이징) 대신 한국어 원음(모택동, 북경)으로 표기했다.
3. 사진은 주로 조선일보, 동아일보, 연합뉴스에서 제공받았다. 사진 중에는 위키피디아가 출처인 사진도 있으며 저작권자를 확인하려 했으나 확인하지 못한 사진도 있다.

무한질주 20세기 발자취와 대한민국의 뚝심 추적史

20세기는 무한질주의 시대였습니다. 과학과 기술이 비약적으로 발전하고 전혀 새로운 상품이 쏟아졌습니다. 인류는 유사 이래 처음 물질적 풍요를 경험했습니다. 불치병은 치료되고 수명은 연장되었습니다. 농업생산력은 폭발적으로 증가하고 기아가 사라졌습니다. 항공기의 발달은 세계를 지구촌으로 묶어주고 인터넷과 휴대폰의 대량 보급은 인류를 이웃으로 만들었습니다.

문제는 인간의 무지와 탐욕, 야만과 광기였습니다. 20세기 전반기에 겪은 두 차례의 세계대전은 인류를 죽음의 구렁텅이로 몰아넣었습니다. 20세기 후반기에는 미소 냉전과 이로 인한 국지전, 민족과 종교의 이름으로 가해진 무차별적 학살, 독재자들의 만행, 악덕 자본가들의 탐욕, 환경오염으로 인한 자연파괴 등으로 인류는 혼돈의 시대를 살아야 했습니다. 이런 와중에도 생활이 나아지고 문화가 꽃을 피우고 민주주의가 확산되었습니다.

이 책은 이 모든 것을 수록한 20세기 전기록입니다. 중요하고 의미가 있는 과학, 산업, 정치, 경제, 전쟁, 문화, 예술, 스포츠, 학문, 언론 등을 망라했습니다. 요약하자면 '브레이크 없이 무한질주한 20세기 발자취와 대한민국의 뚝심 추석사'입니다.

20세기 초, 세계는 여전히 적자생존과 약육강식으로 대표되는 제국주의 시대였습니다. 약소국들은 강대국의 식민지로 전락했습니다. 우리 역시 일본 제국주의의 먹잇감이 되어 질곡에 빠졌습니다. 36년 간 고통과 희망 부재의 삶을 살아야 했던 우리 민족이 비로소 '대한민국'이라는 명패를 내걸고 존재를 인정받은 것은 1948년입니다. 하지만 곧 전 세계를 짓누른 미소 냉전의 틈바구니 속에서 또다시 민족의 비극 6·25를 경험해야 했습니다. 모든 것은 재가 되었고 우리는 참혹한 현실 앞에서 망연자실했습니다.

우리 국민은 참으로 위대했습니다. 경제적으로는 절대 가난에서 벗어나 물질적 성취를 이뤄내고 정치적으로는 민주주의를 완벽하게 정착시켰습니다. 식민지를 경험한 국가 중 '산업화'와 '민주화'를 모두 일궈낸 세계적 모범 국가로 발돋움했습니다. 이 과정에서 남북 대치와 개발 독재로 인한 인권 유린, 자본의 논리로 인한 노동자·농민의 희생이 잇따랐습니다.

우리 사회는 진보와 보수 간에 도그마, 합리화, 독선, 진영 논리 등에 매몰되어 있습니다. 압축 성장에 따른 정신적 황폐화와 상대적 박탈감, 속물 자본주의 근성도 집요하게 우리 주변을 배회하고 있습니다. 사회적 갈등과 극단적 이념대립은 심각한 수준에 이르렀습니다. 정치 성향에 따라 '상식'의 기준과 개념도 다르게 인식합니다. '사실' 조차 각각의 입맛대로 해석하거나 취사선택합니다.

그런데도 대한민국은 꿋꿋하게 버티고 있습니다. 이것은 더 나은 삶을 위한 민초들의 근면과 지도자들의 리더십이 빚어낸 결과물입니다. 무엇보다 대한민국이라는 공동체를 유지·발전시키려 한 건강한 시민의식이야말로 오늘의 대한민국을 있게 한 중심추였습니다.

이 책은 이렇게 살아온 우리의 20세기 100년 이야기입니다. 진보 보수 양쪽 모두를 긍정했습니다. 두 시각 모두 우리 사회를 지탱하는 소중한 두 축이라고 믿기 때문입니다. 그렇다고 공동체의 건강성을 해치는 일부 보수의 '부패'와 '탐욕', 일부 진보의 '경박'과 '독선'까지 수용하지는 않았습니다. 빛과 그림자는 늘 함께하는 것인데도 이런 사실을 외면한 채 어느 한쪽 면만을 지나치게 부각하려는 외눈박이에 대해서도 경계합니다.

이 책은 독창적이거나 학문적인 저술이 아닙니다. 그런 점에서 국내·외 학자, 작가, 기자들이야말로 이 책의 진정한 저자들입니다. 그들의 책, 작품, 논문, 기사를 일일이 소개하는 것이 마땅하나 책의 분량이 너무 늘어난다는 것을 핑계로 부득이 제외했습니다.

책이 나오기까지 심적·물적으로 도움을 주신 분들께 감사의 말을 전합니다. 10여년 전 '역사 속의 오늘'을 조선일보에 연재하도록 기회를 준 김태익 당시 조선일보 문화부장과 변용식 편집국장, '20세기 이야기'가 발간될 때마다 원고를 꼼꼼이 읽고 격려하는 이희용 연합뉴스 부국장, 책 출판의 물꼬를 터 준 김애숙 법무사 등이 그들입니다. 정독·종로도서관의 사서들께도 감사의 뜻을 전합니다.

'20세기 이야기'(전 10권) 시리즈를 내며

김 정 형

차례

20세기 이야기 _1910년대

나라를 잃다(國內) | 제국주의의 붕괴(國外)

1918년

1919년

1910년

한일합방조약 강제 조인

_ *정한론과 요시다 쇼인*

조선총독부 설치와 역대 조선 총독

일제의 토지조사사업

_ *동양척식주식회사*

신민회 '독립전쟁 전략' 채택

이회영·이시영 6형제 만주로 망명

_ *이상룡*

황현의 자결과 '매천야록'

부채표·활명수 우리나라 최초 상표·상품 등록

_ *박승직과 두산*

파울 에를리히, 매독 치료제 개발

_ *로베르트 코흐*

_ *루이 파스퇴르*

토머스 모건, 유전자가 염색체 안에 있음을 증명

_ *그레고어 멘델*

_ *찰스 다윈*

안토니 가우디 설계 '카사 밀라' 완공

버트런드 러셀 '수학 원리' 출간

멕시코 혁명, 그 험난한 역정

한일합방조약 강제 조인

일제가 마침내 야욕을 드러낸 것은 1909년 7월 6일이었다.

조선을 병탄하려는 일제의 시나리오는 치밀하고도 주도면밀했다. 일제가 먼저 착수한 것은 대한제국 주변의 외교적 울타리를 모두 걷어내 조선을 국제 미아로 만드는 일이었다. 조선을 병탄할 때 혹시라도 있을 열강의 간섭을 차단하기 위한 사전 포석이었다.

이를 위해 일제는 1894년 청일전쟁을 일으켜 청국에 굴욕적인 패배를 안겨주고 1904년 러일전쟁을 도발해 러시아마저 무릎을 꿇게 했다. 미국과는 가쓰라·태프트 밀약(1905.7), 영국과는 제2차 영일동맹(1905.8)을 체결해 조선에서 배타적이고 독점적인 권리를 보장받았다. 일제는 한반도를 둘러싼 강대국들과의 관계를 이런 식으로 정리한 뒤 을사조약(1905.11)과 한일신협약(1907.7)으로 대한제국의 외교권과 내정권을 차례차례 빼앗아 더 이상 거칠 것이 없었다.

다만 병합의 시기와 방식은 내부적으로 의견이 갈렸다. 이토 히로부미(조선 통감)와 이노우에 가오루(전 주한 일본공사) 등 문치파들은 국제 열강을 의식해 신중하게 일을 처리하자고 주장한 반면, 야마가타 아리토모(전 육군대장)와 데라우치 마사타케(전 육군장관) 등 무단파들은 점진적인 병합에 반대했다. 물론 이토 등 문치파들도 병합 자체를 부정한 것은 아니었다. 대한제국을 병합하기에는 일본의 재정이 부족하고 대한제국이 국제법적으로 보호국 상태인 만큼 열강의 눈치를 살펴 병합에 신중하자는 것일 뿐 본질적으로는 무단파와 다르지 않았다.

실제로 일본은 러일전쟁으로 인한 막대한 전쟁 비용 때문에 재정적으로 매우 어려운 상태였다. 외교적으로도 만주를 둘러싸고 미국, 러시아 등과 갈등이 끊이지 않고 있어 신중론에는 나름의 타당성이 있었다. 그런데도 무단파들이 신중한 병합에 계속 반발하자 이토 역시 1909년 4월 병합에 이의가 없다는 견해를 표명했다. 6월에는 통감직을 사임하고 귀국했다.

일제가 마침내 야욕을 드러낸 것은 1909년 7월 6일이었다. 내각회의에서 '대한제국 병합에 관한 건'을 의결하고 천황의 재가를 받아 한일합방안을 확정한 것이다. 적당한 시기에 대한제국을 병합하되 그 시기가 도래할 때까지 충분히 실권을 확보한다는 결정이었다.

그러던 중 1909년 10월 26일 이토 히로부미가 살해되면서 즉각적인 병합을 주장하는 강경론이 비등했다. 하지만 일본 정부로서는 청일전쟁 이래 조선의 독립 보호를 정책의 주요 명분으로 내세웠기 때문에 일본 스스로 병합을 선언하는 방식은 부담스러웠다. 그보다는 조선의 자발적인 청원에 의해 병합을 단행하는 모양새가 외교적 마찰도 줄이고 대외적 명분도 확보할 수 있는 방식이었다. '일진회' 고문 스기야마 시게마루가 일진회의 실질적 운영자 송병준 등에게 '합방 청원서'를 만들도록 부추긴 것은 이 때문이었다.

우리 민족이 36년간 겪어야 할 시련의 전주곡

일진회장 이용구는 1909년 12월 4일 합방 성명서를 발표하고 순종, 이토 히로부미, 이완용 총리대신에게 합방 청원서를 전달했다. 수면 아래에서만 논의되던 '합방' 문제가 마침내 수면 위로 떠오른 것이다. 그러나 고종과 순종의 통치권 전부를 일본 천황에게 양도한다는 내용의 합방 청원서는 누구에게도 환영을 받지 못했다. 이완용은 12월 7일 대신회의를 열어 합방 청원을 각하했다. 통감부는 시기상조라며 합방 청원서를 반려했다.

사실 이완용이 반대한 것은 합방 자체가 아니었다. 합방의 공로를 일진회에 빼앗길까 봐 일시적으로 반대한 것이다. 매국노끼리 나라를 팔아먹는 공로를 빼앗기기 싫어 다투는 형국이었다. 일진회의 합방 성명서는 이렇듯 누구에게도 환영을 받지 못했지만 그 시도만으로도 합방이 사실처럼 굳어지고 합방 이후 조선의 정치 체제에 관한 논쟁을 촉발했다.

한일합방조약을 체결한 후 덕수궁 석조전 앞에서 기념촬영하는 조선의 위정자와 일본의 침략자들(1910.8.22). 고종(앞줄 중앙)의 양쪽으로 영친왕(왼쪽)과 순종(오른쪽)이 앉아 있다. 영친왕 옆은 데라우치 통감.

일제가 야욕을 구체화한 것은 1910년 4월과 5월 러시아와 영국으로부터 조선 병합에 대한 승인을 확보함으로써 병합에 필요한 국제적 조건을 충족한 뒤였다. 병합을 지연시켰던 국제 열강의 승인 문제가 해결되자 병합은 행정적인 절차만을 남겨놓은 상태가 되었다.

병합을 향한 일본의 움직임은 1910년 6월 3일 내각회의에서 '병합 이후의 조선에 대한 시정 방침'이 결정되고 6월 14일 현역 육군대장이자 육군대신인 데라우치 마사타케를 제3대 통감으로 발령하면서 급물살을 탔다. 조선에서도 병합을 위한 일제의 막바지 작업이 진행되었다. 먼저 조선인의 저항을 막기 위해 6월 24일 대한제국의 경찰권을 일본에 위임하도록 하고 식민지 치안 확보를 위한 강력한 물리적 장치로 '헌병경찰'을 창설했다.

이처럼 병합을 위한 모든 준비가 완료된 가운데 7월 23일 데라우치가 통감으로 부임했다. 데라우치는 곧 헌병경찰을 동원해 모든 옥내외 집회를 금지하고 이를 위반한 경우 가차 없이 검속·투옥하는 등 공포 분위기를 조성했다. 신문과 잡지 검열도 강화해 조선을 사실상 계엄 상태로 만들었다.

이런 상황에서 이완용은 8월 4일 이인직을 통감부 외사국장 고마쓰 미도리에게 보내 합방 조건을 협상하도록 했다. 고마쓰는 "조선의 원수는 일본 황족의 대우를 받으며 그 위치를 유지하기에 충분한 세비를 지급받는다. 내각의 대신들과 병합에 기여한 자들게도 작위를 수여하고 세습 재산도 받는다"는 방침을 전해주었다. 훗날 고마쓰는 이완용의 갑작스러운 제안에 "그물을 치기도 전에 물고기가 뛰어들었다"고 술회했다.

데라우치는 8월 16일 이완용과 농상공부대신 조중응을 통감 관저로 불러 병합 사실을 공식적으로 통보했다. 이완용은 별다른 이의를 제기하지 않았다. 다만 병합 이후에도 국호를 존속할 수 있도록 하고 국왕의 칭호를 보존할 수 있도록 요청했다. 일본은 향후 교섭의 원만한 진행을 위해 이완용의 요청을 수락했다. 이완용이 8월 18일 합병 조약안을 내각회의에 상정했을 때 학부대신 이용직을 제외하고 누구 하나 반대하지 않았다.

조선 왕조, 건국 27대 519년 만에 문 닫아

8월 22일 오후 2시 창덕궁 대조전 흥복헌에서 대한제국의 마지막 어전회의가 열렸다. 말이 어전회의이지 실제로는 데라우치 통감이 건네준 '한일병합 조약안'을 조인하는 데 필요한 '전권 위임에 관한 조서'에 순종의 재가를 받아내는 자리였다. 회의에는 총리대신 이완용, 내부대신 박제순, 탁지부대신 고영희, 법부대신 이재곤, 농상공부대신 조중응, 궁내부대신 민병석, 시종원경 윤덕영 등 각료들과 왕족 대표 이재면, 중추원 의장 김윤식 등이 참석했다. 창덕궁과 경운궁(덕수궁) 주변에서는 일본군이 무력시위를 하고 있었다.

이완용이 합방의 필요성과 불가피성, 그동안 일본과 교섭한 내용 등을 설명하자 나머지 각료들이 동의했다. 순종은 한마디도 하지 않고 있다가 오후 3시 무렵 "권신이 모두 가(可)하다면 짐도 이의가 없다"며 이완용에게 합병 조약의 전권을 위임하는 전권 위임장에 서명하고 대한제국의 국새를 찍게 했다. 오후 4시 이완용은 조중응과 함께 데라우치 통감 관저를 찾아가 전권 위임장을 보여준 뒤 '병합을 알리는 조칙'에 조인했다.

당초 조약의 공포일은 8월 26일이었으나 그 다음날이 순종의 즉위 기념일이었기 때문에 8월 29일로 변경해 양국 관보에 게재했다. 대한제국의 관보는 병합 조약을 게재한 8월 29일자를 끝으로 더 이상 발행되지 않았다. 같은 날 발행된 조선총독부의 첫 관보에는 식민지 조선의 통치 방침을 담은 법령들이 실렸다.

8개조로 된 조약 중 '대한제국 황제 폐하는 대한제국 전체에 관한 일체의 통치권을 완전히 또 영구히 일본 황제 폐하에게 양여한다'(1조)와 '일본국 황제 폐하는 앞 조항에 기재된 양여를 수락하고, 완전히 한국을 일본제국에 병합하는 것을 승낙한다'(2조)가 조선을 일본에 송두리째 넘기는 데 적용한 조문이었다. 이로써 조선 왕조는 건국 27대 519년 만에 문을 닫았고 조선의 존재도 세계 무대에서 자취를 감췄다. 일제로서는 1873년 정한론 이후 37년 동안 진행한 조선 침탈의 과정을 완성하는 순간이었다.

조약 중 '공포일로부터 시행된다'는 8조를 제외한 나머지 5개 조항은 일본이 조선을 위해 무엇무엇을 해주겠다는 내용이다. 즉 황제·태황제·황태자를 비롯한 황실과 황족, 그리고 공훈이 있는 자 등에게 그 직위에 맞는 대우와 세비 그리고 은사금 지급 등을 약속한다는 내용이다.

전국에서는 국권 상실에 분노한 자결 잇따라

일제는 병합과 함께 대한제국 황실, 고위 관료, 재야의 명망 있는 정객 등 76인에게 작위를 수여하고 이들을 장차 식민통치의 정치적 기반으로 삼고자 했다. 국망 3일 전인 8월 26일 순종은 이완용과 궁내부대신 민병석에게 대한제국 최고 훈장인 금척대수훈장을, 박제순 등에게는 이화대수훈장을 수여했다. 또 황후 윤씨는 황실과 종친, 이완용의 부인 등 40여 명에게 서봉훈장을 수여했다. 500년 사직이 망하는 마지막 순간까지 군주와 대신들은 이처럼 나라를 넘겨준 공로로 훈장을 주고받았다.

일제는 조약 공포와 동시에 대한제국의 국호를 폐지하고, 데라우치를 통감부 대신 새로 설립한 조선총독부의 초대 총독에 임명했다. 8월 29일 조선귀족령을 발표하고 9월 10일 대한제국 내각의 인장과 업무를 총독부로 이관했다. 이완용의 처조카이자 비서관이던 김명수는 대한제국 정부 문서 폐기와 이관 작업을 주도했다. 일제는 이렇게 9월 한 달 내내 대한제국 정부 해체 작업을 해치운 뒤 10월 1일 이완용을 중추원 고문으로 임명했다.

일제는 10월 7일 합방에 공을 세운 친일 매국노와 전직 고관 76명에게 작위를 수여했다. 후작 작위는 왕족인 이재완·이재각·이해창, 고종의 인척인 이해승, 순종의 장인 윤택영, 개화파인 박영효 이렇게 6명이 받았다. 이완용, 민영린(순종의 첫 부인 순명효황후와 남매 관계), 이지용(내부대신이자 왕족) 3명은 백작, 창씨개명 1호 송병준, 정미7적 조중응, 을사5적 박제순 등 22명은 자작, 김가진·이윤용·윤웅렬 등 45명은 남작 작위를 받았다.

나중에 이완용은 백작에서 후작으로, 송병준과 고희경은 자작에서 백작으로 승작했다. 그 후 추가로 작위를 받은 경우는 1924년 이완용의 차남 이항구가 남작 작위를 받은 것이 유일했다. 여기에 작위를 계승한 습작자를 포함해 조선 귀족은 140~150여 명에 이른다.

76명 중에는 작위를 거부한 사람들도 있었다. 을사조약 체결에 반대했던 한규설을 비롯해 유길준·민영달·윤용구·조경호·홍순형 등 6명은 작위를 거절했다. 따라서 실제로 작위를 받은 사람은 모두 68명이었다. 이후에도 자작 김윤식·이용직, 남작 김가진·김사준은 '독립운동'과 관련해 '실작'했다. 작위를 받은 자들에게는 은사금이 지급되었다.

황실에 대한 호칭과 예우도 바뀌었다. 순종은 '창덕궁 이왕 전하', 고종은 '덕수궁 이태왕 전하', 황태자는 '왕세자 이은 전하'로 격하되었다. 당초 일제는 고종을 병합 이후 '이태공'으로 부르자고 제안했으나 이완용이 '이태왕 전하'라는 명칭을 고집해 관철했다. 그것은 일본과 병합 조약을 체결하는 당사자로서 체면을 유지하고 황실 및 원로들의 반발을 완화하려는 제스처에 불과했다. 일본 측도 원활한 교섭을 위해 이완용의 체면을 세워줄 필요가 있어 황실 칭호는 양보했다. 매국노들이 희희낙락하는 동안 전국에서는 국권 상실에 분노한 자결이 잇따랐다. 우리 민족이 36년간 겪어야 할 시련의 전주곡이었다.

정한론과 요시다 쇼인

1868년 1월 쇼군의 막부 세력과 천황을 추종하는 존왕양이 세력 간에 패권을 가리는 '보신 전쟁'이 벌어졌다. 1868년 3월 에도(도쿄)의 막부군이 항복하고 메이지 천황의 신정부군이 에도에 무혈입성함으로써 도쿠가와 막부는 264년 만에 역사 속으로 사라지고 천황의 신정부가 일본 유일의 중앙정부가 되었다.

메이지 신정부는 내정을 안정화하는 한편 주변국들과의 외교 관계를 새롭게 설정했다. 조선의 경우는, 1868년 12월 외교문서를 통해 일본에 정권 교체가 있었음을 통고하면서 종전에 사용해온 쓰시마번 번주의 직인 대신 천황의 옥새를 찍고 "우리 천황(天皇)께옵서", "조칙(詔勅)을 내리시와" 등의 문구를 사용했다.

하지만 조선의 입장에서 황제를 의미하는 이런 표현은 종주국인 중국 황제만이 사용할 수 있는 것이었다. 따라서 조선과 대등한 교린 관계의

요시다 쇼인

일본이 마치 황제국의 위치에서 조선을 제후국 대하듯이 외교문서를 보내는 것을 받아들일 수 없었다.

결국 조선은 일본이 보낸 외교문서의 수령을 거부하는 것으로 일본의 요구를 거절했다. 이후 두 나라는 공식 접촉이 단절되고 교착 상태에 빠졌다. 당시 조선은 제너럴 셔먼호 사건(1866), 병인양요(1866), 신미양요(1871) 등의 영향을 받아 위정척사를 신주단지 모시듯 하는 대원군 집권기였다. 그동안 친선 관계를 유지해온 도쿠가와 막부를 힘으로 무너뜨린 메이지 신정부에 대한 불신도 작용했다.

이처럼 조선이 일본의 달라진 위상을 인정하지 않자 일본 조야에서 교류 재개를 촉구하되 듣지 않으면 무력을 사용해야 한다는 이른바 '정한론(征韓論)'이 고개를 들었다. '정한(征韓)'은 1871년 폐번치현(廢藩置縣), 1873년 징병령으로 하루아침에 실직한 수십만 명 무사 계급의 반발을 외부로 돌리기 위해서도 필요했다.

초기의 정한론은 메이지 신정부 수립에 혁혁한 공을 세운 사이고 다카모리와 참의 이타가키 다이스케가 선봉에 서고 외무성 관리인 사다 하쿠보가 분위기를 띄우는 것으로 전개되었다. 사다 하쿠보는 1870년 3월 부산의 초량 왜관으로 건너가 한 달간 조선의 사정을 살핀 후 귀국해 조선 정벌을 주장하는 내용을 담은 '정한 건백서'를 정부에 제출했다.

하지만 신정부는 아직까지 과격 노선보다는 온건 노선을 지지해 외교 관리인 요시오카 고키를 다시 조선에 파견, 정식 국교 수립을 위한 교섭을 진행하도록 했다. 요시오카는 1년 7개월간 부산에서 활동하다 귀국한 뒤 정한을 반대하는 장문의 건백서를 제출했다.

이런 상황에서 1873년 부산의 왜관 직원에게서 급보가 전해졌다. 조선의 동래부가 일본의 왜관 정문 앞에 '일본은 무법지국'이라는 내용의 반일 전단을 게시했다는 것이다. 일본 내각은 일본을 욕되게 한 조선에 당장 무력을 행사해야 한다고 분개했다. 이타가키 다이스케는 거류민 보호 명목으로 파병을 주장했다. 사이고는 자초지종을 알아보겠다며 자신을 사절로 보내달라고 내각에 청했다. 만일 조선 조정이 자신을 죽이면 그 일을 빌미로 출병하라고도 했다. 그의 비장한 정한론에 감동한 내각은 그를 조선에 파견하기로 하고 천황의 재가를 받았다.

정벌 시기는 명분일 뿐 신정부의 주도권을 잡기 위한 권력 다툼

그런데 1873년 9월 이와쿠라 도모미, 이토 히로부미, 오쿠보 도시미치 등 메이지 신정부 수립의 공신들이 견외사절단으로 미국과 유럽을 두루 순방한 뒤 1년 10개월 만에 귀국하면서 정세가 일변했다. 사이고 다카모리와 함께 '메이지 유신 3걸'로 불리는 오쿠보 도시미치는 귀국하자마자 사이고의 정한 시도를 극력 반대했다. 같은 사쓰마번 출신의 동지이자 죽마고우였던 오쿠보가 정적으로 변신하면서 유신 세력은 분열의 위기를 맞았다.

오쿠보는 불확실한 군사행동보다는 일본의 내정 개혁을 통한 선진화가 선결 과제라고 주장했다. 사이고를 사절로 조선에 파견하면 전쟁과 직결될 수 있고, 재정적·대외 정책적 문제를 야기하며, 미국과 체결한 불평등 조약의 개정에 차질이 빚어진다는 등을 이유로 사절 파견 연기를 주장했다. 이토 히로부미도 오쿠보를 두둔했다. 결국 사절 파견을 재촉하는 사이고 다카모리와 사절 파견 연기를 주장하는 오쿠보 도시미치가 정면으로 충돌했다. 엄밀히 말하면 조선 정벌 시기는 명분일 뿐 실제로는 신정부의 주도권을 잡기 위한 권력 다툼이었다.

지루한 논쟁이 막을 내린 것은 천황이 오쿠보의 손을 들어준 1874년 10월이었다. 사이고를 비롯한 이타가키 다이스케 등 5인은 천황의 신임을 잃었다고 생각해 사직 후 낙향했다. 사이고는 고향인 사쓰마번에 사학교를 설립했는데 사학교는 얼마 지나지 않아 사쓰마번의 정지를 좌우하는 세력으로 성장했다. 그러자 오쿠보가 사학교를 감시하고 이간 공작을 펼치기 위해 고위 경찰을 사쓰마번에 파견했다.

1877년 1월 사학교 간부들은 정부가 경찰을 파견한 목적이 사이고 암살이라는 사실을 알고 사이고와 함께 거병했다. 메이지 시대 최대 최후 반란으로 일컬어지는 '세이난 전쟁'이었다. 반란군은 1877년 9월까지 끈질기게 저항했지만 정부군을 이기진 못했다. 결국 사이고는 9월 24일 할복자살로 생을 마감했다. 오쿠보의 생애도 길지 않았다. 1878년 5월 14일 도쿄 한복판에서 6명의 무사에게 습격을 당해 목숨을 잃었다.

정한론의 정신적 연원은 요시다 쇼인(1830~1859)으로 거슬러 올라간다. 엄격한 신분사회에서 출신 성분을 따지지 않고 자신이 운영하는 학당 '쇼카손주쿠'(소나무 아래 공부방이라는 뜻)에 모여든 제자들에게 정한론을 주입하고 일본의 정체성을 확립하는 방편으로 극단적인 존왕 사상을 전파한 이론가이자 실천가가 요시다 쇼인이기 때문이다.

요시다 쇼인은 혼슈 서남쪽 끝에 위치한 조슈번(현재의 야마구치현) 하기에서 하급 무사의 아들로 태어났다. 20세 전까지는 주로 병학을 배웠으나 병학으로는 일본을 지키는 데 한계가 있다고 판단해 1851년 막부의 아성인 에도로 올라가 서양 학문을 배웠다. 그러던 중 페리 함대가 1854년 1월 시모다 앞바다에 나타나 함포를 쏘면서 막부의 회답을 요구했다. 요시다는 페리 제독의 흑선을 타고 미국으로 건너가 직접 열강의 병법과 기술을 배워 그들과 맞설 생각으로 1854년 3월 페리 함대의 미시시피호에 잠입해 밀항을 요구했다.

하지만 페리 제독은 남루한 행색의 떠돌이 사무라이를 배 밖으로 쫓아버렸다. 요시다는 이런 사실을 스스로 막부의 관청에 고해 에도의 감옥에 수감되었다가 10월 조슈번 감옥으로 넘겨졌다.

요시다는 감옥에서 철학·역사·지리·병학·의학 분야의 서적을 독파하고 동료 죄수들에게 하이쿠, 서도, 맹자 등을 가르쳤다. 감옥에서 '유수록'을 집필했는데 내치를 다진 뒤 해외로 진출해 류큐(오키나와)와 조선을 정벌하고 북으로는 만주, 남으로는 대만과 필리핀 루손 일대를 점령해야 한다고 주장했다. 1855년 11월 감옥에서 풀려났으나 주거는 본가로 제한되었다.

'천황이 지배하고 그 아래 만민은 평등하다'는 일군만민론 설파

요시다는 다다미 세 장 반짜리 방에서 지인들을 상대로 강의를 재개했다. 찾아오는 사람이 늘어나자 1857년 11월 집 마당에 작은 건물을 수리해 제자들을 가르쳤다. 일본 근대화의 산실로 꼽히는 '쇼카손주쿠'의 시작이었다. 요시다는 특유의 존왕양이론에 입각해 '천하는 천황이 지배하고 그 아래 만민은 평등하다'는 일군만민론을 설파했다. 막부 체제를 전복하고 서양으로부터 받은 피해를 이웃 나라에서 되찾아와야 한다고 역설했다. 조선을 정벌해 국체를 바로잡아야 한다며 정한론도 집중적으로 가르쳤다.

'쇼카손주쿠'에서는 상류계급인 사무라이, 병졸인 아시가루, 평민 등의 차별을 금지해 문하생 신분이 다양했다. 사무라이 우선의 계급사회 시절에 그것은 파격이었고 기존 질서에 대한 도전이었다. 이곳을 거쳐간 제자 90여 명 중 상당수는 요시다의 가르침에 따라 막부와의 싸움에 뛰어들었다가 불꽃처럼 산화했으나 일부는 살아남아 메이지 유신을 안착시키고 조선을 침략하는 데 공을 들였다.

'메이지 유신의 3걸'로 이름을 날린 기토 다카요시, 막부 타도의 선봉 다카스키 신사쿠, 군부 최고의 실력자로 군림하며 2차례나 총리대신을 역임한 야마가타 아리토모, 조선 병합의 원흉 이토 히로부미, 민비 암살의 배후 인물인 이노우에 가오루, 민비 시해를 지휘한 조선공사 미우라 고로, 조선총독을 역임한 데라우치 마사다케와 하세가와 요시미치, 가쓰라 태프트 밀약의 당사자 가쓰라 고로 등이 모두 요시다 쇼인의 제자였다. 조슈번은 요시다의 영향을 받아 지금까지 역대 총리 57명 중 8명이나 배출한 정치의 중심지로 자리를 잡았다.

일본은 1858년 6월 미국과 미일수호통상조약을 체결한 뒤 여러 항구를 개항했다. 하지만 이 과정에서 막부의 대로(총리) 이이 나오스케가 천황의 칙허 없이 미일수호통상조약을 체결해 일본 조야를 시끄럽게 했다. 이런 와중에 그해 11월 막부의 고관인 마나베 아키카쓰가 양이파를 단속한다는 말을 듣고 요시다는 마나베 암살 계획을 세웠다.

이 사실을 알게된 조슈번주는 요시다의 과격한 행동을 제어하기 위해 12월 쇼카손주쿠를 폐쇄하고 요시다를 다시 감옥에 가뒀다. 그런데 한 정치범이 요시다 쇼인이 마나베를 암살하려 했다고 자백했다. 요시다는 이 사실을 최고재판소 심문에서 당당하게 인정했다. 결국 1859년 10월 27일 사형을 선고받아 그날 29세 나이로 에도 감옥에서 참수형에 처해졌다.

요시다는 죽기 전 작성한 '유혼록'에 '몸은 비록 무사시(도쿄 인근 지명)의 들녘에서 썩어지더라도 세상에 남겨지는 야마토 다마시(大和魂·대화혼)'라고 썼다. 이후 이 '대화혼'은 태평양전쟁에서 죽음을 불사하는 돌격 구호로 사용되었다. 쇼카손주쿠는 2015년 세계문화유산에 등재되었다. 일본이 메이지 유신 시기의 철강·조선·석탄산업을 세계문화유산으로 신청하면서 메이지 유신의 사상적 토대를 마련했다는 이유를 들어 산업시설이 아닌데도 쇼카손주쿠를 산업혁명 유산군에 끼워넣은 것이다.

조선총독부 설치와 역대 조선 총독

5만 7,000여 명이 한반도를 물샐틈없이 감시했다.

조선총독부 설치는 한일합방조약이 조인된 1910년 8월 29일, '조선총독부 설치에 관한 건'이 칙령 제319호로 공포되면서 구체화되었다. 칙령은 '조선에 조선총독부를 설치한다', '조선총독부에 총독을 두고, 위임의 범위 내에서 육해군을 통솔하며, 일체의 정무를 통할한다'고 규정했으나 아직 준비가 덜 된 탓에 한동안 통감부와 그 소속 관서를 존속시키고 총독의 직무 역시 통감이 대행하도록 했다. 종래 대한제국 정부에 속한 관청도 총독부 소관 관청으로 간주해 당분간 존치했으며 관리들도 종전과 똑같은 조건을 유지하도록 했다.

일제는 이런 과도 체제를 거쳐 9월 30일 칙령 제354호로 '조선총독부 관제'를 공포하고 10월 1일 조선총독부를 정식으로 출범시켰다. 조선총독부 관제 내용은 이랬다. ▲총독은 천황의 친임(親任)으로 하고 육해군 대장으로 한다 ▲총독은 천황이 위임하는 범위 내에서 육해군을 통솔하고 조선의 방위를 담당하며 입법·사법·행정의 권한을 갖는다 ▲총독은 내각총리대신을 경유해 천황에게 상주하고 재가를 받는다 ▲총독은 직권 또는 특별한 위임에 의하여 조선총독부령을 발하고 1년 이하의 징역 또는 금고, 구류, 200원 이하의 벌금 등의 벌칙을 부가할 수 있다. 이를테면 조선인의 모든 생사 여탈권을 자의로 결정할 수 있는 무소불위의 권한을 총독 손에 쥐어준 것이다.

입법권 가운데 가장 중요한 것은 '제령(制令)'의 발동 권한이었다. 당시 조선에서 시행된 법령은 칙령 제324호 '조선에 시행해야 할 법령에 관한 건'에 의거해 법률, 칙령, 제령이 근간을 이뤘다. 이 가운데 총독이 제령을 제정할 때는 본토의 내각총리대신을 거쳐 천황의 재가를 받아야 하고,

긴급한 사유가 있을 때만 재가를 받지 않고 먼저 제령을 발한 뒤 나중에 천황의 재가를 받도록 했다. 하지만 실질적으로는 총독의 권한에 속해 식민통치 기간 중 조선을 다스린 법제의 근간 역할을 했다.

사법권 역시 독립하지 못하고 중앙 행정부서의 하나로 전락했다. 총독은 재판소 설립·폐지, 관할 구역과 그에 관한 변경 등을 결정하고 판사의 전관·전소·정직·면직·감봉 등에 관한 권한까지 모두 행사했다. 사실상 제왕적 총독이었던 것이다.

조선인의 생사 여탈권을 결정하는 무소불위의 권한 손에 쥐어

총독이 관할하는 행정적 기구는 다음과 같다. 총독의 바로 밑에 정무총감을 두고 총독부 산하 조직은 중앙행정기관을 비롯해 지방행정기관, 사법재판소, 치안기구, 자문조사기관, 교육기관, 경제약탈 기관 등으로 구분했다. 중앙 부서는 총독관방·총무부·내무부·탁지부·농상공부·사법부 등 1관방·5부로 나뉘었고, 지방조직은 대한제국의 13도 11부 317군의 체계와 일제 통감부의 이사청·재무서 체제를 통합해 총독의 중앙집권을 강화하는 식민지 체제로 개편했다. 대한제국 정부 내의 1경 11부는 서울(1경)을 경기도에 편입시켜 12부로 변경했다. 일본인 거류민이 많은 대구·청진·평양은 부로 승격하고 부로 되어 있던 경흥·성진·용천은 군으로 격하했다.

경찰 조직은 1910년 9월 10일 '조선주차헌병조례'를 공포해 헌병경찰제도로 만들었다. 이는 헌병이 군사경찰뿐만 아니라 일반의 치안 유지를 위한 경찰행정까지 담당하게 하는 제도였다. 헌병경찰제 조직은 헌병대 사령부와 경무총감부로 형식상으로는 구분했지만 실제로는 헌병대 사령관이 경무총감을, 각 도 헌병대장이 각 도 경무부장을 겸임토록 했다.

1910년대 초반을 기준으로 하면, 일본 육군 2개 사단과 진해·영흥만에 있는 해군 요새사령부 등 정규군 약 2만 3,000여 명에 헌병경찰 1만 3,400여 명까지 가세해 총칼을 지닌 군인과 경찰이 3만 6,000여 명에 달했다. 총독부 행정관리 2만 1,000여 명을 포함하면 5만 7,000여 명이 한반도를 물샐틈없이 감시했던 것이다.

데라우치 마사타케 초대 총독

일제 통치 36년간을 크게 구분하면 제1기는 1910년부터 1919년 3·1 운동이 일어나기까지의 무단통치기, 제2기는 1919년부터 1930년까지의 문화통치기, 제3기는 1931년 만주사변으로부터 1945년 일제의 패망까지 소위 조선 민족 말살기로 나뉜다.

조선총독부의 권한과 역할도 통치 목적의 변천에 따라 바뀌었다. 대폭적인 개편은 3·1 운동 후 조선총독부 관제를 획기적으로 개정(칙령 제386호)한 1919년 8월 19일에 이뤄졌다. 가장 중요한 변화는 총독을 육해군 대장으로 임명한다는 자격 조항을 폐지한 것이다. 형식상으로는 문관 출신자에게도 총독 임용의 길을 열어놓긴 했으나 실제로 등용된 예가 없어 기만책에 다름 아니었다. 또한 총독의 육해군 통솔권 조항을 삭제하고 유사시 조선에 있는 육해군 사령관에게 병력 사용을 요구하도록 했으며 무단통치를 상징하는 헌병경찰제도는 폐지했다.

또한 총독부의 중앙행정기구도 종래의 내무·탁지·농상공·사법부를 내무·재무·식산·법무국으로 바꾸고 종전까지 내무부에 속해 있던 학무국을 독립된 국으로 승격시켰으며 독립관청이던 경무총감부 대신에 경무국을 두어 6국으로 개편했다. 1937년 7월 중일전쟁 후에는 조선이 총동원 체제로 재편됨에 따라 조선총독부의 기구도 이에 맞춰 전면 개편함으로써 패전 때까지 조선의 인적·물적 자원을 최대한 수탈하는 역할을 하도록 했다.

일제하 36년간 조선 총독은 9대에 걸쳐 모두 8명

일제하 36년간 조선 총독은 9대에 걸쳐 모두 8명이었다. 대부분 군 대장 출신에 일본 내각의 육군대신을 거쳤으며 8명 중 4명은 총독 부임을 전후로 내각총리대신까지 역임한 일본의 실세들이었다. 초대 총독 데라우치 마사타케는 육군대신을 거쳐 1910년 5월 30일 3대 조선 통감으로 임명되어 7월 23일 조선에 도착하고 8월 22일 한일합방조약을 강제로 조인한 뒤 10월 1일 초대 총독 업무를 시작했다. 총독부 청사는 남산 아래 왜성대에 위치한 통감부 건물을 새로 꾸며 간판만 바꿔 달았다.

데라우치는 조선 통치의 중점을 치안 유지에 두었다. 조선인은 억눌러야 한다는 게 기본 생각이다 보니 육군 대장의 제복을 입고 긴 일본도를 차고 출근했다. 그는 언론을 싫어했다. 일본 언론이라고 예외가 아니었다. 일본인이 경영하던 대한일보, 조선일일신문, 동양일보, 조선일출신문, 경성신보 등을 모두 폐간하고 일본어의 경성일보와 조선어의 매일신보만을 남겨 총독부의 기관지로 삼았다. 1911년 안악사건과 105인 사건을 조작해 조선의 지도자를 700여 명이나 투옥하는 등 항일 인사들에게 무자비한 탄압을 가하다가 1916년 6월 일본 내각총리대신으로 승진해 조선을 떠났다.

2대 총독 하세가와 요시미치는 1916년 12월 10일 부임했다. 그는 1905년 을사조약 체결 당시 조약을 강요했던 조선주차군 사령관으로 4년 동안 근무한 바 있어 조선의 사정에 정통했다. 당시에는 호랑이 장군으로 악명을 떨쳤던 그였지만 1916년 총독으로 부임했을 때는 돈과 주색을 밝히는 60대 중반의 무능한 노인으로 바뀌어 있었다. 그는 정무총감에게 모든 정무를 맡기고 총독 관저에 틀어 박혀 골패와 마작놀이로 세월을 보내다가 3·1 운동 후 총독직에서 물러났다.

3대 총독 사이토 마코토는 이례적으로 해군 대장 출신이었다. 1919년 9

월 2일 서울 남대문역에 첫발을 내디뎠을 때 그를 맞은 것은 강우규 의사의 폭탄 투척이었다. 그러나 부임 당시 그가 부여받은 임무는 문화정치였기 때문에 부임 직후 첫 회의에서 "총칼로 지배하는 것은 그 순간의 효과밖에 없다. 남을 지배하려면 철학과 종교와 교육 그리고 문화를 앞장세워서 정신을 지배해야 한다"고 시정 방침을 밝힘으로써 문화정치를 예고했다. 문화정치 취지에 맞게 그동안 횡포를 부리던 헌병경찰대를 폐지하고 13도 지사 중 일본인 8명을 갈아치웠으며 조선인 지사 5명은 유임시켰다.

조선총독부의 권한과 역할, 통치 목적의 변천에 따라 바뀌어

종국적인 시정 목표는 일본인과 조선인을 하나로 엮는 '내선동화'였다. 1920년 4월 28일 영친왕 이은과 이방자 여사의 결혼을 성사시킨 것도 그 일환이었다. 그동안 금지해온 조선인의 신문사도 허용, 조선일보·동아일보·시사신문의 발행을 허가했다.

교육면에서는 1922년 2월 제2차 조선교육령을 공포해 조선인 학교도 형식상으로는 일본 학제와 동일하게 만들었으며 1924년에는 경성제국대의 설립을 인가했다. 그렇다 해도 문화정치의 근본은 민족회유 정책과 민족분열 정책의 또 다른 이름일 뿐이었다. 그런 점에서 그가 조선 땅을 통치한 8년은 이 나라의 혼을 빼앗은 세뇌정책기이기도 했다. 사이토는 1927년 12월 총독에서 물러났다가 1929년 8월 5대 총독으로 다시 부임하고 1931년 6월 물러났다. 이후 내각총리대신을 거쳐 1935년 내대신으로 재임 중 1936년 일본에서 일어난 2·26사건으로 살해되었다.

4대 총독으로 임명되어 1927년 12월 19일 경성역에 내린 4대 총독 야마나시 한조 역시 육군 대장 출신이었다. 돈을 좋아하고 무능하다는 사실이 이미 알려진 터라 일본인 거류민 사이에서 배척 운동이 일어날 정도였다.

1928년 5월 조명하 의사가 대만에서 히로히토 천황의 장인인 구니노미야 구니히코를 독검으로 찌르는 의거를 일으켜 정치적 곤경에 빠지기도 했다. 그는 여자를 멀리하는 대신 돈을 가까이 했다. 돈은 그에게 유일한 보람이자 재미였다. 결국 '독직 사건'에 연루되어 물러났다.

1931년 6월 부임하고 1936년 8월 물러난 6대 총독 우가키 가즈시게는 육군 대장 출신에 1924년부터 5년 동안 5대 내각에서 육군대신을 역임한 실세 중의 실세였다. 그는 가정적으로는 애처가답게 여색에 대범했고 정치적으로는 이상주의자의 경향을 보였다. 그가 제일 먼저 착수한 것이 조선 농어촌의 진흥 운동이었지만 실상은 철두철미 일본 제국을 지원하기 위한 운동이었다.

1936년 8월 부임한 7대 총독 미나미 지로는 육군 대장과 육군대신, 관동군 사령관 겸 특명전권대사를 거친 전형적인 군인 출신이었다. 15년 동안 최전선을 누빈 최고 책임자답게 6년간 황민화 정책을 강압적으로 추진하고 한반도를 전시 체제로 개편했다. 신사참배, 황궁 요배, 조선어 과목 폐지 및 일본어 상용, 창씨개명 강요 등이 모두 그의 재임 때 실시되었다. 1942년 5월 총독직에서 물러났다.

8대 총독 고이소 구니아키는 1942년 6월 15일 부임해 징병과 징용, 학병제를 실시하고 물러났다. 9대이자 마지막 총독인 아베 노부유키는 육군 대장, 내각총리대신까지 역임한 거물 정객이었다. 하지만 그는 부임 1년 만인 1945년 9월 8일 서울에 진주한 미군 사령관 하지 중장 앞에서 항복문서에 조인하는 수모를 당한 뒤 이 땅에서 쫓겨났다.

8명의 총독 중 4명은 1945년 이전에 죽고 4명은 1945년 이후에 죽었다. 살아남은 총독 중 7대 미나미 지로와 8대 고이소 구니아키는 종전 후 A급 전범으로 재판에 회부되어 도쿄극동재판의 법정에서 함께 종신금고형을 선고받았다가 고이소는 구치소에서 생애를 마치고 미나미는 병으로 출소해 집에서 사망했다. 6대 총독 우가키는 전후에도 대중적인 인기를 얻어 1953년 참의원 선거에서 최다 득표로 당선되는 기쁨을 누렸으나 3년 뒤 숨졌다.

일제의 토지조사사업

조선의 사회구조를 식민지형으로 개편하고 각종 토지를 조선총독부 소유로 만드는 게 목적이었다.

일제가 본격적으로 토지조사사업에 착수한 것은 1910년 강제 합병 후였다. 명분은 공평한 지세 부담, 지적 확정과 소유권 보호, 토지 개량과 이용의 자유 보장, 생산력 증진 등이었다. 그렇지만 이것은 표면적인 이유였고 실질적인 목적은 조선의 식민지적 토지 소유관계를 공고히 함으로써 조선의 사회구조를 식민지형으로 개편하고 일본인의 토지 소유와 조선총독부의 지세 수입을 증대시키는 데 적합한 토지제도를 만드는 것이었다.

본격적인 시행에 앞서 일제가 먼저 손을 댄 것은 토지소유권의 법적인 보장이었다. 당시 일제는 외국인의 토지 소유를 금지하고 토지에 대한 경작 농민의 권리가 강한 조선의 토지제도로 인해 토지 장악에 큰 어려움을 겪고 있었다. 따라서 불법이었던 일본인의 토지 소유를 합법화하는 게 무엇보다 시급했다.

일제는 1910년 1월 토지조사사업 계획을 수립하고 3월 조선통감부에 토지조사국을 설치해 토지조사 준비에 착수했다. 그리고 한일합방조약 체결 다음날인 8월 23일 '토지조사법'을 공포했다. 일제가 얼마나 치밀하고 체계적으로 준비했는지를 보여주는 대목이다. 사실 토지 약탈은 국권 강탈 이전부터 시작되고 있었다. 1907년 시작된 국유지 수탈로 1910년 8

월 강제합병 당시 일제가 강제 창출한 국유 농경지는 12만 8,000여 정보나 되었다.

일제는 토지조사법 공포 후 조선부동산등기령(1912.3), 토지조사령(1912.8), 시세령(1914.3), 토지대장규칙(1914.4), 조선임야조사령(1918.5) 등을 순차적으로 공포해 토지조사를 구체화했다. 이 가운데 근간은 토지조사사업의 절차와 시행 방법 등을 규정한 토지조사령이었다. 이 조사령에 따라 토지 소유자는 조선 총독이 정한 기간 내에 토지에 관한 모든 것을 신고해야 했다. 토지조사사업은 크게 소유권 조사, 지형지모(地形地貌) 조사, 지가 산정, 토지대장 작성 등으로 구성되었다.

일제가 노린 토지조사사업의 목적을 정리하면 이렇다. 첫째는 일본 자본의 토지 점유에 적합한 토지 소유 증명제도를 확립하기 위한 것이다. 등기제도 등 사유권을 법적으로 보장하는 증명제도가 충분치 않고 토지에 도지권(토지를 경작할 권리) 등 소작민의 각종 권리가 부여되어 있어 일본 자본이 토지를 점유하는 데 장애 요소로 작용했기 때문이다. 둘째는 지세 수입 확대였고 셋째는 국유지를 조선총독부 소유로 만드는 것이었다. 넷째는 무상으로 점유한 미간지(未墾地)는 동양척식주식회사를 비롯한 일본의 식민회사들을 통해 일본 이민자들에게 저렴한 가격으로 불하하는 것이었고 다섯째는 미곡을 일본으로 수출하기 위한 것이었다.

토지소유권을 제외한 권리 일절 인정하지 않아

민간 소유의 토지조사는 준비조사, 필지조사, 분쟁지조사 단계를 거쳐 토지 소유자 간의 경계를 확정하는 '사정(査定)'으로 마무리되었다. 사정 공시는 1913년 11월 충북 청주에서 처음 시작해 1917년 10월 평북 용천군 신도면의 일부 지방을 끝으로 완료되었다. 1918년 6월에 공식적으로 끝난 토지조사사업 결과, 총 1,910만 필지의 토지소유권이 결정되었다.

대한제국 황실과 정부 소유 토지, 마을 또는 문중의 공유지, 그리고 황무지들도 모두 총독부 소유로 귀속되었다.

1918년 말을 기준으로 하면 일제가 수탈한 국유 농경지는 13만 정보였다. 무주공산인 산림 등 1,369만 정보까지 합치면 일제의 소유로 넘어간 국유지는 1,382만 정보나 되었다. 120만 정보의 미간지 중 총독부 소유가 된 102만 정보까지 합치면 총독부 소유지는 국내 토지의 50%가 넘었고 지세 수입은 2배 가까이 증가했다.

일본인이 경기도 고양군에서 토지 측량을 하고 있다.

토지조사 결과, 소유관계에도 대폭적인 변화가 생겼다. 1918년 말 지주는 3.1%, 자작농은 19.7%, 반봉건적 지주에 결박된 자소작농은 39.4%, 순수 소작농은 37.8%로 집계되었다. 결국 총 농가 호수의 77.2%가 반봉건적 지주제도의 착취 하에 들어간 것이다. 결과적으로 조선 왕조 말기의 반봉건적 지주-소작제도가 개혁되기는커녕 오히려 소작농과 농민의 각종 권리는 소멸되고 지주의 배타적 사유권만 보장받음으로써 반봉건적 지주 제도를 강화한 결과를 낳았다.

다만 일제의 토지조사사업으로 근대적 토지소유제도가 확립된 것은 분명하다. 하지만 이 과정에서 워낙 많은 문제점이 드러나 농민들의 원성이 잦았다. 무엇보다 토지소유권을 제외한 그밖의 권리를 일절 인정하지 않은 게 문제였다. 우리나라는 토지 관습상 소유권을 갖고 있지 않더라도 소작지를 대대로 경작하는 경우가 많았다. 소작민들은 국가나 지주에게 일정한 소작료만 내면 자기 마음대로 소작지를 경작했다. 소작 기간도 특별한 일이 없으면 계속 보장되는 경우가 많았다. 이런 경작권은 재산권으로 간주되어 토지 가격의 3분의 1 가격으로 매매나 양도할 수 있고 세습도 가능했다.

그런데 일제의 토지조사사업으로 이러한 경작권이 완전히 무시된 것이다. 장기적 경작은 물론 경작권의 매매·양도·세습 등이 완전히 부정되고 소멸되었다. 이 때문에 많은 농민이 하루아침에 경작권을 잃고 대대로 농사를 짓던 땅에서 쫓겨났으며 소작을 계속 하더라도 매년 소작 계약을 하고 고율의 소작료를 부담해야 했다.

국유지, 미신고 토지, 소유권을 인정받지 못한 토지 등이 조선총독부의 소유를 거쳐 헐값에 동양척식주식회사나 일본인의 소유로 넘어가는 과정에서도 농민의 거센 저항을 불렀다. 그러다 보니 토지조사국 출장원과 경찰관, 면장·지주 등으로 구성된 토지조사 작업반은 한 손에는 권총과 대검을 들고 다른 한 손엔 망원경과 측량기를 들고 조사를 다녀야 했다. 이렇게 일어난 토지조사 분쟁이 3만 3,000여 건에 달했다.

동양척식주식회사

일제는 1904년의 러일전쟁 승리 후 농업회사나 조합 등을 통해 조선의 농업경영에 적극 참여하겠다는 흉계를 꾸몄다. 일본인 지주와 회사는 1905년경부터 토지조사와 토지 매수를 시작해 각종 농장을 설립했다. 이런 추세는 일본의 국가자본이 동양척식주식회사(동척)를 설립한 후 더욱 활발했다. 동척은 일본의 영세 농민을 조선에 이주시킨 뒤 저리의 식산흥업 자금을 제공해 척식 사업을 한다는 명목을 내세웠다. '척식'의 사전적 의미가 '미개한 땅을 개척해 사람이 살게끔 하는 일'이다. 이는 일제가 조선 땅을 아직 개발되지 않은 임자 없는 땅으로 보았다는 방증이다.

일본의 식민 단체 중 하나인 동양협회가 동척 설립을 위한 사전 정지 작업의 일환으로 영국의 동인도회사를 모델로 한 '동양척식주식회사 설립에 관한 보고서'를 일본 정부에 제출한 것은 1907년 12월이었다. 뒤이어 을사조약과 한일합방조약 때 일본 총리였던 가쓰라 다로가 '동양척식주식회사법'을 1908년 3월 일본 의회에 제출하고 의회가 통과시켰다. 사실상 일본 혼자 북치고 장구친 법이긴 하지만 아직 조선의 국권이 살아 있던 때라 일본은 조선인 일부를 임원에 포함시키는 것으로 구색을 갖췄다.

동양척식주식회사 건물

동척법은 1908년 8월 27일 조선과 일본 양국에서 공포되었다. 이에 따라 일제는 일본인 83명, 한국인 33명을 설립위원으로 임명하고 12월 28일 한일 합자 주식회사로 동척을 설립했다. 당시 조선 정부 예산의 40%에 육박하는 1,000만 원의 자본금은 조선 정부와 일본 정부·재계가 마련했다. 발행주식 20만 주 가운데 6만 주는 조선 정부가 토지(5,300만 평)로 투자하고 일본과 조선의 황실은 각각 6,000주와 1,700주를 인수했다. 나머지 13만 2,300주는 양국 국민을 상대로 공모했다. 일제가 동척을 한일합자회사로 설립한 것은 이민 사업에 필요한 광대한 토지를 확보하는 데 조선 정부의 협조가 필요했기 때문이다.

동척은 서울 황금정 2정목(을지로 2가)에 위치한 구제중원 자리에 본사를 두고 1909년 1월 활동을 시작했다. 주요 업무는 이주사업, 농업경영, 토지개량 등이었다. 이 중 일제가 중점을 둔 것은 일본 농민의 조선 이주사업이었다. 일제는 조선의 인구밀도를 과소평가하고, 기간지라도 일본의 집약적 농법을 도입하면 조선인의 토지를 빼앗지 않고도 대량 이민이 가능하다고 보았다.

동척은 한국 병합 직후인 1910년 9월에 조선총독부로부터 '이주규칙'을 인가받아 1911년부터 1927년까지 총 17차례 일본인을 조선으로 이주시켰다. 하지만 인원 수는 계획에 턱없이 모자랐다. 게다가 조선 농민과도 갈등이 심각해 결국 이민 사업은 축소·폐지했다.

일제가 중점을 둔 것은 일본 농민의 조선 이주사업

동척을 활성화한 것은 토지조사사업이었다. 일제는 1910년부터 8년간 전 국토를 낱낱이 파헤쳐 임자 없는 땅을 무조건 동척에 귀속시켰다. 근대적 토지소유 개념이 부족한 데다 일제에 협력하기가 싫어서 신고를 하지 않은 자영농민들은 눈 뜨고 땅을 빼앗겼다. 결국 값이 싸고 간척이 쉬운 낙동강·영산강·금강 유역의 땅은 물론 전국의 곡창지대까지 동척의 수중에 떨어졌다.

이런 과정을 거쳐 동척 소유의 땅은 1913년 1억 4,130만 평으로 늘어나고 토지조사사업이 완료된 1920년 경에는 소유지가 2억 7,210만 평에 달했다. 이는 당시 조선 경작지의 3분의 1에 해당하는 엄청난 면적이었다.

동척은 1911년 금융부를 신설, 일본 시장에서 외채를 모집한 자금으로 금융 업무를 본격화해 조선은행, 조선식산은행과 함께 조선의 3대 금융기관 역할을 했다. 이들은 농민이 토지를 저당 잡히고 돈을 빌려간 후 갚지 못하면 동척의 소유로 만들어 토지를 집적했다. 또한 강제로 빼앗은 토지를 소작인에게 빌려준 뒤 50%가 넘는 고율의 소작료를 징수했다. 영세 소작농에게 빌려준 곡물에 대해서는 20% 이상의 고리를 추수 때 현물로 거둬들였다.

동척의 만행은 전남 나주군 궁삼면에서 일어난 '이회춘 사건'이 단적으로 보여주고 있다. 1912년 봄 동척은 궁삼면에 일본인 이민을 위해 무작정 이민 배당지를 선정하고 강제로 토지 분할 표목을 박았다. 이회춘의 노모가 이에 항의하며 표목을 뽑아내자 이를 본 일본군 헌병이 군화로 노모의 흉부를 차 논두렁에서 즉사시킨 것이다.

1926년 12월 28일의 나석주 의사 의거도 동척에 대한 응징이었다. 나 의사의 고향 황해도 재령군 북률면은 예로부터 조선 왕실의 궁방전이 많은 곳이었다. 동척이 이 땅들을 차지하는 바람에 북률면민 대부분은 동척의 소작농으로 전락했다. 이에 항의하는 소작쟁의가 동척 소유인 북률농장에서 빈발하는 가운데 나석주 의사가 동척에 폭탄을 투척한 것이다.

동척의 수탈을 견디지 못한 농민들은 살길을 찾아 만주로 이주했다. 그 숫자가 1926년까지 무려 30만 명에 달했다. 우리 농민들이 떠난 곳에는 일본인 이주민이 자리를 잡았다. 이들은 전국의 주요 도시와 농촌에 일본인 촌락을 건설함으로써 일제의 대변자이자 앞잡이 역할을 했다.

동척은 사세가 커지자 1917년 동척법을 고쳐 양국 국적의 회사를 일본 국적의 회사로 만들어 본점을 도쿄로 옮겼다. 서울에는 조선지사를 두었으며, 부산·대구·목포·김제·대전·경성·원산·사리원·평양 등 9개 도시에는 지점을 설치했다. 중국에도 8개 지점을 설립했다.

일제의 패망 이후 미 군정은 한국 내 일본인 소유재산(적산)을 미 군정청 소유로 귀속시켰다. 이때 동척의 소유재산을 인수·개편해 '신조선회사'로 개명하고 1946년 2월 창설한 '신한공사'가 관리하도록 했다. 당시 신한공사의 소유 경지는 한국 논밭 경지의 12.3%, 소속 농가는 전체 농가의 27.1%나 되었다.

사진으로 잘 알려진 동척 건물은 1911년 가을, 처음 업무를 시작한 구 제중원 자리(을지로 2가)에 세워졌다. 이 건물은 1948년 대한민국 정부가 수립된 후 내무부 청사로 사용되다가 1967년 건물을 매입한 외환은행으로 소유권이 넘어갔다. 외환은행은 1972년 건물을 철거한 후 1980년 은행 본점을 지었다.

신민회 '독립전쟁 전략' 채택

일제의 조선 병탄이 노골화하자 해외 독립군 기지 창설 운동을 전개했다.

대한제국 말기, 일제의 침략에 저항하는 방식에는 의병운동과 애국 계몽운동 두 가지가 있었다. 이 가운데 애국 계몽운동은 민족의식 고양, 민족경제 육성, 민족문화 발전을 통해 국권을 수호하려는 민족의 실력 양성 운동이었다. 애국 계몽운동을 전개한 단체들은 전국에 산재했으나 전국적 규모로는 합법단체인 '대한자강회'와 비밀결사인 '신민회'가 대표적이었다. 대한자강회는 1906년 3월 창립되어 1년 반 동안 활동하다가 1907년 8월 강제해산되었다. 그 취지를 계승·조직한 것이 1907년 11월 창립되고 1910년 8월 한일합병 후 해체된 '대한협회'다.

신민회는 재미 동포들의 구국 의지에서 발원했다. 안창호·이강·임준기 등 재미 애국지사들은 1906년 말~1907년 초 미국 캘리포니아 리버사이드에서 조국의 국권 회복을 목적으로 하는 대한신민회를 조직하기로 합의한 뒤 이 단체를 조국에 조직하기 위해 안창호를 국내에 파견했다.

안창호는 1907년 2월 서울에 도착, 애국 계몽운동을 펼치고 있는 양기탁·전덕기·이동휘·이동녕·이갑·유동열 등과 함께 1907년 4월 신민회를 비밀리에 창립했다. 양기탁이 총감독, 이동녕이 총서기, 전덕기가 재무, 안창호가 집행을 맡았다. 전국 각지의 애국 계몽운동가들도 골고루 참여해 이회영·시영 형제, 노백린·김구·신채호·최남선·이상재·이승훈 등이 발기위원으로 이름을 올렸다.

핵심 세력은 크게 5개 집단이었다. 대한매일신보와 황성신문에 종사했던 언론계 인사, 상동교회와 상동청년학원을 중심으로 애국 계몽운동을 전개한 기독교계 인사, 평안도 일대에서 상공업에 종사한 실업계 인사, 무관 출신 집단, 안창호가 미국에서 창립한 공립협회 회원 등이다. 궁극적 지향점은 국권 회복 후 군주제 폐지와 공화제 도입이었다. 이것은 우리 역사상 최초의 획기적인 구상이었다.

신민회는 비밀결사였기 때문에 엄격한 심사를 거쳐 애국 사상이 투철하고 국권 회복에 헌신하려는 의지가 확고한 인물을 엄선해 회원으로 입회시켰다. 입회 후에도 횡적으로는 동지가 누구인지 알 수 없게 했다. 그러다보니 회원 수가 1910년 기준 800명에 달했다는 기록이 있지만 정확한 숫자는 파악되지 않고 있다.

창립 후 당면 목표는 국권 회복을 위한 실력 양성이었다. 민족의 실력 없이 독립을 이룰 수 없다는 그들의 신념은 먼저 교육 구국 운동으로 나타났다. 1907년 12월 이승훈의 오산학교(평북 정주), 1908년 9월 안창호의 대성학교(평남 평양) 설립은 구체적 실천이었다. 회원 개개인이 세운 학교도 100여 개나 되었다.

신민회는 민족자본 확보와 민족산업 기반을 마련하기 위해 민족산업 진흥 운동도 펼쳤다. 구체적으로는 일본 자기의 진출을 막고 고려자기의 전통을 되살리기 위해 평양에 자기회사를 설립했다. 평북의 협성동사와 상무동사, 평양의 조선실업회사, 황해도 안악의 소규모 방직공장과 연초공장도 설립하고 황해 사리원에는 모범 농촌을 구상했다. 애국계몽을 위한 출판물 보급에도 나서 평양·서울·대구에 태극서관을, 황해도 안악에 면학서관을 설립했다.

활동 중 가장 활발하게 전개한 것은 대중을 상대로 한 계몽 강연이었다. 그들은 강연을 통해 애국주의, 국권회복, 민권사상, 신사상·신지식·신산업 계몽, 구습 타파, 교육 구국 운동, 학교 설립, 자발적 의무교육 실시, 실력 양성 호소 등을 고취했다. 1909년 8월에는 '청년학우회'를 창립해 청년운동을 전개했다. 청년학우회는 표면적으로는 인격 수양 단체를 표방했으나 실제로는 국권 회복 운동단체로 활동했다. 양기탁의 대한매일신보는 이 모든 활동을 알리는 기관지요 총본부로 활용되었다.

실력 양성에서 독립군 양성으로 전환

그러던 중 일제의 조선 병탄이 노골화하자 애국 계몽운동만으로는 한계가 있음을 깨닫고 해외 독립군 기지 창설 운동을 전개했다. 의병 활동이 쇠퇴기이던 1909년 봄, 양기탁의 집에서 비밀회의를 열고 만주 지역에 적당한 후보지를 골라 무관학교를 설립하고 독립군 기지를 설치하기로 의결했다. 이를 추진하던 중 1909년 10월 안중근 의사가 이토 히로부미를 처단하는 사건이 벌어졌다. 일제가 이에 대한 보복으로 안창호·이동휘·유동열·이종호 등 다수 신민회 간부를 구속함으로써 신민회 사업은 잠시 중단되었다. 다행히 일제가 신민회의 존재를 알지 못해 신민회 간부들은 2~3개월 뒤 풀려났다.

신민회는 중단했던 사업을 재개했다. 1910년 3월 양기탁의 집에서 긴급 간부회의를 열어 '독립전쟁 전략'을 채택했다. 독립전쟁 전략이란 일제의 통치력이 미치지 않는 만주 동삼성 국경 인접 지대에 적당한 후보지를 골라 신민회가 모금한 자금으로 토지를 구입하고 조선인들을 단체 이주시켜 신한민촌을 만들고 독립군 양성을 위한 무관학교를 설립한다는 계획이다. 이로써 신민회의 구국 운동은 실력 양성에서 독립운동을 위한 만주 이민과 독립군 양성으로 전환되었다.

신민회는 결정을 실천하기 위해 1910년 4월 안창호·이갑·유동열·신채호 등을 만주와 러시아령으로 망명하게 했다. 1910년 8월 한일합병으로 나라가 패망한 뒤에는 다른 신민회 간부들도 애국 계몽운동이 더 이상 간단치 않다는 사실을 깨닫고 독립군 기지 창설을 구체화하기 위해 해외 망명을 추진했다. 이동녕과 이회영 등은 1910년 9월부터 11월까지 만주 일대에서 독립군 기지 후보지를 물색하고 돌아왔다.

1910년 12월 중순 양기탁·안태국·주진수·이승훈·김구·이동녕 등은 다시 양기탁의 집에서 전국 간부회의를 열고 계획을 구체화했다. 결론은 ▲일제의 총독부에 맞서 서울에 도독부를 두고 각 도에는 총감을 두어 비밀리에 나라를 다스려 독립 정치를 한다. ▲일제의 통치력이 미치지 않는 만주 서간도 통화현 부근에 영토를 구입해 독립군 기지를 건설하고 무관학교를 설립한 뒤 '적절한 시기'에 독립전쟁을 벌여 국권을 회복한다. ▲신민회 각 도 대표로 경기도와 삼남에 양기탁, 황해도에 김구, 평안남도에 안태국, 평안북도에 이승훈, 강원도에 주진수 등을 선정한다 등이었다. '적절한 시기'란 장차 일제가 더욱 팽창해 러시아, 중국, 미국과 전쟁을 벌이게 될 때를 의미했다.

이후 서간도 이주민 모집 사업은 빠르게 전개되었다. 선발대 격으로 서울의 명문가 출신인 이석영·회영·시영 등 6형제 가족과 이동녕·주진수 가족 등이 1910년 12월 하순부터 1911년 1월까지 개별적으로 이주했다. 경상도 안동의 명문가 집안 출신의 이상룡도 수십 명의 식솔을 이끌고 1911년 초 압록강을 건너 합류했다.

이들은 만주 길림성 유하현 삼원보 추가가에 자리를 잡았다. 1911년 4월 황무지 개간과 농업경영을 통한 경제 자립 실현을 위한 '경학사'를 조직하고 사관 양성 기관으로 '신흥강습소'(신흥무관학교의 전신)를 설립했다. 경학사의 초대 사장에는 이철영(2대 사장은 이상룡)이 추대되었고 신흥무관학교의 초대 교장에는 이동녕이 취임했다. 만주에서 이런 움직임이 있는 동안 국내에서는 1910년 12월 '안악사건'과 1911년 말 '105인 사건'이 터져 신민회 간부가 대거 검거되는 사태가 벌어졌다. 결국 국내 조직은 사실상 와해되고 독립전쟁 전략은 큰 장애에 부닥쳤다.

그럼에도 신민회는 최초의 독립군 기지인 신흥강습소 외에 1913년 만주 왕청현 나자구 대전자에 두 번째 독립군 기지 동림무관학교(대전무관학교)를 세우고 만주 밀산현 봉밀산자에 제3의 독립군 기지 밀산무관학교를 설립해 몇 년 후 있을 봉오동전투와 청산리전투를 준비했다.

이회영·이시영 6형제 만주로 망명

만주에 독립운동의 근거지를 세우기 위해 결행한 혹한의 만주행이었다.

이회영·시영 등 6형제와 그들의 가족 등 60여 명을 태운 10여 대의 마차가 야심한 밤에 꽁꽁 얼어붙은 압록강을 건넌 것은 엄동설한이던 1910년 12월 하순이었다. 그것은 4개월 전 한일합방으로 나라가 망한 것을 분통해하며 만주에 독립운동의 근거지를 세우기 위해 결행한 울분의 만주행이었다.

6형제는 이건영·석영·철영·회영·시영·호영으로, 10대조인 이항복이 영의정을 지낸 이래 이조판서를 지낸 부친 이유승까지 정승·판서만 9명을 배출한 명문 집안의 후손이었다. 명문가의 6형제 가족 모두가 항일 투쟁을 위해 해외로 집단 망명한 것은 세계 역사상 유례가 없는 일이었다.

망명을 주도한 것은 비밀결사 조직 '신민회'의 창립회원인 넷째 이회영(1867~1932)이었다. 그는 젊어서부터 봉건적 인습과 사상을 타파하는 데 앞장섰다. 노비 문서를 불사르고 적자와 서자 차별을 철폐했다. 둘째 이석영(1855~1934)은 재정적으로 뒷받침했다. 그는 고종 때 영의정을 지낸

이건영·이석영·이철영·이회영·이시영·이호영 6형제(왼쪽부터)

이유원(백부)의 양자로 입양해 양부에게서 물려받은, 요즘 가치로 환산하면 수백억 원의 가옥과 부동산을 급하게 팔아 독립 자금으로 쾌척했다. 다른 형제들 역시 서울 명동에 널려있는 각자의 가옥과 땅을 팔아 독립운동 자금으로 보탰다. 이 자금은 만주 길림성 통화현 등지에 세워진 신흥무관학교 건립에 쓰였다.

6형제가 압록강을 건너 길림성 유하현 삼원보 추가가에 도착한 것은 1911년 1월이었다. 현지 중국인들은 집단 망명에 의혹을 품고 그들의 정착을 방해했다. 중국 군인들은 무기를 소지하고 있는지를 조사하기 위해 집을 수색했다. 이회영은 북경의 원세개 총리대신을 찾아가 도움을 요청했다.

일개 망명객이 일국의 총리를 만날 수 있었던 것은 과거 원세개가 조선에 주둔할 때 아버지 이유승의 집에 들르는 등 친분이 있었기 때문에 가능했다. 원세개의 지시에 따라 회인·통화·유하현의 세 현장들이 "조선인들과 분쟁을 일으키지 말라"는 행정 지침을 내리고서야 형제들은 비로소 추가가에 정착했다.

이회영은 1911년 5월 동생인 이시영(1869~1953)을 비롯해 이상룡·이동녕·김동삼 등과 협의해 유하현 삼원보 고산자에 한인들의 자치기관인 '경학사'를 설립했다. 표면적으로는 재만 한인의 자치단체를 표방했으나 실상은 민족 독립을 위한 독립운동 단체였다. 1911년 6월 10일에는 옥수수를 저장하는 빈 창고에 경학사의 산하단체로 '신흥강습소'를 설립했다. 초기에는 토착 만주인의 시선과 만주 군벌의 감시를 피하기 위해 무관학교라고 하지 않고 강습소라고 칭했지만 1912년 7월 인적이 드문 통화현 합니하로 강습소를 이전한 뒤에는 '신흥학교'로, 1919년에는 '신흥무관학교'로 개칭했다.

이회영은 자금 모집을 위해 1913년 국내로 잠입했다가 일경에 체포되었으나 증거가 발견되지 않아 풀려난 적도 있었다. 1918년에는 국내에서 고종을 해외로 빼내 망명정부를 세우려는 계획을 추진하던 중 1919년 1월 고종의 갑작스러운 서거로 무산되기도 했다.

이회영이 상해에 머물고 있을 때 국내에서 3·1 운동이 일어나 상해에서 임시정부를 조직하려는 움직임이 활발했다. 그러나 이회영은 정부라는 조직 형태를 취하면 정부 내의 지위와 권력을 다투는 내분이 끊이지 않을 것이라며 임시정부 설립에 반대했다. 그래서 새로운 독립운동의 방략으로 선택한 것이 아나키즘이었다. 형과 달리 다섯째 이시영은 1919년 4월 상해임시정부의 초대 법무총감으로 임명되어 임정 활동에 적극 참여했다.

6형제 가족 모두가 집단 망명한 것은 세계 역사상 유례 없어

이회영이 상해를 떠나 북경에 거처를 정했을 때 조완구·김규식·신채호 등 독립운동가들이 속속 북경으로 모여들었다. 당시 이회영·김창숙·신채호 3인은 북경의 독립운동 3거두로 불렸다. 이회영은 북경에서 유자명 등 젊은 아나키스트들과 교류하면서 아나키즘을 적극적으로 수용했다. 당시 아나키즘은 나라 빼앗긴 선각 지식인들의 사조였다.

1928년 조선·중국·대만·베트남 등 7개국 대표들이 중국 천진에서 '동방무정부주의자연맹'을 결성할 때는 신채호 등과 함께 조선의 대표로 참가했다. 1929년에는 상해에서 백정기·정화암 등 젊은 아나키스트들과 '남화한인청년연맹'을, 1931년에는 한·중·일 아나키스트들과 '항일구국연맹'

을 결성했다. 흑색공포단에도 가담했는데, 흑색공포단은 항일구국연맹의 산하단체로 중국 내 일제 요인 처단, 일제 기관의 건물 파괴를 목적으로 하는 비밀 행동 단체였다. 단원들은 1931년 복건성 하문의 일본영사관을 폭파했다.

이회영은 만주 주둔 일본군 사령관을 암살하기 위해 상해에서 대련행 기선에 몸을 실었다가 조선인 배신자의 밀고로 대련에서 일본 경찰에 체포되어 혹독한 고문 끝에 1932년 11월 17일 옥사했다. 이회영의 옥사 후 흑색공포단원 중 백정기·원심창·이강훈 세 의사는 1933년 3월 중국을 방문한 일본 공사를 처단하려다 계획이 누설되어 체포되었다.

백정기 의사는 무기징역을 선고받아 일본 나가사키 형무소에서 옥사했고 원심창·이강훈은 1945년 일제의 패망 후 출옥했다. 6형제 중 막내 이호영은 1924년 북경한교동지회를 결성하고 1925년 다물단 단원으로 친일 조선인 처단 의거에 참여했다. 1926년엔 거액의 자금과 폭탄을 다물단에 지원했다.

고국을 떠난 6형제 중 이시영을 제외한 5형제는 해방을 보지 못하고 굶주림과 병과 고문으로 중국에서 눈을 감았다. 첫째 이건영은 1940년 중국에서 사망하고 둘째 이석영은 독립운동 자금 등으로 재산을 다 쏟아부은 후 중국 각지를 떠돌아다니다 1934년 상해에서 굶어 죽었으며 셋째 이철영은 신흥무관학교 교장을 지낸 뒤 1925년 병사했다. 여섯째 이호영은 1933년 북경에서 일가족과 함께 행방불명되었다.

6형제의 자식 대부분도 중국에서 독립운동을 하다가 투옥되거나 병사했다. 이건영의 둘째아들 규면은 신흥무관학교를 졸업한 뒤 독립운동을 하다 병사했고 셋째 규훈은 독립운동을 하다 해방 후 귀국해 공군으로 복무하던 중 6·25 때 실종되었다. 이석영의 장남 규준은 중국에서 독립운동을 하다 20대 나이에 병사했다. 이회영의 둘째아들 규학은 사촌 이규준과 함께 밀정 암살에 가담하고 셋째아들 규창은 친일파 암살 사건으로 경찰에 체포되어 13년의 징역을 살다가 해방 후 석방되었다.

6형제 중 유일하게 살아남아 해방 후 고국으로 돌아온 이시영은 초대 부통령을 지냈다. 하지만 이승만의 전횡에 반대하며 부통령직을 사임해 불의와 타협하지 않는 가문의 전통을 보여주었다. 이시영은 1947년 2월 신흥무관학교의 역사와 전통을 이어받을 신흥전문학원을 서울 종로구 수송동에 세우고 이를 확대한 신흥대학을 1949년 3월 20일 인가받아 개교했다. 신흥대학은 초기의 여러 어려움 속에서도 1949년 7월과 1950년 5월 각각 1회와 2회 졸업생을 배출했으나 결국에는 재정난을 견디지 못하고 1951년 5월 대학의 소유권을 조영식에게 넘겼다. 조영식은 학교를 1953년 12월 서울 동대문구 회기동으로 이전하고 1960년 경희대로 개칭했다.

해방 후 6형제 모두는 독립유공자로 서훈되었다. 6형제의 아들 중 4명도 독립유공자로 서훈되어 6형제 가문에는 독립유공자가 10명이나 된다.

이상룡 이회영 등과 함께 경학사를 조직하고 신흥강습소를 설립한 이상룡(1858~1932)은 경북 안동의 유림 명문가 자제로 99칸 대저택인 임청각에서 태어났다. 안동에서 학문을 쌓아 유학자로 활동하면서도 군사학을 연구해 병법을 체계적으로 정리한 '무감'을 저술했다. 화살을 연이어 발사하는 재래식 무기도 개조해 더욱 빠르게 화살이 날아갈 수 있도록 했다.

1895년 민비 시해를 계기로 외숙인 권세연이 1896년 경북 안동에서 의병을 일으켰을 때는 의병을 지원해 행동하는 척사 유림의 면모를 보였다. 을사조약 체결 후인 1908년에는 가야산에 군사기지를 설립하도록 자금을 제공했으나 가야산 산중에 기지를 구축하고 장정을 모으는 과정에서 기밀이 새 나가 일본군의 습격을 받아 실패로 돌아갔다.

이상룡

이상룡은 의병의 한계를 절감하고 구국 계몽운동으로 방향을 틀었다. 1909년 2월 안동경찰서에서 한 달여 동안 신문을 받고 석방된 후에는 대한협회 안동지부를 조직, 회장으로 민족자강 운동에 앞장섰으며 청년들에게 신교육을 가르칠 '협동학교'를 설립했다. 대한협회 안동지부는 설립 몇 달도 안 되어 수천 명이 가입할 정도로 성황을 이뤘고 서양의 근대사상과 제도를 소개했다.

한일합방으로 울분을 삼키며 두문불출하고 있던 1910년 11월 신민회의 이동녕과 양기탁이 밀사를 보내 이상룡의 참여를 타진했다. 만주 벌판에 독립운동 기지를 세워 무장한 독립군을 양성하고 침략자를 몰아내자는 제안이었다. 그것은 52세 나이에 선택한 형극의 길이었다. 이상룡은 곧 가산정리에 들어갔다. 제사와 친척들의 생활을 위한 논밭 일부만 남겨두고 조상 대대로 내려온 토지를 모두 처분해 독립운동 기지 건설 자금을 마련했다. 노비 문서도 불태웠다. 가까운 일족과 동지들에게도 동행을 권유해 수십 명이 동참했다.

이상룡은 1911년 1월 5일(음력) 새벽에 일어나 사당에서 조상에게 하직인사를 올리고 망명길에 올랐다. 단신으로 신의주에 먼저 도착해 20일간 전후 사정을 살피고 있을 때 아들 준형과 동생 봉희 등 일행이 신의주에 도착했다. 대가족은 1월 27일 썰매 수레를 타고 얼어 있는 압록강을 건넜다. 이상룡은 국경을 넘으며 느낀 비통한 감회를 시로 남겼다. '칼날보다 예리한 저 삭풍 / 차갑게 내 살을 도려내네 / 내 살 도려지는 건 참을 수 있지만 / 창자 끊어지는데 어찌 슬프지 않으리.'

독립군의 군세 확장에 혼신의 힘 쏟아

이상룡의 대가족은 안동(현재의 단동)을 거쳐 새 삶의 터전인 서간도로 향했다. 길림성 유하현 삼원보 추가가에 정착한 뒤에는 이시영·이동녕 등 신민회 인사들과 함께 한인사회 건설과 독립운동 기지 개척에 주력했다. 이름은 이상희에서 이상룡으로 개명해 새 출발을 다짐하고 황무지 개간과 농업경영을 통한 경제 자립 실현을 위해 설립한 '경학사' 사장으로 취임했다. 1918년 11월(음력)에는 만주·노령을 중심으로 당시 해외에 나가 있던 저명인사 39명이 한국의 독립을 선언한 '대한독립선언서'에 서명했다.

3·1 운동의 여파로 거족적인 만세 운동이 펼쳐지고 있던 1919년 4월에는 서간도 각 지역 한인사회의 지도자들과 독립운동 단체 대표들을 삼원보로 불러 '한족회'를 결성했다. 한족회는 이상룡의 주도 아래 무장투쟁을 주도적으로 지휘할 '군정부'를 설립한 뒤 이상룡을 총재로 추대했다. 하지만 곧 상해에서 대한민국 임시정부가 수립되자 이상룡은 두 개의 정부를 둘 수 없다며 1919년 11월 한족회를 '서로군정서'로 개칭하고 대표격인 독판으로 추대되었다. 해외 독립운동 단체 중 최대 규모인 서로군정서는 1920년 5월 본격적으로 무장 활동을 전개했다. 일제의 대병력이 만주로 쳐들어왔을 때는 북간도 독립군과 연합해 청산리대첩의 쾌거를 이뤄냈다.

이상룡은 1922년 6월 만주 지역의 각기 다른 독립군 조직을 묶어 서로군정서를 '통군부'로 확대 개편하고 이후에도 통군부와 17개 독립운동 단체를 또다시 합쳐 '통의부'를 결성하는 등 독립군의 군세 확장에 혼신의 힘을 쏟았다. 1925년 3월 상해임시정부 임시의정원이 이승만 대통령을 탄핵하고 국무총리 박은식을 대통령으로 추대하자 박은식은 임시정부 헌법을 대통령중심제에서 내각책임제로 개헌하고 이상룡을 국무총리에 해당하는 국무령으로 지명했다.

이상룡은 김좌진, 오동진, 김동삼 등을 국무위원에 임명하고 임시정부가 활발하게 무장 독립 투쟁을 전개하기를 기대했으나 국무위원들은 창조파와 개조파, 국내파와 해외파 등으로 분열되어 임시정부 활동에 적극적으로 나서지 않았다. 이상룡은 결국 1926년 2월 국무령을 사임하고 만주로 돌아와 의정부, 신민부, 참의부의 통합에 심혈을 기울이다 1932년 5월 12일 만주 길림성 소성자에서 "국토를 찾기 전에는 내 유해를 고국에 싣고 가지 말라"는 유언을 남기고 노환으로 서거했다.

유해는 광복 후 45년 만인 1990년 9월 대전국립묘지에 안장되었다. 이상룡의 아들 준형은 국내로 돌아왔으나 1942년 "일제 치하에서 하루를 더 사는 것은 하루의 수치만 더할 뿐"이라는 유서를 남기고 자결로 생을 마쳤다.

이상룡의 가문은 독립운동가 허위의 가문과 혼인으로 맺어진 사돈지간으로도 유명하다. 이상룡의 손녀와 허위의 아들이 혼인을 하고 이상룡의 손자와 허위 사촌의 손녀가 결혼했다. 허위는 1907년 대한제국 군대가 강제로 해산되었을 때 의병을 조직해 경기도와 황해도 일대에서 저항한 의병 지도자였다. 서울 탈환 작전 등 항일 무장 투쟁을 벌이다 일본 헌병대에 체포되어 1908년 서대문형무소에서 교수형을 당했다. 이상룡 집안은 3대에 걸쳐 9명의 독립유공자를 배출했다. 허위 가문에서도 4명의 독립유공자가 나왔다.

황현의 자결과 '매천야록'

일본은 매우 싫어하면서도 일본군의 훌륭한 점은 그대로 드러냈다.

황현(1855~1910)은 시대의 아웃사이더이자 초야에 묻힌 선비였다. 그러면서도 나라의 현실을 가슴 아파한 우국지사였고 조선의 몰락 과정을 생생하게 그려낸 시대의 기록자였다.

황현의 초상화. 1904년 채용신이 황현의 실물 사진을 보고 그렸다.

황현은 전남 광양의 몰락한 양반 가문에서 태어나 어려서부터 신동 소리를 들으며 자랐다. 하지만 시골의 한 귀퉁이에서는 만족할 만한 스승과 문상가를 찾을 수 없어 19세 때 서울로 상경해 글로써 세상을 논하자며 서울의 내로라 하는 논객들을 찾아다녔다. 시골뜨기 선비가 서울의 최고 문인들에게 서슴없이 도전장을 낸 격이다. 다행히 그의 재주를 알아보고 그와 마음이 통하는 문인들을 만났는데 이건창·강위·김택영 등이 그들이었다. 이건창은 황현의 글을 가리켜 "붓끝의 기백은 반고(후한 시대 사가)가 눈에 차지 않는다"며 극찬을 아끼지 않았다.

황현은 28세 때인 1883년 특별 보거과에서 장원을 했다. 그러나 시골 출신이라는 이유로 1등에서 2등으로 밀려난 것을 알고는 고향으로 내려가 독서와 후진 교육에 전념했다. 그러던 중 아버지의 강권에 따라 34세 때인 1888년, 생원 초시에 장원 급제해 진사가 되었다. 그러나 부정부패가 만연하고 탐관오리들이 세상을 농락하는 현실에 환멸을 느껴 벼슬길을 포기하고 또다시 낙향해 1890년 전남 구례의 서재에 칩거하면서 '매천야록', '오하기문', '동비기략'의 저술에 몰두했다.

그가 독서로 세월을 보내는 것을 안타깝게 여긴 벗들이 거듭 상경을 요청했으나 "어찌하여 나를 귀신같은 나라의 미친놈들 속에 들어가 같이 미친 사람이 되라 하는가"라며 일갈했다. 당대 세도가들의 교제 요청도 거들떠보지 않았다. 그는 사마천을 본받아 정치, 사회, 경제 등 모든 분야를 섭렵하고 그것을 후세에게 남기고 싶어했다.

특히 '매천야록'은 비극의 현장 기록서였다. 대원군의 집정이 시작된 1864년부터 나라를 잃은 1910년까지 47년 동안, 정치 중심 역사 서술에서 벗어나 당대의 살아 있는 사회·문화·생활상을 모두 6권 7책의 매천야록에 빠짐없이 기록했다. 매천야록에서 돋보인 것은 유려한 문체, 풍부하고 다양한 내용, 사건의 이면을 꿰뚫어보는 예리한 비판 정신이었다. 새로운 남녀 관계, 여학교의 설립 모습, 신식 혼인, 심지어는 1907년 관청에서 요강이 사라졌다는 이야기까지 사회 풍속도 세세히 기록했다.

그의 꼬장꼬장한 직필은 '매천필하무완인(梅泉筆下無完人)', 즉 "매천의 붓 아래서는 온전한 사람이 없다"는 평이 있을 만큼 추상같았다. 붓끝은 날카로웠고 거침이 없었다. 여흥 민씨들의 부패, 외척 세도의 발호, 벼슬을 사고파는 매관매직, 국채보상운동의 문제점 등 그 내용의 방대함과 상세함은 가히 신문을 능가할 정도였다.

"매천의 붓 아래서는 온전한 사람이 없다"

그는 동학농민운동의 동학도조차 '비도(匪徒)'로 보고 그들이 나라를 망치는 데 일조했다고 믿었다. 그에게 동학은 '굶주린 백성을 선동하는 술수'에 지나지 않았다. 단발령 후 일어난 의병 운동에 대해서도 비판은 신랄했다. "진실로 나라를 사랑하는 의병들은 몇 되지 않는다"며 "대부분 일하기 싫어하는 자들이 떼지어 따라다니며 약탈하고 강간을 자행하는 광도에 다름 아니다"라고 기록했다. 갑신정변의 개화당에 대해서도 "인명 살육을 서슴지 않는 도적이나 역당(逆黨)"이라는 말을 서슴지 않았다.

일본은 매우 싫어하면서도 청일전쟁 당시 일본군이 민간의 물건을 돈 주고 살 정도로 군율이 엄격하다는 사실을 예로 들며 일본군의 훌륭한 점은 그대로 드러냈다. 그러다 보니 지나친 독설과 과장, 때로는 양비론에 빠져 있다는 지적이 없진 않지만 전체적으로 역사를 바라보는 시각은 예리하고 냉철했다.

그가 일생의 대부분을 두문불출하고 살면서도 이토록 상세한 역사를 기록할 수 있었던 것은 당대 사람들로부터 들은 이야기와 1,000여 권에 달하는 개인 장서, 신문·관보 등의 도움이 컸다. 할아버지가 유산으로 남긴 700석의 재산도 평생 동안 시를 쓰고 매천야록을 남길 수 있었던 밑천이 되었나.

매천야록을 쓰고 있던 1905년, 을사조약의 비통한 현실을 당하자 황현은 '문변 3수'라는 시를 지어 을사5적의 매국적 행위를 규탄했다. '오애시'에서는 을사조약에 반대하다 자결한 민영환·조병세 등을 애도하고 그들의 우국충정을 기렸다. 또한 옛 중국의 난세에 몸을 깨끗이 가진 사람 10명을 뽑아서 그 행적을 그림으로 그리고 시를 지어 만든 '십절도십폭병'을 서재에 펼쳐놓고 그것을 보면서 마음가짐을 가다듬었다.

1908년에는 전남 구례군 광의면에 호양학교를 세우고 신학문을 가르쳤다. 황현이 남긴 1,100여 편의 시와 글에는 일상생활을 소재로 한 생활시, 기개와 충성 그리고 절개가 면면히 흐르는 우국 시가 많았다. '충무공구선가'(1884)와 '의기 논개비'(1898) 등이 대표적인 우국 시다.

황현은 1910년 한일합방을 당하자 식음을 전폐하고 누웠다. 어느 날 죽기를 결심하고 약을 먹었으나 목숨이 끊어지지 않았다. 아우 황원이 달려왔을 때 "내가 약을 삼키려다 입에서 뗀 것이 세 번이었다. 이다지도 어리석었던가"라고 말해 그 역시 죽음 앞에서는 몇 번이나 망설여야 하는 약한 인간임을 보여주었다.

그러나 1910년 9월 10일 새벽, 전남 구례 월곡리의 집에서 유서와 절명시 4수를 남기고 다량의 아편이 든 소주를 삼켜서 목숨을 끊었다. 유서에는 "나라가 선비 기르기 500년인데 나라가 망하는 날, 한 사람 죽는 자 없다면 어찌 통탄스럽지 않으랴"라고 썼다. 절명 시에는 "새나 짐승도 슬피 울고 바다와 산도 찡그리오 / 무궁화 우리나라 이미 망했구려 / 가을밤 등잔 밑에서 책 덮고 옛일을 되돌아보니 / 사람 세상에서 글 아는 이 노릇하기 어렵구나"라고 씌어 있었다.

그로부터 34년 후 아우 황원은 일제의 창씨개명 강요에 저항하다 1944년 2월 27일 유시 한 편을 남긴 채 독을 마신 뒤 집 근처 월곡저수지에 투신 자살함으로써 형과 같은 길을 걸었다.

황현의 저서들은 모두 사후에 출간되었다. 42수의 시와 51편의 글이 수록된 '매천집'은 중국으로 망명한 지인 김택영이 1911년과 1913년(속집) 상해에서 간행했다. 황현은 순절할 때 자손들에게 매천야록 원고를 외부 인사들에게 절대 보이지 말라고 당부했다. 후손이 책으로 피해를 입을까 염려해서였다. 자손들은 선친의 유언에 따라 책의 존재를 극비에 부치고 구례의 본가에 비장해 외부에 내놓지 않았다. 그러다가 책의 존재가 뒤늦게 알려져 1955년 국사편찬위원회가 간행한 '한국사료총서'의 첫 기획으로 출간되어 비로소 세상에 알려졌다.

부채표·활명수 우리나라 최초 상표·상품 등록

'민족이 합심하면 잘살 수 있다'는 민족 화합의 정신을 담아 회사명을 '동화(同和)'라고 지었다.

우리나라에서 가장 오래된 기업은 1897년 문을 연 동화약품이다. 두산그룹의 시원(始原)으로 인정받고 있는 포목점 '박승직 상점'이 그보다 빠른 1896년 창립되었지만 현재 두산그룹 어느 계열사에서도 포목 중개업의 자취를 찾아보기 힘들다는 점에서 전문가들은 동화약품을 국내 최초의 기업으로 꼽는다.

동화약품의 창립일은 소화제인 '활명수'를 팔기 시작한 1897년 9월 25일이다. 창업 당시 소재지는 서울 중구 순화동 5번지였다. 동화약품의 전신인 동화약방의 간판을 처음 내건 사람은 궁중 선전관 출신의 민병호였다. 선전관은 오늘날로 치면 대통령 비서실 겸 경호실 요원이다. 민병호는 궁궐에 드나들며 친분이 있는 전의(왕실 의사)에게 궁중 비방을 전해 듣고 그 비방에다 양약의 장점을 가미해 달이지 않고 복용할 수 있는 약을 만들었다. 이를테면 대한민국 최초의 신약이었다. 민병호가 수많은 약 중에 소화제를 먼저 만든 것은 당시 가장 흔한 질병이 위장 장애, 소화불량, 급체였기 때문이다.

민병호는 '민족이 합심하면 잘살 수 있다'는 민족 화합의 정신을 담아 회사명을 '동화(同和)'라고 지었다. 동화약품이 줘부채(접었다 폈다 하는 부채)를 상표로 선택한 것도 많은 부챗살이 한데 결속되어 부채를 만든다는 합심의 의미를 담고 있다. 민병호는 자신의 아들 민강(1883~1931)을 초대 사장으로 세워 활명수를 판매했다. 활명수는 발매 초기부터 '궁중 비방'이라는 소문이 퍼지고 임금이 먹는 약을 백성들도 먹을 수 있다고 화제가 되면서 폭발적인 인기를 끌었다. 배를 앓기 일쑤였던 백성들에게 활명수는 신통한 명약이자 생명을 살리는 물이었다.

신통한 명약이자 생명을 살리는 물

동화약방은 1909년 통감부에 '부채표'와 '활명수'를 상표등록했다. 그러자 곧 활명회생수, 활명액, 생명수 등 60여 종의 유사 제품이 난립해 이른바 '짝퉁 전쟁'이 벌어졌다. 유사 상품과 이름이 난립하자 동화약방은 1910년 8월 15일 상표 '부채표'를, 1910년 12월 16일 상품명 '활명수'를 조선총독부 특허국에 상표와 상품으로 등록했다. 1919년에는 우리나라 최초 유사 상표 방어용으로 '활명액'을 상표등록했다. 동화약방은 꾸준히 성장했으나 민강 사장이 독립운동에 깊숙이 개입하면서 사세가 점차 기울었다.

민강은 1919년 3·1 운동에 적극 참여하고 그해 4월 조직된 한성임시정부 수립에 관여했다. 비밀결사 조직인 대동단의 단원으로도 적극 활동했다. 대동단은 제1차 거사로 의친왕 이강을 상해로 탈출시켜 임시정부 조직에 참가시키려는 계획을 세웠으나 실패로 끝났다. 의친왕은 1919년 11월 만주 안동(현재의 단동)까지 갔다가 조선인 형사에게 체포되어 강제 송환되었다. 이 일로 대동단 간부는 거의 다 체포되어 옥고를 치렀다. 민강도 1년 6개월의 옥고를 치렀다.

민강

그에 앞서 민강은 1919년 7월 상해임시정부가 국내·외를 연결할 목적으로 만든 비밀 연락 조직인 서울연통부를 동화약방 내에 설치했다. 그리고 연통부를 통해 각종 정보와 군자금을 임시정부에 전달했다. 그러나 연통부는 1922년 일제에 적발되었고 이로 인해 민강은 갖은 고초를 겪다가 건강 악화로 1931년 11월 4일 세상을 떠났다.

민강이 유명을 달리하고 사세가 계속 기울자 1937년 민씨 일가는 동화약방을 민족기업가이며 독립운동가인 윤창식(1890~1963)에게 넘겼다. 우리나라 최초의 M&A 사례였다. 윤창식 역시 보성전문 상과를 졸업한 뒤 1915년 3월 국산품 애용과 민족경제 자립을 목적으로 조직된 항일 비밀결사 '조선산직장려계'를 조직하고 총무로 활동하다 옥고를 치른 애국지사였다. 국내 항일 단체인 신간회의 간부를 맡기도 했다.

윤창식은 제5대 사장 취임 후 가내수공업 수준에 머물던 동화약방을 현대적인 대량생산 체제로 바꿔나갔다. 이때부터 전통의 부채표 '활명수'는 본격적인 황금시대를 맞았다. 당시 활명수는 선금을 예치하고도 제품을 구입하기가 힘들 정도로 공급 부족 사태를 빚었다. 1937년 7월에는 활명수를 만주국에 해외 상표등록하고 1938년 12월에는 만주 안동에 동화약방 지점을 설치했다.

부채표 활명수는 비약적인 성장을 거듭했으나 6·25 전쟁으로 순화동 공장이 완전히 파괴되는 시련을 겪다가 전쟁이 끝난 후 공장을 복구하고 재기에 성공했다. 동화약방은 옛 명성을 되찾고 1962년 동화약품으로 상호를 변경했다.

활명수는 1965년 10월 처음 발매된 삼성제약 '까스명수'의 도전을 받았다. 까스명수는 당시 유행하던 탄산이 들어 있는 드링크였다. 동화약품은 대책 마련에 부심했고, 그 결과 1967년 4월 2년 만에 시장점유율을 역전시켜 예전의 영광을 되찾았다. 1990년대에도 활명수의 지명도를 등에 업고 유사품들이 우후죽순 생겨나자 동화약품은 '부채표 캠페인'을 벌여 브랜드 차별화에 나섰다. '부채표가 없는 것은 활명수가 아닙니다'라는 광고카피는 연일 사람들의 귀와 눈을 사로잡으며 금세 유행어로 등극했다. 이 광고는 국내 광고 역사에 기록될 만한 성공적인 캠페인이었다.

동화약품의 성장사를 이야기할 때 결코 빠뜨릴 수 없는 게 '후시딘'이다. 1980년 발매된 후시딘은 '이명래 고약'과 '머큐로크롬액'(일명 아까징기)이 주도하던 상처 치료제 시장의 판도를 완전히 뒤엎었다. 후시딘은 1994년 서울 정도 600년 기념행사에서 서울을 대표하는 상징물 중 가정상비약을 대표하는 제품으로 선정되어 타임캡슐에 보관되고 있다.

박승직과 두산

박승직(1864~1950)은 현존하는 우리나라 기업 중 가장 오래된 두산그룹을 창업하고 서울 종로와 청계천로 사이에 위치한 광장시장의 오늘을 있게 한 우리나라 시장경제의 개척자다. 그가 조선 8도 장터를 누비는 보부상으로 모은 돈을 종잣돈 삼아 종로 4가 배오개시장에 '박승직 상점'을 연 것은 32살 때인 1896년 8월 1일이었다.

당시 배오개시장은 조선시대 전통적 서민 시장으로, 동대문으로 들어오는 여러 지방의 곡물·청과·잡화·포목·수산물 등이 거래되었다.

박승직. 순종의 국장 때(1926년) 모습

배오개시장은 그로부터 9년 뒤인 1905년 7월 몇몇 상인의 주도로 '동대문시장'으로 탈바꿈했다. 같은 해 11월에는 이미 거상으로 우뚝 선 박승직을 비롯해 몇몇 상인이 동대문시장의 운영과 관리를 위해 한국 최초의 주식회사인 '광장주식회사'를 설립했다. 그 무렵 남대문시장은 일본인이 장악하고 있었기 때문에 박승직은 동대문시장에서는 조선 상인들만 장사할 수 있도록 질서를 잡았다. 그가 광장시장을 이끈 공로는 한국 경영경제사에 길이 남을 일이었다. 이후 시장은 동대문시장 또는 광장시장으로 불리며 오늘에 이르고 있다.

박승직은 경기도 광주군에서 태어났다. 집안은 몰락 양반으로 당시 세도가인 여흥 민씨의 위토를 부쳐서 입에 풀칠하는 소작농가였다. 박승직은 17세 때인 1881년 민영환이 해남군수에 임명되어 임지로 내려갈 때 민영환을 따라 세상을 두루 구경하며 내려가 현지에서 개인 비서 역할을 했다. 그러면서도 관청 일이 끝나면 해남 장터에 나가 장사꾼들을 유심히 살피다가 조금씩 물건을 사 모아 되팔았다. 박승직의 내면에서 똬리를 틀고 있던 상인 DNA가 마침내 밖으로 표출된 것이다. 박승직은 그렇게 해남에 머물며 큰돈을 모았다. 박승직은 3년 후 민영환의 군수 임기가 끝나 고향으로 돌아왔다.

고향은 서울로 흘러드는 물자의 중계지인 송파에 가까웠다. 그는 시장이 열리는 송파장을 자주 찾아가 지켜보다가 20살 무렵 송파에서 포목류를 사 경기나 강원 산간 지방에 팔아넘기는 보부상이 되었다. 그 후 박승직상점을 개점하고 광장시장을 안정화시켰다. 1906년 1월 조선인 기업가들로 이루어진 사상 최초 경영인 단체 '한성상업회의소'가 설립되었을 때는 발기인 대표로 이름을 올리고 1909년 상임위원에 선출되었다. 한성상업회의소는 뒷날 경성상업회의소, 내한상공회의소로 발선했다.

박승직은 1907년 8월 조선 상인들의 집결체인 '공익사'를 설립했다. 공익사는 보부상 우두머리나 객주 출신 포목 상인들이 출자한 조합으로 일본인 중간상인들을 배제해 큰 성과를 거두었다. 박승직은 1925년 2월 종로 4가 15번지에 자리 잡은 포목점을 '주식회사 박승직상점'으로 개편했다. 그의 뛰어난 경영 능력을 높이 평가해 일본인들도 주주로 참여했다.

박승직은 여성 화장품인 '박가분' 판매에서도 성공을 거뒀다. 박가분은 박승직의 아내가 집에서 부업 삼아 만든 것이 출발점이다. 납과 돌가루를 섞어 만드는 재래의 화장품 제조법에 자신의 아이디어를 곁들여 만든 박가분은 1915년부터 방물장수를 통해 전국으로 퍼져나갔다. 날이 갈수록 인기가 높아져 1920년대 불황기의 박승직 상점에 중요한 돈줄 역할을 하기도 했다. 하지만 1920년대 말 일본에서 고급 화장품이 밀려들어 오고, 재래 화장품 원료인 납에 독성이 있다고 알려지면서 퇴조하기 시작, 1937년 생산을 중단했다.

박승직은 1933년 국내에서 생산하는 일본 쇼와기린맥주 이사로 참여했다. 1945년 해방 후 일본인 경영진이 한국인 최대 주주인 박승직에게 경영권을 넘기고 떠나자 박승직은 31세 장남 박두병에게 기린맥주회사를 맡겼다. 박두병은 경성고상 졸업 후, 조선은행에 다니다가 1936년부터 박승직 상점의 전무로 근무하고 있었다. 박두병은 1952년 5월 한국 정부로부터 기린맥주를 불하받아 동양맥주주식회사를 창업했다. OB로 불린 이 동양맥주는 두산그룹의 주력 기업이 될 정도로 성장했다. 박승직은 1950년 12월 세상을 떠났다.

파울 에를리히, 매독 치료제 개발

19세기 말 파리 인구의 15%가 매독 환자였다는 통계가 있을 정도로 매독이 창궐했다.

매독 치료제가 개발되기 전까지 매독에 대한 공포는 20세기 후반 에이즈 공포와 비교될 만큼 무서웠다. 15세기 말 매독이 유럽에서 발견된 후 400여 년 동안 유럽에서만 1,000만 명이 죽은 것으로 알려졌고, 19세기 말 파리 인구의 15%가 매독 환자였다는 통계가 있을 정도로 창궐했다. 20세기 초반의 또 다른 보고서는 정신병동에 수용된 환자 가운데 3분의 1이 매독 희생자라고 집계했다. 그런데도 20세기 초반까지 매독의 병리학적인 특성은 여전히 알려지지 않았다.

이 매독에서 인류를 구해낸 인물은 파울 에를리히(1854~1915)다. 그는 독일의 유대인 집안에서 태어나 브레슬라우대와 라이프치히대 등에서 의학을 전공했다. 그러나 환자를 치료하기보다는 원인균을 발견하고 사멸하는 것에 더 관심이 많았다. 학창 시절부터 동물의 조직을 염색하는데 사용하는 색소에 관심이 많아 의과대를 졸업한 뒤에도 동물 조직의 염색에 관한 연구에 몰두했다.

베를린 의과대의 연구원으로 활동할 때는 색소를 산성·염기성·중성으로 분류하고 혈액 세포 안에 있는 매우 작은 알갱이를 염색하고 관찰하는 일을 했다. 이 방법은 훗날 혈액학과 조직학 염색 방법의 토대가 되었다. 1882년 코흐가 결핵균을 발견했을 때는 코흐의 방법을 개량한 염색법을 고안해 발표했다.

그러던 어느날 에를리히는 '메틸렌 블루'라는 염료를 토끼 귀의 정맥에 주사하는 실험을 했다. 염료는 혈류를 타고 온몸으로 퍼졌다. 그런데 다른 부분은 염색되지 않고 신경의 끝만 파랗게 물이 들었다. 이 사실을 통해 에를리히는 "동물의 몸을 이루는 여러 조직 중에서 특정 부위만 염색

파울 에를리히

하는 염료가 있다면 그 염료로 사람의 조직에 있는 세균만을 염색해 죽일 수 있을 것"이라는 가설을 세웠다. 이후 그는 '특정 세균이 특정 질병을 일으킨다'는 이른바 '코흐의 성리'에 입각해 사람의 세포에는 손상을 주지 않고 인체에 침입한 세균만 죽이는 특효약을 찾는 데 모든 연구를 집중했다.

에를리히는 1896년 혈청 연구와 관리를 위해 독일 프랑크푸르트에 설립된 국립연구소장으로 임명되자 본격적으로 화학요법제 연구를 시작했다. 화학물질의 구조에 따라 세포 내에서 작용기전(약물이 체내에서 효능을 발휘하는 생화학 반응 과정)이 어떻게 달라지는지를 연구한 그의 노력은 항균 효과를 지닌 화학물질의 발견으로 이어졌다.

1901년 말라리아 병원균을 처음 발견한 샤를 라브랑의 연구 논문을 읽었는데 논문에는 원생생물인 '트리파노소마'가 말들의 뒷다리를 못 쓰게 하고 쥐에게는 '말 드 카데라'라는 병을 일으킨다고 적혀 있었다. 에를리히는 트리파노소마를 연구 대상으로 삼아 염료를 이용한 미생물 사냥에 나섰다. 어느날 '트리판 레드'라는 염료를 쥐에게 주사했더니 그때까지 쥐들을 죽이던 트리파노소마가 쥐의 혈액 속에서 녹아 없어진 것을 확인할 수 있었다.

에를리히는 이후에도 지루한 실험을 계속하던 중 한 잡지에서 '아톡실'과 관련된 기사를 읽었다. 아톡실을 주사하면 수면병에 걸린 쥐들은 거의 치료된 반면 수면병에 걸리지 않은 쥐들은 대부분 죽는다는 내용이었다. 에를리히는 1903년 아톡실을 트리파노소마에 적용시켜 보았으나 성공하지 못했다. 그런데 2년 후 다른 연구자가 아톡실이 트리파노소마에 감염된 동물의 혈액에서 치료 효과를 보인다는 연구 논문을 발표했다. 에를리히는 다시 한 번 아톡실의 효과를 시험했으나 이번에도 아톡실이 심각한 부작용을 야기한다는 사실만 알아냈을 뿐 성과가 없었다. 이유를 몰라 고민하던 중 아톡실의 구조를 조금 바꾸면 다른 결과를 낼지 모르겠다고 생각했다.

특정 세균만 죽여 '마법의 탄환'으로 불려

그러던 중 1905년 독일의 동물학자 프리츠 샤우딘과 에리히 호프만이 현미경으로 매독의 원인균인 '스피로헤타균'을 발견한 사실을 알게 되었다. 샤우딘은 스피로헤타균이 트리파노소마와 매우 유사하다고 발표했다. 에를리히는 그렇다면 스피로헤타균을 죽일 수 있을지 모른다고 생각하고 매독균을 본격적으로 연구하기 시작했다. 먼저 감염된 원숭이를 실험 대상으로 삼아 매독균을 사멸할 수 있는 화학요법제를 연구했다. 매독 치료에 대한 성과가 아직 나오지 않았는데도 에를리히는 1908년 면역학 연구 공로로 엘리야 메치니코프와 함께 노벨 생리의학상을 받았다.

매독 치료를 위한 에를리히의 연구는 계속되었다. 에를리히는 동물에 비소 화합물을 투여해 항균 검사를 시행했다. 검사는 600번 넘게 계속되었으나 성과가 없었다. 그러던 중 1909년 매독균에 감염된 토끼를 이용한 실험에서 606번째로 합성한 비소 화합물인 '아르스페나민'이 효과가 있음을 밝혀냈다. 에를리히는 동물실험에 이어 임상 실험까지 거쳐 1910년 4월 19일 이 비소 화합물이 매독 원인균 스피로헤타에 효과가 있다는 연구 결과를 독일에서 개최된 국제의학회의에서 발표했다.

에를리히는 흔히 606호라 불리는 이 약제를 '살바르산'이라고 명명하고 매독 환자들에게 투여했다. 효과는 놀라웠다. 살바르산은 매독균인 스피로헤타균을 죽이면서도 인체의 다른 세포에는 손상을 주지 않고 특정 세균만 죽여 '마법의 탄환'의 하나로 자리매김했다.

에를리히는 일부 부작용을 해결하기 위해 다시 실험을 거듭했고 914번 만에 더욱 쉽게 합성할 수 있으면서도 용해성이 높고 투여 방법이 간편한 신약 '네오 살바르산'을 1912년 발표했다. 인체 세포가 아닌 매독균에만 결합해 균을 죽인다는 이 신약은 세계적으로 센세이션을 불러일으켰다. 살바르산이 발표된 후 전염성 질환을 연구하던 학자들이 속속 치료제 개발로 방향을 틀었다. 그러나 누구도 20여 년 동안 특별한 성과를 내지 못했다. 1930년대 들어서야 게르하르트 도마크가 '프론토질'이라는 염료가 항박테리아성 물질임을 알아냈을 뿐이다.

도마크는 프론토질이 시험관 속의 격리된 박테리아는 죽이지 못하고 생체 내에서만 효과가 있다는 사실을 알아냈다. 이를 토대로 생체 내에서 프론토질이 다른 물질로 전환되어 박테리아를 공격하는 항체 효과를 갖는다는 결론을 냈다. 그는 프론토질을 분해해 효과적인 화합물을 얻었고 그것의 이름을 술폰아미드 염료라고 명명했다. 뒤이어 1940년 하워드 플로리와 언스트 체인에 의해 '페니실린'이 정제되고 같은 계열의 여러 항생제들이 속속 실용화되면서 전염병에 대항하는 인류의 노력은 가시적인 성과를 얻을 수 있었다.

로베르트 코흐 로베르트 코흐(1843~1910)는 프랑스의 미생물학자 루이 파스퇴르와 함께 19세기 세균학의 토대를 닦은 '세균학의 개조'다. 세균학은 17세기 후반 네덜란드의 안톤 판 레이우엔훅이 현미경으로 처음 미생물을 관찰한 이래 19세기 말 전성기를 맞았다. 탄저균(1876), 임질균(1879), 장티푸스균(1880), 나병균(1880), 결핵균(1882), 콜레라균(1883), 디프테리아균·파상풍균(1884), 페스트균(1894), 이질균(1898) 등이 모두 19세기 말에 발견되었다. 코흐는 이 가운데 탄저균이 탄저병의 원인

균임을 입증하고 결핵균과 콜레라균을 발견함으로써 '세균학의 창시자'로 불린다. 이런 공로를 인정받아 전 세계에서 발행된 우표에 가장 많이 등장한다.

로베르트 코흐

코흐는 독일 클라우스탈의 탄광촌에서 태어났다. 1866년 괴팅겐대 의과대를 졸업한 후 종합병원의 정신과 의사로 근무했으나 정신과에 흥미를 잃어 시골에서 개업했다. 1870년 프로이센(독일)과 프랑스 간의 보불전쟁 때 프로이센 군대의 군의관으로 참전한 몇 달을 제외하곤 시골 개업의로 평범한 생활을 보냈다.

그러던 중 탄저병이 크게 유행하던 1873년, 부인이 현미경을 선물했다. 그 무렵 탄저병은 병에 걸린 양이나 소를 얼마 못 가 죽게 했고, 사람들의 목숨을 빼앗기도 했다. 농촌은 공포에 떨었으나 누구도 원인을 알지 못했다. 폴란드의 한 수의사가 병사한 동물의 혈액 중에 긴 실 모양의 작은 간상체(막대 모양)가 다수 함유되어 있는 것을 발견했으나 이것이 병의 원인인지, 병의 결과인지 확인되지 않았다.

이 사실을 알게 된 코흐가 탄저병에 걸린 동물의 혈액을 쥐에게 주사하는 실험을 해보았더니 쥐는 하루 만에 죽었고 죽은 쥐의 혈액에서 간상체가 다수 발견되었다. 코흐가 이 간상체, 즉 탄저균을 배양해 다른 동물에 주입했더니 그 동물에서도 탄저병이 발병했다. 이로써 탄저병은 탄저균이라는 특정한 병원균이 일으킨다는 사실이 확인되었다.

코흐는 1876년, 탄저균 연구 결과를 발표했는데 세균병인설 즉 '특정 질병은 특정 세균이 일으킨다'는 인과관계를 설명하는 결정적인 증거로 인정받았다. 이로써 전염병 치료의 길이 열리고 각각의 질병에 대한 특효 치료법을 개발하는 계기가 되었다. 코흐는 이 공로를 인정받아 1880년 베를린 국립보건연구소 연구원으로 임명되었다.

그 무렵 세균학 연구의 제1인자는 프랑스의 파스퇴르였다. 탄저균의 발견으로 코흐에게 선수를 놓친 파스퇴르는 1881년 탄저병 백신요법을 개발해 코흐의 명성을 따라잡을 수 있었다.

19세기 세균학의 토대를 닦은 '세균학의 개조'

코흐는 세균학의 가장 기본이 되는 '코흐의 정리' 4원칙을 제시한 것으로도 학계의 주목을 끌었다. ▲특정 질병에는 그 원인이 되는 하나의 생물체가 있다. ▲그 생물을 순수 배양으로 얻을 수 있다. ▲배양한 세균을 실험동물에 투입했을 때 똑같은 질병을 유발해야 한다. ▲그 병에 걸린 실험동물에서 다시 그 세균을 분리할 수 있어야 한다 등이다. 물론 '코흐의 4원칙'이 독창적인 것은 아니었다. 대학 시절 그의 스승이었던 야코프 헨레가 '특정 질병에는 기생균이 반드시 존재해야 한다' 등 3가지 조건을 제시한 바가 있기 때문이다.

코흐가 다음 연구 목표로 삼은 것은 결핵균 병원체의 발견이었다. 결핵은 인류 역사상 가장 많은 생명을 앗아간 전염병인데도 원인균이 무엇인지 밝혀지지 않고 있었다. 코흐는 본격적인 연구에 앞서 제자인 파울 에를리히의 도움을 받아 미생물과 세균을 염색한 후 현미경 사진을 찍는 방법을 개발했다. 어느날 코흐는 파란색으로 염색된 죽은 폐 세포 사이로 작고 아주 가는 간균들이 모인 이상한 덩어리를 발견했다.

코흐는 곧 결핵 환자의 가래와 혈액 등에서 이 막대기 모양의 결핵균을 찾아내 배양에 성공했다. 그리고 1882년 3월 24일 열린 베를린 생리학회에서 결핵균을 동물에 주사하면 결핵에 걸려 죽는다는 사실을 발표함으로써 당시 세계를 휩쓸던 결핵 원인 논쟁에 종지부를 찍었다. 오늘날 세계 결핵의날은 이 3월 24일을 기념하고 있다.

코흐의 실험실은 19세기 말 세계 의학의 중심지

1883년 코흐는 새로운 병원체를 탐색하기 위해 콜레라로 많은 사람이 죽어가고 있는 이집트 알렉산드리아로 갔다. 당시 코흐에게 라이벌 의식을 품고 있던 파스퇴르도 제자를 이집트로 파견했으나 제자는 콜레라에 감염되어 죽었다. 코흐 역시 콜레라균을 발견하지 못하자 콜레라가 번창하는 인도로 다시 건너가 그곳에서 콜레라균을 찾아내고 순수 배양에 성공했다. 이것을 동물에 주사해 발병을 확인했다. 콜레라균이 물이나 음식 등을 통해 전염된다는 사실도 밝혀내 콜레라 방역의 기초를 확립했다.

이후 각국의 연구자가 그의 문하로 몰려들었고 코흐의 실험실은 19세기 말 세계 의학의 중심지가 되었다. '살바르산 606호'를 발견해 1908년 노벨 생리의학상을 수상한 파울 에를리히, 1901년 제1회 노벨 생리의학상을 수상한 에밀 베링도 그의 제자였으며 화학물질 발암설을 증명한 일본의 야마기와 가쓰사부로도 코흐의 연구실을 거쳐갔다. 코흐는 1891년 자신을 위해 정부가 설립한 베를린 국립전염병연구소 초대 소장으로 승진했다.

결핵균과 콜레라균의 잇따른 발견에 고무된 코흐는 1890년 '투베르쿨린'이라는 결핵 백신을 발표했다. 여론은 폭발적으로 반응했고 전 세계에서 찬사가 쏟아졌다. 그러나 막상 약을 접종했을 때 치료 효과가 나타나지 않고 부작용만 심했다. 이 방법은 오늘날 투베르쿨린으로 불리는 결핵 진단법으로 쓰이고 있지만 당시 코흐에 대한 비난은 당초의 열광만큼이나 거셌다. 코흐는 실의에 빠졌고 더 이상 예전의 평판을 회복하지 못했다.

이때 18살의 어린 배우가 나타나 코흐를 위로하고 용기를 불어넣어 주었다. 부인과 딸은 오래전 너무 바쁘게 사는 그의 곁을 떠나고 없었다. 코흐는 50세였던 1893년 30살 연하의 이 여배우와 재혼했다. 1901년 제1회 노벨상 수상자의 영광을 디프테리아 치료법을 개발한 제자 베링에게 빼앗긴 것도 결핵 치료약 개발 실패에 따른 불운이었다.

코흐는 좌절하지 않고 1903년 아프리카에서 말라리아, 수면병, 페스트 등을 연구했고 1904년 아프리카 회귀열 등을 연구했다. 이런 모든 공로를 인정받아 1905년 마침내 노벨 생리의학상을 수상했다. 코흐가 사망하고 2년 뒤인 1912년, 독일 정부가 그를 영구히 기리기 위해 '베를린 선염병 연구소'를 '로베트르 코흐연구소'로 개칭했다.

루이 파스퇴르

루이 파스퇴르(1822~1895)는 프랑스 동부의 쥐라주 돌에서 태어나 파리고등사범학교에서 물리와 화학을 전공하고 1849년 스트라스부르대 화학과 조교수로 임명되었다. 1854년 릴대로 자리를 옮긴 뒤에는 화학자에서 미생물학자로 변신했다. 당시 릴 지방에는 포도주 양조공장이 많았다. 너무 빨리 시어지는 포도주로 마음고생이 심하던 양조업자들은 파스퇴르에게 원인 분석을 의뢰했다.

파스퇴르는 알코올 발효를 일으키는 통과, 발효를 일으키지 않는 통을 현미경으로 각각 조사해 발효를 일으키는 주체가 효모임을 밝혀냈다. 효모와 함께 사는 세균이 와인 맛을 변하게 한다는 사실도 알아냈다. 1863년에는 섭씨 55~60도로 1시간 정도 가열하면 포도주는 변질되지 않고 박테리아의 독성만 파괴한다는 사실을 발표했다. 지금도 사용되고 있는 '파스퇴라이제이션' 즉 '저온살균법'이다.

파스퇴르는 '생물 자연발생설'과도 치열한 싸움을 전개했다. 요즘이야 논할 가치도 없는 것이지만 당시만해도 '생물은 자연적으로 생겨난다'는 자연발생설을 둘러싸고 갑론을박하고 있었다. 이 같은 지루한 논쟁에 결정적으로 종지부를 찍은 사람이 파스퇴르다.

그는 생물 자연발생설의 오류를 입증하기 위해 목 부분이 S자로 된 플라스크에 설탕물과 효모의 혼합액을 넣어 두고 S자로 구부러진 목 부분에는 물을 채웠다. 공기는 플라스크 안으로 자유롭게 드나들겠지만 공기 중의 미생물 등은 기다란 S자관의 중간에서 붙잡힐 것이라고 생각했던 것이다. 실험 결과 수개월이 지나도 플라스크 안에서는 미생물이 발견되지 않았다. 하지만 S자관을 없애자 미생물이 자라기 시작했다. 이로써 생물의 자연발생설은 사실상 부정되었고 '생물은 생물로부터만 발생한다'는 생물 발생설이 정식으로 인정받게 되었다.

루이 파스퇴르

1879년에는 닭콜레라의 독성을 약화한 배양균을 닭에 주사하면 면역이 생긴다는 것을 밝혀내 백신 접종을 통한 전염병 예방의 길을 터놓았다. 사실 이런 결과는 한 세기 전쯤 제너의 우두 접종에서 확인된 바 있지만 약독화한 균체가 그 균이 일으키는 질병에 대한 면역력을 심어준다는 근본적인 원리를 확립한 것은 파스퇴르가 처음이었다.

프랑스인들, 나폴레옹보다 파스퇴르를 더 위대한 인물로 꼽아

파스퇴르는 코흐가 발견(1876)하고도 미처 개발하지 못한 탄저균의 예방접종 백신 개발을 다음 연구 목표로 삼았다. 1881년 5월 5일 파스퇴르는 보통 양 24마리와 백신을 접종한 24마리의 양에게 공개적으로 탄저균 배양액을 주입했다. 6월 2일 보통 양은 모두 죽은 반면 백신을 접종한 양은 모두 건강하게 살아남은 것을 확인할 수 있었다. 탄저병 예방접종의 가치가 공개적으로 확인된 것이다.

1884년 파스퇴르는 광견병 바이러스로 토끼를 감염시킨 뒤 그 토끼의 척수를 채취해 광견병 백신을 만들었다. 1885년 7월 미친 개에게 물린 9살 소년이 어머니와 함께 파스퇴르를 찾아왔다. 소년은 다른 의사로부터 "손쓸 도리가 전혀 없다"는 진단을 받아놓고 있었다. 파스퇴르는 7월 6일

소년에게 광견병 백신을 주사했고, 소년은 귀중한 생명을 건졌다. 치명적이었던 질병 하나가 마침내 인류에게 정복되는 순간이었다.

인체에 처음 적용된 광견병 항독소의 성공은 파스퇴르의 명성을 다시 한 번 드높여 주었다. 프랑스 정부는 파스퇴르의 공로를 인정해 1886년 파스퇴르연구소를 설립했다. 이 연구소는 파스퇴르 사후 노벨상 수상자를 10명이나 배출할 정도로 세균학 연구소의 메카가 되었다.

오늘날 프랑스에서 파스퇴르에 대한 존경심은 숭배에 가깝다. 프랑스인들은 파스퇴르를 나폴레옹보다 더 위대한 사람으로 꼽는다. 유럽 전체를 누빈 나폴레옹도 영웅이지만, 수천만 명의 생명을 앗아가는 전염병의 위협으로부터 인류를 해방시킨 파스퇴르가 더 진정한 영웅이라는 것이다.

파스퇴르는 애국자로서의 명성도 높았다. 1870년 프랑스와 프로이센(독일) 간에 전쟁이 벌어졌을 때 파스퇴르는 전쟁 전 프로이센의 본대에서 취득한 의학박사 학위를 돌려주겠다고 발표했다. 그때 남긴 유명한 말은 이랬다. "과학에는 국경이 없다. 그러나 과학자에게는 조국이 있다."

토머스 모건, 유전자가 염색체 안에 있음을 증명

초파리는 20세기의 위대한 생물학적 발견을 위한 핵심 역할을 담당하고 있다.

초파리는 먹다가 방치해 놓은 과일 그릇 속에서 흔히 발견된다고 해서 영어로는 'fruit fly'로 불린다. 식초같이 신 것에 잘 날아든다고 해서 우리말로는 '초(醋)파리'라고 한다. 몸길이는 2~3㎜에 불과하고 번식력이 뛰어나며 생명 주기가 짧다. 알에서 성충이 되는 데도 2주일이면 충분하고 수명은 2~3개월을 넘지 못한다. 초파리는 이처럼 그저 그런 존재인데도 오늘날 유전학, 발달생물학, 노화 연구, 진화 등 각 방면의 연구에서 핵심 역할을 담당하고 있다.

2000년 3월 발표된 초파리 게놈 프로젝트 결과에 따르면 초파리의 유전자는 사람의 질병 유전자와 75% 일치하고 유전자 수(1만 3,600개)도 사람(2만 6,000~4만 개)에 비해 크게 차이가 나지 않는다. 물론 초파리 유전자보다 더 인간에 가까운 유전자를 갖고 있는 생명체는 많지만 3개월 만에 초파리의 일생을 모두 관찰할 수 있다는 점에서 수명이 긴 다른 동물들과는 비교가 되지 않을 정도로 연구에 유용하다.

토머스 모건

초파리를 과학계에 데뷔시킨 학자는 1900년 하버드대 윌리엄 캐슬 교수였지만 초파리를 본격적으로 과학 연구의 대상으로 삼은 학자는 미국 컬럼비아대의 토머스 헌트 모건(1866~1945) 교수였다. 모건은 미국 켄터키주 렉싱턴의 명문가에서 태어났다. 증조할아버지는 거부였고 외증조할아버지(프랜시스 스콧 키)는 미국 국가를 작곡한 유명 변호사였다. 아버지는 이탈리아 시칠리아 주재 미국 영사를 지내면서 가리발디의 이탈리아 독립 투쟁을 지원했고 삼촌은 남북전쟁 당시 남부 연합군의 장군이었다.

모건은 어릴 적부터 생물학에 관심이 많아 캔터키주립대(현 캔터키대)에서 동물학을 전공하고 바다거미의 진화적 관계를 연구해 1891년 존스 홉킨스대에서 박사학위를 땄다. 이후 펜실베이니아주 브린모어여대의 생물학과 교수를 거쳐 1904년 뉴욕 컬럼비아대로 전직했다.

학자로 활동하던 초기에 모건은 염색체가 유전과 관련되어 있다는 멘델의 유전 이론을 믿지 않았다. 당시 모건의 관심을 끈 것은 100년 전 장 바티스트 라마르크가 제창한, 자주 사용하는 기관은 세대를 거듭할수록 잘 발달하고, 그렇지 못한 기관은 점점 퇴화·소실된다는 '용불용설'이었다.

그래서 착수한 것이 동굴 속에서 동물의 눈이 퇴화하는 현상에 대한 재현 실험이었다.

눈 색깔을 결정하는 유전자가 X염색체에 있다고 가정

진화는 주어진 환경에 적응하기 위해 생물이 변하는 것이므로 라마르크의 용불용설이 맞다면 하루종일 컴컴한 곳에서 동물을 기를 경우 쓸모없어진 눈은 언젠가 퇴화할 것이고 퇴화된 눈은 유전될 것이라고 믿었다. 모건은 초파리를 실험 대상으로 삼아 퇴화된 눈이 여러 세대를 거쳐 유전되면 자연히 앞이 보이지 않는 초파리들이 태어날 것이라고 기대했다. 실험은 대학원생 퍼낸더스 페인이 맡아 1908년부터 진행했다. 페인은 암실에서 2년 동안 69세대째 초파리까지 실험을 계속했다. 그러나 초파리의 눈이 퇴화하지 않는 등 기대했던 성과가 나타나지 않아 실험을 중단했다.

모건이 다음 연구 과제로 삼은 것은 초파리에 방사선을 쪼여 인공적으로 돌연변이 초파리를 만드는 실험이었다. 방사선에 계속 노출되다 보면 돌연변이가 나타날 것이라는 믿음을 갖고 초파리의 번데기·애벌레·알에 방사선을 쪼였다.

그러던 중 1910년 5월 마침내 모건이 기대한 결과가 나타났다. 사육하던 초파리 1,000여 마리 중 3마리에서 흰눈 초파리가 태어난 것이다. 일반 초파리들은 눈이 붉기 때문에 돌연변이를 일으킨 게 틀림없었다. 그래도 정확한 답을 찾으려면 더 많은 실험이 필요했다. 모건은 흰눈 초파리와 정상적인 붉은눈 초파리를 교배하는 실험도 시작했다. 하지만 교배로 태어난 1세대(F1) 초파리는 실망스럽게도 암컷 수컷을 불문하고 모두 붉은눈이었다.

그토록 기대하던 흰눈 초파리는 1세대의 붉은눈 초파리들을 다시 교배했을 때 태어났다. 멘델의 연구에 따르면 우성과 열성 형질은 3 대 1 비율로 나타난다고 했는데 모건의 2세대(F2) 초파리들도 붉은눈 3에 흰눈 1이었다. 붉은눈의 초파리는 모두 3,470마리였고 흰눈은 782마리였다. 약간의 오차를 감안한다면 이 수치는 멘델의 3 대 1 법칙에 가까웠다.

또 하나 새로운 패턴이 발견되었는데 전체적으로 암컷과 수컷의 수는 비슷했지만 흰눈 초파리의 비율만은 성에 따라 큰 차이를 보였다. 붉은눈 초파리는 암컷이 2,459마리, 수컷은 1,011마리인 반면 흰눈 초파리는 수컷이 782마리나 되었는데도 암컷은 한 마리도 없었던 것이다. 이것은 멘델도 미처 예측하지 못한 결과였다. 멘델의 법칙에 따르면 제2세대에서 수컷이든 암컷이든 4분의 1이 열성 유전자인 흰눈을 갖고 태어나야 했다. 물론 다른 교배에서는 흰눈을 가진 암컷이 나오기도 했다. 그러나 흰눈 형질은 항상 암컷보다 수컷에서 훨씬 더 많이 나타났다.

막연히 가정으로만 존재하던 유전자 실체 드러나

모건은 만약 어떤 유전자가 X염색체에 실려 전달된다면 어떤 일이 일어날까를 상상했다. 당시는 이미 성을 결정하는 인자로 '성염색체'의 존재가 밝혀져 있었다. 초파리의 성염색체는 사람과 같은 구조였다. 즉 수컷 초파리는 어미에게서 물려받은 X염색체와 아비에게서 물려받은 Y염색체를 갖고 있고 암컷 초파리는 각각 아비와 어미에게 물려받은 X염색체를 2개 갖고 있었다.

모건은 눈 색깔을 결정하는 유전자가 X염색체에 있다고 가정했다. 그렇게 되면 수컷 초파리는 눈 색깔에 대한 유전적 지시를 단 하나만 물려받는 반면 암컷은 두 가지 지시를 다 물려받게 된다. 붉은눈은 우성이고 흰눈은 열성인 상황에서 수컷 초파리는 단 하나의 X염색체를 가지므로 흰눈이 열성 형질이라 하더라도 그대로 발현된다. 반면 암컷은 두 개의 X염색체를 가지므로 정상 X염색체가 우성이면 우성 형질이 먼저 발현되기 때문에 열성인 흰눈은 태어나지 않게 된다. 물론 2개의 X염색체 모두 열성이면 흰눈이 태어났다. 수컷 초파리보다 암컷 초파리에 흰눈이 적게 나타나는 것은 이런 이유 때문이었다.

모건은 이 실험을 통해 X염색체에 초파리 눈의 색깔을 결정하는 유전자가 있음을 알게 되었다. 이는 유전자가 염색체에 들어 있음을 증명하는 것으로 '염색체설'의 강력한 증거가 되었다. 그동안 멘델의 연구 결과를 받아들이지 않았던 모건도 결국 멘델의 연구 결과를 믿지 않을 수 없었다. 모건과 연구원들은 새로운 돌연변이에 대해 체계적인 연구를 계속했다. 그 결과 등이 굽은 형, 노란 몸, 작은 날개를 비롯한 40종류의 돌연변이를 발견했다.

모건 연구팀은 새롭게 발견한 돌연변이를 체계적으로 교배하고, 교배된 자손들을 다시 그들의 부모와 형제 혹은 다른 돌연변이들과 교배하는 실험을 계속 이어갔다. 그 결과 막연히 가정으로만 존재했던 유전자의 실체가 드러나게 되고 유전학은 유전자가 어떻게 한 세대에서 다음 세대로 전해지는지를 구체적으로 알게 되었다. 모건은 '초파리에서의 유전적 전달 메커니즘'을 발견한 공로를 인정받아 1933년 노벨 생리의학상을 수상했다.

인간에게 질병을 일으키는 유전자를 정확하게 알아내는 기술도 모건 연구팀이 초파리를 대상으로 만든 유전자 지도 작성 원리가 바탕이 되었다. 방사선이 우리 건강에 미치는 위험에 눈을 뜨게 해 준 것도 초파리 연구에서 비롯되었다.

그레고어 멘델

그레고어 멘델(1822~1884)은 '유전학의 원조'로 불린다. 다만 1865년과 1866년 '멘델의 유전법칙'을 정리해 발표했는데도 30여 년 동안 진가를 인정받지 못하다가 1900년에야 연구

업적이 재발견되어 그때부터 '유전법칙의 선구자'로 생물학사에 길이 남게 되었다.

그레고어 멘델

멘델은 과거 오스트리아 제국의 메렌 지방(현재 체코령)의 소작농 집안에서 태어났다. 어릴 때부터 식물에 관심이 많았지만 집안 사정이 어려워 1843년 모라바의 브륀(지금의 체코 브르노)에 있는 성아우구스티노 수도원에 들어가 1847년 사제로 서품되었다. 학구적인 태도를 인정받아 1851년 빈대의 청강생으로 들어가 2년 동안 자연과학의 기초를 쌓고 찰스 다윈의 학설을 접했다. 교사가 되고 싶어 자격시험에 계속 응시했으나 연거푸 낙방해 결국 교사의 꿈은 접어야 했다.

대신 멘델은 다윈의 진화론이 실제로 일어나는지를 확인하고 싶어 1856년 수도원 정원에 완두콩을 심어 관찰을 시작했다. 완두콩은 성장 주기가 짧을 뿐만 아니라 종자가 많고 정원이나 온실에서도 잘 자라 실험에는 적격이었다. 멘델은 2년 가까이 완두콩을 길러 두드러진 형질을 지닌 순종 가계를 만들었다.

그가 선택한 대립형질은 7가지였다. 콩 껍질 색(매끄러운 회색 / 주름잡힌 흰색), 콩 속의 색(노란색 / 녹색), 줄기 길이(긴 것 / 짧은 것), 꽃잎 색(흰색 / 붉은색), 콩깍지 색(노란색 / 녹색), 콩깍지 모양(매끈한 깍지 / 주름잡힌 깍지), 꽃 피는 자리(가지 사이 / 꼭대기) 등이다.

멘델이 먼저 노란색 완두 순종과 녹색 완두 순종을 교배했더니 늘 노란색 완두콩만 나왔다. 왜 녹색 완두가 안 나오는지가 궁금해 잡종 1세대(F1)인 노란색 완두콩끼리 교배했더니 이번에는 노란색과 녹색 완두가 섞여 나왔다. 결국 멘델은 순종의 부모를 교배했을 때 첫 번째 후손인 잡종 제1대(F1)에 나타난 형질을 '우성'이라 하고, F1에서는 나타나지 않다가 다음 세대(F2)에 나타나는 형질을 '열성'이라고 정의한 뒤 F1에서 우성형질만 나타나는 현상을 '우열의 법칙'이라고 정리했다.

"진 세계가 곧 가치를 알게 될 것" 유언 남겨

이후 수많은 실험 끝에 잡종 1세대의 완두를 교배하면 잡종 2세대에서는 우성과 열성의 비율이 3대1로 나타난다는 사실을 밝혀냈다. 결국 특정의 형질적 특징을 나타내는 유전인자들은 쌍을 이루는데, 이들은 부모로부터 각기 하나씩 유전된 것이며 생식세포가 형성될 때는 쌍을 이루고 있는 인자들이 서로 분리된다는 것을 알아냈다. 이것이 '분리의 법칙'이다.

마지막으로 '완두콩 색깔'과 '완두콩 형태'라는 두 가지 형질이 있다면 우열의 법칙과 분리의 법칙을 각각 지키면서 독립적으로 유전된다는 것을 알아냈다. 즉 7가지 대립형질이 다른 형질에 대해 독립적으로 작용하는 것을 두고 '독립의 법칙'이라고 정리했다. 멘델은 이렇게 1863년까지 8년 동안 완두콩을 225번 교배해 1만 2,000여 종의 완두를 얻어 '멘델의 유전법칙'을 완성했다.

실험 결과는 1865년 2월 브륀에 있는 자연과학협회에서 '식물의 잡종 연구'라는 제목의 논문으로 발표되었고 1866년 3월에는 자연과학협회지에 논문이 게재되었다. 멘델은 논문을 40여 부 제작해 관련 대학이나 연구소에 보냈으나 주목을 받지 못했다. 당시만 해도 유전 현상은 알려져 있었으나 유전 물질은 액체와 같이 서로 섞여서 전달된다는 혼합유전설이 지배적이었다. 멘델이 대학이나 연구소에 소속된 유명 과학자가 아니라는 점도 냉대의 한 요인으로 작용했다.

게다가 당시의 생물학 연구는 자세히 관찰한 결과를 기록하는 방식이었기 때문에 대부분의 전문가는 멘델이 논문에 소개한 복잡한 통계학을 이해하지 못했다. 찰스 다윈도 자신의 진화론에서 설명하지 못한 의문점들을 해결할 수 있는 내용이 담겨 있는 멘델의 논문을 받았으나 포장을 뜯어보지도 않았다.

이처럼 학계의 냉대를 받으며 제대로 평가를 받지 못한 가운데 멘델은 1868년 3월 종신 수도원장에 임명되었다. 멘델은 연구는 제쳐둔 채 수도원 운영에만 힘을 쏟아부으며 약자는 보호하고 부당한 간섭에는 저항했다. 체코의 혁명 동지들을 종종 수도원에 숨겨주다 비밀경찰의 의심을 받았으며 1874년 오스트리아 의회가 수도원에 세금을 징수하는 법률을 제정했을 때는 10년간 철회 투쟁을 벌이기도 했다.

멘델은 직무에 전념하며 더 이상 실험을 진행하지 않고 1884년 1월 6일 눈을 감았다. "나는 내가 이룬 과학적 업적에 대단히 만족한다. 틀림없이 전 세계가 곧 가치를 알게 될 것"이라는 유언만이 그가 옳았음을 증거해 주고 있다.

1900년은 '멘델 유전법칙 재발견의 해'

멘델의 죽음과 함께 사장되어 있던 멘델의 논문이 새삼 주목을 받기 시작한 것은 1900년이었다. 네덜란드 식물학자 휘호 더프리스가 어느 날 유전 관련 자료들을 훑어보던 중 도서관에서 자신의 연구 결과와 똑같은 내용이 실린 멘델의 논문을 발견하고 깜짝 놀랐다. 더프리스는 1900년 3월 자신의 논문을 식물학회에 보고하고 4월 학회지에 게재하면서 자신의 연구 논문 각주에 멘델의 실험 결과를 명기했다. 다만 파리의 아카데미 4월호에 논문을 게재할 때는 멘델을 언급하지 않았다.

그런데 얼마 후 독일의 식물학자 카를 코렌스로부터 더프리스에게 편지가 왔다. 자신은 1년 전 '완두콩과 옥수수의 실험'으로 한 연구 결과를 얻었는데 멘델의 논문이 자신의 연구 결과와 같다는 것을 알고 더 이상의 연구와 발표를 포기했다는 내용이었다. 그러면서 아카데미 4월호에 실린 더프리스의 논문에 멘델에 대한 언급이 없다는 점을 지적했다.

코렌스는 멘델의 연구 결과를 관련 학회에 알리기 위해 '다양한 잡종의 자손 행동에 관한 멘델의 법칙'이라는 제목의 논문을 써 독일 식물학회지 5월호에 게재했다. 그 무렵 오스트리아의 에리히 폰 체르마크도 자신의 연구 결과를 멘델의 논문과 덧붙여 오스트리아 농학잡지 6월호에 발표했다.

이로써 1900년 2~3개월 동안 멘델의 법칙이 관련 학회지에 연이어 소개되는 묘한 일이 일어났다. 관련 학계에서는 같은 해에 무려 3명의 생물학자가 같은 내용을 잇달아 발표하자 그때서야 "멘델의 법칙이 무엇인가", "멘델이 누구인가"라며 떠들썩한 관심을 보였다. 이로써 1900년은 '멘델 유전법칙 재발견의 해'가 되었다. 이후 유전학은 멘델의 법칙을 기본으로 끊임없이 수정하면서 발전해왔다.

찰스 다윈

찰스 다윈(1809~1882)은 영국의 중산층 집안에서 태어났다. 의사 아버지의 뜻에 따라 에든버러 의과대에 진학했으나 적성에 맞지 않아 케임브리지대로 옮겨 신학을 전공했다. '진화론'이라는 운명이 그를 향해 손짓한 것은 대학을 졸업한 1831년이었다. 전 세계를 탐사할 예정인 영국 해군 측량선 '비글호'가 탐사에 동행할 박물학자를 모집한 것이 운명의 시작이었다.

1831년 12월 다윈을 태우고 장도에 오른 비글호는 남미와 호주, 아프리카 등지를 탐사했다. 다윈은 기항지마다 널려 있는 신기한 동식물 표본을 채집했다. 1835년 약 5주 동안 동태평양 적도 부근 갈라파고스 제도에 머물고 있을 때 다윈의 눈을 사로잡은 것은 거북과 핀치새였다.

갈라파고스 제도의 찰스섬과 후드섬에 사는 거북의 등딱지는 목과 가까운 앞쪽 부분이 말안장처럼 위로 올라간 반면 제임스섬의 거북은 등딱지 가운데가 불룩 솟은 돔 형태를 하고 있었다. 또한 어떤 섬에 사는 핀치새의 부리는 단단한 견과를 깰 수 있도록 짧고 강했지만 다른 섬에 사는 핀치새 부리는 틈새에 끼어있는 먹이를 파먹을 수 있도록 길고 가늘었다. 각기 다른 서식 환경에 오랜 시간 적응해 오면서 이런 차이가 생긴 것이지만 그때만 해도 다윈은 그것이 무엇을 뜻하는지를 알지 못했다. 다윈이 이른바 '자연선택'을 통해 형질이 변화하고 종이 만들어질 수 있다는 생각을 본격적으로 하기 시작한 것은 비글호 항해를 끝내고 영국으로 돌아와서였다.

찰스 다윈

비글호는 4년 9개월간의 항해를 마치고 1836년 10월 영국으로 돌아왔다. 다윈의 손에는 각지에서 채집한 동식물 표본들과 탐사 중 보고 들은 것을 기록한 18권의 노트가 들려 있었다. 그중에서도 특히 주목을 끈 것은 핀치새 표본이었다. 다윈은 새의 부리 모양만 보고 핀치새, 굴뚝새, 검은지빠귀로 다르게 분류했다.

그런데 1837년 3월 조류학자 제임스 굴드가 다윈이 수집한 새를 모두 핀치새로 분류하면서 다윈은 같은 종의 핀치새가 서로 다른 종으로 분류될 수 있다는 사실을 알고 놀라워했다. 조류학자는 핀치새가 단지 특정한 먹이를 먹기에 편리하도록 굴뚝새나 검은지빠귀 같은 부리를 갖게 되었다고 알려주었다.

다윈은 1838년 10월 어느날 경제학자 토머스 맬서스의 '인구론'을 읽다가 '자연선택'이라는 결정적인 단서를 얻었다. 맬서스는 책에서 시간의 경과에 따라 인구는 기하급수적으로 늘어나는 데 반해 식량 공급은 한정되기 때문에 인위적인 조치가 따르지 않는다면 만성적인 식량 부족 상태에 빠지게 되며 자연적인 요소가 개입해 결국은 가장 허약한 인구집단을 절

멸시킨다고 설명했다. 다윈은 자연에서 너무 많은 개체가 태어나면 경쟁 상태가 되고 경쟁에서 약한 개체는 도태되며 강하고 적응하는 개체만 살아남아 자손을 남길 것이라는 맬서스의 명제에 공감했다.

'종의 기원'은 진화론의 바이블

다윈은 1839년 '비글호 항해기'를 책으로 출간하고 1842년부터는 시골집에 틀어박혀 연구에 몰두했다. 1856년부터는 자연선택에 관한 자신의 이론을 체계화하고 집필했다. 그런데 원고작업이 3분의 2쯤 진행되고 있던 1858년 6월, 말레이 제도에 머물고 있던 영국의 무명 박물학자 앨프리드 월리스가 다윈에게 자신이 쓴 논문 한 편을 보내왔다. 다윈은 깜짝 놀랐다. 런던학계에 전혀 연고가 없는 월리스의 논문에 자신이 집필하고 있는 진화론의 기본 골격이 간략하지만 명쾌하게 정리되어 있었기 때문이다.

월리스의 논문이 먼저 발표되면 수십 년에 걸친 다윈의 독창적 연구가 위협받게 되는 상황에서 다윈은 친구인 지질학자와 식물학자에게 편지를 보내 뒷수습을 당부한 뒤 자신은 병을 앓고 있는 자식에게 갔다. 친구들은 월리스가 다윈에게 논문 발표를 부탁하지도 않고 자신의 편지가 학회에 보고된다는 사실조차 알지 못하는데도 1858년 7월 1일 런던에서 린네학회가 열렸을 때 다윈의 논문과 월리스의 논문을 순차적으로 발표했다.

그러나 논문은 학자들의 주목을 끌지 못했다. 다윈으로서는 자신이 20여 년 동안 연구하고 있는 '자연선택설'을 단독으로 발표할 시간적 여유가 생겼다는 점에서 다행한 일이었지만 월리스로서는 섭섭할 수도 있는 사안이었다. 그후 진화론에서 월리스의 이름이 사라졌기 때문이다.

세인들에게 잊혀진 데는 여러 가지 이유가 있었다. 월리스가 생전에 자신을 내세우지 않고 항상 다윈을 먼저 내세운 것도 이유 중 하나였다. 월리스는 논문의 공동 발표도 문제삼지 않았다. 월리스는 생전에 다윈에게 전혀 유감이 없었고 공사석을 비롯해 한 번도 다윈에 대해 나쁜 말을 하지 않았다. 급기야는 1889년 '다위니즘'이라는 책까지 내면서 다윈을 진화론의 유일한 아버지로 인정했다. 물론 다윈도 월리스를 끝까지 챙겨주었다.

논문 발표 후 다윈은 책 발간을 서둘렀다. 그 결과 1859년 11월 22일 전문 14장으로 구성된 '종의 기원'이 세상에 모습을 드러냈다. 코페르니쿠스의 지동설 이후 다시 한 번 인간의 세계관이 뒤집히는 순간이었다. '종의 기원'은 환호와 비난 속에 초판 1,250권이 금방 매진되었다. 이듬해 1월에 나온 3,000부도 곧 매진되었다. 6판인 최종판이 1872년 나올 때까지 모두 1만 부 정도가 팔렸는데 당시로서는 초베스트셀러였다. '종의 기원'은 점차 진화론의 바이블로 인정받았고 다윈은 국제적 인물로 부상했다

사실 진화론 자체는 다윈 이전에도 유럽 사회에 널리 알려져 있었다. 생물학적 진화학설의 창시자인 장 바티스트 라마르크가 진화론과 관계된 '동물 철학'을 발간한 것이 1809년이기 때문이다. '동물 철학'에서 그는 단순한 생명체가 여러 세대를 거치게 되면 점점 더 복잡한 개체로 진보하게 된다고 주장했다.

'종이 변한다'는 사실을 처음 제기한 사람도 다윈이 아니었다. 그래서 다윈은 '종의 기원' 3판 첫머리에 자신보다 먼저 종의 변화 가능성을 주장했던 34명의 학자들을 열거하는 것으로 자신이 최초가 아님을 밝혔다. 다윈의 친할아버지인 이래즈머스 다윈과 라마르크도 명단에 있었다. 하지만 그들은 진화가 왜 일어나는지 그리고 어떻게 전개되는지를 확실하게 설명하지 못했다. 그 역할은 하늘이 지정해 놓은 다윈의 몫이었다.

다위니즘의 위대함은 생명이 진화한다는 사실을 밝혀낸 것

'종의 기원'의 핵심은 생물 종이 불변이 아니라 자연선택에 따라 생기고 또 없어지는 존재라는 것이다. '자연선택'이란 경쟁력이 없는 개체는 도태되고 경쟁력이 있는 개체는 더 많은 후손을 낳아 퍼뜨리는데, 그 선택의 방향은 생물이 환경에 적응하는 과정으로 결정된다는 것이다. 자연선택은 자손의 모습, 색깔, 크기, 생화학적 특성 등 모든 것에 변화를 가져온다. 시간이 흘러 이질화된 집단 사이에 교배가 불가능하게 되면 서로 다른 종이 생겨난다. 하나의 종이 둘 이상으로 나뉘기도 하지만 A라는 종이 B라는 종으로 치환되기도 한다.

다위니즘의 또 다른 위대함은 마치 나뭇가지가 뻗어나가듯 생명이 진화한다는 사실을 밝혀낸 데 있다. 이 '생명의 나무' 이론에 따르면 인간을 구체적으로 명시하지는 않았지만 인간은 지렁이나 난초와 마찬가지로 공통 조상에서 갈라져 나온 수백억 개의 가지 중 하나일 뿐이다. 인간이 다른 동물과 별개의 존재가 아니라 동일한 자연 질서의 일부라고 본 것이다.

다윈 이전에는 생물 종들이 신에 의해 설계되고 창조되었다는 설명이 일반적이었다. 또한 생물 종에는 고등한 인간부터 하등한 종까지 위계질서가 있다고 믿었다. 유일하게 영혼을 지닌 인간을 비롯해 모든 생명체가 신의 뜻에 따라 형태와 지위를 부여받고 각각의 종들은 변하지 않고 고정되어 있다는 것이다. 이런 상황에서 생물은 자연환경에 적응하면서 스스로 변화하고, 탄생하고, 멸종한다는 주장을 들고나왔으니 신이 삼라만상을 창조했다고 생각하던 사람들에게 던진 충격이 이만저만이 아니었다.

다위니즘은 이후 학자들의 끊임없는 담금질을 거쳐 자연과학은 물론 심리학, 사회학, 경제학 등 인문·사회과학 전반에 새로운 시각과 이론적

틀을 제공하는 학문으로 자리 잡았고, 마르크스의 '자본', 프로이트의 '꿈의 해석'과 더불어 인류에 가장 큰 영향을 끼친 책으로 상찬받았다.

문제는 다윈이 '종의 기원'에서 '힘세고 포악한 종은 멸망하고 착하고 배려하는 종이 생존한다'고 했는데도 진화론이 강자의 횡포를 합리화하는 이론으로 악용되었다는 점이다. '약육강식'이나 '적자생존'이라는 용어를 만든 철학자 허버트 스펜서에서 기원을 찾을 수 있는 '사회 다위니즘'이 대표적인 악용 사례다. 스펜서가 약자들은 자연선택에 의해 도태되어야 한다는 과격한 주장을 편 후 그의 영향을 받은 인종주의자들이 기승을 부렸다.

다윈은 '종의 기원' 초판 후 1860년 1월 2판을 낸 것을 비롯해 모두 5번의 개정판을 냈다. 1872년 마지막 6판에서는 그동안의 논란을 정리한 부록을 추가했다. 초판부터 5판까지의 책 제목은 '자연선택 혹은 생존경쟁에서 유리한 종의 보존에 의한 종의 기원에 대해'라는 긴 이름이었으나 1872년 제6판이 발간될 때 제목이 '종의 기원'으로 바뀌었다. '진화'라는 용어가 처음 등장한 것도 6판이었다.

안토니 가우디 설계 '카사 밀라' 완공

오늘날 가우디의 건물 중 유네스코 세계문화유산에 등재된 것만 모두 7점이다.

안토니 가우디(1852~1926)는 '인류 역사상 가장 뛰어난 상상력을 가진 건축가'로 추앙받고 있고 그의 작품은 '어느 시대의 건축양식으로도 분류되지 않는 초월의 건축'으로 평가받고 있다. 물 흐르듯 자유롭게 떠 있는 듯한 선적(線的) 형태들을 3차원의 건축으로 표현했다는 점에서 굳이 비교하자면 '아르누보'에 가깝다는 평이다.

안토니 가우디

결혼도 하지 않고 수도자처럼 살며 오로지 건축에만 관심을 두었으나 과한 장식과 지나치게 독창적인 스타일은 가우디 생존 시 호불호가 갈려 칭송과 비판이 혼재했다. 세계적인 건축가 르코르뷔지에는 "건축의 신"이라고 평한 반면 일부 건축가들은 "새로운 것과 기괴한 것만을 좇아 천박하다"고 혹평했다.

가우디는 스페인 바르셀로나 서쪽 작은 시골 도시 레우스에서 태어났다. 어렸을 때 폐병과 류머티즘 관절염을 앓고 위로 두 형이 3개월 간격으로 죽어 가우디 역시 언제 죽을지 모르는 불안한 날들을 하루하루 이겨내며 의지력을 키웠다. 지병 탓에 홀로 있는 시간이 많은 가우디에게 자연은 친구이자 놀이터였다. 틈틈이 근처 숲과 강에서 놀며 자연에 대한 관찰력과 상상력을 키웠다.

가우디의 건축 재능은 구리 세공사이자 주물 제조업자인 아버지에게서 물려받았다. 어머니 역시 장인 집안의 딸이었기에 부모 모두에게서 장인의 피를 물려받은 셈이다. 가우디는 어려서부터 아버지에게 불을 다루고 철을 단련하고 무쇠를 녹이는 방법을 배웠다. 이것은 훗날 어떤 재료도 겁을 먹지 않고 사용할 줄 아는 건축가로 성장할 수 있는 발판이 되었다.

가우디는 17살 때인 1869년 고향을 떠나 바르셀로나에 위치한 대학 예비과정에 입학하고 1874년 10월 대학입학 시험을 통과했다. 1875년 바르셀로나 건축전문학교에 입학했으나 어려운 가정 형편 때문에 학업에 열중하면서도 틈틈이 건축 장인들의 작업장에서 일을 했다. 그러던 중 1876년 바르셀로나 의과대에 다니던 형이 25살의 젊은 나이에 숨지고 이에 충격을 받은 어머니도 2개월 후 세상을 떠나 한동안 깊은 슬픔에서 헤어나

오지 못했다.

가우디의 건축학교에는 창의적인 교수진도 있었지만 대부분의 교수는 고전주의 건축을 그대로 모방하는 수준에서 벗어나지 못했다. 가우디는 단순하고 진부한 교육에 싫증을 느꼈다. 다혈질에다 고집까지 세서 자신의 스타일을 맹목적으로 강요하는 일부 교수와 마찰을 빚었다. 가우디가 1878년 졸업자 명단에서 제외된 것도 학장이 평소 가우디를 건방지다고 생각했기 때문이다. 가우디는 다행히 다른 교수의 중재로 졸업할 수 있었으나 학장은 1878년 졸업식에서 "우리가 지금 건축사 칭호를 천재에게 주는 것인지 아니면 미치광이에게 주는 것인지 모르겠다"며 노골적으로 비아냥거렸다.

가우디는 1878년 3월 개인 건축사무소를 열긴 했으나 주로 다른 건축가들의 도제로 활동했다. 그 기간 카사 비센스, 레이알 광장의 가로등을 설계하면서 건축 경력을 쌓았다. 카사 비센스는 가우디의 철학과 재능과 열정을 한눈에 살펴볼 수 있는 일종의 모델하우스로 이 건축물을 설계한 후 더 이상 일을 기다리지 않아도 될 만큼 유명해졌다.

어느 시대의 건축양식으로도 분류되지 않는 초월의 건축

가우디가 자신의 재능을 맘껏 펼칠 수 있었던 것은 평생의 후원자 에우세비 구엘 백작을 만나고부터였다. 구엘은 무역업으로 크게 성공한 사업가였다. 두 사람을 연결해 준 것은 1878년 장갑가게 주인의 의뢰를 받아 가우디가 제작하고 그해 파리 만국박람회에 출품한 유리 진열대였다. 구엘은 박람회에서 진열대를 보고 깊은 인상을 받았는데 나중에 바르셀로나에서 만난 가우디가 진열대를 만든 인물이고 또 탁월한 능력의 건축가라는 사실을 알게 되면서 1918년 죽는 날까지 가우디 건축 인생의 든든한 버팀목이 되어 주었다. 두 사람은 건축주와 건축가의 관계를 넘어 평생의

카사 밀라

친구이자 동지로 지냈다. '구엘 궁전'으로도 불리는 '구엘 저택'(1886~1889)은 둘의 의기투합이 빚어낸 첫 결실이다.

가우디의 대표 작품 중에는 밀가루 반죽으로 빚어놓은 듯한 6층짜리 최고급 빌라 '카사 밀라'(1906~1910)도 있다. 당시 건축된 스페인 도시의 주택들은 대칭, 직선, 직각이 특징이었다. 합리성을 상징하는 직사각형의 건축은 현재까지도 가장 보편적인 형태이지만 가우디는 카사 밀라의 외관을 물이 흐르는 듯한 곡선으로 설계했다.

가우디는 '건물은 각진 것'이라는 기존의 관행에서 과감하게 탈피해 '건물은 살아 있는 유기체'라는 믿음 아래 자유롭고 부드러운 곡선으로 설계해 1910년 12월 카사 밀라를 완공했다. 물결치듯 흐르는 선은 외곽뿐 아니라 각 층의 내부에도 이어졌는데 이는 가우디 이전의 그 어떤 건축가도 시도하거나 모험하지 못한 예술의 경지를 뛰어넘는 것이었다. 카사 밀라가 있는 바르셀로나의 시민들은 잘린 돌을 그대로 많이 쌓아 올렸다고 해서 채석장이라는 뜻의 '라 페드레라'로 불렀다.

건물이 완성되자 호불호로 갈렸다. 유기적인 형태나 조형성을 높이 평가하는 찬사도 있었지만 대부분은 노골적인 비난과 조롱이었다. 그러나 카사 밀라는 오늘날 '20세기 건축 베스트 10'에 꼽히고 세계문화유산에 지정될 만큼 가우디의 역작이자 인류의 위대한 공학적·예술적 작품으로 평가받고 있다.

사실 카사 밀라를 포함해 가우디 건축의 상당 부분은 바르셀로나 북서쪽에 위치한 몬세라토 산의 영향을 받았다. 몬세라토 산은 '톱니꼴의 산'이라는 별명이 말해주듯 1,500여 개의 봉우리가 기기묘묘한 형태로 솟아 있는 몹시 험난한 산이다. 몬세라토의 육감적인 암석 기둥은 나중에 성가족 대성당에서 부활했고 암벽은 카사 밀라의 외벽과 지붕으로 변주되었다.

평소 이상적인 정원 도시를 꿈꿨던 구엘은 가우디에게 바르셀로나 시가가 한눈에 내려다 보이는 페라다 산기슭에 모든 상상력이 동원된 정원 도시를 건설해줄 것을 요청했다. 그래서 탄생한 것이 '구엘 공원'(1900~1914)인데 공원은 구엘이 만년에 품고 있는 꿈을 실현해주기 위한 가우디의 마지막 도전이었다.

가우디는 건축가이면서 수도자

바르셀로나의 사그라다 파밀리아(성가족) 대성당은 가우디 하면 조건반사적으로 떠오르게 하는 건축물이다. 가우디가 성가족 대성당의 공사 총감독에 임명된 것은 31살이던 1883년이었다. 성당은 기계화와 근대화로 점차 타락해가는 도시 생활을 정화할 수 있는 것은 오직 '신의 집'뿐이라는 한 출판업자의 구상에서 1866년 처음 계획되었다. 이후 성당건축위원회가 발족하고 성당 건축비를 모금한 후 시작한 대성당의 공사 총감독은 가우디에게 건축 실무를 가르쳐 준 프란시스코 비야르가 맡았다. 비야르는 1882년 3월 성당을 짓기 시작했으나 얼마 지나지 않아 지하 납골당의 대들보에 어떤 재료를 사용할 것인가를 두고 성당건축위원회 측과 마찰을 빚어 공사 감독 자리에서 물러났다.

가우디는 가장 성스럽고 아름다운 성당을 머릿속에 그린 뒤 비야르가 설계한 초기의 디자인을 완전히 폐기하고 새롭게 시작했다. 이후 가우디의 일생은 죽는 날까지 성당 공사에 바쳐졌다. 설계를 다시 하고 공사비를 모금하고 기술자를 모으고 건축비를 적게 쓰려는 성당 관계자와 싸우며 공사를 진행했다. 교구의 만성적인 적자가 공사를 종종 중단시키기도 했으나 한순간도 자신의 꿈을 내려놓지 않았다. 공사의 더딘 진행은 오히려 가우디에게 종교적인 상징을 완벽하게 설계에 반영하고 충분히 검토할 수 있는 시간을 제공했다.

구엘 공원 공사를 일단락한 1914년부터는 작업실을 아예 성당의 현장 사무실로 옮겨 인부들과 숙식을 함께 하며 평생의 역작에 힘을 기울였다. 당시 가우디 모습은 건축가이면서 수도자였다. 매일 거의 똑같은 생활의 반복이었다. 그러던 중 1926년 6월 7일 저녁, 가우디는 산책을 위해 성당을 나왔다가 전차에 치였다. 초라한 행색 때문에 한동안 아무도 그가 누군지를 알지 못하다가 뒤늦게 가우디인 것을 알았지만 가우디는 결국 6월 10일 74세를 일기로 눈을 감고 말았다. 시신은 온 바르셀로나가 슬퍼하는 가운데 성자들만 묻히는 성가족 대성당의 지하에 안치되었다.

가우디는 평생을 건축에만 전념했을 뿐 논문을 쓰거나 강의를 하지 않았다. 그러다 보니 그가 남긴 출판물은 1881년 2월 한 잡지에 실린 단 한 편의 논문뿐이다. 그가 남긴 유언도 "내 이름을 권리로 삼지 말라"는 한 줄뿐이다.

성가족 대성당은 현재도 공사가 계속되고 있고 언제 완공될지 모르는 상황이지만 옥수수 모양의 첨탑, 직선을 배제하고 곡선만 사용한 독특한 조형미에 사람들은 경탄을 금치 못하고 있다. 높이가 100m가 넘다 보니 "신이 머물 지상의 유일한 공간"이라며 찬사를 보내기도 한다.

현재 가우디의 건축물 중 유네스코 세계문화유산에 등재된 것만 모두 7점이다. 1984년 카사 밀라, 구엘 저택, 구엘 공원이 처음 등재되고, 2005년 성가족 대성당 '탄생의 파사드'와 지하 예배당, 카사 비센스, 콜로니아 구엘 지하 예배당, 카사 바트요 등 4점이 추가로 등재되었다. 개인으로서는 최다 기록이다.

버트런드 러셀 '수학 원리' 출간

"사랑의 희열이 얼마나 대단한지 그 기쁨의 몇 시간을 위해서라면 남은 여생을 모두 바쳐도 좋으리라"

버트런드 러셀(1872~1970)은 90세가 넘어 쓴 자서전에 "단순하지만 누를 길 없이 강렬한 세 가지 열정이 내 인생을 지배했으니 사랑에 대한 갈망, 지식에 대한 탐구욕, 인류의 고통에 대한 참기 힘든 연민이 바로 그것이다"라고 썼다. 그의 말마따나 '지식에 대한 탐구욕'은 그를 수학자, 철학자, 문필가로 만들었고, '인류의 고통에 대한 연민'은 반전·반핵운동가, 교육 혁신가, 여권신장 운동가로 이끌었으며 '사랑에 대한 갈망'은 호색한이자 노련한 바람둥이로 살도록 했다.

러셀은 난봉꾼까지는 아니었으나 4번이나 결혼할 정도로 여성 편력이 화려했다. 심지어는 두 번째 아내와 살면서도 자신의 애인, 아내의 애인, 자신과 아내의 두 자녀, 그리고 아내가 애인과의 사이에서 낳은 아이와 함께 한집에서 살기도 했다. 도덕주의자들의 비난에는 "사랑의 감정은 그렇게 단순한 게 아니다"라고 맞받아치며 "연인과의 사랑이야말로 성인들과 시인들이 그려온 천국의 모습"이라고 찬미했다. 자서전에는 "사랑의 희열이 얼마나 대단한지 그 기쁨의 몇 시간을 위해서라면 남은 여생을 모두 바쳐도 좋으리라"고 썼다.

러셀은 영국 웨일스의 명문 귀족 집안에서 태어났으나 부모를 일찍 여의어 할머니의 보살핌을 받으며 자랐다. 경제적으로는 풍족했으나 삶의 무의미함 때문에 자살 충동에 시달리곤 했다. 그런 소년에게 수학은 '구원의 빛'이었다. 11살 때 형에게서 기하학을 배웠던 순간을 "첫사랑처럼 짜릿했다"고 훗날 회상했다.

러셀은 영국 최고의 명문인 케임브리지대 트리니티 칼리지에서 수학과 도덕철학을 공부하고 31살 때인 1903년 홀로 '수학의 원리들'을 출간했다.

버트런드 러셀

이후 10년 동안 방대한 수학 연구에 매달린 끝에 1910년부터 1913년까지 그의 스승인 앨프리드 화이트헤드와 공동으로 3권짜리 대저 '수학원리(프린키피아 마테마티카)'를 펴냈다. 복삽한 수식으로 가득찬 이 책은 지금도 이해할 수 있는 사람이 100명 미만이라는 평가를 받을 만큼 난해하다. 그럼에도 수학과 철학의 방향을 바꿨다는 평가를 받아 케임브리지대 트리니트 칼리지의 논리학·수학 교수로 임명되었다.

러셀은 1907년과 1911년 두 번이나 하원의회 진출을 시도했다가 시대에 앞선 소신 때문에 모두 낙선의 고배를 마셨다. 첫 선거에서는 여성의 참정권을 과감하게 주장했다가 유권자들의 반감을 샀고, 두 번째 선거에서는 자신이 교회에 나가지 않는 무신론자임을 숨기지 않아 또다시 낙선했다.

그의 지적 탐구는 나이 40을 넘기면서 철학으로 이어졌다. 출발점은 러셀 자신이 "내 생애 가장 자극적인 지적 사건 가운데 하나"라고 술회한 루트비히 비트겐슈타인과의 만남(1911)이었다. 비트겐슈타인은 1차대전에 참전했다가 포로로 잡혀 수용소에 갇혀 있을 때 틈틈이 철학적 사색을 발전시켜 100쪽 분량의 '논리철학 논고'를 완성한 뒤 1918년 원고를 러셀에게 넘겼다. 러셀은 1921년 자신의 서문을 붙여 오늘날 영미 분석철학의 기념비적 상징으로 평가받고 있는 '논리철학 논고'를 출간했다.

케임브리지대 교수로 재직 중이던 러셀의 신상에 큰 변화가 찾아온 것은 1차대전 때였다. 1916년 징병 거부단체에서 반전주의자와 함께 탈영병을 돕다가 벌금형을 선고받아 대학에서 쫓겨나고 1918년 1월 징병 거부단체에서 발행하는 '트리뷰널'지에 레닌과 볼셰비키를 찬양하고 미군을 악의적으로 비판하는 논설을 썼다가 6개월간 감옥살이를 했다. 그러나 1920년 5월 소련에서 레닌과 스탈린 등을 만나고 돌아와서는 "그들의 파벌성과 잔인함이 내 피를 꽁꽁 얼린다"며 볼셰비즘과는 결별했다.

개인이 쓴 것이라고는 믿을 수 없을 정도로 저술 범위가 넓고 다양해

1차대전 후 러셀은 관심 분야를 정치·사회·교육 분야로 확장했다. '중국의 문제'(1922), '나는 왜 기독교인이 아닌가'(1927), '결혼과 도덕'(1929) 등이 이 시기에 씌였다. 그런데 '결혼과 도덕'은 그를 부도덕하고 음탕한 호색한으로 낙인찍게 해 예정된 뉴욕시립대에 교수로 부임도 하기 전에 면직되는 데 영향을 줬다.

2차대전 때는 나치즘에 대한 증오가 너무 커 반전운동은커녕 연합군을 지지했다. 그에게 2차대전은 '정의를 위한 투쟁'이었다. 종전 후에는 소련이 핵무기를 포기하도록 미국이 즉각 대소(對蘇) 전쟁을 선포해야 한다고 할 정도로 소련에 대해서도 강경했다. 1946년 1,000쪽에 달하는 '서양 철학사'의 출간으로 철학자로서의 입지를 굳히고, 1950년 그동안 써온 각종 에세이와 대중 저서로 노벨문학상을 수상했다.

러셀은 평생 100여 권에 달하는 책을 썼는데 한 개인이 쓴 것이라고는 믿을 수 없을 정도로 범위가 넓고 다양했다. 수학과 철학은 물론 중국, 두뇌, 결혼, 행복, 무신론, 전쟁범죄 등에 대해서도 썼고 심지어 립스틱 사용, 여행객 매너, 시거 고르는 법, 아내 구타 등 상상가능한 모든 주제에 대해서도 신문과 잡지에 기고했다. 95세이던 1967년에는 솔직하고 흥미진진하고 화려한 문체로 손꼽히는 3권의 '자서전'을 쓰기 시작해 1969년에 출간했다.

러셀은 특히 반전·반핵운동에 열심이었다. 러셀이 본격적으로 반핵운동에 뛰어든 것은 그의 나이 82세였던 1954년 미국의 비키니 핵실험 후였다. 1961년 반핵운동의 일환으로 시민 불복종운동을 주도하다가 89세의 나이에도 1주일 동안 유치장에 갇히고 1962년 쿠바 위기 때는 케네디와 흐루쇼프에게 자제를 호소하는 편지를 썼다. 90이 넘은 나이에도 활동은 멈추지 않았다. 베트남 전쟁 때는 미국의 베트남 정책을 맹렬히 공격하며 세계의 양심을 모았다. 이름하여 '러셀 민간 법정'이다. 그는 이 법정을 통해 베트남전쟁에 책임이 있는 자들에게 전범 딱지를 붙였다.

그의 저항 기질은 가문의 내력과도 무관하지 않다. 조상 중 윌리엄 러셀 경은 찰스 2세에 대항하는 모반에 가담했다가 교수대에서 생을 마쳤고, 총리를 두 번이나 역임한 할아버지 존 러셀 경은 빅토리아 여왕 시대에 선거제도의 개혁을 위해 싸웠다. 할머니는 영국의 제국주의 정책에 맞섰고 아버지는 당시로서는 매우 진보적이었던 여성의 참정권과, 당시로서는 차마 입 밖에 꺼낼 수 없었던 피임 허용을 지지했다.

멕시코 혁명, 그 험난한 역정

멕시코 혁명은 쿠바 혁명, 니카라과 혁명과 함께 라틴아메리카의 3대 혁명 중 하나였다.

멕시코는 1521년 스페인의 코르테스에게 정복당한 후 300년간 스페인과 프랑스의 지배를 받다가 1821년 독립했다. 그러나 독립 후 55년 동안 36명이 통치하고 75차례나 대통령이 교체될 정도로 혼란의 연속이었다. 그러던 중 1876년 포르피리오 디아스가 집권하면서 그나마 안정을 찾았다. 디아스는 30여 년간 장기 집권하면서 철도를 깔고 길을 내고 공장을 짓고 댐을 쌓는 등 국가 산업화에 기여했다. 정치적 안정 역시 역설적이게도 디아스 독재정치의 산물이었다.

문제는 농민과 노동자의 희생을 발판으로 한 경제성장이다 보니 내부가 굶고 있다는 것이었다. 대다수 국민은 '아시엔다'로 불리는 대농장의 소작인으로 전락해 하루하루 힘겨운 삶을 살아야 했고, 외국인은 멕시코 전체 면적의 20% 이상 토지를 소유했다. 그런데도 디아스는 근대 경제라는 외형에만 치중해 지방 호족, 대농장주, 가톨릭교회, 외국 자본을 일방적으로 비호했다. 디아스의 개발독재에 대한 반발과 저항이 잇따랐으나 디아스는 파업과 봉기를 무력으로 막는 데 급급했다. 반대 세력은 투옥하거나 처형하는 폭압 정치를 펼쳤다.

판초 비야(왼쪽)와 에밀리아노 사파타

이런 가운데 1910년 7월의 대통령 선거가 다가오자 대지주 출신의 젊은 변호사 프란시스코 마데로가 디아스의 대항마로 나섰다. 그는 자유선거를 요구하고 디아스의 재선을 저지하자는 내용의 소책자를 1908년 출간하는 것으로 첫 포문을 열었다. 그러자 디아스는 마데로를 감옥에 가두고 1910년 부정선거를 자행해 또다시 대통령에 당선되었다.

마데로는 선거 후 보석으로 석방되자 미국에서 반디아스 운동을 펼쳤다. 그는 선거 무효와 임시 대통령 선거 등을 요구하며 1910년 10월 25일 '산 루이스 포토시 계획'이라는 선언문을 발표했다. 11월 20일 오후 6시를 기해 전 국민이 디아스 정부에 대항하고 봉기하자는 촉구였다. 이에 호응해 크고 작은 세력이 전국 각지에서 무장 봉기함으로써 쿠바 혁명(1959), 니카라과 혁명(1979)과 함께 라틴아메리카의 3대 혁명 중 하나로 평가받는 '멕시코 혁명'이 마침내 발화했다. 혁명 초기에는 기대했던 만큼 성공하진 못했으나 남부의 에밀리아노 사파타와 북부의 판초 비야가 혁명에 가담하면서 활기를 띠었다.

사파타는 백인과 인디언 원주민의 혼혈인 메스티소로 태어나 10대 시절 아시엔다의 토지 침탈 과정을 지켜보며 멕시코의 현실에 눈을 떴다. 18살 때는 아시엔다에 항거하는 봉기에 참여했다가 수개월간 징집되기도 했다. 농민들은 가난이라는 구조적인 억압을 벗어나기 위해 사파타를 따랐지만 그의 인간적인 매력과 카리스마에도 매료되었다. 사파타는 머리에는 전통 모자 솜브레로를 쓰고 허리에는 권총을 찬 모습으로 백마 위에서 농민군을 지휘했다. 우리로 치면 '멕시코의 전봉준'이었던 셈이다.

판초 비야는 아시엔다 빈농 가정에서 태어나 어려서 부모를 여의고 농장 노동자로 일했다. 17살 때 누이동생을 강간한 농장 주인을 살해하고 멕시코 북부 산속으로 들어가 산악 지대를 떠돌며 광산주나 지주들의 재산을 빼앗는 '멕시코의 임꺽정'으로 명성을 떨쳤다. 혁명 발발 후 남부에서는 사파타가, 북부에서는 비야가 게릴라전을 펼치면서 전세는 디아스의 정부군에 불리하게 전개되었다. 1911년 5월 결국 정부군은 항복하고 디아스는 스페인으로 망명했다.

사파타는 '멕시코의 전봉준', 비야는 '멕시코의 임꺽정'

마데로가 1911년 11월 대통령에 취임함으로써 혁명은 성공한 것처럼 보였다. 하지만 마데로와 사파타 사이에는 현실 처방을 둘러싸고 메울 수 없는 간극이 있었다. 서구적 민주주의를 꿈꾼 마데로와, 공동체적 자치 민주주의와 토지에 대한 농민의 권리를 꿈꾼 사파타 사이에 건널 수 없는 강이 놓여 있었던 것이다.

마데로는 대농장주 출신이라는 계급적 한계에 갇혀 구악을 대표하는 행정 관료, 가톨릭교회 세력, 군부, 아시엔다 농장주에는 손을 대지 않은 채 언론 자유를 신장시키고 의회 권한을 강화하고 결사의 자유와 정당의 결성을 허용했다. 반면 사파타에게 혁명은 원주민에게서 불법적으로 빼앗은 농토를 돌려주고 대농장 토지의 일부를 농민에게 불하하는 토지개혁이었다.

결국 혁명 세력 내에서 파열음이 터져 나왔다. 해산할 것 같던 농민군의 반발로 상황이 다시 악화하자 구체제 세력이 다시 발호했다. 주축은 빅토리아노 우에르타 장군이었다. 그는 사소한 죄목을 들어 비야를 붙잡아 사형 판결을 내렸다. 하지만 비야는 1912년 12월 탈옥에 성공, 미국으로 망명했다. 그 사이 우에르타가 1913년 2월 쿠데타를 일으켜 마데로를 살해하고 반혁명 정권을 세우면서 혁명은 다시 원점으로 되돌아갔다. 마데로를 지지했던 혁명 세력이 재결집해 전국적인 헌정 수호 투쟁을 전개하면서 멕시코는 다시 피로 얼룩졌다.

우에르타 타도를 외치며 혁명을 재점화한 중심 인물은 마데로와 같은 계급 출신의 베스티아누스 카란사였다. 미국에서 멕시코로 다시 잠입한 비야와 사파타도 우에르타를 상대로 게릴라전을 펼쳤다. 의용군을 지휘하던 알바로 오브레곤까지 카란사를 지지하면서 우에르타는 1914년 7월 축출되었다. 카란사는 1914년 8월 멕시코시티에 입성, 공화국의 정통 계승자를 자처했다.

그러나 카란사 역시 비야·사파타와는 혁명의 이상과 방법이 달랐다. 사파타와 비야는 여전히 자치적인 농민 공동체를 추구한 반면 카란사는 중앙집권적인 근대화를 추진했다. 격돌이 불가피했고, 혁명과 혁명의 충돌이 예견되었다. 격돌의 두 축은 오브레곤과 비야의 군사력이었다. 오브레곤은 비야를 만나 협상을 시도했지만 비야의 변덕과 폭력성에 실망해 카란사의 손을 들어주었다. 카란사와 오브레곤이 힘을 합치자 비야도 1914년 12월 4일 사파타를 생애 처음 만나 손을 잡았다. 비야와 사파타는 12

월 6일 멕시코시티에 공동 입성함으로써 유리한 고지를 선점했다.

그러나 둘은 수도를 장악하고도 여전히 이상을 추구했다. 권좌도 거부했다. 비야는 자신을 혁명 지도자가 아닌 조력자로 여겼으며 사파타는 토지 재분배만 이뤄진다면 고향에서 공동체 사회를 이뤄 평화롭게 농사를 짓겠다는 생각이었다. 실제로 사파타는 자신의 고향 모렐로스에서 중앙 정부의 간섭이나 도움 없이 1년 동안 주민 자치를 성사시켰다. 자치 공동체에서는 토지 분배, 교육기관 설립, 농업 생산 확대, 자치적인 사법제도 시행 등이 이뤄졌다. 그것은 오늘날까지도 라틴아메리카의 그 어떤 정부도 성취하지 못한 획기적인 일이었다.

더 큰 문제는 사파타가 지방에서의 유토피아 실현에만 집착할 뿐 현실적인 정치 권력의 실체를 이해하지 못한다는 점이었다. 고금을 막론하고 지역적인 한계, 전국적 차원의 비전 부재는 혁명을 성공시킬 수 없었다. 결국 사파타는 군사적 역량에 비해 정치적 역량이 턱없이 부족한 까닭에 '비운의 영웅', '좌절한 혁명가'로 전락하는 수순을 밟아야 했다.

이런 와중에 북부의 비야 부대는 1915년 4월 셀라야 전투에서 오브레곤 군대에 참패했다. 비야 부대는 이후에도 연전연패를 거듭하며 미국·멕시코의 국경 지대까지 쫓겨났다. 오브레곤이 지휘하는 혁명군은 8월 5일 멕시코시티에 입성했다.

혁명 세력 내에서 파열음 터져 나와

미국이 카란사 정권을 승인하자 이에 격분한 비야 부대가 1916년 1월 멕시코 북부를 여행 중이던 미국인 열차 승객 16명을 살해했다. 비야 부대는 국경 너머 미국 뉴멕시코주의 콜럼버스시에 주둔한 미국의 기병대도 공격했다. 미국은 존 퍼싱 장군을 멕시코로 보내 비야를 추격했다. 퍼싱이 지휘하는 1만여 명의 기병대가 10개월 동안 비야를 추격했으나 비야는 산속에서 게릴라전을 펼치며 추격대를 따돌렸다. 이 과정에서 비야는 멕시코 국민의 영웅으로 추앙받았다.

카란사는 1917년 5월 대통령에 취임한 후 혁명 세력이 제정한 신헌법을 공표했다. 헌법에는 농지의 유상몰수와 유상분배, 지하자원의 국가 소유, 외국인과 교회의 토지 소유 금지, 8시간 노동, 최저임금제 실시, 노동조합 구성 및 노동쟁의 보장 등의 개혁적인 내용이 담겨 있었다. 그러나 이 신헌법은 농민혁명군의 몰락과 미국·유럽의 압력으로 10년도 더 지난 1930년대에야 제 기능을 발휘했다. 그러던 중 사파타(1919.4)와 카란사(1920.5)가 연이어 살해되면서 실권은 오브레곤에게 넘어갔다.

오브레곤은 1920년 12월 대통령에 취임한 후 오랜 내전으로 혼란에 빠진 국가 경제와 정치 안정을 최우선 과제로 삼았다. 제한적이지만 1917년 신헌법의 내용을 실천에 옮겼다. 오브레곤은 마데로나 카란사와 같이 대농장주 출신이 아니었기 때문에 토지개혁을 우선시했으나 갑작스러운 변화에 따른 부작용을 고려해 점진적으로 접근했다.

오브레곤의 또 하나 업적은 세계적으로 유명해질 벽화 운동을 전개한 것이었다. 벽화 운동은 문맹의 민중에게 멕시코 혁명의 성과와 민족의 정체성을 가르치자는 취지로 시작되었다. 디에고 리베라, 호세 오로스코, 다비드 시케이로스 등이 벽화 운동을 선도했다. 이렇게 정국이 안정되자 산속에 숨어 지내던 비야가 1920년 7월 최후까지 남아 있던 자신의 부대를 해산함으로써 10여 년간의 무장투쟁을 끝내고 은퇴 생활에 들어갔다. 하지만 1923년 7월 20일 괴한에게 살해됨으로써 파란만장한 생을 마감했다.

오브레곤은 4년 후 혁명 동지인 플루타르코 카예스를 후계자로 삼았다. 카예스는 1924년 12월 대통령에 취임, 토지개혁을 대규모로 실시했다. 그의 집권 기간에 약 300만㏊의 토지가 1,200만 명의 농민에게 분배되었다. 1917년 신헌법에 담겨 있던 반교회 조항도 실천했다. 당시 가톨릭교회 세력은 멕시코 사회의 발전을 가로막는 암적인 존재였다. 이들은 수많은 교구와 신학교, 대학, 수도원을 거느리면서 정부에 필적하는 권력을 행사했다. 카예스는 종교 재산의 국가 귀속 등 헌법에 명시된 내용을 강력히 추진했다. 교회 세력은 반발했으나 카예스의 강력한 대응으로 점차 잠잠해졌다. 오브레곤은 또다시 정치 전면에 나서 1928년 대통령에 당선되었으나 당선 축하연에서 가톨릭 신자에게 피살되었다.

오브레곤이 암살되자 카예스는 꼭두각시 대통령을 내세워 수년간 멕시코를 실질적으로 통치하다가 1934년 라사로 카르데나스를 대통령 후보로 지명했다. 카르데나스는 유효 표의 98.19%를 얻어 대통령에 당선되자 1917년 신헌법에서 합법화한 개혁들을 제도화했다. 군부의 영향력을 일소하고, 노동자와 농민 등 사회 하층계급에 정책의 초점을 맞췄으며, 전국에 산재한 노동자 조직은 단일 조직으로 통합했다. 대규모의 농지개혁을 단행했고 농민의 조직화에 힘을 실어주었다. 1938년에는 외국계 정유사들이 독점해온 석유산업의 국유화를 선언했다. 이로써 멕시코 혁명은 험난한 역정을 거쳐 1차 목적지에 다다랐다.

1911년

신흥강습소(신흥무관학교) 설립
안악 사건과 105인 사건
이범진 주 러시아 공사 자결과 아들 이위종
_ *최재형*
주시경 '조선어강습원' 설립
제1차 조선교육령 공포
_ *경기고와 초기 고등학교*
백용성 스님 '대각사' 창건
중국 신해혁명과 중화민국 수립
로알 아문센 인류 최초로 남극점 탐험 성공
_ *프리드쇼프 난센*
프레더릭 테일러 '과학적 관리법' 출간
바실리 칸딘스키 '청기사' 그룹 결성

신흥강습소(신흥무관학교) 설립

토지 개간과 농업 경영으로 한인의 경제적 자립을 추구하는 한인 자치기구로 '경학사'를 조직했다.

신민회는 애국 계몽운동을 전개하는 비밀결사로 1907년 4월 창립되었다. 국권 회복을 위해 민족산업 진흥 운동과 계몽 강연을 펼쳤다. 하지만 일제의 조선 병탄이 노골화하자 애국 계몽운동만으로는 한계가 있음을 깨닫고 1910년 3월 양기탁의 집에 모여 '독립전쟁 전략'을 채택했다. 독립전쟁 전략이란 일제의 통치력이 미치지 않는 만주 동삼성 국경 인접 지대에 적당한 후보지를 골라 신민회가 모금한 자금으로 토지를 구입하고 조선인들을 단체 이주시켜 신한민촌을 만들고 독립군 양성을 위한 무장학교를 설립한다는 계획이었다.

이후 신민회 간부들을 중심으로 해외 망명이 이어졌다. 간부들은 중국 청도(1910.4)에서 개최한 회의에서 자금을 모아 만주 길림성 밀산현 관내 봉밀산자 일대의 미개간지를 사들여 토지를 개간하고 무관학교를 세울 것을 결의했다. 당시 봉밀산자 일대에는 한인들의 집단 거주지인 '한흥동' 마을이 있었다.

이곳에 독립 기지가 처음 검토된 것은 1909년 여름이었다. 헤이그 특사 사건 후 블라디보스토크로 망명한 이상설과 그곳 한민회장 김학만, 그리고 '해조신문'의 주간 정순만, 유학자 이승희 등이 중심이었다. 그들은 중국과 러시아 접경에 자리 잡은 밀산부 관내 봉밀산자 일대를 후보지로 선정했다. 그곳은 대규모의 황무지가 펼쳐 있는 곳으로 한인이 여기저기 몇 가구씩 들어가 개간 사업을 벌이며 정착을 꾀했지만 자금과 인력 부족 때문에 유목 생활을 넘지 못하는 그런 지역이었다.

민족 지도자들은 이승희가 앞장서 토지를 사들이고 개척을 시작하도록 했다. 이승희는 을미사변 이래 일제의 침략을 규탄하는 상소 등 항일운동을 벌이다가 1908년 독립운동을 전개하기 위해 그곳에 망명한 영남 출신의 유학자였다. 이승희는 1909년 가을 이민단과 함께 봉밀산자 근처의 토지를 사들이고 장차 북만주의 독립운동 기지가 될 '한흥동'을 건설했다. 한흥동은 한국을 부흥시키는 마을이란 뜻이다.

이상설은 블라디보스토크에 있으면서 그곳 민족운동가와 한인의 힘을 모아 자금을 조달하고, 수시로 한흥동을 왕래하면서 격려했다. 미국의 국민회도 모금 운동을 전개해 자금을 지원했다. 한흥동 주민들은 1910년대 초 '밀산무관학교'를 세워 독립군을 양성했다.

신민회 간부들 중 이동녕·이회영·주진수 등은 1910년 8월 조선이 패망하자 그해 9월부터 11월까지 만주 일대를 답사해 한흥동과 별개로 독립운동 기지 후보지를 물색하고 돌아왔다. 1910년 12월에는 양기탁·안태국·주진수·이승훈·김구·이동녕 등이 참석한 신민회 전국간부회의를 열고 계획을 구체화했다. 요지는 '만주에서 영토를 구입해 독립군 기지를 건설하고 무관학교를 설립해 기회가 오면 독립전쟁을 벌여 국권을 회복한다'와 '집단으로 이주한다'는 것이었다.

이후 이주민 모집과 자금 확보가 활발하게 진행되었다. 이회영·이시영 6형제를 위시해 이동녕·이상룡·김창환·주진수 등의 선발대는 그들의 가족을 이끌고 1910년 말부터 1911년 봄까지 길림성 유하현 삼원보에 도착했다. 조선총독부의 자료에 의하면, 영양·봉화·예안·안동·영해 등지에서도 1912년 9월까지 1,092명이 망명·이주했다.

이동녕·이회영·이상룡 등 신민회 간부들은 1911년 5월 길림성 유하현 삼원보에 신한민촌을 건설하고, 토지 개간과 농업 경영으로 한인의 경제적 자립을 추구하는 한인 자치기구로 '경학사'를 조직했다. 경학사 사장에는 이철영(2대 이상룡), 내무부장에는 이회영, 재무부장에는 이동녕이 선임되었다. 경학사는 독립운동을 추진하는 구국 단체 역할도 했다.

경학사는 1911년 6월 10일 삼원보 추가가에 근대 교육과 군사교육을 실시하는 교육기관으로 '신흥강습소'를 창설했다. 신흥은 신민회의 '신(新)'자와 일어난다는 '흥(興)'자를 합친 것이다. 무관학교라고 하지 않고 강습소라고 한 것은 토착 만주인의 시선과 만주 군벌의 감시를 피하기 위해서였다.

교장은 이동녕이 맡아 40여 명의 1회 졸업생을 배출했다. 그러던 중 경학사는 현지 동포들이 국내에서는 겪어보지 못한 수토병이라는 괴질로 큰 피해를 보고 큰 흉년까지 들어 1911년 가을 해체되었다.

그후 동포들은 1912년 7월 인적이 드물고 요새로도 손색이 없는 길림성 통화현 합니하로 옮겨 집단촌을 재정비했다. 토지를 매입하고 신흥강습소 본관을 건립하는 데 들어간 경비는 이회영·시영 6형제의 둘째 이석영이 국내 소유 전답을 매각한 자금으로 충당했다. 1912년 가을에는 경학사를 대신할 자치단체 조직으로 '부민단'을 결성했다. 초대 총장에는 허위의 형인 허혁이 추대되었고 이상룡이 그 뒤를 이었다.

신흥무관학교 졸업생, 봉오동·청산리전투에서 혁혁한 공 세워

부민단의 표면적인 사업은 재만 한인의 자치 담당, 재만 한인사회에서 발생하는 일체의 분쟁 해결, 재만 동포들을 대신해 중국인 또는 중국 관청과의 분쟁 사건 처리, 재만 한인학교의 설립과 운영, 민족교육 실시 등이었으나 궁극적인 목표는 독립운동 기지 건설과 독립전쟁 준비였다. 부민단은 1913년 신흥강습소를 '신흥학교'로 개명하고 독립군 간부 양성에도 박차를 가했다.

신흥학교에는 4년제 중학 과정의 본과가 있었고, 6개월 과정의 장교반과 3개월 과정의 하사관반이 있었다. 졸업생들은 2년간 의무적으로 독립군에 배치되어 대일 투쟁에 나서거나 만주 지역의 각 학교에 교원으로 배치되어 건학 정신에 따라 민족 교육을 실시했다. 졸업생들은 1913년 독립운동 단체인 '신흥학우단'을 조직했다. 처음에는 옛 땅을 회복한다는 뜻을 가진 '다물'의 이름을 따 '다물단'이라고 했다가 '신흥학우단'으로 명칭을 바꿨다.

부민단과 신흥학우단은 1914년 길림성 통화현 백두산 서쪽 산기슭 사방 200리에 위치한 통화현 팔리초 소백차에 독립군 군영인 '백서농장'을 건설해 독립군을 양성했다. '백서'는 백두산 서쪽에 위치해 붙여졌고, '농장'은 중국 당국의 이목을 의식해 지어졌다.

신흥학교는 애국 청년이 국내에서 몰려들어 600여 명으로 늘어나자 1919년 5월 유하현 고산자로 교사를 옮겨 '신흥무관학교'로 개명하고 독립군 양성 전문 교육기관으로 변신했다. 통화현 쾌대모자, 임강현 토애, 해룡현 성수하자에는 분교를 두었다. 신흥무관학교는 일제의 만주 지역 내 독립군 토벌 강화와 마적들의 습격 사건 등으로 1920년 8월 폐교될 때까지 2,100여 명의 졸업생을 배출했다.

폐교 후 신흥무관학교 출신자들은 서로군정서·북로군정서·의열단·광복군 등 수많은 무장 독립운동 단체에서 항일투쟁을 전개했다. 봉오동전투와 청산리전투에서 혁혁한 공적을 세우고 대한독립군단 창설의 주축이 되었다. 그러나 1921년 6월 28일의 '자유시 참변' 때는 이 학교 출신 독립군들이 많은 죽음을 당했다.

신흥무관학교가 배출한 주요 간부들로는 김법린 전 문교부 장관, 변영태 전 국무총리, 송호성 초대 국방경비대 사령관, 이범석 전 국무총리, 오광선 광복군 국내지대장 등이 있고 공산주의자 중에는 김원봉 의열단장과 소설 '아리랑'의 주인공 김산이 있다.

안악 사건과 105인 사건

서북 지방의 독립운동 세력들을 뿌리 뽑기 위해 이른바 '105인 사건'을 꾸며냈다.

1910년 한일 합병 후 일제가 특히 신경을 곤두세운 것은 국내 지하 독립운동 세력이나 비밀결사 조직의 암약이었다. 일제는 합병 전에는 주로 경기 이남에서 일어난 의병들의 무장투쟁을 무자비하게 진압하고 합병 후에는 서북 지방(평안북도) 기독교인들과 민족지도자들의 세력을 약화하는 데 전력을 기울였다.

이유는 당시 비밀결사인 '신민회'를 중심으로 맹렬히 애국 계몽운동을 전개한 곳이 서북 지방이었고, 1908년 조선통감부 외교고문 더럼 화이트 스티븐스를 미국에서 저격한 장인환·전명운, 1909년 이완용을 암살하려다 실패한 이재명 등 굵직한 테러 사건의 주역들이 모두 서북 지방 출신의 기독교인이었기 때문이다. 실제로 당시 교회는 전국적이고 체계적 조직을 갖춘 거의 유일한 민족운동 세력이었다. 이들의 배후 세력으로 간주되는 미국·캐나다 선교사들도 일제에는 눈엣가시 같은 존재였다.

일제는 서북 지방의 반일적 기독교 세력을 발본색원하고 싶었으나 현실적으로 쉽지 않다는 판단에 따라 사건을 조작한 뒤 합법적인 재판을 통해 서북 지방의 화근을 제거할 생각을 했다. 그런 시기에 1910년 12월 '안악 사건'(또는 '안명근 사건')이 그물망에 걸려들어 쾌재를 불렀다.

안악 사건은 안중근 의사의 사촌동생 안명근이 한일 합병 후 해외로 이주한 독립운동 단체를 돕거나 해외에 독립운동 기지를 설치하기 위해 황해도 안악·해주 지역 부호들로부터 군자금을 모으던 중 1910년 12월 체포된 것이 발단이 되었다. 안명근의 체포는 황해도 일대에서 민족운동 세력을 뿌리째 뽑아버리려던 일제에 더없이 좋은 기회로 작용했다.

모진 고문을 당한 안명근의 입에서 안태국·이승훈·이동휘 등의 이름이 흘러나오자 일제는 이를 확대해 1911년 1월부터 황해도 일대에서 160여 명을 잡아들였다. 이 가운데 김구 등 18명은 강도 및 강도 미수죄, 내란 미수죄 등의 죄명으로 재판에 회부하고 이승훈 등 40여 명은 제주도와 울릉도 등지로 유배를 보냈다. 재판 결과 안명근에게는 종신형이, 김구에게는 15년형이 선고되었다. 다른 인사들도 징역 10년형에서 5년형을 선고받았다. 그 무렵 양기탁·임치정·옥관빈 등 대한매일신보를 발행하던 인사들도 보안법 위반 혐의로 구속되어 징역 1년 6개월에서 2년형을 선고받았다.

김구는 수감 중 감형되어 1915년 8월 출옥했고 안명근은 14년간 복역한 후 1924년 4월 풀려나 중국에서 독립운동을 하다 1927년 길림성에서 병사했다. 양기탁과 옥관빈은 수감 중 '105인 사건'에 또다시 연루되어 4년여 동안 옥고를 치른 후 1915년 2월 특사로 석방되었다.

조선총독부는 '안악 사건'을 통해 황해도 지역의 민족 세력을 뿌리 뽑았다고 자평한 뒤 다음 수순으로 서북 지방의 기독교·독립운동 세력들을 표적으로 삼아 이른바 '105인 사건'을 꾸며냈다. 그 무렵 일본에서는 야만적인 '대역 사건'으로 사회가 어수선했다. 가쓰라 내각이 수백 명의 무정부주의자와 사회주의자를 검거해 그중 24명을 '천황 암살 모의 대역죄'로 몰아 12명을 사형에 처했기 때문이다. 그런 점에서 '105인 사건'은 '대역 사건의 조선총독부판'인 셈이다.

세계의 이목을 집중시킨 최대 사건이자 한국 교회 최대 박해 사건

일제가 작성한 '데라우치 총독 모살 기도 사건' 즉 '105인 사건'의 기소장에 따르면, 1910년 9월경 데라우치 총독이 서북 지방 시찰에 나선다는 소문이 돌자 윤치호·양기탁·이승훈 등이 수차례 밀회하고 경의선 연변에 위치한 평양·선천·정주·신의주 등 8개 도시 역전에서 환영객으로 가장해 총독을 암살키로 했다. 그러나 시찰이 지연되어 결행을 미뤘다가 그해 11월 말부터 12월 초 사이 데라우치 총독이 압록강 철도 개통식에 참석한다는 정보를 입수해 다시 총독을 암살하려다가 일경의 삼엄한 경계로 암살 미수에 그쳤다는 것이다.

압송되는 105인 사건 관련 애국지사들

당시 사건을 조작한 경무총감부 경시 구니토모 쇼켄은, 1911년 9월 중순, 서북 지방의 반일 인사들이 1년 전 11월 데라우치 총독의 서북 지방 시찰 때 총독을 암살하려 했다는 정보를 입수하고 관련자를 수소문하던 중 강도 사건으로 붙잡힌 이재윤이라는 자가 모의에 가담한 사실을 자백해 관련자들을 검거하기 시작했다고 주장했지만 누가 봐도 허구적 시나리오에 지나지 않았다.

일제는 1911년 10월 말 평북 선천의 신성학교 교사 7명과 학생 20명을 검거해 서울로 압송한 것을 시작으로 평안도의 평양·영변·선천과 서울 등지에서 700여 명을 검거해 잔혹한 고문을 가했다. 이 가운데 123명을 기소했는데 기독교인이 82명, 신민회 회원이 57명이나 될 정도로 기독교인과 신민회원이 압도적으로 많았다. 출신지별로는 평북 출신이 89명으로 가장 많았고 평양 등 평남 출신자는 27명, 나머지는 황해도와 서울 출신 인사였다.

정식 재판은 1912년 6월 경성지방법원에서 열렸는데 일제가 평소 추방하고 싶어했던 외국 선교사들까지 재판에 연루시켜 사건 조작과 고문 사실이 국내 선교사를 통해 해외에 알려졌다. 특히 사건의 진상이 세계 언론에 알려지는 데 결정적인 역할을 한 YMCA의 총무 필립 질레트는 일제의 죄악상을 거침없이 폭로했다. 질레트는 결국 총독부가 사퇴를 종용해 조선을 떠나야 했다.

사건이 세계 유수 언론에 대대적으로 보도되어 국제 여론이 들끓는 가운데 일제는 1912년 9월 선고 공판에서 122명(재판 도중 1명 사망)의 피고인 중 105명에게 유죄판결을 내렸다. '105인 사건'이라는 이름은 여기에 연유한다.

그러나 일제는 세계의 비난 여론이 더욱 비등해지고 피의자들의 물적 증거도 확보하지 못해 1913년 3월 2심에서 105명 중 99명을 무더기로 석방하고 윤치호·양기탁·이승훈·안태국·임치정 5명에게는 징역 6년, 옥관빈에게는 5년을 선고했다. 사건의 성격도 총독 모살 '실행 단계의 미수'에서 '준비 단계의 미수'로 한 단계 낮췄다. 6명은 1915년 2월 천황 대관식 특사로 모두 풀려나 사건은 5년 만에 일단락되었다. 개항 이후 세계의 이목을 집중시킨 최대 사건이자 한국 교회에 대한 최대 박해 사건이었다.

이범진 주 러시아 공사 자결과 아들 이위종

일본은 조선 정부에 압력을 가해 눈엣가시 같은 이범진의 소환을 요구했다.

이범진(1852~1911)은 구한말 러시아의 힘을 빌어 조선의 독립을 지키려 한 대표적인 친러파 인사다. 이 때문에 한동안은 조선의 이권을 러시아에 넘긴 부정적인 인물로 묘사되었으나 오늘날은 죽음을 불사한 구국의 독립 지사로 평가받고 있다.

이범진은 안평대군의 후손인 이경하의 서자로 태어났다. 이경하는 대원군 이래 고종 때까지 병권과 경찰권을 20년 넘게 장악한 대표적인 종친계 무인이었다. 이범진은 1879년 식년시 병과에 합격한 후 여러 관직을 두루 거치며 고종과 민비의 각별한 총애를 받았다. 1884년 갑신정변 때는 조대비, 민비, 세자가 이범진의 집으로 피신할 정도로 왕실의 신임도 두터웠다. 고종은 훗날 측근들에게 "사지에 처한 짐을 4번이나 구해준 이범진이야말로 짐이 가장 신뢰하는 유일한 중신이고 그 은혜는 평생 잊을 수 없다"고 술회했다.

이범진은 민비가 시해된 1895년 10월 8일 새벽, 궁궐에 있다가 민비가 시해되었다는 급보를 전해 듣고 러시아공사관으로 달려가 이 사실을 전달함으로써 외국 공관에 처음 시해 사실이 알려지도록 했다. 그로부터 50일 뒤인 11월 28일에는 일본군에 사실상 연금되어 있는 고종을 경복궁에서 탈출시키려 한 '춘생문 사건'을 주도했다가 실패했다. 다시 치밀한 계획을 세운 끝에 1896년 2월 11일 새벽, 고종이 가마를 타고 경복궁 건춘문을 탈출해 러시아 공사관으로 피신한 '아관파천'을 결행했다.

아관파천 후 이범진은 법무대신과 경무사(경찰청장)를 겸임하며 고종의 신변 안전을 책임지고 민비 시해 사건에 대한 수사와 재판을 이끌었다. 이런 그를 일본이 가만히 놔두려 하지 않고 러시아도 일본의 반발을 우려하자 고종이 이범진의 안전을 걱정해 6월 20일 주미 특명전권공사로 임명했다. 이범진은 1896년 7월 제물포를 출발해 중국 상해와 미국 샌프란시스코를 거쳐 9월 9일 워싱턴에 부임했다. 미국행에는 부인과 둘째아들인 이위종이 동행했다.

2년 반 정도 지난 1899년 3월 다시 러시아·프랑스·오스트리아 유럽 3국의 특명전권공사로 임명되어 영국 런던을 거쳐 1900년 5월 4일 부임지인 프랑스 파리에 도착했다. 마침 파리에서는 만국박람회가 열리고 있었다. 그는 곧바로 민영찬 등 대한제국 대표단 일행을 안내하며 대한제국이 처음 참가한 국제 행사를 무사히 치러냈다. 또한 그해 6월 프랑스 대통령 에밀 루베를 예방하고 7월 러시아 황제 니콜라이 2세에게 신임장을 제정했으며 1901년 2월 영국의 빅토리아 여왕 장례식에 참석했다. 1901년 3월에는 러시아만 전담하는 공사로 임명되어 그해 7월 러시아 상트페테르부르크로 부임했다.

이위종, 만국평화회의에서 통역 겸 대변인으로 맹활약

일본은 1904년 러일전쟁이 발발하기 전 조선 정부에 압력을 가해 눈엣가시 같은 이범진의 소환을 요구했다. 송금 중단을 비롯해 모든 방법을 동원했는데도 이범진이 응하지 않자 일제는 조선 정부를 더욱 압박해 1904년 9월 1일 그를 파면하는 데 성공했다. 하지만 러시아 정부는 러시아의 승리를 위해 백방으로 애를 쓰는 이범진의 노력과 애국적 열정에 감응, 임시 체류비를 지급하며 상트페테르부르크 계속 체류를 허가하고 1급 훈장을 수여했다.

하지만 러일전쟁은 결국 일본의 승리로 끝이 났고 일본은 1905년 11월 을사조약 체결 후 이범진을 제거 대상 1호로 삼았다. 이로 인해 이범진은 끝내 조선에 돌아올 수 없었다. 이범진의 큰아들 이기종 역시 1902년 10월 귀국 후 다시는 조선을 나가지 못했다. 러시아 주재 조선공관은 1906년 폐쇄되었다.

당시 이범진의 곁에는 자신의 부임지를 따라다니며 미국과 유럽을 경험한 둘째아들 이위종(1887~?)이 있었다. 이위종은 1901년 7월 부친이 부임한 상트페테르부르크 소재 중학교에 다니다가 1902년 파리의 군사학교에 입학했다. 1904년 러일전쟁이 발발했을 때는 파리의 군사학교를 중퇴하고 상트페테르부르크 소재 사관학교에 입학하려 했으나 입학을 거부당했다. 이위종은 어쩔 수 없이 주러 공사관 1등 서기관으로 근무했다. 18

살이던 1905년 11월에는 러시아 귀족 바레리안 카를로프 놀켄 남작의 딸인 엘리자베타 놀켄과 결혼했다.

이위종의 활약은 1907년 6월 네덜란드 헤이그 밀사 사건에서 특히 빛을 발했다. 당시 이위종은 미국, 프랑스, 러시아를 경험하며 영어, 프랑스어, 러시아어 등 3개 국어를 자유자재로 구사했기 때문에 만국평화회의에서 이상설·이준·이위종으로 구성된 대표단의 통역 겸 대변인으로 활약했다. 국제기자클럽에서도 일본의 침략 행위를 성토하는 프랑스어 연설로 청중을 감동시키는 등 다양한 활동을 전개했다.

이범진(왼쪽)과 이위종

이범진은 1908년 러시아 연해주의 연추(현 크라스키노) 지역을 중심으로 거족적인 의병 단체를 조직하려는 움직임이 있다는 소식을 전해 듣고 사돈인 놀켄 남작과 이위종을 파견했다. 그곳에는 이범진의 이복동생인 이범윤과 러시아로 귀화해 상업으로 큰돈을 번 최재형이 있었다. 이범윤은 이경하의 서자로 태어난 이범진과 달리 적자로 태어나 1903년 간도관리사가 되어 간도 지역의 한인 보호에 애를 쓰고 1904년 러일전쟁 때는 조선해방부대를 조직해 러일전쟁에 참여했던 애국지사였다.

이위종은 부친에게서 받은 1만 루블을 최재형과 이범윤에게 건넨 뒤 연해주에 흩어져 있던 의병을 하나로 묶어 1908년 4월 두 사람과 함께 '동의회'를 발족했다. 이위종은 프랑스 군사학교 출신답게 뛰어난 지휘 능력을 발휘해 조선, 러시아, 만주의 국경지대에서 벌어진 일본군과의 전투를 비롯해 국내 진공 작전에서 크고 작은 성과를 거뒀다. 그러나 7월 19일 함경도 회령의 두만강 전투에서 패하고 최재형과 이범윤 세력이 서로 대립하자 1908년 7월 말 상트페테르부르크로 돌아갔다.

이범진은 장지연을 주필로 한 한글신문 '해조신문'이 연해주 지역 최초로 창간되었을 때도 격려 서신과 함께 지원금을 송금했다. 해조신문은 자금 문제로 1908년 2월 26일부터 5월 26일까지 총 75호밖에 간행되지 못했으나 당시 연해주에 거주하는 4만여 명 한인의 민족운동 고취에 큰 역할을 담당했다.

"폐하, 소인은 자결 외에는 다른 아무것도 할 수 없습니다"

그러던 중 1910년 한일합방으로 나라가 망하자 대외 활동을 사실상 전폐하고 있다가 1911년 1월 26일(러시아 구력 1월 13일) 낮 12시 거실에서 목을 매 자결했다. 현지 일간지는 1월 14일자(러시아 구력) 기사에서 "밧줄로 목을 맨 상태에서 권총으로 자신을 향해 3발을 쐈으나 탄환이 벽과 천장을 향해 빗나갔다. 밧줄에서 끌어내렸을 때 그는 이미 숨져 있었으며 목뼈가 밧줄 때문에 부러져 있었다"고 전했다.

유품에서는 죽기 직전에 작성한 3통의 전보가 발견되었다. 고종, 니콜라이 2세 러시아 황제, 이범윤에게 보내는 영문으로 된 전문이었다. 고종에게는 "폐하. 조국은 이미 죽었습니다. 소인은 적에게 복수할 수도, 적을 응징할 수도 없는 무력한 상황에 처해 있습니다. 소인은 자결 외에는 다른 아무것도 할 수 없습니다"라는 유언을 남겼다. 이범진은 자진하기 전 자신이 갖고 있던 7만 루블 가운데 장례비용으로 쓸 5,000루블을 제외한 나머지 모두 러시아와 미국에 소재한 한인 의병 조직, 한인 학교, 한인 신문 등에 기부했다.

유해는 시립병원에 안치되었다가 8일 뒤 인근 공동묘역에 묻혔으나 안타깝게도 1975년 묘역을 재정비하는 과정에서 사라졌다. 현재 상트페테르부르크 시내 북쪽의 공동묘역에는 2002년 건립된 높이 2m의 화강암 추모비가 세워져 있다. 비에는 한글과 러시아어로 "이범진 공사는 상트페테르부르크에서 순국한 대한의 충신이다"라고 새겨져 있다.

이범진이 자진한 후 이위종은 생활고에 시달렸다. 1912년 러시아 국적을 취득하고 러시아 황실로부터 받는 소액의 지원금과 상트페테르부르크역 철도 세관원 월급으로 부인과 세 딸의 생계를 꾸렸다. 이후 생애는 정확치 않으나 몇몇 사실이 전해오고 있다.

그중에는 1차대전이 발발했을 때 러시아 블라디미르 사관학교(1914~1916)를 거쳐 장교로 임관했다가 1917년 10월 러시아혁명 때 적군에 가담, 일본군을 상대로 싸웠다는 소문이 있는가 하면 1919년 8월 모스크바의 한국 해방 지지 결의대회에 참석해 연설했다는 사실이 '이스베스차'지에 실렸다는 주장도 있다.

그 후 최재형과 함께 1920년 4월 시베리아에 출병한 일본군과의 전투 중 사살된 것으로 알려졌으나 그 후에도 활동을 계속했다는 자료들이 발견되고 있어 정확한 사망 시점은 확인되지 않고 있다. 몇몇 러시아 역사학자들은 1930년대 스탈린의 대숙청 때 사망했을 공산이 크다고 추정하지만 이 사실마저 정확하지 않다. 이위종의 후손 중 손녀, 증손녀, 고손자 3대는 2015년 8월 한국 국적을 취득했다. 이들은 이위종의 부인이 1943년경 독소전쟁 당시 볼고그라드에서 굶어 죽었다고 전했다.

이위종보다 13살 위인 형 이기종도 헤이그 특사 사건 후 불행한 삶을 살다가 생을 마감했다. 이기종은 미국, 프랑스, 러시아 공사관에서 부친을 보좌하다가 모친과 함께 귀국했다. 고종의 신임을 받아 몇몇 관직을 거쳤으나 1907년 동생의 헤이그 사건과 1909년 안중근 의사의 의거 때 일본 헌병대에 끌려가 가혹한 고문을 받았다. 이후 정신이상 증세를 보이다가 객사한 것으로 전해지고 있다.

최재형 최재형(1860~1920)은 일제강점기 러시아 연해주 지역 한인들의 든든한 후원자이자 독립운동의 대부였다. 그런데도 그의 존재가 국내에 잘 알려지지 않은 것은 1917년 러시아가 공산화되고 이후 냉전기가 70여 년 지속되어 오랫동안 그에 대한 자료 접근이 쉽지 않았기 때문이다.

최재형은 함북 경원에서 노비의 아들로 태어나 9살 때인 1869년 9월 아버지를 따라 연해주 우수리스크 포시예트(목허우) 지역의 치진헤(지신허)로 이주했다. 그해 7월 대홍수가 함경도를 덮쳐 굶어 죽는 사람들이 속출하자 아버지가 내린 결단이었다.

연해주(沿海州)는 러시아 극동 지역을 일컫는 지명으로 사전적으로는 바다와 접한 땅을 말하며 지리적으로는 두만강 위쪽 동해에 인접해 있다. 한반도와는 두만강을 사이에 두고 17㎞가량 접해 있다. 이곳의 핵심 지역인 블라디보스토크는 한때 해삼이 많이 나온다고 해서 '해삼위'로도 불렸다.

최재형은 연추(얀치헤·현재 크라스키노)에 소재한 러시아 학교에서 러시아 문화와 역사를 배우다가 11살 때부터 원양상선에서 허드렛일을 하며 러시아 이름도 짓고 세례도 받았다. 6년 동안 상선을 타고 동서양을 경험하며 선진 문물에 눈을 뜨게 되자 1877년 블라디보스토크의 한 무역회사에 들어가 무역을 배웠다. 그러다가 러시아 군대의 통역으로 활동하며 군납 회사를 차리고 시베리아 철도 공사에 참여해 큰돈을 벌었다. 1884년 6월 조러통상조약이 체결된 후에는 러시아로 귀화했다.

최재형의 위상은 점점 높아져 1895년 연추에 첫 한인 자치기관이 설립되었을 때 연추남도소의 도헌(군수)으로 임명되었다. 이것은 러시아 정부가 최재형을 신임했다는 것을 의미했다. 최재형은 러시아 한인 사회를 이끄는 지도자로 활동하며 학교 30여 곳을 세우고 한인 계몽과 가난 퇴치에 팔을 걷어붙였다. 그래서 얻은 별명이 '한인들의 난로'라는 뜻의 '페치카'였다. 최재형은 1896년 5월 러시아 상트페테르부르크에서 열린 니콜라이 2세의 대관식에 참석하고 러시아 정부가 주는 훈장을 받았다.

최재형

1905년 개화파 박영효의 초청으로 일본에서 6개월간 체류할 때 을사조약이 체결되는 것을 지켜보며 망국의 한을 새삼 느끼게 되어 삶의 방향을 독립운동으로 선회했다. 그 무렵 한국의 우국지사들이 연해주로 몰려오면서 연해주는 독립운동의 구심지 역할을 했다. 1907년 헤이그 특사로 가던 이위종, 이준, 이상설도 연해주에 들러 최재형의 집에서 잠시 머물렀다.

연해주 지역 한인들의 든든한 후원자이자 독립운동의 대부

최재형은 1908년 4월 연해주에서 활동하는 항일 단체를 통합해 '동의회'를 결성했다. 총장에 최재형, 부총장에 이범윤, 회장에 이위종, 부회장에 엄인섭이 선출된 가운데 안중근도 동의회 대원으로 활동했다. 1909년 10월 안중근이 이토 히로부미를 사살하는 거사를 벌였을 때 하얼빈까지 안중근과 동행했던 우덕순이 동의회 회원이었던 것으로 미루어 안중근 의거에도 최재형과 동의회가 깊숙이 가담했을 것으로 추정되고 있다.

동의회는 연합 의병부대를 산하에 두었다. 김두성이 총독, 이범윤이 총대장으로 추대되고 안중근과 엄인섭은 참모장급인 우영장과 좌영장을 맡았다. 안중근은 가끔 최재형의 집에서 권총 사격 훈련을 했다. 최재형은 무기와 군수품 구입 비용도 댔다.

의병부대는 1908년 6월 두만강 너머 함북 경흥군 노면 삼리에 주둔한 일본군 수비대를 급습, 일본군을 사살하고 수비대 진지를 점령하는 등의 전과를 올렸다. 1908년 7월에도 제2차 국내 진공 작전을 전개해 4명의 일본군을 생포하는 등 적지 않은 전과를 거두었다.

최재형은 1911년 5월 이상설 등 연해주의 한인 지도자들과 뜻을 모아 블라디보스토크 한인촌에서 '권업회'를 조직했다. 권업회는 표면적으로는 상공업 등 실업 활동을 권장했지만 실질적으로는 민족 교육과 한인 사회의 정치·경제적 지위 향상을 도모하는 활동을 전개했다. 초대 회장은 최재형, 총회 의장은 이상설이 맡았으며 홍범도도 참여했다. 권업회의 기관지로 1912년 4월 창간된 '권업신문'은 강력한 항일 논설과 애국 논설로 동포들의 구심점 역할을 했다.

최재형은 1917년 결성된 '전로한족중앙총회'의 명예회장으로 추대되었고 1919년 3·1 운동 후 연해주에서 결성한 임시정부 성격의 '대한국민의회' 외교부장으로 선임되었다. 상해 임시정부로 통합했을 때는 재무총장에 임명되었으나 수락하지 않았다.

그 무렵 연해주에는 러시아혁명에 반대하는 러시아 백군을 돕기 위해 열강의 군대가 대거 주둔하고 있었다. 한인들은 조국의 독립을 도와줄 러시아혁명군 즉 볼셰비키 적군 편에 서서 백군과 일본군을 상대로 전투를 벌였다. 1920년 3월에는 조선 독립군 부대 700여 명과 볼셰비키 적군 2,000여 명이 연합해 니콜라옙스크에 주둔하고 있는 일본군을 공격해 일본군 수백 명을 사살하는 대승리를 거뒀다.

그러자 일제는 1920년 4월 4~5일 블라디보스토크와 우수리스크 등지에 있는 한인촌을 무차별로 습격, 한국인 300여 명을 학살하는 '4월 참변'을 일으켰다. 조선인 여성 혁명가 김알렉산드라도 이때 죽음을 맞았다. 최재형은 우수리스크 자택에 있다가 4월 5일 새벽 일본군에 체포되어 살해되었다. 대한민국 정부는 1962년 건국훈장을 추서하고 2016년 8월 최재형의 손자에게 대한민국 국적을 부여했다.

주시경 '조선어강습원' 설립

한글 맞춤법의 기초를 세우는 데 매진하면서도 한글을 교육하고 전파하는 데 열과 성을 다했다.

주시경(1876~1914)을 빼놓고서는 오늘날 우리가 쓰고 있는 한글과 근대 국어학을 논할 수 없다. 우리의 글과 말이 없었다면 주시경 또한 존재하지 않았을 터였다. 주시경이 후세에 미친 영향은 크게 두 가지다. 통일성과 체계가 없던 한글 맞춤법의 토대를 닦은 것이 첫째고, 후학들에게 한글을 가르쳐 그들을 통해 한글이 계승·발전되고 우리의 실생활에 뿌리내리도록 한 것이 둘째다.

주시경은 황해도 봉산에서 태어나 11세 때이던 1887년 6월 큰아버지의 양자로 입적되어 서울로 올라왔다. 서당에서 수년간 한학을 배우던 어느 날 한글에 눈을 뜨게 되자 1894년 배재학당에 입학해 신학문을 배우고 기독교를 받아들였다. 1895년 인천의 관립 이운학교에서 한동안 항해술을 배우다가 1896년 4월 다시 배재학당에 입학해 강사로 출강하고 있는 서재필을 만났다.

주시경이 서재필을 만난 것은 생의 중대한 전환점이 되었다. 주시경은 서재필이 지도하는 진보 학생운동 단체인 '협성회'와 서재필이 결성한 '독립협회'에 가입, 구국 계몽운동의 한가운데로 뛰어들었다. 1897년 12월에는 독립협회의 중앙위원이 되고, 1898년에는 만민공동회에 참여했다.

주시경의 삶을 결정지은 것은 1896년 4월 서재필이 창간한 독립신문에서 교정을 맡은 일이다. 독립신문은 우리나라 최초의 한글 신문이었던 만큼 한글 맞춤법의 체계를 세우고 원칙을 통일하는 것을 최우선 과제로 삼았다. 주시경은 이 문제를 해결하기 위해 독립신문 안에 새로운 철자법을 연구하는 모임인 '국문동식회'를 1896년 조직했다. 모임의 궁극적인 목적은 철자법이 확립되지 않은 혼란 상태를 극복하기 위해 주시경이

주시경

만든 새로운 철자법을 확산시켜 규범화하는 데 있었다. 주시경은 소리글자 한글의 우수성을 주장하는 '국문론'을 독립신문에 네 차례 기고했다.

한글 맞춤법의 체계를 세우기 위한 주시경의 노력은 다양하게 전개되었다. 미국 감리교회 의료 선교사로 내한한 윌리엄 스크랜턴에게서는 영어와 자연과학의 이치를 배우고, 한성외국어학교에서는 일어와 중국어를 수강했다. 1907년 7월 8일 대한제국 정부의 학부 안에 설치된 '국문연구소' 위원으로도 선임되었다. 주시경은 언어의 규범화는 결국 국가 주도로 이루진다는 것을 잘 알고 있었기 때문에 정부 기관인 국문연구소 활동에 적극적으로 참여했다. 국문연구소는 대한제국의 학무국장 윤치오를 위원장으로 하고 이능화·어윤적·현은·권보상·주시경·지석영·윤돈구 등이 연구위원으로 참여했다.

연구소는 2년 반 동안 모두 23회의 회합을 열고 국문 표기 체계와 관련된 중요 원칙을 정했다. ㆅ ㅱ ㅸ ㆄ ㅹ ◇ △ ㆆ 등의 고문자를 더 이상 사용하지 않기로 했으며, 된소리의 표기에서 ㄲ ㄸ ㅃ ㅆ ㅉ과 같은 각자병서(各字竝書) 원칙을 확립했다. 종성(받침)에 ㄷ ㅈ ㅊ ㅋ ㅌ ㅍ ㅎ 등을 사용하는 원칙과 자모의 배열 순서 등도 확정했다. 국문연구소는 1909년 말 연구 성과를 정리해 '국문연구 의정안'을 제출했다. 국문의 문자 체계와 그 표기 방법에 대한 근대적 규범을 국가적인 연구 사업을 통해 확정한 것이다. 이 성과물은 1933년 '한글 맞춤법 통일안'의 주요 뼈대가 되었다.

주시경은 한글 맞춤법의 기초를 세우는 데 매진하면서도 한편으로는 한글을 교육하고 전파하는 데 열과 성을 다했다. 그가 한글을 가르치는 데 주로 사용한 장소는 남대문시장 내 상동교회였다. 주시경은 상동교회의 전덕기 목사가 1904년 교회 안에 설립한 중등교육기관 격인 '상동청년학원'에서 한글 강사로 활동했다. 1907년 7월부터는 상동교회 안에 '하기 국어강습소'를 설치해 매년 여름마다 1~2개월씩 체계적으로 한글을 가르쳤다. 틈이 나면 이화·진명·협성·보성·배재·중앙·경신 등 각급 학교도 돌아다니며 조선어 과목을 가르쳤다. 보따리에 유인물 등 교재들을 넣고 다녀 학생들로부터 '주보따리'로 불렸다. '하기 국어강습소'는 1910년 여름까지 4회 개최되었다.

그가 뿌린 씨앗은 조선인을 하나로 묶어주는 가장 중요한 수단

주시경은 1908년 8월 31일 한글 연구를 체계화하기 위해 '국어강습소' 졸업생들과 함께 '국어연구학회'를 발족시켰다. 1921년 발족할 조선어연구회(1931년 조선어학회로 개칭)가 사실상 주시경의 제자들이 주축이 되어 만든 학회라는 점을 고려한다면 이 국어연구학회야말로 조선어학회의 뿌리인 셈이다.

국어연구학회도 1909년 11월부터 1910년 6월까지 상동청년학원에서 제1회 강습소를 열어 20명의 졸업생을 배출했다. 제2회 강습소는 1910년 10월부터 1911년 6월까지 열려 최현배·변영태·김두봉 등 51명을 배출했다. 2회 장소는 서울의 사동 천도교 사범강습소였으나 나중에 조계사 근처의 박동 보성학교로 옮겼다. 그러나 1910년 일제의 침탈로 '국어' 또는 '국문'이라는 명칭을 쓸 수 없게 되자 국어연구학회는 1911년 9월 3일 총회를 열어 국어연구학회 이름은 '조선언문회'로, 강습소는 '조선어강습원'으로 개칭하고 강의실은 보성중학에 마련했다. 원장은 남형우였고 강사는 주시경, 신명균, 김두봉, 이규영 등이었다. 조선어강습원은 1912년 3월 초등과 제1회 졸업생을, 1913년 3월 고등과 제1회 졸업생을 배출했다. '조선어강습원'은 1917년 3월까지 이어졌다.

주시경은 한글 연구와 보급에 이어 교재 제작 및 저술 작업에도 열과 성을 다했다. 학생용 교재인 '대조선어문법'(1906), '국어문전음학'(1908), 초등 국어교과서 '국문초학'(1909)을 발간·보급했으며, 1910년 4월 '국어문법'을 발간하고 1914년 4월 '말의 소리'를 출판해 언어민족주의 확산에 모든 노력을 경주했다. 1910년 '보중친목회보'에는 국어를 '한나라말', 국문을 '한나라글'로 바꿔 표기해 '한글'이란 말을 탄생시켰다. 1910년 한일합방으로 국문연구학회가 해체되자 최남선의 '광문회'에 참여해 제자 김두봉 등과 함께 최초의 한글사전인 '말모이' 편찬에 착수했다.

자신에게 부여된 한글 '씨앗 뿌리기' 임무를 다해서였을까? 1914년 7월 27일 38세의 젊은 나이로 급하게 세상을 떠났다. 그의 죽음으로 최초의 한글 사전 '말모이'는 결실을 보지 못한 채 중단되었다. 그러나 그가 뿌린 씨앗은 척박한 이 땅에 제대로 착근되어 조선인을 하나로 묶어주고 소통시키는 가장 중요한 수단으로 성장했다.

제1차 조선교육령 공포

바야흐로 조선 내 모든 교육기관이 황국신민을 양성하는 기관으로 전락했다.

정부가 세운 우리나라 최초의 근대적 교육기관은 '육영공원'이다. 양반집 자제와 관리들에게 서양식 교육을 가르치기 위해 1886년 9월 23일 35명으로 개교했다. 영어, 세계사, 정치 등을 가르쳤으나 학생들이 의욕을 보이지 않아 개교 8년 만인 1894년 문을 닫았다.

우리나라 최초의 근대식 초등교육기관은 1894년 10월 16일(음력 9월 18일) 서울 종로구 경운동에서 개교한 관립교동왕실학교(교동초등학교)다. 왕족과 관리들의 후손을 교육하는 게 설립의 1차 목적이었다. 1년 뒤인

1895년 7월 19일에는 고종이 '소학교령'을 제정·공포하고, 9월에는 평민의 자제를 가르치기 위해 관립계동소학교와 장동소학교, 정동소학교, 주동소학교 등 4개 소학교를 잇따라 설립했다. 계동소학교는 곧 재동으로 옮겨 재동소학교로 교명이 바뀌었다.

정부는 소학교 개교에 앞서 교사 양성을 위한 한성사범학교를 1895년 4월 설립했다. 외국어를 통역할 역관 양성을 위해서는 관립일어학교(1891), 한성영어학교(1894), 한성법어학교(1895), 한성덕어학교(1898) 등을 세웠다. 그 무렵 외국인 선교사가 설립한 근대적인 사립학교도 속속 개교했다. 배재학당·경신학교(1885), 이화학당(1886) 등을 필두로 정신여학교(1887), 배화여학교(1898) 등이 모습을 드러냈다.

1895년 4개의 관립소학교가 개교한 이후, 소학교는 점차적으로 늘어나 1899년 말에는 서울에 관립소학교 10개, 사립소학교 11개, 지방에 공·사립소학교 62개 등 모두 80개가 넘었다. 소학교에 규정된 수업 연한은 심상과 3년, 고등과 2~3년으로 도합 5~6년이었다. '심상(尋常)'은 '대수롭지 않다', '보통이다'라는 뜻이므로 심상과는 요즘 말로 하면 보통과를 의미한다. 소학교라는 명칭은 1906년 일제가 '보통교육령'을 공포한 후 '보통학교'로 바뀌었으나 일본인 학교는 '소학교' 이름을 그대로 사용했다.

소학교에서 고등과 졸업생이 배출되고 이들을 수용할 상급학교가 필요해지자 정부가 대책을 마련했다. 관립학교 중에 사범학교와 외국어학교 등 전문학교만 있을 뿐 인문사회과학을 가르치는 학교가 없다는 것도 상급학교가 필요한 이유였다. 정부는 1899년 4월 4일 중학교 관제를 반포하고 1900년 10월 3일 서울 종로구 화동 1번지에 '관립중학교' 즉 지금의 경기고를 개교했다.

20세기 들어 일제가 침략을 노골화하고 1906년 통감부를 설치하면서 대한제국의 교육행정권이 일본의 손아귀로 넘어갔다. 일제는 1906년부터

1909년 사이에 각급 학교령과 학교규칙을 제정·공포하는 것으로 조선의 교육 전반에 대한 통제권을 장악했다. 1906년 8월 27일 공포된 사범학교령, 고등학교령, 외국어학교령, 보통학교령 등은 그 신호탄이었다. 일제는 1908년 8월 26일 '사립학교령'도 공포해 당시 왕성하던 조선의 사립학교 설립 붐에 제동을 걸었다.

조선인의 황국신민화를 위한 본격적인 수순

당시는 사립학교의 전성기였다. 황성신문에 따르면 1907년부터 1909년 4월까지 전국에서 설립된 사립학교 수가 3,000여 개에 달할 정도로 사립학교 설립이 붐을 이뤘다. 사립학교가 이처럼 급증한 것은 19세기 신분제의 동요와 함께 교육이 평민층으로 확대되고, 학교를 설립해 실력을 키우자는 애국 계몽운동가들의 호소가 맞아떨어졌기 때문이다. 일제는 사립학교의 급증을 국권 회복 운동의 일환이라고 보았고 그래서 열기를 식힐 목적으로 '사립학교령'을 제정한 것이다.

사립학교 설립은 학부대신의 인가 사항으로 하고, 법령 또는 학부대신의 명령을 위반하는 사립학교는 폐쇄할 수 있도록 한 것도 사립학교에는 강력한 족쇄가 되었다. 또한 까다로운 시설 기준을 내세워 이미 인가를 받은 학교도 재인가를 받도록 함으로써 사립학교들은 존립을 걱정해야 했다. 조선인들은 규모가 작은 사립학교는 통합해 규모를 키우고 기부금을 모아 재정을 확대하고 애국 청년들은 무보수 교사가 되어 부족한 교사 수를 채워 시설 기준을 맞췄다. 그 결과 많은 사립학교들이 재인가를 받았다.

일제가 본격적이고 직접적으로 교육 통제에 나선 것은 한일합방 후였다. 일제는 1911년 8월 23일 제1차 조선교육령을 공포해 조선인의 황국신민화를 위한 본격적인 수순을 밟아나갔다. 제1차 조선교육령의 요지는

▲일본어를 보급하고 ▲조선인을 일제에 '충량한' 국민으로 만들며 ▲조선인에 대한 교육은 민도에 적합하도록 하고 ▲조선에는 대학을 두지 않으며 전문학교에 의한 전문교육을 실시한다는 것이다. 일제는 조선교육령에 맞춰 1911년 한 해 동안 사립학교규칙, 보통학교규칙, 고등보통학교규칙, 실업학교규칙 등을 연이어 제정·공포했다.

그런데 일제는 조선 학생의 교육 연한은 일본인 학생보다 짧게 하고 학교 명칭도 일본인 학교와 다르게 했다. 조선 학생의 교육체계는 보통학교 4년, 고등보통학교(고보)나 여자고등보통학교 4년으로 정한 데 비해 조선 내 일본인 학생들은 소학교 6년, 중학교 5년으로 정해 중학교를 졸업한 후에는 일본에서 대학 예과나 전문학교 등에 진학할 수 있게 했다.

고보를 졸업할 때까지 조선인의 수학 연한이 일본인보다 3년이나 짧았던 것은 조선인에게 기초적인 지식만 가르쳐 전문직 진출을 원천 봉쇄하겠다는 일제의 의도가 작용한 것이다. 실제로 조선인이 다니는 고보에서는 일본인의 중학교보다 훨씬 쉬운 교재를 사용하고 과목도 기초적인 지식만 훑는식으로 끝냈으며 직업교육을 중점적으로 가르쳤다. 1911년 당시 조선에는 1만 7,800여 명이 재학하는 134개의 일본인 소학교와 2만 4,500여 명의 재학생이 다니는 204개의 한국인 보통학교가 있었다. 일본인은 취학기 아동의 100%가 소학교에 취학한 반면 한국인은 1.7%만 취학했다.

조선 학생의 교육 연한은 일본인 학생보다 짧게 해

일제는 한 발 더 나아가 1915년 3월 사립학교규칙을 개악해, 종교 과목 배제, 일본인 교원의 의무 채용, 일본어를 하지 못하는 교원 배제 등을 강제했다. 결국 사립학교들은 이런 총체적 압박을 견디지 못해 하나둘 문을 닫았다. 1910년 1,973개교에 8만여 명이던 사립학교들은 1919년 742개교에 3만 8,000여 명으로 급감했다.

조선인들은 재래의 서당을 설립하는 것으로 일제의 사립학교 탄압에 대응했다. 1911년 1만 6,500여 개, 14만 1,000여 명이던 서당은 1917년 2만 4,200여 개, 26만 4,800여 명으로 급증했다. 그러자 일제는 1918년 2월 '서당규칙'을 제정·공포해 서당에까지 탄압의 손길을 뻗쳤다. 결국 서당도 설 자리를 잃고 급격히 줄어들었다.

일제는 3·1 운동 후 문화정치를 표방하면서 제2차 조선교육령을 1922년 2월 4일 공포했다. 이에 따라 조선인 학교도 형식상으로는 일본 학제와 동일하게 되어 보통학교의 수업연한은 4년에서 6년으로, 고등보통학교(고보)는 4년에서 5년으로 연장되었다. 고보 교육과정에 포함시켰던 사범학교 기능은 별도로 독립·운영하도록 했으며 대학도 설립할 수 있도록 했다. 그래서 생겨난 것이 1923년의 민립대학 설립 운동이었고 1924년에 개교한 경성제국대학 예과였다. 물론 조선인이 주도한 민립대학 설립은 일제가 허가하지 않아 물거품이 되었다.

2차 조선교육령은 외형상으로는 민족 차별을 없앤 것처럼 보였다. 그러나 일본어를 사용하는 사람과 일본어를 사용하지 않는 사람은 계속 구분해 일본인은 소학교에, 조선인은 보통학교에 진학하도록 하고, 조선사와 조선지리 등의 과목을 전면 폐지했기 때문에 사실상의 민족 차별은 그대로였다. 일제는 중일전쟁(1937) 후 군국주의에 입각한 철저한 황국신민화 정책을 관철하기 위해 또다시 조선교육령을 손질했다.

그 결과가 1938년 3월 3일 공포된 제3차 조선교육령이다. 이에 따라 조선인의 보통학교, 고등보통학교, 여자고보 등의 명칭이 일본인과 똑같이 심상소학교, 중학교, 고등여학교로 바뀌긴 했지만 조선어는 선택과목으로 전락했으며 일본어, 일본역사, 일본지리 등의 교과목이 늘어났다. 일제는 3차 조선교육령의 목적을 분명히 하기 위해 천황 중심의 국가 체제를 만든다는 '국체명징', 조선인도 민족의식을 버리고 천황에게 충성을 다해야 한다는 '내선일체', 어려운 것을 참고 여러 번 반복해 수양한다는 '인고단련'의 3대 교육강령을 내세웠다. 학생과 교사들은 의무적으로 황국신민서사를 암기하게 했다.

심상소학교는 일본이 태평양전쟁을 준비하고 있던 1941년 4월, '황국신민의 학교'라는 의미의 '국민학교'로 개칭되었다. 국민학교 명칭은 해방 후까지 55년 동안 계속 유지되다가 1996년 3월 1일 '초등학교'로 바뀌어 오늘에 이르고 있다. 정리하면 소학교(1895) → 보통학교(1906) → 심상소학교(1938) → 국민학교(1941)→ 초등학교(1996)의 역사를 밟은 것이다.

태평양전쟁이 한창이던 1943년 3월 일제는 또다시 제4차 조선교육령을 공포해 교육마저 전시 동원 체제로 편입시켰다. 모든 학교의 수업 시간은 단축되었으며 초등학생까지 전쟁 관련 부역에 동원되고 전문학교생과 대학생들은 학도병으로 강제 동원되었다. 사립학교와 기독교 학교의 교육 목적도 강제적으로 바뀌었고 이에 불응하는 학교는 폐교했다. 선택과목이던 조선어는 완전히 폐지되었으며 일본어와 일본사 등의 과목들은 더욱 강화되었다. 바야흐로 조선 내 모든 교육기관이 황국신민을 양성하는 기관으로 전락한 것이다.

경기고와 초기 고등학교

1900년 10월 3일 개교한 '관립중학교' 즉 경기고가 처음 자리를 잡은 곳은 갑신정변의 주역 김옥균의 집터(현 서울 종로구 화동 1번지)였다. 이어 서재필의 집터 등도 흡수하면서 부지가 확대되었다. 입학 자격은 소학교 고등과 졸업자로 제한했으나 지원자가 적을 때는 외국어학교 졸업생이나 총명하다고 인정받는 사람도 시험을 치러 입학할 수 있도록 했다. 첫해에는 7명의 교사와 85명의 학생으로 출발했으나 많은 학생들이 중도 탈락해 4년 뒤 졸업생은 20명에 불과했다. 신학문을 배워도 써먹을 곳이 없고 4년의 수학

기간이 너무 길어 자퇴로 이어진 것이다.

관립중학교가 설립된 후에도 사립학교는 계속 문을 열었다. 1905년 5월에 설립된 양정고를 필두로 진명여고(1906.4), 휘문·중동·숙명여고(1906.5), 보성고(1906.9), 대구 계성고(1906.10) 등이 그 무렵에 개교했다. 사립학교 상당수가 대한제국 황실 등의 재원을 바탕으로 설립되었다는 점에서 19세기 말 주로 외국인 선교사 등이 세운 배재·경신·이화·배화·숭의·호수돈 등과는 설립 목적이 달랐다.

이 중 양정고는 고종의 계비이자 영친왕의 어머니인 엄귀비의 내탕금으로 매입한 땅에 친척인 엄주익이 학교를 건립하고 진명여고와 숙명여고는 엄귀비가 직접 설립했으며 휘문고는 명성황후 조카인 민영휘가, 보성고는 대한제국 대신 이용익이 설립했다.

한편 일제 통감부는 1909년 경희궁을 헐고 그 자리에 통감부 중학교를 지었다. 이 학교는 한일합방 후 총독부중학교를 거쳐 경성중학교로 명칭이 바뀌는데 주로 총독부 직원의 자제들이 다녔다. 또한 일제 총독부는 1917년 용산중학교를 설립했는데 당시 일본군이 지금의 미 8군 자리에 주둔했기 때문에 용산중학교에는 주로 일본군의 자제가 다녔다. 경성중과 용산중은 해방 후 서울중·고, 용산중·고로 새 출발했다.

관립중학교는 1906년의 '고등학교령'에 따라 그해 9월 관립한성고등학교로 명칭이 바뀐 뒤 1911년 11월 제1차 조선교육령에 따라 경성고등보통학교(고보)로 이름이 바뀌었다. 경성고보는 다시 경성제일고등보통학교(1921) 경성제일공립고등보통학교(1925)로 개칭되었다가 해방 후 경기공립중학교를 거쳐 경기중·고로 명칭이 정착되었다. 1969년 서울시내 중학교 무시험 실시에 따라 경기중이 폐쇄되고 경기고만 운영되다가 1975년 학교가 강남으로 이전함에 따라 경기고 건물은 정독도서관과 교육박물관으로 용도 변경되어 현재에 이르고 있다.

백용성 스님 '대각사' 창건

제자들을 불러 놓고 "그동안 수고했다. 나는 간다"는 마지막 말을 남기고 입적했다.

백용성(1864~1940)은 한용운과 더불어 한국 근대 불교의 새벽을 연 선각자다. 그는 한국 전통 불교의 맥을 계승·고수하는 데 그치지 않고 이 땅에 대중·호국불교를 뿌리내리는 데 온몸을 던진 선사였으며 투옥과 박해를 무릅쓰고 민족 문제의 해결을 모색한 독립운동가였다.

백용성은 전북 장수에서 태어나 1879년 15세 때 경남 합천 해인사로 출가했다. 10대 시절 두 번의 깨우침에 이어 20세이던 1884년 경남 양산 통도사에서 비구계를 받고, 전남 순천 송광사 삼일암에서 세 번째 깨달음을 얻었다. 이후 40대 초반까지 전국의 명산 대찰들을 두루 찾아다니며 수행 정진하고 불법을 깨우쳤다. 1907년엔 중국으로 건너가 2년 동안 불교 성지를 순례하고 고승들을 만나 문답하며 견문을 넓혔다.

이렇듯 국내외를 넘나들며 수행에 열중하던 백용성의 삶에서 1910년의 경술국치는 생의 일대 전환점이었다. 그전까지는 개인적 수행과 산중 참선을 통해 득도에 힘써 왔으나, 그때부터는 속세에 뛰어들어 본격적으로 불교의 대중화를 통한 중생 구제에 나서기로 작심했기 때문이다. 그 질곡의 시대에 백용성에게 던져진 화두는 크게 두 가지였다. 한국의 전통 불교가 일제로 인해 말살될 위기에 놓였다는 것과 기독교 등 서양의 외래 종교에 의해 불교의 뿌리가 흔들리고 있다는 것이었다. 이 모든 것이 민족적인 수난 때문이라고 판단한 백용성은 산사를 벗어나 저자 거리에 터를 잡았다.

1911년 2월 백용성은 산중 생활을 청산하고 서울로 올라와 당시 4대문 안의 유일한 사찰이던 각황사(현재 조계사)를 거쳐 신도의 집에서 도시 포교를 시작했다. 종로의 봉익동 민가를 절집으로 바꿔 1911년 4월 '대각사'

백용성

를 창건한 것은 조선시대의 억불숭유 정책으로 사찰이 산중으로 들어가고, 개항 이후 일본 불교의 침투로 왜색화되고 있던 기존 불교를 개혁해 대중 불교와 호국 불교로서의 한국 불교의 전통을 되살리는 데 그 목적이 있었다. 대각은 '나 스스로 깨닫고 남도 깨닫게 한다'는 뜻이다. 이후 대각사는 산중 선방을 시중에 옮겨놓은 수행의 도량인 동시에 독립운동의 산실이자 왜색 불교에 대한 전통 불교의 보루 역할을 했다.

백용성은 기독교의 확산을 일제 침략에 못지않은 정신의 침략 행위로 간주했다. 기독교가 서구 문명과 강대국의 힘을 바탕으로 급속하게 세를 확산하면서 한국의 전통 신앙 그중에서도 불교를 부패한 종교, 미개한 종교, 불합리한 미신이라고 비난했기 때문이다. 이런 비난 앞에서 당시 불교가 속수무책인 가운데 백용성은 기독교 측의 비난을 조목조목 반박하고 진리의 근본을 밝혔다. 이것이 1910년 7월 지리산 칠불서원에서 완성한 '귀원정종'이다.

한국 근대 불교의 새벽을 연 선각자

백용성은 1919년 3·1 운동 당시 33인 민족 대표의 한 사람으로 1년 6개월간 옥고를 치렀는데 서대문형무소에서 기독교인들이 한글로 번역된 성경을 읽고 찬송가를 부르는 것을 보고 느낀 바가 많았다. 출옥 후 백용성은 본격적으로 경전의 한글 번역 작업에 착수했다. 그러자 불교계는 "불법의 깊은 뜻을 어찌 한글이라는 얕은 그릇에 담겠느냐"며 "경전을 한글로 풀어 아무나 읽게 되면 스님을 존경치 않고 법사와 강사를 우습게 알 것"이라고 반대하고 나섰다. 백용성은 그래도 한글 번역 작업을 밀어붙여 '조선글 화엄경'(1927) 등 30여 종을 한글로 번역하는 성과를 거뒀다.

백용성은 더 나아가 불교 의식도 한글화하고 불교계 최초로 찬불가를 만들어 보급했으며 일요 불교학교도 최초로 열어 어린이들을 포교하는 데 힘을 쏟았다. 백용성은 대각사를 승려와 일반 신도 누구나 참여하는 열린 선방으로 운영했다.

불교의 자립을 위해서는 사원 경제의 활성화가 필요하다고 보고, 일하면서 수행하는 '선농(禪農) 일치'를 주창하며 경남 함양과 만주 용정에 대규모 농장을 조성하기도 했다. 그중의 한 곳이 1927년 경남 함양군 백운산의 해발 1,000m 지점에 설립한 '화과원'이다. 그는 이곳에 스님들이 참선하는 16개의 선방을 짓고 감나무·배나무·밤나무 1만여 그루를 가꾸는 대형 과수원을 일궜다. 사실 '선농일치'는 일종의 눈가림이었다. 애초부터 독립운동 자금을 마련할 목적으로 과수원을 운영했기 때문이다. 백용성은 혹시 모를 일제의 방해 공작을 피하기 위해 제자들에게까지 이런 사실을 철저히 숨겼다.

백용성은 주로 거지로 위장해 역시 거지로 변장한 독립운동가를 만났다. 돈은 구걸할 때 쓰는 바가지 아래쪽에 넣고 그 위를 식은 밥으로 덮었다. 백용성이 "옴마니반메훔"이라고 진언을 외면 상대가 "무궁화 꽃이 피었습니다"라고 답하는 식으로 암호를 주고받았다. 이렇게 신원을 확인한 뒤 바가지를 바꿔 자금을 전달했다.

일제의 강점 기간이 길어지자 왜색 불교는 교단 전체를 뒤덮는 하나의 현실로 정착되었다. 특히 일부 청년 승려들은 일본 불교를 우월한 문명으로 인식하고 한국 불교가 모방해야 할 대상으로 받아들였다. 일본 불교의 영향이 확산하면서 급기야는 대처식육이 성행했다. 이런 숨막히는 상황 속에서 불교를 바로 세우려는 백용성의 노력은 계속되었다. 비구승 127

명이 연명한 승려의 대처식육 금지 건백서를 1926년 5월과 9월 2차례에 걸쳐 조선총독부에 내고 그 시정을 요구했으나 건백서가 받아들여지지 않자 기존 불교 교단에 자신의 승적을 삭제해줄 것을 요구했다.

1930년 백용성은 내각사에서 윤봉길 의사를 물자로 삼은 후 만주 용정의 대각사를 거쳐 상해의 김구에게 보냈다. 대한민국 임시정부에도 독립자금을 보내주는 등 비밀리에 독립운동에도 힘을 보탰다. 1940년 2월 24일 제자들을 불러 놓고 "그동안 수고했다. 나는 간다"는 마지막 말을 남기고 입적했다.

중국 신해혁명과 중화민국 수립

문제는 혁명군을 통솔할 군사적 지도자가 마땅치 않다는 것이었다.

20세기 들어 청조의 몰락은 거역할 수 없는 대세였다. 단지 연명할 따름이었으나 그렇다고 260년이나 된 왕조가 쉽사리 무너지지도 않았다. 10여 차례 봉기가 있었으나 수많은 혁명가들만 청조 타도를 외치다 목숨을 잃었다. 봉기가 잇따라 실패하는 가운데 청조의 서양식 군대 '신군'이 혁명운동의 새로운 주체로 떠올랐다. 신군 역시 봉기에 실패했던 뼈아픈 전력이 있지만 그래도 혁명의 기운까지 사그라들진 않았다. 1911년 4월에는 손문의 중국동맹회와 연합해 '황화강 봉기'를 일으켰으나 이마저도 실패해 72명의 혁명 열사가 목숨을 잃었다. 그래도 혁명의 주·객관적인 조건들은 성숙되고 있었고, 혁명 세력들은 호북성의 성도인 무창의 신군을 중심으로 무력 봉기를 꾀했다.

그러던 중 1911년 10월 9일 신군의 한 봉기 주동자가 호북성 한구의 러시아 조계 내에 있는 비밀 장소에서 폭탄을 제조하다가 폭탄이 폭발하는 예기치 않은 사고가 일어났다. 러시아 경찰은 폭발음을 듣고 달려가 조사하던 중 조직의 문서가 눈에 띄자 관련자들의 집을 수색했다. 러시아 조계 경찰이 관련 문서와 체포자를 청 관리에 넘긴 상태에서 봉기 지휘부는 자칫 앉아서 죽음을 맞게 될 것이 우려되어 그날 밤 12시에 포성이 들리면 봉기하기로 했다. 그러나 포성은 울리지 않았고 봉기도 일어나지 않았다. 결국 지휘부는 습격을 당해 수십 명이 체포되고 그중 일부는 이튿날인 10일 새벽에 처형되었다.

당시 봉기에 참여한 병사들의 규모는 무창에 주둔 중인 정부군 중 약 3분의 1 정도였다. 이들 중 2,000여 명의 혁명파 병사가 무창에서 봉기한 것은 10월 10일 밤 9시쯤이었다. 청조의 정부군은 혼비백산해 달아났다. 이튿날인 11일 새벽 무렵 무창의 주요 지역을 거의 장악한 혁명군의 다음 목표는 청 왕조로부터 독립을 선포하고 호북성 정권을 수립한 후 다른 성의 호응을 끌어내 청 왕조를 무너뜨리고 중화민국을 수립하는 것이었다.

문제는 혁명군을 통솔할 군사적 지도자가 마땅치 않다는 것이었다. 손문을 비롯해 중국동맹회 지도자들은 해외나 상해·홍콩 등지에 있었다. 혁명 세력은 무창 주둔 청군 사단장 여원홍을 호북군정부 도독으로 추대했다. 사실상의 강제 추대에 여원홍은 난감했다. 반란에 동조했다는 죄명으로 청 정부에 의해 머리가 잘리든지 아니면 혁명에 순종하지 않는다는 이유로 혁명군에게 머리가 잘리든지 어느 쪽이든 목숨이 위태롭기는 마찬가지였다. 그는 아무 말도 하지 않는 방법을 택했다. 자신의 이름으로 발표되는 각종 문건에 대해서도 아무런 의견을 내놓지 않았다.

그러던 중 여원홍은 대세가 혁명군에 기울었다는 것을 간파하고 10월 16일 청나라의 상징인 변발을 자르고 도독에 취임했다. 그러나 여원홍은 혁명에 대한 관심도 이해도 없었다. 이런 그를 혁명군의 얼굴로 추대할

신해혁명 성공 후 호북성 무창에 수립된 호북군정부(1911.10.11)

수밖에 없었던 것이 당시 혁명군이 처한 실상이었다. 그래도 혁명은 요원의 불길처럼 타올랐다. 인근의 한양과 한구는 물론 호북성 각지에서 봉기가 일어났다. 10월 22일에는 호남성과 섬서성 성도에서도 청 정부를 향해 독립을 선포했다. 이후 1개월 사이에 중남부 지역의 14개 성이 청조에 반기를 들고 독립을 선언했다.

다급해진 청조는 칩거하고 있는 원세개를 10월 14일 호광총독에 임명, 사태를 수습하도록 했다. 당시 원세개는 수도권의 북양군은 물론 각 성의 총독과 순무(지방관) 등에 큰 영향력을 행사하고 있었다. 원세개는 처음에는 취임을 거부하다가 자신이 내각의 수뇌가 된다는 것을 조건으로 내걸고 총독에 취임했다. 청조는 10월 27일 원세개를 흠차대신에 임명, 육해군의 지휘권을 넘겨주었다. 원세개는 휘하의 풍국장을 보내 신해혁명의 핵심 지역인 한구와 한양을 점령, 혁명군의 기세를 꺾어놓았다.

청조는 11월 1일 내각 해산을 선포하고 원세개를 내각총리대신으로 임명했다. 원세개는 혁명 진영의 의중을 탐색하기 위해 총리대신 자리를 사양하다가 11월 중순에야 취임했다. 그는 혁명의 위기를 이용해 청 정부로부터 권력을 받아내고 다른 한편으로는 혁명 진영 내부에서 자기편 인물을 찾아내 혁명을 조종하려 했다.

신해혁명 평가, 긍정적이지만 않아

한편 혁명 세력은 남경을 장악해 전세를 다시 역전시켰다. 독립을 선언한 각 성의 대표들은 11월 15일 상해에 모여 대표회의를 무창에 설치하고 임시정부를 구성한다는 계획안을 발표했다. 당시 장강 이남 지역은 거의 혁명군의 수중에 있었으나 원세개가 여전히 북경의 신식 군대 주력을 장악하고 있고 열강도 원세개를 지지해 혁명의 성공을 낙관할 수 없었다. 원세개 역시 이미 불붙은 혁명의 불길을 그의 군사력만으로는 잠재울 수 없음을 간파하고 있었다. 원세개와 혁명 세력 사이에 '청조를 폐지하고 공화국을 수립하면 원세개에게 임시 대총통을 이양한다'는 내용의 협상이 시작되었다.

이런 와중에 미국에서 혁명 소식을 접한 손문이 1911년 12월 25일 급거 상해로 귀국했고 12월 29일 임시 대총통에 추대되었다. 손문은 1912년 1월 1일, 남경에서 임시 대총통 취임식을 치르고 중화민국 수립을 선포했다. 중국 최초 근대적인 공화정 정부의 출범이었다. 손문은 헌법을 제정하고 한·만·몽골·티베트·회(이슬람) 5족을 상징하는 오색기를 국기로 정했다.

그러나 손문을 중심으로 한 남방의 혁명 세력은 원세개가 장악하고 있는 북방의 군벌 세력에 비해 군사적으로나 재정적으로나 여전히 열세였다. 따라서 원세개는 남경 정부를 인정하지 않았다. 세계 열강 역시 원세개를 중심으로 통일이 실현된다면 중화민국을 승인하겠지만 손문의 남경 임시정부는 승인하지 않겠다는 입장을 고수했다. 결국 손문은 '청제가 퇴위하고 원세개가 공화정에 찬동한다'는 조건을 전제로 2월 13일 임시 대총통에서 물러나고 그 자리를 원세개에게 넘겨주었다. 하루 전 청조의 마지막 황제 부의도 원세개의 강압에 의해 황제직에서 쫓겨난 터였다.

혁명은 결국 힘의 열세로 미완으로 끝이 났다. 하지만 2,100여 년 동안 권력의 최고 정점이던 황제 체제를 무너뜨렸다는 점에서 중국사의 대사건이었다. 오늘날 대만인이 최대 경축일로 삼고 있는 10월 10일 '쌍십절'

은 이 신해혁명을 기념하는 날이다.

신해혁명에 대한 평가는 긍정적인 것만은 아니다. 이후 전개된 중국 혁명의 초석이 되었다는 긍정적인 견해가 있는가 하면 단순한 정권 교체적 정변에 불과하다는 부정적인 견해도 있다. 부정적인 견해는 손문이 제국주의의 속셈을 읽지 못한 채 오히려 열강에 매달리는 모습을 보였고, 민중을 광범하게 동원하지 못했으며, 혁명을 끝까지 이끌고 갈 강력한 혁명 정당을 형성하지 못했다는 점 등을 근거로 들고 있다. 심지어 만주 포기를 전제로 한 일본과의 밀약에 찬동한 점 등을 들어 중국을 팔아넘겼다는 식의 극단적인 평가마저 있다.

로알 아문센 인류 최초로 남극점 탐험 성공

영국 언론은 "공평한 경쟁의 정신에 위배되는 탐험", "은밀한 계획 추진은 속임수"라고 비난했다.

한 번도 인간의 발길을 허용하지 않은 곳, 그 남극점을 향한 인간의 처절한 도전이 본격적으로 시작된 것은 20세기 초였다. 그중에서도 로알 아문센(1872~1928)과 로버트 스콧(1868~1912)이 벌인 사투는 20세기의 최고 명승부였다.

남극점을 밟겠노라고 먼저 공언한 것은 영국의 해군 장교 로버트 스콧이었다. 그는 1901년부터 1904년까지 영국의 남극 탐험대를 이끌고 남위 82도 17분까지 갔다가 발길을 되돌렸던 남극 전문가였다. 남극점을 향한 스콧의 모험심을 자극한 것은 크게 두 가지였다. 1909년 4월 6일 미국의 로버트 피어리(1856~1920)가 북극 탐험에 성공한 것이 첫째이고, 과거 자신의 남극 탐험대원이었던 어니스트 섀클턴의 눈부신 활약이 두 번째였다. 섀클턴은 1909년 1월 그때까지 누구도 도달하지 못한 남위 88도 23분까지 갔다가 돌아와 영국에서 영웅 대접을 받고 있었다.

비슷한 시기 남극점을 노리는 또 한 명의 탐험가가 있었다. 그는 노르웨이의 아문센으로 스콧과 달리 조용하면서도 치밀하게 남극 탐험을 준비했다. 사실 아문센이 어려서부터 꿈꿔 온 것은 남극이 아니라 노르웨이의 북단에서 3,200㎞ 정도밖에 떨어져 있지 않은 북극의 탐험이었다. 그는 오슬로대에서 의학을 공부했지만 극지를 탐험하겠다는 열망으로 의사란 안정된 직업을 포기하고 항해사의 길을 걸었다. 노르웨이에는 전통적으로 위대한 극지 탐험가가 많았다. 그중 최고는 19세기 말 '프람호'를 타고 북극 지방의 탐험에 일대 혁명을 가져온 프리드쇼프 난센이었다.

로알 아문센

아문센도 노르웨이의 전통을 이어받아 1903년에서 1906년까지 '요아호'를 타고 북대서양에서 북극해와 캐나다 북쪽 바다를 경유해 북태평양 베링해를 지나는 '북서항로'를 사상 처음 개척해 극지 탐험가로 명성이 높았다. 그가 개척한 북서항로는 1879년 핀란드의 노르덴셸드가 처음 개척한 '북동항로'와 더불어 위대한 업적으로 평가받고 있다. 북동항로와 북서항로는 유럽에서 남아프리카를 돌아 태평양으로 진출하는 거리를 거의 반으로 단축한 그야말로 황금의 뱃길이었다.

북극점 탐험을 꿈꾸던 아문센에게 1909년 4월 미국의 피어리가 북극점을 밟았다는 소식은 스콧에게도 그랬던 것처럼 큰 실망을 안겨주었다. 아문센은 내심 목표를 북극에서 남극으로 바꾸고도 이 사실을 철저하게 숨겼다. 사실 아문센도 1897년부터 1899년까지 벨기에팀의 남극 탐험에 참여한 적이 있어 남극에 대한 경험은 스콧 못지않았다.

아문센의 남극행 준비는 철저했다. 극지방 탐험 보고서를 숙독하고 에스키모 생활 방식을 체험하며 철저히 대비했다. 반면 비슷한 시기 남극 탐험을 준비하는 스콧의 준비는 미숙하고 철저하지 못했다. 모터 엔진과 조랑말이 썰매를 끌도록 한 후 나중에는 인력에 의존해 썰매를 끌고 간다는 스콧의 계획이 얼마나 무모한 것인지는 머지않아 입증되었다.

아문센은 목표를 북극에서 남극으로 바꾸고도 철저하게 숨겨

스콧의 탐험선 '테라노바호'가 영국을 출항한 것은 1910년 6월 1일이었다. 아문센의 '프람호'는 그보다 2개월 뒤인 1910년 8월 9일 조용히 노르웨이 해역을 빠져나왔다. 선원들은 아문센이 행선지를 비밀로 했기 때문에 목적지를 북극으로 알고 동행했다. 아문센이 선원들에게 남극행 계획을 털어놓은 것은 9월 6일 프람호가 포르투갈 마데이라 제도에 도착했을 때였다.

스콧이 아문센의 남극행을 알게 된 것은 호주의 멜버른에 입항한 1910년 10월 12일이었다. 그곳에서 받아본 "남극을 향해 가고 있음을 알립니다. 아문센"이라는 내용의 전보는 스콧을 경악시켰다. 아문센이 1911년 1월 14일 남극 로스해에 위치한 남극 땅을 밟았을 때 스콧은 이미 1주일 전 로스해에 연한 맥머도만에 베이스캠프를 차려놓고 있었다.

아문센은 스콧의 캠프에서 640㎞ 정도 떨어진 곳에 베이스캠프를 설치했는데 그곳은 스콧의 캠프보다 유리한 몇 가지가 있었다. 펭귄이나 물개 등 식용으로 쓸 수 있는 신선한 먹거리가 풍부하고 베이스캠프의 위도가 스콧의 캠프보다 110㎞ 정도 남극에 가까웠다. 1911년 4월 남극의 태양이 시야에서 완전히 사라지는 기나긴 극지방의 밤이 왔을 때 두 팀은 남극으로 가는 길목에 식량 보급소를 설치하며 추운 겨울을 보냈다.

미지의 땅을 향한 역사적 등정을 먼저 시작한 쪽은 1911년 10월 20일 캠프를 출발한 아문센의 탐험대였다. 남극점까지 1,260㎞를 가기 위해 준비한 썰매는 4대였고 각 썰매는 추위에 강한 13마리의 허스키 개가 끌었다. 스콧 일행은 아문센보다 1주일 늦게 베이스캠프를 출발했다. 그런데 스콧의 모터 썰매가 출발 때부터 영하의 온도에서 말썽을 일으키더니 조랑말도 수시로 눈 속에 빠져 허우적거렸다. 며칠만에 모터엔진은 얼어붙었고 조랑말은 동상에 걸려 얼어 죽기 시작했다.

남극과 주변 바다·대륙

반면 추위에 강한 아문센의 썰매 개들은 비교적 가볍게 달렸다. 그 덕에 아문센이 별 문제없이 하루 32㎞의 일정을 소화한 반면 스콧은 날씨가 좋은 날에도 그 절반 밖에 가지 못했다. 게다가 스콧 일행은 남극을 800㎞나 앞둔 지점에서 마지막 조랑말마저 죽어 약 700파운드 무게의 썰매를 사람의 힘으로 끌고 가야 했다.

마침내 관측기 바늘이 90도에서 멈춰서

아문센은 55일 동안의 강행군 끝에 1911년 12월 14일, 마침내 관측기 바늘이 90도에서 멈춰선 것을 확인했다. 인류 최초로 남극점에 도달한 것이다. 아문센은 노르웨이 국기를 남극점에 꽂고 영광의 순간을 자축했다. 스콧은 이미 승부에 졌다는 것을 직감적으로 알고 있었으나 국가적 자존심 때문에 계속 전진했다. 그리고 1912년 1월 17일 초주검 상태로 남극점에 도착했다. 그곳에는 예상대로 한 달 전에 꽂아놓은 노르웨이 깃발이 펄럭이며 그들의 도착을 비웃고 있었다.

아문센은 남극점을 먼저 밟았다고 반드시 승자가 되는 게 아니고 신문의 헤드라인을 먼저 장식해야 진짜 승자가 된다는 사실을 정확히 꿰뚫고 있었다. 귀로를 급히 서두른 아문센팀이 베이스캠프로 돌아온 것은 1912년 1월 25일이었고, 성공을 확인한 것은 프람호가 호주 남단의 태스메이니아섬에 들어선 3월 7일이었다. 곧 아문센의 위대한 성공이 전 세계 신문에 대서특필되었다. 그러나 영국 언론만은 아문센이 비밀리에 남극으로 간 것을 두고 "공평한 경쟁의 정신에 위배되는 탐험", "은밀한 계획 추진은 속임수"라고 비난했다.

문제는 돌아와야 할 스콧이 몇 개월이 지나도 돌아오지 않는다는 사실이었다. 영국의 수색대가 4월부터 시작된 남극의 겨울을 피해 1912년 10월 말 파견되었다. 수색대가 베이스캠프에서 18㎞ 떨어진 지점에서 동사한 스콧을 비롯해 세 대원의 시신을 발견한 것은 11월 12일이었다.

현장에서 발견된 스콧의 일기에 따르면 5명의 일행 중 한 명은 2월 17일 갑자기 의식을 잃은 뒤 깨어나지 못했고, 동상에 걸려 더는 걸을 수 없었던 또 한 명의 대원은 동료들에게 짐이 될까봐 3월 16일 한밤중에 텐트에서 나가 눈보라 속으로 사라졌다. 3월 29일의 마지막 일기에는 "더 이상 쓸 수가 없다. R.스콧"이라고 적혀 있었는데 마지막으로 슬픈 최후의 추신이 적혀 있었다. "신이시여, 우리 국민을 보호해 주소서."

대부분 탐험가들의 운명이 그러하듯 아문센 역시 객사했다. 북극을 비행하다가 추락한 동료 탐험가를 구조하기 위해 1928년 6월 비행정을 탔다가 북극의 차가운 바다에서 조난사한 것이다.

프리드쇼프 난센

노르웨이 출신의 프리드쇼프 난센(1861~1930)은 청년기에는 위대한 탐험가로, 중년기에는 동물·해양학 학자로, 노년기에는 전쟁 포로와 난민 보호에 앞장선 외교관으로 다방면에 걸쳐 인류에 기여했다. 난센의 어릴 적 꿈은 동물학자였다. 대학에서도 동물학을 전공한 그의 인생 역정이 전혀 다른 방향으로 흘러가게 된 계기는 1882년 바다표범잡이 어선 '바이킹호'를 타고 가다가 그린란드의 만년설에 압도당하면서였다.

프리드쇼프 난센

난센은 이후 만년설 횡단을 목표로 삼아 1888년 5월 6명의 대원을 이끌고 그린란드로 모험을 떠났다. 썰매를 이용해 9월 5일 최고 고도인 2,676m 지점에 오르고 9월 26일 그린란드의 반대편에 도착함으로써 동서를 가로지르는 쾌거를 이뤄냈다. 난센은 고트호프 마을에서 겨울을 나면서 마을 사람들의 생활상을 눈여겨 살피고 꼼꼼히 기록했다. 그리고 1년 만인 1889년 5월 노르웨이로 돌아와 에스키모에 대한 연구를 계속해 1891년 '에스키모의 생활'을 출판했다.

난센은 얼음이 흘러가는 방향을 관찰한 결과 1890년 북극해의 얼음이 시베리아에서 스피츠베르겐섬 쪽으로 표류한다는 사실을 알게 되었다. 스피츠베르겐섬은 노르웨이와 북극점 중간에 위치한 스발바르 제도에서 제일 큰 섬으로 난센은 이 물길을 잘만 이용하면 원하는 방향으로 탐험할 수 있을 것이라고 믿었다.

난센은 시베리아 북부 해안까지 갔다가 그곳에서 배를 얼어붙도록 한 뒤 얼음과 함께 해류를 타고 북극해를 가로질러 스피츠베르겐 방향으로 이동한다는 계획을 세웠다. 그러려면 특수하게 설계한 배가 필요했다. 바다를 항해하다가 얼음을 만나더라도 배가 얼음 위로 자연스럽게 미끄러져 올라갈 수 있어야 하고 얼음에 갇혀도 파손되지 않는 그런 배였다. 난센은 완성된 배의 이름을 노르웨이말로 '전진한다'는 의미의 '프람호'로 명명했다.

다방면에 걸쳐 인류에 기여

프람호가 노르웨이 북쪽 항구를 떠난 것은 1893년 6월 24일이었다. 3개월간의 항해 끝에 9월 22일 러시아 레나강 어귀 부근인 북위 78도 50분, 동경 133도 37분 지점에까지 나나랐다. 그곳에서 프람호는 꽁꽁 얼어붙었고 빙하의 압력을 완벽하게 견뎌냈다. 그러나 프람호는 예상된 코스로 표류하지 않았다.

난센은 프람호가 북위 85도를 넘지 못할 것 같자 1895년 3월 14일 북위 84도 4분, 동경 102도 27분 지점에서 얄마르 요한센과 함께 배에서 내렸다. 그리고 27마리의 개가 끄는 3대의 썰매에 나눠타고 2척의 카약을 실은 채 북극점으로 향했다. 24일째가 되는 4월 8일 난센은 그때까지 인간이 밟은 땅 중에서 가장 위도가 높은 북위 86도 14분 지점에 닿았다. 그러나 3주 동안 이동한 거리가 200㎞밖에 되지 않자 난센은 640㎞ 떨어져 있는 프란츠 요제프섬을 목적지로 삼았다. 그러나 그곳으로 가는 바다가 얼어 있지 않아 전진에 어려움이 많았고, 그러다 보니 1895년 8월 26일 엉뚱한 곳에 닿았다.

난센과 요한센은 1896년 5월까지 섬에서 생활하다가 6월 17일 우연히 그들을 발견한 영국의 프레더릭 잭슨 탐험대의 도움을 받아 9월 9일 고향 노르웨이로 돌아왔다. 3년 3개월 만의 귀환에 노르웨이 전역이 열광하고 환영했다. 프람호도 북위 85도 57분 지점에서 표류하다가 무사히 노르웨이에 도착했다. 국민 영웅이 된 난센은 1896년 대학의 동물학 교수가 되었고, 1908년에는 전공을 바꿔 해양학 교수가 되어 해양학 연구에 크게 공헌했다.

난센의 말년은 외교관으로 빛이 났다. 노르웨이의 첫 영국 주재 대사로 데뷔하고 1920년 개최된 국제연맹의 첫 총회에 노르웨이 대표로 참가했다. 1920년 4월 국제연맹의 첫 고등판무관으로 임명된 뒤에는 소련과의 협상에 나서 1차대전 이후 소련에 억류되어 있는 독일과 오스트리아·헝가리 제국의 전쟁 포로 약 42만 명을 1922년 9월 본국으로 돌아가게 했다.

또한 국적이 박탈되어 유럽을 떠돌고 있는 소련 난민들을 위해 이른바 '난센 여권'을 제창해 국제협약을 끌어냈다. 1922년 53개국이 참가한 제네바 회의가 소련 난민에게 신분증명서를 발급하기로 결정함으로써 1922년 7월 마침내 '난센 여권'이 탄생했다. 난센은 이 공로로 1922년 노벨평화상을 수상하고 상금은 모두 국제구제사업에 기부했다.

프레더릭 테일러 '과학적 관리법' 출간

과학적 관리법은 기업주만을 위한 것이 아니라 노사 공동의 번영을 목적으로 고안된 것이다.

20세기 초까지 미국의 제조업체 대표들은 생산량만을 중시했지 생산성 향상에는 그다지 관심을 두지 않았다. 이런 상황에서 과거의 주먹구구식 방식을 탈피하고 '과학적 관리'를 통해 생산성을 향상하는 것이 결국에는 기업·노동자 모두에게 이익이 된다고 설파한 사람이 있었으니 프레더릭 테일러(1856~1915)다.

테일러는 미국 필라델피아의 부유한 변호사 집안에서 태어났다. 실용적인 활동을 장려하고 게으름을 죄악시하는 퀘이커교도 부모의 영향을 받아 테일러 역시 어려서부터 실용을 중시했다. 1874년 하버드 법대에 합격했지만 시력이 나빠 입학을 포기하고 공장의 기계 견습공으로 취직했다가 1878년 필라델피아에 소재한 미드베일 철강회사의 말단 노동자로 입사했다.

당시 미드베일 철강회사는 성과급제를 시행했다. 문제는 생산성이 높아져 임금이 올라가면 기업주가 일방적으로 임금 단가를 깎아 노동자들

프레더릭 테일러

의 불만을 사고 이 때문에 노동자들 사이에 '은밀한 태업'이 성행했다는 것이다. 노동자들은 성과급 제도가 열심히 일해서 생산성을 올려도 결국에는 기업주가 과실을 빼앗아가고 노동을 착취하는 나쁜 제도라고 생각해 조직적으로 은밀히 태업을 벌였다.

테일러는 입사 몇 개월 만에 관리자로 진급하자 성과급 제도를 개선하는 데 관심을 쏟았다. 그가 내린 결론은 노사 어느 쪽에서 봐도 공평하다고 인정할 수 있는 '객관적인 하루 생산량'을 결정하는 것이었다. 그래서 제시한 게 '차별 성과급 제도'라는 새로운 임금 체계였다. 건강한 노동자가 하루에 생산할 수 있는 '적당한 생산량'을 과학적인 방법으로 산정해 그 이상을 생산한 노동자는 높은 임금 단가를 적용하고, 미달 노동자에게는 낮은 단가를 적용해 임금에 차등을 두는 것이다.

이 제도 하에서는 과업을 달성하면 미달한 경우보다 임금 단가 자체가 높아 목표 달성 여부에 따라 임금이 30~40% 차이가 나도록 되어 있다. 따라서 노동자는 특별한 사정이 없는 한 과업 달성을 위해 노력하게 되는데 결과적으로 급여 삭감과 은밀한 태업이라는 두 가지 문제를 동시에 해결하는 묘책이었다.

그 후 생산량이 증가함에 따라 테일러는 공장장 자리까지 올라갔다. 테일러는 낮에는 일을 하고 밤에는 공부하는 주경야독의 생활로 1883년 스티븐스 공과대 기계공학과를 졸업했다. 회사는 이런 테일러를 더욱 신뢰해 1883년 기계공장을 새로 건립할 때 설계와 건축을 총괄하도록 했다.

테일러는 새 공장을 자신이 구상한 혁신적인 아이디어를 실험할 수 있는 공간으로 설계하면서 새로운 생산방법도 제시했다. 그가 고안한 혁신적인 발명 중에는 절삭 도구 쪽으로 물줄기를 계속 흘러내리게 해 절삭 도구의 날이 냉각되어 절삭 속도가 향상되는 금속 절삭 방법도 있었다. 테일러는 6t이나 되는 거대한 증기 망치도 고안하고 자주 말썽을 일으키는 가죽 벨트의 문제점도 해결했다.

"마르크스주의를 무너뜨린 것은 테일러리즘"

테일러는 1889년 미드베일을 떠나 경영 컨설턴트로 활동하면서 1898년부터 1901년까지 4년 동안 펜실베이니아주 베들레헴 철강회사에서 자신의 관리법을 체계화했다. 당시 베들레헴 철강회사의 노동자들은 한 번에 42㎏의 무쇠를 화물차량으로 실어 날랐는데 작업량을 합하면 1인당 하루 평균 12.5t이었다. 테일러는 이 회사 노동자들을 대상으로 전 세계에서 한 번도 해본 적이 없는 실험을 했다. 그것은 슈미트(가명)라는 노동자를 선정해 스톱워치에 따라 일하도록 한 뒤 적정한 1일 작업량을 산정하는 실험이었다.

슈미트는 "무쇠를 들고 걸어가세요. 앉아서 쉬세요. 걸어 가세요. 쉬세요"라는 말을 들으면서 일했는데 놀랍게도 다른 사람이 12.5t을 옮기는 동안 47t을 날랐다. 슈미트가 그렇게 할 수 있었던 이유는 기본적으로 체력이 뛰어나기도 했지만 지치기 전에 적정한 휴식을 취했기 때문이다. 이후 슈미트의 임금은 상승했다. 그전까지는 1달러 15센트 이상을 받아본 적이 없으나 이후 3년 동안 평균 1달러 85센트 이상을 받았다. 슈미트가 자신보다 60% 이상의 높은 임금을 받는 것을 알게 된 다른 노동자들도 테일러가 제시한 방식을 따라함으로써 생산성은 높아지고 생산량은 증가했다.

이후에도 생산공정에 대한 철저한 분석, 업무를 체계화하려는 노력, 제조 공정에 관한 신개념 개발 등 테일러의 연구는 그칠 줄 몰랐다. 테일러는 이런 공로를 인정받아 1906년 10월 펜실베이니아대에서 명예 박사학위를 받고 다트마우스대의 비즈니스 스쿨 교수로 채용되었다. 테일러는 자문과 강연 등 일련의 활동을 하는 중에도 저술 활동에 몰두해 '벨트 장치에 관한 기록'(1893), '금속 절삭의 기술에 관해'(1906), '과학적 관리법'(1911), '상점 관리'(1911) 등의 저서를 남겼다.

이 가운데 '과학적 관리법'은 노동자의 작업 시간과 동작에 대한 연구를 중심으로 하루의 공정한 작업량을 측정해 생산성을 향상시키는 원리를 종합 정리한 책으로 오늘날까지 '경영학의 고전'으로 평가받고 있다. 시간·동작 연구는 슈미트의 경우처럼 한 번에 한 사람의 작업자를 선발해 동작 하나하나의 시간을 측정하는 일이다. 이 과정에서 불필요한 동작을 없애고 더 빠르게 생산하는 데 필요한 도구를 개발한다. 모든 것을 기록하고 매뉴얼로 만들어 한 명의 노동자가 과도한 피로를 느끼지 않고 최대로 작업할 수 있는 양을 뽑아낸다. 책임자는 정확한 작업 지시서와 관리를 통해 노동자가 과업을 무리 없이 해낼 수 있게 돕고 그에 걸맞은 보상을 지급한다는 내용이다.

대량생산 시대를 여는 시너지 효과 가져와

이 연구 결과는 일을 과학적으로 측정하고, 적정한 인재에게 적정한 과업을 할당하고, 성과 보상을 합리적으로 한다면 모든 사람이 태업하지 않고 열심히 일하게 된다는 결론으로 이어졌다. 결국 종업원이 자율적으로 작업하는 것보다 체계적으로 정립된 과학적 방식을 종업원에게 적용하는 것이 더 효율적이라는 것이다.

작업 시간도 오래 일하게 하는 것보다 제한된 시간에 집중적으로 하는 것이 효율적이라는 실험 결과가 나왔다. 예를 들면 베들레헴 철강회사의 노동자를 관찰한 결과 한번에 42kg 무쇠를 나르는 노동자는 하루의 43%

에 해당하는 시간에만 무쇠를 나르고 하루의 57%에 해당하는 시간은 휴식을 취하는 것이 더 효율적이라는 것이다.

테일러주의는 이후 미국에서 큰 성공을 거뒀다. 유럽과는 전통이 다른 미국만의 특성을 살린 결과였다. 즉 미국은 상대적으로 장인 노동의 전통이 유럽에 비해 약하고 이 때문에 장인들의 저항이 없었기 때문에 노동조건에 큰 변화를 불러올 테일러주의를 정착시킬 수 있었던 것이다. 테일러가 '과학적 관리법'의 첫머리에서 기업주와 노동자 모두가 최대 번영을 이루는 데 기본 목적을 둔다고 말했듯 과학적 관리법은 기업주만을 위한 것이 아니라 노사 공동의 번영을 목적으로 고안된 것이다.

그런데도 테일러주의는 훗날 노동조합으로부터 "인간 노동을 기계화했다", "노동자를 꼭두각시로 만든다"는 등의 거센 비난을 받았다. 이 때문에 적개심으로 가득 찬 노동자들의 공격에 대비해 한때는 경호원들의 호위까지 받았다. 테일러는 자본가들을 '돼지들'이라고 부르는 등 그들의 탐욕에 대해서도 독설을 퍼부은 탓에 처음엔 노사 양쪽에서 배척을 받았다. 테일러는 이 같은 비판을 잘 알고 있다면서 결국엔 모든 게 자신의 뜻대로 될 것이라는 말로 책을 마무리했다.

테일러 시스템은 '자동차 왕' 헨리 포드가 주창한 '조립 생산'과 결합하면서 대량생산 시대를 여는 시너지 효과를 가져왔다. 과학적 관리법은 미국 산업계를 점령한 데 이어 사회주의 소련으로도 수출되었다. 레닌과 트로츠키는 테일러리즘을 수용하면서 미국의 전문가들을 소련으로 초빙했다. 그럼에도 노동계는 '인간 노동을 기계화했다'며 비판했다. 모두의 이익을 증진한다는 목표 아래 노동자들을 움직이는 기계 부품처럼 취급해 인간의 본성과 심리를 반영하지 못했다는 것이다.

반면 현대 경영학의 창시자로 평가받는 피터 드러커는 찰스 다윈, 카를 마르크스, 지그문트 프로이트가 '현대 세계를 창조한 삼위일체'로 평가받는 것에 불만을 표시하면서 "만약 이 세상에 정의라는 것이 있다면 마르크스는 빼고 테일러를 대신 넣어야 한다"고 주장하며 "19세기 사람 대부분이 진리라고 믿던 마르크스주의를 무너뜨린 것은 이데올로기도 종교도 아닌 테일러리즘"이라고 난언했나.

바실리 칸딘스키 '청기사' 그룹 결성

그에게 음악은 사운드로 그려지는 완벽한 추상 언어였다.

20세기 초 마치 약속이라도 한 듯 새로운 미술 양식이 유럽에서 꿈틀거렸다. 앙리 마티스와 파블로 피카소로 대표되는 야수파와 입체파가 20세기 초를 화려하게 장식하더니 급기야 점, 선, 면, 색채 등 순수 조형만으로 구성된 이른바 추상회화가 등장했다. 대상의 재현·모방이라는 전통 미술의 굴레에서 벗어나 추상회화의 물꼬를 튼 사람은 러시아 화가 바실리 칸딘스키(1866~1944)였다.

그의 회고록에 따르면 그가 자신의 일생이 바뀌게 되는 놀라운 경험을 한 것은 1910년의 어느 날이었다. 해질 무렵 화실에 들어섰을 때 문득 눈부시게 빛나는 그림이 눈에 들어왔는데 놀라운 것은 그림에서 대상의 묘사와 주제는 보이지 않고 단지 불타는 듯 밝은 색채만 보였던 것이다. 더욱 그를 놀라게 한 것은 그림을 자세히 보려고 가까이 다가간 순간 그림이 거꾸로 놓여 있다는 것을 알게 되고 무엇보다 그 그림이 자신의 그림이었다는 것이다.

그는 이튿날, 하루 전의 감동을 되살려 보려고 무진 애를 썼으나 좀처럼 전날의 감동이 살아나지 않았다. 그날의 체험을 통해 칸딘스키가 깨달은 것은 "그림의 내용과 상관없이 오직 색채만으로도 감정을 전달할 수 있고 객관성이나 대상의 묘사라는 것은 불필요할뿐더러 오히려 방해가 된다"는 발상의 전환이었다.

바실리 칸딘스키

칸딘스키는 러시아 모스크바에서 태어났다. 아버지는 중국과 접경한 동시베리아 출신으로 동양인의 피가 섞여 있었고 어머니는 모스크바 토박이였다. 모스크바대에서 법학과 경제학을 전공하면서도 미술에 관심이 많아 미술 전시회 관람을 취미로 삼았다.

이런 칸딘스키의 삶을 송두리째 바꿔놓을 운명적인 인상파 전시회가 모스크바에서 열린 것은 1895년이었다. 칸딘스키는 그 전시회에서 들판에 쌓인 건초를 그린 모네의 그림 '건초더미'를 보고 충격을 받았다. 그가 그림에서 발견한 건 사물에 대한 구체적인 재현이 아니더라도 색채와 형태만으로 얼마든지 그림을 그릴 수 있다는 사실이었다.

결국 칸딘스키는 그 무렵 제안이 들어온 대학의 법학 교수직을 뿌리치고 1896년 12월 30세의 늦은 나이에 본격적인 그림 공부를 위해 독일의 뮌헨으로 떠났다. 초기에는 뛰어난 사실적 묘사력을 보여주다가 점차 인상파와 야수파의 영향을 받아 자신만의 독자적인 화풍을 추구했다. 칸딘스키는 색체 자체의 본성과 그 효과를 표현하고자 하는 열망으로 1901년 미술학교 겸 그룹인 '팔랑스'를 개설했다. 제자 중에는 가브리엘레 뮌터라는 여성이 있었는데 두 사람은 서로 추구하는 회화적 방향에 끌려 10년간 조력자이자 연인으로 지냈다. 팔랑스는 1회(1901)와 2회(1902) 전시회를 열었으나 모두 혹평을 받아 1904년 활동을 중단했다.

칸딘스키는 1903년 모스크바에서 개인전을 열고 1905년 프랑스의 '살롱 도톤전'에 그림을 출품하며 화가로서의 활동을 본격화했다. 그러던 중 어느 순간부터는 대상을 구체적으로 묘사하거나 있는 그대로 재현하지 않고 대상을 보았을 때 느껴지는 감동을 그대로 캔버스에 옮기는 식으로 화풍을 바꿔 나갔다. 예를 들어 나무를 보았을 때, 화가의 내면에서 느껴지는 감정이 '평화'였다면, 평화스럽다는 내적인 감동을 화면으로 옮기는 과정에서 나무라는 구체적인 대상은 없애고 화가의 감정만을 그림에 남기는 식이었다.

그러나 이런 식으로 화가가 일방적으로 자신의 주관적인 감정만을 표현하게 되면 자칫 그림을 감상하는 사람들에게는 무의미한 낙서나 얼룩으로 비칠 위험성이 있었다. 이런 가능성을 피하기 위해 칸딘스키는 색채를 통해 자신의 감정을 최대한 표현하려고 애를 썼다. 칸딘스키는 예술이 장식과 구별되려면 예술가의 감동에 바탕을 둔 '내적 필연성'이 있어야 하며, 감각적으로 조형화된 예술가의 감동이 미술을 감상하는 사람에게 감동으로 전달되지 않는다면 예술은 성립되지 않는다고 보았다.

칸딘스키는 또한 자신의 회화에 음악성을 부여하려고 노력했다. 음악이 현실의 소리를 재현하지 않아도 듣는 이의 영혼에 호소하는 것처럼 회화에서도 색채, 형태, 구도만으로 보는 이에게 호소할 수 있다고 믿었다. 음의 높낮이가 다르고 악기마다 독특한 음색이 있듯이 색에도 각각의 특징이 있다고 생각했다. 그에게 음악은 사운드로 그려지는 완벽한 추상 언어였다.

구체적인 대상은 없애고 화가의 감정만을 그림에 남겨

칸딘스키가 특히 우정을 나눈 음악가는 오스트리아 작곡가 아르놀트 쇤베르크였다. 칸딘스키는 쇤베르크를 예술적 동지로 생각해 서신을 통해 자신의 회화론을 설명하면서 음악과 같은 열정을 회화에서도 펼칠 수 있다는 의지를 표명했다. 이에 쇤베르크가 공감의 답장을 보내오면서 둘의 우정을 이어나갔다. '인상Ⅲ-콘서트'(1911)는 쇤베르크의 무조음악(無調音樂)을 듣고 제작한 작품이다. 작품의 중앙에 그랜드피아노를 연상시키는 검은색 삼각형과 환호하는 청중의 단순화된 형태에서 구상의 흔적이 남아 있긴 하지만 완전한 추상으로의 점진적인 이행을 보여주는 작품이다.

'첫 번째 수채 추상'(1910년, 50×65㎝)

칸딘스키는 1909년 그와 뜻을 같이하는 화가들과 '뮌헨 신미술가협회'를 결성하고 12월 첫 전시회를 열었다. 그러나 대중의 반응은 싸늘했다. 이 때문에 내부 갈등이 불거져 1911년 12월 제3회 전시회를 앞두고 칸딘스키는 몇몇 화가들과 함께 협회를 탈퇴했다. 대신 작곡가 쇤베르크, 화가 프란츠 마르크·파울 클레 등과 의기투합해 1911년 12월 18일 '청기사'라는 이름으로 첫 전시회를 뮌헨에서 열었다. 청기사 그룹은 프랑스 입체파의 미학을 도입해 색채와 형태를 과장함으로써 독일 인상주의와 사실주의를 뒤엎고 표현주의 회화의 막을 열었다는 데 미술사적 의미가 있다.

청기사 그룹은 1912년 2월 2번째 전시회를 열고 1912년 5월 '청기사'란 제목의 연감도 제작했는데 책의 구성과 편집이 독특했다. 화가들의 글과 그림, 쇤베르크의 악보, 시대와 분야를 망라한 도판 등으로 연감은 총체적인 하나의 예술 작품에 가까웠다. 청기사 연감은 계속해서 발간할 계획이었지만 1914년 1차대전이 발발하고 1916년 마르크가 전사함으로써 단 1권에 그치고 말았다.

칸딘스키는 실천의 영역에서만이 아니라 이론의 영역에서도 20세기 추상미술을 선도했다. 1912년 독일어로 쓴 '예술에서의 정신적인 것에 대해'가 대표적 이론 작업으로 꼽힌다. 이 책의 서론에서 밝힌 "모든 예술작품은 그 시대의 아들이며, 때로는 우리 감정의 어머니이기도 하다"는 문장은 지금도 많은 예술 이론가들이 인용하고 있다.

칸딘스키는 회화를 성립시키는 3가지 원천을 외부 자연으로부터 받은 직접적인 '인상', 무의식적이고 자연발생적인 '즉흥', 장기간의 작업을 통해 형성된 내적인 감정의 표현으로 형성되는 '구성'으로 구분했다. 이러한 인식을 바탕으로 그린 그림들이 '즉흥', '구성', '인상'이라는 제목의 연작이다.

칸딘스키가 그린 최초의 추상작품은 1910년 작 '첫 번째 수채 추상'(50×65㎝)으로 알려져 있다. 이 그림은 칸딘스키가 자신만의 순수한 내적 필연성에 따라 그린 '즉흥' 연작 가운데 하나다. 그림을 보면 구체적인 대상이나 이미지는 하나도 보이지 않고 오로지 선과 색채의 율동만이 난무한다. 이것은 혁명이고 충격이었다. 칸딘스키를 상징하는 기하학적인 도형 추상이 빈번하게 나타난 것은 '구성' 연작에서다.

칸딘스키는 1914년 1차대전 발발 후 모스크바로 돌아갔다가 1917년 러시아혁명 후 혁명정부에서 미술 관련 일을 맡았다. 그러나 볼셰비키 정부의 예술 정책과 틈이 벌어지면서 1921년 러시아를 떠나 1922년부터 1933년까지 발터 그로피우스가 주도한 독일의 '바우하우스'에 참여함으로써 20세기의 현대 디자인에도 공헌했다. 그러던 중 1933년 바우하우스를 폐교시킨 나치 정권을 피해 파리로 피신하고, 그의 작품이 나치에 의해 '퇴폐예술'로 낙인찍혀 작품이 몰수당하는 등의 수모를 겪었다. 2차대전 후 파리가 나치의 수중에 들어가기 전 스위스로 망명했다가 그곳에서 1944년 12월 13일 작고했다.

1912년

손문 중화민국 임시 대총통 취임
청조의 몰락과 원세개의 실권 장악
발칸전쟁 개전
비타민 추출과 명명
아르놀트 쇤베르크 '달에 홀린 피아노' 초연
타이태닉호 침몰
_ *SOS·CQD*
필트다운인(人) 화석 사기 사건
김은호 '어용화사' 발탁

손문 중화민국 임시 대총통 취임

바야흐로 중국의 통일이 눈앞에 보이는 듯했다. 문제는 건강이었다.

손문(1866~1925)은 평생을 봉기와 실패 그리고 망명으로 점철된 삶을 산 근현대 중국 최고의 풍운아다. 그러나 그가 주도한 봉기마다 모두 실패로 끝이 나고 이 과정에서 수많은 동지들이 처형되어 '영원한 혁명가'이면서 동시에 '실패한 혁명가'이기도 하다. 그런데도 그는 오늘날 '중국 혁명의 아버지'로 불리며 중국은 물론이고 대만에서도 영웅으로 추앙받고 있다. 중국공산당에서는 제1차 국공합작을 성립시킨 주인공으로, 대만의 국민당 정권에서는 국민당 창당 인사로 대우하며 찬양한다. 그것은 2,100여 년 동안 버텨온 봉건 왕조 정치의 맥을 끊고 민주주의 공화정부를 탄생시키는 데 평생을 바친 그의 삶에 대한 예우이자 찬사였다.

손문은 중국 광동성 향산현(지금의 중산현)의 빈농 집안에서 태어났다. 12살 때인 1878년 큰형과 숙부가 자리를 잡고 있는 미국 하와이로 건너가 호놀룰루의 영국계 학교에서 기독교 교리와 서양 학문을 배웠다. 1883년 고향으로 돌아와 고향의 수호신인 목신을 파괴하는 등 과격한 행동을 하다가 고향에서 쫓겨나 홍콩으로 도피했다. 홍콩에서는 영국계 고등학교를 거쳐 1892년 서양인이 운영하는 '서의서원'(현재의 홍콩대 의과대)을 최우등으로 졸업하고 마카오에서 병원을 개원했다.

1894년 11월 다시 하와이로 건너가 호놀룰루에서 혁명 단체인 '흥중회'를 결성, 험난한 혁명가의 역정을 시작했다. 흥중회의 목표는 만주족의 청조를 무너뜨리고 한족 중심의 민주주의 공화국을 수립하는 것이었다.

손문이 무장봉기를 위해 홍콩으로 돌아갔을 때 1895년 4월 청일전쟁의 패배에 따른 시모노세키조약이 체결되었다. 손문은 그해 9월 광주를 거점으로 무력 봉기를 계획했다. 하지만 봉기 전 기밀이 누설되어 마카오로 노수했다.

손문은 일본, 하와이, 뉴욕을 거쳐 1896년 9월 영국 런던으로 건너갔다가 동향 출신의 첩자에게 속아 런던 주재 청나라 공사관에 감금되는 위험한 상황을 맞았다. 하지만 서의서원 시절 스승이 '런던 타임스'를 통해 이 사실을 널리 알린 덕분에 구출되는 이른바 '청나라 공사관 피랍 사건'으로 국제적 명성을 얻었다. 손문은 10개월 남짓 런던에 체류하면서 서구 사조를 깊이 흡입했다. 그가 나중에 혁명 이념으로 내세운 '삼민주의'의 이론적 기초가 마련된 것도 그 무렵이었다. 손문은 중국으로 돌아와 광주와 혜주에서 동시에 봉기할 계획을 세웠다가 또다시 실패해 일본으로 건너갔다.

'영원한 혁명가'이자 '실패한 혁명가'

몇 차례의 봉기 실패는 당시 국내외에 조직된 몇몇 혁명단체들로 하여금 한층 조직적이고 통일적인 혁명운동이 필요하다는 것을 깨닫게 했다. 그 결과가 손문이 주도하고 재일 유학생이 참여해 1905년 8월 20일 도쿄에서 결성한 '중국동맹회'다. 중국의 18개 성 가운데 17개 성 대표를 자처하는 유학생 70명이 참가한 중국동맹회는 이후 화흥회, 흥중회, 광복회 등 군소 단체를 흡수 통합해 전국적인 조직으로 세력을 키웠고 1905년 11월 기관지 '민보'를 창간해 무력 혁명 선전 작업을 본격적으로 전개했다.

손문은 민보 창간호에서 "만주족을 몰아내고, 중화를 회복하며, 민국을 건립하고, 토지를 균등하게 소유하자"는 강령을 공표하고 삼민주의를 표방했다. 기본적인 주장은 혁명적 폭력을 사용해 청 왕조의 통치를 무너뜨리자는 것이었다. 동맹회 회원들은 손문의 관여 없이 1906년 호남·강서 접경 지역에서 봉기를 시도했다가 실패했다. 1907년과 1908년에는 손문의 주도하에 광동·광서·운남에서 6차례 무장봉기를 일으켰으나 이 역시 모두 실패했다.

손문

그런 가운데 청일전쟁 패전 후 청조가 새로 편성한 서양식 군대 '신군'이 혁명운동의 새로운 주체로 떠올랐다. 신군은 1908년, 1910년 수차례 봉기했으나 모두 실패했다. 1911년 3월에도 광동성 광주에서 신군과 중국동맹회의 첫 번째 연합 무장봉기인 '황화강 봉기'를 일으켰으나 이 봉기 역시 실패했다. 이 과정에서 우군을 적으로 오인하는 바람에 서로 발포해 72명이 죽는 아픔을 겪었다. 손문으로서는 10번째 실패였다. 그러자 "지나치게 독선적"이라는 비난이 손문에게 쏟아졌다.

그래도 혁명의 객관적인 조건들은 더욱 성숙되었고 신군을 주축으로 하는 혁명군은 1911년 10월 10일 호북성의 성도인 무창에서 신해혁명을 성공시켰다. 그러나 인근의 한구와 한양까지 점령한 그 혁명의 절정기에 손문은 현장에 없고 미국에 있었다.

청조는 고향에서 칩거하는 북양군벌 원세개에게 사태 수습의 전권을 맡겼다. 원세개는 11월 16일 자신을 수반으로 하는 내각을 구성한 후 재빨리 청 왕조의 정권과 군권을 장악했다. 섭정왕 재풍(선통제의 생부)은 12월 스스로 퇴위하는 형식을 취해 쫓아냈다. 이로써 청 왕조의 운명은 원세개의 손안에 놓이게 되었다. 하지만 원세개라고 해서 전국 성 대부분이 청 왕조에 반기를 들고 독립을 선언한 마당에 혁명의 불길을 완전히 잠재울 수는 없었다. 원세개는 세력 판도가 혁명파에 밀리는 상황에서 타협을 모색했다. 다행히 제국주의 열강이 원세개에게 힘을 실어주었다.

중화민국은 아시아 최초의 공화 체제

손문은 미국에서 혁명 소식을 듣고 1911년 12월 25일 급거 상해로 귀국했다. 그러자 17개성의 대의원들이 12월 29일 남경에서 회의를 열고 손문을 임시 대총통으로 추대했다. 손문은 1912년 1월 1일 남경에서 임시 대총통에 취임하고 아시아에서 성립된 최초의 공화 체제인 중화민국의 수립을 공포했다. 손문은 헌법을 제정하고 한·만·몽골·티베트·회(이슬람) 5족을 상징하는 오색기를 국기로 정했다.

그러나 원세개는 손문의 남경 정부를 인정하지 않았다. 곧 군사를 동원해 한구와 한양을 점령하고 당시 혁명 세력의 추대를 받고 있던 무창의 여원홍과 평화 공존을 시도했다. 한편으로는 손문의 남경정부를 고립시키기 위해 혁명 진영 내부의 분열을 조장하는 공작을 펼치고 다른 한편으로는 자신에게 모든 걸 기대고 있는 청 왕조에 압박을 가해 황제의 퇴위를 요구했다. 손문으로서는 아직 힘이 열세인 것을 인정하지 않을 수 없었다. 열강도 남경 정부를 인정하지 않았다.

결국 손문은 "북경의 원세개가 청의 황제를 퇴위시키고 공화국 정부 형태를 받아들인 후 수도를 남경으로 옮긴다면 임시 대총통 자리를 원세개에게 기꺼이 이양하겠다"고 선언했다. 그러나 원세개는 남경 정부의 총통이 될 생각이 없었다. 그는 청 왕조와 남경 정부를 무너뜨린 뒤 자신이 남북을 통일한 전국 정부를 조직할 생각이었다. 그 일환으로 1912년 2월 12일 6살의 부의 황제를 퇴위시켜 청조의 문을 닫게 했다. 이로써 진시황 이래 2,100년 동안 유지해 온 중국의 황제 체제가 대단원의 막을 내렸다.

그러자 혁명파도 열강의 무력간섭에 대한 두려움 때문에 남경 정부를 해산하기로 했다. 손문은 반대했으나 힘이 없었다. 결국 손문은 2월 14일

물러났고 혁명파는 기다렸다는 듯 2월 15일 원세개를 임시 대총통으로 선출했다. 원세개가 3월 10일 북경에서 임시 대총통에 취임하자 남경 정부는 북경으로 정부를 이전하기로 결정했다. 남경 정부의 북경 이전 결정은 원세개의 완전한 승리를 의미하는 형식상의 마지막 절차였다.

손문은 한동안 원세개와 우호적인 관계를 유지했다. 원세개도 혁명 세력과 뜻을 같이하는 것처럼 행동해 공화제를 근간으로 하는 헌법 채택에 동의하고 1913년 2월 국회의원 선거를 실시했다. 그러나 혁명 세력이 주축이 된 국민당이 다수당을 차지하자 원세개는 하수인을 시켜 국민당의 사실상 당수였던 송교인을 1913년 3월 22일 암살하고 1913년 11월 국민당을 불법화하고 해산시켰다. 그에 앞서 국회는 1913년 10월 6일 원세개를 정식 대총통으로 선출했다.

원세개는 10월 10일 대총통에 취임했다. 이로써 신해혁명은 실패로 종말을 고했다. 다만 신해혁명이 의도했던 독립과 민주는 달성하지 못했으나 2,100여 년 넘게 이어져온 군주제를 무너뜨리는 데 일조한 것에 만족해야 했다.

"혁명은 아직 이루어지지 않았다."

손문은 다시 원세개와 등을 지는 관계가 되었다. 이후 원세개의 독단과 전횡이 극에 달하자 손문은 '토원(討袁)운동'을 벌이며 신해혁명에 이은 제2 혁명을 꾀했다. 하지만 그에게는 여전히 원세개에 대항할 군사력이 없었다. 손문은 1914년 7월 8일 일본 도쿄에서 원세개의 타도를 기치로 내건 '중화혁명당'을 결성했다.

손문은 그 무렵 일본에서 출판 재벌인 송가수의 둘째딸이자 미국에서 공부를 마친 송경령을 자신의 영문 비서로 맞아들였다. 곧 둘 사이에 동지적 연대감과 애정이 싹터 결혼을 희망했다. 당시 손문에게는 송경령보다 나이가 많은 아들을 비롯해 3명의 자녀와 부인이 있었고, 송경령과는 나이 차이가 27살이나 났기 때문에 송경령의 아버지는 딸의 결혼을 한사코 반대했다. 딸을 일본에서 중국으로 불러들여 금족령을 내렸으나 송경령은 일본으로 몰래 건너가 1915년 10월 요코하마에서 손문과 결혼을 강행했다. 당시 손문의 나이는 49살이었고 송경령은 22살이었다.

원세개는 독재 권력을 더욱 강화해 1915년 12월 12일 중화제국의 황제로 즉위했다. 손문은 원세개의 황제 제도 부활을 반대하는 제3 혁명이 일어나자 1916년 3월 일본에서 상해로 돌아와 황제를 참칭하는 원세개를 토벌하는 데 온 힘을 쏟았다. 이런 와중에 1916년 6월 6일 원세개가 만성피로와 요독증으로 눈을 감았다. 이후 중국은 절대 강자 없이 군벌이 난무하는 군웅할거 시대로 접어들었다.

손문은 1919년 10월 10일 상해에서 중화혁명당을 중국국민당으로 개편하고 1920년 6월 광주에서 중화민국 정부를 출범시킨 후 오랜 숙원이던 북벌(北伐)을 단행했다. 공산혁명에 성공한 러시아도 군사적 지원을 약속했다. 그러나 운이 다했는지 혁명 역량이 떨어졌는지 1922년 6월 광주에서 진형명이 일으킨 쿠데타로 발목이 잡히고 말았다. 쿠데타는 50여 일만에 진압되었지만 이 과정에서 손문이 깨달은 것은 강력한 군대 양성과 소련과의 제휴 필요성이었다.

손문은 1924년 1월 제1차 국민당 전국대회에서 '연소·용공(聯蘇·容共)' 정책을 채택했다. 제1차 국공합작이 시작된 것이다. 1924년 6월에는 소련의 도움을 받아 황포군관학교를 설립, 강한 군대와 정당과 동맹국을 확보했다. 바야흐로 중국의 통일이 눈앞에 보이는 듯했다. 문제는 건강이었다. 1924년 12월 동맹을 협의하자는 한 군벌의 초청을 받아 북경으로 갔다가 1925년 3월 12일 59세를 일기로 북경에서 눈을 감았다. "혁명은 아직 이루어지지 않았다." 그가 남긴 마지막 말이었다.

청조의 몰락과 원세개의 실권 장악

그가 죽고 난 후 북양군벌은 직례파와 안휘파의 두 파로 갈라져 중국은 이른바 군웅할거 시대로 빠져들었다.

1911년 10월 10일 신해혁명이 성공했다고 해서 268년간 이어온 청조의 사직이 금방 무너지지는 않았다. 다만 청조의 녹을 먹으면서도 권력의 냄새를 맡는 데 남다른 후각을 지닌 원세개(1859~1916)가 건재하는 한 청조의 몰락은 시간 문제였다. 신해혁명으로 발등에 불이 떨어진 청조가 자신들이 쫓아낸 원세개를 총리대신으로 기용한 것부터가 패착이었다. "손문의 입, 황흥의 두 다리도 원세개 뱃속의 꿍꿍이는 따라잡지 못하네…"라는 노래의 주인공답게 원세개가 줄타기와 변신의 명수였기 때문이다.

원세개는 청조로부터 전권을 위임받자 청조의 기대에 부응이라도 하듯 신해혁명 때 혁명군에 빼앗긴 호북성의 한구와 한양을 탈환함으로써 자신의 존재를 과시했다. 한편으로 그는 신해혁명 세력으로부터 청조를 무너뜨리면 임시 대총통 자리를 넘겨주겠다는 제안까지 받아놓은 터였다. 손문은 급거 미국에서 돌아와 1912년 1월 1일, 임시 대총통에 취임하고 중화민국 수립을 선포하고도 힘이 열세인 현실을 인정해 원세개에게 손을 내밀었다.

이런 상황에서 원세개는 굳이 승산도 불분명한 내전에 깊숙이 개입할 필요가 없다고 판단하고 먼저 1912년 2월 12일 6세의 부의 황제를 강제로 퇴위시켰다. 이로써 1644년 이래 268년간 이어온 청조는 마침내 문을 닫았고 진시황 이래 2,100년 동안 유지해 온 중국의 황제 체제도 대단원의 막을 내렸다. 원세개는 손문이 2월 13일 임시 대총통 자리에서 물러나고 3월 10일 자신이 임시 대총통으로 취임함으로써 마침내 중국의 1인자가 되었다.

원세개

시골 향시에 2번이나 떨어지고 건달들과 어울려 다니며 망나니 노릇을 하던 원세개에게 출세의 발판을 마련해준 것은 조선이었다. 원세개와 조선과의 첫 만남은 원세개가 23살이던 1882년 6월 임오군란 진압을 위해 청의 오장경이 3,000여 명의 군사를 이끌고 조선으로 파견될 때 군수참모 격으로 동행하면서 이뤄졌다. 원세개는 대원군 납치와 군란 세력 소탕에 혁혁한 공을 세워 청국 정부로부터 벼슬을 하사받아 조선에 발을 디딘 지 석 달 만에 정5품에 제수되었다. 1884년 오장경이 청·불전쟁에 참전하기 위해 조선을 떠나면서 원세개에게 자신의 직속부대를 맡겨 원세개는 조선 주둔 청군의 2인자가 되었다.

원세개는 1884년 12월 갑신정변 때도 신속한 대처로 청조 실력자 이홍장 북양대신의 두터운 신임을 받았다. 1885년 10월에는 중국 천진에서 4년간 유폐 생활을 한 대원군의 귀국 호송 책임을 맡았으며 11월에는 조선의 외교통상 사무를 총괄하는 주차조선총리교섭통상사의란 직함을 달았다.

청조가 원세개를 총리대신으로 기용한 것부터가 패착

이후 원세개는 마치 식민지 총독이나 된 것처럼 조선 내정에 시시콜콜 간섭했다. 말이나 가마를 타고 궁궐 문을 함부로 드나들었고, 고종을 알현할 때도 기립하지 않고 앉아서 맞는 무례한 행동을 서슴지 않았다. 당시 영국은 러시아의 남하를 저지하려고 청과 협조하고 있었고 일본은 갑신정변 실패 후 몸을 사리고 있었기 때문에 조선 정국은 사실상 원세개의 독무대였다. 고종이 청 세력을 몰아내기 위해 러시아와 밀약을 체결했을 때는 고종을 폐위시키고 대원군의 장손 이준용을 국왕으로 앉힐 계략까지 꾸몄다.

1887년 고종이 구미에 공사를 파견하려 할 때는 ▲조선 공사가 주차국에 가면 청국 공사에게 먼저 보고한 뒤 그를 경유해 주재국 외무부에 가야 하고 ▲공식 행사나 연회석상에서 조선 공사는 청국 공사 다음에 앉아야 하며 ▲중대 사건이 있을 경우 반드시 청국 공사와 미리 협의해야 한다는 이른바 '영약 3단'을 조선에 강제하도록 본국의 이홍장에게 제안해 성사시켰다.

이처럼 기세등등하던 원세개가 본국으로 귀국한 것은 1894년 청일전쟁 발발 1주일 전이었다. 중국에서는 현대적인 신군의 지휘를 맡아 정부군이 한 단계 도약하는 발판을 마련했다. 1900년 의화단 사건으로 대부분의 군 수뇌부가 죽거나 몰락했을 때 원세개와 그의 신식 육군만이 살아남은 것은 천운이었다. 1901년 11월 이홍장마저 죽어 직례총독 겸 북양대신에 오른 원세개의 앞길에 거칠 것이라고는 아무것도 없어 보였다.

이홍장이 죽기 전 육성한 북양군 6진은 당시 최강의 병력으로 북경 등 수도권의 요소요소에 주둔했다. 원세개는 이 가운데 2개 진만 지휘하는 위치에 있었으나 실제적으로는 북양 6진의 지휘관 모두가 그에게 충성하는 인물들이었다. 무엇보다 원세개에게 힘이 되어 준 것은 중국을 침탈하고 있는 제국주의 열강의 지지였다. 원세개는 광서제 뒤에서 수렴청정을 하고 있는 서태후에게도 수시로 뇌물을 바쳐 신임을 얻었다.

이런 그가 가장 우려한 것은 어느덧 70대가 된 서태후의 죽음이었다. 서태후가 죽으면 서태후가 유폐시킨 광서제의 친정 체제가 시작될 것이고 그렇게 되면 광서제가 그에게 보복할 것이 뻔해 보였기 때문이다. 과거 광서제의 지원을 받아 신식 군대의 실력자로 부상한 원세개였지만 1898년 광서제가 강유위, 양계초 등 개혁적 지식인들과 변법자강 운동을 벌이면서 서태후를 몰아내기 위해 쿠데타를 일으키려 한다는 사실을 서태후에 밀고해 변법자강 운동을 103일 만에 무산시켰던 악연이 두려웠던 것이다. 당시 서태후는 1898년 9월 광서제를 유폐시키고 그를 도와 변법자강에 나섰던 지식인들을 잡아들여 모조리 처형하는 '무술정변'을 일으켰다.

식민지 총독이나 된 것처럼 조선 내정에 시시콜콜 간섭

다행히 행운의 여신은 그의 편이었다. 1908년 서태후가 죽기 하루 전인 11월 14일 광서제가 먼저 죽은 것이다. 시중에는 원세개가 보낸 약을 먹고 광서제가 죽었다는 소문이 파다했다. 서태후와 광서제 모두 죽어 원세개의 세상이 도래하는 듯했으나 그래도 청나라 황족과 만주족 중신들은 원세개의 득세를 인정하지 않았다.

원세개는 결국 갓 2살밖에 안 된 부의 황제(선통제)의 아버지이자 섭정왕인 순친왕에 의해 1909년 1월 모든 관직을 박탈당하고 현직에서 쫓겨났다. 천진에서 칩거하던 중 1911년 10월 10월 신해혁명이 일어나자 다급해진 청조가 10월 14일 원세개를 호광총독에 임명, 사태를 수습하도록 했다. 당시 원세개는 수도권의 북양군은 물론 각 성의 총독과 순무(지방관) 등에 큰 영향력을 행사하고 있었다. 외국 공사관들도 원세개가 아니면 사태를 수습할 수 없다는 입장을 견지했다.

이런 사실을 잘 알고 있는 원세개는 병이 낫지 않았다는 이유로 호광총독 취임을 거절했다. 그러면서 전방 군사 지휘권과 내각 구성권을 자신에게 달라는 등 6개 조건을 청 조정에 요청했다. 이는 사실상 자신이 내각의 수뇌가 되겠다는 속셈이었다.

청 조정이 결국 양보하자 원세개는 자신의 수하인 풍국장을 제1통령, 단기서를 제2통령으로 임명했다. 청조는 10월 27일 원세개를 흠차대신에 임명, 군대를 통솔하게 했다. 풍국장이 지휘하는 북양군은 신해혁명의 핵심 지역인 한구와 한양을 점령, 혁명군의 기세를 꺾어놓았다. 청조는 11월 1일 내각 해산을 선포하고 원세개를 내각총리대신으로 임명했다. 군대 또한 원세개가 계속 지휘하도록 했다.

그러나 원세개는 총리대신을 사양하고 북경행을 거부했다. 혁명의 위기를 이용해 청 정부로부터 권력을 받아내고 다른 한편으로는 혁명 진영 내부에서 자기편 인물을 찾아내 혁명을 조종하려는 의도였다. 이에 따라 원세개는 조정에 군대를 동원하지 말 것을 지시하고 혁명군이 지도자로 옹립한 여원홍에게는 평화적으로 사태를 해결하자며 입헌군주제를 수용하라고 요구했다.

청 조정은 원세개의 의중에 부합하는 새로운 헌법을 11월 3일 공포했다. '국호는 대청제국으로 한다. 황제는 신성불가침이지만 헌법이 정한 제약을 받는다. 총리대신은 국회의 추천으로 황제가 임명하고 기타 국무대신은 총리대신이 추천해 황제가 임명한다'는 내용이었다. 새 헌법은 원세개가 자신을 수뇌로 하는 내각을 구성할 수 있는 합법적 근거가 되었다. 11월 9일 국회격인 자정원이 원세개를 총리대신으로 선출하자 원세개는 더는 사양하지 않고 북경으로 올라가 내각을 구성했다. 그리고 혁명파의 양보로 1912년 3월 10일 임시 대총통에 올랐다.

원세개는 줄타기와 변신의 명수

원세개는 이후 혁명 세력과 뜻을 같이하는 것처럼 행동했다. 공화제를 근간으로 하는 헌법 채택에 동의하고 1913년 2월 국회의원 선거를 실시했다. 그러나 신해혁명의 주축 세력이 결성한 국민당이 선거에서 제1당을 차지하자 1913년 3월 사실상 국민당의 당수였던 송교인의 암살을 사주하고 1913년 11월 국민당을 불법화해 의회를 해산했다. 이로써 신해혁명은 아무런 성과도 없이 실패로 돌아갔다. 원세개가 점점 독단과 전횡으로 혁명 세력을 무력화하자 반발이 뒤따랐다. 1913년 7월부터 전국 각지에서 '토원(討袁)' 운동과 독립선언이 잇따르는 제2 혁명이 시작되었으나 2개월도 안 되어 진압되었다.

1913년 10월 정식 대총통에 오른 원세개는 명목상으로만 총통일 뿐 사실상 전권을 행사하는 황제나 다름없었다. 의회 제도와 내각책임제는 취소되고 민주적 개념은 부정되었다. 2차 혁명을 진압한 뒤 장강 유역 각 성이 북양군의 손에 떨어지자 원세개는 무력으로 전국 통일을 시도했다. 남방의 비북양계 지방 군벌들에게는 매수와 무력 위협을 통해 복종과 충성의 맹세를 받아냈다.

이런 상황에서 1914년 7월 1차대전이 발발했다. 중국을 침략한 제국주의 열강은 독일과 영국 두 진영으로 나뉘어 서로 싸웠다. 그 무렵 독일은 교주만 조차지(청도)에 군대를 주둔시키고 있었고 영국의 동맹국인 일본은 언제라도 청도를 탈취할 수 있는 상황이었다. 원세개 정부는 1914년 8월 6일 중화민국의 중립을 선포했으나 일본은 8월 23일 독일에 선전포고를 하고 군대를 출동시켜 11월 7일 청도를 점령했다.

일본은 중·일 간의 현안을 해결한다는 핑계로 1915년 1월 18일 중국에 무리하고도 야만적인 요구를 제시했다. 그 유명한 '21개조 요구'였다. 그러면서 21개조를 받아들인다면 원세개가 황제 자리에 오르는 데 도움을 주겠다는 미끼도 던졌다. 일본이 5월 7일 최후통첩을 보내고 48시간 이내 답변을 요구하자 원세개 정부는 5월 9일 일본이 제시한 조건을 모두 받아들였다. 이로써 원세개는 매국적인 면모를 전체 중국 인민 앞에 드러냈다.

원세개는 1915년 10월 황제에 오르기 위한 '국민대표대회조직법'을 공포했다. 중국인은 물론 열강과 일본조차 반대했으나 원세개는 1915년 12월 황제 칭호를 사용하기 시작하고 1916년 1월 1일 중화제국의 황제로 즉위했다. 그러자 제3 혁명인 '토원(討袁)' 운동이 다시 일어나 운남성·광서성 등 3개 성이 독립을 선언했다. 운남성이 호국군이라는 명칭을 사용했기 때문에 이때의 반원세개 투쟁은 '호국 운동'으로 불렸다. 제2 혁명 때 일본으로 망명한 손문도 1916년 4월 상해로 돌아와 토원의 고삐를 바짝 죄고 원세개의 수족들까지 황제 제도 취소를 요구하며 반발했다.

결국 원세개는 제위 83일 만인 1916년 3월 황제 제도를 취소해야 했다. 그가 통괄하던 북양군의 양대 지주인 단기서와 풍국장도 대립하는 등 북양군 내부에서도 분열이 표면화했다. 그러던 중 원세개는 1916년 6월 6일 만성피로와 요독증으로 눈을 감았다. 그가 죽고 난 후 북양 군벌은 직례파와 안휘파의 두 파로 갈라져 중국은 이른바 군웅할거 시대로 빠져들었다.

발칸전쟁 개전

4개국이 시급하게 생각한 것은 오스만에 대한 공동 방어와 마케도니아의 독립이었다.

유럽의 가장 동쪽에 위치한 발칸반도의 국가들은 14~15세기부터 오스만튀르크 제국의 지배를 받다가 19세기부터 단계적으로 독립했다. 그리스가 1832년 독립한 것을 시작으로 19세기 말 오스만 제국이 러시아와의 전쟁(1877~1878)에서 패한 틈을 타 루마니아, 세르비아, 몬테네그로가 잇따라 독립했다. 불가리아까지 1908년 실질적으로 독립하면서 발칸반도에 갖고 있던 오스만 제국의 영토는 남부의 알바니아와 마케도니아로 축소되었다.

그러나 발칸반도 국가들은 여전히 불안했다. 오스만 제국의 청년튀르크당이 1908년 혁명을 일으켜 권력을 장악했기 때문이다. 청년튀르크당은 잃어버린 식민 영토를 회복해야 한다는 민족주의로 무장한 집단이었다. 그

발칸전쟁 개전 당시의 발칸반도 판도

나마 발칸반도 국가들에 다행인 것은 오스만 제국의 국가재정이 파산 상태이고 혁명으로 인한 정정 불안으로 힘이 현저하게 약해졌다는 점이었다.

이런 상황에서 세르비아, 불가리아, 그리스, 몬테네그로 4개국이 러시아의 독려 속에 발칸동맹을 논의했다. 러시아가 4개국을 후원한 속셈은 1908년 보스니아·헤르체고비나를 병합한 오스트리아·헝가리가 발칸반도로 진출하는 것에 대한 견제였다. 하지만 4개국이 시급하게 생각한 것은 오스만에 대한 공동 방어와 마케도니아의 독립이었다.

1911년 '이탈리아·오스만튀르크 전쟁'에서 오스만이 패한 것도 발칸동맹에 자신감을 심어주었다. 이탈리아는 1860~1870년대에 겨우 통일을 완성하고 밖으로 눈을 돌렸으나 아프리카의 주요 지역 대부분은 물론 지중해 맞은편의 북아프리카까지 영국, 프랑스, 네덜란드 등이 차지하고 있었다. 결국 이탈리아가 노릴 만한 곳은 오스만튀르크가 지배하고 있는 트리폴리와 키레나이카 즉 현재의 리비아 땅뿐이었다.

20세기 초부터 이탈리아 내에서 불고 있는 '실지 회복 운동'도 침략을 부채질했다. 실지 회복이란 과거 오스만 제국이나 오스트리아에 빼앗긴 이탈리아 땅에 대한 권리 주장이다. 청년튀르크당이 트리폴리에 사는 이탈리아인을 괴롭힌 것도 침략에 좋은 구실이 되었다. 참고로 트리폴리는 두 곳이 있는데 북아프리카에 위치한 리비아의 수도와 레바논 북서부 지중해 연안에 위치한 도시이다.

이탈리아군이 리비아의 트리폴리를 침공한 것은 1911년 9월 29일이었다. 역시 오스만튀르크는 기울기 시작한 석양에 불과했다. 이탈리아는 1주일 만에 트리폴리를 점령하고 11월 5일 트리폴리 병합을 선언했다. 결국 오스만튀르크는 1912년 3월 체결한 휴전 조약에 따라 트리폴리를 비롯해 북아프리카 영토의 상당 부분을 이탈리아에 넘겨주었다.

이런 상황에서 발칸반도 4개국은 1912년 3월부터 '발칸동맹'을 추진했다. 동맹은 세르비아와 불가리아가 1912년 3월, 그리스와 불가리아가 1912년 5월 조약을 맺는 식으로 전개되었다. 몬테네그로는 서명은 하지 않았으나 동맹을 적극 지지한다고 발표했다. 발칸 국가 중 오스만 제국을 향해 먼저 포문을 연 것은 몬테네그로였다. 몬테네그로가 오스만튀르크 영내의 마케도니아와 알바니아의 독립운동 지원을 명분으로 삼아 공격을 개시한 것은 1912년 10월 8일이었다. 열흘 뒤 나머지 발칸동맹국도 오스만 제국으로 진격함으로써 제1차 발칸전쟁이 시작되었다.

혼란 속에서 '유럽의 화약고' 별칭 얻어

예상대로 오스만튀르크군은 종이호랑이였다. 이민족·이교도의 혼성부대이다 보니 사기가 현저히 떨어졌고 오스만군에 속한 알바니아계 군인들은 탈주하거나 투항했다. 군대 규모도 발칸동맹군의 3분의 1에 불과하고 그나마 훈련도 제대로 받지 못한 징병 군인이 대부분이었다. 결국 오스만튀르크는 전쟁이 한창이던 1912년 11월 알바니아가 독립하는 것을 지켜보아야 했고 휴전을 요청했다. 휴전 조약은 12월 3일 체결되었다.

발칸동맹국과 오스만은 12월 16일 영국 런던에서 시작된 강화회의에서 아드리아노플(현 에디르네) 할양 문제로 격론을 벌였다. 그러던 중 1913년 1월 청년튀르크당이 또다시 쿠데타를 일으켰다. 동맹국은 휴전을 취소하고 전투를 재개했다. 결국 오스만은 5월 30일 강화조약을 맺어 콘스탄티노플(현 이스탄불)을 제외한 유럽 대륙에 있는 영토 대부분과 크레타섬을 잃었다. 발칸전쟁은 이렇게 발칸동맹의 승리로 끝이 났으나 영토 분배를 둘러싸고 동맹국끼리 분단이 일어나 세2차 발칸전쟁이 일어났다.

1차 발칸전쟁으로 영토를 가장 많이 확장한 불가리아는 그리스와 세르비아가 새로 차지한 마케도니아의 영토 일부가 탐이 났고, 다른 발칸동맹국들은 불가리아의 영토 취득이 지나치게 많은 것이 불만이었다. 세르비아는 아드리아해 진출이 좌절되고 불가리아가 약속한 마케도니아 지역조차 얻지 못하게 되자 1913년 6월 1일 불가리와의 일전에 대비해 그리스와 동맹을 체결했다. 그러자 불가리아가 6월 29일 세르비아·그리스에 선전포고를 함으로써 제2차 발칸전쟁이 개전했다. 루마니아, 오스만튀르크, 몬테네그로도 세르비아·그리스 편을 들어 불가리아에 선전포고를 했다.

결국 불가리아는 패퇴했고 1913년 8월 10일 루마니아의 수도 부카레스트(부쿠레슈티)에서 체결된 조약에 따라 1차 발칸전쟁에서 확보한 영토 대부분을 동맹국에 넘겨주어야 했다. 그래도 전체적으로는 1차 발칸전쟁 전보다 영토가 20% 늘어났고, 다른 동맹국들의 영토도 거의 2배로 증가했다. 불가리아는 이후 세르비아를 원망하게 되고 러시아와도 사이가 벌어져, 1차대전이 발발했을 때 독일과 오스트리아·헝가리 편에 서게 되었다.

부카레스트 조약 후 유럽 동남부의 지도는 완전히 새롭게 그려졌다. 오스만은 아드리아노플을 다시 얻었고 루마니아는 남부 도브루자를 획득했다. 불가리아가 축출된 마케도니아는 세르비아와 그리스 양국에 분할되었다. 에게해에 이르는 카발라는 그리스 영토로 귀속되었다. 그러나 제국주의 열강의 입김이 작용해 체결된 부카레스트 조약은 발칸 제국을 충분히 납득시키지 못해 불안한 휴전에 불과했다.

그리스는 여전히 불가리아와 오스만 해안에 걸친 땅을 탐냈고 세르비아는 오스트리아와 적대 관계에 있는 러시아 주도의 범슬라브주에 편입되기를 원했다. 이러한 혼란 속에서 발칸반도는 '유럽의 화약고'라는 별칭을 얻게 되었다. 결국 발칸 제국끼리 갈등하는 가운데 제국주의 열강이 이들 국가들을 조종하고 대립을 격화시킴으로서 발칸전쟁은 곧 전 유럽을 죽음으로 몰고갈 1차 대전의 불씨가 되고 말았다.

비타민 추출과 명명

그 역시 각기병에 유효한 성분이 쌀겨 안에 포함된 사실을 알아내고 이 물질을 추출하는 데 성공했다.

괴혈병은 잇몸에서 피가 나고 심한 악취를 풍기며 빈혈과 무기력증을 동반한다. 이 괴혈병이 유럽 뱃사람들의 직업병처럼 취급된 것은 대항해를 시작한 15세기 말부터였다. 원인은 신선한 채소를 먹지 못해 생기는 비타민C의 결핍이었지만 당시에는 비타민C의 존재를 알지 못했다.

15세기 말 크리스토퍼 콜럼버스는 항해 도중 괴혈병 증세를 보인 선원들을 중남미 카리브해의 작은 섬에 내려 놓고 항해를 계속했다. 그리고 돌아가는 길에 그 섬에 다시 들렀을 때 죽은 줄 알았던 선원들이 건강하게 살아 있어 놀라움을 금치 못했다. 콜럼버스 일행은 그 섬을 '치료의 섬'을 뜻하는 '쿠라사오(Curacao)'라고 불렀다. 오늘날 네덜란드의 자치령 중 하나인 '퀴라소'다.

포르투갈의 탐험가 바스코 다 가마는 1498년 인도 항로를 개척하는 항해를 할 때 160명의 선원 중 100여 명을 괴혈병으로 잃었다. 1700년부터

프레데릭 홉킨스(왼쪽)와 크리스티안 에이크만

약 50년 동안 10만 명 이상의 영국 해군이 괴혈병으로 바다 위에서 숨졌다는 기록도 있다.

이처럼 괴혈병이 심각한 문제로 대두되고 있던 1747년, 영국 해군함대 소속 군의관 제임스 린드는 오랜 항해 도중 괴혈병으로 인한 병사자가 나타나자 음식에 원인이 있을 거라고 생각했다. 그래서 환자를 6개 집단으로 나누어 사과, 식초, 유황산 희석액, 소금물, 마늘과 겨자씨, 오렌지와 레몬을 따로 먹게 했다. 엿새가 지나 환자들의 상태를 살펴보니, 오렌지와 레몬을 먹은 환자들의 병세만 좋아진 것을 확인했다. 다른 환자들에게도 오렌지와 레몬을 먹게 했더니 마찬가지로 병세가 좋아졌다. 마침내 괴혈병의 치료제를 알아낸 것이다.

린드는 1753년 자신의 생각을 좀 더 발전시켜 '신선한 녹색 채소를 먹으면 괴혈병을 치료할 수 있다'는 연구 결과를 내놓았다. 그 뒤 영국 해군은 괴혈병의 공포에서 벗어났으나 의사와 과학자들 대부분은 린드의 주장을 받아들이지 않았다. 린드의 주장이 묻힌 데는 루이 파스퇴르도 한몫했다. 파스퇴르의 연구 결과를 신봉해 '세균=모든 질환의 원인'이라는 통념이 유럽과 미국 과학자나 의사들을 지배했기 때문이다. 그들은 괴혈병도 병원균 때문이라고 믿었다.

괴혈병 · 각기병에 유효한 물질을 추출하는 데 성공

그 무렵 괴혈병과 함께 원인을 알 수 없는 병 중에는 각기병도 있었다. 각기병은 다리가 붓고 감각이 무뎌지고 구토를 일으키다가 심하면 1~3

일 만에 죽는 병으로 19세기 후반 도정 기술이 발달하면서 쌀을 주식으로 하는 아시아에서 주로 나타났다. 당시 의학계 역시 각기병의 원인을 쌀에서 나오는 독소나 세균에 의한 것으로 생각했다.

쌀을 주식으로 하는 인도네시아를 식민지로 통치하는 네덜란드의 입장에서 원주민들이 많이 앓는 각기병은 식민지 경영과 관련된 중차대한 문제였다. 네덜란드 정부는 각기병의 원인을 조사하는 위원회를 구성해 많은 학자와 의사들을 인도네시아로 파견했다. 그들 대부분은 각기병을 세균으로 인한 전염병으로 진단했지만, 군의관으로 근무하던 크리스티안 에이크만(1858~1930)은 생각을 달리했다.

에이크만은 실험용 닭 중에서 각기병 증세를 보이는 닭들이 생쌀이 아니라 도정미를 먹었다는 사실을 알게 되었다. 이에 대한 에이크만의 가설은, 흰쌀에는 병을 일으키는 독소가 존재하고 쌀겨에는 이 독소를 중화하는 성분이 있으리라는 것이었다. 에이크만은 교도소의 죄수들을 대상으로 실험에 착수했다. 그 결과 도정미를 먹는 교도소가 도정되지 않은 쌀을 먹는 교도소보다 각기병의 발병률이 300배나 높은 것으로 나타났다.

그 후 에이크만은 1897년 백미 대신 현미를 먹으면 각기병이 치료된다는 사실을 최종 확인했다. 다만 각기병은 비타민 B1이 모자라 일어난 병이고 백미에 B1이 없다는 사실이 훗날 밝혀지지만 당시의 에이크만은 구체적으로 무엇이 부족해 각기병이 발병하는지는 밝혀내지 못했다.

각기병은 일본에서도 큰 문제여서 많은 학자들이 각기병 연구에 매달렸다. 그중에는 농화학자 스즈키 우메타로(1874~1943)도 있었다. 그는 15세 때 고향을 떠나 도쿄로 상경했을 때 각기병에 걸린 적이 있어 각기병에 특히 관심이 많았다. 도쿄제국대 농학부에서 뽕나무의 위축병에 관한 논문으로 박사학위를 받고 1901년 독일로 유학을 떠나 영양학을 연구할 때 에이크만의 연구 결과를 알게 되었다.

스즈키가 영양학 연구를 한 것에는 그의 인종적인 문제의식도 관련되어 있었다. 유럽에서 그가 느낀 것 중 하나는 서구인에 비해 일본인의 체격이 빈약하다는 것이었다. 스즈키는 이 문제를 일본인들의 주식인 쌀과 관련되어 있으리라 추측했고, 쌀 단백질의 영양가가 육류에 비해 뒤떨어지는 것이 아닐까 하고 생각했다. 스즈키는 1906년 도쿄제대 교수로 부임한 뒤 백미, 현미, 쌀겨로 비둘기와 쥐를 키운 결과 백미로 키운 것은 영락 없이 각기병에 걸린다는 사실을 알게 되었다. 그는 현미와 쌀겨에 각기병을 방지할 수 있는 어떤 특수 물질이 있다는 결론을 도출했다.

연구에 더욱 정진한 결과, 1910년 각기병 방지에 유효한 성분을 추출하는데 성공하고 이 결과를 1910년 12월 도쿄화학회 모임에 보고했다. 그는 "쌀겨에서 분리한 물질이 종래의 영양소와는 전혀 다른 새로운 영양 성분"이라며 이 물질을 '아베리산(酸)'으로 명명하고 1911년 12월 관련 논문을 발표했다. 1912년에는 아베리산 가운데 니코틴산을 제거한 유효 성분을 '오리자닌'으로 재명명했다. 이후 스즈키는 전국을 돌며 "밥을 짓는 데 쌀겨를 자루에 넣어 지으면 각기병을 막을 수 있다"는 강연으로 당시 일본에 만연하던 각기병을 퇴치하는 데 성공했다.

비타민 A·D를 발견하면서 '비타민 시대' 만개

한편 1906년 영국의 생화학자 프레더릭 홉킨스(1861~1947)가 4대 영양소 이외에 미지의 영양소를 섭취해야 동물이 살 수 있다는 연구 결과를 발표했다. 당시에는 동물이 생명을 유지하는 데 필요한 영양소는 단백질, 지방, 탄수화물, 무기질 등 4대 영양소뿐이라고 생각하고 있었다. 홉킨스는 미지의 영양소를 '부속물질'이라고 명명했다. 홉킨스에 따르면 4대 영양소를 주성분으로 한 인공 사료를 먹는 동안에는 잘 자라지 않던 쥐가 우유를 먹였더니 잘 자랐다는 것이다. 홉킨스 역시 그 물질이 무엇인지는 알지 못했다.

이후 폴란드 태생의 유대인 생화학자 카지미르 풍크(1884~1967)가 인체에 부속물질의 양이 부족하면 괴혈병이나 각기병 같은 질병에 걸릴 수 있다는 '결핍증의 원인'에 관한 논문을 1912년 발표했다. 그 역시 각기병에 유효한 성분이 쌀겨 안에 포함된 사실을 알아내고 이 물질을 추출하는 데 성공했다. 그 물질이 질소를 함유한 유기화합물(Amine)의 하나로 여긴 그는 'Amine'과 라틴어로 생명을 뜻하는 'vita'를 묶어 'Vitamine(비타민)'이라는 용어를 만들어냈다. 생명 유지에 필수적인 물질이란 뜻이다. 그러나 비타민 중에는 아민이 없는 것도 발견되어 1920년부터 'e'를 빼고 'Vitamin'으로 불리고 있다.

'비타민의 시대'가 마침내 만개한 것은 홉킨스가 비타민A(1913)와 비타민D(1920)를 발견하면서였다. 1920년대 들어서는 비타민C와 E, K, B군 등이 연이어 발견되었고 효능도 상당 부분 규명되었다. 괴혈병의 원인이 비타민C의 결핍증이라는 사실을 밝혀낸 것은 1928년 헝가리 출신의 생화학자 얼베르트 센트죄르지(1893~1961)였다. 에이크만과 홉킨스는 비타민을 발견한 공로로 1929년 노벨 생리의학상을 수상했다.

그러자 유럽 의학계에서 홉킨스와 풍크 중 누가 비타민을 먼저 규명했는가에 대한 최초 논쟁이 시작되었다. 노벨상위원회는 "비타민이란 용어를 만들고 유포한 사람은 풍크였지만 영양 대사에서 '부속물질'이 있어야 한다는 아이디어를 낸 사람이 홉킨스였기 때문에 그에게 노벨상을 주었다"는 설명으로 논쟁을 정리했다. 일본의 스즈키 역시 노벨상을 수상해도 결코 손색이 없을 만큼 뛰어난 업적을 남겼지만 당시의 일본은 국력이 약했고 언어 장벽에 갇혀 있었다.

아르놀트 쇤베르크 '달에 홀린 피아노' 초연

평론가들은 '음악적인 발기불능'이라며 혹평을 퍼부었다.

아르놀트 쇤베르크(1874~1951)는 이고리 스트라빈스키와 더불어 20세기 음악에 새로운 지평을 연 작곡가로 인정받고 있다. 르네상스 이후 수백 년 동안 서양음악을 지배해온 조성(調性) 체계를 부정하고 '12음 기법'이라는 새로운 작곡 기법을 창시했다는 점에서 그는 작곡의 혁명가이기도 했다.

쇤베르크는 오스트리아 빈에서 태어나 9세 때 바이올린을 위한 습작을 작곡할 만큼 어려서부터 천재성을 보였다. 그러나 15세에 부친의 작고로 생계를 위해 은행원으로 일해야 했기 때문에 한동안 음악을 향한 꿈을 접어야 했다. 그러던 중 23세 때인 1897년 마을의 작은 친목 오케스트라에 첼로 연주자로 들어가 본격적으로 음악과 인연을 맺었다. 그 오케스트라의 지휘자한테 몇 달 동안 대위법을 배운 게 전부이고 나머지는 독학으로 공부했는데도 그는 작곡에 천부적인 재능을 보였다.

젊은 날의 쇤베르크는 후기 낭만파의 거장 리하르트 바그너에 심취했다. 그 영향을 받아 25세 때인 1899년 작곡한 현악6중주 '정화된 밤'은 철저하게 조성 체계에 기초한 것이다. 쇤베르크는 그러나 이 곡을 끝으로 더 이상 조성 음악을 추구하지 않았다. 꽉 짜인 틀의 조성 음악만으로는 주관적인 내면 세계를 표출하려는 욕구가 충족되지 않았기 때문이다.

그 무렵 유럽은 독일을 중심으로 작가의 내면과 주관과 감정을 강렬하게 표현하려는 표현주의 예술 사조가 주류를 이루고 있었다. 아마추어 화가이기도 했던 쇤베르크는 화가 바실리 칸딘스키와 교유하며 표현주의에 급속히 빨려 들었다. 쇤베르크는 표현주의를 자신의 음악에 도입하려 했으나 주관적인 내면 세계를 음악에 응용하는 것이 간단치 않았다.

가장 큰 걸림돌은 표현 수단을 제약하는 장·단조의 조성들이었다. 다행히 조성의 붕괴 조짐은 이미 나타나고 있었다. 바그너에 이르러서는 빈번한 반음의 사용으로 온음계가 빚어내는 기능 화성은 이미 사라져 버린 뒤였다. 쇤베르크는 반음계가 온음계와 동등한 역할을 하듯, 불협화음도 협화음과 같은 역할을 할 수 있다고 믿었다. 그는 그것을 '불협화음의 해방'이라고 표현했다.

아르놀트 쇤베르크

이후 쇤베르크의 음악에는 장조와 단조의 조성을 송두리째 제거한 불협화음이 거리낌 없이 사용되었다. 전통적인 음악적 구성미도 무시되었다. 전문가들은 이런 특성의 음악을 '무조(無調)음악'이라고 칭했다. 무조음악이란 말 그대로 '조가 없는 음악'을 말하기 때문에 중심음이 없고 모든 음이 평등한 중요성을 갖는다. 따라서 기존의 화음 체계에 묶여 제약을 받던 불협화음도 자유로워졌다.

20세기 음악에 새로운 지평을 연 작곡의 혁명가

오늘날 전문가들은 쇤베르크 무조음악의 걸작으로 '달에 홀린 피에로'를 꼽는다. 35~40분 길이의 이 곡은 1912년 3월 작곡을 시작해 7월에 완성되고 10월 16일 독일 베를린에서 초연되었다. 벨기에 시인 알베르 지로가 1884년 출간한 초현실주의 시를 토대로 작곡한 '달에 홀린 피에로'는 쇤베르크가 조성 음악과 결별하고 무조 시대로 들어선 시기의 대표작이다.

연주자들은 40회의 리허설을 거쳤는데도 좀처럼 이 불협화음의 음악을 이해하지 못했다. 기존의 조성 음악에 익숙해져 있는 청중들 역시 예측할 수 없는 가락과 리듬, 불협화음에 당혹감을 감추지 못했다. 평론가들은 '음악적인 발기불능'이라며 혹평을 퍼부었다.

엄밀히 말하면 쇤베르크가 무조음악을 처음 시도한 것은 아니었다. 동시대에 무조음악을 표방한 작곡가들의 다양한 실험작이 간간이 발표되었기 때문이다. 그렇지만 기존 조성 음악의 화성법이나 대위법처럼 확립된 작곡 방법이 없어 개별적으로 작곡이 이뤄지고 있었다. 그런데도 쇤베르크가 무조음악의 선구자로 불리게 된 이유는 다름 아닌 '12음 기법'의 창안에 있었다.

쇤베르크가 '12음 기법'에 본격적으로 매달린 것은 1920년부터였다. 쇤베르크는 무조주의로 자유로워진 음악적 표현 수단들을 하나의 새로운 질서 아래 통일적으로 다시 세우는 일에 몰두했다. 그리고 자신의 새로운 작곡 기법을 '12음 기법'이라 명명했다. 이는 종래의 7음 체계에서 벗어나 한 옥타브 안의 12개 반음에 모두 똑같은 중요성을 두고 이를 재배열해 음렬을 만든 뒤 이를 토대로 음악을 전개해 나가는 것이다. 그러나 '12음 기법'은 난해했다. 음마다 변화표가 붙어 있고 긴장을 강요하는 불협화음이 연속적으로 이어졌다.

'12음 기법'을 제대로 적용한 곡이 1921년 7월 작곡을 시작해 1923년 3월에 완성한 '피아노 모음곡 Op. 25'이다. 20분에 불과한 짧은 곡인데도 쇤베르크는 이 한 곡으로 음악사에 자신의 이름을 굵게 새겼다. 쇤베르크는 히틀러가 집권한 1933년 미국으로 망명했으나 미국인들은 쇤베르크를 어설픈 반음계 작곡가 정도로 취급했다. 다행히 그의 제자들이 '12음 기법'으로 작곡한 오페라곡들이 대성공을 거두면서 쇤베르크와 '12음 기법'이 새롭게 조명을 받았다.

쇤베르크는 1951년 7월 13일 눈을 감았다. 이로써 한 시대도 마감되었지만 그의 사후 다른 작곡가들이 다투어 '12음 기법'을 사용하면서 그의 음악은 한동안 서양음악사의 주요 흐름으로 자리를 잡았다. 그러나 듣기 거북한 그의 음악이 언제까지 대중의 환영을 받을 수는 없었다. 음악의 20세기를 선율의 시대가 아닌 음악적 착상의 시대로 만든 것은 분명 쇤베르크의 공로이긴 하지만 청중들은 독특하기만 할 뿐 미각에 반하는 음식을 계속 먹지는 않았다.

타이태닉호 침몰

타이태닉호의 침몰은 무선통신 제도의 발달과 중요한 기술적 진보를 끌어냈다.

영국의 선박회사 화이트 스타 라인이 당시로서는 세계 최대 규모의 대서양 횡단 여객선 3척을 건조하기로 한 것은 1907년이었다. 선명은 올림픽호, 타이태닉호, 브리태닉호였는데 3척 모두 길이는 269~270m, 선폭은 28~29m, 배수량은 5만 2,000~5만 3,000t으로 거의 비슷했다. 이 가운데 가장 먼저 진수(1910.10)되고 취항(1911.6)한 여객선은 올림픽호였다.

올림픽호는 여객선으로 운영되다가 1914년 1차대전 발발 후 용도가 병력 수송용으로 전용되었는데 1차대전이 막바지이던 1918년 5월 12일, 독일 잠수함을 들이받아 침몰시킨 것으로 화제가 되었다. 이것은 여객선이 잠수함을 침몰시킨 역사상 유일한 사례로 기록되어 있다. 두 번째로 진수되어 취항한 여객선은 타이태닉호였고, 세 번째는 1914년 2월 진수되고 1915년 12월 취항한 브리태닉호였다. 브리태닉호는 취항을 앞두고 1차대전이 발발해 병원선으로 징용·개조되어 운항하다가 1916년 11월 에게해에서 침몰했다.

그리스 신화의 거인족 '타탄'에서 이름을 딴 타이태닉호는 1909년 북아

타이태닉호

일랜드 벨파스트에서 건조가 시작되어 1911년 5월 31일 진수되었다. 타이태닉호가 자랑하는 것 중 하나는 특수한 방수 기술이었다. 선체를 모두 16개의 방수 구역으로 나누고, 각 구역과 구역 사이의 틈을 방수문으로 봉해 16개 중 4개의 방수 구역이 침수되어도 가라앉지 않게 만들어 그야말로 '불침선'이었다.

타이태닉호가 영국의 사우샘프턴 항구에서 첫 출항에 나선 것은 1912년 4월 10일이었다. 목적지는 미국의 뉴욕이었는데 바로 뉴욕으로 가지 않고 프랑스의 셰르부르를 거쳐 아일랜드의 퀸스타운에 기항했다가 4월 11일 뉴욕을 향해 출항했다. 배에는 승객과 승무원 2,224명이 타고 있었다. 대서양을 오고 가는 선박들로부터 빙산이 떠다닌다는 얘기가 무선통신으로 접수되긴 했으나 항해는 전반적으로 순조로웠다.

문제의 4월 14일에도 무선통신을 이용한 빙산 경고가 아침부터 여러 차례 전달되었으나 특이 사항은 없었다. 오후에는 32㎞ 정도 떨어져 있는 화물선 캘리포니안호가 "빙산에 둘러싸여 옴짝달싹도 할 수 없다"며 "빙산이 떠다니고 있으니 조심하라"고 경고를 보내왔다. 그러나 타이태닉호의 선장은 속도를 늦출 생각이 없었다. 그는 올림픽호를 비롯해 200만 마일 무사고 항해 기록을 가진 베테랑이었다. 그 무렵 대서양을 운항하는 여객선들은 속도 경쟁에 사활을 걸고 있었다. 선장도 마찬가지여서 22.5노트의 속도를 그대로 유지했다. 캘리포니안호 무선 기사는 더 이상 경고 신호를 보내지 않고 그대로 잠을 청했다.

타이태닉호가 캐나다 동부 뉴펀들랜드 남쪽 530㎞ 해역(북위 41도 43.5분, 서경 49도 56.8분)에 다다랐을 즈음인 밤 11시 40분쯤, 갑자기 거대한 빙산이 타이태닉호로 접근했다. 조타실에서 배의 키를 급하게 왼편으로 꺾어 정면충돌은 겨우 피했지만 오른쪽 앞부분의 수면 아래는 빙산에 부딪혀 선체 옆구리 90여m가 찢겨나갔다. 곧 엄청난 바닷물이 배 안으로 들어왔다. 구역을 16개로 나눈 방수문도 소용없었다.

무엇보다 사태를 악화시킨 것은 돈에 눈먼 인간의 욕심이었다. 동승한 선주는 막대한 투자금과 회사 평판을 잃을까 두려워 계속 항해를 고집했다. 결국 배는 서행 전진했고 이 때문에 수압이 가중되면서 선체 방수 칸막이 너머까지 물이 들어찼다. 사고 당시 4시간 정도 떨어진 해역에 다른 배가 있었기 때문에 정지 상태에 있었으면 배는 더 늦게 침몰했을 것이고 그러면 더 많은 승객이 생존했을 가능성이 높았다.

결정적으로는 돈에 눈먼 인간의 욕심이 사태를 악화시켜

결국 선장은 4월 15일 0시 승객과 승무원에게 1~2시간이면 배가 완전히 가라앉을 것이라는 사실을 알리고, 갑판에 구명보트를 내리라고 지시했다. 0시 45분쯤 첫 구명보트가 승객을 태우고 처음 바다로 내려졌다. 그 뒤를 이어 다른 구명보트들이 승객을 태우고 하나둘 바다로 내려갔다. 타이태닉호 무선 기사도 급박하게 'CQD CQD SOS SOS…'를 타전했다. 당시 조난 신고는 'CQD' 신호와 'SOS' 신호가 공동으로 사용되고 있었다.

멀지 않은 곳에 캘리포니안호가 있었지만, 무선 기사는 잠을 자고 있어 긴급 신호를 받지 못했다. 더구나 캘리포니안호 선원들은 타이태닉호 선원들이 구조 요청 표시로 발포한 신호탄을 보고도 승객들의 폭죽 놀이로 착각해 사태의 심각성을 알지 못했다. 캘리포니안호는 날이 밝은 후 사고 현장에 도착해 생존자를 수색했으나 단 1명도 구조하지 못해 '죽음을 방치한 배'로 낙인찍혔다.

다행히 사고 현장에서 약 93㎞ 지점에 있던 1만 3,500t급의 여객선 카르파티아호가 조난 신호를 받고 "전속력으로 사고 현장으로 항해 중"이라는 메시지를 보내왔다. 하지만 타이태닉호는 새벽 1시가 지나 뱃머리부터 가라앉기 시작해 2시 20분쯤 완전히 가라앉았다. 그전에 타이태닉호의 모든 구명보트가 내려졌으나 20척에 불과해 승객은 절반도 타지 못했다. 타이태닉호는 서서히 3,810m 깊은 바닷속으로 가라앉았다. 배는 70여 년간 바닷속에 있다가 1985년 9월 탐험대에 의해 발견되었다.

카르파티아호가 현장에 도착했을 때는 이미 타이태닉호가 가라앉은 지 약 1시간 30분이 지난 새벽 3시 55분이었다. 카르파티아호는 첫 구명보트를 구조한 새벽 4시 10분부터 4시간 30분 동안 20개의 구명보트에 타고 있는 생존자들을 구조했다. 그리고 오전 8시 30분 구조를 마지막으로 생존자는 더 이상 보이지 않았다.

카르파티아호의 구조 덕에 승객과 승무원 2,224명 가운데 여성과 아이가 대부분인 710명이 생존했으나 1,514명은 이미 수장된 뒤였다. 카르파티아호는 8시 50분에 사고 해역을 떠나, 3일 후인 4월 18일 뉴욕항에 도착했다. 이후 사고 해역의 수색 과정에서 찾아낸 시체는 모두 328구였다.

타이태닉호가 그나마 피해를 줄일 수 있었던 것은 당시 막 사용하기 시작한 SOS의 도움이 컸다. 이후 SOS는 진가를 인정받아 각국의 선박 구조 요청 신호로 자리 잡았다. 결국 타이태닉호는 SOS의 최대 수혜자이면서 가장 강력한 전파자가 된 셈이다.

후속 조사에서 사고 원인이 하나둘 밝혀졌다. 유빙이 떠다니는 위험 지역에서 경고를 무시하고 빠른 속도로 운항한 사실이 우선 지적을 받았다.

캘리포니안호의 무선 기사가 잠을 자느라 구조 요청을 수신하지 못한 것과 감시원이 쌍안경함의 열쇠를 인계받지 못해 눈으로 바다 위를 살폈던 것도 한 원인으로 밝혀졌다. 배에는 망원경 망대와 탐조등도 없었다. 불침선이라고 호언장담했던 방수 칸막이 설계에도 문제가 있었으며 철판을 연결하는 대형 리벳이 불량이었다는 사실도 한참 후 밝혀졌다.

타이태닉호의 침몰은 무선통신 제도의 발달에 중요한 기술적 진보를 끌어냈다. 무엇보다 중요한 것은 과도한 오보를 막고자 제정된 미국의 '라디오법'이었다. 오보란 한 아마추어 통신사가 뉴욕으로 보낸 '타이태닉호 모든 승객 안전. 캐나다로 예인 중'이라는 엉터리 전보를 말한다.

영국의 '더타임스'와 미국의 '뉴욕타임스'는 그 메시지를 신문에 그대로 게재하는 치명적인 오보를 냈다. 이 일로 진땀을 뺐던 신문사들은 국가에 주파 사용에 관한 전문성을 요구했다. 그래서 1912년 제정한 게 '라디오법'이다. 아마추어 통신사들이 전파를 사용하려면 정부에 인허가를 받도록 규정하고, 상업방송 및 군의 전파를 이용해 송수신하는 것을 막은 것이다. 침몰 사건은 방송 발달사에서도 중요한 전환점이 되었다.

SOS·CQD

굴리엘모 마르코니는 1901년 영국~캐나다 간 대서양을 횡단하는 무선전신을 성공시켜 무선통신 분야에 위대한 족적을 남긴 '전파의 아버지'로 불린다. 그러나 무선전신 체계를 자신의 무선전신기를 선적한 배에 한해 배타적으로 운영해 다른 나라의 반발을 샀다. 마르코니사가 정한 조난 신호는 'CQD'였다. CQD가 무슨 뜻의 약자인지는 정확히 알려진 게 없다. 'come quick danger', 'Come Quickly : Distress', 'Come Quick? Drowning', 'C Q(Seek You) Danger' 등의 약어라는 주장이 있지만 이미 존재하는 약어에 맞추기 위해 만들어진 단어일 공산이 크다.

CQD 신호는 마르코니 국제해상통신회사에 의해 1904년 1월 발표되고 1904년 2월부터 사용되었다. 당시까지는 CQD가 사실상 유일한 조난신호였기 때문에 각국에서는 CQD를 사용할 수밖에 없었지만 신호가 복잡해 기상이 나쁘면 수신이 불량하고 전송과 해득이 어려워 불만이 많았다.

1906년 11월, 29개국이 참가한 가운데 독일 베를린에서 열린 국제무선전신회의는 해상에서 잇따르는 대형 사고에 대비하기 위한 무선전신 규약을 제정하는 것이 주요 목적이었지만 마르코니의 독점권에 대한 반발심도 작용된 회의였다. 회의에서는 상호 통신 의무, 조난통신 절대 우선권 등의 무선 조약이 채택되었다. 기술적으로 가장 큰 문제였던 주파수 분배도 해결되어 500㎑와 1,000㎑ 2개 주파수는 해상의 공중 통신용으로, 188~500㎑는 군사용으로 결정되었다.

그러나 이 전신 회의가 특히 중요했던 것은 CQD보다 뚜렷하고 외우기 쉬운 'SOS'가 조난신호로 채택되었다는 데 있다. 모스부호로 짧게 세 번, 길게 세 번, 다시 짧게 세 번(··· --- ···) 보내는 SOS는 1908년 7월 1일 국제 조난신호로 공식 비준되었는데 위치 정보와 상황 정보가 따라붙었다. 각 무선통신국에서는 이 신호를 수신하면 모든 무선통신에 우선해서 구조를 위해 필요한 조치를 취해야 한다. 또한 신호를 청취한 부근의 선박은 긴급한 구조를 위해 사고 현장으로 향해야 한다는 선원법상의 의무도 갖는다.

SOS는 'save our souls' 혹은 'save our ship'의 약자라는 설이 있으나 이 역시 정확한 내용은 알려지지 않고 있다. SOS는 이후 100년 가까이 조난신호의 대명사로 쓰이다가 1999년 국제해사기구(IMO)가 모스부호를 폐기하고 조난신호를 인공위성을 이용한 세계해상조난 안전체제(GMDSS)로 대체하면서 역사 속으로 사라졌다.

필트다운인(人) 화석 사기 사건

필트다운인의 연대를 정확히 측정하면서 발견이 사기였다는 사실이 분명해졌다.

1912년 12월 18일 영국 서식스주에서 활동하는 변호사 겸 아마추어 지질학자인 찰스 도슨과 대영박물관 지질학 책임자 아서 우드워드가 영국 런던의 지질학회 세미나에서 중대 발표를 했다. 수년 전부터 그해 6월까지 서식스주의 소도시 필트다운의 한 자갈 웅덩이에서 아주 오래된 인간의 두개골과 턱뼈를 발견했는데 화석의 조각을 짜맞춰 보니 두개골 형상은 인간과 비슷하고 턱뼈의 치아 배열은 원숭이와 흡사하다며 인간이 원숭이에서 진화했다는 결정적 단서라고 주장했다.

우드워드는 더 나아가 "유골은 유럽 대륙에서 발견된 네안데르탈인 만큼 오래된 것으로 네안데르탈인보다 인류에 가까운 직계 조상"이라고 발표했다. 우드워드는 화석을 발견한 도슨의 이름을 따서 '도슨의 새벽 사람'이란 뜻을 가진 '에오안트로푸스 도스니'라고 학명까지 제시하면서 도슨의 발견을 세기적 발견으로 치켜세웠다. 당시 영국 최고의 해부학자 아서 키스까지 나서 "화석이 인류의 직계 조상"이라며 화석 발견의 의미를 한껏 부각했다. 사실 이 발견은 한 달 전쯤인 11월 21일 이미 몇몇 일간지에 실려 어느 정도는 알려진 상태였다.

그토록 오랫동안 찾아 헤매던 이른바 '잃어버린 고리'를 발견했다는 발표에 세계 학계는 발칵 뒤집혔다. 그것은 원숭이와 인간을 잇는 연결 고리를 의미했다. 누구보다 이 놀라운 발견에 가슴 뿌듯하게 생각한 사람은 영국의 학자들이었다. 그들은 크로마뇽인이 프랑스에서, 네안데르탈인이 독일에서 발견되었다는 사실에 그동안 상대적 박탈감에 주눅이 들어 있었다. 발견은 창조론과 대립하고 있던 진화론자들까지 흥분시켰다.

도슨은 발표 후에도 1913년 8월 필트다운에서 두 개의 송곳니를 발견하고 1915년 필트다운의 원래 유적지로부터 2마일 떨어진 곳에서 또 다른 두개골과 아래쪽 어금니를 발견했다고 발표했다. 도슨은 이것을 '필트다운 2'로 명명했다.

그런데 영국인들의 이 같은 환호와 달리 다른 나라의 학자들은 발표를 믿지 않고 지속적으로 의혹을 제기했다. 수백 편에 달하는 관련 논문이 쏟아지면서 논란은 끊이지 않았다. 이미 그 무렵에 턱뼈와 송곳니는 침팬지의 것이라는 주장(1913)이 있었고 아래턱 어금니는 위턱 왼쪽에 있는 이빨이라는 연구 결과(1914)도 있었다. 1916년 이빨을 검사한 한 치의학 해부학자는 이빨들이 줄칼로 갈려 있다고 보고하고 1921년에는 두개골과 턱뼈가 결코 같은 생물체의 것이 아니라는 발표도 있었다.

그런데도 이런 폭로 사실 대부분은 영국 언론에 보도되지 않았고, 영국인들은 필트다운인이 당연히 영국인의 조상이라고 믿었다. 영국 정부는 필트다운인의 존재를 의심하는 지적이 많아지자 뼈들을 아예 자물쇠에 채워 대영박물관 보관함에 보관했다. 이 때문에 연구자들조차 진품이 아닌 석고상만을 보아야 했고 이로 인해 정확한 연구가 방해를 받았다. 가장 큰 문제는 화석 위조의 유력한 용의자였던 도슨이 1916년 8월 4일 패혈증으로 죽었다는 점이었다. 그래도 발견자와 관련 학자들은 온갖 찬사를 받았으며 우드워드와 키스 등에게는 위대한 과학적 발견의 공로로 영국 왕실로부터 기사 작위가 수여되었다.

'잃어버린 고리'를 발견했다는 발표에 세계 학계 발칵 뒤집혀

필트다운인의 발견이 조작이라는 과학적 사실이 명백하게 밝혀진 것은 그로부터 수십 년이 지난 1953년이었다. 대영박물관 연구원 케네스 오클리와 옥스퍼드대 생리학자 조지프 위너가 불소를 이용한 새로운 연대측정법으로 필트다운인의 연대를 정확히 측정한 것이다. 불소 연대측정법은 유골 화석에 남아 있는 불소의 양을 기반으로 유골의 연대를 측정하는 방법이다.

원리는 이렇다. 생물체가 죽고 나면 그 순간부터 주위의 흙에서 불소가 녹아 들어간다. 따라서 오래된 뼈일수록 불소가 더 많이 들어 있다. 이 원리에 따라 필트다운인을 검사해 보니, 두개골과 턱뼈에 함유된 불소의 양이 서로 달랐다. 같은 개체에 속할 수 없다는 결론이 내려졌다.

검사 결과 두개골은 600년밖에 안 된 사람의 뼈였고 턱뼈, 송곳니, 어금니는 최근에 죽은 오랑우탄의 것으로 밝혀졌다. 더구나 턱뼈의 양 끝부분은 해부학적 모순을 숨기기 위해 의도적으로 절단되어 있었으며 사람의 턱뼈라는 확신을 주었던 마모된 어금니는 누군가에 의해 줄칼로 갈려 있었다. 필트다운인의 모든 뼈가 오래된 화석처럼 보이게끔 중크롬산염으로 처리되었다는 사실도 드러났다.

정말 어처구니없는 것은, 필트다운인과 함께 발견되었다는 10종의 동물 화석 전부가 영국 땅에서 발굴한 화석이 아니라는 사실이었다. 하마의 어금니는 지중해의 몰타에서, 코끼리의 이빨은 아프리카 튀니지에서 온 것으로 밝혀졌다.

도대체 누가 이런 대담한 사기극을 벌인 것일까? 전문가들은 지질학, 해부학, 고생물학 등에 박식하고 전 세계 각국에서 희귀한 화석 뼈들을 수집할 수 있는 능력이 있어야 한다는 점에서 30여 명의 각 분야 전문가가 공범일 것으로 추론했다. 하지만 아무도 정확한 사실을 밝혀내지 못해 이 20세기 최대 과학 사기 사건은 지금까지 미궁으로 남아 있다.

흥미로운 사실은 유명한 추리소설인 '셜록 홈스'의 작가 아서 코넌 도일이 이 사건의 유력한 용의자로 지목되어 여론의 질타를 받았다는 것이다. 그럴 만한 이유는 있었다. 우선 도일은 도슨의 친구로 같은 마을에 살았고 도슨처럼 아마추어 고고학자로 인류 화석 연구에 관심이 많았다. 또한 유골이 인류 조상이라는 사실을 화려한 필체로 전파하고 열렬히 환호했다. 과학수사 소설로 독자들의 사랑을 한 몸에 받고 있는 도일의 주장은 필트다운인에 대해 대단한 신뢰를 안겨주었다.

장차 고고학과 인류학에서 명성을 날리게 될 테야르 드샤르댕 예수회 신부도 의심을 받았다. 당시 그는 필트다운에서 수십㎞ 떨어진 곳에 위치한 헤이스팅스의 수도원에 머물고 있었는데 열렬한 진화론자답게 지질학과 고생물학에 관심이 많아 도슨과 가깝게 지냈다. 1913년 8월 자갈 웅덩이에서 필트다운인의 송곳니를 발견했다고 주장한 것도 샤르뎅 신부였다.

필트다운인 사기 사건은 다른 화석의 발견에도 피해를 끼쳤다. 필트다운인의 존재가 논란을 빚자 1891년 외헤너 뒤부아가 발견한 '자바원인'과 1924년 남아프리카에서 발견된 '타웅 아이'까지 의심을 받아 수십 년 동안 공식적으로 인정을 받지 못했기 때문이다.

김은호 '어용화사' 발탁

평생 술을 입에 대지 않고 담배 한 모금 피워본 적이 없을 정도로 자기 관리에 철저했다.

김은호(1892~1979)는 세밀 묘사와 채색 기법으로 산수, 화조, 인물화 등 분야를 가리지 않고 주목과 찬사를 받았다. 특히 인물화에 발군의 기량을 보여 우리나라 근대 인물화가의 효시로 꼽힌다. 미술평론가들은 김은호를 가리켜 '전통의 맥을 시대적으로 되살린 근대적 채색화의 개척자'(이구열), '극채세화(極彩細畵)의 화풍을 고수하면서 진실한 마음으로 제자를 기른 인정미 넘치는 예술가'(이규일)라고 평가했다.

김은호는 인천에서 태어나 인천의 관립일어학교(1906~1907)를 다니다가 아버지의 사업 실패로 인흥학교 측량과로 옮겼다. 당시로서는 사실상 신기술인 측량은 재미도 있고 적성에도 맞았다. 특히 각을 재고 선을 긋는 제도에 큰 흥미를 느꼈다. 1908년 12월 졸업 후에는 부친이 죽고 가세가 완전히 기울어 서울로 올라와 닥치는 대로 일을 했다. 이발소, 도장포, 인쇄소 등을 전전하다가 같은 교회에 다니는 영풍서관이라는 고서점의 주인을 알게 되어 영풍서관에서 고서를 세필로 베끼는 일을 맡았다. 측량과에 다니며 제도를 해 본 경험이 있어 세필로 베끼는 것에는 어느 정도 자신이 있었다.

김은호

그러던 어느 날 고서점을 찾은 중추원 참의 김교성이 김은호의 출중한 능력을 발견하고 근대 최초의 미술학교 '서화미술회'에 추천한 덕에 김은호는 20세 때이던 1912년 8월 서화미술회에 들어갔다. 서화미술회는 조선 왕조의 붕괴로 화원 제도가 폐지되고 이 때문에 서화 전통을 계승하는 길이 막히자 미술교육기관의 필요성을 절감한 문인화가 윤영기가 1911년 3월 설립한 경성서화미술원이 뿌리다.

당시 그곳에는 조석진·안중식 등 당대 최고의 화가들이 포진했는데 이들은 김은호에게 천부적인 재능이 있음을 간파하고 김은호가 입학한 지 얼마 지나지 않았는데도 당대 최고의 실세이자 친일파로 유명한 송병준의 인쇄용 초상화를 그리게 했다.

뒤이어 고종(당시는 이태왕)의 사진도 모사하도록 했는데 고종이 모사 그림에 만족해 하며 순종(당시는 이왕)의 반신상을 그리도록 함으로써 김은호는 왕의 초상화인 '어용'이나 '어진'을 그리는 조선의 마지막 '어용화사(御用畵師)'로 발탁되었다. 김은호는 스승에게서 어진을 그리는 법도와 기술을 배워 창덕궁을 수시로 드나들며 순종의 어진을 그려 4개월 만인

1913년 봄 완성했다. 왕실은 답례로 쌀 1,000가마를 살 수 있는 거금을 하사했다.

이후 김은호가 순종의 초상화를 그렸다는 소문이 퍼져 친일 귀족이나 신흥 사본가들이 너도나도 초상화를 그려 달라고 부탁했다. 김은호는 이들의 초상화를 그리면서 화단의 총아로 부상하고 부와 명성을 얻었다. 다만 이때 그린 순종의 어진은 창덕궁 대조전에 걸려 있다가 1917년 화재로 불타 없어졌다.

전통의 맥을 시대적으로 되살린 근대적 채색화의 개척자

왕실은 창덕궁 대조전을 복원하면서 내벽의 장식화를 김은호·이상범·노수현·오일영 등에게 맡겼다. 이들이 그린 벽화 중에서 가장 유명한 두 그림이 김은호가 그린 서벽의 '백학도'와 오일영·이용우가 합작해 그린 동벽의 '봉황도'다. 김은호는 '백학도'를 1920년 9월에 완성했다.

김은호는 1917년에도 고종의 어진을 4개월 만에 그렸는데 이 어진 역시 안타깝게도 역대 어진 봉안소에 봉안되었다가 6·25 때 소실되었다. 김은호는 순종과 고종에 이어 태조, 세조, 원종의 어진들도 여벌을 그려 그가 그린 어진만 다섯 왕이나 되었다. 김은호는 서화미술회 화과 과정은 1915년(제2회), 서과 과정은 1917년(제3회) 졸업했다.

1918년에는 우리나라 최초의 서양화가 고희동이 창설한 '조선서화협회'에 이상범·노수현 등과 함께 가입하고 1921년 시작된 '서화협회전'(협전)에도 열심히 출품했다. 1919년 3·1 만세운동 때는 등사판으로 만든 독립신문을 돌리다가 1년형을 선고받고 5개월간 옥살이를 했다.

김은호가 젊은 나이에 왕실은 물론 세인들로부터 실력을 인정받게 된 결정적 요인은 타고난 재능이었다. 여기에 김은호 특유의 새로운 기법이 더해지면서 김은호만의 독자적인 화풍이 정립되었다. 새로운 기법이란 동양화의 전통적 기법에 근대 서양 회화의 기법을 절충한 이른바 '김은호식 절충주의'였다.

김은호의 인물화는 이전의 화가들과는 확연히 구분되는 짜임새가 있었다. 시점, 비례, 원근, 구도 등이 일정한 논리적 연관성 위에 흐트러짐 없이 제자리를 틀었다. 그의 정밀한 세필채화의 기교는 지금도 인정받을 만큼 정밀하고 세밀한 것으로 정평이 났다.

김은호는 1922년 6월 제1회 조선미술전람회(선전) 동양화부에 '미인 승무'로 4등상을 수상한 것을 시작으로 제3회(1924) 선전에서 '부활 후'로 3등상을, 제7회(1928) 선전에서 '북경 소견'으로 특선을 수상했다. 제8회(1929) 선전에 낙선한 후에는 더 이상 선전에 출품하지 않았다.

1925년 대부호인 이용문의 후원으로 변관식과 함께 일본으로 유학을 떠나 3년간 도쿄미술학교 일본화과의 청강생으로 있으면서 일본식의 채색화풍을 연마했다. 1926년 도쿄에서 가장 권위 있는 '제국미술원전람회'(제전)에 조선의 동양화가로는 최초로 입선하는 영예도 누렸다.

김은호는 평생 술을 입에 대지 않고 담배 한 모금 피워본 적이 없을 정도로 자기 관리에 철저했다. 매주 교회에 나가고 여자도 멀리 했다. 후배 양성에도 관심이 많고 사람을 끄는 매력이 있어 제자가 많았다. 1930년대 들어 김은호의 집에는 적게는 4~5명 많게는 10여 명이 묵으며 그에게서 그림을 배웠다.

제자들 중 백윤문·장우성·김기창·조중현 등은 1936년 6월 김은호의 뜻을 계승한다는 취지로 '후소회'를 발족했다. 이후 후소회는 이상범의 '청전화숙', 광주 허백련의 '연진회'와 더불어 당시 동양화 분야의 후진 양성 통로 역할을 하며 선전에서 두각을 나타냈다. 제21회(1942) 선전에서는 동양화부 입선작 60점 가운데 특선작 2점을 포함한 21점이 후소회 회원의 작품이었을 정도로 후소회는 화단에 만만치 않은 세력을 형성했다. 김은호는 허백련·박광진·김복진과도 수묵채색화와 유채화, 조소를 가르치는 전문 미술교육기관인 '조선미술원'을 1936년 10월 개설해 다수 제자들을 양성했다.

해방 후에는 문화 권력의 정점이자 화단의 총수로 군림해

오늘날 김은호는 대표적인 친일 화가로 분류되고 있다. 그 첫 번째 그림이 1937년 11월 완성해 미나미 조선 총독에게 증정한 '금차봉납도'이다. 이 그림은 국방헌금 조달과 황군 원호에 앞장선 '애국금차회'의 1937년 8월 결성 순간을 그린 것이다.

김은호는 '금차봉납도'를 그린 것을 시작으로 본격적인 친일 활동에 나섰다. 1941년에는 일제의 관변 단체로 결성된 '경성미술가협회'에 창립 회원으로 참여하고 1942년부터 1944년까지는 친일미술전람회의 총화격인 '반도총후미술전'의 심사위원을 맡는 등 다양한 친일 활동을 벌였다.

이 때문에 해방 후 미술인들의 총합적 단체로 결성된 '조선미술건설본부'가 김기창·이상범·김인승 등과 함께 김은호를 배제했으나 그 자신의 탄탄한 실력에다 제자들까지 화단을 주도하는 정치력을 갖게 되면서 김은호는 미술계에 막강한 영향력을 행사하는 문화 권력의 정점이자 화단의 총수로 군림했다.

김은호는 해방 후에도 많은 주요 인물의 초상화를 그렸다. 이순신과 세종대왕을 비롯해 남원의 '춘향상', 진주의 '논개상', 강릉 오죽헌의 '신사임당상', 안중근의사기념관의 영정, 정몽주, 서재필, 이승만 등 역사적인 주요 인물 상당수가 그의 손을 거쳤다. 1979년 2월 7일 87세의 나이로 생애를 마쳤다.

1913년

안창호 흥사단 설립
이상재, 한국인 최초 YMCA 총무로 임명
할리우드 시대 개막과 미국의 초기 영화사
_ *뤼미에르 형제와 세계 최초 영화*
_ *영화 '대열차강도'*
찰리 채플린 할리우드 입성
닐스 보어, 획기적인 원자모형 제안
이고리 스트라빈스키 작곡 '봄의 제전' 초연
존 록펠러 '록펠러 재단' 설립
카를 구스타프 융, 프로이트와 결별
마르셀 프루스트 '잃어버린 시간을 찾아서' 출간
에드문트 후설 '순수 현상학… 이념들' 출간
알베르트 슈바이처 아프리카로 떠나
가브리엘 샤넬 첫 의상실 개점

안창호 흥사단 설립

흥사단의 창립 취지는 "국민의 인격 혁명을 통해 세계 최고의 일등 국민이 되자."

안창호(1878~1938)는 잃어버린 국권을 회복해 자주독립국가를 세우는 일에 평생을 바친 민족지도자이자 독립운동가였다. 특히 각종 협회나 단체를 국내외에 다수 설립한 조직의 달인이었으며 연설의 귀재였다. 평남 강서군에서 태어나 한학을 공부하던 안창호가 안일한 삶을 반성하고 나라와 겨레를 위해 일생을 바치겠다고 결의한 것은 1894년 온 나라를 혼란에 빠뜨린 동학혁명과 청일전쟁을 겪고 나서였다. 안창호는 곧 서울로 올라와 1895년 밀러학당(구세학당)에 입학하고 1896년 독립협회에 가입했다. 1897년에는 고향에 독립협회 관서지부를 설립하는 데 앞장섰다.

그가 일약 청년 명사로 떠오른 것은 1898년 9월 10일 독립협회 관서지부가 평양 쾌재정에서 주최한 만민공동회 연설 후였다. 그는 쾌재정 연설에서 18조목의 쾌재(즐거운 일)와 18조목의 불쾌(즐겁지 않은 일)를 들어 탐관오리들의 학정과 비리를 규탄하고 외세의 침탈에 강력히 대응할 것을 호소했다. 이후 그가 연설하는 곳마다 수많은 청중이 몰려들었다. 조만식, 여운형, 이승훈도 안창호의 연설에 영향을 받았다. 안창호의 명연설은 1898년 겨울 서울 종로에서 열린 만민공동회 집회에서도 크게 빛을 발했다.

안창호는 1899년 고향에 점진학교와 난포리교회를 세워 교육과 전교활동에 전념하다가 새로운 문물을 경험하고 부족한 공부를 더하기 위해 1902년 10월 미국 샌프란시스코로 건너갔다. 곧 미국 서부에 사는 한인들의 단결과 계몽을 위해 1903년 9월 미주 한인 최초의 조직인 '샌프란시스코 한인친목회'를 결성했다. 한인들은 일거리를 주선하고 정당한 임금을 받을 수 있도록 도와주는 한인친목회의 등장을 반겼다.

안창호는 1904년 샌프란시스코의 리버사이드로 이주해 미국인 가정의 가사고용인으로 일했다. 그런데 미국인 집주인이 집을 더럽게 관리하는 한인들에게 집 임대를 꺼린다는 사실을 알게 되었다. 안창호는 일일이 한인들의 집을 방문해 커튼을 치게 하고 문 앞과 창문에 화분을 놓아 꽃씨를 심게 하는 등 주변 환경을 청결하고 아름답게 가꿨다. 한인들이 이런 안창호에게 점차 마음을 열면서 안창호는 어느덧 한인 공동체의 지도자로 인식되었다.

안창호는 1905년 4월 5일 교민 상부상조 단체인 '공립협회'를 결성, 조직의 명수다운 행보를 보였다. 공립협회는 머지않아 회원이 600여 명으로 늘어나 3층 건물의 회관을 마련하고 기관지 '공립신보'를 발간했다. 1908년 3월 대한통감부 외교고문 스티븐스를 저격하려던 전명운 의사, 1909년 12월 이완용을 암살하려다 미수에 그친 이재명 의사도 공립협회 회원이었다. 공립협회는 1909년 2월 1일 '국민회'(1910.5. '대한인국민회'로 개칭)로 확대 개편되어 미주 한인을 총괄하는 단체로 발전했다.

조직의 달인, 연설의 귀재

안창호는 나라가 백척간두에 놓이게 되자 1907년 2월 귀국해 4월 비밀결사인 '신민회'를 조직하고 애국지사들의 구국 운동을 지휘했다. 신민회 총감독에는 대한매일신보의 총무 양기탁이 추대되었지만 조직과 활동을 실제로 이끌어간 중심 인물은 안창호였다. 신민회는 엄격하게 선발된 회원 수가 800명에 달했다는 기록이 있지만 비밀결사였던 만큼 정확한 숫자는 파악되지 않고 있다. 안창호의 명성을 익히 알고 있는 이토 히로부미 조선통감이 1907년 11월 안창호와 만나 조선 병탄 계획의 일환으로 청년내각 조직을 은밀히 제의했으나 안창호는 단호히 거절, 이토를 머쓱게 했다.

안창호

신민회는 일제의 조선 병탄이 노골화하자 애국 계몽운동만으로는 한계가 있음을 깨닫고 해외 독립군 기지 창설 운동을 준비했다. 의병 활동의 쇠퇴기이던 1909년 봄, 양기탁의 집에서 비밀회의를 열어 만주 지역에 적당한 후보지를 골라 독립군 기지를 만들고 무관학교를 설립해 독립군을 편성하기로 결의했다. 이를 추진하고 있던 중 1909년 10월 안중근 의사가 이토 히로부미를 저격하는 사건이 벌어졌다. 일제가 이에 대한 보복으로 안창호·이동휘·유동열·이종호 등 다수의 신민회 간부를 구속, 신민회 사업은 잠시 중단되었다. 다행히 일제는 신민회의 존재를 알지 못해 2~3개월 뒤 신민회 간부들을 석방했다.

신민회는 멈췄던 사업을 재개했다. 1910년 3월 양기탁의 집에서 긴급 간부회의를 열어 '독립전쟁 전략'을 채택했다. 독립전쟁 전략이란 일제의 통치력이 미치지 않는 만주 동삼성 국경 인접 지대에 적당한 후보지를 골라 신민회가 모금한 자금으로 토지를 구입하고, 조선인들을 단체 이주시켜 신한민촌을 만들고, 독립군 양성을 위한 무장학교를 설립한다는 계획이었다. 신민회는 결정을 실천하기 위해 1910년 4월 일제의 감시를 받고 있는 안창호·이갑·유동열·신채호 등을 만주와 러시아령으로 망명하게 했다.

안창호는 1910년 4월 중국을 거쳐 러시아령 연해주로 들어가 각지를 돌며 한인의 권익 보호와 민족 통합을 주선하고 북만주 밀산의 개척지를 답사했다. 이후 시베리아 횡단열차를 타고 상트페테르부르크, 베를린, 런던을 경유해 1911년 9월 미국으로 돌아갔다. 국내에 남아 있던 신민회 회원들은 안악사건(1910)과 일제가 조작한 이른바 '105인 사건'(1911)으로 대부분 투옥되고 이로 인해 신민회는 사실상 해체되었다.

안창호는 국내 조직 기반이 무너지자 미국에서 '대한인국민회'를 중심으로 더욱 활발하게 활동했다. 대한인국민회는 재미 한인을 일본인으로 취급하려는 주미 일본 대사관에 맞서고 미국에 새로 입국하는 한인들을 위해 출입국 관련 업무를 도와주는 등 준정부적인 역할을 수행했다. 안창호는 1912년 11월 대한인국민회 중앙총회 3대 회장으로 선출되자 하와이·북미·만주·시베리아 등 4곳에 지방총회를, 멕시코·쿠바·필리핀 등 160여 곳에 지방회 조직을 결성했다. 이로써 대한인국민회는 명실상부한 세계 한인 네트워크를 구축했다.

"그대는 나라를 사랑하는가. 그러면 먼저 그대가 건전한 인격이 되라"

안창호는 1913년 5월 13일 미국 샌프란시스코에서 송종익(경상도), 홍언(경기도), 조병옥(충청도), 염만석(강원도), 민찬호(황해도), 강영소(평안도), 김종림(함경도), 정원도(전라도) 등 8도 대표를 포함해 25명의 창립위원과 함께 청소년 훈련단체인 '흥사단'을 설립했다. 1909년 8월 그가 국내에 있을 때 발의하고 윤치호, 최남선 등이 조직한 청년학우회의 취지를 계승한 것으로 민족운동 지도자 양성이 목적이었다.

흥사단은 "국민의 인격 혁명을 통해 세계 최고의 일등 국민이 되자"를 창립 취지로 내세우고, 무실·역행·충의·용감을 4대 정신으로 삼았다. 일찍이 율곡 이이가 '성학집요'에서 무실·역행·실리·실심·실공을 강조했기 때문에 4대 정신은 안창호가 창안한 덕목이라고 할 수 없지만 안창호가 강조함으로써 새로운 생명을 얻게 되었다. 흥사단 회원은 창립 당시 35명으로 출발해 6년 후 150명으로 늘어났다.

안창호는 흥사단을 창립하면서 '독립혁명 방략도'를 구상해 독립운동의 단계적 로드맵을 선보였다. 그가 설정한 독립운동의 5단계 중 1단계인 기초 단계는 각 개인이 인내·충의·용감·신애의 정신으로 단결하고 행동통일·직무분담·주의일치의 정신력으로 민족의 대동단결 기초를 꾀한다는 내용이다. 흥사단 설립은 기초 단계에 해당된다. 2단계는 인력과 재력을 준비하는 진행 준비 단계이고 3단계는 독립전쟁을 준비하는 완전 준비 단계이며 4단계는 독립전쟁 수행 단계인 진행 결과 단계이다. 5단계는 독립전쟁에 승리해 국권 광복을 이룩하고 민주공화주의 민권국가를 수립해 조국 증진으로 나가는 최종 단계이다. 이렇게 장기 로드맵을 그려놓고 몸소 실천한 지도자는 사실상 우리 역사에는 없었다.

안창호는 초기 상해 임시정부의 든든한 버팀목이기도 했다. 1919년 4월 상해에 임시정부가 발족하자 6월 대한민국 임시정부의 내무총장과 국무총리 대리로 취임한 뒤 당시 분열하고 있던 세 임시정부를 하나로 통합하는 데 주도적인 역할을 했다. 연통제 실시와 교통국 설치도 추진해 국내와 임시정부와의 연락 교통망을 구축하고 정부 기관지로 '독립'을 창간했다. 1923년 임시정부 내에서 노선 싸움을 벌이고 있는 개조파와 창조파의 분열을 수습하고 민족운동의 통합과 임정 개조를 위해 국민대표회의를 주도했으나 회의는 끝내 결렬되었다. 1926년 민족 유일당 운동에 헌신했으나 역시 뜻을 이루지는 못했다.

초기 상해 임시정부의 든든한 버팀목

안창호는 임정 활동을 하면서도 흥사단과 동일한 목적과 정신을 가진 운동을 전개할 생각으로 1920년 9월 상해에 흥사단 원동위원부를 조직했다. 국내에서는 이광수 등이 안창호의 뜻을 받들어 1922년 2월 서울에 '수양동맹회'를, 대성학교 동창생들과 전 신민회원이 1923년 1월 평양에 '동우구락부'를 각각 조직했다. 국내 두 단체는 1926년 1월 '수양동우회'로 통합했다.

안창호는 중국과 러시아에 독립운동 기지를 마련하기 위한 이상촌 건설을 추진하고 정치사상인 '대공주의' 실현에 진력했다. 대공주의란 민족 전체의 범국민적인 평등 사회를 실천하자는 것으로, 사회주의 사상 일부까지 포용해 초계급적인 민족주의를 지향하면서 자기 희생정신으로 민족 평등, 정치 평등, 경제 평등, 교육 평등의 4가지 평등 원칙에 입각해 민족과 인류에게 멸사봉공하자는 것으로 요약된다.

안창호는 윤봉길의 의거가 있던 1932년 4월 29일 저녁 영문도 모른 채 상해 교민단장의 집을 찾아갔다가 잠복해 있는 프랑스 조계 경찰에 체포되어 일본 영사관에 인도되었다. 김구가 안창호에게 그날의 거사 사실을 알리지 않고 "무슨 대사건이 일어날 듯하니 오전 10시 이후에는 집에 있지 말라"고만 해 의거 실상을 제대로 알지 못한 상황에서 체포된 것이다. 안창호는 국내로 압송되어 2년 6개월의 옥고를 치르고 1935년 2월 10일 가출옥했다.

그러다가 일제가 중일전쟁을 일으키기 꼭 한 달 전인 1937년 6월 국내 민족주의 세력을 말살하기 위해 일제 검거령을 내렸을 때 또다시 검거되었다. 당시 전국적으로 검거된 사람은 70여 명의 흥사단우를 포함해 500여 명이나 되었다. 안창호는 병이 악화되어 12월 24일 병보석으로 풀려났으나 석방 4개월 만인 1938년 3월 10일 병마를 이기지 못하고 서거했다. 유해는 망우리 공동묘지에 안장되었다가 1973년 서울 강남에 도산공원이 조성되었을 때 미국에서 온 부인의 유해와 함께 이곳에 합장되었다.

안창호는 생전에 "그대는 나라를 사랑하는가. 그러면 먼저 그대가 건전한 인격이 되라"고 주장했다. 인격혁명을 통한 자아 혁신이 자기 개조이고, 그것이 민족 개조로 이어진다는 게 안창호의 생각이었다. 하지만 이런 안창호의 사상이나 민족운동 노선을 비판적으로 바라보는 견해도 있다. "죽더라도 거짓이 없어야 한다"며 절대 정직과 진실 정신을 최고 덕목으로 강조·실천한 도덕주의가 수단 방법을 가리지 않는 혁명적 투쟁에는 오히려 장애가 될 수 있다는 지적이 그 하나요, 당장의 정치적 필요에 함몰되기보다는 인격 수양과 실력 양성을 강조한 그의 투쟁 방식에 대해 "싸움을 회피하는 준비론"이라는 비판이 또 다른 하나다.

이상재, 한국인 최초 YMCA 총무로 선임

이상재가 생의 마지막 불꽃을 태운 곳은 조선일보였다.

이상재(1850~1927)는 일제하 민족 진영 모두가 인정하는 '큰 어른'이었다. 그 어둡던 시대에 사회운동, 민족 교육, 언론 창달에 온몸을 바친 '거인'이었다. 그러나 그는 늦깎이형이었고 대기만성형이었다. 충남 서천군 한산에서 태어난 이상재는 17세 때 과거 시험에 합격하지 못해 그 후 13년 동안 박정양의 식객 겸 집사로 있었다. 박정양은 조선 후기 명망 높은 실학자 박규수의 손자로 17세 때에 문과 별시 과거 시험에 합격한 실력자였다.

이상재가 비로소 국가의 녹봉을 받게 된 것은 박정양을 수행해 신사유람단의 일원으로 일본에 가게 된 1881년 4월이었다. 그때 동행한 홍영식과 친분을 맺은 덕에 홍영식이 1884년 우정총국의 총판이 되었을 때 우정총국의 인천분국장으로 발탁되어 첫 관직 생활을 시작했다. 이상재는 우정분국을 서구식 건물로 짓고 인천과 서울 간의 연락을 정비하는 업무를 지휘하며 1884년 11월 18일(음력 10월 1일) 마침내 인천과 서울 사이에 우편 업무가 개통되는 데 기여했다. 그러나 그해 12월 홍영식이 가담한 갑신정변의 실패로 홍영식이 살해되고 우정국이 폐쇄되는 바람에 낙향하는

이상재

신세가 되었다.

다시 해외 문물을 접할 기회가 찾아온 것은 주미 외교 서기관으로 발령이 난 1887년 8월이었다. 초대 주미공사로 발령받아 그해 11월 출국하는 박정양의 외교팀에 포함되어 이완용 등 10여 명과 함께 1888년 1월 1일 미국 땅을 밟았다. 그러나 박정양이 청국의 트집으로 1년 만에 귀국하게 되자 이상재 역시 그를 따라 귀국해야 했다. 고종이 공로를 인정해 관직을 하사했으나 이를 사양하고 고향집에 칩거했다. 1892년 부인과 사별하는 아픔을 겪고 1894년 부친의 작고로 장례를 치르자 서울의 박정양이 다시 이상재를 불렀다.

박정양은 교육을 담당하는 학무아문의 대신으로 임명되자 이상재를 학무아문의 참의로 발탁했다. 이상재는 1895년 4월 학무아문을 개편한 학부의 참서관으로 임명되어 1년간 교육 부문에서 일했다. 1895년 12월에는 일본 시찰과 미국 체류 경력을 인정받아 새로 설립된 관립외국어학교 교장도 겸직했다. 1896년에는 내각 총서와 중추원 1등 의관을 거쳐 의정부 총무국장으로 승직했다.

일제하 민족진영 모두가 인정하는 '큰 어른'

이상재는 공직과 별개로 서재필·윤치호·이완용 등이 조직한 독립협회 활동에도 적극 참여했다. 1898년 윤치호가 2대 독립협회 회장으로 선출되었을 때 부회장이 되어 서재필·윤치호와 함께 독립협회 내 3인방 역할을 했다. 1898년 10월 만민공동회에서 사회를 맡아 정부에 국정 개혁 건의안을 제출하는 등 강력한 개혁을 요구했으나 정부의 탄압으로 1898년 11월, 6일 동안 구금되고 독립협회는 해산되었다. 이후에는 공직 활동을 포기하고 국내 각국 공사와 교류하며 세계 정세의 흐름을 파악했다. 1902년 6월에는 이른바 '개혁당 사건'이라는 수구파의 날조 사건에 연루되어 아들과 함께 체포되어 2년 동안 옥살이를 했다.

감옥에서 50대의 이상재는 이승만·박용만·신흥우 등 20대 청년들을 만났다. 이상재는 이들과 의기투합해 '감옥학교'를 열어 간수는 물론 글을 깨우치지 못한 죄수들에게 한글, 한문, 영어, 성경, 역사 등을 가르쳤다. 이런 그들을 적극 도와준 것은 벙커, 게일 등 국내에서 활동하고 있던 외국 선교사들이었다. 선교사들은 감옥을 방문해 위로하거나 기독교 서적 등이 대부분인 각종 서적을 들여보냈다. 감옥에 들어온 지 1년이 지날 무렵인 1903년 어느 날 이상재는 요한복음을 우연히 읽다가 깨달음이 생겨 성경을 본격적으로 읽었고 곧 벙커에게 세례를 받아 기독교 신자가 되었다.

이상재는 투옥된 지 2년 2개월 만인 1904년 8월 풀려난 뒤 옥중의 그를 돌봐준 헐버트와 게일을 찾아갔다. 그들로부터 그가 감옥에 있던 1903년 10월 황성기독교청년회(서울YMCA)가 설립되었다는 사실을 알게 되었다. 황성기독교청년회야말로 장차 자기가 일하고 몸 바칠 곳이라는 것을 확신한 이상재는 1905년 5월 교육부 위원장을 맡았다. 당시 총무는 질레트, 회장은 게일이었다. 부회장은 '105인 사건'으로 감옥에 있다 1905년 2월 풀려난 윤치호였다.

이상재는 1906년 고종이 명한 비자금 조성에 나섰다가 일제에 발각되어 다시 수개월간 감옥 생활을 해야 했다. 1907년 두 번째 부인과 큰아들을 잃고 1908년 함께 옥살이를 했던 둘째아들마저 세상을 떠나는 아픔을 겪게 되자 황성기독교청년회 활동에 더욱 매진했다.

이상재는 황성기독교청년회에서 가장 연로했는데도 생각에서만큼은 여느 청년 못지않아 '영원한 청년'으로 불렸다. 이상재가 먼저 관심을 쏟은 분야는 성경반이었다. 곧 입소문을 타면서 1911년 5월에는 무려 4,200여 명의 학생이 등록할 정도로 대성황을 이뤘다. 1910년 YMCA 내에 처음 창설된 '노동야학'도 이상재의 야심작이었다. 지원자의 폭주로 일부 지원자를 받지 못할 정도로 노동야학은 인기를 끌었다. 강사진도 화려해, 김인식이나 홍난파 같은 당대의 쟁쟁한 음악가도 있었고, 미국 프린스턴대에서 박사학위를 받고 초빙된 이승만도 1910년 10월 학생 담당 간사로 활동했다.

그를 필요로 하는 일이라면 때와 장소 가리지 않아

이상재는 이처럼 직업교육과 사회교육을 성공적으로 발전시킨 공로를 인정받아 '105인 사건'으로 서울에서 추방된 질레트의 뒤를 이어 1913년 6월 한국인 최초의 YMCA 총무로 선임되었다. 이상재는 1914년 6월 이사진을 대대적으로 개편했다. 서양인 7명에 한국인 5명의 비율로 되어 있던 이사진을 신흥우, 남궁억 등 한국인 8명에 서양인 4명의 구도로 재편했다. 또한 1914년 전국의 10개 YMCA를 규합, 조선기독교청년회 전국연합회를 조직했으며 1916년 6월 한국 역사상 최초로 체육관을 구비한 현대식 건물을 세웠다. 3년 동안 YMCA의 기틀을 마련하고 물러난 이상재의 바통을 이어받은 인물은 1916년 6월 총무에 취임한 윤치호였다.

그 무렵 이상재는 60대 후반의 나이였는데도 그를 필요로 하는 일이라면 때와 장소를 가리지 않았다. 3·1 운동 때는 거사 후 뒷일을 맡기 위해 전면에 나서지 않았으나 배후 인물로 지목되어 3개월간 옥고를 치렀다. 하지만 3·1 운동 선언문 서명을 거부한 것을 두고 비판하는 사람들도 있었다. 한용운은 8년 후 이상재의 장례 때 장례준비위원회에 자신의 이름이 있는 것을 알고 찾아가 자신의 이름을 박박 지워 여전히 화가 났음을 드러내 보였다. 1920년 11월 창립한 조선교육협회 회장이 되었고, 1923년 3월 조선민립대학 기성회 발기총회에서 의장에 선출되었으며 1924년 3월 결성한 소년척후단(보이스카우트 전신) 초대 총재로 추대되었다.

이상재가 생의 마지막 불꽃을 태운 곳은 조선일보였다. 그가 74세의 고령에도 1924년 9월 조선일보 사장에 취임했다는 사실은 조선일보가 친일 인사들의 손에서 민족주의자의 손으로 넘어왔다는 것을 의미했다. 조선일보는 친일 경제친목단체 '대정실업친목회' 인사가 주축을 이뤄 1920년에 창간한 신문으로 1921년부터 1924년까지는 매국 친일파인 송병준이 사주로 있었기 때문에 기사는 반일 논조를 취하면서도 소유는 친일 인사에게 있었던 어정쩡한 위치에 있었다. 이 신문을 독립운동가 신석우가 사들여 이상재에게 사장 자리를 맡긴 것이다.

이상재는 조선일보를 민족의 대변지로 탈바꿈시키기 위해 각고의 노력을 다했다. 그가 사장으로 재임하는 동안 조선일보는 우리나라 최초로 조석간을 발행하고 신문만화 '멍텅구리'를 연재했으며 최초의 여기자 최은희를 채용했다. 1927년 2월에는 신간회 회장으로 추대되었다. 노환으로 자리에 누워 있어 발기총회에 참석할 수 없다는데도 좌우파 모두 그가 회장이 되기를 희망해 의장으로 이름을 올린 것이다.

그러나 이미 그의 생명은 다하고 있었다. 1개월이 지난 1927년 3월 29일 결국 노환으로 눈을 감았다. 4월 7일 전 국민의 애도 속에 한국 최초의 사회장으로 치러진 장례에는 당시 서울 인구가 30만 명일 때 무려 10만 명이 몰려들 정도로 그의 죽음은 온 국민에게 슬픔을 안겨주었다.

할리우드 시대 개막과 미국의 초기 영화사

1914년 발발한 1차대전은 미국의 영화가 세계 영화계를 주도하게 된 전환점으로 작용했다.

20세기 초까지 미국 영화의 중심은 동부의 뉴욕과 시카고였다. 1895년 12월 프랑스의 뤼미에르 형제가 세계 최초로 영화 '기차의 도

작'을 상영한 이래 유럽이 초기 영화의 공급지 역할을 했다면 미국의 동부는 유럽 영화를 받아들이는 관문이었다. 이 동부에서 세계 최초로 영화의 신기술을 탄생시킨 주역은 발명왕 토머스 에디슨과 조수인 윌리엄 딕슨이었다.

이들이 촬영용 카메라인 '키네토그래프'를 처음 선보인 것은 1893년이었다. 키네토그래프는 높이 70㎝, 무게 45㎏ 정도였는데 전기모터로 작동하는 구조여서 야외촬영 때는 기동성을 전혀 발휘할 수 없다는 치명적인 약점이 있었다. 이 때문에 에디슨은 '블랙 마리아'라고 하는 세계 최초의 스튜디오를 별도로 건립해야 했다.

에디슨과 조수가 개인이 활동사진을 볼 수 있는 '키네토스코프'를 개발한 것은 1894년 초였다. 키네토스코프 역시 키네토그래프와 비슷한 크기에 전기를 동력으로 삼았다. 에디슨이 뉴욕을 비롯한 미국의 주요 도시에 키네토스코프를 관람할 수 있는 체인점을 연 것은 1894년 4월이었다. 하지만 에디슨이 이 발명품에 국제특허를 출원하지 않아 똑같은 형태의 복제품이 미국과 유럽 등지에 등장했다.

프랑스에서는 뤼미에르 형제가 에디슨의 발명품을 벤치마킹해 1894년 2월 영화촬영기 겸 영사기인 '시네마토그래프'를 개발하고 1895년 12월 첫 영화를 상영했다. 시네마토그래프는 무게가 12~15㎏에 불과하고 전기 동력 없이 수동으로 촬영이 가능해 기동성이 뛰어나고 현상과 영사를 모두 할 수 있어 여러모로 장점이 많았다.

그 무렵 미국에서도 에디슨의 키네토그래프로 촬영한 활동사진을 스크린에 영사할 수 있도록 개발된 '판타스코프'가 공개되었다. 그런데 개발자는 자신의 발명품에 대한 특허를 출원하거나 사업을 시작할 여력이 없었다. 그러자 에디슨은 즉각 특허권 확보에 나섰고 1896년 4월 '바이타스코프'라는 이름의 개량된 영사기를 뉴욕에서 선보였다. 이후 영화 상영은 급속히 전국으로 퍼져나갔다. 수천 대의 영사기가 생산되었고 영화는 보드빌(노래·춤·만담·곡예 등을 섞은 쇼) 극장, 놀이공원, 여름 휴양지, 시장, 심지어 교회와 오페라하우스에서도 상영되었다.

1923년 처음 세워질 때의 할리우드 간판

이후 에디슨 영화사에 필적할 만한 주요 경쟁사가 하나둘 생겨났다. 이들은 영화의 제작·상영과 관련된 모든 영역을 독점했다. 이들 회사 소속의 영사기사들이 직접 영사기와 필름을 가지고 보드빌 극장을 비롯한 다양한 장소에서 대중을 상대로 영화를 상영했다.

문제는 보드빌 극장이 영화를 전체 프로그램의 일부로 포함시키면서 비싼 관람료를 받았기 때문에 가난한 관객에게는 경제적으로 부담이 컸다는 것이다. 그래서 1903년 등장하고 1905년 널리 확산한 것이 영화 전용극장이었는데 입장료로 니켈(5센트 동전)을 받아 '니켈로디언'으로 불렸다. 니켈로디언은 보통 1릴짜리 영화(1,000피트 길이에 러닝타임은 12~15분)를 볼 수 있는 200~500석 규모의 작은 극장으로 세워졌다. 보드빌 극장보다 입장료가 저렴해 영화는 누구나 값싸게 즐길 수 있는 대중오락의 중심으로 성큼 들어섰고 폭증하는 관객 수만큼이나 니켈로디언도 빠르게 늘어났다.

에디슨은 미국 영화의 산파이면서도 영화 발전을 가로막은 훼방꾼

문제는 니켈로디언 대부분이 도심지의 낡은 건물을 개조하거나 상공업 지역의 허름한 창고를 간단히 손보는 정도로 사람들을 끌어들인 데 있었다. 이 때문에 보건과 위생, 재난에 대비한 안전 문제 등에 무방비 상태이거나 취약하다는 비판에 직면했다. 영화에 등장하는 폭력적인 장면, 범죄자들의 미화, 젊은이들의 도덕적 타락, 종교적 도덕성의 가치 훼손 등도 문제점으로 지적되었다. 결국 1907년 무렵부터는 경찰과 종교 단체를 중심으로 지역 검열위원회가 조직되거나 조례가 제정되었다. 1908년 11월에는 뉴욕시장이 "시의 육체적·도덕적 안녕에 위협"을 이유로 모든 니켈로디언을 폐쇄하는 조치를 취했다.

이러한 일들이 도처에서 일어나자 에디슨 등 주요 영화업자들은 자신들의 권익을 지키기 위한 협의체를 1908년 12월 뉴욕에서 출범시켰다. 이른바 '영화특허회사(MPPC)'였다. 설립의 주된 목적은 촬영용 카메라, 영사기, 필름 및 기타 영화 자료 등에 대한 특허권을 판매하고 새로운 자본가들이 영화의 제작·배급에 뛰어드는 것을 관리·통제하기 위한 것이었다.

결성을 주도한 에디슨은 이 신디게이트의 허락 없이 영화를 촬영·복사할 수 없다고 으름장을 놓고 모든 영화 촬영기기 사용에 로열티를 요구했다. 에디슨은 또 영화 상영 시간이 길어지면 관객이 무료해 한다는 이유로 영화 한 편당 상영 시간을 20분 이하로 제한하고, 영화배우들의 인기 상승에 따른 출연료 인상을 막기 위해 자막에서 배우들의 이름을 지우도록 강요했다. 심지어 이를 위해 폭력단을 동원하기도 했다. 역설적이게도 미국 영화의 산파인 에디슨이 영화 발전을 가로막는 훼방꾼으로 둔갑한 것이다.

독립영화사들은 영화를 제작하려면 에디슨의 이런 요구에 항복하든지 아니면 치고 빠지는 게릴라전을 펴는 수밖에 없었다. 횡포를 견디지 못한 독립영화사들이 어떻게든 그들의 감시망을 벗어날 새로운 장소를 물색하고 있을 때, 대륙 서쪽 끝의 로스앤젤레스 중심부에서 북서쪽으로 13㎞ 떨어진 작은 마을 할리우드가 눈에 들어왔다.

할리우드의 당초 지명은 인디언들이 지은 '작은 언덕들'이라는 의미의 '카후엥가'였으나 1887년 현재의 할리우드가를 중심으로 120에이커(약 50㏊)의 토지를 에이커당 150달러에 구입한 캔자스 출신 부동산업자 하비 윌콕스가 '할리우드(호랑가시나무)'로 바꿔 부르면서 정착되었다. 윌콕스의 부인이 캔자스에서 할리우드로 오는 기찻길에서 만난 한 여성이 알려준 동부 여름 휴양지의 이름이 마음에 들어 할리우드라고 지은 것을 윌콕스가 그대로 수용했기 때문이다. 결국 과수 작물을 재배하던 작은 농촌 마을 할리우드는 호랑가시나무 한 그루 없이도 '호랑가시나무숲'이라는 지명을 얻었다.

할리우드가 영화 촬영의 최적지라는 것은 단지 동부의 감시자로부터 멀리 떨어져 있다는 이유에서만은 아니었다. 무엇보다 영화를 촬영하는 데 유리한 자연조건을 갖추고 있었다. 사계절 내내 쾌청하고 온화한 날씨에 바다·산·사막 등이 주변에 널려 있어 현지 촬영에 유리했다. 천혜의 자연조건 말고도 영화 특허회사의 횡포가 없고 부동산 가격이 저렴하고 일요일과 공휴일에도 뉴욕의 반도 안 되는 임금으로 지역 주민들을 단역으로 출연시킬 수 있다는 점 등 유리한 게 한두 가지가 아니었다. 이런 조건들은 제작 기간을 단축하고 제작 비용을 줄여주는 이중의 혜택을 제공했다.

할리우드의 자연조건, 제작 기간 단축하고 제작 비용 줄여줘

제작사들은 겨울이 되면 감독, 촬영기사, 배우들을 따뜻한 로스앤젤레스로 보내 야외장면을 찍어오도록 함으로써 동부에 비해 어떤 점이 좋은지 비교·검토하는 것으로 타당성을 조사했다. 이러한 천혜의 조건을 가장 먼저 눈치채고 할리우드로 이주를 검토한 제작자는 윌리엄 셀리그였다. 셀리그 영화사는 1908년 시카고에서 '몬테 크리스토 백작'을 촬영했으나 악천후로 촬영이 순조롭지 않자 초창기 메이저 스튜디오로는 최초로 1909년 8월 할리우드의 선셋대로 동쪽에 스튜디오를 세웠다. 뒤이어 다른 영화사들까지 로스앤젤레스로 이주하면서 할리우드는 개화기를 맞았다. 1915년 '국가의 탄생'을 촬영해 영화의 거장 반열에 오를 데이비드 그리피스도 1910년부터 할리우드에서 몇 편의 영화를 촬영했다.

당시의 영화 상영 시간은 여전히 10여 분에 머물렀다. 그러자 유대인 사업가 제시 래스키가 10여 분짜리 영화에 식상한 관객이 장편영화를 원한다는 사실을 간파하고 장편영화를 만들겠다며 1913년 할리우드행 열차에 몸을 실었다. 그는 처남 새뮤얼 골드피시와 함께 '래스키 피처 플레이 컴퍼니'를 설립한 뒤 세실 드밀을 감독으로 기용해 장편영화 '스쿼맨'를 찍었다. 마굿간을 스튜디오로 삼아 촬영을 시작한 할리우드 최초의 장편영화 '스쿼맨'은 1914년 2월 개봉과 함께 대박을 터뜨려 22여 만 달러의 흥행 수입을 올렸다.

영화 성공에 힘입어 래스키는 메이저 스튜디오 황금시대의 개척자가 되었다. 그는 18개월 후 마굿간이 들어섰던 거리 전체를 자신의 스튜디오로 바꿨다. 드밀은 코미디물과 성서 이야기 등으로 소재를 넓혀 영화계의 거물이 되었다. 골드피시는 골드윈이라는 이름으로 직접 제작에 나서 '폭풍의 언덕'(1939), '십계'(1956), 뮤지컬 '포기와 베스'(1959) 등을 제작하며 영화 인생의 절정기를 보냈다.

세 사람의 성공 덕에 그들이 할리우드에 도착한 1913년은 오늘날 할리우드 시대가 본격 개막된 해로 기록되고 있다. 할리우드 탄생에 간접적으로 기여한 '영화특허회사'는 1915년 미 연방대법원의 명령으로 해산되었으나 이미 대부분의 영화가 촬영되고 있는 할리우드에 모든 영화 권력을 넘겨준 뒤라 영화 산업에 미친 여파는 미미했다.

그 유명한 할리우드 간판은 한 부동산 회사가 LA 북부에 조성한 거주

단지를 홍보하기 위해 1923년 'HOLLYWOOD LAND'라고 적힌 광고판을 세우면서 시작되었다. 'LAND'는 1945년 간판의 소유권이 할리우드 상공회의소로 넘어간 뒤 사라졌다.

미국의 영화 산업은 할리우드를 발판으로 일취월장했다. 1910년대 중후반부터 1920년 사이, 미국 전역에는 영화를 상영하는 약 2만 개의 극장이 존재했다. 그중에 1만 8,000개는 니켈로디언, 나머지 2,000개 정도는 주로 동부 지역 주요 거점 도시의 중심부에 자리 잡은 '영화 궁전'이나 호화판 대형 극장들이었다. '영화 궁전' 시대는 1913년 뉴욕에 최초로 건설된 디럭스 영화 전용관인 2,460석짜리 리젠트 극장의 개업으로 시작되었다. 1914년에는 뉴욕 브로드웨이에 3,300석을 갖춘 스트랜드 극장이 문을 열었다.

1914년 발발한 1차대전은 미국의 영화가 세계 영화계를 주도하는 전환점으로 작용했다. 1차대전 발발 전까지 영화를 가장 많이 만들고 수출한 나라는 프랑스였다. 1912년 무렵 미국에서 생산된 모든 영화의 2배에 달하는 분량을 프랑스의 샤를 파테 영화사가 단독으로 만들 정도로 프랑스의 영화 산업은 호황이었다. 이 작품들은 고스란히 미국에서 상영되었다. 그러나 이러한 기조는 1914년 1차대전이 발발하면서 급변했다. 유럽의 주요 영화 생산국들이 전시 총동원 체제에서 제대로 영화를 만들 수 없었기 때문이다. 반면 미국은 1917년 참전했기 때문에 전쟁으로 인한 수혜를 온전히 누렸다.

뤼미에르 형제와 세계 최초 영화

영화는 탄생일이 알려진 유일한 예술이다. 영화 탄생의 주역은 프랑스의 루이 뤼미에르(1864~1948)와 오귀스트 뤼미에르(1862~1954) 형제다. 이들은 1894년 2월 최초의 영화촬영기 겸 영사기인 '시네마토그래프'를

뤼미에르 형제. 오귀스트(왼쪽)와 루이

개발하고, 1895년 12월 28일 파리의 '그랑 카페'에 30여 명의 문화예술인을 초청해 1프랑의 요금을 받고 자신들이 촬영한 영화를 보여주었다. 영화사가들이 공식적으로 인정하는 최초의 영화 탄생일은 바로 이날이다.

하지만 12월 28일은 세계 최초로 상업영화가 선보인 날일 뿐, 진짜 영화 탄생일은 뤼미에르 형제가 '시네마토그래프'에 대해 특허를 취득한 1894년 2월 13일로 삼아야 한다는 주장도 있다. 12월 28일의 시사회에서 형제가 선보인 영화는 몇십 초 분량의 '기차의 도착'을 비롯해 '뤼미에르 공장의 출구', '물 뿌리는 정원사' 등 10편의 짧고 단순한 내용의 활동사진이었다.

형제에게 활동사진에 대한 영감을 준 것은 움직이는 사람의 영상을 보여주는 영사기 '키네마토스코프'였다. 1893년 에디슨과 조수가 개발한 이 영사기는 한 사람씩 구멍 속을 들여다봐야 감상할 수 있는 놀이공원의 오락용 기계였다. 뤼미에르 형제는 여럿이 동시에 볼 수 있는 영사기를 만들 구상을 했고, 그 결과 에디슨의 키네마토스코프에 비해 작고, 촬영과 상영이 쉬운 촬영기 겸 영사기를 개발해 '시네마토그래프'라고 이름을 지었다. '움직임'을 뜻하는 그리스어 '키네마'와 '쓰다(書)'의 의미인 '그라페인'을 합성한 말이다. 이후 시네마토그래프는 시네마로 줄여서 불리기 시작했고 오늘날 동아시아 사람들이 영화라고 부르는 대중 예술을 지칭하게 되었다.

형제는 1894년 2월 13일 '시네마토그래프'의 특허를 취득하고 1년이 지난 1895년 3월 19일 시네마토그래프 촬영기로 한 공장의 점심시간 풍경을 찍어 '뤼미에르 공장의 출구'라는 제목의 활동사진을 만들었다. 사흘 후인 3월 22일에는 무료로 일반에 공개했다.

1896년 런던과 뉴욕에서 연 시네마토그래프 상영회가 폭발적인 관심을 불러 일으키자 형제는 새로운 영화를 촬영하는 한편 벨기에·독일·네덜란드 등에서도 시연회를 열었다. 이후 수백 개의 시네마토그래프가 전 세계로 팔려나갔고, 1897년경에는 750여 편이 수록된 영화 카탈로그가 만들어졌다. 에디슨은 뒤늦게 자신의 오판을 인정하고 '바이타스코프'라는 대중용 영사기를 만들어 1896년 4월 뉴욕에서 일반 시민을 상대로 처음 소개했다.

프랑스에서 영화 산업이 활발해진 것은 프랑스의 조르주 멜리에스 덕분이었다. 그는 1900년대 초에 정교한 의상, 환상적인 무대장치, 으스스한 특수효과 등으로 영화에 새 바람을 불어넣었다. 그의 영화에서는 화면이 차츰 어두워지다가 다른 화면으로 옮아가는 기법은 물론 슬로모션과 정지 화면의 기법이 등장했다. 영상을 흐리게 또는 밝게 하기도 하고 때로는 조금 조잡한 형태의 움직이는 만화를 동원하는 등 오늘날 영화기법의 가장 기본을 이루는 폭넓은 기법들이 모두 동원되었다.

최초의 공상과학영화로 기록된 '달나라 여행'(1902)이나 '불가능한 세계 여행'(1904) 같은 멜리에스의 걸작들은 많은 관객을 불러 모았고 열렬한 모방자들을 탄생시켰다. 이런 점에서 멜리에스는 영화의 개척자이자 최초의 작가주의 감독이었다. 그러나 그의 영화들 역시 무대 공연을 필름에 담은 것에 지나지 않았다. 1903년 12월 미국의 '대열차강도'가 개봉하고 서야 영화는 좁은 무대의 제약에서 벗어나 새로운 편집기법과 카메라를 이동시키는 능동적인 촬영 방식을 도입했다.

영화 '대열차강도'

20세기 초까지, 영화는 단순히 무대 공연을 필름에 담은 것에 불과했다. 카메라는 주로 기록을 위한 도구로 사용되었고 고정된 위치에서만 움직여 생동감이 없었다. 그때까지의 활동사진은 주로 일상생활이나 뉴스 사건 또는 무대 쇼의 장면 등을 기록에 담아 다시 보여주는 데 그쳤다. 이 영화의 도식을 여지없이 무너뜨린 영화가 에드윈 포터가 감독·각본·촬영·편집하고 1903년 12월 1일 개봉한 '대열차강도'다. 영화는 사흘 만에 촬영을 끝내고 상영 시간도 12분에 불과했지만 영화사(史)가 이 영화에 던지는 찬사는 실로 엄청나다.

14개 신으로 이뤄진 영화의 줄거리는 단순했다. 강도들이 철도 전신국을 덮쳐 열차를 멈추도록 한 뒤 열차 승객들의 귀중품을 강탈하고 도주하자 민병대원들이 그들을 추적해 결국 강도들을 모두 쓰러뜨린다는 내용이다. 영화는 장면 대부분이 야외에서 촬영되어 사실적이었다. 카메라도 능동적으로 움직여 현실감이 살아 있었다.

무엇보다 이 영화를 영화사에 길이 남을 영화로 우뚝 서게 만든 원동력은 새로운 편집 기술이었다. 포터는 영화사상 처음으로 '신(scene)' 개념을 도입하고 '교차편집'을 적용했다. 교차편집은 영화의 중요한 장면에서 직선 구조의 이야기 전개 대신 동시에 일어나는 행위를 각기 다른 장면에 재현함으로써 영화를 극적으로 끌어가는 효과를 보도록 하는 기법이다. 또한 포터는 한 장면에서 다음 장면으로 넘어갈 때 그냥 건너뛰는 새로운 기법을 썼다. 그전까지는 장면과 장면 사이에 생기는 갭을 자막이나 디졸브(장면이 스스로 사라지게 하는 기법)로 해결하고 있었다. 설명 대신 관객의 상상에 맡기는 이 기법은 오히려 관객에게 영화 보는 재미를 배가해주었고 관객이 영화로부터 눈을 떼지 못하게 했다.

이 새로운 편집 기술만으로도 영화는 개봉과 함께 큰 인기를 끌었지만 무엇보다 마지막 장면이 사람들을 더욱 매료시켰다. 콧수염을 기른 강도가 관객을 똑바로 겨냥해 권총을 발사하는 장면이었다. 관객은 악한이 쏜 총을 맞고도 다치지 않는 스릴을 맛보기 위해 영화관을 거듭 찾았고 이 때문에 영화관은 늘 만원이었다. 추적 신도 압권이었다.

영화 중 가장 유명한, 강도가 관객을 향해 총을 발사하는 장면

그전까지 모든 영화는 1개의 '롱 숏'으로 스토리를 추적했으나 포터는 시간의 흐름을 복수의 숏으로 분할하거나 배열해 드라마성과 서스펜스를 살렸다. 영화 전문가들은 1915년 데이비드 그리피스의 '국가의 탄생'이 나오기까지 가장 성공한 영화로 '대열차강도'를 꼽는다.

찰리 채플린 할리우드 입성

자신의 견해나 원칙을 감추지 않았고 자신을 중상모략하는 언론에는 당당히 맞섰다.

찰리 채플린(1889~1977)의 어린 시절은 불행과 가난으로 점철되었다. 뮤직홀 배우였던 부모는 채플린이 영국 런던에서 태어난 지 1년 만에 이혼했고 채플린을 키우던 어머니는 후두염으로 목소리를 잃어 더 이상 무대에 서지 못했다. 이 때문에 채플린은 어머니·형(어머니가 전 남편과 사이에 낳은 아들)과 함께 빈민구호소를 들락거려야 했기에 정규 교육은 제대로 받지 못했다. 게다가 12살 때인 1901년 아버지가 죽고 1903년부터는 어머니마저 정신병원에 드나들어 사실상 고아나 다름없었다. 채플린은 인쇄공, 신문팔이, 유리공, 장난감 직공 등을 전전하며 끼니를 겨우 이었다.

다행히 채플린의 DNA에는 어머니에게서 물려받은 광대 기질이 있었다. 8살 때 이름 없는 극단에 들어가 무대에 서고, 14살 때 연극 '셜록 홈스' 등에 출연해 관객의 주목을 받았다. 그의 연기 인생이 꽃을 피운 것은 19살이던 1908년 당시 영국에서 최고의 인기를 누리던 프레드 카노 극단에 입단하면서였다.

채플린은 곧 중요한 배역을 맡아 1910년 10월부터 1912년 6월까지 미국 순회공연을 다녀왔다. 1912년 10월 시작된 카노 극단의 두 번째 미국 순회공연 중에는 키스톤 스튜디오 대표 맥 세네트의 눈에 띄어 1913년 9월 키스톤 스튜디오와 계약을 체결하고 그해 12월 자신의 첫 주연 영화 '생활비 벌기' 촬영에 들어갔다.

1914년 1월 개봉한 '생활비 벌기'는 별다른 주목을 끌지는 못했으나 1914년 2월 7일 개봉한 두 번째 영화 '베니스의 어린이 자동차 경주'에서는 인상적인 연기를 펼쳐 채플린의 존재를 분명히 각인시켰다. 채플린의 트레이드 마크인 몸에 꽉 끼는 윗옷과 헐렁한 바지, 우스꽝스러운 콧수염에 찌그러진 중절모를 쓴 채 지팡이 하나에 의지하는 '초라한 신사' 이미지는 이 영화에서 처음 등장했다.

사실 채플린이 이런 캐릭터로 처음 출연한 영화는 '메이블의 이상한 곤경'이지만 '베니스의 어린이 자동차 경주'가 이틀 먼저 개봉되어 최초 영예는 '베니스의 어린이 자동차 경주'에 돌아갔다. 2월 28일 개봉한 채플린의 첫 연출 영화 '소나기 사이에' 후에는 채플린이 모든 작품의 각본을 직접 쓰고 연출했다.

채플린 영화의 예술적 자양분은 유년 시절의 혹독했던 가난이었다. 때문에 그의 영화에는 언제나 '울리는 희극' 혹은 '웃기는 비극'이라는 평이 쏟아졌다. 채플린의 계약금과 보수는 영화사를 옮길 때마다 급등했다. 1914년 12월 에사네이 영화사(14편), 1916년 2월 뮤추얼 영화사(12편),

찰리 채플린

1917년 6월 퍼스트내셔널 영화사(5편) 등과 손잡고 다양한 영화를 쏟아내면서 채플린의 명성은 미국 전역으로 퍼져나갔다.

그 무렵 대형 영화사들은 독점 양상을 띠고 있었다. 채플린을 비롯한 순수 영화인들은 이 영화사들의 장기 전속 계약에 반발하는 한편 자신들만의 예술적 비전과 경제적 이익을 추구하기 위해 새로운 영화사 설립을 모색했다. 그래서 제작자 더글러스 페어뱅크스, 영화감독 데이비드 그리피스, 영화배우 메리 픽퍼드 등과 의기투합해 1919년 2월 5일 설립한 영화사가 '유나이티드 아티스츠(UA)'다.

UA는 사업가가 아니라 예술가가 경영하는 미국 최초의 영화사였다. 워너 브러더스, 폭스, 패러마운트, MGM, RKO 등 이른바 '빅 5' 스튜디오가 미국 영화계를 쥐락펴락하고 있을 때 UA는 컬럼비아, 유니버설과 함께 '스몰 3'에 속했다. 채플린은 퍼스트내셔널 영화사와의 계약 기간이 남아 UA에는 1923년 합류했다.

광대 기질은 어머니에게서 물려받아

1921년 1월 21일 개봉된 '키드'는 채플린이 연출·주연한 첫 장편영화였다. 자신의 신산했던 지난 세월을 응축해놓은 '키드'는 선풍적인 인기를 끌며 비평가들로부터 호평을 받았다. 채플린은 이미 영화배우이자 영화감독으로 명성이 자자했으나 채플린을 명장 반열에 올려놓은 것은 '키드'였다. 이후 채플린은 UA에 둥지를 틀고 '황금광 시대'(1925), '시티 라이트'(1931), '모던 타임즈'(1936), '위대한 독재자'(1940), '살인광 시대'(1947), '라임라이트'(1952) 등을 잇따라 제작하면서 세계 영화사에 굵은 족적을 남겼다.

'황금광 시대'는 촬영일이 170일이나 되고 필름은 8,555피트나 찍어 그때까지의 영화와 확실히 다른 촬영 과정을 거치고, '시티 라이트'는 채플린이 직접 영화음악을 작곡해 영화계와 관객을 놀라게 했다. '모던 타임즈'는 기계처럼 되어버린 노동자의 모습을 우스꽝스럽게 묘사해 희극 영화사상 최고의 블랙코미디이자 채플린의 대표작으로 꼽히고 있다. '모던 타임즈'는 채플린에게 최고의 배우이자 감독이라는 찬사를 안겨주었지만 위험인물로 낙인찍히게 한 최초의 영화이기도 했다.

그 무렵 미국은 이미 유성영화 시대로 접어들었는데도 채플린은 "유성영화가 영화 예술의 토대가 되는 팬터마임을 땅속에 파묻어 버린다"는 이유를 들어 계속 비판적이었다. 그러나 그 역시 도도한 시대의 흐름을 거역하지 못해 '모던 타임즈'에서 일부 유성영화 방식을 혼용했다. '위대한 독재자'는 독일의 히틀러를 풍자적으로 묘사한 영화로 전편을 유성영화로 연출했으나 무성영화를 연상시키는 장면이나 형식을 많이 등장시켰다.

'살인광 시대'는 자본주의와 물질 만능주의를 공격하고 전쟁이라는 이름으로 대량 학살이 공인되는 현실을 비판했기 때문에 채플린을 완전히 위험인물로 낙인찍히게 했다. '살인광 시대'는 초기에는 관객이 많이 들어찼으나 재향군인회 등이 극장 앞에서 "외국인을 국외로 추방하라", "채플린을 러시아로 보내라"고 시위를 벌이면서 흥행 성적은 좋지 않았다.

채플린은 2차대전 종전 후 매카시즘이 기승을 부릴 때 미국에서 공산주의자로 몰려 곤욕을 치렀다. 2차대전이 한창이던 1942년 5월 독일과 싸우고 있는 소련을 적극 지원해야 한다는 연설, 미국 비자 신청 거절, '살인광 시대'의 일부 대사 등이 전후 냉전기에 매카시스트들의 표적이 된 것이다. 채플린은 당시 저승사자와도 같던 비미행위조사위원회의 출두 명령을 받았지만 출두하지 않았다.

이런 상황에서도 채플린은 자신의 견해나 원칙을 감추지 않았고 자신을 중상모략하는 언론에는 당당히 맞섰다. 왜 미국 국적을 취득하지 않느냐고 물을 때는 "난 세계시민"이라고 응수하고 공산주의를 좋아하느냐는 질문에는 "내가 누구를 좋아하든 내 개인의 문제"라며 일축했다.

"세상에 영화감독이 단 둘뿐이더라도, 그 중 한명은 찰리 채플린"

1952년 9월 17일, 채플린은 영국에서 먼저 개봉할 예정인 '라임라이트' 상영을 위해 영국행 배에 몸을 실었다. 그런데 이틀 뒤 미국 법무장관이 채플린의 미국 입국 비자를 말소했다는 소식이 배 안으로 전해졌다. 채플린은 새로 이주한 스위스에서 1953년 4월 "나는 반공주의자들의 선동과 모략의 희생자였다"며 미국 거주를 단념하겠다는 입장을 발표했다. '라임라이트'는 영국과 프랑스에서 성공을 거두었으나 미국에서는 여전히 재향군인회 등의 비난에 시달렸다.

채플린은 스위스에 살면서 자신이 출연하고 제작한 '뉴욕의 왕'(1957)과 '홍콩에서 온 백작부인'(1967)을 끝으로 더 이상 영화를 만들지 않았다. 채플린이 다시 미국 땅을 밟은 것은 20년이 지난 1972년 4월 아카데미 특별 공로상을 받을 때였다. 당시 시상식장을 가득 채운 영화인들은 이 위대한 광대에게 12분간 기립 박수를 보냈다. 그러나 미국 정부는 여전히 그를 경계해 단 3일간만 체류하도록 했다. 채플린은 1972년 9월 베니스 영화제에서 황금사자상(특별상)을 수상하고 1975년 3월 영국의 엘리자베스 2세 여왕에게서 기사 작위를 수여받았다.

채플린은 자신의 영화에서 주연을 맡았던 배우들과 세 번의 결혼과 이혼을 반복했다. 밀드레드 해리스(1918~1920), 리타 그레이(1924~1927), 파울레트 고더드(1936~1942)와 혼인했으나 모두 오래가지는 못했다. 파울레트 고더드는 '모던 타임즈', '독재자' 등에 출연한 인연으로 채플린과 결혼했다가 이혼한 뒤 소설 '서부전선 이상 없다'를 쓴 유명 작가 에리히

레마르크와 1958년 결혼했다.

1943년 6월에는 4번째이자 마지막으로 당시 자신(54세)보다 36살이나 어린, 극작가 유진 오닐의 막내딸 우나 오닐(18세)과 결혼했다. 오닐은 이 일로 채플린과 절교하고 딸과는 부녀 관계를 끊었으나 막내딸은 채플린과 35년을 살며 8남매를 낳았다. 채플린은 1977년 12월 25일 스위스 자택에서 잠을 자다가 세상을 떠났다.

영화감독 페데리코 펠리니는 "채플린은 아담. 우리는 모두 그의 후손"이라고 했고, 극작가 버나드 쇼는 "영화계의 유일한 천재"라고 칭송했으며 극작가 베르톨트 브레히트는 "세상에 영화감독이 단 둘뿐이더라도, 그 중 한명은 찰리 채플린"이라고 찬사했다.

닐스 보어, 획기적인 원자모형 제안

핵무기의 개발과 사용을 규제하는 국제위원회를 만들고 핵전쟁 방지 대책을 세워야 한다고 주장했다.

닐스 보어(1885~1962)는 양자역학의 기반을 구축한 20세기의 대표 물리학자 중 한 사람이다. 양자역학의 태동기일 때 덴마크 코펜하겐대에 이론물리연구소를 세워 20세기 최고 과학자들과 치열한 연구와 논쟁을 벌이며 양자역학을 발전시켰다. 이 시기의 연구 결과는 현대물리학의 가장 중요한 기반이 되었으며 연구자들은 자연현상의 결정론을 주장한 아인슈타인과도 오랫동안 논쟁을 벌였다

닐스 보어는 덴마크의 코펜하겐에서 태어나 코펜하겐대에서 물리학을 전공했다. 평소 원자 속의 전자를 발견(1897)한 조지프 톰슨을 동경해 1911년 코펜하겐대에서 박사학위를 받은 후 톰슨이 연구하고 있는 영국 케임브리지대 캐번디시연구소로 갔다. 하지만 자신의 서툰 영어와 이

로 인한 톰슨의 냉대에 실망하고 원자핵을 발견(1911)한 어니스트 러더퍼드가 연구 중인 영국 맨체스터의 빅토리아대로 1912년 3월 발길을 돌렸다.

닐스 보어

당시 세계 물리학계의 화두는 원자모형이었다. 19세기 초 영국의 존 돌턴이 세상의 모든 물질은 더 이상 쪼갤 수 없는 원자로 구성되었다는 근대적 원자설을 처음 제기한 후 오랫동안 원자는 더는 쪼개지지 않는 가장 작은 입자로 생각되었다. 그러나 19세기 말이 되자 원자가 가장 작은 알갱이가 아니라 복잡한 내부 구조를 갖고 있는 복합 입자라는 사실들이 속속 발견되었다.

일련의 발견은 원자가 '+' 전하를 띤 입자와 '–' 전하를 띤 입자로 구성되어 있을 것이라는 추정을 가능하게 했다. 그러나 원자 내부를 직접 관찰할 수 없어 관측된 사실을 설명할 수 있는 원자모형을 제안해 원자구조를 연구할 수밖에 없었다. 이런 이유로 20세기 초부터 원자의 성질을 설명하기 위한 다양한 원자모형이 제기되었다.

톰슨은 1903년 원자는 전기적으로 중성이고 그 속은 마치 수박처럼 '+' 전하가 골고루 퍼져있고 '–' 전하를 띠는 전자들이 수박씨처럼 고루 분포한다고 가정했다. 그래서 '+' 전하 속에 '–' 전하를 띤 전자들이 푸딩에 건포도가 박혀 있듯이 여기저기 박혀 있는 원자모형을 제안했다. 이른바 '건포도 모형'이다. 그러나 이 모형에도 몇 가지 의문이 남는다. 이에 대한 해답을 제시한 이가 러더퍼드다.

러더퍼드는 1909년 자신의 조교인 한스 가이거가 행한 기념비적 실험에 주목했다. 가이거는 러더퍼드가 지켜보는 가운데 방사성 원소인 라듐에서 나오는 무거운 알파 입자(헬륨 원자핵)를 금박에 투과시키는 실험을 했다. 대부분의 알파 입자가 거의 굴절 없이 그대로 금박을 통과한 것과 달리 극히 일부는 같은 방향으로 되튕겨 나오거나 모든 방향으로 산란되는 것이 관측되었다. 러더퍼드는 훗날 그 순간을 "휴지 조각에 총알을 발사했을 때 그 총알이 나에게 다시 돌아오는 것만큼이나 믿을 수 없는 일"이라고 술회했다.

보어의 원자모형은 당시로서는 받아들이기 힘든 대담한 발상

러더퍼드는 이 실험을 토대로 1911년 원자 속에 '+' 전하를 띤 원자핵이 있고 대부분 빈 공간인 그 주위로 아주 작고 가벼운 '–' 전하의 전자가 태양계처럼 궤도운동을 한다며 새 원자모형을 제시했다. 그의 원자핵 발견은 고전역학만으로는 원자의 성질을 설명할 수 없다는 것을 확인시켜 주었다. 이후 러더퍼드는 양자 이론을 적용해 원자의 안정성과 원자가 내는 스펙트럼을 설명하는 새로운 원자 이론을 찾았다.

이로써 원자물리학은 새 장을 열긴 했으나 러더퍼드의 원자모형 역시 안정 상태의 원자를 설명할 수 없는 근본적인 모순이 있었다. 즉 '–' 전하를 띤 전자가 끊임없이 원자핵 주위를 돌며 원운동을 할 경우 맥스웰 방정식에 따르면 전자는 결국 에너지를 잃어 '+' 전하를 가진 원자핵으로 떨어져 원자의 안정 상태가 깨져야 하는데도 원자가 계속 안정 상태를 유지하고 있다는 모순이었다. 보어가 러더퍼드 곁에서 스승의 이런 연구 과정을 지켜볼 수 있었던 것은 행운이었다.

원자핵 주위를 돌고 있는 전자가 전자기파를 방출한 후에도 원자핵으로 빨려 들어가지 않는 이유를 설명하는 보어의 첫 번째 논문 '원자와 분자의 구조에 대해'가 실린 것은 '필로소피컬 매거진' 1913년 7월호였다.

태양을 둘러싼 행성 궤도를 그려놓은 것 같은 보어의 원자모형을 정리하면 다음과 같다. 첫째, 원자핵 주위에는 여러 궤도가 있고 전자는 그 중한 궤도에서 돈다. 둘째, 전자들이 도는 궤도는 각각 다른 에너지를 갖는다. 셋째, 전자가 다른 궤도로 이동하면 에너지를 흡수하거나 방출하는데 이 값은 띄엄띄엄 불연속적인 물리량을 뜻하는 양자(量子)로 나타난다.

보어의 원자모형은 당시로서는 받아들이기 힘든 대담한 발상이었지만 실험을 통해 사실임이 증명되었다. 이로써 보어의 원자모형은 양자론을 활짝 꽃피우는 기폭제 역할을 하고 고전역학이 현대 양자역학으로 넘어가는 중간 역할을 했다. 많은 학자가 새로운 독창성과 놀라운 발상에 찬사를 보냈으나 점차 엉성한 점이 발견되면서 아르놀트 조머펠트, 막스 보른 등 대륙 과학자들의 불신을 샀다.

실제로 보어의 원자모형에는 한계가 있었다. 전자의 개수가 1개인 수소 원자의 에너지는 보어의 원자모형으로 완벽히 설명할 수 있었지만 전자 개수가 2개 이상일 때는 잘 설명할 수 없었다. 이러한 초기 반발에도 불구하고 보어의 원자모형이 널리 수용된 데는 조머펠트의 연구 결과가 도움이 되었다.

보어는 조머펠트의 연구를 참고하고 자신이 1913년에 발표한 논문을 확장해 보어-조머펠트 모형을 제안했다. 이 모형은 과학자들로부터 신뢰를 받았으나 1923년 또다시 심각한 위기에 봉착했다. 이를 극복한 것이 1925년 베르너 하이젠베르크의 행렬역학과 1926년 에르빈 슈뢰딩거의 파동역학이다.

보어는 1916년 코펜하겐대 물리학 교수로 부임하고 칼스버그 맥주회사가 상당한 비용을 부담해 1921년 코펜하겐대에 설립한 이론물리학연구소 소장이 되었다. 보어는 과학자들의 협력이 중요하다고 생각해 전 세계의 젊은 학자들을 적극적으로 초청했다. 그들은 수개월 또는 수년 동안 연구소에 머물면서 거의 아무런 제약 없이 연구에만 열중했다. 볼프강 파울리, 폴 디랙, 에드워드 텔러 등이 연구소를 거쳐갔고 하이젠베르크는

1924년 합류 후 현대 양자역학의 토대가 된 행렬역학(1925)과 '불확정성 원리'(1927)를 발견하는 개가를 올렸다.

이론물리학연구소는 이렇게 원자물리학과 양자물리학 연구의 세계적 메가로 우뚝 서고 자연스럽게 '코펜하겐학파'를 형성했다. 1933년 1월 천체관측소, 외르스테드실험실, 지구물리학연구소와 합병했다가 보어 탄생 80주년이 되던 1965년 10월 7일 공식적으로 닐스보어연구소로 개칭해 오늘에 이르고 있다.

양자역학의 기반을 구축한 20세기의 대표 과학자

보어는 1922년 노벨 물리학상을 받고 1927년 9월 국제물리학회 회의에서 '상보성(相補性) 원리'를 발표해 세계적인 물리학자로 우뚝 섰다. 상보성 원리는, 우리가 일상생활에서 경험하는 두 종류의 상반되는 명제가 동시에 성립할 수 있다고 보는 것이다. 예를 들어 거시 세계에서는 상반되어 보이고 고전물리 개념으로는 상호 배타적이어서 하나의 현상에 적용할 수 없는 빛의 입자와 파동도, 미시 세계에서는 상호 보완적인 개념으로 받아들여야 원자 세계의 진실을 파악할 수 있다는 주장이다. 빛의 경우 관측자가 어떻게 보느냐에 따라 입자로도 파동으로도 보일 수 있는 동전의 양면과 같다는 것이다.

양자물리학은 1927년 10월 24일 벨기에 브뤼셀에서 열린 제5차 솔베이 회의에서 보어가 이른바 '코펜하겐 해석'을 발표한 후 기존의 고전물리학 이론들을 물리치고 새로운 물리학으로 자리를 잡았다.

보어의 신상에 큰 변화가 생긴 것은 히틀러가 등장한 후였다. 1933년 나치가 집권한 후 유대인 물리학자들의 대탈출이 시작되자 보어는 덴마크를 거점으로 과학자 구출 작전에 나섰고 이론물리연구소는 대륙 과학자들의 도피처 역할을 했다. 그러나 1940년 덴마크마저 독일의 침략을 받으면서 보어의 활동도 불가능해졌다. 더구나 나치는 보어의 모친이 유대인이라는 이유로 그를 체포하려고 했다.

보어는 결국 1943년 9월 아내와 가족, 친지 몇 명과 함께 스웨덴으로 탈출했다. 며칠 뒤 보어는 영국 정부가 스웨덴으로 보낸 비무장 모스키토 폭격기를 타고 영국으로 갔다가 12월 다시 미국으로 건너가 물리학자인 아들 오게 보어와 함께 원자폭탄을 개발하는 맨해튼 프로젝트에 참여했다. 다만 실질적 개발보다는 원자폭탄 이후의 위험을 더 생각했다. 그래서 1944년 7월 3일 루스벨트 대통령을 만나 핵무기의 개발과 사용을 규제하는 국제위원회를 만들고 핵전쟁 방지 대책을 세워야 한다고 주장했다. 윈스턴 처칠도 만나 힘 있는 집단들이 핵무기를 개발할 위험성을 전했다.

2차대전이 끝난 뒤에는 고국으로 돌아가 무너진 유럽의 물리학을 재건하고 1952년 유럽입자물리학연구소를 세우는 데 마지막 열정을 쏟았다. 그가 1962년 사망한 뒤에는 비서처럼 데리고 다녔던 아들 보어가 아버지가 이끌던 연구소를 계승하고 원자핵의 구조 연구에 공헌해 1975년 아버지에 이어 노벨 물리학상을 수상했다.

이고리 스트라빈스키 작곡 '봄의 제전' 초연

누구도 스트라빈스키의 독창성만큼은 의심하지 않았다.

1913년 5월 29일, 이고리 스트라빈스키(1882~1971)가 작곡하고 '발레 뤼스' 발레단이 안무와 춤을 담당한 '봄의 제전'이 프랑스 파리의 상젤리제 극장에서 초연되었다. 관객은 무용수들이 감미로운 음악에 토슈즈를 신고 튀튀(발레 치마) 자락을 허공으로 날리면서 인간의 한계를 넘는 고난도 기술을 펼치기를 기대하며 무대를 응시했다. 그런데 관객의

이고리 스트라빈스키

기대와는 달리 으스스한 불협화음과 폭발적인 리듬의 음악이 극장 안에 울려 퍼지더니 러시아의 전원 풍경이 나타나고 원시 부족의 헐렁한 옷차림을 한 40여 명의 남녀 무용수들이 음악에 맞춰 춤을 추는 게 아닌가.

결국 2분 정도 지났을 무렵 갑자기 객석에서 비난과 욕설, 야유가 터져 나왔다. 무용수들이 음악에 맞춰 춤을 춘다기보다 발작적으로 몸을 떨거나 발을 구르는 것처럼 보였기 때문이다. 게다가 관객의 야유를 비난하는 또 다른 관객의 고성까지 겹치면서 극장은 아수라장이 되었다.

결국 반대파와 지지파가 한데 엉켜 내지르는 고성으로 가뜩이나 원시적이고 불규칙적인 리듬에다 끊임없이 긴장과 신경질을 강요하는 오케스트라 연주마저 들리지 않았다. 혼란스럽기는 무대 뒤도 마찬가지였다. 안무를 담당한 바츨라프 니진스키는 관객의 태도에 화가 나 무대 위로 뛰쳐 올라가려고 하고 스트라빈스키는 그런 니진스키를 필사적으로 붙잡았다. 더구나 '발레 뤼스' 단장 세르게이 댜길레프가 소동을 진정시킨다고 객석의 조명을 켰다 껐다를 반복하면서 관객의 심리를 자극해 소란을 더욱 증폭시켰다.

다행히 피에르 몽퇴의 지휘에 맞춰 오케스트라 연주가 계속되고, 무용수들이 무대 주변에서 니진스키가 내지르는 고함과 몸짓에 따라 춤을 춰 공연은 겨우 마칠 수 있었다. 음악적 구질서를 뒤집고 현대음악의 문을 연 35분짜리 '봄의 제전'은 이렇게 소란과 혼돈으로 막을 내렸다.

사실 관객은 막이 오르고 2분 만에 객석에서 일어난 엄청난 소음으로 음악에 제대로 귀를 기울일 수 있는 상황이 아니었기 때문에 그날의 소동은 스트라빈스키의 혁신적인 음악에 대한 반감이 원인이라기보다는 기존의 통념을 송두리째 뒤엎은 니진스키의 파격적인 안무, 그러한 결과를 뻔히 예상하고도 공연을 강행한 댜길레프의 흥행 전략이 빚어낸 해프닝이었다.

니진스키의 파격적인 안무와 댜길레프의 흥행 전략이 빚어낸 해프닝

공연이 끝난 뒤 평론가들은 '봄의 제전'이 아니라 '봄의 학살'이라고 비아냥댔다. 스트라빈스키의 음악을 두고는 "우리 시대의 음악 가운데 가장 우스꽝스러운 사기"라는 신랄한 비판이 쏟아졌다. 그 시대의 좋은 음악이란 바흐의 바로크음악이나 하이든과 모차르트의 고전음악, 또는 그전에 스트라빈스키에게 명성을 가져다 준 '불새'와 '페트루슈카' 같은 낭만파음악을 뜻했기 때문이다.

실제로 '봄의 제전'에는 듣고 기억할 만한 멜로디는 없고 사람들을 어리둥절하게 하거나 위압적인 리듬만이 있었다. 그런데도 댜길레프는 "내가 원하던 바야"라며 회심의 미소를 지었다. 소란하면 소란할수록 관객의 관심이 커질 것이라는 사실을 잘 알고 있었기 때문인데 요즘 말로 하면 '노이즈 마케팅'이었던 셈이다. 결국 스트라빈스키의 음악은 니진스키의 치기 어린 야망과 댜길레프의 속물적인 이익에 이용당한 꼴이 되어 버렸다. 그렇다고 모든 게 부정적이지만 않았다. 스트라빈스키 역시 이날의 소동 덕에 혁신적인 음악가의 이미지를 굳히게 되었기 때문이다.

스트라빈스키는 '봄의 제전'을 춤이 없는 연주회 버전으로 수정했고 이 곡은 1914년 4월 몽퇴의 지휘로 다시 한 번 연주되어 관객으로부터 열띤 호응을 얻었다. 일정한 속도의 전통적인 리듬 체계를 버리고 속도가 수시로 변화하는 독자적인 리듬 체계를 창안하고자 했던 스트라빈스키의 의도를 그제야 관객들이 이해한 것이다. 스트라빈스키는 이후에도 '봄의 제전'을 세 차례 개작해 1920년, 1926년, 1943년 연주회를 열었다. 이후 '봄의 제전'은 20세기의 가장 혁신적인 작품이라는 평가를 받으며 현대음악의 이정표이자 고전으로 자리를 잡았고 스트라빈스키는 아방가르드 음악의 선구자로 추앙받았다.

스트라빈스키는 러시아 상트페테르부르크 부근의 휴양도시 오라니엔바움(지금의 로모노소프)에서 폴란드계 후손으로 태어났다. 아버지는 당대의 유명 성악가였으나 아들이 음악을 하는 것을 원치 않았다. 이 때문에 상트페테르부르크대 법학과에 입학했다가 대학에 재학 중이던 1902년 아버지가 세상을 떠나자 그때서야 아버지의 절친한 친구이자 당시 러시아 음악계를 대표하는 작곡가 니콜라이 림스키코르사코프에게서 작곡을 배웠다. 스트라빈스키는 자신이 열렬히 지지하는 차이콥스키의 음악을 추구했으나 스승은 "차이콥스키는 서구 음악으로 민족정신을 흐리는 매국노"라며 차이콥스키를 싫어했다. 이 때문에 스트라빈스키는 자신이 열망하는 음악을 숨기고 스승의 음악적 색채를 따라야 했다.

'봄의 제전' 초연 후 아방가르드 음악의 선구자로 추앙받아

그러던 중 1908년 관현악곡 '꽃불', '환상적 스케르초'를 작곡·초연했는데 객석에 당대 최고 흥행사 댜길레프가 있었다. 당시 댜길레프는 발레단 창단을 꿈꾸며 바츨라프 니진스키, 미하일 포킨, 안나 파블로바 등 뛰어난 무용수와 안무가들을 끌어모았지만 함께 일할 작곡가가 마땅치 않아 상트페테르부르크대 법대 후배인 스트라빈스키의 연주회장을 찾아간 것이다. 귀가 번쩍 뜨인 댜길레프는 1909년 러시아인 무용수들로 구성된 '발레 뤼스'를 창단하면서 스트라빈스키에게 쇼팽의 피아노곡을 발레 음악에 맞게 편곡해 줄 것을 요청했다.

스트라빈스키는 시각적인 발레가 청각적인 음악과 함께 무대 위에서 어떻게 융합되어야 하는지를 잘 알고 있었다. 그가 보기에 춤과 음악은 종속 관계가 아니라 협력 관계였다. 그래서 완성된 '레실피드' 곡에 포킨이 안무하고 니진스키와 파블로바가 주역 무용수로 춤을 춘 작품은 1909년 5월 17일 파리의 샤틀레 극장에서 초연되었다.

발레 뤼스의 창단 첫 공연 후 댜길레프는 포킨이 시나리오를 완성하고 안무한 '불새'를 차기작으로 기획해 스트라빈스키에게 또다시 작곡을 의뢰했다. 1910년 6월 25일 파리 오페라하우스에서 초연된 '불새'에 관객의 열광적인 반응이 쏟아지면서 불과 몇 달 전까지만 해도 무명 작곡가이던 스트라빈스키는 일약 예술의 중심 파리에서 스포트라이트를 받는 최고 신예 작곡가로 떠올랐다. 스트라빈스키는 1911년 6월 13일 발레 뤼스의 포킨이 안무하고 파리의 샤틀레 극장에 올려져 또다시 열광적인 반응을 얻은 총 1막 4장의 '페트루슈카'도 작곡했다.

1914년 1차대전이 발발하자 스트라빈스키는 병든 아내와 유모, 아이들을 데리고 스위스에 정착했다. 전쟁으로 인해 '봄의 제전'과 같은 관현악곡을 더 이상 작곡할 수 없게 되자 몇 대의 악기로 연주할 수 있는 소규모 실내음악을 작곡했다. 이에 따라 음악 스타일이 좀더 고전적이고 간결하게 변모했다. 이른바 스트라빈스키의 신고전주의 시대가 도래한 것인데, 신고전주의는 이미 고전이 된 것을 작품의 소재로 패러디하는 것을 말한다. 과격한 미래주의, 혼란한 다다이즘, 독단적인 표현주의에 대한 반발로 객관적이고 감상하기 편한 예술로 돌아가자는 음악적 사조다.

스트라빈스키는 1918년 1차대전이 끝났는데도 1917년 발생한 러시아 혁명 때문에 고국으로 돌아가지 못하자 스위스 생활을 청산하고 경제적으로 안정된 생활을 위해 프랑스에 정착했다. 경제적으로 어려움을 겪은 스트라빈스키에게 가브리엘 샤넬은 자신의 집을 제공했고, 이는 영화 '샤넬과 스트라빈스키'의 모티프가 되어 두 사람의 연인 관계에 대한 진위 논란을 일으키기도 했다.

시각적인 발레와 청각적인 음악이 무대에서 어떻게 융합되는 지 알아

1920년 5월 15일 파리 오페라극장에서 초연된 '풀치넬라'는 러시아 민족주의와 완전히 결별한 신고전주의의 대표곡이다. 하지만 당시 평론가들은 그 음악을 이해하지 못해 표절사로 몰아세우며 위대한 러시아의 유산을 포기했다고 비난했다. 스트라빈스키는 이후에도 차이콥스키의 작품을 소재로 한 '요정의 입맞춤'을 비롯해 '뮤즈를 거느린 아폴로'와 같은 발레곡, 베르디풍의 웅장하고 드라마틱한 비극을 담고 있는 '오이디푸스왕' 등 오페라곡, 피아노 협주를 위한 곡, '시편 교향곡' 등을 작곡했다. 그러던 중 1920년대 중반 들어 댜길레프와 금전과 작품 노선 문제로 불화를 겪기 시작해 1929년 댜길레프가 사망할 때까지 화해하지 않았다.

스트라빈스키는 1939년 2차대전이 발발했을 때는 프랑스에서 미국으로 건너가 재즈 등 다양한 스타일의 작품을 발표했다. 1951년 자신과 함께 현대음악의 물과 기름이었던 아르놀트 쇤베르크의 죽음을 접한 뒤에는 쇤베르크의 '12음 기법'을 받아들이는 등 새로운 음악 스타일로 전환해 사람들을 놀라게 했다. 그동안 쇤베르크는 스트라빈스키를 격렬하게 비난하고 그의 작품을 싸구려 유행곡으로 매도했다. 스트라빈스키 역시 쇤베르크의 음악을 일관되게 무시하고 외면했다. 두 사람은 전쟁을 피해 미국으로 도피해 같은 지역에서 거주했지만 전혀 왕래가 없었다.

하지만 막상 쇤베르크가 눈을 감자 1953년 쇤베르크 추모 음악회 준비위원으로 활동하고 쇤베르크의 12음 기법을 적극적으로 계승·발전시켰다. 12음 기법은 종래의 7음 체계에서 벗어나 한 옥타브 안의 12개 반음에 모두 똑같은 중요성을 두고 이를 재배열해 음열을 만든 뒤 이를 토대로 음악을 전개해 나가는 것이다. 이후 12음 기법, 원시주의 발레음악, 신고전주의와 재즈 등 다양한 스펙트럼을 보여주자 카멜레온 같은 변신과 상업적 성향을 비난하는 목소리가 흘러나왔다. 그러면서도 스트라빈스키의 독창성만큼은 누구도 의심하지 않았다.

스트라빈스키는 예술적 이력과 명성만큼 까다로운 인물이었다. 자존심이 강하고 주변의 평가에 연연하지 않았으며 자신만의 독자적인 노선을 걸어갔다. 비사교적인 성격 탓에 골방에 틀어박혀 예술 세계에 골몰하면서도 당대 최고 인사들과는 돈독한 친분을 이어가며 입지를 다졌다. 존 F. 케네디 미국 대통령은 백악관에서 스트라빈스키의 80회 생일 파티를 열어줄 정도로 가까운 사이였다. 케네디가 암살당했을 때 스트라빈스키는 합창곡 '케네디의 추억을 위해'를 작곡해 케네디의 영전에 바치기도 했다. 1971년 4월 6일 뉴욕에서 눈을 감은 그의 유해는 그에게 음악 날개를 달아준 댜길레프가 안치된 이탈리아 베네치아 산 미켈레 섬의 묘지에 묻혔다.

존 록펠러 '록펠러 재단' 설립

'더러운 자본가'라는 오명을 떨치기 위해 노년에 집중적이고 치밀한 자선사업으로 바쁜 나날을 보냈다.

1865년 남북전쟁이 끝나면서 미국에 산업화 바람이 불었다. 공업 위주의 북부가 승리한 데다 상품을 소화할 수 있는 시장이 넓어졌기 때문이다. 유럽에서 몰려온 이민자들은 풍부하고 값싼 노동력의 원천이 되어주었고 정부의 친기업 정책은 기업가들을 고무했다. 기업가들은 법적·정치적인 장애물을 제거하는 데 음모와 매수, 부정한 방법을 서슴지 않았다. 경쟁에서 살아남은 기업들이 점차 소수의 대기업으로 통합·재편되면서 미국의 산업화는 경쟁의 시대를 넘어 독점의 시대로 치달았다. '독점적 기업결합' 즉 '트러스트'는 이를 촉진·강화했다.

트러스트의 최대 수혜자는 '석유왕' 존 데이비슨 록펠러(1839~1937)였다. 그는 뉴욕 북부 리치퍼드의 평범한 집안에서 태어났다. 아버지는 사

존 록펠러

기꾼이자 탕아였으나 아들에게는 경제관념을 확실하게 심어주었다. 아들에게 공짜로 돈을 주지 않은 것은 물론 "아무도 믿지 말라"고 가르쳤다. 교회는 "정당한 방법으로 최대한 많이 벌어서 베풀 수 있는 만큼 베푸는 것이 신앙인의 의무"라는 개념을 심어주었다. 이런 환경 속에서 자란 덕에 어려서부터 일기 대신 회계장부를 쓸 정도로 셈과 관리에 능했다.

록펠러는 1855년 9월 26일을 잊지 못한다. 고교 졸업 후 한동안 일자리를 잡지 못하다가 곡물위탁판매회사의 경리 사원으로 입사해 사회에 첫발을 내디딘 날이기 때문이다. 그는 몸에 밴 근검절약과 근면성실로 돈을 모았다. 그리고 20살이던 1859년 3월 오하이오주 클리블랜드의 허름한 창고에서 회사를 설립했다. 육류·곡식·어류·대리석 등 거의 모든 물품을 취급했다. 남북전쟁은 사업에 날개를 달아주었고, 그렇게 마련한 종잣돈은 당시 막 성장하고 있던 석유산업에 투자되었다.

그는 24살이던 1863년 클리블랜드 정유공장을 공동 설립했다. 이 회사는 수년 후 미국 시장의 4%를 차지하는 대규모 정유회사로 성장했다. 1870년 1월 1일에는 오하이오주에 '스탠더드 오일'을 설립했다. 회사 이름을 '스탠더드(표준)'라고 한 것은 등유에 불순물이 섞여 폭발할지 모른다는 사람들의 우려를 불식하기 위해서였다. 문제는 공급 과잉으로 석유 가격이 폭락하고 정유회사들의 영업 실적이 악화된다는 것이었다.

그런데도 록펠러는 1871년 12월부터 1872년 3월까지 수십 개 경쟁사들을 흡수·합병했다. 또한 거대 화주가 되면 철도회사를 압박해 철도운임을 절감할 수 있다는 생각에 대규모 정유기업집단을 구성했다. 수년 후에는 송유관과 철도 화차까지 매입함으로써 1882년 미국 정유의 정제 및 판매시장의 90%를 독점하는 '스탠더드 오일 트러스트'로 키웠다.

생산·수송·정제·판매 단계의 모든 작업을 관리 통제하기 위한 독점적 기업결합 즉 '트러스트'라는 명칭은 이 스탠더드 오일에서 처음 조직한 경영관리자 그룹(트러스티)에서 비롯된 것이다. 트러스티에 속한 임원들은 41개 자회사의 정책을 결정했다. 트러스트가 마치 유령처럼 스탠더드 오일 본사와 자회사 전반을 통제하자 다른 회사들도 트러스트를 도입했다. 철도에서 담배, 위스키 제조업체에 이르기까지 다양한 분야에서 트러스트가 만들어졌다. 스탠더드 오일은 석유산업의 동맥인 철도 수송망을 장악한 뒤 경쟁 기업에는 차별적인 운송 요금을 적용해 시장에서 배제하거나 합병과 제휴 등의 방법으로 미국 내 석유산업을 잠식해 들어갔다.

역사상 이처럼 절대적인 독점기업은 없어

록펠러는 피도 눈물도 없는 악덕 재벌 기업의 전형이었다. 리베이트와 뇌물, 정경유착, 무자비한 기업 인수, 문어발식 회사 확장 등 온갖 편법을 동원해 미국에서 생산되는 석유의 95%를 손에 쥐었다. 역사상 이처럼 절대적인 독점기업은 없었다. 돈을 쓸어 담는 데는 절제를 몰랐던 록펠러였지만 개인 생활은 절제로 일관했다. 평생 술과 담배를 하지 않았으며 아내 외에는 여자에도 관심이 없었다. 십일조도 평생 지켰다.

하지만 기업인으로는 악덕 재벌이었기 때문에 그의 더러운 수단에 여론의 공격이 빗발쳤다. 1890년 미 연방의회가 '셔먼 반 트러스트법'을 제정한 것도 이런 여론의 반영이었다. '경쟁의 마그나카르타(대헌장)'라고도 불린 '셔먼 반 트러스트법' 명칭은 입법을 주도한 오하이오주 상원의원 존 셔먼의 이름에서 땄다. 록펠러는 1892년 오하이오주 최고법원이 '스탠더드 오일 트러스트'가 오하이오주의 독점금지법을 위반했다고 판결함으로써 최대 위기를 맞았다. 그러나 록펠러는 트러스트를 해체해 지주회사를 법적으로 인정하고 있는 다른 주로 회사를 옮겨 위기를 모면하고 석유업계의 지배를 계속 이어나갔다.

록펠러는 독점기업을 경영하면서도 자선과 교육·문화 기부에 몰두했다. 그의 자선사업을 총괄한 사람은 1891년 재정난에 빠진 시카고대 후원회에서 만난 프레더릭 게이츠 목사였다. 게이츠는 "돈이 불어나는 속도보다 더 빨리 재산을 처분하지 않으면 손자의 손자까지 재산에 치여 죽을지도 모른다"며 록펠러에게 자선사업의 필요성을 깨우쳐주었다. 록펠러의 재정 지원 덕에 시카고대는 1892년 수업을 재개했다.

록펠러가 본격적으로 자선에 눈을 뜬 것은 55세이던 1894년의 어느 날이었다. 의사로부터 1년을 넘기지 못할 수도 있다는 얘기를 듣고 최종 검진을 위해 병원 안으로 들어섰을 때 건강했을 때는 보이지 않던 한 액자 글귀가 눈에 들어왔다. '주는 자가 받는 자보다 복이 있다.' 그날 이후 록펠러의 삶은 모든 것이 바뀌었다.

록펠러는 '더러운 자본가'라는 평생의 오명을 떨치기 위해 노년에 집중적이고 치밀한 자선사업으로 바쁜 나날을 보냈다. 첫 번째 자선사업은 의료 분야였다. 프랑스 파리의 파스퇴르연구소와 독일 베를린의 코흐연구소가 모델이었다. 그 일환으로 1901년 미국 최초의 의학연구소인 록펠러의학연구소(1965년 록펠러대로 개칭)를 설립했다. 연구소는 설립된 지 몇 년도 안 되어 엄청난 성과를 보였고 오늘날까지 배출한 노벨상 수상자만 20명에 달했다. 그가 다음 눈을 돌린 곳은 교육 분야였다. 수천 개의 고등학교와 농업학교, 의과대를 지원했다.

하지만 오래전부터 그의 악행을 지켜본 사람들은 그의 변신을 믿지 않았다. 그가 아무리 거액을 자선사업에 투자해도 이미 악화될 대로 악화된 그의 이미지로 인해 사람들은 록펠러의 자선사업을 불순한 의도로 바라보았다. '검의 돈'의 오명은 좀처럼 그를 떠나지 않았다. 1905년 해외 선교에 10만 달러를 기부했을 때 록펠러의 돈임을 알게 된 한 목사가 "더러운 돈"이라고 설교를 한 후 '더러운 돈'은 그 사회의 유행어가 되었다.

"인생 전반기는 쫓기며 살았지만 후반기는 행복하게 살았다."

록펠러의 과거 악행이 공개적이고 노골적으로 드러난 것은 아이다 타벨이라는 한 기자에 의해서였다. 타벨은 스탠더드 오일의 갖가지 만행을 심층 취재해 1902~1905년 시사잡지 '매클루어'에 '스탠더드 오일의 역사'라는 제목으로 19회 연재했다. 그는 록펠러의 천재성과 도전 정신은 인정하면서도 스탠더드 오일의 스파이 활동, 가격 전쟁, 법원 회피 등의 자료를 근거로 록펠러가 강요와 사기를 일삼았다고 결론지었다. 탐사보도의 효시로 불리는 이 보도로 미국 사회는 록펠러의 진면목을 제대로 알게 되었다.

1901년 취임한 시어도어 루스벨트 대통령은 '트러스트 파괴자'를 자처하며 독점기업과의 전쟁을 시작했다. 루스벨트 정부는 사실상 유명무실해진 셔먼 반 트러스트법을 꺼내 여전히 독점기업의 표본으로 인식되고 있는 스탠더드 오일을 1906년 리베이트, 산업스파이, 거래 위반 혐의 등으로 제소했다. 당시 루스벨트는 "그가 얼마나 선행을 하든지 간에 재산을 쌓기 위해 저지른 악행을 갚을 수는 없다"며 공개적으로 쏘아붙였다.

미 연방대법원은 1911년 5월 15일 스탠더드 오일이 셔먼 반 트러스트법을 위반했다며 이 회사에 분할 명령을 선고했다. 판결에 따라 스탠더드는 저지 스탠더드 오일(엑손), 뉴욕 스탠더드 오일(모빌), 인디애나 스탠더드 오일(아모코), 캘리포니아 스탠더드 오일(셰브론) 등 34개 기업으로 쪼개졌다. 그런데도 록펠러는 기업 분할로 타격을 입기는커녕 작게 분할된 회사들의 주식 값이 또다시 치솟아 주체하지 못할 정도로 거금을 손에 쥐었다. 1897년 2억 달러였던 재산은 기업이 분할된 1913년 무려 10억 달러로 늘어났다. 미국의 1년 예산규모가 약 7억 달러 정도일 때였다.

록펠러는 이와 별개로 자선과 기부를 체계적으로 운영하기 위해 '록펠러 재단' 설립을 준비했다. 1909년 재단 설립을 위해 5,000만 달러 상당의 주식을 위탁하는 서류에 서명하고 1910년 설립 인가 서류를 뉴욕주에 제출했다. 그러나 그의 행동을 여전히 미심쩍어 하는 공무원들이 "유다의 키스"라며 재단 신청 의도를 불신하고 미 의회도 재단 설립을 허가하지 않았다. 결국 재단 설립은 3년간 표류하다 뉴욕주의 승인으로 1913년 5월 14일 '록펠러 재단'으로 결실을 보았다. 록펠러가 일생을 통해 의료, 교육, 문화사업 등에 희사한 돈은 총 5억 달러를 넘었다.

미 경제 전문지 포브스는 2008년 록펠러를 역대 최고 부자로 선정했다. 2008년 기준으로 환산하면 마이크로소프트의 빌 게이츠 재산이 1,010억 달러, 록펠러는 3,183억 달러였다. 록펠러는 1937년 5월 23일 98세로 숨을 거두기 직전 이런 말을 남겼다. "인생 전반기 55년은 쫓기며 살았지만 후반기 43년은 행복하게 살았다."

카를 구스타프 융, 프로이트와 결별

자서전은 '나의 생애는 무의식의 자기실현의 역사다'라는 이 유명한 말로 시작된다.

카를 구스타프 융(1875~1961)의 학문적 성취는 지그문트 프로이트(1856~1939)를 상징하는 '무의식'을 출발점으로 삼았다는 점에서 프로이트로부터 자유롭지 못하다. 프로이트의 학문적인 제자와 동지를 거쳐 결별 후 독자적인 학문 체계를 수립했어도 프로이트의 정신적 아들이라는 숙명적인 지위에서는 벗어나지 못했다. 그만큼 융에게 드리운 프로이트의 그림자는 넓고 짙었다. 그럼에도 융은 엄연히 '분석심리학'이라는 새 영역의 개척자였고 지금도 그의 학문이 후학들에게 계승·발전되고 있는 정신분석학계의 독보적인 존재다.

카를 구스타프 융

카를 융은 스위스 케스빌의 시골 마을에서 개혁파 목사의 아들로 태어났다. 어려서부터 성격이 예민하고 내향적이어서 심령 현상에 관심이 많았다. '내향성'과 '외향성'도 훗날 융이 처음 사용한 용어다. 융은 10살 무렵부터 자신의 내면에 또 다른 내가 있지 않나 하는 분열을 심각하게 경험했다. 그는 나중에 이것을 '무의식' 혹은 '제2인격'이라고 명명했다.

융은 대학에 진학할 무렵 전공 선택을 두고 고민에 빠졌다. 인문학과 자연과학 사이에서 갈등하고 있을 때 고대의 동물 화석에 대한 꿈을 꾼 뒤 자연과학을 선택했다. 융은 이후에도 인생의 중요한 시점에서 항상 자신의 꿈을 존중해 결정을 내리곤 했다. 1900년 바젤대 의학부를 졸업할 무렵에는 전공을 고민하다가 정신의학자 리하르트 폰 크라프트에빙이 쓴 교과서를 읽고 정신의학과를 자원했다. 크라프트에빙이 정신병을 '인격의 병'이라고 한 설명이 융의 뇌리에 꽂힌 것이다.

융은 취리히대 부설 부르크휠츨리 정신병원에서, 정신분열증이라는 용어를 처음 고안한 정신의학자 오이겐 블로일러의 지도를 받으며 치료에 전념했다. 융의 뜨거운 탐구심은 "정신질환자의 내면에서는 대체 무슨 일이 일어나는 걸까"라는 의문으로 이어졌다. 이것은 정신질환자에게는 정상적인 마음은 없고 아무 의미도 찾아낼 수 없다는 기존의 정신의학 통설에 대한 중대한 도전이었다.

융은 언뜻 무의미해 보이는 정신질환자의 언동에서 정상인과 똑같은 마음과 의미를 발견할 수 있을지 모른다고 추론했다. 그리고 정신질환자의 환각이나 발상이 단편적이지만 일정한 의미를 지닌다는 사실을 점차 이해하게 되었다. 융이 보기에 정신질환자의 마음속에는 과거에 그들이 지녔던 인격·희망·욕망 등이 여전히 자리를 잡고 있었다.

융은 정신질환자를 치료하는 과정에서 기존의 '자유 연상' 기법 대신 '단어 연상' 기법을 개발해 주목을 받았다. 단어 연상 검사를 통해 인간의 무의식 안으로 들어갈 수 있으며 인간의 마음에는 '콤플렉스'라고 부르는 일종의 심상(心像)군이 존재한다는 사실을 알게 되었다. 이 발견은 무의식에 대한 프로이트의 발견과 일치했다.

융은 1902년 취리히대에서 의학박사 학위를 취득하고 1905년 취리히대 의과대 교수가 되었다. 그 무렵 프로이트의 '꿈의 해석'(1900)을 읽고 나서는 정신병과 무의식 사이에 중대한 관련이 있다는 프로이트의 주장과 자신의 고찰이 상당 부분 일치한다는 것을 깨닫고 프로이트의 입장을 지지했다. 다만 이미 단어 연상 실험을 통해 무의식의 존재와 억압 기제를 경험했기 때문에 프로이트가 밝혀낸 억압 내용과 현상에는 동의하지 않았다. 당시 프로이트는 억압된 것을 성적이라고 본 반면 융은 성적인 것은 부차적이고 다른 요인들이 중요하게 관여한다고 보았다.

'분석심리학'이라는 새 영역의 개척자

프로이트는 1902년 매주 수요일 저녁에 정신분석 사례를 토론하거나 문학작품을 정신분석학적으로 해석하는 모임인 '수요회'를 결성, 자신의 학문적 이론이 유럽으로 퍼져 나가기를 원했다. 하지만 오스트리아 빈을 중심으로 하는 프로이트의 모임은 유럽 전역을 아우르지 못했다. 멤버 대부분이 프로이트와 같은 유대인인 데다 억압된 욕망, 아동의 성욕, 거세된 공포라는 낯설고 혐오스러운 개념으로 인해 주류 학계로부터 외면당하고 불신을 사고 있었기 때문이다.

융은 이처럼 프로이트가 궁지에 놓여 있을 때인 1906년, 학자로서 자신의 경력을 위태롭게 만들 소지도 다분했지만 공공연히 프로이트를 옹호함으로써 프로이트에게 든든한 원군이 되어 주었다. 특히 프로이트는 유대인으로 여러 가지 차별과 편견을 감내해야 했기에 비유대인이자 대학에 몸담고 있는 융의 지지는 큰 힘이 되어 주었다.

융은 1906년부터 프로이트와 서신을 교환하다가 1907년 2월 빈으로 프로이트를 찾아가 처음 만났다. 두 사람은 13시간이나 쉬지 않고 대화를 나눴다. 이후 융은 프로이트의 충실한 제자임을 자처했고 프로이트는 융을 자신의 후계자로 지목했다. 하지만 두 사람 사이에는 서서히 학문적인 균열이 시작되고 있었다.

두 사람이 비로소 서로의 차이를 확인한 것은 1909년 미국 클라크대의 초청을 받아 함께 떠난 7주간의 미국 방문이었다. 나중에 융은 프로이트에 대한 절대적 신뢰와 존경에 의문을 갖게 된 것은 미국 방문 때였다고 회고했다. 그럼에도 융은 여전히 프로이트를 "인간 영웅이자 더 높은 신"으로 여겼으며, 의견의 불일치는 자신이 프로이트의 이론을 잘 이해하지 못했기 때문이라고 생각했다. 그렇더라도 '성에 대한 과도한 집착'을 교리화하려는 프로이트의 '비과학적 태도'만은 받아들일 수 없었다.

융은 성에 집착하는 프로이트의 모습을 보면서 성을 단순히 과학적인 탐구 대상으로 여기기보다는 비합리적인 관념에 사로잡혀 있다는 인상을 받았다. 억압 현상이 오로지 성적 외상 때문에 일어난다는 프로이트의 주장에도 동의할 수 없었다. 융이 성 말고 다른 요인이 작용한 사례를 소개해도 프로이트는 그것을 인정하지 않았다.

프로이트가 보기에 융의 이론은 종교적이고 신비적 색채가 짙었으나 1910년 3월 독일 뉘른베르크에서 창립한 국제정신분석협회 제1회 총회에서 융을 초대 회장으로 뽑아줄 만큼 두 사람은 아직까지는 긴밀한 관계를 유지했다. 하지만 융이 점차 정신분석 이론에서 자신의 생각을 확장하면서 프로이트의 생각들과 부딪치는 부분이 많아졌다. 결국 융은 프로이트의 학설에 반기를 들었고, 1912년 출간된 '리비도의 변환과 상징'을 통해 결별을 공식화했다. 책에서 융은 '리비도'(성 에너지)를 프로이트와 전혀 다르게 해석함으로써 두 사람 간의 경계를 분명히 했다.

융은 리비도를 오직 성적인 것으로만 해석하는 프로이트와 달리 보편적이고 원초적인 생의 에너지로 보았다. 또한 리비도가 외부 세계로 향할 때 외향성이, 그것이 내면의 삶으로 향할 때 내향성이 발현된다고 보았다. 종교에 대해서도 두 사람의 생각은 확연히 갈렸다. 신을 인간의 삶에서 추방하고 그 자리에 리비도를 놓으려 한 프로이트와 달리 평소 신의 문제를 진지하게 고찰해온 융은 종교를 훨씬 더 중대한 의미를 지닌 심리적 현상으로 해석했다.

하지만 프로이트의 이론이 범성욕주의로 비난을 받았듯이 융의 이론도 비과학적이라고 비난을 받았다. 특히 신화와 종교는 물론 영지주의, 연금술, 만다라, 도교, 주역, UFO에 대해 연구한 글은 워낙 모호하고 불투명해서 갖가지 해석과 오해를 불러냈다. 그러다 보니 융의 이론이 뚜렷한 체계나 개념을 잡기가 힘들다는 평가도 있다.

융에게 드리운 프로이트의 그림자 넓고 짙어

프로이트와의 결별은 융의 인생에서 중대한 전환점이 되었다. 융은 1913년 오래 몸담았던 취리히 의과대를 그만두고 1913년 5월 국제정신분석협회의 회장직도 사임했다. 그해 7월 자신의 이론을 '분석심리학'이라고 명명함으로써 프로이트와 공식적으로 결별했다. 이후 은둔 생활을 하며 프로이트의 정신분석에서 벗어나 분석심리학을 정초하는 작업에 매진했다. 내면 깊숙이 침잠해 있는 무의식과도 대화를 나누며 자신의 길을 찾아나갔다. 그리고 자신의 이론을 더욱 심화시켜 1916년 취리히에서 이른바 '융학파'를 창설했다.

이때 이후 세계 정신의학계는 '프로이트 학파'와 '융 학파'로 나뉘어 서로 견제하고 멀리했다. 100년 가까운 시간이 흐른 지금까지도 '결별'은 봉합되지 않은 채 세계 정신의학계에 영향을 미치고 있다. 융은 이처럼 프로이트와 결별 후 확실히 다른 길을 걸었지만 그래도 일반인들은 융을 거론할 때면 으레 프로이트를 떠올린다.

융의 학문적 생애에서 중요한 계기 중의 하나는 연금술과 만난 것이다. 흔히 연금술은 화학의 전 단계를 이루는 다소 허황된 기술 정도로만 이해하지만 융은 연금술에 심리적 의미를 부여함으로써 연금술 책에 나타난 상징들이 무의식에서 표현되는 상징들과 일치한다는 것을 확인했다. 그가 보기에 진정한 연금술은 영혼을 변모시키는 것이었다. 연금술과 심리학의 관계를 연구한 결과는 '심리학과 연금술'(1944)로 정리했다. 융은 기독교의 상징에 대해서도 많은 연구를 하고 동양 사상에도 많은 관심을 품었다. 중국의 대표적인 고전인 '역경'도 공부해 역경이 심리적 문제에 항상 적절한 답을 준다는 것을 경험했다.

융의 사상에서 또 하나 중요한 것이 '자기'(self)와 '자아'(ego) 개념이다. '자기'가 생각의 빛이 닿지 않는 무의식의 밑바닥 깊이 놓여 있는 세계라면 '자아'는 '자기'의 세계보다 훨씬 작은 세계이고 의식과 분별의 세계다. 그런데 '자아'가 무의식 밑바닥의 '자기'에 이르려면 무수한 층이 겹겹이 가로막고 있어 '자기'의 소리를 잘 듣지 못한다. 따라서 '자기실현'은 '자아'가 무의식 밑바닥 중심 부분에 있는 '자기'를 진지하게 들여다보고 그 소리를 들으며, 그 지시를 받아 나가는 과정을 가리킨다. 융은 '자아'가 '자기'의 소리를 들을 수 있도록 꿈과 종교의 상징을 매개로 활용했다.

융은 사회적 인격이라 할 '페르소나', 남성 무의식 속의 여성성인 '아니마', 그 반대인 '아니무스' 등의 개념을 정리·확립한 것으로도 유명하다. 또한 인간 심성에는 자아의식과 개인적 특성을 가진 무의식 너머에 정신 활동의 원천이며 인류 보편의 원초적 행동 유형인 '원형'들로 이루어진 집단적 무의식이 존재한다고 주장했다.

결국 이 같은 이론을 정립한 후 프로이트와 완전히 결별하고 분석심리학이라는 독창적인 학문을 창조했지만 이미 프로이트 학파의 입김이 강력히 작용하고 있는 당시의 정신분석학계에서는 이단아로 취급받았다. 그러나 융은 고유의 학문적 성취와 프로이트와의 대립과는 별개로 일생 동안 수만 명의 환자를 치료하고 돌본 '영혼의 의사'로도 이름을 널리 알렸다.

융은 82세 때인 1957년부터 '기억, 꿈, 사상' 제목의 자서전을 집필했다. 자서전은 사후(1962)에 발간되었다. '나의 생애는 무의식의 자기실현의 역사다'라는 이 유명한 말로 시작되는 자서전은 융의 생애와 이력뿐만 아니라 여러 가지 신비 체험에 대한 증언을 담고 있다. 1961년 6월 6일 세상을 떠난 묘비명에는 "부르든 부르지 않든, 신은 존재할 것이다"라고 적혀 있다.

마르셀 프루스트 '잃어버린 시간을 찾아서' 출간

어느 겨울날 엄마가 준 달고 부드러운 마들렌 과자를 홍차에 적셔 먹으면서 이야기는 시작된다.

마르셀 프루스트(1871~1922)가 프랑스 문학사에서 차지하는 위치는 '현대 프랑스 문학의 출발을 알린 작가'이자 같은 국적의 소설가 앙드레 지드와 함께 동성애를 문학적으로 다룬 최초의 현대문학 작가이다.

프루스트는 프랑스 파리 근처 오퇴유의 유복한 집안에서 태어났다. 아버지는 파리의과대 교수였고 어머니는 문학과 예술에 조예가 깊은 유대인이었다. 철학자 앙리 베르그송은 외가 쪽으로 친척이다. 프루스트는 허약한 체질로 태어났다. 게다가 9세 때부터 신경성 천식을 앓아 야외활동보다는 주로 집안에서 독서와 사색으로 시간을 보냈다.

마르셀 프루스트

11살이던 1882년 부유한 계층의 자제들이 다니는 파리의 콩도르세 고등학교에 입학, 레옹 도데 등 훗날 프랑스 문단에서 문명을 떨칠 문학청년들과 어울렸다. 동성애에 눈을 뜬 것도 이 학교에서였다. 소르본대 철학과 학생 시절에는 자신이 창간한 상징주의 문예지 '르 방케'를 비롯해 여러 문예지에 에세이와 평론 등 장르를 가리지 않고 글을 썼다.

대학을 졸업 후에는 부모의 재력 덕에 귀족과 상류층이 이용하는 살롱에 드나들면서 나태 속으로 빠져들었다. 당시 그는 낮에는 잠을 자고 밤에는 사교계를 드나들거나 글을 쓰는 생활을 이어가며 돈을 펑펑 쓰는 한량으로 유명했다. 당대 지식인들 눈에 비친 작가 지망생 프루스트의 모습은 영락없이 천박하고 이기적인 속물이었다. 1896년에는 그동안 써온 시와 산문을 모아 '즐거움과 나날'이라는 제목의 산문집을 자비로 펴냈으나 당시 아카데미 프랑세즈 회원인 아나톨 프랑스가 서문을 썼는데도 불구하고 책은 혹평을 받고 곧 서점에서 사라졌다.

그 무렵 드레퓌스 사건이 프랑스 사회를 강타했다. 프루스트는 유대인 어머니의 영향을 받아 반유대주의에 분노했다. 사건을 통해 상류사회의 이면을 확인하게 되자 상류사회에 실망해 살롱 출입을 끊었다. 신문에 '나는 고발한다'를 쓴 에밀 졸라 편에 서서 드레퓌스 사건의 재심을 요구하는 탄원서를 들고 서명운동에 앞장섰다. 1903년에는 파리의 유력 일간지 '르 피가로'에 살롱 이야기를 연재했다.

프루스트는 1903년과 1905년 아버지와 어머니가 잇따라 숨져 홀로 되었다. 특히 어머니의 죽음은 고통스러운 슬픔을 안겨주었고 그로 인한 상실감으로 정신질환 증세를 일으켜 한동안 정신병원 신세를 졌다. 하지만 부모가 남긴 막대한 유산 덕에 먹고사는 문제에서는 완전히 해방되어 창작 활동에만 전념할 수 있었다.

소설에서 그리고자 했던 것은 시간과 삶, 그리고 기억의 관계

프루스트는 자신을 아파트에 유폐한 채 1909년 7월 '잃어버린 시간을 찾아서'를 본격적으로 쓰기 시작해 1912년 9월 첫째 권 '스완네 집 쪽으로'를 완성했다. 소설을 출간하기 위해 당대 프랑스 문단을 주도하는 '신프랑스평론지(누벨 르뷔 프랑세즈·NRF)'를 발간하는 갈리마르 출판사를 비롯해 여러 출판사에 의사를 타진했으나 모두 거절당했다. 당시 '신프랑스평론지'를 이끌고 있는 앙드레 지드는 "소설이 너무 장광설이고 무미건조하다"는 이유를 들었다. 프루스트는 어쩔 수 없이 자비를 들여 1913년 11월 그라세 출판사에서 513쪽 분량의 '스완네 집 쪽으로'를 출간했다.

책 편집은 독특했다. 행갈이를 하지 않고 단락 구분도 없이 모든 줄을 이어 붙였다. 책 표지에는 총 3권으로 구상하고 있다는 사실을 알려 독자들은 앞으로 2권이 더 출간된다는 것을 알 수 있었다. 소설이 출간된 후 "소설이라기보다는 여러 인상을 장황하게 편집한 것"이라는 비판이 없지 않았으나 찬사의 목소리가 훨씬 더 많았다. "20세기 최대의 문학적 사건"이라고 감탄하는 이도 있었고 "그때까지 세상에 나온 그 어떤 소설과도 비교가 되지 않는 독창성을 지녔다"고 말한 이도 있었다.

앙드레 지드 역시 뒤늦게 소설의 진가를 깨닫고 1914년 프루스트에게 편지를 썼다. “출판을 거절했던 일은 신프랑스평론지의 역사상 가장 중대한 과오로 남을 것입니다. 사실은 저에게도 큰 책임이 있습니다. 내 생애의 가장 뼈아픈 후회, 가장 큰 양심의 가책으로 남을 것입니다. 이제는 당신 책을 좋아한다는 말로는 충분치 못합니다”라는 내용이었다.

그후 신프랑스평론지의 발행인 가스통 갈리마르가 프루스트에게 후속편 발간을 제의했으나 프루스트는 그라세 출판사와 이미 계약을 했기 때문에 힘들다며 난색을 표했다. 그러던 중 1914년 7월 1차대전이 발발하고 이로 인해 그라세 출판사가 문을 닫아 두 번째 책은 발간되지 못했다.

전쟁은 프루스트에게 지울 수 없는 또 하나의 상처를 남겼다. 수행 비서 겸 운전기사이던 동성 애인이 1915년 5월 경비행기를 몰다 추락 사고로 숨진 것이다. 사실 그 동성 애인은 양성애자였다. 그런데도 프루스트는 동성 애인은 물론 애인의 여자 친구와도 함께 살았다. 프루스트는 동성 애인이 죽자 한동안 아파트에 스스로 갇혀 세상과의 소통을 거부했다.

“두 종류의 사람이 있다. 프루스트를 읽은 사람과 읽지 않은 사람”

다행인 것은 전쟁으로 책 출판이 무기한 연기된 덕에 원고를 전면적으로 손질할 수 있다는 점이었다. 이 과정에서 당초 예정된 소설 분량이 크게 늘어나고 연 꼬리처럼 원고지 끝에 종이를 붙여 다시 써넣고 해 ‘잃어버린 시간을 찾아서’는 당초 계획인 전 3권에서 전 7권으로 확장되었다.

제2부 ‘꽃핀 소녀들의 그늘에서’는 전쟁이 끝난 후인 1919년 갈리마르 출판사에서 출판되어 그해 프랑스 최고 문학상인 공쿠르상을 프루스트에게 안겨주었다. 프루스트는 제3부 ‘게르망트 쪽’(1920~1921), 제4부 ‘소돔과 고모라’(1921~1922)까지 발간했으나 만성 천식이 폐렴으로 악화되어 1922년 11월 18일 숨을 거뒀다. 이 때문에 5부 ‘갇힌 여인’(1923), 6부 ‘사라진 알베르틴’(1925), 7부 ‘되찾은 시간’(1927)은 사후에 발간되었다.

'잃어버린 시간을 찾아서'는 1인칭으로 쓰인 프루스트 본인의 자전적 이야기이다. 소설에서 그리고자 했던 것은 시간과 삶, 그리고 기억의 관계다. 그는 추억의 갈피를 헤집어 의식의 흐름 속에 손을 맡긴 채 소설을 썼나. 현미경을 들이댄 것처럼 치밀하고 섬세한 묘사로 개인의 일상과 시대상을 완벽하게 재연했다.

내용은 누구나 접할 수 있는 유년 시절의 이야기다. 주인공인 '나'가 어느 겨울날 엄마가 준 달고 부드러운 마들렌 과자를 홍차에 적셔 먹으면서 이야기는 시작된다. 주인공의 행복했던 어린 시절, 사교계 생활, 연애 경험 등을 등장시켜 여러 가지 복잡한 테마들을 하나로 엮어낸 소설은 의식의 흐름을 좇아가는 기법과 복잡한 줄거리로 읽기가 버겁다. 인물관계가 너무 복잡하게 얽혀 있고 우연의 작용으로 무한히 확대되기 때문에 독자들은 책을 읽다가 거의 방향을 잃고 만다.

문체도 복잡하다. 문장의 절 안에 또 절이 있고 그 절 안에 또 하나의 절이 내포되어 있다. 그러다보니 동사가 등장할 때 그것의 주어가 무엇인지 헷갈리는 경우가 종종 일어난다. 한 문장이 한 쪽을 온통 차지할 때도 있고 518개의 단어들이 단 하나의 문장 속에 배치되는 경우도 있다. 이처럼 난해하다 보니 "프루스트가 그의 전 생애에 걸쳐 파 놓은 '땅굴' 같은 작품"이라고 고개를 젓는 전문가도 있었다. 심지어 1,000쪽이 넘는 소설 용어 해설집이 나오기까지 했다.

그러나 복잡한 줄거리를 묶는 화두인 '시간'에 주목하면 주제가 분명히 드러난다. 즉 주인공인 '나'와 그가 겪은 삶과 사랑은 시간의 파괴력 앞에 덧없는 존재이고 인생이란 결국 잃어버린 시간에 불과하다는 것을 깨닫게 되고, 시간의 풍화를 초월할 수 있는 예술을 통하면 시간의 지배에서 벗어나는 방법을 알게 된다는 것이다. '프루스트 현상'이라는 심리학 용어도 등장했는데 특정한 냄새나 맛, 소리로 인해 무의식적으로 기억이 다시 살아나는 현상을 일컫는다.

프루스트 사후 수많은 사람들이 찬사를 남겼다. T.S. 엘리엇은 "'잃어버린 시간을 찾아서'를 읽지 않고는 문학을 논할 수 없다"고 했고 앙드레 모루아는 "세상에는 두 종류의 사람이 있다. 프루스트를 읽은 사람과 읽지 않은 사람"이라고 평했다.

에드문트 후설 '순수 현상학… 이념들' 출간

평생의 과제로 삼았던 것은 철학을 모든 개별 학문의 이론적인 토대가 되도록 개혁하는 일이었다.

에드문트 후설(1859~1938)은 20세기 현대철학에 결정적으로 영향을 미친 현상학의 창시자다. 현상학은 20세기 철학 흐름에 원천을 제공하고 주요 토대가 된 새로운 사상운동으로, 후설의 현상학을 단순화하면 이렇다. 우리가 이해하는 모든 것은 어떤 일정한 체험 안에 나타난다. 따라서 체험하지 않은 '나타남(현상)'은 없다. 그런 점에서 현상학의 목적은 체험의 탐구다. 그런데 이 체험의 탐구에서는 체험이 순수할 수도 있지만, 타성이나 편견에 의해 무의식적으로 조작된 경우도 있다. 개인의 주관적 성향에 따라 꺾이는 경우도 많다. 그래서 이런 경험적 체험의 상대성과 주관성에서 벗어나 모두에게 보편화될 수 있는 체험의 순수한 층 곧 순수 현상의 이치를 밝히는 것이 현상학의 목적이다.

후설은 현상학을 정초하기 위해 무미건조하다는 표현이 어울릴 정도로 평생 학문에만 매진했다. 그러다 보니 아들이 1차대전 때 전사하고 1930년대 나치당으로부터 핍박을 받은 것 말고는 생애 전체에서 드라마틱한 사건들을 찾아볼 수 없다.

오스트리아 메렌주의 작은 도시 프로스니츠(현재는 체코의 프로스테요프)

에드문트 후설

에서 유대인 상인의 아들로 태어난 후설의 학문적 삶은 수학에서 출발했다. 독일 라이프치히대와 베를린대 등에서 수학과 물리학을 공부하고 1883년 오스트리아 빈대에서 수학 박사학위를 취득했다. 그러나 이후 수년 동안 빈대에서 저명한 철학자 프란츠 브렌타노 교수의 강의를 들으며 철학도 수학처럼 하나의 엄밀한 학문성을 갖출 수 있을 것이라고 확신하게 되자 남은 생을 철학에 바치기로 다짐했다.

1887년 할레대에서 교수 자격을 취득한 후 할레대 강사로 재직하며 수리철학, 논리철학, 인식론, 형이상학 등 철학의 전반적인 문제를 연구했다. 그 결과물이 1891년 출간된 '산술 철학'이다. 그러나 독일의 수학자 겸 논리학자인 고틀로프 프레게가 '산술 철학'에 대해 비판적인 견해를 내놓자 오류를 바로잡기 위해 새 저작을 내놓았다. 오늘날 현상학의 출발점으로 여겨지는 '논리 연구'다. 1900년과 1901년 각각 1부와 2부로 출간한 '논리 연구'에서 후설은 논리학의 본질을 비판적으로 성찰하고, 알고자 하는 주관성과 알고 있는 내용의 객관성의 관계를 파고듦으로써 새로운 '순수 논리'와 '인식 이론'을 정립하고자 했다.

후설은 '논리 연구'에서 당시 독일 지성계에 유행하던 '심리학주의'를 논박함으로써 단박에 스타가 되었다. 심리학주의란 심리학이 모든 개별 과학의 이론적 근거를 제시하는 학문이라며 수학이나 논리의 법칙도 모두 심리학으로 바꾸어 설명할 수 있다는 주장이다. 후설은 '논리 연구'에서 수학뿐만 아니라 모든 학문의 이론적인 기초를 마련하는 작업으로도 자신의 연구를 확장해 단숨에 유명해졌다. 그 덕에 1901년 괴팅겐대 교수로 초빙되었고, 1916년 프라이부르크대 교수로 전직해 1928년 퇴임했다.

무미건조하다는 표현이 어울릴 정도로 평생 학문에만 매진

후설은 은퇴 후에도 학자로서의 명성을 견고하게 유지했으나 1930년대 나치 정권이 들어선 후에는 유대인이란 이유로 온갖 탄압을 받았다. 그래도 초심자의 자세를 유지하며 연구에 몰두하다가 1938년 4월 27일 "철학자로 살아 왔고 철학자로 죽고 싶다"는 평소의 소신을 유언으로 남기고 프라이부르크에서 생을 마쳤다. 후설 사후 나치는 유대인 저서 말살의 일환으로 4만 5,000여 장의 속기 수고(手稿)와 1만여 장의 타이프 원고를 폐기하려 했다. 다행히 원고들은 후설을 연구하기 위해 당시 독일로 유학와 있는 벨기에의 한 신부에 의해 벨기에로 옮겨져 무사했다.

후설은 생전에 '산술 철학'과 '논리 연구' 말고도 '엄밀한 학문으로서의 철학'(1911), '순수 현상학과 현상학적 철학의 이념들' 제1권(1913), '내적 시간 의식의 현상학'(1928), '형식논리학과 선험논리학'(1929), '데카르트적 성찰'(1931) 등을 저술했다. 이 중에서 '논리 연구'와 '내적 시간 의식의 현상학'만이 구체적인 현상학적 분석 결과를 담고 있을 뿐 나머지 저술들은 현상학에 대한 총체적인 계획을 담고 있는 입문적인 성격을 띠고 있다. '엄밀한 학문으로서의 철학'은 19세기 말에서 20세기 초 유럽에서 기승을 부리는 자연주의 철학과 역사주의 철학으로 인해 당대 철학이 처한 시대적 상황을 비판적으로 검토하면서 철학을 엄밀학으로서 정립해야 할 필요성을 역설한 저작이다.

후설은 현상학에 대해 관심이 높아지자 통일된 모습을 밝혀야겠다는 생각으로 1913년 '순수 현상학과 현상학적 철학의 이념들' 제1권을 발표해 순수 의식의 본질 구조를 분석하는 현상학의 방법과 문제를 제시했다. 후설은 '순수 현상학…'을 전 3권으로 출판해 자신의 현상학적 체계를 완성하려 했으나 1권 출판 후 그때까지 미처 보지 못했던 수많은 문제가 새롭게 제기되어 체계적인 저술을 진행하지 못했다. 그러던 중 1938년 눈을 감아 출판이 완전히 무산되는 듯했으나 다행히 후대 학자들에 의해 1952년 2권이 출간될 수 있었다. 다만 3권은 아예 초고가 없어 발간하지 못했다.

후설의 현상학은 철학의 위기의식에서 출발했다. 철학은 고대 그리스에서 시작된 이래로 모든 학문적 탐구를 뜻하는 상징어였다. 그러나 갈릴레이와 뉴턴 이래로 과학이 승승장구하면서 철학에 위기가 도래했다. 과학은 누군가 어떤 이론을 내놓았을 때 그 이론이 옳은지 그른지를 가려낼 수 있는 방법이 존재한 반면 철학의 경우에는 그렇지 못했기 때문이다.

과학·기술의 발전은 가시적인 성과를 끊임없이 내놓아 우리의 삶을 계속해서 변화시킨 반면 철학은 2000년 전과 마찬가지로 여전히 공허한 논쟁만 일삼고 있는 것처럼 비쳤다. 그러다 보니 철학은 학문의 역사에서 사라져야 하는 것이 아닌가 하는 위기감이 증폭되었다. 그때 혜성처럼 나타나 철학의 새로운 사명을 외친 사람이 후설이다. 후설은 다 죽어가는 철학에 새로운 생명의 기운을 불어넣어준 인물로 당시 독일의 젊은 철학자들에게 추앙받았다.

후설의 현상학은 철학의 위기의식에서 출발

후설이 철학을 연구하며 평생의 과제로 삼았던 것은 철학을 모든 개별 학문의 이론적인 토대가 되도록 개혁하는 일이었다. 그러면서 자신의 과제를 '철학은 그 본래의 목적상 가장 엄밀한 학문이어야 한다'는 말로 표현했다. 엄밀성은 불분명한 가정이나 미심쩍은 가설은 허용하지 않겠다는 의미였다. 후설은 기존의 모든 편견과 관념에서 벗어나 '의식에 직접 주어지는 사태(현상) 자체'를 직관함으로써 본질을 인식하는 것을 현상학의 방법론으로 삼았다. 이후 후설의 현상학은 '현상학 운동'으로 발전하면서 실존주의, 해석학, 구조주의, 존재론, 윤리학은 물론 사회과학과 문화 예술 전반에 강력한 영향을 미쳤다.

후설의 현상학이 이처럼 막대한 영향을 미쳤는데도 현상학자들 사이에서조차 "현상학이 도대체 뭘 하는 학문이냐"는 목소리가 터져 나왔다. 심지어 현상학을 가리켜 "천의 얼굴을 한 프로메테우스"라고 표현하는 현상학 학자까지 있었다. 후설의 제자들마저 그의 뜻을 온전히 받들지 못했다.

현상학에 대한 정의가 이처럼 모호하게 된 가장 큰 이유는 후설이 자신의 철학 사상을 통일적인 체계로 보여주지 못했기 때문이다. 후설이 지적인 정직성을 결벽증에 가깝게 추구하다 보니 자신의 견해를 수시로 수정하고 그마저도 부족하다 싶으면 다시 출발점으로 돌아가기 일쑤였다. 이런 이유로 체계를 세워 서술에 돌입했다가도 중도에 고심을 거듭하다가 끝을 보여주지 못했다. 생전에 많은 책을 출간하지 못하고 사후 원고가 5만 5,000장이나 되는 것도 이 때문이다. 또한 글이 난해하다 보니 후설의 주장과는 상관없이, 혹은 정반대로 해석되기도 했다. 이 때문에 후설은 생전에 자신의 철학이 제대로 이해되지 않고 곡해와 편취의 대상이 되는 것을 안타까워했다.

후설은 제자들이나 교우들과 격의 없는 토론을 즐겼다. 이러한 후설의 성격이 젊은 학자들을 후설 곁으로 모이게 했고 이른바 '현상학 운동'이라는 새로운 바람을 불러일으켰다. 마르틴 하이데거는 후설에게서 철학의 새로운 영감을 받은 젊은 학자 중에 대표적인 철학자였다. 하이데거는 훗날 후설의 책 '논리 연구'를 회상하면서 "처음 그 책을 본 후로는 그 책의 겉표지만 보아도 가슴이 두근거릴 만큼 스승의 철학에 빠져 있었다"고 고백했다. 후설이 1928년 교수직에서 퇴임하면서 조교였던 하이데거를 자신의 후임으로 지목한 것은 무엇보다 하이데거가 자신이 생각한 현상학을 발전시켜줄 인물로 평가했기 때문이다. 하이데거는 1928년에 후설이 은퇴할 때, 존경과 우애의 정표로 자신의 대표 저서 '존재와 시간'을 후설에게 바쳤다.

하지만 후설과 하이데거의 관계는 1930년을 전후해서 급속도로 냉각되었다. 후설이 보기에 하이데거의 탐구가 현상학의 이념과는 맞지 않는다고 본 것이다. 1933년 프라이부르크대 총장이 된 하이데거는 결국 나치의 압력을 받아 후설의 연구 활동을 중지시키고 대학 밖으로 내모는 일에 서명함으로써 후세 사람들에게 나치에 동조한 철학자라는 비판을 받아야 했다.

알베르트 슈바이처 아프리카로 떠나

'20세기의 가장 위대한 인물'로 꼽고 '밀림의 성자'로 추앙했다.

알베르트 슈바이처(1875~1965)는 칸트를 연구한 철학자, 생명 경외 사상을 주창한 인본주의자, 아프리카 원주민의 질병을 치료한 의사, 탁월한 오르간 연주자, 바흐의 전기를 쓴 문화철학자로 팔방미인형 천재의 전형이다.

슈바이처가 알자스 지방의 카이저스베르크에서 태어났을 때 알자스는 독일령이어서 슈바이처의 국적은 독일이었으나 알자스 지역의 역사적 특수성에 따라 프랑스어를 구사하고 프랑스 학교에도 다닐 수 있었다. 하지만 슈바이처는 루터교 목사 아버지의 결정에 따라 독일어를 모국어로 여기고 독일 학교에 다녔다.

슈바이처는 어린 시절부터 음악에 천부적인 재능이 있어 5살 때 오르간을 배우고 9살 때 예배 시간에 오르간을 연주했다. 1893년 스트라스부르대(독일어로는 슈트라스부르크대)에 들어가 신학과 철학을 공부하던 중 1896년 오순절 아침에 문득 30세까지만 예술과 학문에 전념하고 그 이후부터는 인간을 위한 봉사에 온몸을 던지겠다고 다짐했다.

알베르트 슈바이처

슈바이처는 자신의 계획대로 학문과 예술에 전념하며 20대 시절을 보냈다. 1899년 스트라스부르대에서 칸트 연구로 철학박사 학위를 받고 1900년 같은 대학에서 신학박사 학위를 취득했다. 1903년부터는 스트라스부르대 소속 세인트 토머스신학대 교수로 재직하며 교회에서 목회도 병행했다. 음악 이론에도 정통해 요한 세바스찬 바흐에 관한 연구서(불어판)를 1905년 봄 출판했다.

슈바이처는 1904년 어느 가을날 프랑스 파리 선교회장이 쓴 글을 보게 되었다. 각종 질병으로 죽어가는 아프리카 원주민을 위해 선교 활동을 할 사람을 모집한다는 내용이었다. 슈바이처는 예전의 다짐을 떠올리며 비참하게 살아가는 아프리카에 몸을 던져 '신에게 진 인간으로의 빚'을 갚겠다고 결심했다. 당장 필요한 것이 의료 활동이라고 판단해 바로 아프리카로 떠나지 않고 철저한 준비를 했다.

슈바이처는 교수로 활동하면서도 1905년 10월부터 스트라스부르대에서 의학 강의를 들었다. 그리고 7년 만인 1912년 의사 면허를 취득하고 그해 6월 결혼했다. 부인은 남편의 선교 활동을 돕겠다며 새로 간호사 공부를 해서 면허를 땄다. 아프리카의 병든 사람들을 위한 모금 연주회도 열어 자금도 마련했다.

선교 활동을 위한 모든 준비가 끝나자 슈바이처 부부는 1913년 3월 말 프랑스 파리를 떠나 포이약 항구에서 증기선을 타고 아프리카로 향했다. 부부가 4월 16일 도착한 곳은 프랑스령 적도아프리카(현재의 가봉)의 오고우에 강변에 있는 랑바레네 마을이었다.

"아프리카인들을 주술적 속박에서 해방시키기 위해 기독교를 설파해야 한다"는 그의 말에 비추어 의료봉사 활동은 선교 목적이 다분했지만 그렇더라도 검은 아프리카인들에게는 구세주와 같은 존재였다. 당시 주민들은 말라리아, 나병, 수면병, 열대성 이질, 침식성 궤양, 폐렴, 탈장, 상피병 등 각종 질병에 시달렸다. 환자들은 의술을 일종의 마술로 알고 슈바이처를 '오강가' 즉 요술를 부리는 주술사라고 불렀다. 슈바이처는 하루 일과가 끝나면 파리바흐협회가 보내준 오르간을 연주하거나 신학과 철학 관련 저술에 몰두했다.

그러던 중 1914년 7월 1차대전이 발발했다. 당시 가봉은 프랑스령이고 슈바이처 부부는 독일 국적이어서 병원은 프랑스군이 접수하고 부부는 사택에 억류되었다. 슈바이처는 의술을 펼치지 못하게 되자 전쟁이 문화의 몰락에서 비롯되었다고 생각해 문화철학 관련 저서를 집필했다. 이른바 '생명 경외'이라는 개념을 떠올린 것도 그 즈음이었다. '생명 경외'란 모든 생명은 거룩하고 살아갈 권리를 갖고 태어났으므로 소중히 여겨야 한다는 사상이다.

팔방미인형 천재의 전형

슈바이처 부부는 1917년 9월, 프랑스로 송환되어 포로수용소에 수감되었다가 1918년 7월 고향 알자스로 이송되었다. 종전 후 체결된 베르사유 조약에 따라 알자스가 프랑스 영토로 편입되자 슈바이처는 프랑스의 랑바레네에서 계속 활동하려면 프랑스 국적이 유리하다고 판단해 1920년 국적을 프랑스로 바꾸었다. 슈바이처는 스웨덴·덴마크·영국·체코슬로바키아 등지를 돌아다니며 연주회와 강연회로 시간을 보냈다. 1921년에는 아프리카의 4년 반 생활을 회상한 '물과 원시림 사이에서'를 출판해 세계적으로 주목을 끌었다. 1923년에는 오랫동안 준비해온 문화철학 저서인

'문화의 몰락과 재건', '문화와 윤리'를 간행했다.

슈바이처는 1924년 2월, 7년만에 랑바레네 마을로 돌아가 부서진 병원을 짓고 인술을 펼쳐 '20세기의 성자', '인류애의 화신' 등으로 불렸다. 이런 유명세 덕에 1939년 시작된 2차대전 때는 밀림 속에서 연합군과 독일군 간에 격렬한 전투가 벌어져도 슈바이처의 병원만은 피해를 보지 않았다.

슈바이처는 1913년부터 1965년 죽는 날까지 52년 동안 15차례에 걸쳐서 아프리카에 체류했다. 햇수로 따지면 37년쯤 된다. 2차대전을 피해 1939년 시작된 제7차 체류는 1948년 10월까지 9년간 계속되었다. 그에 앞서 슈바이처는 1928년 독일 프랑크푸르트시가 수여하는 괴테상을 수상하고 1931년 자서전 '나의 생애와 사상'을 출간했다.

슈바이처는 2차대전 후 미국에서 자신에 대한 관심이 부쩍 늘어나자 1949년 6월 생애 최초로 미국 땅을 밟았다. 미국인들은 슈바이처를 '20세기 가장 위대한 인물'로 꼽고 '밀림의 성자'로 추앙했다. 1951년 프랑스 아카데미 프랑세즈 회원이 되고 1952년 노벨 평화상을 수상해 세계적인 명사로 유명해졌다. 그런데 노벨상위원회는 슈바이처의 노벨상 선정 사실을 1952년 발표하지 않고 1953년 10월 그해 수상자로 선정된 조지 마셜 전 미국 국무장관을 발표하면서 슈바이처가 1952년 수상자라고 소급해 발표했다. 게다가 슈바이처는 바쁜 일상 때문에 1년 뒤에야 노벨상 시상식에 참석했다.

말년에는 버트런드 러셀, 알베르트 아인슈타인 등과 함께 핵무기 반대 성명을 발표하는 등 대외 활동에도 열심이었지만, 활동의 주무대는 여전히 랑바레네였다. 이 과정에서 슈바이처는 비난도 많이 들었다. 기독교계에서는 자유주의 신학자라는 이유로 의심을 거두지 않았으며 일각에서는 봉사 활동이 순수한 인도주의가 아니라 종교적인 야심의 소산이라는 비판을 제기했다. 뿐만 아니라 슈바이처의 진료 실력이 수준 이하이고 과대

평가되었다는 혹평도 있었다.

랑바레네를 방문한 사람들은 현지인을 대하는 슈바이처의 태도를 보고도 놀라워했다. 말이 퉁명스러운데다 은연중 인종차별적인 발언을 서슴지 않았기 때문이다. 그는 저서에서도 현지인을 '야만인'이나 '미개인'으로 종종 폄하했다. 슈바이처는 1957년 부인이 사망하자 아프리카에 머물며 다시는 유럽 땅을 밟지 않았다. 그리고 1965년 9월 4일 90세를 일기로 랑바레네에서 영면에 들어가 8년 전 떠난 부인의 무덤 옆에 묻혔다.

가브리엘 샤넬 첫 의상실 개점

샤넬 N°5의 출현은 향수의 역사를 샤넬 N°5의 이전과 이후로 나눌 만큼 획기적이었다.

19세기 말에서 20세기 초까지, 프랑스 파리의 여성들은 이른바 '라 벨 에포크'를 구가하며 사치스럽고 자유분방한 시절을 보냈다. '라 벨 에포크'란 파리에서 예술·문화·패션이 꽃을 피웠던 '좋은 시대'를 말한다. 여성들은 상류층일수록 복잡하고 화려한 의상과 모자, 값비싼 목걸이를 미의 척도로 삼았다. 허리는 숨을 쉬기도 어려울 만큼 가늘게 졸라매고 여러 겹 덧입는 치마는 땅바닥에 끌렸다. 모자는 넓은 챙 위에 꽃다발이나 새의 깃털 등을 장식해 무거웠으며 머리에는 길고 두툼한 핀이 꽂혔다.

서구 여성들의 이런 의상 패턴과 여성들의 전체적인 실루엣을 획기적으로 바꿔놓은 20세기 유행의 창조자가 가브리엘 샤넬(1883~1971)이다. 단순하면서 실용적이고, 편안하면서 우아함을 잃지 않아야 한다는 그의 패션 철학이 있었기에 여성들은 무겁고 복잡한 의상에서 벗어날 수 있었다.

샤넬의 성장기는 고단하고 고독했다. 어머니는 샤넬이 12살 때 폐병으로 죽고 아버지는 몇 년 후 온다간단 말 한마디 없이 집을 나갔다. 샤넬은 수도원에 고아로 버려졌다가 18살 때 물랭의 기숙학교로 보내져 낮에는 보조 양재사로 꿈을 키우고 밤에는 카페에서 댄서와 가수로 일했다. 그 무렵 그가 불렀던 노래 '누가 코코를 보았는가'가 인기를 끌며서 샤넬은 '코코'라는 애칭으로 불리기 시작했다. '코코'는 훗날 2개의 'C'자를 교차시킨 샤넬의 심벌마크가 되었다.

샤넬이 파리로 진출한 것은 물랭의 카페에서 만난 한 기병대 장교와의 인연이 계기가 되었다. 파리에서 그는 다시 부유한 영국인 사업가 아서 카펠을 만나 사랑에 빠지고 그의 도움을 받아 1910년 파리 캉봉가에 '샤넬 모드'라는 이름의 여성용 모자점을 열었다. 샤넬은 일반 여성이 쓰는 거추장스러운 모자를 거부하고 보란 듯이 스스로 디자인한 검은 모자에 하얀색 리본 하나만을 두른 단순한 모자를 쓰고 다녔다. 나중에 '샤넬 라인'으로 불리게 될 모자는 실은 남성 스타일을 여성의 복장에 도입한 최초의 시도였는데도 파리 여성들은 샤넬의 모자에 환호했다.

샤넬은 1913년 여름 또다시 카펠의 도움을 받아 노르망디의 아름다운 휴양도시 도빌에 자신의 첫 패션 부티크 '메종 샤넬'을 열었다. 샤넬이 디자인한 활동적이고 입기 편한 저지 옷은 코르셋과 페티코트에 얽매어 있던 여성들로부터 큰 환영을 받았다. 부티크도 샤넬 특유의 패션 감각과 뛰어난 센스가 발휘되어 도빌 최고로 각광받았다. 1915년에는 대서양 연안의 휴양도시 비아리츠에 '쿠튀르 하우스'를 개점하고 1921년 파리에 지점을 열어 파리 패션의 중심이 되었다.

샤넬의 옷은 패션이 아니라 '자유'였다. 남성용, 속옷용으로만 쓰이던 저지 옷감을 이용해 드레스를 만드는가 하면, 장례식에서나 쓰는 검정 옷을 처음으로 일상화했다. 상류층 부인들은 그가 만들어내는 유행에 경탄하고 친절과 배려에 끌려 그를 좋아했다. 하지만 때로는 날카로운 혀와 독기 있는 재치로 인해 두려워할 때도 많았다.

샤넬은 '걸어다니는 모델'이었다. 길거리에서 바지 입은 여성을 찾아보기 힘들던 때에 그는 승마용 재킷에 스웨터를 입고 다녔다. 그가 짧은 머리를 하고 오페라 공연을 관람한 다음날이면 어김없이 파리에 짧은 머리가 유행했다. 샤넬은 발표하는 의상마다 최고의 찬사를 받았고 그의 의상실은 자유로운 공기를 마시려고 몰려든 여성들로 북적거렸다.

여성들의 실루엣을 바꿔놓은 20세기 유행의 창조자

샤넬은 파리 여성들의 라이프 스타일을 지배한 당대 최고의 패션 디자이너이면서도 향수에까지 일가견이 있었다. 그는 평소 "향기가 없는 여인에겐 미래가 없다"는 폴 발레리의 유명한 시구를 즐겨 읊조린 향수 애찬론자였다. 그가 오늘날 '향수의 대명사'인 것처럼 추앙받고 있는 것은 최초의 인공 향수 '샤넬 N°5'의 성공 때문이다.

샤넬 N°5의 신화는 샤넬이 소련의 저명한 화학자 에르네스트 보에게 유니크한 고급 혼합 향수를 만들자고 제안하면서 시작되었다. 에르네스트 보가 80가지가 넘는 꽃향기에 화학합성 엑기스 알데히드를 섞어 향수를 만든 뒤 번호 1～5, 20～24가 적힌 10개의 샘플을 내놓았을 때 샤넬은 그중 5를 선택했고 그것은 곧 상품명 '샤넬 N°5'가 되었다. 샤넬은 숫자 5가 평소 행운을 가져다 준다고 믿어 향수 이름에 숫자 5를 사용했다. 향수 발매도 1921년 5월 5일에 맞췄다. 미국의 섹스 심벌 메릴린 먼로가 "잠잘 때 무엇을 입느냐"는 기자의 질문에 "샤넬 N°5"라고 답한 것도 샤넬 향수의 명성을 높여주었다. 샤넬 N°5의 출현은 향수의 역사를 샤넬 N°5의 이전과 이후로 나눌 만큼 획기적이었다.

1926년엔 샤넬 패션의 트레이드 마크 가운데 하나인 '리틀 블랙 드레스(LBD)'를 선보였다. LBD는 군더더기 없는 깔끔한 디자인이 특징이었다.

"언제나 떼어내고, 절대 덧붙이지 말라"는 샤넬의 디자인 원칙이 가장 잘 드러났다. LBD가 처음 선보였을 당시엔 혁명에 가까웠다. 칼라와 단추 하나 없는 디자인, 목이 올라오고 소매가 붙는 디자인 때문에 '럭셔리의 낙오주의', '빈약한 옷'이라는 비난도 받았다. 하지만 미국판 보그는 이를 '샤넬의 포드'라고 불렀다.

샤넬 패션의 트레이드 마크 가운데 하나인 '리틀 블랙 드레스(LBD)'를 입고 있는 가브리엘 샤넬.

샤넬은 당대 파리 사교계의 주인공이었다. 현대 발레의 개척자 댜길레프, 작곡가 스트라빈스키와 오네게르, 화가 피카소와 달리, 문인 콕토 등 당대 최고의 예술가들과 각별히 교우하며 가난한 예술가들에게는 도움을 주었다.

샤넬에게도 수난은 있었다. 2차대전 당시 독일군이 파리를 점령했을 때 독일의 남작과 나치의 고위 장교들을 애인으로 삼은 것이 큰 오점으로 남아 프랑스가 해방되던 1944년 스위스 로잔으로 피해야 했다. 그가 없는 틈을 타 피에르 카르댕, 크리스티앙 디오르 등 젊은 유행의 창조자들이 무주공산을 잠식해 들어왔다. 샤넬은 71살인 1954년 파리로 돌아와 그해 2월 전후 첫 패션쇼로 화려하게 컴백했다. 컬렉션 그 자체로는 실패였지만, 샤넬이 돌아왔다는 사실만으로도 큰 화제를 불러일으켰다.

샤넬은 1971년 생을 마쳤으나 '패션은 지나가도 스타일은 남는다'는 그의 말처럼 그만의 '샤넬 스타일'은 패션사에 굵게 새겨져 있다. 특히 '리틀 블랙 드레스(LBD)'를 비롯해 70대의 노년기에 쏟아낸 '투톤 슈즈', '트위드 재킷', '2.55 백' 등은 지금도 변하지 않는 샤넬만의 트레이드 마크이자 상징적 코드로 남아 있다. 그 가운데 앞코 부분만 다른 색깔로 덧대 만든 투톤 슈즈는 샤넬만의 시그너처였다. 시그너처란 옷 안의 라벨을 들여다보지 않고도 혹은 그 라벨을 간략히 표기한 브랜드 로고를 보지 않고도 알 수 있는 디자이너만의 개성이자 독특한 감성을 말한다.

재킷의 끝단과 소매에 다른 색깔의 테이프를 두른 듯한 디자인의 트위드재킷 역시 대표적인 '코코 샤넬' 아이템이다. '영국 친화적'인 샤넬이, 날씨가 안 좋을 때도 승마를 즐기던 영국 귀족의 담요에서 착안한 트위드는 현대적이면서도 트렌드에 쏠리지 않는 우아함이 매력이다. 긴 어깨끈을 달고 1955년 2월 등장한 '2.55 백'은 손으로 핸드백을 들어야 하는 불편함으로부터 여성을 해방시켰다는 절찬을 받았다.

1914년

박용만의 국민군단 창설과 이승만과의 갈등
_ *이승만과 독립운동가들의 노선 갈등*
이상설 '대한광복군정부' 정도령으로 추대
아사카와 다쿠미·노리타카 형제, 조선에 정착
1차대전 발발
파나마운하 개통
_ *수에즈운하*
어니스트 섀클턴의 남극 탐험 사투
마커스 가비, 세계흑인개선협회 결성

박용만의 국민군단 창설과 이승만과의 갈등

하와이 동포사회는 이승만과 박용만계로 양분되었다.

공식적으로 기록된 한인의 하와이 정착은 1903년 1월 13일 93명의 한국인 이민자가 하와이 호놀룰루에 도착하면서 시작된다. 한인 이민은 1905년 11월 을사조약이 체결될 때까지 계속되어 그 수가 6,700여 명에 달했다. 이들 이민 1세대는 사탕수수 재배나 관개 사업 등 힘든 일을 하면서도 지역별·종교별 친목단체를 만들어 풍전등화에 놓인 조국의 현실을 걱정했다. 여러 개로 난립하던 단체들은 1907년 9월 '한인합성협회'로 통합한 뒤, 안창호가 1905년 4월 미국 본토에서 결성한 '공립협회'와 다시 통합해 1909년 2월 1일 '국민회'로 새롭게 출발했다.

국민회는 1910년 5월 다시 '대한인국민회'로 개칭하고 1911년 샌프란시스코에 중앙총회를, 산하에 북미 지방총회와 하와이 지방총회 등을 설치하는 것으로 조직을 확대했다. 하와이 지방총회는 조직 강화를 위해 1912년 12월 본토에서 활동하는 박용만(1881~1928)을 초빙했다.

박용만은 강원도 철원에서 태어나 어려서 부모를 여의고 숙부인 박장현의 보살핌을 받으며 서울의 관립 일본어학교를 졸업했다. 1895년 일본으로 건너가 중학교 과정을 마치고 게이오의숙에서 2년간 정치학을 공부했다. 귀국 후 독립협회, 만민공동회, 보안회에서 활동하면서 계몽운동을 벌이던 중 1904년 7월 일제의 황무지 개척권 반대 투쟁을 전개하다가 투옥되었다. 그때 옥중에서 6살 연상의 이승만(1875~1965)을 만나 의형제를 맺었다.

출옥 후 박용만은 숙부인 박장현 대한제국 순회공사를 따라 이승만의 아들 태산(아명 봉수)을 데리고 1905년 2월 미국 샌프란시스코로 건너갔다. 당시 이승만은 고종의 밀지를 미 대통령에게 전달하기 위해 1904년 11월 도미한 이래 계속 미국에 머물고 있었다. 박용만은 정한경(14세)과 유일한(10세) 등도 데리고 갔는데 미국 도착 후 이들과 함께 네브라스카주 커니시에 정착했다. 박용만은 링컨고를 거쳐 1906년 헤이스팅스 군사학교에서 군사학을 배우고 1908~1912년 네브라스카대에서 정치학을 공부했다.

일찍이 독립운동의 방향을 무력 투쟁에서 찾았던 그는 1909년 6월 학생 신분으로 네브라스카의 한 농장에서 '한인소년병학교'를 창설했다. 소년병들은 학기 중에는 학교에서 공부하다가 방학이 되면 입소해 군사훈련을 받았다. 소년병학교는 1912년 배출한 12명을 비롯해 일본의 항의로 1914년 폐교될 때까지 6년간 90여 명의 생도를 훈련시켰다.

박용만은 1911년 샌프란시스코 대한인국민회의 기관지 '신한민보'의 주필을 거쳐 1912년 12월 하와이 지방총회의 기관지 '신한국보' 주필로 활동했다. 박용만의 영입으로 발전의 기틀을 마련하게 된 대한인국민회 하와이 지방총회는 하와이 주정부의 묵인 하에 경미한 범죄 사건에 대해서는 사법권을 행사하는 정도의 자치권을 확보했다.

군사력을 양성해 무력으로 독립을 쟁취해야 한다고 주장

박용만은 하와이 국민회를 더욱 체계적으로 운영하기 위해 1904년 한성감옥에 함께 투옥되었던 옥중 동지 이승만을 1913년 2월 하와이로 초청했다. 1905년 박용만이 미국으로 건너갈 때 이승만의 옥중 원고 '독립정신'을 가져가고 이승만의 유일한 혈육이자 7대 독자였던 이태산을 미국으로 데리고 갈 정도로 두 사람의 관계는 돈독했다. 이승만 역시 1912년 한인소년병학교 제1회 졸업생들을 직접 축하·격려해줄 정도로 둘의 우애는 깊었다.

이승만은 1913년 2월 하와이 호놀룰루에 도착한 직후 하와이 감리교가 설립한 한인기숙학교 교장직을 맡아 그해 9월 이름을 '한인중앙학원'으로 개명했다. 1913년 9월 20일에는 월간 '태평양잡지'를 창간해 주필로 활동했다. 그는 '태평양잡지'를 통해 한인중앙학원과는 별개로 새 한인학교를 설립할 계획이라고 발표하고 먼저 학교 근처에 여학생 기숙사를 마련했다. 그러던 중 1914년 6월 10일 박용만이 자신의 무력 투쟁 노선을 구체화하기 위해 대조선 국민군단과 장교 양성을 위한 사관학교를 창설하면서 둘의 관계가 비끗거리기 시작했다.

이승만(왼쪽)과 박용만

국민군단의 병영은, 하와이 오아후섬 북쪽 지역의 1,200에이커(147만평) 파인애플 농장을 임대해 사용하고 있는 박종수로부터 제공받아 1914년 8월 29일 낙성식을 치렀다. 박용만은 국민군단 사령관과 사관학교 교장을 겸했다. 국민군단에 처음 입대한 젊은이는 모두 103명으로 많을 때는 311명이나 되었다. 단원들은 병영에 기숙하면서 낮에는 파인애플 농사를 짓고 오후에는 군사훈련과 학습을 병행했다.

이승만의 심기를 불편하게 한 것은 1914년 12월 9일 목조 2층 건물의 하와이 국민회의 회관 낙성이었다. 하와이 국민회의 재정이 넉넉지 않아 한 곳만 지원해도 될까 말까 한 상황에서 국민회관을 건립하게 되면 자신이 추진하는 학교 설립이 자칫 물거품이 될지 모른다는 우려 때문이었다. 이승만은 국민군단 설치와 국민회관 공사로 자신의 학교 설립 운동이 차질을 빚게 되자 '태평양잡지'에 국민회 집행부를 규탄하는 장문의 논설을 실었다. 이승만의 주장에 공감하는 사람들도 있어 이후 하와이 동포사회는 이승만과 박용만계로 양분되었다.

표면적인 계기는 한정된 국민회 자금을 어느 쪽에 먼저 투입하느냐에서 비롯된 것이긴 하지만 사실 더 근본적인 이유가 있었다. 대일항선 방식을 둘러싼 양측의 대립이었는데 박용만은 군사력을 양성해 무력으로 독립을 쟁취하자고 주장한 반면 이승만은 일본에 무력으로 대항해 봐야 승산이 없다며 외교적 수단과 교육을 내세웠다.

두 사람 더 이상 화합할 수 없는 지경에 이르러

이런 상황에서 1915년 이승만이 "국민회가 국민회관 건축비를 유용했다"고 국민회 집행부를 공격하면서 결정적으로 갈라서게 되었다. 당시 국민회 회장은 박용만계의 김종학이었다. 국민회는 집행부 지지 측과 반대 측으로 양분되었다. 결국 김종학은 1915년 5월 열린 특별대의원회에서 파면되고 이승만 계의 정인수가 임시의장으로 선출되었다. 정인수는 곧바로 김종학을 공금횡령 혐의로 고소했으나 김종학은 3개월 간의 재판 끝에 무죄판결을 받았다. 이로써 사건은 일단락되었으나 김종학은 자신의 억울함을 호소하기 위해 자살을 기도했다. 이승만과 박용만은 더 이상 화합할 수 없는 지경에 이르렀다. 이런 상황에서 파인애플 농장의 불경기와 흉작으로 국민군단의 수입과 지원금이 대폭 줄어들어 결국 국민군단은 1916년 쇠퇴하기 시작해 1917년 해체되었다.

박용만은 하와이를 떠났으나 이승만에 대한 악감정은 좀처럼 가시지 않았다. 박용만은 1919년 중국 상해에서 통합 임시정부의 외무총장에 임명되었을 때 이승만과는 함께 일을 못하겠다며 취임을 거부하고 반이승만 운동을 전개했다. 박용만은 1920년 4월 신채호 등과 북경에서 '군사통일회'를 소집, 이승만을 규탄하며 이승만이 임시 대통령으로 있는 상해 임정을 부인키로 결정했다.

1926년에는 독립운동 기지 건설과 독립군 양성 자금을 마련하기 위해 농업개발회사인 '대륙농간공사'를 설립하는 등 무력 투쟁을 위한 활동을 펼쳤으나 1928년 10월 16일 그를 친일파로 생각한 의열단원 이해명 등의 총에 살해되었다. 피살 전 박용만을 둘러싸고 "변절했다", "일본의 밀정이다", "호화생활을 한다"는 소문이 없진 않았으나 학계는 "일본이나 박용만의 정적이 일부러 헛소문을 퍼뜨렸을 수도 있기 때문에 소문들의 사실 여부는 면밀히 밝혀내야 할 문제"라는 입장이다.

이승만은 1921년 7월 하와이에서 사조직의 성격을 지닌 '동지회'를 만들어 '국민회'와 결별했다. 이후 동지회는 구미 열강의 동의와 후원을 얻어 일본을 견제하고 독립을 앞당기려는 외교주의론을 기본 노선으로 삼았다. 반면 국민회는 백범 김구를 추종했다. 두 단체의 갈등과 대립은 종교에까지 영향을 미쳐 서로 다른 교회를 다녔으며 해방 후까지도 갈등이 계속되었다.

이승만과 독립운동가들의 노선 갈등

이승만의 독립운동 활동에 대한 평가는 극단적이다. 파벌 싸움을 일삼는다는 부정적인 시각과 식민지 상황에서 불가피했다는 긍정적 시각이 혼재되어 있다. 평가에 앞서 당시의 주요 독립운동 노선을 살펴볼 필요가 있다. 당시에는 독립운동가들 사이에 무장투쟁론, 준비론, 외교론 등 세 가지가 주로 논의되고 있었다. 한인들을 무장시켜 무력으로 직접 일제에 대항하자는 무장투쟁론의 중심에는 미국의 박용만, 중국의 이동휘와 신채호 등이 포진했다.

준비론을 주창한 대표적인 인물은 안창호였다. 당시 미국에서 국민회를 통해 한인동포들의 광범한 지지 기반을 확보하고 있던 안창호는 식민지 조선이 아직은 일제에 직접 대항할 실력과 무력을 갖추지 못하고 있으므로 교육과 경제 활동을 통해 실력을 양성해야 한다고 주장했다. 외교론은 이승만의 일관된 철학이다. 조선이 일제에 대항하기에는 아직 벅차므로 서구 열강, 특히 미국의 협조와 지원을 받아 독립해야 한다는 주장이다.

당시 이승만의 생각을 알 수 있는 상징적인 사건이 있다. 1908년 3월 23일 공립협회 소속의 장인환 의사와 보국회 소속의 전명운 의사가 조선 정부의 외교고문이던 친일 인사 더럼 화이트 스티븐스를 샌프란시스코역에서 살해했을 때 한인 단체들은 당시 하버드대 석사과정에 있는 이승만에게 소송과 관련된 통역을 의뢰했다. 그런데 이승만은 학생의 신분으로 학교를 장시간 비울 수 없고, 기독교인의 신분으로 살인자의 재판 통역을 할 수 없다는 이유를 들어 거절했다. 동포들이 크게 실망할 것이라는 것을 잘 알고 있었지만 이승만은 이런 암살 사건들이 결과적으로 한국인에 대한 미국인들의 인식에 부정적인 영향을 미쳐 결국에는 한국의 독립에 방해가 된다고 판단했던 것이다.

성격·노선·배경 등의 차이로 다른 독립운동가들과 자주 충돌해

이처럼 자신이 옳다고 믿는 것에 대해서는 타협을 하지 않다 보니 성격·노선·배경 등의 차이로 인해 다른 독립운동가들과 충돌하는 일이 잦았다. 독불장군식의 성격에 자신을 모든 일의 중심에 놓고서 생각하는 강한 캐릭터까지 작용해 주위와의 불협화음이 끊이질 않았고, 갈등의 골이 더욱 깊게 파였다. 이승만의 리더십은 여론을 중시하기보다는 자신의 통찰에 더 많은 비중을 두는 유형이었다. 원만한 타협보다는 자신의 노선을 집요하게 관철하는 스타일이다 보니 지지자들에게는 열띤 성원을 받지만 반대자나 정적들에게는 격렬한 비판을 받았다.

이승만이 본격적으로 미국 생활을 시작한 1912년부터 1945년 10월 환국할 때까지 30여 년간 그와 대립했던 인물은 줄잡아 10여 명에 이른다. 이 중 단순한 개인감정 차원을 넘어 정치적 견해나 노선 차이를 드러낸 인물만 손꼽아도 박용만·안창호·이동휘·신채호 등 여러 명이다. 먼저 부닥친 것은 무장투쟁을 중시했던 하와이의 박용만이었다. 둘의 갈등은 하와이 국민회의 자금을 어느 곳에 먼저 투입해야 하느냐에서 비롯된 것이지만 본질은 외교 노선과 무장투쟁 노선의 대립이다.

안창호와의 갈등은 이승만이 하와이에서 국민회를 장악한 뒤부터 본격화되었다. 사실 국민회는 안창호의 작품이라 해도 과언이 아닌데, 하와이 국민회를 장악한 이승만이 미국 본토에서도 학식과 명망을 기반으로 안창호를 누르려 한 데서 갈등이 시작되었다. 이승만은 박용만의 노선에 대해서는 "현실성이 전혀 없는 것으로 사탕밭에서 교민들이 힘들여 번 돈을 밑빠진 독에 물 붓기 식으로 허비하고 있다"고 보았고, 안창호의 실력 양성론에 대해서는 "결국은 아무것도 하지 말자는 것과 같은 것"이라고 비판했다.

안창호는 이승만에 대해서는 "자기의 일은 자기가 스스로 아니하고 가만히 앉았다가 말 몇 마디나 글 몇 줄로써 독립을 찾겠다는 것이 어느 이치에 허락하리오"라고 비판했다. 박용만에 대해서는 "아무리 무식해 판단력이 부족하다 하더라도 전쟁이 어떤 것임을 알아야 한다"고 비판했다.

이승만은 임정 국무총리 이동휘와도 불화를 빚었다. 이동휘는 1915년 러시아령으로 망명한 뒤 한인사회당을 결성하는 등 사회주의에 경도된 인물이었기 때문에 둘 간의 갈등은 불가피한 측면이 있다. 이승만과 이동휘의 갈등은 1921년 1월 열린 임정의 첫 국무회의에서부터 폭발했다. 이동휘는 이승만에게 위임통치 청원 문제를 거론하며 그 과정을 해명하라고 요구했다. 이승만이 1919년 3월 윌슨 미국 대통령에게 "장차 한국의 완전한 독립을 보장한다는 조건 하에 당분간 한국을 새로 창설될 국제연맹의 위임통치하에 놓아 달라"는 내용의 청원서를 제출한 것에 대한 비판이었다.

이동휘는 또한 대통령이 상해에 없을 때에는 국무총리인 자신에게 행정 결재권을 위임하라고 촉구하는 한편 국무위원의 다수결로 행정을 결정하자는 안을 내놓았다. 상해 임정의 임시 대통령이면서도 상해를 지키지 않는 이승만에 대한 불만의 표출이었다. 실제로 이승만은 임시 대통령직을 수행한 5년 동안 5개월밖에 상해에 있지 않고 대부분 미국에 있었다. 이승만이 요구를 거절하자 이동휘는 1921년 1월 사직서를 제출했다.

이승만과 신채호의 갈등은 크게 보면 외교 노선과 무장투쟁 노선의 대립으로 볼 수 있다. 그러나 한편으로는 과거에 급제하고 성균관 박사를 지낸 전통 사회의 엘리트인 신채호와 미국의 명문 대학인 프린스턴대에서 정치학 박사학위를 받은 새 시대 엘리트 이승만과의 대립이라는 측면도 간과할 수 없다.

원론적 관점에서 보자면 이승만의 외교 노선과 박용만의 무장투쟁 노선, 안창호의 실력 양성론은 독립운동에 필수적인 것들이다. 그러나 이것을 추진하는 민족 지도자들이 자기의 주장만을 고집한 나머지 서로 조화를 이루지 못하고 대립과 갈등을 빚어서 독립운동 그 자체의 전력에 막대한 손실을 가져왔다는 것은 역사의 교훈으로 남아 있다.

이상설 '대한광복군정부' 정도령으로 추대

을사조약 체결 후부터 3·1 운동 발발 전까지 조선의 독립운동사에 큰 족적을 남겼다.

'헤이그 밀사 사건' 하면 현지에서 분사한 이준 열사가 먼저 떠오르지만 사실 핵심 역할을 한 인물은 정사로 활약한 이상설(1870~1917)이다. 무엇보다 그는 1906년 망명 후부터 1917년 이국 땅에서 눈을 감을 때까지 해외에서 일제에 저항한 독립운동가였다.

이상설은 충북 진천에서 태어났다. '신동' 소리를 들을 정도로 총명해 6살 때 동부승지 이용우의 양자로 입적되어 서울로 올라왔다. 24세 때인 1894년 조선조의 마지막 과거(갑오문과)에 급제하고 성균관 관장, 한성사범학교 교관, 탁지부 재무관 등 여러 관직에 제수되었다.

이상설

이상설은 전통 학문인 유학은 물론 정치·법률·경제·사회·수학·과학·철학·종교 등 신학문에도 일가견이 있었다. 특히 1899년 집필을 끝낸 수학서 '수리'에 '정현(正弦·sin)', '여현(餘弦·cos)', '정절(正切·tan)' 등 삼각함수 공식이 소개되어 있을 정도로 조선의 수학사에 남긴 발자취가 선명했다. '수리'에는 방정식과 연립방정식이 기호화되어 있고 제곱근을 포함한 2차방정식의 '근(根)의 공식'도 오늘날과 같은 기호로 정리되어 있다. 1900년 집필한 '산술신서'는 한성사범학교의 교재로 쓰였다.

이상설은 1905년 11월 초 의정부 참찬(정2품)에 발탁되었으나 며칠만에 을사조약이 체결(11.17)되자 적극적으로 고종에게 상소했다. "대저 그 약관이란 인준해도 나라는 망하고 인준을 아니해도 나라는 또한 망합니다. 이래도 망하고 저래도 망할 바에야 차라리 순사(殉社)의 뜻을 결정하여 단연코 거부하여 열조열종(列祖列宗)의 폐하께 부비(付卑)하신 중임(重任)을 저버리지 않는 것이 낫지 않겠습니까"라고 직설했다. 11월 22일 고종이 외부대신 박제순을 의정대신으로 승격시켰을 때는 "나라를 팔아먹은 역적 수괴를 의정대신 대리로 임명해 신에게 그 아래 반열에 나가게 하니, 신은 분노가 가득 차고 피가 텅 비며 뜨거운 눈물이 강처럼 흘러 정말 갑자기 죽어서 모든 것을 잊고 싶습니다"라고 항의했다.

민영환이 11월 30일 을사조약에 항의 자결했다는 소식을 들었을 때는 종로 네거리로 달려가 땅에 머리를 찧으며 자결을 시도했다. 김구는 백범일지에 민영환의 집에 조문 갔다 나오면서 목격한 이상설의 자살 미수 사건을 기록으로 남겼다. "어떤 사람이 흰 명주 저고리에 갓망건도 없이 맨상투 바람으로 옷에 핏자국이 얼룩덜룩한 채 여러 사람의 호위를 받으며 인력거에 실려가면서 큰소리로 울부짖었다. 누구냐고 묻자 참찬 이상설인데 자살 미수에 그쳤다고 한다."

이상설은 1906년 4월 중국 길림성 용정으로 망명하고 그해 8월 이동녕·정순만 등과 함께 항일 근대 민족 교육의 요람인 '서전서숙'을 설립했다. 서전서숙은 서양 선진 문명의 수용과 관계있는 근대 교육과 더불어 철저한 반일 민족 교육을 실시함으로써 실질적으로는 독립군 양성소와 같은 역할을 했다. 이상설은 숙장을 맡아 산술을 가르쳤다.

1907년 네덜란드 헤이그에서 열리는 만국평화회의에 정사로 참석하라는 고종의 밀명을 받고 러시아 블라디보스토크에서 이준을 만나 헤이그로 향했다. 1907년 7월 이준 열사의 분사 후에는 헤이그에서 미국으로 건너가 재미 한인들에게 조선의 실정을 호소하고 독립 자금의 지원을 요청했다. 미국에 체류 중이던 8월 8일 일본 정부 압력 하에 놓여 있던 대한제국의 재판소는 궐석 재판을 열어 이상설에게는 사형을, 이준과 이위종에게는 종신징역을 선고했다.

"내 몸과 유품, 글을 모두 불태우고 제사도 지내지 말라."

이상설은 9월 초 헤이그로 돌아가 이준의 장례식을 거행한 뒤 유럽 각국을 순회하다 1908년 2월 다시 미국으로 건너가 1년 남짓 머물렀다. 1909년 4월 블라디보스토크로 돌아가서는 1910년 6월 블라디보스토크 신한촌에서 러시아령 내의 의병 세력이 '13도 의군'을 결성할 때 힘을 보했다. 1910년 7월에는 유인석과 공동 명의로 고종에게 "내탕금으로 군자금을 지원하고 고종이 직접 블라디보스토크로 망명해 독립운동을 영도하라"는 내용의 상소를 올리고 1910년 8월에는 유인석·이범윤 등과 함께 을사조약 무효를 주장하는 항일 단체 '성명회'를 조직했다.

일제는 이처럼 러시아에서 맹렬하게 항일을 주도하는 인물들의 체포와 인도를 요구했다. 러시아는 8월 30일 이상설을 비롯해 성명회와 13도 의군의 주요 인물들을 체포하고 일부는 중부 시베리아 지역으로 유배했다.

이상설은 석방 후 니콜리스크(우스리스크)로 추방되었다가 1911년 블라디보스토크로 돌아와 그해 5월 최재형·홍범도 등 연해주 지역의 핵심 인물들과 뜻을 모아 '권업회'를 조직했다. 연해주는 물론 간도 지역의 인물들까지 참여시켜 급속히 세를 확대했다. 창립 당시 최재형을 회장, 홍범도를 부회장으로 선임했던 권업회는 1911년 12월 총회 때 조직을 개편해 의사부와 집행부로 나누고 의사부 의장 이상설이 권업회를 대표하도록 했다.

권업회는 표면적으로는 상공업 등 실업 활동을 권장했지만 민족 교육과 한인 사회의 정치·경제적 지위 향상을 도모하는 활동을 전개했다. 권업회의 기관지로 1912년 4월 창간된 '권업신문'은 강력한 항일 논설과 애국 논설로 동포들의 구심점 역할을 했다.

1914년 초에는 연해주를 비롯해 북간도 지역에서 활동하는 독립운동가들을 규합, 최초의 망명정부인 '대한광복군정부'를 세웠다. 러일전쟁 10주년을 맞아 제2의 러일전쟁이 발발할 것을 기대하고, 그때를 광복의 기회로 삼으려는 전략에서 시도된 것이었다. 이상설은 정도령(正道領)으로 추대되어 부도령 이동휘 등과 함께 대한광복군정부를 지휘했다. 대한광복군정부는 권업회가 양성한 광복군을 기반으로 하고 국내외 독립운동을 주도하면서 독립전쟁을 추진했다. 그러나 1914년 8월 1차대전 발발 후 러시아가 동맹국인 일본의 요청을 받아들여 모든 항일 민족운동 단체를 탄압해 치명적인 타격을 받고 권업회와 함께 1914년 9월 해체되고 말았다.

이후 중국 상해로 이동한 이상설은 상해의 신규식·박은식, 북경의 유동열·성낙형 등과 함께 1915년 3월 신한혁명당을 결성했다. 본부장에는 이상설이 추대되었고 상해 지부장은 신규식, 감독은 박은식, 장춘지부장은 이동휘가 맡았다. 고종을 비밀리에 중국으로 망명시켜 침체에 빠진 독립운동에 일대 활력을 불어넣고 일본과 적대 관계에 있던 독일과 연대해 일본과 대항한다는 거대한 계획 하에 고종을 당수로 추대했다.

그러나 계획은 중도에 발각되었고 이상설은 비관 속에서 1916년 초 병을 얻어 투병 생활을 하다가 1917년 3월 2일 니콜리스크에서 48세로 순국했다. 그가 남긴 서릿발 같은 유언은 이랬다. "조국 광복을 이루지 못하고 세상을 떠나니 혼인들 어찌 감히 조국에 돌아갈 수 있으랴. 내 몸과 유품, 글을 모두 불태워 강물에 흘려 보내고 제사도 지내지 말라."

아사카와 다쿠미·노리타카 형제, 조선에 정착

17년간 조선에서 조선인처럼 살다 조선 땅에 묻혀 조선의 흙이 되었다.

야나기 무네요시가 머리와 지성으로 조선을 사랑했다면 아사카와 다쿠미(1891~1931)는 가슴과 생활로 조선을 사랑한 일본인이다. 다쿠미는 1931년 40살의 나이로 요절할 때까지 17년간 조선에서 조선인처럼 살다 조선 땅에 묻혀 조선의 흙이 되었다. 그는 우리 자신이 전통미의 아름다움과 가치를 알지 못할 때 우리보다 먼저 몸과 마음으로 조선의 미를 상찬했다.

다쿠미가 조선 땅을 처음 밟은 것은 1914년 5월이었다. 당시 서울에는 1년 전 소학교 교사로 부임한 형 아사카와 노리타카(1884~1964)가 있었다. 노리타카는 1906년 현립사범학교를 졸업하고 심상소학교 교사로 근무하면서 조각을 배우다가 조선의 공예품에 이끌려 서울의 심상소학교 교사를 자청해 1913년 5월 부임했다. 조선 땅을 밟자마자 그가 달려간 곳은 고려청자와 조선백자가 있는 창경궁의 이왕직 박물관이었다.

형 노리타카(왼쪽)와 동생 다쿠미

그는 특히 조선백자의 아름다움에 매료되어 백자를 사 모으며 조선 도자기를 연구했다. 그러는 한편 방학만 되면 도쿄로 건너가 조각을 배웠다. 1914년 9월 야나기 무네요시의 도쿄 집을 찾아가 조선백자 '청화백자 추초문각호'를 선물한 것도 야나기가 보관하고 있던 로댕의 조각품을 보기 위해서였다. 지금 일본 민예관에 소장되어 있는 이 백자 항아리는 야나기가 조선을 방문하는 계기가 되었다는 점에서 역사적 의미가 있다. 노리타카는 1919년 4월 교직을 그만두고 일본으로 건너가 조각에 몰두했다.

동생 다쿠미는 일본에서 1909년 현립농림학교를 졸업하고 국유림을 관리하는 관청에 근무하다가 1914년 5월, 형이 있는 조선으로 건너왔다. 다쿠미는 1914년 7월 조선총독부 산림과 산하 임업시험소의 고용원으로 취직, 조선산 수목 및 수입 수종의 양묘 시험 재배에 종사했다. 이후 조선에서 눈을 감는 마지막 날까지 17년 동안 조선의 산림녹화 사업에 종사하면서 조선 낙엽송의 양묘(1916)를 성공시키고 잘 자라지 않는 종자를 노천에 매장하는 방법으로 싹을 틔우는 '노천매장법'을 확립하는 성과를 거뒀다. 당시 조선 잣나무는 2년간 길러야 양묘에 성공할 수 있었지만 다쿠미가 고안한 양묘법 덕분에 1년으로 단축되었고 지금도 이 방법이 사용되고 있다. 또한 '싸리나무의 종류', '민둥산 이용에 대해' 등 여러 편의 글과 논문을 관련 회보에 발표했다.

가슴과 생활로 조선을 사랑한 일본인

다쿠미는 조선의 도자와 공예에도 관심이 많았다. 1916년 8월 조선을 처음 방문한 야나기 무네요시와 함께 조선의 골동품 가게를 뒤지며 안목을 키웠고, "조선 도자기의 신"이란 평을 들었던 형 노리타카의 영향을 받아 조선의 민예에도 빠졌다. 조선의 전통 가마터도 직접 조사해 '조선 가마터 유적 조사 경과보고서'를 작성했다. 1920년 12월에는 조선민족미술관을 건립하자고 야나기와 뜻을 모았다. 이후 야나기는 장소 확보와 자금 조달을 맡고 다쿠미는 전시품의 수집·관리 등의 실무를 맡았다.

야나기는 자신이 동인으로 참여하고 있는 일본의 문학예술잡지 '시라카바(白樺)'지 1921년 1월호에 '조선민족미술관의 건립에 대해'란 호소문을 발표해 미술관 건립의 필요성을 역설했다. 그러자 야나기의 일본 친구들은 물론 도쿄에서 조선인 유학생 운동을 주도하던 백남훈, 김준연, 백관수 등이 기부금을 보내왔다. 야나기의 부인으로 일본의 유명 성악가인 가네코는 1921년 5월 조선에서 개최한 음악회 수입을 기부했다. 다쿠미 역시 넉넉하지 못한 살림인데도 사재를 털어 미술관을 지원했다. 이런 과정을 거쳐 도자기, 고미술, 민예품 등을 전시하는 아시아 최초의 공예미술관인 '조선민족미술관'이 1924년 4월 9일 경복궁 집경당 안에서 개관했다.

다쿠미는 생전에 '조선의 소반'(1929.3), 사후에 '조선도자명고'(1931.9) 등 2권의 저서를 냈다. '조선의 소반'에서는 한국 문화가 중국의 아류라는 일본인들 주장에 맞서 조선 사람은 실내에서 의자를 사용하지 않고 바닥에 앉아서 생활을 하는 까닭에 상(床)에 관해서는 중국의 영향을 받지 않았다고 기술해 조선 문화의 독자성을 변론했다. 다쿠미가 세상을 떠난지 5개월 뒤에 출간된 '조선도자명고'는 조선 전체에 산재해 있는 가마터를 꿸 정도로 전국을 뒤지고 다닌 뒤 얻은 결실이다. 도자기를 만드는 도구와 원료, 가마터 조사 등을 세밀하게 수록해 지금까지도 우리 공예와 도자를 연구하는 사람에게는 보물 같은 책으로 평가받고 있다.

다쿠미는 조선말을 하고 바지저고리 차림에 망건을 쓰고 외출하는 등 진정으로 조선인과 하나가 되려고 했다. 집은 온돌방이었고 방안에는 조선 장롱을 두고 살았다. 조선 음식을 좋아해서 비빔밥도 만들 줄 알고 '조선의 김치'라는 논문도 썼다. 술도 막걸리만 마셨다. 마음도 따뜻해 남자 걸인을 만나면 면사무소로 데리고 가 무언가 일을 찾아주었고 여자 걸인을 만나면 주머니에 있는 돈을 모두 꺼내 주었다. 넉넉지 않는 형편에 몇몇 학생에게는 장학금도 주었다.

"죽어도 조선에 있을 것이니 조선식으로 장례 지내 달라"

다쿠미는 1931년 2월부터 한 달간 조선 각지를 돌아다니며 묘목 기르는 법을 가르쳤다. 무리했는지 서울로 돌아와 3월 27일 급성 폐렴으로 자리에 눕더니 결국 1931년 4월 2일 오후 6시 40세의 나이로 순직했다. 숨을 거두기 전 "나는 죽어도 조선에 있을 것이니 조선식으로 장례를 지내 달라"는 유언을 남겼다. 유언에 따라 흰색 바지저고리 차림의 조선 옷을 입은 채 이문리 묘지에 안장되었다. 야나기는 일본에서 소식을 듣고 달려와 죽음을 통곡했다. 추도문에는 "그는 진심으로 조선을 사랑하고 조선인을 사랑했다. 지금까지 그만큼 도덕적인 성실함을 지닌 사람을 본 적이 없다"고 썼다. 경성제대의 한 교수는 추도문을 경성일보에 5회 연재하는 것으로 애도했다.

다쿠미가 죽은 지 11년이 지난 1942년 7월 이문리 묘지 근처에 새로 도로가 나게 되어 다쿠미의 묘는 교외 망우리 공동묘지로 옮겨졌다. 해방 후에는 묘를 돌보는 이가 없어 덤불로 가려지고 묘표도 넘어져 뒹굴었다. 그러자 한국임업시험장 옛 동료들이 안타깝게 생각해 1964년 6월 묘를 복원하고 수복제를 지냈다. 1984년 8월에는 "한국의 산과 민예를 사랑하고 한국인의 마음속에 살다 간 일본인, 여기 한국의 흙이 되다"라고 새긴 기념비가 세워졌다.

한편 조각을 배우기 위해 1919년 일본으로 건너간 노리타카는 일본의 미술전에서 입선하는 등 나름대로 조각에서 자기 지위를 확보했으나 조각계의 파벌 싸움이 싫어 1922년 4월 조선으로 돌아와 조선의 도자사를 본격적으로 연구했다. '시라카바'지 1922년 9월호에 발표한 '조선 도자기의 가치 및 변천에 관해' 제목의 논문은 그 최초의 성과였다. 이후에도 조선 다완의 산지를 확인하기 위해 전국의 가마터를 조사하고 세종실록, 경국대전, 동국여지승람 등의 고문헌을 뒤져 조선 도자기의 산지들을 찾아냈다. 그렇게 찾아낸 도요지가 전국에 걸쳐 678곳이나 되었다.

그때마다 도편(陶片)의 채집지, 추정 연대, 형상 등을 꼼꼼히 기록하고 조사 시기와 유적의 수 등도 빠짐없이 정리해 조선 도자사에 중요한 자료로 남겼다. 1934년 7월에는 조선 도자기전을 도쿄에서 열어 그간의 조선 도자기 연구를 집대성한 결과물을 선보였다. 현대 한국 도예계의 거장인 지순탁이 도예에 뜻을 두는 계기를 만들어준 사람도 노리타카였다.

도자사를 연구하면서도 조각과 회화에도 열심이어서 조선미술전에서 여러 편의 조각과 회화로 입선 혹은 특선을 차지했다. 글쓰는 데도 재주가 있어 도자기와 관련된 연구 논문을 수차례 발표하고 '항아리', '석굴암에 머물다' 등의 시를 발표했으며 일본의 단카와 하이쿠도 여러 편을 남겼다.

1945년 8월 일본의 패망 후에도 일본으로 바로 귀국하지 않고 미 군정청의 특별 허가를 얻어 조선 도요지의 조사를 계속했다. 그러다가 개인 소장의 공예품 3,000여 점과 도편 30상자를 민속박물관에 기증하고 1946년 11월 33년에 걸친 조선 생활을 청산한 뒤 일본으로 돌아갔다. 이때의 공예품들은 그 후 국립중앙박물관에 흡수되어 지금도 사람들의 눈을 즐겁게 해주고 있다. 1964년 1월 일본에서 80세로 눈을 감았다.

1차대전 발발

전장은 유럽에만 국한되지 않았다. 아프리카와 중동에서도 크고 작은 전투가 벌어졌다.

1914년 6월 28일, 인류에 대재앙을 몰고 올 2발의 총소리가 발칸반도 보스니아의 수도 사라예보에 울려 퍼졌다. 오스트리아·헝가리 제국의 프란츠 페르디난트 황태자 부부가 사라예보에서 열린 군 열병식에 참석하고 돌아가던 중 한 청년이 쏜 총탄을 맞고 쓰러진 것이다. 부부는 병원에 실려갔으나 황태자비는 이미 절명한 뒤였고 황태자 역시 곧 사망했다. 현장에서 체포된 범인은 19세의 세르비아 청년 가브릴로 프린치프였다.

세르비아 청년이 오스트리아·헝가리 제국의 황태자를 암살한 배경을 알려면 당시 발칸반도가 처해 있는 상황부터 이해할 필요가 있다. 당시 발칸반도에는 세르비아와 보스니아도 자리를 잡고 있었는데 두 국가 모두 남슬라브 민족이 주요 구성원이어서 사실상 형제 국가나 다름없었다. 두 국가는 500년 남짓 오스만튀르크의 지배를 받아오다 1878년 오스만이 러시아와의 전쟁에서 패한 틈을 타 독립했다. 이후 세르비아 왕국은 계속 독립을 유지했으나 보스니아는 1908년 오스트리아·헝가리 제국이 보스

암살범이 페르디난트 황태자 부부를 저격한 후 현장에서 체포되고 있다.

니아와 헤르체고비나 지역을 병합하면서 오스트리아의 지배를 받아야 했다. 세르비아인들은 형제국가 보스니아를 점령한 오스트리아를 적대시했다. 이런 상황에서 오스트리아의 황태자가 보스니아를 방문하자 세르비아 청년이 황태자를 저격한 것이다.

프린치프는 황태자가 사라예보를 방문한다는 사실을 알고 6명의 동지와 암살을 준비했다. 공교롭게도 6월 28일은 세르비아의 구왕국이 1389년 6월 28일 오스만튀르크와의 코소보 전투에서 져 패망한 날로 세르비아 민족에겐 잊을 수 없는 통한의 날이었다. 우리로 치면 조선이 일제에 병합된 1910년 8월 29일과 같은 날이었다. 6월 28일은 황태자 부부의 결혼 14주년 기념일이기도 했다.

황태자의 오픈카가 시내를 주행할 때 첫 번째 암살단원은 겁이 나서 포기했다. 두 번째 암살단원이 수류탄을 던졌으나 뒤쪽 차량의 수행원과 구경꾼 10여 명만 다치고 황태자 부부는 무사했다. 어설픈 암살 계획은 이렇게 실패로 끝나는 듯했다. 그런데 무사히 시청 청사에 도착한 황태자가 "수행원이 입원한 병원으로 위문을 가겠다"며 객기를 부렸다. 황태자의 오픈카가 병원을 향해 이동하고 있을 때 거사가 실패했다고 생각하고 낙담해 있는 프린치프가 그 차량을 보게 되었다. 프린치프는 브라우닝 권총을 꺼내 1.5m 거리에서 황태자 부부를 향해 방아쇠를 당겼다. 두 발의 총탄 중 한 발은 황태자의 목에, 다른 한 발은 황태자비의 배에 명중했다.

현장에서 체포된 프린치프는 대역죄로 기소되었으나 20세 미만 사형

금지 법률에 따라 사형당하지는 않고 20년 징역형을 받았다. 당시 그는 20세에서 27일(암살일 기준) 모자랐다. 암살단 7명은 20대가 2명이고 10대가 5명이어서 사형된 범인은 20대 한 명뿐이었다. 다른 20대 한 명은 도주했다. 프린치프는 감옥에서 심한 결핵으로 한쪽 팔을 잘랐다가 4년 뒤인 1918년 4월 28일 결핵으로 숨졌다. 오스트리아 정부가 암살 배후를 추적했으나 세르비아 정부 차원에서 암살을 지원한 사실은 밝혀지지 않았다.

그런데도 오스트리아는 황태자 피살 사건을 세르비아 민족주의 운동을 분쇄할 절호의 기회로 삼았다. 그렇다고 무작정 세르비아를 힘으로 응징했다가 세르비아를 지원하는 러시아가 어떻게 나올지 알 수 없었다. 그래서 독일에 손을 내밀었다. 오스트리아는 독일에 전쟁 발발 시 지원해줄 것을 요청했다. 그러자 독일 황제(빌헬름 2세)가 오스트리아가 무슨 행동을 해도 지원하겠다는 뜻을 7월 5일 알려왔다.

문제는 그 무렵의 발칸반도가 '유럽의 화약고'라는 것

독일은 오스트리아가 세르비아를 무력으로 공격하더라도 분쟁을 국지화할 수 있다고 판단했다. 영국은 중립을 지킬 것이고 러시아와 프랑스는 아직 전쟁 준비가 되어 있지 않다고 분석했다. 더구나 당시 독일은 지난 수십 년 동안 유럽에서 가장 강력한 국가로 성장해 전쟁이 하고 싶어 몸살이 날 지경이었다.

오스트리아는 독일의 지원 약속을 '백지 위임장'으로 굳게 믿고 세르비아가 받아들일 수 없는 내정 간섭 등의 조건을 달아 7월 23일 최후통첩을 보내면서 48시간 이내 회답을 요구했다. 사건의 책임이 세르비아 정부에 있고 세르비아 국내에서 일고 있는 반오스트리아 운동을 금지하라고 요구한 것이다. 세르비아 정부는 요구 대부분을 수용했으나 자국의 주권 침해

1차대전 발발 당시 동유럽 판도

에 관계된 요구만은 거부했다. 오스트리아는 이 회답을 인정하지 않고 7월 28일 세르비아에 일방적으로 선전포고를 한 뒤 대대적으로 포격을 가했다.

문제는 그 무렵의 발칸반도가 '유럽의 화약고'라는 사실이었다. 1867년 오스트리아·헝가리 제국을 세운 오스트리아가 옛 합스부르크 가문의 영광을 발칸반도에서 재현하려 하자 러시아가 범슬라브주의를 내세워 발칸반도의 슬라브계 민족들을 자신 쪽으로 끌어들이면서 발칸반도에 오스트리아와 러시아 간의 갈등이 내연했던 것이다.

이런 상황에서 세르비아 사태는 러시아로서는 결코 지나칠 수 없는 중대사였다. 게다가 프랑스는 1871년 보불전쟁에서 독일에 빼앗긴 알자스·로렌 지방을 되찾기 위해 1892년 러시아와 동맹을 맺어 독일이 군대 동원령을 내리면 두 나라가 함께 동원령을 내리기로 한 상태였다. 영국은 독일이 해군의 군비 경쟁에 뛰어든 것을 경계하며 프랑스·러시아와 '3국 협상'을 맺어 만일에 대비했다. 독일 역시 오스트리아·헝가리와의 '2국 동맹'에 이어 이탈리아까지 끌어들여 '3국 동맹'으로 세력을 확대해 놓고 있었다.

이처럼 동맹, 비밀 협정, 군사 협약 등으로 얽히고 설킨 거미줄 같은 방위망이 1914년 당시 유럽의 현주소였다. 따라서 오스트리아의 세르비아 공격과 독일의 오스트리아 군사 지원은 러시아의 세르비아 군사 지원으로 이어지고 러시아의 참전은 프랑스와 영국의 개입을 불러올 수밖에 없는 상황이었다. 결국 독일·오스트리아와 러시아·프랑스·영국이 8월 한 달 동안 연이어 상대를 향해 선전포고를 하면서 어느덧 당사자인 세르비아는 뒷전으로 밀려나고 강대국 사이의 1차대전으로 확전되었다. 이로써 평화스러웠던 한 시대가 종말을 고하고 유럽 전체가 전화 속으로 휘말려들었다.

흥미로운 것은 주요 참전국 중 공화정인 프랑스를 제외하면 독일(카이저 빌헬름 2세), 영국(조지 5세), 러시아(니콜라이 2세)의 국가 원수들이 가까운 친척 간이었다는 것이다. 구체적으로 살펴보면 영국의 조지 5세는 빅토리아 영국 여왕의 친손자이고 독일의 빌헬름 2세는 빅토리아 여왕의 외손자이므로 둘은 사촌 간이었다. 조지 5세의 어머니와 러시아 니콜라이 2세의 어머니가 친자매이므로 이들도 사촌 간이다. 게다가 빌헬름 2세와 니콜라이 2세는 프로이센의 프리드리히 빌헬름 3세의 후손들로 7촌 간이다.

얽히고 설킨 거미줄 같은 방위망이 1914년 당시 유럽의 현주소

1차대전은 좁게는 유럽 대륙의 패권을 놓고 프랑스·영국과 독일이 맞붙은 전쟁이었지만 넓게는 식민주의 기득권 세력인 영국의 3C 정책(캘커타, 카이로, 케이프타운을 잇는 지배권 확립)과 도전 세력인 독일의 3B 정책(베를린, 비잔티움, 바그다드를 잇는 지배권 확립)이 충돌한 전쟁이었다.

전제적으로는 범슬라브와 범게르만 간의 갈등, 프랑스와 독일의 전통적인 불화, 군사적으로 강력해진 독일의 야망, 강대국 사이에 끼어 있는 군소 국가의 민족주의 고양 등 국제정치적 요인이 복합적으로 작용한 데다 인종 우월주의와 자본주의 발달, 시장 확보를 위한 식민지 쟁탈 등의 경제적 요인들까지 중첩되어 일거에 폭발한 대참사였다. 이처럼 갈등이 팽창할 대로 팽창한 상태에서 일어난 오스트리아 황태자 피살은 문명 세계 유럽을 죽음과 파멸로 몰아넣었다.

개전 후 오스만튀르크와 불가리아는 독일 편에 가담하고 그리스와 루마니아는 '3국 협상' 대열에 합류했다. 이탈리아는 전쟁 초기 독일이 주도하는 '3국 동맹'의 일원이었으나 '3국 협상' 측이 승전 후 오스트리아 영토의 일부를 내주겠다는 미끼에 넘어가 3국 협상 편으로 돌아섰다. 일본은 동아시아와 서태평양에 있는 독일의 권익을 빼앗고 중국에서 발판을 굳힐 생각으로 3국 협상국의 일원으로 8월 23일 독일에 선전포고했다.

전쟁이 일어나자 사람들은 사태가 어떻게 전개될지도 모른 채 환호성을 지르며 병사들의 장도를 축하했다. 지난 44년 동안 전쟁을 경험하지 못한 데다 19세기의 낭만적인 전쟁 양상이 여전히 그들의 머릿속을 채우고 있었기 때문이다. 군인들은 영웅심에 불타 있었고, 영광과 명예를 꿈꾸었으며 신이 자기를 도와줄 것이라고 믿었다. 그러나 개전 후 얼마 안 가 기동전이 참호전으로 바뀌면서 크리스마스 때까지 4개월이면 족할 줄 알았던 전쟁은 4년으로 늘어났고, 신무기와 독가스는 수많은 사람의 목숨을 앗아갔다.

전쟁은 주로 유럽의 동부전선과 서부전선 그리고 해상에서 전개되었다. 서부전선에서의 첫 대규모 전투는 1914년 9월 프랑스 북동부 파리 분지를 흐르는 마른강에서 벌어졌는데 독일의 실패로 끝났다. 이후 쌍방은 서부전선에 대규모의 참호와 진지를 구축한 뒤, 한 치의 양보도 없는 대치 상태에 빠져들었다. 동부전선에서는 1914년 8월 동프로이센 남부의 타넨베르크 전투에서 독일군이 러시아군을 대파했다. 이 전투에서 독일군에게 포위된 25만 명의 러시아 병력 중 13만 명이 죽거나 다쳤고 6만 명이 포로로 잡혔다.

이런 대승에도 불구하고 오스트리아·헝가리 제국 군대가 러시아군에 대패해 개전 후 속전속결을 원했던 독일의 꿈은 수포로 돌아갔다. 독일은 1915년 동부전선에서 또다시 러시아를 공격해 대승을 거두고 동부전선의 발칸반도에서도 큰 승리를 거뒀다. 하지만 러시아를 완전히 제압하지 못해 독일은 동부전선과 서부전선 양쪽에서 동시에 작전을 수행해야 했다.

문명 세계를 죽음과 파멸로 몰아넣어

독일의 동맹군과 프랑스·영국의 협상군이 결전의 해로 삼은 것은 1916년이었다. 이 해에만 동부전선과 서부전선에서 3차례에 걸친 대규모 전투가 벌어졌다. 1916년 2월 독일이 먼저 프랑스의 베르됭 요새를 공격해 들어갔다. 베르됭은 프랑스 파리 동쪽 280㎞ 뫼즈강 연안에 있는 프랑스의 전략 요충지였다. 독일군은 우월한 전투력으로 베르됭 요새 함락을 눈앞에 두고도 완전 점령에는 실패했다.

영국과 프랑스군은 베르됭에 집중되어 있는 독일군 전력을 분산시키기 위해 1916년 7월 베르됭에서 240㎞ 떨어진 솜 지역에서 대규모 공세를 퍼부었다. 베르됭 전투와 솜 전투는 1차대전 중에서도 가장 규모가 크고 소모적인 전투였다. 영국이 주공, 프랑스가 조공을 담당한 솜 전투에서 두 나라 군대는 비록 독일군의 방어선을 뚫지는 못했지만 독일의 공격력을 약화하는 데는 성공했다. 동부전선의 러시아는 오스트리아·헝가리 제국을 거의 붕괴 직전까지 몰아넣었다. 1916년 말의 전체적인 전황이 협상국 측에 유리하게 돌아가자 독일·오스트리아 동맹은 서부전선에서 방어 태세로 전환, 장기전에 대비했다.

해상에서는 1914년과 1915년 영국과 독일의 해군이 몇 차례 맞붙었으나 결정적인 전투는 없었다. 그러다가 1916년 5월 31일부터 이틀간 1차대전 중 가장 규모가 큰 유틀란트 해전이 벌어졌다. 이 해전에서 영국은 독일 해군보다 더 큰 피해를 보았으나 북해의 제해권을 포함해 해상권은 빼앗기지 않고 계속 장악했다. 그러자 독일은 사전 경고 없이 잠수함으로 모든 선박을 파괴하는 이른바 '무제한 잠수함 작전'으로 대응했다. 1917년 2월 독일이 무제한 잠수함 작전을 전개하고 이 때문에 피해를 본 미국이 독일에 선전포고를 하면서 전황이 급변했다.

그런데 1917년 11월 러시아가 볼셰비키 혁명으로 동부전선에서 발을 빠면서 전세가 또다시 요동쳤다. 러시아와 대치해온 동부전선의 독일군은 충분한 휴식을 취한 뒤 1918년 봄 속속 서부전선으로 이동했다. 독일군은 미군이 본격 투입되기 전 승리를 확정짓기 위해 1918년 3월 솜 지역에 대대적인 포격을 가하며 총공세를 취했다. 독일은 1918년 7월까지 서부전선 전역에서 5차례나 대공세를 펼쳤으나 필사적으로 맞서는 영국·프랑스·미국의 방어벽을 무너뜨리지는 못했다.

미군이 본격적으로 독일군과 맞붙은 것은 1918년 5월 시작된 독일의 3차 공세 때였다. 1918년 4~6월 프랑스에 도착한 미군 병력은 15개 사단에 이르렀고 11월 종전 때까지 200만 명이 투입되었다. 압도적으로 우세를 확보한 연합군은 7월 18일 일제히 반격에 나섰다. 혹심한 스페인 독감까지 번지면서 독일군은 점차 전의를 상실했다. 독일군 참모차장 에리히 루덴도르프가 '최악의 날'이라고 했던 8월 8일에는 20개 사단 이상의 연합군이 400대 이상의 탱크 지원을 받으며 독일군을 몰아세웠다.

전세가 뒤집히자 독일의 동맹국들이 동요했다. 불가리아(9.30)와 오스만튀르크(10.30)가 항복했고, 오스트리아·헝가리 제국 내에서는 체코, 슬로바키아, 폴란드 등이 저마다 독립을 요구하면서 제국이 와해되기 시작했다. 결국 오스트리아는 11월 3일 휴전을 선언했다. 독일 안에서도 전쟁에 신물이 난 독일인들의 전쟁 반대로 몸살을 앓았다. 11월 3일 킬항의 수병까지 출동 명령을 거부하자 독일 황제 빌헬름 2세와 황태자는 11월 9일 사회민주당의 프리드리히 에베르트에게 임시정부 수립을 위촉하고 11월 10일 네덜란드로 망명했다. 이로써 전쟁은 사실상 끝이 났다.

그런데 1차대전의 전장은 유럽에만 국한되지 않았다. 아프리카는 물론 중동의 거의 전역에서도 크고 작은 전투가 벌어졌다. 독일의 조차지였던 중국의 산동반도와 남태평양에서도 식민지 쟁탈전이 벌어졌다. 그중에서도 주요 전장은 아프리카 대륙이었다. 당시 아프리카는 영국, 프랑스, 독일, 포르투갈, 벨기에 등 열강의 식민지로 갈기갈기 찢어져 있었다. 이 때문에 아프리카 곳곳에서 전투가 벌어져 최소 72만 명이 숨졌다.

남태평양 일대도 전쟁의 소용돌이에 휘말렸다. 뉴질랜드, 일본, 미국 등은 전쟁 초기 독일의 식민지였던 남태평양의 서사모아와 뉴기니섬을 점령했다. 연합군 측에 가담해 참전했던 일본은 1914년 9월 초 중국 산동 반도에 상륙, 11월 초 독일이 점령하고 있는 청도를 장악했다.

영국의 식민지였던 인도에서는 모두 110만 명의 군인이 동원되었다. 영국이 전쟁이 끝나면 자치권을 보장해주겠다고 약속해 인도를 전쟁에 끌어들였기 때문이다. 인도인들은 서부전선과 중동 지역은 물론 터키 갈리폴리 전투와 동아프리카 전선에도 투입되었다. 특히 중동 지역에 투입된 영국군의 상당수는 인도인이었다. 인도는 전쟁 물자 수송을 담당하고 간호사들을 전선에 투입하는 등 비군사적 영역에서도 큰 공헌을 했다. 인도인 역시 수많은 사람이 죽거나 다쳤다.

4년 3개월간 치열하게 벌인 전쟁 계산서 끔찍해

전쟁의 불똥은 영연방 소속 국가들에도 미쳤다. 수만 명의 호주·뉴질랜드 군인이 갈리폴리 전투에서 숨졌다. 네팔의 용병부대는 20만 명이 참전해 2만여 명이 사망했다. 영국·프랑스와 달리 독일은 아프리카 식민지 군대를 유럽 전투에 거의 동원하지 않았다. '백인이 아닌 사람들을 유럽의 전투에 투입하는 것은 위험하다'는 인종주의적 발상 때문이었다.

중국은 1917년 10월 중립을 포기하고 정식으로 3국 협상 측에 가담하면서 노동자들을 대거 동원했다. 종전 때까지 영국과 프랑스 등에 약 14만 명, 러시아에 50 만 명가량을 '전시 노동자'로 파견했다. '전쟁 노역'에 동원된 중국인 중 러시아 서부전선에서만 3만 명가량이 사망했다.

독일이 항복 문서에 서명한 것은 1918년 11월 11일 오전 5시로, 파리

북동쪽 80㎞ 떨어진 콩피에뉴의 열차에서 이뤄졌다. '11월 11일 오전 11시부로 상호간 군사적 적대 행위를 종료한다'는 협정에 따라 6시간 뒤 모든 전선에 총성이 멎었다. 이로써 4년 3개월간 피비린내가 진동했던 1차 대전은 막을 내렸다.

전쟁 결과는 세계의 정치·경제 지형도를 바꿔놓았다. 오스만튀르크 제국과 오스트리아·헝가리 제국은 멸망하고 러시아, 독일, 오스트리아·헝가리 제국에서는 왕가가 몰락했다. 러시아에는 인류가 한 번도 경험해보지 않은 사회주의 국가가 등장했다. 영국과 프랑스는 전승국이었는데도 뼈만 앙상하게 남았다. 식민지나 약소국에서는 '민족자결주의'로 대변되는 독립운동이 요원의 불길처럼 일어났다. 터키의 케말 파샤 운동, 한국의 3·1 운동, 중국의 5·4운동, 인도의 비폭력 비협조 운동이 그것이다.

32개국이 4년 3개월간 치열하게 벌인 전쟁의 계산서는 끔찍했다. 6,000만 명의 젊은이가 전장에 동원되어 900만 명이 전사했다. 전쟁으로 인한 혁명과 기근, 전염병 등으로 900만 명의 민간인이 죽고 500만 명이 행방불명되었으며 2,000만 명이 부상했다. 종전 후 미국은 군수산업의 부흥으로 급속한 성장을 거듭하고 전후 세계 최대의 채권국이자 자본 수출국으로 부상했다. 일본은 중국 동북지방의 대부분을 점령하고, 제국주의 국가들이 전쟁에 열중한 틈을 타 그들의 식민지에 경제 침투를 강화했다.

파나마 운하 개통

당연히 가장 큰 혜택을 입은 나라는 미국이었다.

태평양과 중미 동쪽의 카리브해를 최단거리로 잇는 파나마 지협에 처음 운하 건설을 시도한 사람은 수에즈 운하 건설로 유명한 프랑스의 페르디낭 드 레셉스(1805~1894)였다. 그는 수에즈 운하보다 거리가 짧은 파나마지협에 운하를 파는 일을 쉽게 생각해 1881년 공사를 시작했다.

그러나 예상은 빗나갔고 낙관은 이내 비관으로 바뀌었다. 모래와 부드러운 흙으로 된 수에즈 운하와 달리 파나마지협에는 불안정한 암반, 험악한 산악 지대, 황열병과 말라리아 등 열대병이 도사리고 있었기 때문이다. 게다가 당시 장비로는 해수면과 같은 깊이로 지면을 굴착하는 것이 사실상 불가능한 것으로 결론이 나 공사는 8년 만에 중단되었다. 그 사이 2만 명 이상이 죽어 나갔다. 대부분이 모기로 인한 열대병이 원인이었다.

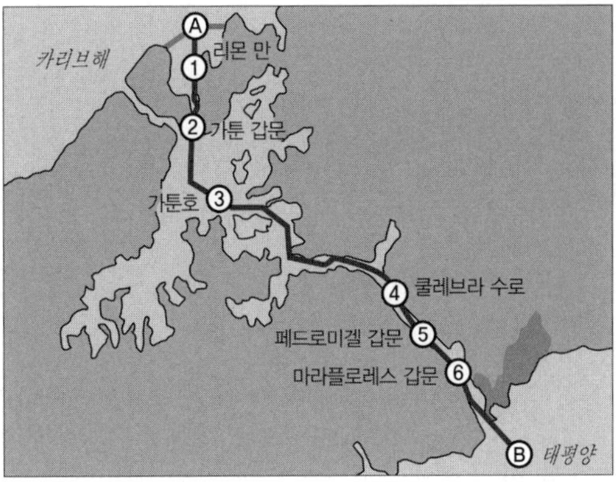

파나마 운하

1890년 프랑스의 한 건설회사가 사업권을 승계했으나 그 회사는 운하를 건설하기보다는 운하 건설권을 미국에 파는 게 최대 관심사였다. 프랑스 회사는 운하 건설권을 미국에 넘겨주는 대가로 1억 1,000만 달러를 요구했다. 그러자 미국은 파나마지협 대신 니카라과에 운하를 건설하는 안을 검토 중이라며 금액 인하를 유도했다. 다급해진 프랑스 회사는 4,000만 달러에 권리를 미국에 넘겨주었다.

미국은 1903년 운하 건설 지역의 치외법권을 인정받는 대신 통행료를 매년 콜롬비아에 지불한다는 조건으로 콜롬비아 정부와 조약을 체결했다. 그러나 콜롬비아 의회가 조약 내용을 문제 삼아 비준동의를 거부해 조약은 무산되었다. 그러자 주요 수입원을 놓친 파나마 지역 주민들이 콜롬비아로부터 분리·독립하겠다며 반정부 시위를 벌였다. 미리 진주해 있던 미 해병대는 자국의 재산을 보호한다는 구실로 콜롬비아 군대의 파나마 지역 접근을 막는 등 은밀히 파나마의 독립을 지원했다.

파나마는 1903년 11월 3일 독립을 선언하고 1904년 2월 미국과 조약을 체결했다. 미국이 매년 25만 달러를 지불하고 파나마는 영토의 약 5%인 운하 일대 땅(운하 양쪽으로 각각 5마일)을 미국에 영구 조차지로 넘긴다는 내용이었다.

1904년 여름 현지에 도착한 미국의 운하 건설단이 본격적인 공사에 앞서 먼저 팔을 걷어붙인 것은 황열병과 말라리아 퇴치였다. 다행히 미국의 윌리엄 고거스 소장의 노력으로 황열병은 서서히 자취를 감췄고 말라리아 발병율은 1906년 82%에서 1912년 11%로 크게 줄어들었다.

태평양과 카리브해 사이의 수면 표고 차이가 너무 컸던 것도 문제였다. 대서양 쪽 카리브해의 수면 표고는 26m이고 태평양 쪽 파나마만의 수면 표고는 16m였다. 해결책은 수평식 운하가 아닌 단계적으로 운하 수위가 달라지는 갑문식 운하였다. 1906년 6월 미 의회가 갑문식 운하로 공사할 것을 결정하면서 공사는 빠르게 진행되었다. 운하 양쪽에 두 바다보다 수면이 높은 초대형 호수를 만들고, 중간 지역에 수로를 뚫어 양쪽 호수를 연결하는 방식으로 물길을 낸다는 게 갑문식 공사의 안이었다.

공사단은 대서양 쪽 카리브해로 흘러드는 차그레스강을 막아 세계 최대의 인공 호수인 가툰호를 만들고 반대편 태평양 쪽 파나마만에 미라플로레스 호수를 조성한 뒤 중간의 구릉지를 파서 15㎞ 길이의 쿨레브라 수로를 열었다. 뒤이어 파나마만에서 미라플로레스 호수로 들어가는 입구에는 2단식 미라플로레스 갑문, 이곳에서 쿨레브라 수로로 통하는 입구에는 1단식의 페드로미겔 갑문, 가툰호에서 카리브해로 나가는 출구에는 3단식 가툰 갑문을 건설했다. 강철로 된 거대한 계단식 갑문을 만드는 데 사용된 콘크리트 양은 당시까지 단일 공사로는 세계 최대를 기록했다.

1913년 5월 서로 다른 방향에서 작업을 진행하던 두 대의 굴착기가 만나고, 그해 10월 우드로 윌슨 미국 대통령이 운하에 물을 채우기 위해 둑을 무너뜨리라는 명령을 내리면서 공사는 막바지로 치달았다. 이런 과정을 거쳐 총길이 81.6㎞, 폭 33.5m, 수심 12.5m의 운하가 개통된 것은 1914년 8월 15일이었다. 1881년 공사 시작부터 1914년 준공 때까지 숨진 노동자는 2만 7,500여 명이나 되었다. 물론 대부분은 모기로 인한 열대병으로 사망했다.

정치·군사·경제적으로 아시아·아메리카·유럽을 긴밀하게 통합

준설선 '안톤호'가 역사적인 첫 뱃길에 나서고 그 뒤를 이어 호화 유람선 '퀸엘리자베스호'가 운하를 통과함으로써 파나마 운하는 정치·군사·경제적으로 아시아·아메리카·유럽을 긴밀하게 통합하는 연결 고리 역할을 했다. 당연히 가장 큰 혜택을 입은 나라는 미국이었다. 지리적으로는 동부의 뉴욕을 출발해 멀리 아메리카 대륙 남단의 케이프 혼을 돌아 서부의 샌프란시스코로 갈 경우 소요되는 2만 2,500㎞의 뱃길이 9,500㎞로 단축되었다. 대서양과 태평양의 해군도 하나로 통합되어 군사력도 막강해졌다.

파나마 운하 일대에는 미국의 행정조직, 법원, 경찰, 방송국, 우체국, 학교, 거주 타운 등이 설립 또는 건립되어 수만 명의 미국인이 거주했다. 미국의 군대도 주둔했다. 파나마 국민들은 평상시 운하 지대 출입은 가능했으나 파나마 국기는 내걸 수 없어 늘 불만이었다. 그래서 1964년 초 파나마 운하 일대를 관장하는 미국의 최고 책임자가 "양국 국기를 모두 게양하지 말자"고 했다. 그랬더니 이번에는 현지 미국인이 "파나마의 눈치 때문에 미국의 주권을 양보할 수 없다"며 1964년 1월 9일 운하 지대 내 고등학교에 성조기를 게양했다.

이 소식을 들은 파나마 학생 수백 명이 학교로 달려가 자기들도 파나마 국기를 게양하겠다고 요구했다. 이 과정에서 밀고 당기는 충돌이 벌어졌고 소요가 계속되었다. 급기야 파나마 학생들이 평소 '수치의 벽'이라 부르던 경계 담장을 무너뜨리자 경찰이 발포했다.

그래도 시위대가 팬암 항공사 건물을 전소시키는 등 미국계 시설을 파괴하자 이번에는 미군이 출동해 유혈 진압에 나섰다. 이틀간 계속된 소요 사태의 결과는 참담했다. 최초 사망자인 아스카니오 아로세메나라는 학생을 포함해 파나마인 21명, 미국인 4명, 도합 25명이 사망하고 수백 명이 부상했다.

이 사건으로 파나마의 현대사가 완전히 달라졌다. 파나마는 한때 미국과 외교 관계를 단절했다. 이후 파나마에선 매년 1월 9일을 '순교자의 날'로 정해 국경일로 지내고 있다. 사건 현장으로 가는 길은 아스카니오 아로세메나 대로가 되었고, 학교는 아스카니오 아로세메나 연수원으로 이름이 바뀌었다.

이 사건을 계기로 미국의 파나마 정책은 급선회했다. 미국은 1977년 9월 반환 조건을 명시한 파나마 조약을 체결했다. 조약에 따라 미국은 1979년 운하 지대 통제권을 포기하고 미국과 파나마가 운하를 공동 관리하다가 1999년 12월 31일 낮 12시를 기해 소유권을 파나마로 귀속시켰다. 그렇다고 해도 파나마 운하는 계속 형식적으론 중립지대였고, 미국의 사용권이 위협받을 때엔 군사력을 사용할 수 있도록 되어 있어 군사훈련도 매년 실시했다.

문제는 파나맥스급 규모를 뛰어넘는 대형 컨테이너선은 운하를 지날 수 없고 운하의 통행량도 포화 상태라는 점이었다. 파나맥스급 선박은 파나마 운하 통과가 가능한 범위 내에서 최대 사이즈로 만든 배를 말한다. 폭은 운하를 지날 수 있는 32m, 만재배수량은 7만t 내외의 선박이 이에 해당한다. 그래서 기존 파나마 운하와 가까운 곳에 새롭게 건설한 것이 폭이 2배 정도나 되는 신파나마 운하다. 제2 운하는 2007년 공사를 시작해 2016년 6월 26일 개통했다. 이로써 폭 49m, 길이 366m, 12만t급 선박도 통항이 가능해졌다.

2017년 현재 파나마 운하와 별개로 태평양과 대서양을 연결하는 또 다른 운하가 니카라과에 건설 중이다. 니카라과는 중국 자본을 끌어들여 태평양 연안 브리토에서 시작해 니카라과 호수를 가로질러 대서양 카리브해 연안 푼타 고르다까지 총 278㎞에 달하는 운하를 2014년 12월 착공했다. 폭 230~520m의 운하 공사가 계획대로 마무리되면 미국 동서부 간 항로가 파나마 운하보다 800㎞ 단축된다.

수에즈 운하

지중해와 홍해를 잇는 수에즈 운하 건설은 유럽인들의 오랜 꿈이었다. 그중에서도 가장 큰 관심을 보인 나라는 프랑스였다. 그러나 프랑스의 루이 14세는 토목 기술상의 문제로 단념해야 했고 나폴레옹은 홍해와 지중해의 수위 차가 25㎝에 불과한데도 10m로 너무 높게 측정하는 바람에 공사를 포기해야 했다.

프랑스 외교관 페르디낭 드 레셉스가 이 운하 공사에 뛰어든 것은 19세기 중엽이었다. 그는 사상 최초로 동·서를 잇는다는 자부심도 컸지만, 운하가 개통되면 그의 조국 프랑스가 막강 해운 대국인 영국이 대서양에서 누리는 절대 우위를 흔들 수 있다는 점에서도 운하 공사를 서둘렀다. 레셉스는 1854년 이집트 왕에게서 운하 공사권과 조차권을 따내 '수에즈 운하 만국회사'를 설립했다. 뒤이어 주식을 프랑스와 이집트 왕 몫으로 나누고, 개통일로부터 99년간 독점 운영하기로 이집트와 계약을 체결했다.

지중해의 항구도시 포트사이드에서 시작해 팀사호와 그레이트 비터호를 관통한 뒤 홍해의 수에즈만에 이르는 총연장 116㎞가 그가 뚫어야 할 공사

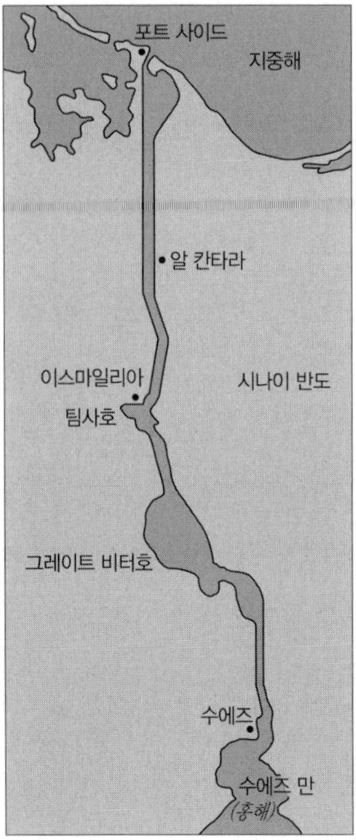

수에즈 운하

구간이었다. 1859년 4월 시작한 공사는 150만 명의 인력이 동원되고 그들 중 수천 명이 콜레라 등으로 목숨을 잃은 끝에 1869년 11월 17일 개통되었다. 이로써 유사 이래 대서양과 인도양, 동양과 서양을 가로막았던 단절의 벽도 무너졌다. 운하 개통 후 영국 런던에서 인도에 이르는 뱃길은 1만 7,300km에서 1만 138km로, 7,000km 이상이나 단축되었다.

프랑스의 운하 성공으로 심기가 불편해진 영국은 1875년 사치로 빚에 시달리던 이집트 왕 이스마일 파샤로부터 주식 전량을 사들여 운하 소유권을 손에 쥐었다. 영국은 1882년 운하 보호를 구실로 군대를 운하 양안에 주둔시켜 운하의 지배자가 된 뒤 이집트를 사실상 식민지화했다.

레셉스는 수에즈 운하 개통의 공로를 인정받아 1873년 프랑스 과학아카데미, 1884년 아카데미 프랑세즈(프랑스 한림원) 회원이 되었다. 그러나 말년은 좋지 않았다. 파나마 운하 건설에 나섰다가 경영 부실로 파산해 잔뜩 빚을 졌고, 이로 인해 정신착란을 얻어 고생하다 생을 마감했기 때문이다.

이집트는 파나마가 제2 운하 공사에 나선 것을 보고 2014년 8월 제2 수에즈 운하를 착공해 2015년 8월 6일 개통했다. 핵심 도시 이스마일리아를 중심으로 한 72km 구간에 기존의 수에즈 운하와 평행하게 건설했다. 그 결과 수에즈 제1·2 운하 전체 폭은 기존 160~200m에서 317m로 넓어지고, 깊이도 14.5m에서 24m로 깊어졌다.

어니스트 섀클턴의 남극 탐험 사투

죽음과 함께 1895년 남극대륙에 처음 인간이 상륙하면서 시작된 '영웅의 시대'도 완전히 종말을 고했다.

노르웨이의 로알 아문센이 1911년 12월 인류 최초로 남극점에 도달해 명성을 떨치긴 했어도 남극 탐험사에서 영국의 어니스트 섀클턴(1874~1922)의 이름을 빼놓을 수는 없다. 섀클턴은 아일랜드에서 태어났으나 극심한 흉년을 피해 영국에서 성장했다. 바다를 꿈꿨으나 가정 형편상 해군사관학교에는 입학하지 못해 16세에 선원이 되고 24세이던 1898년 선장의 꿈을 이뤘다. 그는 항구에서 술과 여자로 탕진하는 보통 선원들과는 달랐다. 도덕적으로 생활하고 배를 탈 때도 책을 가까이했다.

섀클턴이 영국의 해군 장교 로버트 스콧이 이끄는 남극 탐험대의 일원으로 '디스커버리호'를 타고 남극대륙에 첫발을 내디딘 것은 1902년 1월 8일이었다. 그는 그곳에서 2월 4일 세계 최초로 기구를 타고 상공으로 올라가 남극대륙을 촬영했다.

섀클턴은 1903년 3월 영국으로 돌아와서도 또다시 남극대륙행을 꿈꿨다. 다행히 기업가 버드모어의 지원 덕에 다시 남극으로 갈 수 있게 되자 '님로드호'를 타고 1907년 8월 영국을 출발해 1908년 1월 남극 로스해의 맥머도만에 도착했다. 이후 섀클턴은 1902년 1월 스콧이 도달한 기록(남위 82도 17분)을 1908년 11월 경신하고 200㎞의 빙하를 발견해 '버드모어 빙하'로 명명했다. 1909년 1월 9일에는 그동안 누구도 가보지 못한, 남극점에서 155㎞ 떨어진 남위 88도 23분까지 도달했으나 식량 부족으로 더 나아가지 못하고 되돌아왔다. 그래도 영국인들은 1909년 6월 귀환한 그를 영웅시했고 국왕은 '경'의 칭호를 내렸다.

그러던 중 1911년 12월 아문센이 남극점 탐험에 성공했다는 소식이 전해지자 섀클턴은 아쉽지만 목표를 남극점 도달에서 남극대륙 횡단으로 바꾸었다. 전 세계에서 많은 지원금이 답지했지만 그것으로는 부족해 당시 다른 탐험대가 그랬듯 그 역시 탐험 후의 모든 상업적 소유권을 담보로 제공했다. 탐험 후 책을 쓰겠다고 약속하고 관련 사진 등에 대한 모든 권리를 미리 팔았다. 섀클턴은 5,000여 명의 지원자 중 27명을 대원으로 선발했다.

섀클턴의 탐험대가 범선 '인듀어런스호'를 타고 영국을 출항해 3번째 남극 탐험 대장정에 나선 것은 1914년 8월 5일이었다. 다만 출항 때는 섀클턴이 타지 않았는데 영국에서 자금 확보를 위한 마지막 회의에 참석해야 했기 때문이다. 인듀어런스호가 먼저 아르헨티나 부에노스아이레스로 떠나면 섀클턴은 회의를 마치고 상선을 이용해 부에노스아이레스로 가 그곳에서 합류하기로 했다. 인듀어런스호는 길이 44m, 폭 7.6m에 시속 18.9㎞의 속도를 내는 당시로서는 최고 성능의 목조선이었다. 탐험대는 그해 10월 9일 부에노스아이레스에 도착하고 곧 섀클턴이 탐험대에 합류했다.

탐험대는 11월 5일 남극대륙 부근에 위치한 남미 최남단의 사우스조지아섬 포경 기지에 도착하고 12월 5일 남극대륙의 웨들해(남미 방향)를 향해 출항했다. 행로는 웨들해의 남극대륙 바셀만에 정박한 후 썰매로 남극점을 지나 웨들해의 반대편 로스해(태평양 방향)까지 횡단하는 총 3,300㎞에 이르는 대장정이었다.

인명 피해자가 없는 이유는 위대한 리더십과 자기희생 정신 덕분

초기의 항해는 전반적으로 순조로웠다. 그러나 1,500㎞ 이상을 항해했을 때 쯤인 1915년 1월 18일 밤, 갑자기 추워진 날씨로 흩어져 있던 유빙들이 서로 달라붙어 바다 전체가 얼어붙는 위험한 상황이 전개되었다. 목적지를 25㎞ 앞에 둔 지점에서 벌어진 일이었다. 갑작스러운 상황에 인듀어런스호는 1월 19일 남위 76도 34분, 서경 31도 30분의 위치에서 부빙(浮氷)들 사이에 갇혔고 부빙이 흘러가는 대로 하루 평균 10㎞씩 먼 바다로 표류했다. 그동안 대원들은 펭귄과 바다표범으로 식량을 대신했다.

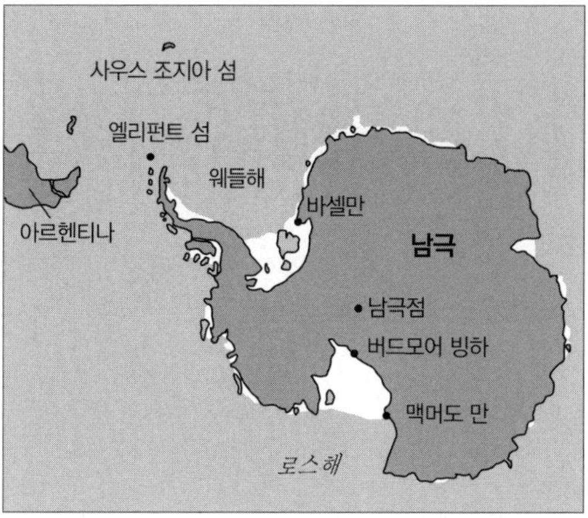

남극 대륙과 주변의 섬들

인듀어런스호는 10개월을 정처 없이 표류하다가 남위 69도 5분까지 흘러갔으나 1915년 10월 27일 얼음덩어리가 배를 뚫고 들어와 대원들은 배에서 내려 부빙 위에 거처를 정했다. 배는 결국 1915년 11월 21일 침몰했다. 부빙 위에서의 생활이 5개월 반이나 된 1916년 4월 8일 느닷없이 얼음이 갈라지더니 좁고 긴 물길이 트었다. 대원들은 이튿날인 4월 9일 그 틈을 이용해 침몰하기 전 인듀어런스호에서 확보해놓은 포경정과 3척의 보트를 바다에 띄웠다. 5일간의 사투 끝에 4월 13일 그들이 도착한 곳은 인듀어런스호가 침몰한 곳에서 557㎞ 떨어진 사우스셰틀랜드 군도의 엘리펀트섬이었다. 17개월(497일) 만에 뭍을 밟은 대원들은 감격에 겨워 서로 얼싸안았다.

그러나 10여 일이 지나도 구조대는 오지 않았다. 텐트는 강풍에 찢겨나가고 식량을 대신한 펭귄도 점점 줄어들었다. 마침내 섀클턴이 결단을 내렸다. 당초 출발 지점인 1,280㎞ 거리의 사우스조지아섬 포경기지로 가겠다는 계획이었다. 포경정을 타고 세계에서 가장 거칠다는 드레이크 해로를 지나야 했지만 선택의 여지가 없었다. 섀클턴은 5명의 대원을 뽑아 6m 크기의 포경정을 타고 4월 24일 엘리펀트섬을 떠났다. 대원들은 영하

수십 도의 추위 속에서 남극해의 거센 바람을 맞고 거친 파도가 보트 위로 쏟아지는 가운데 보름 동안 밤낮없이 노를 저었다. 목표지를 향해 사투를 벌인 끝에 1916년 5월 9일 사우스조지아섬 서쪽에 상륙했으나 사람들이 살고 있는 포경 기지는 섬의 반대편에 있었다.

섀클턴은 5월 19일 지쳐 쓰러진 3명의 대원을 동굴에 놔두고 2명의 대원과 함께 도끼 하나와 밧줄에 의지한 채 해발 3,000m의 빙산을 오르고 배고픔과 추위 속에서 잠도 자지 않고 걸었다. 섬을 가로질러 포경 기지에 닿는 데 36시간이 걸렸다. "살았구나" 하는 안도감도 잠시뿐 머릿속은 두고온 대원들을 구해야 한다는 일념으로 가득찼다. 섬 서쪽에 있는 3명의 대원은 곧 구조되었으나 엘리펀트섬에 있는 대원들은 한동안 선박을 구하지 못해 2개월 동안 방치되었다.

섀클턴이 칠레 정부가 제공한 군함을 타고 엘리펀트섬에 남겨놓은 22명의 잔류 대원을 구출한 것은 1916년 8월 30일이었다. 놀라운 것은 조난된 지 634일이나 지났는데도 단 1명의 인명 피해자가 없었다는 사실이었다. 나중에 대원들의 입을 통해 밝혀지지만 그것은 섀클턴의 위대한 리더십과 자기희생 정신 덕분이었다. 오늘날 이 3번째 탐험은 '위대한 실패'로 불리며 그를 추모하는 소재로 활용되고 있다.

그의 죽음과 함께 '영웅의 시대'도 종말 고해

섀클턴의 기적적인 사투는 수년 전 캐나다 탐험대의 비극적인 죽음과 비교되어 더욱 진가를 인정받았다. 인듀어런스호가 남극으로 출범하기 1년 전인 1913년, 캐나다 탐험대가 북극 탐험에 나섰다. 이들은 탐험 도중 빙벽에 가로막혀 고립되고 살인적인 추위 속에 식량과 연료가 떨어지는 상황과 맞닥뜨렸다. 1년 후 섀클턴이 겪게 될 똑같은 상황이었다. 그러나 캐나다 탐험대가 위기에 대처한 방법은 섀클턴의 탐험대와 전혀 달랐다.

캐나다 탐험대는 고립된 지 수개월 만에 야수처럼 변했다. 거짓말, 속임수, 도둑질 등 극한 상황에서 인간이 보여줄 수 있는 밑바닥 정서를 그대로 드러내 결국 11명의 대원 모두 처참한 최후를 맞았다.

어니스트 섀클턴

반면 섀클턴은 조난 후 가장 먼저 선장인 자신에게 지급되는 특식을 없앴다. 먹을 것이 부족한 상황에서 자기 몫을 다른 대원들에게 공평하게 나눠주었다. 대원 중 뒤처진 사람이 있으면 포기하지 않고 직접 구출에 나섰고 목숨이 위험한 상황에서도 항상 대원들의 맨 앞에 섰다. 그의 헌신적인 모습에 대원들은 서로 믿고 위하는 마음을 가졌다.

섀클턴은 그때의 체험을 기록한 책을 내고 강연 활동 등으로 바쁜 나날을 보내다가 1922년 4번째 남극 탐험에 나섰다. 그러나 그를 태운 '퀘스트호'가 사우스조지아섬을 출발해 남극 항해를 시작한 1922년 1월 5일 밤, 갑자기 심근경색이 일어나 몇 분 후 배에서 숨졌다. 그의 죽음과 함께 1895년 남극대륙에 처음 인간이 상륙하면서 시작된 '영웅의 시대'도 종말을 고했다.

섀클턴이 1914년 실패한 남극대륙 종단은 48년이 지난 1958년 이뤄졌다. 주인공은 영국의 탐험가 비비언 푹스였다. 1957년 1월 남극대륙에 도착한 푹스가 12명의 대원과 함께 남극 웨들해(남미쪽)의 섀클턴 기지를 출발한 것은 1957년 11월 24일이었다. 4년 전 인류 최초로 에베레스트산을 등정하는데 성공한 에드먼드 힐러리도 푹스의 전인미답 탐험을 격려하기 위해 같은 날 웨들해의 반대편 로스해(뉴질랜드쪽)의 스콧 기지를 출발했다. 두 기지 간 거리는 3,472㎞였다.

반대편에서 출발한 힐러리는 푹스와 남극점에서 만나기로 하고, 푹스가 지나갈 곳에 식량과 연료를 보관하면서 남극점을 향해 갔다. 그리고 마침내 1958년 1월 4일 남극점에 도착했다. 푹스는 아직 남극점에 도착하지 않았기 때문에 푹스를 지원·격려하기 위해 시작한 탐험인데도 힐러리가 로알 아문센(1911.12)과 로버트 스콧(1912.1)의 뒤를 이어 인류 역사상 3번째로 남극점을 밟은 사람으로 기록되었다.

푹스는 15일 뒤인 1월 19일 남극점에서 그를 기다리고 있는 힐러리의 환영을 받으며 남극점에 도달함으로써 4번째로 남극점을 밟은 인물이 되었다. 푹스는 남극점에서 힐러리에게 장비와 식량을 지원받아 전진을 계속한 끝에 41일 후인 1958년 3월 2일 총 99일 만에 사상 최초로 남극대륙 종단에 성공했다.

마커스 가비, 세계흑인개선협회 결성

평소 "백인의 피가 섞이지 않은 순수한 흑인들의 피만이 깨끗한 도덕성을 상징한다"라고 역설했다.

마커스 가비(1887~1940)는 '블랙 내셔널리즘'의 효시로 불린다. 그는 '블랙 파워', '블랙은 아름답다'는 강렬하면서도 단순 명쾌한 구호들을 창안해 20세기 흑인 해방운동에 새로운 지평을 열었다. 그는 "흑인이 아메리카에 살고 있는 한 자유로워질 수 없다"고 믿었다. "흑인의 유일한 조국은 아프리카이므로 그곳에 흑인을 위한 나라를 건설해야 한다"는 이른바 '백 투 아프리카(Back to Africa)' 운동을 펼쳐 흑인 운동에 신선한 바람을 일으켰다. 아프리카를 차지하고 있는 백인들에게는 "전 세계 4억 명의 흑인이 아프리카로 돌아가야 하므로 그 땅에서 떠나 달라"고 요구하기도 했다.

결과적으로는 가비 자신도 아프리카로 가지 않고 다른 흑인들 역시 아프리카로 돌아가지는 않았지만 '백 투 아프리카 운동'은 흑인들이 그들의 아프리카 뿌리를 자랑스럽게 생각하고, 인종적 자부심을 깨닫게 해주었다는 점에서 흑인 운동사에 새로운 이정표로 기록되고 있다.

마커스 가비

가비는 중미 카리브해의 자메이카에서 태어나 10대 중반까지만 학교에 다니고 이후에는 독학으로 지식을 깨쳤다. 1910년부터 1912년까지는 중미 지역의 코스타리카와 파나마 등지에서, 1912년부터 1914년까지는 영국 런던에서 노동을 하거나 언론 관련 일에 종사했다. 1914년 자메이카로 돌아와서는 8월 1일 '세계흑인개선협회(UNIA)'와 '아프리카 공동체연맹(ACL)'을 결성해 "백 투 아프리카" 구호를 내걸고 아프리카 흑인 국가를 꿈꿨다. 그러나 자메이카에서 추종자를 얻는 데 실패하자 1916년 3월 미국 뉴욕으로 건너가 할렘과 슬럼가에서 '세계흑인개선협회'를 재결성했다.

그는 "미국은 흑인들을 한 번도 완전히 받아들이지 않은 백인들의 나라이므로 흑인들은 백인들에게 협조하지 말고 흑인들을 위해서만 일해야 한다"고 목소리를 높였다. 또한 "흑인들의 지위가 경제적으로 향상되어야 존경받을 수 있으므로 백인 자본주의 틀 안에서 독립적인 흑인 경제를 만들어야 한다"고 주장했다. 이 목표를 위해 음식점, 식료품점, 세탁소는 물론 호텔과 인쇄소를 세우고 흑인들만의 공장과 흑인 상선회사인 '블랙 스타라인'을 설립했다.

또한 전 아프리카를 영토로 하는 가공의 '대아프리카공화국'을 수립, 스스로 임시 대통령에 취임하고 각 부처 장관을 임명했다. 그가 주로 애용한 취주악단의 거리 행진, 아프리카 해방 훈장, 기사·공작 작위 수여 등은 흑인 대중의 마음을 끌어들이는 데 적절하게 활용되었다.

'백 투 아프리카' 운동 펼쳐 흑인 운동에 신선한 바람 일으켜

그가 세운 아프리카정교회에서는 흑인이 천사이고 백인이 사탄과 마귀였으며 흑인 예배자들은 흑인 그리스도와 흑인 성모를 찬양했다. 이 새로운 방식의 흑인 운동은 종래의 타협적인 운동에 불만과 싫증을 느끼고 있던 흑인 대중에게 희망과 꿈을 심어주었고 가비는 '흑인 모세'로 추앙받았다. 가비의 격정적인 웅변술과 범아프리카 철학은 무일푼으로 뉴욕에 온 지 3년 만에 '세계흑인개선협회'를 방대한 조직과 회원을 거느린 전국적 흑인 조직으로 발전시켰다. 말콤 X의 아버지도 세계흑인개선협회의 열성적인 조직 담당자였다.

가비가 펴낸 주간지 '니그로 월드'는 흑인 영웅들의 공적과 아프리카 문화의 탁월함에 대한 기사를 실어 흑인들로 하여금 흑인이 자랑스러운 존재라는 사실을 깨우쳐 주었다. 가비는 여세를 몰아 1920년 8월 뉴욕의 매디슨 스퀘어 가든에서 4대륙 25개국 대표자들이 참석한 제1차 전 세계 흑인국제대회를 열었다. 이 모임에서 가비는 임시의장으로 선출되어 전 세계 흑인권리선언을 발표했다. 집회는 가비가 5만 명의 군중을 이끌고 할렘 거리에서 화려한 시가행진을 할 때 절정에 달했다. 사실 1920년 추종자가 200만 명에 달한다고 가비가 주장한 그때가 전성기였다.

가비의 몰락을 재촉한 것은 독불장군식의 흑인론과 기업체의 부실이었다. 가비는 평소 "백인의 피가 섞이지 않은 순수한 흑인들의 피만이 깨끗한 도덕성을 상징한다"며 "순수한 흑인 혈통이 아니면 흑인이 아니다"라고 역설했다. 그의 흑인론은 백인의 피가 섞여 있는 당시 흑인 지도자들의 반감을 샀다. 당시만 해도 흑인 지도자 중 백인이나 그 외 다른 인종의 피가 전혀 섞이지 않은 순수 흑인은 그리 많지 않았다. 가비는 밝은 피부

색을 가진 흑인 지도자들을 거짓말쟁이, 도둑, 반역자라고 혹평했다.

가비의 몰락은 흑인 상선회사인 블랙스타라인이 영업 4년 만에 50만 달러의 적자를 보고 1923년 사기죄로 5년 형을 선고받으면서 사실상 확정되었다. 가비는 2년을 복역하고 1927년 캘빈 쿨리지 대통령의 사면을 받아 풀려났으나 외국인이라는 이유로 국외 추방되었다. 해외로 쫓겨난 가비는 예전의 명성과 영향력을 회복하지 못하고 1940년 6월 10일 런던에서 사망했다.

1915년

박은식 '한국통사' 출간

알렉산더 그레이엄 벨, 미 대륙 횡단 전화 성공

_ *헬렌 켈러*

데이비드 그리피스 감독 '국가의 탄생' 개봉

알프레트 베게너 '대륙과 해양의 기원' 출간

_ *한반도 기원*

_ *지구 나이*

프란츠 카프카 '변신' 출간

카지미르 말레비치 '검은 사각형' 전시

독가스 첫 전쟁터 살포와 프리츠 하버

영국·프랑스 연합군의 '갈리폴리 전투' 참사

박은식 '한국통사' 출간

사상과 행동을 발전시키면서 모든 생을 조국과 민족의 해방과 독립에 다 바치고 생을 마친 것이다.

박은식(1859~1925)은 열렬한 독립투사이자 뛰어난 민족사학자였다. 황해도 황주에서 태어난 그는 어려서부터 재주가 뛰어나고 시문에 능해 동네 신동으로 불렸다. 10대 후반에는 안중근 의사의 아버지 안태훈과 더불어 '황해도의 두 신동'이라는 칭송을 들었다. 20대 초반 정약용의 제자에게서 실학을 배우기도 했지만 20대 중반 이항로의 제자에게서 성리학을 배운 뒤로는 위정척사파 유학자 계열에 속했다.

1882년 7월 서울에서 임오군란을 목도하고 정부와 고종에게 시무책을 제출했으나 받아들여지지 않자 크게 실망하고 낙향했다. 그러던 중 어머니의 질책을 받아 1885년 향시에 합격하고 1888년부터 1894년 갑오경장이 일어날 때까지 관직에 몸을 담았다. 그는 급변하는 세상을 위정척사의 눈으로 바라보았다. 수구를 의리로 삼고 개화를 '사설(邪說)'이라고 배척했다. 동학농민운동이 일어났을 때는 그것이 학정에서 기인한 것임을 지적하면서도 "동비(東匪)들의 반란"이라고 개탄했다. 갑오경장은 "사악한 변개"라며 폄하했다. 이후 사상과 행동에 대전환이 없었다면 박은식은 시대에 뒤떨어진 위정척사파의 한 사람으로 홀로 만족하며 생을 마감했을지도 모른다.

그러나 박은식은 점차 위정척사에 회의를 품고 신학문과 신지식으로 관심의 지평을 넓혀나갔다. 1898년 독립협회에 가입해 근대 민족운동에 뛰어들고, 1898년 9월 창간된 황성신문에서 장지연과 함께 주필로 활동하며 민중 계몽운동을 펼쳤다. 1904년 7월 창간된 대한매일신보에서도

박은식

주필로 활동했으나 1905년 11월 '시일야방성대곡'으로 장지연이 황성신문에서 더 이상 글을 쓸 수 없게 되자 다시 황성신문으로 옮겨 1910년 8월 강제 폐간될 때까지 애국적 논설로 국민을 계몽하고 민족의식을 고취했다.

박은식은 국망의 위기 속에서 국권 회복 운동의 논리로 사회진화론을 수용하고 다방면에 걸쳐 실력 양성 운동을 전개했다. '대한자강회'에 참여하고 교육 계몽운동 단체 '서우학회'를 조직했으며 비밀결사 조직 '신민회'에 가담했다. 지석영 등이 조직한 '국문연구회' 연구원으로 활동하고, 서우학회와 한북흥학회를 통합한 '서북학회'를 지도했다. 1908년 1월엔 서북협성학교와 오성학교 설립에 주도적으로 참여해 두 학교의 교장이 되었다.

그러나 1910년 8월의 한일합방은 애국 계몽운동의 기반을 무너뜨렸다. 황성신문, 대한매일신보 등을 비롯해 각종 신문·잡지가 폐간되었으며, 우리 민족의 국혼이 들어 있는 국사서들은 압수·소각되었다. 박은식의 저서들도 금서가 되었다.

박은식은 1911년 4월 부인이 병사하자 장례를 치른 뒤 민족혼을 진작할 목적으로 중국 서간도 환인현으로 망명했다. 독실한 대종교(단군교)의 신도이자 후에 대종교 제3세 교주가 될 윤세복의 집에서 1년 동안 머물면서 역사서를 저술하고 이를 우리 동포들의 교육 교재로 삼았다. 민족의 영걸과 관련된 '동명성왕실기', '발해태조건국지', '천개소문전' 등이 이때 저술되었다. 박은식은 윤세복의 영향을 받아 대종교에 입교했다.

1912년 7월 중국 상해에서 조직된 최초의 한국 독립운동 단체 '동제사'와 동포들의 자제 교육을 위해 상해에 설립된 '박달학원'에도 신규식·신채호·

조소앙 등과 함께 참여했다. 1915년 3월엔 역시 상해에서 조직된 독립운동 단체인 '신한혁명당' 결성에 참여하고 1917년 7월 신규식·조소앙 등과 함께 대동단결 선언을 발표함으로써 임시정부의 필요성을 역설했다.

'한국통사(痛史)'는 우리는 왜 어떻게 망했는가를 서술한 책

망명 이후 꾸준히 집필하던 '한국통사'는 1915년 상해의 중국 출판사 대동편역국에서 간행되었다. 한문으로 쓰인 한국통사는 대원군의 집정이 시작된 1864년부터 '105인 사건'이 일어난 1911년까지 47년간의 뼈아픈 망국사를 일반정치사, 일제 침략사, 독립운동사로 구분한 뒤 하나의 체계로 묶어 기술한 3편 114장의 대작이다. 박은식은 대원군과 관련해서는 세도정치 척결과 왕권 강화를 위한 내정 개혁을 높이 평가했다. 그러나 서세동점의 국제 정세에 어두워 쇄국정책으로 일관한 탓에 도약의 기회를 잃어버렸기 때문에 한국의 통사(痛史)는 바로 여기에서 시작한다고 말한다.

한국통사에서 박은식은 민족국가의 구성을 '국혼(國魂)'과 '국백(國魄)'으로 구분했다. '국혼'은 국교, 국학, 국어, 국문, 국사 등으로 구성되며 '국백'은 전곡(錢穀·돈과 곡식), 졸승(卒乘·군대), 성지(城地), 함선, 기계 등으로 이뤄진다. 나라가 독립(생존)해 있다는 것은 국혼과 국백이 하나로 융합·통합되어 있음을 말하는 반면 나라가 멸망한다는 것은 국혼과 국백이 분리되어 국백이 다른 민족에게 정복당하는 것을 의미한다.

다만 국백은 다른 민족에게 정복당해 소멸될 수는 있어도 국혼은 나라가 멸망해도 바로 소멸당하지 않고 일정 기간 존속한다. 따라서 모든 것을 잃어도 국혼만 잘 보존·강화·발전시키면 독립 투쟁을 전개해서 다시 나라의 독립을 회복할 수 있게 되는 것이다. 그러면 국혼은 어디에 있는 것일까? 박은식에 따르면 '역사'가 바로 국혼이 머물고 보존되는 곳이다.

한국통사는 간행되자마자 전 세계 한국인 동포들에게 널리 보급되었다. 미국에서는 순국문으로 번역되었고 국내에도 비밀리에 보급되어 일제 식민지 통치하에서 신음하는 한국 민족에게 민족적 자부심과 애국심을 고취시켰다. 일제는 한국통사의 간행에 크게 당황했다. 그래서 일제 어용 사학자들을 동원해 1916년 조직한 것이 '조선반도사편찬위원회'(1925년 조선사편수회로 개칭)이고 이곳에서 편찬한 책이 '조선반도사'(후에 조선사로 개칭)다.

박은식은 후속작으로 1920년 12월 상해의 한국인 출판사 유신사에서 '한국독립운동지혈사'를 간행했다. 1884년 갑신정변부터 1920년 독립군의 항일 무장투쟁까지의 일제 침략에 대한 한국 민족의 독립투쟁사를 3·1 운동을 중심으로 기술한 책이다. '한국통사(痛史)'가 우리는 왜 어떻게 망했는가를 서술한 책이라면 '한국독립운동지혈사(血史)'는 어떻게 왜 싸웠는가를 기록한 책이다. 즉 '통사'는 나라 잃은 눈물의 기록, 통탄의 역사이고 '혈사'는 나라를 되찾기 위한 피어린 투쟁의 기록이다.

박은식은 분열하고 있던 임시정부를 하나로 통합하는 데도 혼신의 힘을 다했다. 1924년 6월 '이승만 대통령 유고안'을 결의한 임시 의정원에 의해 임시정부의 혼란을 수습할 원로로 국무총리 겸 대통령 대리로 추대되고 1925년 3월 '임시 대통령 이승만 면직안'이 통과된 뒤에는 대한민국 임시정부 제2대 임시 대통령으로 선출되었다. 박은식은 곧바로 대통령제를 폐지하고 내각책임제 성격의 국무령제로 헌법을 개정해 1925년 7월 이상룡을 국무령으로 추천하고 자신은 대통령직에서 물러났다.

그리고 4개월 뒤인 1925년 11월 1일 66세를 일기로 상해에서 서거했다. 정통파 주자학자로 출발해 개화자강파로, 위대한 애국계몽 사상가로, 대학자로, 언론인으로, 교육자로, 불굴의 독립투사로, 한국 민족이 처한 조건의 변동에 따라 자기의 사상과 행동을 발전시키면서 모든 생을 조국과 민족의 해방과 독립에 다 바치고 생을 마친 것이다.

알렉산더 그레이엄 벨, 미 대륙 횡단 전화 성공

왜 벨에게만 특허권을 교부했는지에 대해서는 지금까지도 각종 논란에 휩싸여 있다.

알렉산더 그레이엄 벨(1847~1922)이 전화기 발명에 관심을 보이게 된 데에는 20세 때부터 귀가 들리지 않는 어머니와, 어머니의 의사 소통을 돕기 위해 혀와 입술의 서로 다른 위치들을 그림으로 나타내는 '시화법(視話法)'을 연구한 아버지의 영향이 컸다.

스코틀랜드의 에든버러에서 태어나 영국의 런던대에까지 입학한 벨이 캐나다를 거쳐 미국을 제2의 고향으로 삼게된 것은 두 형제의 죽음 때문이었다. 벨의 두 형제가 결핵으로 잇따라 죽자 하나 남은 아들마저 결핵에 희생될 것을 우려한 아버지가 1870년 가족을 이끌고 캐나다 온타리오주 브랜트퍼드로 이주했다가 1871년 미국 보스턴에 정착한 것이다.

벨은 1872년 농아학교 교사가 되고 1873년 보스턴음대 음성생리학 교수로 근무하면서 전화기를 만드는 데 심혈을 기울였다. 이런 벨을 재정적으로 지원한 사람은 벨이 입주 과외를 해주던 학생의 아버지 토머스 샌더스였다. 벨이 샌더스의 저택에 음향 실험실을 차린 것은 벨의 전화기 실험이 상업적으로 성공을 거둘 경우 이윤을 나누는 조건으로 실험 비용을 대겠다는 샌더스의 약속이 있고 나서였다.

벨이 인생의 동반자이자 자신의 삶을 뒤바꿔 놓을 메이블 허버드를 만난 것은 농아학교 교사로 재직하고 있던 1874년 10월이었다. 메이블은 어릴 적 앓은 성홍열 때문에 청력을 잃고 농아학교에 다니고 있었다. 벨은 10살 연하의 메이블에게 사랑을 느꼈다. 그러나 변호사이면서 보스턴의 대지주였던 메이블의 아버지 가디너 허버드는 둘의 교제를 허락하지 않았다.

벨은 전화기를 발명하면 부와 명예가 따를 테고 그러면 메이블의 아버지도 결혼을 허락할 것이라는 생각에 전화기 개발에 혼신의 힘을 쏟아부었다. 벨의 이런 노력에 마음이 움직인 메이블의 아버지는 딸의 결혼을 허락하고 벨의 연구에 자금을 지원하기로 했다. 곧 벨과 샌더스의 거래에 허버드까지 참여해 세 사람은 한 팀을 이뤘다. 샌더스와 허버드는 벨의 실험 비용과 법률 비용을 대고 발명으로 벌어들이는 이윤은 세 사람이 나누기로 했다. 허버드는 벨이 기계 제작에 문외한인 것을 알고 기계 수리공이자 모형 제작자인 토머스 왓슨을 고용해 벨을 돕도록 했다.

이런 과정을 거쳐 전화기 개발이 마무리 단계에 접어들었을 즈음 웬일인지 허버드가 벨에게 빨리 특허를 신청하도록 재촉했다. 이 때문에 전화통화가 아직 실현되지 않았는데도 벨은 허버드의 성화에 1876년 2월 14일 '전기 진동을 일으켜 목소리나 그 밖의 소리를 전신으로 전달하는 방법과 기구'라는 제목의 특허를 신청했다. 그런데 묘하게도 같은 날 일라이셔 그레이라는 사람도 비슷한 원리로 특허를 신청하는 일이 벌어졌다. 당시 그레이는 미국 과학계에서 인정받는 대표적인 전기·전신 발명가였다. 이런 그레이에 비하면 벨은 무명의 발명가나 다름없었다.

'세계 최초 전화 발명자'라는 영예를 누리며 돈방석에 앉아

하지만 미국의 특허국은 벨의 손을 들어주었다. 특허국은 3월 3일 벨의 특허권을 승인하고 3월 7일 벨에게 특허장을 교부했다. 이를 두고 말이 많아지자 특허 심사관은 벨이 2시간 먼저 신청했기 때문에 특허를 승인했다고 해명했다. 그럼에도 특허가 나오려면 최소 몇 개월에서 몇 년이 걸리는 당시 상황에서 벨의 경우처럼 신속하게 특허권이 교부되는 것은 매우 예외적인 일이었다. 더구나 전화 실험에 성공했다는 증거는 물론 전화기 실물도 없이 두 사람이 제출한 도면과 설명서로만 검토한 결과여서 세간의 의혹을 증폭시켰다.

이후 그레이가 벨을 상대로 소송을 제기한 가운데 "벨이 그레이의 작동

원리를 훔쳤다", "그레이의 전화기가 벨의 것보다 훨씬 성능이 뛰어나다"는 주장이 이어졌다. 결국 벨은 대법원의 최종 판결이 날 때까지 10년 이상 법원을 드나들어야 했다. 벨은 이것 말고도 이후 수백 건이나 특허 소송에 휘말렸다. 벨과 그레이 두 사람의 전화기 원리가 왜 비슷한지, 또 벨에게 왜 그렇게 급히 특허권을 교부했는지는 지금까지도 논란에 휩싸여 있지만 어쨌든 특허국이 벨의 손을 들어줌으로써 벨은 '세계 최초 전화 발명자'라는 영예를 누리며 돈방석에 앉게 되었다.

알렉산더 그레이엄 벨

사실 벨의 '최초' 지위를 불안하게 한 사람은 그레이만이 아니었다. 병상에 누워 있는 아내와 직장에서 통화하기 위해 전화기를 발명하고 이것을 1860년 뉴욕에서 공개 시연한 이탈리아 태생의 안토니오 무치가 그 주인공이었다. 그는 몇 년 후 더욱 정교한 전화기를 만들고도 영구 특허 신청에 필요한 돈이 없어 1871년 1년짜리 특허를 신청했다가 3년 뒤 특허를 갱신하지 못해 결국 전화 특허를 확보하지 못한 불운의 사나이로 발명사에 기록되었다.

무치는 나중에 벨이 특허를 내고 큰돈을 벌자 벨을 상대로 소송을 제기했다. 대법원도 무치 쪽으로 기울어 승리를 눈앞에 두었으나 1889년 숨져 재판은 흐지부지되었고 벨은 안도의 한숨을 내쉴 수 있었다. 무치는 그로부터 100년도 더 지난 2002년 6월 미국 하원이 자신의 공로를 인정하는 결의안을 통과시킨 것에 만족해야 했다. 의회는 "무치에게 특허 신청 비용이 있었다면 벨에게 특허권이 부여되지 못했을 것"이라고 결론 내렸다.

최초 발명자 후보에 오른 사람은 무치 말고도 또 있었다. 그중 대표적인 인물이 독일 과학자 요한 필리프 라이스다. 그는 1858년 전신선으로 소리를 보내는 초보적인 장치를 발명한 후 '텔레폰'이라고 명명했다. 1863년까지 꾸준히 개선된 전화기를 개발하고 시연도 했으나 특허를 신청하지는 않았다. 이처럼 특허의 상업성을 제대로 이해하지 못한 다른 발명자들과 달리 벨은 일찍이 예비 장인의 조언에 힘입어 먼저 전화 특허에 성공함으로써 세계적인 대발명가 반열에 오르게 되었다.

첫 전화 음성은 "왓슨 군, 이리로 와주게. 도움이 필요하네"

벨은 특허장을 교부받고 3일 뒤인 1876년 3월 10일, 보스턴의 실험실에서 전화 실험에 성공했다. 그날 전화선을 타고 10m 떨어진 상대방에게 전달된 최초의 기록은 "왓슨 군, 이리로 와주게. 도움이 필요하네"라는 벨의 다급한 목소리였다. 1층에서 벨이 전화 실험을 하려던 순간 옆에 놓여 있는 황산 그릇을 잘못 건드려 황산이 옷에 쏟아지는 바람에 2층 실험실에서 전화를 기다리고 있던 왓슨에게 급하게 도움을 요청하는 목소리가 전화선을 타고 전달된 것이다.

벨은 그로부터 5개월이 지난 8월 3일, 캐나다 온타리오주에서 공개 전화 실험에 성공함으로써 비로소 자신의 발명품을 세상에 공개했다. 1876년 10월에는 3㎞ 정도 떨어진 장거리 통화 실험에도 성공했다. 1877년 4월에는 보스턴에 있는 벨의 작업장과 서머빌 근처 또 다른 사람의 집 사이에 최초의 전화선이 개설되었고 같은 해 여름에는 200여 명의 고객을 위한 최초의 전화 교환대가 보스턴에 설치되었다.

벨은 1877년 7월 11일 메이블과 결혼하고, 허버드·샌더스와 함께 '벨 전화회사'를 설립했다. 이 회사는 훗날 'AT&T'라는 세계적인 대기업으로 성장했다. 벨 전화회사는 1879년 웨스턴유니언사로부터 에디슨의 탄소 마이크로폰 특허권을 사들여 전화기를 개량했다. 이후 통화 거리는 더욱 늘어나고 큰 소리를 지를 필요가 없어졌다.

벨은 보지도 듣지도 말하지도 못하는 헬렌 켈러와도 친분이 깊었다. 켈러는 6살 때 농아학교 교수로 있던 벨을 만나 무릎에서 시계를 만지며 놀 정도로 벨과 친숙했다. 켈러는 이런 벨을 위해 "당신은 내가 성공할 때마다 아버지의 기쁨을 보여주셨고, 내가 잘못을 저지를 때는 아버지의 자상함을 베푸셨습니다"라는 내용의 글을 자서전에 기록했다.

벨이 다시 한 번 언론의 스포트라이트를 받은 것은 1915년 1월 25일이었다. 미국의 뉴욕~샌프란시스코 4,700㎞를 잇는 대륙 횡단 전화가 이날 개통된 것이다. 첫 통화자는 벨(뉴욕)과 그의 영원한 조수 왓슨(샌프란시스코)이었다. 둘은 감회에 젖어 23분간을 통화했다. 이미 뉴욕~보스턴(1877), 뉴욕~시카고(1892) 간의 전화가 연결되긴 했으나 당시만 해도 방음실에 들어가 귀를 기울이지 않으면 목소리를 들을 수 없을 정도로 소리 전달이 약했다. 그러나 이날의 통화는 증폭기를 사용해 음질이 대폭 향상되고 대륙을 동서로 가로질렀다는 점에서 전화사의 한 획을 그은 획기적인 일로 평가되고 있다.

1927년 1월 7일 뉴욕과 런던을 잇는 상업 무선전화까지 개통됨으로써 바야흐로 세계가 하나되는 신시대가 열렸다. 1922년 8월 4일 오후 6시 25분, 미국과 캐나다의 전화 시스템이 1분간 침묵을 지켰다. 이틀 전 죽은 벨을 애도하기 위해서였다.

헬렌 켈러 헬렌 켈러(1880~1968)의 삶을 기적이라고 한다. 그러나 그 기적은 장애를 장애로 받아들이려 하지 않는 켈러 자신의 의지와 용기의 산물이었다. 미국 앨라배마주의 시골 마을에서 태어난 켈러는 생후 6개월째에 "굿 모닝"을 말하고 돌날에는 뒤뚱뒤뚱하면서도 걷는 데 아무 문제가 없었던 건강한 아이였다. 그러나 생후 19개월 때 찾아온 원인 불명의 고열과 복통으로 보이지도 들리지도 않았다. 들리지 않으

헬렌 켈러(왼쪽)와 애니 설리번

니 점차 입도 열리지 않았다. 세상은 온통 암흑과 침묵뿐이었다. 자서전에서 밝혔듯 그는 '존재하지 않는 세계에 살아가는 유령'이었다.

부모는 시력과 청력의 회복은 불가능하겠지만 교육은 가능하다고 믿었다. 켈러가 7살이었을 때 맹아학교 졸업생 애니 설리번(1866~1936)을 가정교사로 채용했다. 켈러와 설리번이 처음 만난 것은 1887년 3월 3일이었다. 그 순간의 감격을 훗날 켈러는 "일생을 통틀어 가장 중요한 날이었다"고 술회했다. 설리번은 20세의 어린 나이였지만 어려서 주정뱅이 아버지의 학대와 어머니·동생의 죽음 등 모진 아픔을 겪으면서 일찍 세상에 눈을 떴다. 설리번 역시 어려서 걸린 결막염으로 한때 눈이 보이지 않았으나 독지가의 후원 덕에 몇 차례의 수술을 받고 어느 정도 시력을 회복해 누구보다 켈러의 처지를 잘 이해했다.

설리번의 성미는 단호하고 불같았지만 오히려 사나운 켈러를 제압하는 데는 적격이었다. 첫 만남이 있고 다음날 설리번은 인형을 건네주며 켈러의 작은 손에 손가락으로 천천히 'd–o–l–l'이라고 써주었다. 켈러는 간질간질한 그 행위가 그냥 놀이인 줄 알았다. 설리번은 손바닥 위에 철자를 쓰고 또 써주며 사물의 명칭을 가르쳐 주었다. 4월 5일 켈러는 놀라운 경험을 했다. 설리번이 헬렌의 한쪽 손에 차가운 물을 느끼게 하고 다른 손바닥에 'w–a–t–e–r'라고 써주었을 때 'water'가 뭔지를 지각하게 된 것이다. 이후 켈러는 간단한 물건 이름은 물론 일부 동사도 이해하게 되었다.

설리번의 끈기와 노력 덕에 켈러는 한 달 만에 말과 사물의 관계를 알게 되었고 뛰어난 기억력에 힘입어 3개월 만에 300단어를 암기할 수 있었다. 이듬해 봄 설리번이 데리고 간 맹아학교에서는 점자를 배우고, 상대방의 입술을 만져 무슨 말인지 알아듣는 기술을 터득했다. 농아학교에서는 후두에 손가락을 대어 진동을 느끼는 훈련을 통해 말하는 법을 익혔다. 켈러는 한 손으로 자신의 목을 누르고 한 손은 목구멍에 넣는 과정을 반복하며 소리를 익혔다. 설리번 역시 혀의 위치를 정확히 알기 위해 자신의 입속에 손가락을 쑤셔넣다가 자주 구토를 했다. 이런 과정을 거치고서야 켈러는 문장까지 말할 수 있었다.

시청각 장애인 최초로 일반 대학 졸업

켈러가 세상에 처음으로 꺼낸 말은 "It is warm today"였다. 귀가 들리지 않아 자신은 그 문장을 알아듣진 못했지만 평생 잊을 수 없는 순간이었다고 자서전에 썼다. 1900년 켈러는 하버드대의 자매학교인 래드클리프여대에 입학했다. 켈러가 공부하는 4년 내내 설리번은 켈러의 수업 내용을 받아 적었고 읽어야 할 책을 점자로 옮겨주었다. 이런 과정을 거쳐 1904년 6월 28일 래드클리프대를 졸업했다. 시청각 장애인 최초의 일반 대학 졸업이었다.

대학 졸업 후 유명해진 켈러는 장애인 학교나 도서관 건립 기금 마련 등 장애인을 위한 일이라면 어디든 달려갔다. 세계 각지를 돌며 강연을 하고 글을 쓰고 영화에 출연, 장애인에게 희망과 용기와 자신감을 북돋아주었다. 대학 재학 중 쓰기 시작한 저서도 '나의 삶'(1902), '헬렌 켈러의 비망록'(1938) 등 여러 권이 되었다.

켈러는 독실한 기독교인이면서도 열렬한 사회주의자였다. 그에게는 기독교인이라는 것과 사회주의자라는 것이 결코 대립하지 않았다. 자본주의 병폐를 비판하고 노동자의 권리를 강조했다. 1909년부터 미국 사회당 당원이었고 당 안에서도 혁명적 좌파에 속했다. 1912년부터는 사회당의 온건 노선에 불만을 품고 전투적인 산업별 노동조합운동을 지원했다. 1917년 러시아혁명이 일어났을 때는 소련을 찬양하고 레닌을 자기 시대의 위대한 사람 중 한 사람으로 꼽았다.

그러자 세간의 평판이 달라졌다. 그때까지 그녀의 용기와 지성을 예찬했던 신문들은 그녀가 불구자라는 점을 부각하며 공격했다. 장애 때문에 제대로 판단하지 못했다는 식의 비판이 이어졌다. 미 정부가 11번이나 용공 혐의자로 언급할 정도로 친공산주의자였는데도 1950년대의 매카시 광풍을 비껴갈 수 있었던 것은 장애인이라는 이유 때문이었다.

켈러와 설리번은 세상이 그들을 바라보는 시각을 의식하며 살아야 했다. 사람들은 장애인이면서도 뛰어난 작가이자 연사이고, 무대와 스크린에도 등장할 만큼 다재다능한 켈러가 성녀(聖女)이기를 원했다. 켈러가 자신들과는 동떨어진 삶을 살기를 기대했으며 위인전 속의 고결한 삶에 가둬두려 했다.

켈러는 이런 기대를 저버릴 수 없어 개인적 소망을 미뤄둔 채 고통받는 사람과 소외된 사람을 위한 삶을 살았다. 그러나 마음속은 언제나 결혼을 하고 아이를 낳는 평범한 여성의 소망으로 꿈틀거렸다. 한때는 자신의 그림자나 다름없는 설리번까지 버리고 비서였던 남자와 도피를 꿈꿀 만큼 사랑에도 과감했다.

반면 설리번에게 켈러는 삶의 의미이자 전부였다. 켈러가 독립적으로 살기를 진심으로 희망하면서도 자기의 통제를 벗어나는 것을 두려워했다. 둘의 작별은 1936년 설리번이 죽으면서 자연스럽게 이뤄졌다. 1960년에는 설리번 다음으로 헬렌을 위해 일했던 폴리 톰슨도 66세 나이로 눈을 감았다. 이후 헬렌은 당뇨병으로 7년 넘게 휠체어와 침대 신세를 지다가 1968년 6월 1일 88세 나이로 세상을 떠났다.

데이비드 그리피스 감독 '국가의 탄생' 개봉

촬영 만큼이나 그리피스가 심혈을 기울인 것은 3개월이나 소요된 편집이었다.

데이비드 그리피스(1875~1948)는 다양한 영화 기법을 선보인 선구자였고 스타 시스템의 창안자였으며 영화 산업의 개척자였다. 그래서 붙은 찬사가 '미국 영화의 아버지'이다. 그리피스의 영화 인생은 1908년 영화사 '바이오그라프'에 둥지를 틀면서 시작된다. 20대 내내 활동한 연극판에서 크게 두각을 내지 못하자 영화감독으로 방향을 선회한 것이다. 바이오그라프를 떠나는 1913년까지 그리피스가 감독한 영화는 데뷔작 '돌리의 모험' 등 450편에 달했다. 이렇게 다작이 가능했던 것은 당시 영화 상영 시간이 10여 분에 불과했기 때문이다.

영화에 대한 실험 정신과 호기심으로 충만한 상태에서 이처럼 많은 영화를 감독한 그리피스였지만 마음 한 켠에는 늘 허전한 구석이 있었다. 그것은 2시간 이상의 장편영화였다. 마침 이탈리아에서 제작된 장편영화 '폼페이 최후의 날'(1913)이 미국에서 장기 상영에 성공한 터였다. '폼페이 최후의 날'은 극적인 스케일과 스펙터클 면에서 관객을 압도했다. 이 작품으로 미국인들은 장편영화에 대한 인식을 새롭게 정립하게 되었다.

그리피스가 바이오그라프 영화사에 장편영화 제작을 제안했으나 영화사는 흥행성이 없다며 반대했다. 결국 그리피스는 1913년 바이오그라프를 떠나 직접 영화사를 차렸다. 그가 첫 작품으로 선택한 것은 '문중 사람' 혹은 '동향인'으로 번역되는 토머스 딕슨의 역사소설 '클랜스맨'이었다.

영화는 1914년 7월 4일 크랭크인해 9주 만에 촬영을 끝냈다. 그러나 그 9주는 내면에 웅크리고 있던 그리피스의 영화적 재능이 맘껏 발휘되고 영화사에도 길이 남을 역사적인 기간이었다. 그전까지 그 누구도 시도하지 않았던 클로즈업, 파노라마 촬영, 플래시백(과거 회상 장면) 등 새로운

데이비드 그리피스

영화 기법을 마음껏 구사했기 때문이다.

촬영만큼이나 그리피스가 심혈을 기울인 것은 3개월이나 걸린 편집이었다. 그중 대표적인 기법은 상이한 이야기를 교대로 보여줌으로써 극적인 긴장감을 고조시키는 '교차편집'이었다. 사실 교차편집은 영화 전문가들이 '클랜스맨'의 등장 전 최고의 영화로 꼽는 에드윈 포터 감독의 '대열차강도'(1903)에서 처음 등장했지만 '클랜스맨'의 교차편집은 대열차강도에 비해 세련되고 영화적 효과가 컸다.

당시 보통 영화의 8배가 넘는 159분짜리 대작으로 제작된 '클랜스맨'이 미국 로스앤젤레스에서 개봉된 것은 1915년 2월 8일이었다. 3월 3일 뉴욕에서 개봉될 때는 영화 제목이 '국가의 탄생'으로 바뀌어 상영되었다. 기존의 단편영화 요금이 5~10센트였을 때 '국가의 탄생'은 2달러나 받았는데도 전국적으로 80만 명을 동원하는 대박을 터뜨렸다. 스펙터클한 전투 장면과 500명도 넘는 엑스트라에 혁신적인 영화 기법과 다이내믹한 편집이 관객을 극장으로 불러들인 것이다. 덕분에 이전 최고 제작비의 5배인 10만 달러의 제작비를 투입했는데도 500만 달러라는 엄청난 매출액을 올려 영화산업이 숨은 노다지라는 사실을 새롭게 확인시켜 주었다.

'국가의 탄생'이 개봉된 후 영화의 촬영지인 할리우드는 영화의 중심지가 되고, 영화의 흐름이 유럽에서 완전히 미국으로 넘어오는 계기가 되었다. 또한 영화가 '가공과 조작의 예술'로 변신하는 발판이 되었다. 그리피스에게는 "스크린에 혁명을 불러 일으킨 영화감독"이라는 찬사가 쏟아졌다.

'국가의 탄생'이 성공한 이유는 무엇일까? 연극배우, 영화배우, 시나리오 작가, 영화 스태프 등을 넘나들며 체득한 연출력과 표현력으로 다져진 그리피스의 뛰어난 영화 감각이 첫째 이유라는 데는 누구도 이의를 달지 않는다. 당시 대부분의 영화는 장면의 구분 없이 실시간 연극을 카메라에 담는 수준에 머물러 있었다. 카메라는 촬영 중에 거의 움직이지 않았고, 롱 숏(먼거리에서 찍은 숏)이 대부분이었으며 몽타주도 고작해야 필름 재료들을 기술적으로 시간 순서에 맞게 나열하는 것에 불과했다. 이럴 때 시간 구조의 자유로운 조작, 회상의 영화적 묘사, 짧은 플래시 포워드(미래의 시간을 미리 보여주는 기법) 등 그리피스의 연출 기법은 충격과 신선함 그 자체였다.

최초의 할리우드 스타였던 릴리언 기시, 당대 최고의 흥행배우 메리 픽퍼드 등 쟁쟁한 배우들을 캐스팅한 이른바 스타 시스템을 도입한 것도 영화 흥행에 크게 도움이 되었다. 뉴욕 등 동부에 둥지를 튼 영화제작자들에게 할리우드가 중심이 되는 서부 캘리포니아의 풍광과 햇빛이 영화 성장의 최적지라고 설득하고 끌고 나선 것도 그였다.

그전까지 누구도 시도하지 않았던 새로운 영화 기법 구사

'국가의 탄생' 줄거리는 이랬다. 남북전쟁 중 백인 여자가 자신을 겁탈하려는 흑인 병사를 피하려다 절벽에서 떨어져 죽자, 여자의 오빠가 KKK 단원이 된다. 이후 오빠의 집은 흑인 부대에 의해 포위되고 죽음 직전까지 몰리다가 KKK단이 등장해 흑인을 무찌르고 백인 오빠를 구하는 장면이 감동적으로 그려진다.

그러나 남북 간의 앙금이 채 가시지 않고 있을 때, 영화가 백인들은 우호적으로 그리고 흑인들은 동물적이고 거짓말을 잘하며 게으르고 술주정뱅이에다 잔인한 사람들로 묘사하자 흑인 단체들이 "명백한 인종주의"라며 연일 극장 앞에서 항의 시위를 벌였다. 일부 언론도 "역사의식이 빈곤

'국가의 탄생' 포스터

하고, 가치관의 전도된 사람"이라고 비판하고 일부 주에서는 "심각한 인종차별주의"를 이유로 영화 상영을 불허했다. 당초 "번개로 쓴 역사 같으며 선편에 신실이 넘친다"고 호평했던 우드로 윌슨 대통령도 태도를 바꿔 지지를 철회했다.

이처럼 그리피스에게 온갖 비난이 쏟아졌으나 따져보면 그리피스의 피에는 남북전쟁의 흔적이 면면히 흘렀다. 그 자신이 남부에서 태어난 데다 아버지는 남북전쟁 때 남군 대령으로 참전했다가 부상당해 그리피스가 10살 때 죽었기 때문이다. 다만 훗날의 영화사가들은 아버지에 얽힌 그리피스의 영웅담을 반신반의하는 편이다. 그리피스가 자신은 대농장에서 태어났으나 남북전쟁 초기 폭도들이 농장을 다 태워버렸다고 말한 것을 두고도 실제로는 작은 농가에서 태어났다고 주장하는 전기 작가들도 있다.

'국가의 탄생' 후 그리피스는 쏟아지는 비난에 항변하기 위해 1916년 더 많은 예산을 들여 매우 예술적인 영화 '인톨러런스'를 만들었다. 20세기 초의 미국과 16세기 유럽의 종교개혁, 예수가 살던 때, 고대 바빌론을 한꺼번에 배경으로 등장시킴으로써 자신에게 쏟아진 '아량 없음'이 역사적으로 반복되어 왔음을 주장하고자 했던 것이다. 그러나 '인톨러런스'는 흥행에 실패했다. 그래도 '꺾인 꽃'(1919)으로는 "스크린의 셰익스피어"란 찬사를 받았고 '동도'(1920)는 '국가의 탄생'보다 더 큰 수입을 안겨주었다.

1919년 2월에는 장차 할리우드 8대 메이저 반열에 오를 유나이티드 아티스츠(UA)를 찰리 채플린, 메리 픽퍼드 등과 함께 설립할 정도로 승승장구했으나 거기까지였다. 1927년 '재즈 싱어'의 개봉으로 시작된 유성영화 시대의 개막 이후 계속 빛을 보지 못하다가 참담한 실패로 끝난 '투쟁'(1931)을 마지막으로 다시는 영화계에서 그를 볼 수 없었다.

알프레트 베게너 '대륙과 해양의 기원' 출간

고지자기학은 베게너의 이론을 뒷받침하는 데 결정적으로 작용했다.

1912년 1월 알프레트 베게너(1880~1930)가 독일지질학회에서 파격적인 주장을 폈다. 수억 년 전쯤 지구에는 '판게아'(그리스어로 '모든 육지'라는 뜻)라는 초대륙이 있었는데 이 판게아가 분열하고 이동해 오늘날의 여러 대륙이 생겼다는 이른바 '대륙이동설'이었다. 학자들의 반응은 냉담했지만 그래도 베게너는 자신의 주장을 논문으로 정리해 관련 학회지에 게재했다.

사실 베게너가 대륙이동설을 처음 제기한 학자는 아니었다. 하지만 그 전까지는 학자들이 상상의 나래만 폈을 뿐 구체적인 근거는 제시하지 못했다. 베게너가 그들과 다른 점은 지질학적이고 생물학적인 증거를 구체적으로 제시했다는 데 있다.

베게너는 독일의 베를린에서 태어나 베를린대에서 천문학 박사를 받은 천문학자였다. 하지만 기상학에 더 관심이 많아 기구기상관측소에 근무하는 형의 조수로 활동했다. 1906년에는 형과 함께 기구를 타고 독일에서 덴마크까지 52시간 동안 왕복해 그전까지 최장 체공 기록인 35시간을 깼다. 1906년부터 2년간은 그린란드 북동부를 조사하는 덴마크 탐험대에 참가해 북위 77도에 있는 비스마르크곶 기지에서 동식물·지질·빙하·기상

알프레트 베게너

등을 조사했다. 베게너는 당시 극지의 얼음이 분열해 빙산이 떨어져나가는 것을 보고 초대륙의 분열과 이동이라는 이론을 떠올렸다고 훗날 술회했다.

독일 마르부르크대에서 천문학과 기상학을 가르치던 1910년 어느 날, 베게너는 세계지도를 보다가 대서양을 사이에 두고 있는 남·북미 대륙과 유럽·아프리카 대륙의 해안선이 조각그림 맞추기처럼 꼭 들어맞는 것에 호기심을 느꼈다. 이후 관련 자료들을 찾고 있던 1911년 가을, 두 대륙이 옛날에는 연결되었을 가능성을 시사하는 영국의 동물학자 필립 스클레이터의 논문을 도서관에서 발견했다.

스클레이터는 대서양을 사이에 둔 양쪽 대륙에서 발견된 동식물의 화석이 비슷하다는 사실을 예로 들면서 과거 오스트리아의 지질학자 에드워드 쥐스가 세운 "아프리카와 아메리카 대륙 사이에 흔적도 없이 바다 밑으로 사라진 육교가 있었을 것"이라는 가설에 힘을 실어주었다. 쥐스는 오늘날 남쪽에 있는 대륙들이 한곳에 모여 거대한 '곤드와나' 대륙을 형성했을 것으로 추정했다. 사실 그 무렵에는 육교 가설 말고도 다른 학자들이 제기한 여러 가설이 있었지만 전 지구 현상을 설명하는 데는 미흡했다.

베게너가 내린 결론은 육교가 아니라 한때 하나였던 대륙의 분리·이동이었다. 베게너는 지질학과 고생물학 관련 논문을 닥치는 대로 조사·정리해 1912년 1월 독일지질학회에서 연구 결과를 발표했다. 하지만 학자들은 "연구자가 아니라 종교 맹신자가 주장하는 것과 다름 없다", "기상학자가 도대체 무엇을 말하는지 모르겠다"며 비하하고 조롱했다. 결국 논문은 학계의 주목을 받지 못해 더 이상 거론되지 않았다.

그러던 중 1914년 1차대전이 발발했다. 전쟁은 인류에게는 대참사였으나 베게너의 연구를 위해선 행운이었다. 독일군으로 참전했다가 부상한 덕분에 측후소에서 기상 관계 업무에 종사하며 대륙이동설을 보완하는 연구에 몰두할 수 있었기 때문이다. 연구 결과는 1915년 '대륙과 해양의 기원'으로 발간되었다.

한때 하나였던 대륙이 분리·이동했을 것이라는 가설 내세워

베게너의 대륙이동설을 정리하면 대략 이렇다. 오늘날의 6개 대륙은 과거 '판게아'라는 하나의 초대륙으로 연결되어 있었다. 초대륙 안쪽에는 지중해의 전신인 테네스해라는 내해가 있고 초대륙 바깥에는 태평양이 있었다. 이후 초대륙은 남쪽의 '곤드와나'와 북쪽의 '로라시아' 대륙으로 분리되었고 각각의 대륙 내에서 분열이 일어났다. 그 결과 곤드와나는 오늘날의 남미, 아프리카, 남극, 호주, 인도를 아우르고, 로라시아는 북미, 유럽, 아시아, 시베리아 대륙을 포괄했다.

곤드와나에 속했던 인도 반도는 8,000만 년 전 떨어져 나와 빠른 속도로 북상해 5,000만 년 전 로라시아의 아시아와 충돌, 오늘의 모습이 되었다. 당시 인도 반도의 충돌에 따라 지층이 구겨지고 솟아올라 오늘날의 히말라야 산맥과 티베트 고원이 만들어졌다.

베게너가 대륙의 분열·이동을 증명하는 증거로 제시한 것 중에서 가장 독창적인 내용은 고기후 분포를 대륙이동과 연결시켰다는 점이다. 퇴적물이 쌓일 때는 그 지역의 기후적 요소도 함께 쌓이는데 퇴적암을 연구하면 옛날의 기후를 알 수 있다는 연구 결과를 대륙이동으로 발전시킨 것이다.

예를 들면 빙하 퇴적물은 위도 60도 이상의 고위도 지방에서 주로 쌓이므로 극지방에서 쌓였다고 말할 수 있다. 울창한 수풀은 주로 적도지방에 분포하므로 두꺼운 석탄층이 발견되는 곳은 당시 적도지방의 울창한 수풀 지

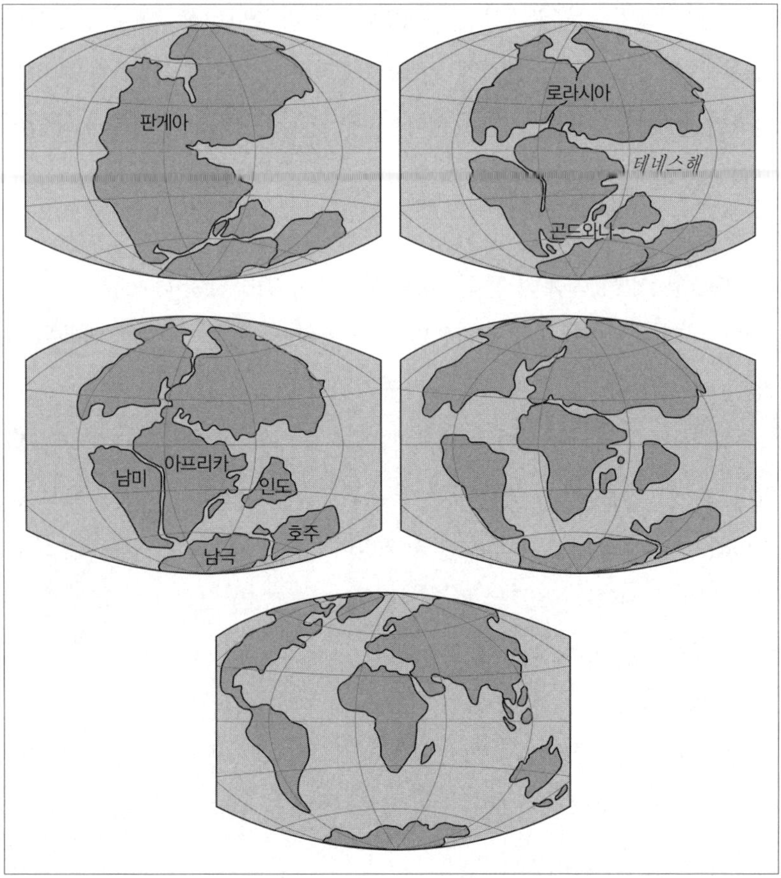

대륙이동 과정

역이었음을 의미한다. 사막은 위도 20~30도의 아열대지방에 주로 분포하므로 암석 중에 건조한 기후에서 형성되는 암염이나 석고 그리고 바람에 의해 형성된 사구층이 발견되면 그 암석은 퇴적 당시에 위도 20~30도의 아열대지방에 있었음을 뜻한다.

베게너는 이런 사실을 토대로 현재 북위 30~50도 지역인 북아메리카·유럽·아시아의 대규모 탄전 지역은 당시의 적도지방으로, 빙하 퇴적층이 분포하는 남미·아프리카·호주 지역은 당시의 극지방으로, 그리고 그 사이의 사막 환경 퇴적층이 분포하는 곳은 아열대지방으로 추정했다. 지층에 묻혀 있는 수많은 고생물 화석도 베게너의 가설을 뒷받침했다. 양치류나 소철처럼 열대지방 식물 화석이 북극의 스피츠베르겐 제도에서 발견되고 남극에서 석탄이 발견되기도 했다. 남아프리카에서는 모래, 자갈, 둥근 돌, 점토가 뒤섞여 나왔는데 이는 빙하가 녹은 흔적으로 이 지역이 한때 매우 추웠음을 암시했다.

베게너는 기후 분포 말고도 또 다른 근거를 제시했는데 그중 하나는 유럽의 스칸디나비아 반도에서 스코틀랜드에 이르는 칼레도니아 조산 운동에 의해 생긴 산맥이 북미 동부의 애팔래치아 산맥과 연결된다는 사실이었다. 아프리카 남단을 동서로 달리는 희망봉 산맥이 남미 부에노스아이레스의 남방을 동서로 달리는 산맥과 같은 지질이고 이들 두 대륙의 다이아몬드 산지나 편마암 대지가 순조롭게 연결된다는 것도 근거로 제시했다. 같은 종의 달팽이와 지렁이가 유럽 서부와 북미 대륙의 동부에만 분포하고 있다는 사실도 대륙이동설에 힘을 실어주었다. 달팽이가 수천㎞나 떨어진 대서양을 건너 반대쪽 해안에 도달한다는 것이 상식적으로 불가능했기 때문이다.

그럼에도 학자 대부분은 베게너의 가설을 인정하지 않았다. 대서양 양쪽 대륙의 해안선이 정확하게 들어맞지 않고 베게너가 빙하 퇴적층이라고 주장하는 지층이 빙하에 의해 쌓인 것이라고 단정할 수 없다는 것이다. 무엇보다 결정적으로 베게너의 주장을 인정하지 않은 이유는 베게너가 대륙이동의 현상과 결과만을 설명할 뿐 대륙이동의 원동력에 대해서는 과학적으로 설명하지 못했기 때문이다. 베게너가 과도한 예측을 한 것도 불신을 산 이유 중 하나였다. 예를 들어 베게너는 북미와 유럽이 매년 36㎝씩 멀어지고 있다고 가정했으나 실제 측정된 값은 그에 훨씬 못 미쳤다.

전문가들을 설득시키지 못한 또 하나 이유는 저서 '대륙과 해양의 기원'이 처음 독일어로 쓰이고 1차대전이 한창일 때 발간되어 잘 알려지지 않았다는 점이다. 그러다가 1924년 영어·프랑스어·스페인어·러시아어 등으로 번역되면서 일반인에게 엄청난 반향을 불러일으켰다. 그런데도 아마추어에게만 흥미를 주었을 뿐 전문가들은 설득하지 못해 더 이상 학계의 주목을 끌진 못했다.

더구나 1930년 그린란드 탐험 중 베게너가 죽음으로써 대륙이동설은 점차 전문가들의 뇌리에서 잊혀갔다. 베게너는 1930년 그린란드 내륙의 빙하를 연구하기 위해 제4차 그린란드 탐험대에 참가했다가 11월 1일, 개썰매를 끌고 눈벌판 속으로 떠나 다시는 돌아오지 못했다. 주검은 이듬해 5월 얼음 속에서 발견되었다. 그의 죽음과 함께 대륙이동설도 학자들의 관심 밖으로 밀려났다.

그런데 1950년대 들어 대륙이동의 원동력에 대한 다양한 이론과 새로운 증거들이 속속 발표됨으로써 베게너의 대륙이동설이 다시 주목을 받기 시작했다. 특히 고지자기학은 베게너의 이론을 뒷받침하는 데 결정적으로 작용했다. 고지자기란 녹은 암석이 굳기 직전 당시의 지구 자기 방향을 간직한 흔적이다. 마그마가 식어 화성암으로 굳을 때 그 속에 녹아 있던 자철석이나 적철석이 지구자기장의 방향으로 자석화되는 성질이 있는데 지자기의 방향은 시대에 따라 끊임없이 변하기 때문에 어떤 암석의 고지자기를 알면 그 암석이 언제 어떤 위도에서 처음으로 굳었는지를 알 수 있는 것이다.

1960년대 말에 등장한 '판구조론'도 대륙이동설에 힘을 보태주었다. 판구조론은 지구의 지각·맨틀·핵을, 삶은 계란의 껍데기와 흰자와 노른자로 비유하면 쉽게 이해할 수 있다. 판구조론에 따르면 지구의 표면인 지각은 최상부 맨틀과 함께 암석권을 구성한다. 암석권을 구성하는 판들은 지각을 포함하는 두께 100㎞의 지구 표면 부분으로, 대륙뿐 아니라 해저도 이 위에 있다. 이 판들은 영국의 지질학자 아서 홈스가 제시한 '맨틀의 대류'에 따라 끊임없이 이동한다.

'맨틀의 대류'란 밀도 차에 따라 맨틀 물질이 상하 수평 방향으로 이동하는 것을 말하는데 맨틀의 이동에 따라 대륙도 이동한다는 것이다. 즉 맨틀 내에 분포하는 방사성 원소의 붕괴열에 의해 데워진 물질이 지표면을 향해 서서히 올라오고 지표 부근에 도달해 냉각되면 무거워져 가라앉는 것이다. 이에 따라 맨틀에서 올라오는 거대 상승류에 의해 남쪽의 곤드와나와 북쪽의 로라시아 대륙으로 나뉘었고 이 갈라짐으로 인해 태평양이 탄생했다. 또한 각각의 판은 서로 이웃하는 판끼리 충돌하거나 떨어져 나가 습곡이나 단층의 지형을 만든다.

한반도 기원 한반도는 현재 위도상 북쪽에 위치하고 있지만 기원은 남쪽 곤드와나 대륙의 일부였다. 근거는 암석에 남아있는 고지자기다. 고지자기의 분석 결과에 따르면 한반도는 4억~5억 년 전인 고생대까지는 남북위 10도 이내의 적도지방에 있었다. 이웃엔 인도, 호주, 인도차이나, 아프리카 대륙이 있었다. 그러던 중 고생대 후기에 지각 아래의 맨틀에서 엄청난 규모의 땅덩어리가 올라와 한반도가 위치한 곤드와나 대륙을 하나씩 붕괴시켰다. 그리고 2억 6,000만 년 전 곤드와나 대륙 북쪽 가장자리에 있던 작은 땅덩어리들이 떨어져 나가 북상 여행을 시작, 중생대기인 2억 년 전쯤 극동지방에 도달했다.

땅덩어리들은 이곳에서 함께 부닥치고 회전하고 봉합됨으로써 한·중·일의 주요 땅덩어리를 구성하는 '중한지괴'를 이뤘다. 중한지괴는 또다시 북상하다가 중생대 백악기 초인 1억 2,000만 년 전에 로라시아 대륙의 시베리아지괴와 충돌, 오늘날의 유라시아 모습을 완성했다.

이 과정을 뒷받침하는 생물학적 증거로는 고생대의 표준화석인 삼엽충을 들 수 있다. 주로 아열대의 따뜻한 바다에 살았던 삼엽충 화석이 강원도 태백·영월 지역에서 발견된 것이다. 이 삼엽충 화석을 호주의 화석과 비교하면 많이 유사하다. 이를 통해 태백·영월이 당시 곤드와나 대륙의 가장자리에서 호주와 이웃하고 있었다는 것을 알 수 있다.

그러면 한반도 땅에 처음 지각이 형성된 것은 언제일까. 물론 지각이 처음 형성되었을 때의 한반도 위치는 곤드와나 대륙의 일부였다. 지구상에 지각이 만들어진 것은 약 40억 년 전쯤이고 곤드와나 대륙의 한반도에서는 30억 년 전 지각이 형성되었다. 다만 30억 년 전의 것은 흔적일 뿐 만질 수 있는 암석 형태는 25억 년 전에 형성되었다. 그러다 보니 한반도는 땅덩어리는 작지만 20억~30억 년의 오랜 나이를 가진 선캄브리아기(지구 탄생에서부터 약 5억 4,000만 년 전까지의 시기) 지층에서부터 고생대, 중생대, 신생대에 이르는 다양한 지질을 갖고 있다.

현재까지 한반도에서 발견된 가장 오래된 암석은 인천시 옹진군 대이작도의 것으로 화성암(굳은 마그마)과 변성암(편마암)이 섞인 독특한 형태를 띠고 있다. 북중국지괴인 중국 산동반도의 태산과 북한에서도 대이작도와 같은 암석이 있다.

한반도의 기원을 설명하는 학설 중 대표적인 것은 '대륙충돌설'

그러면 현재 모습의 한반도는 언제 어떻게 형성되었을까. 한반도의 기원을 설명하는 학설 중 대표적인 게 '대륙충돌설'이다. 이에 따르면 오늘날의 한반도는 서로 떨어져 있던 대륙이 2억 년 전쯤 충돌해 만들어졌다. 그 근거로 제시되는 것이 1980년대 후반 중국의 진령산맥~다비산 일대~산동반도로 이어지는 곳에서 발견된 다이아몬드와 코어사이트 등 초고압 광물이다.

이 초고압 광물들은 지각에 있던 물질이 맨틀 깊이인 땅속 150~200㎞까지 밀려 들어가야 만들어질 수 있다. 지각 물질은 맨틀 구성 물질에 비해 비중이 가볍기 때문에 지하 깊숙이 들어간다 하더라도 금방 다시 떠오른다. 하지만 위에서 고압으로 누르는 힘이 작용하면 가벼운 지각 물질도 맨틀 속에서 오랫동안 머물면서 초고압 광물로 변성된다. 대륙충돌설에서는 이 누르는 힘을 대륙충돌로 설명한다. 따라서 초고압 광물이 발견되었다면 그 지점에서 대륙충돌이 일어났다고 보는 것이다. 연구 결과, 현재의 중국은 2억 3,000만 년 전 남중국 대륙과 북중국 대륙이 이동하다가 서로 충돌 후 지각변동을 일으켜 만들어진 것으로 알려졌다.

한반도의 대륙충돌설은 중국 산동반도 일대에서 대륙 충돌이 발생했다면 그 여파가 한반도로 이어지지 않았을까 하는 의문에서 시작되었다. 한반도의 대륙충돌설을 지지하는 연구자들은 중국 대륙이 북중국지괴와 남중국지괴가 충돌해 형성된 것처럼 한반도 역시 대륙의 충돌 과정에서 만들어졌다고 주장한다. '지괴'란 사방이 단층으로 둘러싸인 지각의 덩어리를 말하는데 독자적으로 상승·침강·경사운동을 한다.

또한 한반도는 북한의 대부분을 차지하는 낭림육괴와 남한의 경기육괴, 영남육괴로 구분된다. '육괴'는 주변의 암석보다 견고한 암석으로 구성된 암석의 큰 덩어리 또는 구조적 단위를 뜻하는데 육괴와 육괴 사이에는 약 2억 년 전인 중생대 초에 형성된 퇴적분지 즉 습곡대가 있다. 낭림육괴는 북중국과 붙어서 이동한 반면 경기육괴는 남중국의 일부로 북상했다.

2개의 중국 땅덩어리가 충돌하는 과정에서 남중국에 속한 경기육괴는 북중국의 일부이던 낭림육괴와 영남육괴 사이로 파고들어 3개의 육괴가 형성되었다. 낭림육괴와 경기육괴가 충돌한 경계면이 임진강대(습곡대)이고 경기육괴와 영남육괴 사이가 옥천대이다.

지구 나이 지구 나이가 46억 년이라는 사실은 상식이다. 그러면 지구의 나이는 어떻게 나온 것일까? 17세기 중엽 하느님이 세상을 창조한 시기를 연도는 물론 날짜까지 계산한 종교인이 있었다. 아일랜드의 대주교 제임스 어셔였는데, 그는 신이 창조한 최초의 인간인 아담 이후 성서에 언급된 주요 인물들의 나이를 합산했더니 예수 탄생 4004년 전 10월 23일 토요일에 창조되었다고 주장했다. 따라서 어셔에 따르면 지구의 나이는 6,000년 정도다.

바위 덩어리 속에 지구의 역사가 숨겨져 있다는 사실을 과학적으로 처음 제기한 사람은 '근대 지질학의 아버지' 제임스 허턴이었다. 그는 1785년 에든버러 왕립학회 강연에서 이 사실을 발표했다. 19세기 중반에는 허턴의 뒤를 이어 근대 지질학에 가장 큰 영향을 미친 찰스 라이엘이 시칠리아 섬의 에트나 화산을 조사한 결과, 화산이 폭발할 때마다 새로운 용암층이 이전의 지층 위에 더해져 에트나산이 매우 커졌다는 사실을 알아냈다. 라이엘은 화산의 높이와 화산 폭발 주기, 그리고 폭발할 때마다 상승한 산의 높이를 통해 에트나 화산의 나이를 수십 만 년이라고 추정했다.

19세기 말 영국의 물리학자 배런 켈빈은 용융 상태였던 지구가 냉각되었다가 2,000만 년 동안 서서히 식어 지금의 상태가 되었다고 주장했다. 비슷한 시기, 지열, 바다의 염분, 바다의 퇴적층 등을 통해 지구의 나이가 2,000만~2억 년이라는 주장도 제기되었다.

이처럼 각종 설이 무성한 가운데 1898년 마리 퀴리가 방사능 원소를 발견하고 이후 방사성 원소들이 핵붕괴를 거쳐서 절반으로 줄어드는 반감기가 속속 밝혀지면서 지구의 나이를 과학적으로 계산할 수 있는 근거가 마련되었다. 우라늄의 반감기가 45억 년이라는 사실도 과학적으로 밝혀졌다.

1900년대 초 영국의 한 소년이 인류 창조의 날짜가 'BC 4004년'이라는 사실에 묘한 호기심을 느꼈다. 소년은 커서 뛰어난 지질학자가 될 아서 홈스였는데, 그는 훗날 '대륙의 분리 이동은 지구 심층부의 대류 때문'이라는 '맨틀 대류설'의 창시자로 더 많이 알려지게 되지만 사실 그가 평생을 바친 문제는 '지구의 나이'였다.

우주에서 바라 본 지구 모습

그가 제시한 원리는 간단했다. 바위 속에 흔히 들어 있는 우라늄은 라듐과 라돈을 거치는 8단계의 핵 붕괴 과정을 거쳐 안정한 납으로 변한다. 홈스는 핵 붕괴 과정에서 남아 있는 우라늄과 납의 상대적인 양을 통해 지구의 나이를 추정했다. 그 결과 1911년 지구 데본기(고생대 중기에 해당하는 지질시대)의 나이가 3억 7,000만 년이라는 사실을 밝혀냈다. 그가 계산한 지구의 나이도 14억 6,000만 년에서 33억 5,000만 년으로 점점 늘어났다.

그러나 다른 과학자들은 그것은 지구의 생성 물질의 나이일 뿐, 지구의 나이가 아니라고 반박했다. 실제로 지구에 존재하는 바위 중 가장 오래된 것이라 하더라도 지구가 태어난 지 한참 후에 만들어진 것이므로 이 방법에는 한계가 있었다.

그러자 지질학자들은 지구의 진짜 나이를 알기 위해 외계에서 날아온 운석으로 눈을 돌렸다. 운석은 지구와 마찬가지로 태양계가 처음 생겨날 때 만들어졌기 때문이다. 미국 시카고대의 해리슨 브라운 교수도 그런 과학자 중의 한 사람으로, 그는 열로 인해 만들어진 화성암에 들어 있는 납 동위원소의 양을 알아내는 방법을 고안했다.

그러나 그는 태고의 철질 운석(주로 철과 니켈 합금으로 이루어진 운석)과 지구 암석에 들어 있는 납 동위원소를 분석하는 과정이 매우 오래 걸리는 것을 알고 그 문제를 1948년 당시 화학과 대학원생이던 클레어 패터슨에게 박사학위 과제로 주었다. 패터슨은 7년간의 연구 끝에 최신형 질량분석기인 질량분광기로 지구 나이를 계산했다. 그 결과 1953년, 5만 년 전 지구와 충돌했던 캐논 디아블로 유성체가 함유한 납의 양을 측정해보니 지구의 나이가 45억 5,000만 년(±7,000만 년)이라는 결과가 나왔다. 이 수치는 지금까지 거의 변함이 없다.

프란츠 카프카 '변신' 출간

"서양 소설의 근간을 이뤄온 리얼리즘적 특성이 '변신' 발간 후 뿌리째 흔들렸다"

프란츠 카프카(1883~1924)는 오늘날에는 세계적인 작가로 인정받고 있지만 생전에는 제대로 평가를 받지 못했다. 사후에도 한동안 알려지지 않고 있다가 1940년대 들어 사르트르나 카뮈 등 프랑스 실존주의 작가들이 "실존주의 문학의 선구자"라고 상찬하면서 유명해졌다. 훗날 같은 조국(체코)의 후배 작가인 밀란 쿤데라는 카프카의 작품을 두고 "검은색의 기이한 아름다움"이라고 표현했다.

오늘날에는 카프카에 대한 책이나 논문이 전 세계적으로 수 만 편에 이를 정도로 가히 '카프카 열풍'이다. 인간 존재의 불안을 날카롭게 통찰해 현대인의 실존적 체험을 극한까지 표현한 작가라는 점에서 만장일치에 가까운 동의가 이어지고 있다. 그가 생전에 각광을 받지 못한 것은 일차적으로 동시대인들이 그의 작품세계를 이해하지 못했기 때문이기도 하지만 극도로 단조롭고 평범한 삶을 산 카프카 자신도 원인을 제공했다.

카프카의 삶에는 작품의 소재가 될 만한 특별한 경험이 없다. 이렇다할 투쟁도, 생명을 건 모험도, 일생을 좌우할 사랑도, 감동적인 만남도 없이 무미건조했다. 소설의 무대 역시 그가 태어난 체코 프라하 안에서만 이뤄지고 그의 생애 역시 프라하의 구시가지 광장을 중심으로 반경 1㎞ 정도의 공간을 크게 벗어나지 않았다. 그는 중고교와 대학은 물론 14년 동안의 샐러리맨 생활도 모두 프라하에서 시작하고 프라하에서 끝냈다. 그러면서도 어디에도 속하지 못한 이방인으로 살았다.

프란츠 카프카

심약하고 왜소해서 남성 중심 사회에 낄 수도 없었고 독일어를 사용하는 유대인이었기 때문에 체코어를 쓰는 체코 사회에도 끼지 못했다. 유대인 문제에는 관심이 많았지만 유대교는 물론 모든 종교를 부정해 유대인에게도 배척을 받았다. 사회주의에는 공감했으나 맹목적인 교조주의자가 아니라 적당히 거리를 둔 비판적 관찰자여서 정신적으로는 아나키즘에 가까웠다.

카프카는 체코 프라하의 유대인 집안에서 태어났다. 아버지는 교육을 받지 못하고 자수성가한 사람이어서 독단적이고 강압적이었다. 당시 체코는 독일어를 사용하는 오스트리아·헝가리 제국의 지배를 받고 있었다. 아버지는 카프카의 성공을 위해 카프카를 체코어 학교가 아니라 독일어 학교와 오스트리아 왕립김나지움으로 보냈다. 그러나 카프카는 개인의 고유한 특성을 무시하는 학교를 끔찍히 싫어했다. 내면에서는 가정과 학교에 존재하는 권력자에 강한 적대감이 끓어올랐지만 밖으로는 표출하지 않았다.

카프카는 심리적 압박감에서 벗어나기 위한 도피처를 자기 고유성에서 찾으려 했다. 작가가 되기로 결심한 것도 개인의 특성을 깔아뭉개는 김나지움에 입학하고서였다. 수천 쪽의 습작을 한 것도 그 즈음이었다. 친구들과 함께 철학과 예술을 논하며 어울렸으나 그때도 마치 '얇은 유리벽'에 둘러싸여 있는 듯 거리감을 느꼈다. 미소는 잃지 않았으나 외부 세계에 심리적 거리감을 두고 관망했다. 다만 대학 서클에서 알게 된 막스 브로트만은 달랐다. 그는 카프카의 숨겨진 문학적 재능을 발굴한 첫 독자이고 비평가이자 후원자였다.

카프카는 체코어 대학과 독일어 대학으로 나뉘어 있는 프라하대의 독일어 대학에서 법학을 전공했다. 아버지의 기대 때문에 어쩔 수 없이 법학을 전공하긴 했지만 결과적으로 법학은 카프카의 삶과 문학에 큰 영향을 끼쳤다. 대학을 졸업한 후 죽는 날까지 법률 지식을 이용해 생계를 꾸렸기 때문이다. 카프카 문학의 주요 테마는 권력 비판이었다. 카프카 소설에서 권력은 법이라는 얼굴로 등장한다. 형법 시간에 배운 범죄 수사와 심리 절차에 대한 지식은 소설 '성'이나 '심판'에서 사실적으로 묘사되었다.

1906년 법학박사 학위를 취득하고 1907년 보험회사에 입사했으나 나이 어린 상사가 나이 많은 종업원들을 마구 모욕하고 함부로 대하는 것에 실망해 10개월 만에 그만두었다. 가정과 학교에 이어 직장에서도 권력자의 실체를 확인했으나 생업을 무시할 수 없어 1908년 7월 산업재해보험공단에 입사했다. 이후 건강 때문에 퇴직한 1922년 7월까지 14년 동안 낮에는 샐러리맨으로 밤에는 마치 밀교의 경전을 정리하듯 불가해한 소설들을 새벽까지 써내려가는 것으로 성년기를 보냈다.

카프카는 1912년 12월 처녀작 '관찰'을 출간하는 것으로 작가 이력을 시작했다. 1915년 11월에는 훗날 그의 대표작으로 기록될 '변신'을 출간했다. '변신'의 첫 문장은 이렇게 시작된다. "어느 날 아침 그레고르 잠자(Samsa)가 불안한 꿈에서 깨어났을 때, 그는 침대 속에 한 마리 흉측한 해충으로 변해 있는 자신을 발견했다." 체코어로 '나는 고독하다'라는 뜻의 주인공 '잠자'가 부모와 여동생의 생계를 책임지는 외판사원으로 일하다가 어느 날 벌레로 돌변한 것이다.

잠자의 갑작스러운 변화에 가족은 한동안 동정을 보내다가 시간이 지나면서 잠자를 괴물로 취급했다. 어머니는 잠자를 볼 때마다 까무러치고 아버지는 적개심을 드러내며 혐오했다. 무엇보다 잠자의 마음을 아프게 한 것은, 자신은 인간으로 지냈던 시절을 고스란히 기억하고 있고, 가족의 대화도 모두 들을 수 있는 반면 가족은 벌레인 자신의 말을 이해하지 못하는 데 있었다. 이처럼 존재 간 의사소통의 단절은 절대적으로 믿어왔던 가족 간의 사랑조차 증오로 바꿔놓았다. 결국 잠자는 아버지가 던진 사과에 등을 맞고 한 마리 벌레로 삶을 마감했다.

'변신'이 고전으로 평가되는 것은 그 시절에 이미 해고에 대한 두려움, 회사 지각에 대한 심리적 압박감, 가족을 부양해야 하는 절박감, 자신의 직업에 대한 한탄, 현대인의 불안과 소외 등 자본주의 사회라면 어디에서나 나타나는 현실감과 보편성을 확보한 데 있었다. 소설에서의 벌레 역시 하찮은 존재가 아니라 인간의 모습으로는 뚫기 힘든 막다른 벽에서 출구를 찾는 그런 존재를 의미했다.

'변신'을 서양 문학의 새로운 분기점으로 해석하는 평론가도 있어

인간이 자본주의의 거대한 기계 조직으로부터 이탈하는 순간 곧장 해충으로 전락해 버린다는 작가의 상상력은 1915년 당시로서는 대단히 선지자적이고 파괴적인 은유였다. 오늘날에는 "서양 소설의 근간을 이뤄온 리얼리즘적 특성이 '변신'의 발간 후 뿌리째 흔들렸다"며 '변신'을 서양 문학의 새로운 분기점으로 해석하는 평론가도 있지만 당시 문단에서는 이런 사실을 이해하지 못했다. 심지어 "불안을 조장하는 괴상한 작가"라는 소리까지 있었다.

카프카는 여러 여자와 사랑을 나누고 약혼도 세 번이나 했으나 결혼에까지는 이르지 못해 평생을 독신으로 살았다. 안정된 결혼 생활의 소시민적 행복이 자신의 문학적 삶을 방해할 것을 두려워해 결혼을 주저했기 때문이다. 대신 파혼에서 오는 고통과 가책은 작품으로 승화했다. 카프카는 결핵을 앓다가 1924년 6월 3일, 41살이라는 한창 나이에 세상을 떠났다.

생전에 그의 작품은 유대인 사회에서만 읽혔을 뿐 독일어권에는 거의 알려지지 않았다. 더구나 1924년 6월 오스트리아 빈의 요양원에서 죽기 전 절친인 막스 브로트에게 "출판되지 않은 원고는 모두 태워버리고 이미 인쇄되어 나온 작품은 재판 발행을 중지해 달라"고 유언을 남겨 모든 작품이 불에 태워질 운명에 처해 있었다.

다행히 카프카의 유언에도 불구하고 막스 브로트가 훗날 '고독의 3부작'으로 불릴 '심판'(1925), '성'(1926), '아메리카'(1927)를 책으로 펴내고 카프카를 알리는 데 혼신의 힘을 다한 덕에 카프카는 죽지 않고 뒤늦게 부활할 수 있었다. 여기에 1930~1940년대 나치의 압제를 피해 미국으로 대거 이주한 체코 유대인들을 통해 카프카의 작품이 미국 사회에 널리 소개되면서 카프카에 대한 재평가가 활발하게 진행되었다.

2차대전 후에는 사회 전반의 암울하고 자조적인 분위기와 맞아떨어져 유럽 지식인 사회에 '카프카 유행'이 대대적으로 일어나고, 당시 세계를 휩쓴 실존주의 문학의 열풍 속에서 엄청난 반향을 불러일으켰다. 카프카의 소설은 영화와 연극으로 만들어져 세계 무대에 올려졌다. 특히 '변신'과 '성'은 세 번이나 영화화되었다.

카프카의 단편 '학술원에 드리는 보고'(1917)는 1977년 8월 한국에서도 성격파 연극배우 추송웅에 의해 '빨간 피터의 고백'이라는 제목의 모노드라마로 만들어져 장장 7년 동안 482회나 공연되고 15만 명 이상이 관람함으로써 한국 연극계에 일대 파란을 일으켰다.

카지미르 말레비치 '검은 사각형' 전시

자신의 기하학적 추상이 세계의 본질을 좀더 명확하게 드러낸다고 믿었다.

바실리 칸딘스키가 구체적인 대상이나 이미지는 하나도 보이지 않고 오로지 선과 색채의 율동만이 난무하는 '첫 번째 수채 추상'을 1910년 발표한 이래 추상화는 크게 세 갈래로 분화했다. 첫째는 칸딘스키를 중심으로 한 서정적·음악적 추상 세계이고 둘째는 피터르 몬드리안을 중심으로 한 자연물을 기본적인 형태로 단순화하는 기하학적 추상 세계이며 셋째는 카지미르 말레비치의 극단적이고 절대주의적인 기하학적 추상 세계다.

카지미르 말레비치(1878~1935)는 구러시아령인 우크라이나의 키예프에서 태어나 러시아 모스크바에서 미술 공부를 했다. 20대에는 주로 인상파와 야수파에 심취했으나 1912년 프랑스 파리에서 피카소와 입체파(큐비즘)의 영향을 받은 뒤로는 러시아 아방가르드(전위미술) 운동의 리더가 되었다. 말레비치의 창작 여정은 인상주의, 신인상주의, 상징주의, 신원시주의, 입체·미래주의를 거쳐 절대주의로 나아가는 현대미술의 이동 경로와 정확하게 일치했다.

말레비치가 자연이나 외부 세계와 완전히 절연한 비대상 그림을 그리기 시작한 것은 1913년이었다. 그는 기존의 사실주의 미술을 "현실에 대한 단순한 카피", "쓰레기가 가득 찬 연못", "자연과 상관없는 무형태의 회화적 덩어리"라고 힐난하며 자신의 기하학적 추상이 세계의 본질을 좀더 명확하게 드러낸다고 믿었다. 궁극적으로는 구상미술을 부정하고 하나의 기하학적인 형태에 단 하나의 색만을 사용하는 혁신을 꾀했다.

1915년 12월부터 1916년 초까지 러시아 페트로그라드에서 전위파 예술가들의 합동 전시회인 '0.10. 마지막 입체·미래주의 전시회'가 열렸을

카지미르 말레비치

때 말레비치는 전시회 리더답게 39점을 출품했다. 전시회 제목은 당시 러시아에 많은 영향을 미친 미래주의의 종말과 새로운 미술의 시작을 알리는 것이었다. 제목에서 '0.10'은 완전한 비구상인 제로(0)를 지향하는 10명 화가의 전시회를 뜻했다. 말레비치는 참여 작가 전원이 인지 가능한 주제는 모두 없애버리고 '무(無)'를 그렸다고 취지를 설명했다.

말레비치가 출품한 작품들은 한결같이 순수한 단색의 배경 위에 원, 사각형, 십자형 등의 기본적인 기하학적 형태만을 남겨두고, 이를 제외한 인식 가능한 형상의 흔적을 모두 제거했다. 그중에서도 특히 관객의 눈길을 사로잡고 관객을 혼란스럽게 한 것은 천장 바로 아래 벽 모서리에 걸린, 흰 바탕 위에 검은 사각형 하나를 가득 채운 '검은 사각형'(106×106㎝)이었다.

사실 이 모서리 상단은 러시아 가정집에서 이콘(성화)을 걸어놓고 아침 저녁으로 예배를 드리는 경건한 자리였다. 이콘은 오늘날 영어의 아이콘과 같은 뜻으로 중세 유럽에서는 예수와 성모와 성경에 등장하는 인물들의 형상을 뜻했다. 현대 컴퓨터에서는 '컴맹'이라도 아이콘 덕분에 컴퓨터를 수월하게 사용할 수 있듯이 글을 몰라서 성경을 읽을 수 없었던 중세 민중들도 이콘 덕분에 교리와 성인의 가르침을 이해하고 신의 존재를 구체적으로 느낄 수 있었다. 오늘날 컴퓨터의 아이콘을 그림이라고 여기지 않듯이 중세 사람들도 이콘을 그림으로 생각하지 않았다.

러시아는 이콘화의 전통이 일찍 사라진 서유럽과 달리 1917년 러시아 혁명이 일어날 때까지 이콘화가 계속 유지된 곳으로, 이콘화가 없는 러시아는 상상할 수 없을 정도로 민중의 삶과 밀접했다. 마을의 교회, 농부의 오두막집, 귀족의 저택, 차르의 궁전을 막론하고 러시아인이 있는 곳이라면 반드시 이콘화가 걸려 있었다.

러시아에서 이콘화는 신의 세계가 현현한 것으로 감상의 대상인 예술 작품이 아니라 기도와 숭배의 대상이었다. 이콘화가 단순한 그림을 넘어서 종교적 경배 대상이듯 말레비치는 자신의 작품이 새로운 예술 그 자체의 표상이 되고 더 나아가 숭배 대상이 되길 원했다.

사실주의 미술을 "쓰레기 가득 찬 연못"이라고 힐난

'검은 사각형'은 원래 말레비치가 1913년 여름, 오페라 '태양에 대한 승리'의 무대와 의상 디자인을 맡으면서 고안한 커튼 디자인이었다. 말레비치는 흰색 배경에 검은 사각형으로 고안된 이 무대 디자인 장식품이 회화적 관점에서 중요한 그림이 될 것이라는 걸 인식하고, 그후 2년간 남몰래 절대주의 작품을 그렸다.

말레비치는 전시회 출품과 더불어 '입체주의와 미래주의에서 절대주의까지'라는 선언문이 담긴 팸플릿을 배포함으로써 스스로 칭한 절대주의 회화를 현대미술사에 당당히 등재했다. 절대주의란 칸딘스키의 서정적 추상에 나타나는 감정적이고 율동적이며 변화무쌍한 표현들을 완전히 제거해 버린, 절대적으로 순수한 추상 세계를 의미했다.

말레비치는 원과 정사각형이 인간의 독창성과 관련된 가장 간결한 형태이고 검정과 빨강은 색과 형태의 순수함에서 최고라고 생각했다. 따라서 그의 그림들은 기본적으로 정사각형과 원형 등을 교차해 만든 십자가 형태이거나 여러 개의 사각형이 서로의 관계에 의해 역동적이고 긴장된 상태를 이뤘다.

말레비치의 절대주의 추상은 그때까지만 해도 후진적으로 보이던 러시아 미술을 단숨에 유럽 어느 나라의 미술보다 실험적이고 독창적인 것으로 끌어올렸다. 이후 말레비치는 러시아 아방가르드의 지도자로 막강한

'검은 사각형'(1915년, 79.6×79.5㎝)

영향력을 행사하기 시작했고 자신을 새로운 예술의 개척자로 기꺼이 신화화했다. 말레비치는 다음 단계로 색채의 논리에서 초연한 작품을 선보였다. 1918년 미국에서 전시된 '절대주의 구성 : 흰색 위의 흰색'이 대표적인 그림이다. 말레비치는 이 그림을 통해 캔버스 전체를 흰색으로 칠한 최초의 화가로 미술사에 등재되었다. '흰색 위의 흰색'은 절대주의의 논리적 종결점이자 말레비치의 철학적 종착점이었다.

구성주의·절대주의 등 추상적인 아방가르드 미술은 1917년 10월의 러시아혁명을 밝히는 데도 기여했다. 지금의 시각에서 보면 공산주의와 아방가르드 미술은 전혀 어울리지 않는 한 쌍으로 보이지만 볼셰비키 정권이 들어선 후 아방가르드 미술가들은 혁명 예술의 전권을 장악했다.

볼셰비키 정부와 아방가르드 미술가들이 서로 의기투합한 이유는 기존 질서를 부정하고 새로운 것을 창조한다는 공통점 때문이었다. 아방가르드 미술가들은 공산주의 정부를 자신들이 꿈꾸던 유토피아가 실현된 것으로 생각했고, 볼셰비키 정부는 이 미술가들이 자신의 구미에 잘 맞는다고 생각했다. 차르 치하에서 융성했던 리얼리즘 미술은 혁명 후 보수적이고 반동적인 조형 양식으로 내침을 받았다. 리얼리즘의 본산 제국미술아카데미는 '구습 타파'라는 이유로 폐교되었다.

말레비치는 혁명 직후인 1918년 모스크바 국립응용미술학교와 비텝스크 미술학교에서 미술을 가르쳤다. 1919년 12월에는 칸딘스키·샤갈 등과 함께 모스크바에서 전시회를 열었다. 1922년에는 구성주의의 교본으로 알려진 '비대상의 세계'를 독일에서 발표했는데 이것은 그 무렵 독일에서 융성한 바우하우스 총서로 발표되었다.

인식 가능한 형상의 흔적 모두 제거해

문제는 아방가르드 미술과 볼셰비키 간의 밀월 관계가 1924년 레닌 사후 바뀌기 시작했다는 것이다. 새 공산주의 정부가 '미술은 노동자의 기준에 맞춰야 하며 이젤 회화는 부르주아 회화'라고 규정함에 따라 '미술이란 기본적으로 개인의 표현'이라고 생각해온 말레비치와 공산주의 정부는 불편한 관계가 될 수밖에 없었다. 스탈린 체제하에서 말레비치의 작품은 사회질서를 어지럽히는 것으로 간주되어 박해를 받았다. 스탈린 정부는 말레비치의 예술을 전형적인 부르주아 미술로 규정하고 이후 그의 예술적 자유를 꾸준히 간섭했다.

말레비치는 입지가 점점 좁아지자 구상미술을 그려 러시아 정부와 타협하는 자세를 취하면서도 추상회화는 포기하지 않았다. 때로는 마치 과거에 그린 것처럼 자신의 절대주의 시작 이전인 1913년으로 연대를 속여 적어 넣기도 했다. 기하학적 순수 추상주의와 절대주의 선언을 상세히 설명한 '비구상의 세계'를 1927년 바우하우스에서 간행하는 등 그만의 예술세계를 굽히지 않았다. 그래도 결국은 스탈린 정권의 박해로 모든 공식적인 자리에서 물러나고 1930년에는 전시회에 초청한 독일과 접촉했다는 이유로 체포되어 몇 주간 감옥살이까지 했다.

스탈린 정부가 모든 아방가르드 미술에 철퇴를 가한 신호탄은 1932년 공표된 '사회주의 리얼리즘' 선언이었다. 이 선언은 1932년 5월 '문학 신문'에 게재된 글에서 '정직, 진실성, 혁명성 그리고 프롤레타리아 혁명의 표현에 있어서 사회주의 리얼리즘'을 예술가들에게 요구하고, 1934년 제1회 소비에트 전체 작가회의에서 공인 예술로 규정된 후 공식화되었다. 이후 모든 예술은 국가의 통제를 받았다. 미술 역시 정치 지도자들과 공산주의 이념을 이상화하는 의무를 떠맡았다.

말레비치는 정치 박해에다 예술의 사회적 효용성을 따지는 동료 예술가들과의 불협화음까지 겹쳐 말년을 고독하게 지내다 1935년 5월 15일 숨졌다. 관은 죽기 전 말레비치가 직접 디자인한 검은 사각형과 원으로 장식되고 무덤에는 사각형의 묘비가 세워졌다.

독가스 첫 전쟁터 살포와 프리츠 하버

"독가스가 독일군의 승리를 앞당겨 전쟁을 빨리 끝낼 것이고 그런 점에서 더 인간적이다."

1915년 4월 22일 새벽 5시쯤, 프랑스군과 독일군이 대치하고 있는 벨기에 이프르 전선에서 갑자기 황갈색의 안개가 1m 높이로 바람을 타고 독일군 쪽에서 프랑스군 쪽으로 흘러 들어오는 것이 목격되었다. 프랑스군은 독일군이 보병 돌격에 앞서 터뜨린 연막탄으로 생각하고 참호에서 사격 자세를 취했다. 그러나 연막탄이라고 생각한 안개가 프랑스군 진지로 다가오는 순간, 참호 속 병사들이 기침·구토와 함께 피를 토하며 쓰러졌다. 일부 병사들은 참호 밖으로 뛰쳐나가 무조건 달렸지만 몇 걸음 가지 못해 맥없이 쓰러졌다.

갑자기 전쟁터를 죽음의 아수라장으로 만든 그 황갈색 가스는 곧 밝혀지지만 연막탄이 아니라 독가스의 일종인 염소가스였다. 염소는 독성이 강하고 고농도로 널리 퍼지는 특성을 갖고 있는 데다 보관과 수송이 편리하고 공기보다 2.5배나 무거워 참호 속의 장병들에게는 치명적이었다. 이날 하룻동안 독일군이 방출한 가스는 프랑스군 5,000여 명을 숨지게 하고 6,000여 명을 독일군의 포로로 만들었다. 따라서 염소가스는 화학전 시대의 개

막을 알리는 신호탄이었고, 이프르는 전쟁터에서 인류 최초로 독가스가 사용된 죽음의 현장으로 기록되었다.

프리츠 하버

사실 화학전은 독일의 염소가스가 처음은 아니었다. 1899년 유럽 국가들이 질식성 가스와 관련한 헤이그 선언을 통해 '질식을 유발하거나 독성을 지닌 가스의 유포를 금지'하기로 합의했는데도 프랑스군이 1914년 8월 독일군을 향해 최루 가스탄을 사용한 게 최초였다. 그러자 독일도 1914년 10월 구토를 유발하는 물질을 섞은 포탄을 사용했고 1915년 1월의 동부전선에서는 러시아군을 상대로 최루 가스탄을 사용했다. 그렇다고 해도 사람을 죽일 정도는 아니어서 최초의 독가스는 이프르에서 사용된 염소가스로 기록되고 있다.

독가스를 개발한 '죽음의 사자'는 독일 카이저 빌헬름 연구소의 물리화학부장 프리츠 하버(1868~1934)였다. 수년 전까지만 해도 '암모니아 합성법'을 개발해 유럽을 기근에서 구했던 '수호천사'가 하루아침에 '저승사자'로 돌변한 것이다. 하버의 '암모니아 합성법' 개발은 산업혁명의 여파로 19세기부터 유럽의 인구가 폭발적으로 증가하는 데도 농작물을 비롯한 식물의 생장에 없어서는 안될 질소가 부족해 식량 생산에 적신호가 켜진 것에 대한 대응책이었다.

식량의 근간인 식물을 구성하는 주된 화학 원소는 탄소, 수소, 산소, 질소, 인이다. 산소와 탄소는 주로 식물의 잎을 통해 빨아들이는 공기 중의 이산화탄소로부터 얻고, 수소는 뿌리를 통해 흡수한 물에서 얻는다. 이 원소들은 광합성을 통해 최종적으로 탄수화물이 되지만 질소와 인은 이산화탄소와 물처럼 흔하지 않아 전반적으로 부족하다. 따라서 생산량을 늘리려면 질소와 인을 비료 형태로 외부에서 공급받아야 한다. 인은 인산염을 포함한 암석을 산으로 처리해서 비료로 얻을 수 있고, 질소는 퇴비나 분뇨 등에서 얻을 수 있다.

그러나 전통적인 방식으로 생산되는 질소만으로는 급증하는 인구를 먹여 살릴 만한 식량을 생산할 수 없다는 게 문제였다. 다행히 19세기 초 칠레 사막에서 대량의 무기질산염(칠레초석)이 함유된 광산이 발견되고 이를 수입해 쓴 덕에 19세기 말까지 질소 문제는 어느 정도 해결되었다. 그러나 칠레초석도 서서히 고갈되어 대안이 나오지 않는 한 유럽은 기근에 허덕일 수밖에 없었다. 결국 공기 중 78%나 차지하는 질소를 이용하는 방법을 찾아내는 것이 당시 화학자들에게 주어진 시급한 과제였다. 이 난제를 해결한 인물이 바로 하버였다.

하버는 독일에서 유대인으로 태어나 베를린대 등에서 화학과 물리학을 배우고 1891년 유기화학 분야 연구로 박사학위를 취득했다. 1904년부터는 기체 상태의 질소와 수소를 직접 반응시켜 소량의 암모니아를 합성하는 연구에 몰두했다. 그리고 1909년 3월 마침내 물을 전기분해해서 얻은 수소와 공기 중의 질소를 반응시켜 질소비료의 원료인 암모니아를 만드는 데 성공했다.

그후에도 독일 바스프사의 연구원인 카를 보슈와 함께 암모니아를 대량생산하는 공정을 연구해 1913년 9월 하루 20만t의 암모니아를 대량생산하는 데 성공했다. 현대 인류의 가장 위대한 화학적 업적 중의 하나로 평가받고 있는, 공기에서 빵을 만드는 것이나 다름없는 이 '암모니아 합성법'으로 단위면적당 식량 생산량은 6배 이상 늘었고 유럽은 마침내 기근 위기에서 벗어났다.

문제는 하버가 맹목적인 애국자였다는 사실이었다. 하버는 1914년 8월 1차대전이 발발하자 전쟁을 지원하는 화학 부서의 책임을 맡아 가스 무기 개발을 서둘렀다. 그리고 폭탄 제조에 필수적인 질산을 대량생산하고 지루한 참호전을 타개할 목적으로 독가스를 개발했다.

독가스를 사용한 것에 온갖 비난이 쏟아지자 하버는 "독가스도 폭탄과 다를 바 없다"며 "독가스가 독일군의 승리를 앞당겨 전쟁을 빨리 끝낼 것이고 그런 점에서 더 인간적"이라고 큰소리쳤다. 평소 "평화 시엔 인류에, 전시엔 조국에 봉사한다"는 신조를 갖고 있던 하버로서는 당연한 태도였다.

하버와 달리 역시 유대인이고 화학박사였던 그의 부인 클라라 하버는 독가스 사용에 부정적이었다. 이프르 전선의 대량 살상 후 하버가 개선장군처럼 집으로 돌아오자 클라라는 1915년 5월 2일 새벽, 긴 작별의 글을 남기고 권총으로 자살했다. 그런데도 하버는 그날 아침 서둘러 러시아 전선으로 달려가는 비정한 모습을 보였다. 클라라의 죽음을 하버의 독가스 사용에 대한 항의로 해석하는 의견이 다수이긴 하지만 클라라의 집안 내력에서 자살의 원인을 찾는 사람들도 있다.

유럽을 기근에서 구했던 '수호천사'가 하루아침에 '저승사자'로 돌변

독일이 비인간적인 무기를 사용했다는 소식이 알려지자 영국·프랑스·러시아로 구성된 3국 협상 측은 물론 중립국들까지 독일에 비난을 퍼부었다. 이 때문에 독일군은 한동안 독가스 사용을 망설였다. 그러자 연합군도 독일이 먼저 독가스를 사용했다며 독가스를 사용하기 시작해 바야흐로 독가스는 전(全) 전선으로 확대되었다.

독일군에 이어 독가스를 사용한 국가는 영국이었다. 영국군은 독일의 독가스 공격 후 특별 화학부대를 창설하고, 1915년 9월 24일 가스 분무기로 400여 통의 염소가스를 살포했다. 그러나 영국군의 독가스는 바람의 방향을 잘못 예측해 독일군보다 오히려 자국군을 더 많이 죽여 실패로 돌아갔다. 그 후 바람의 영향을 덜 받는 대포를 이용한 방법이 고안되어 더 효과적이고 더 넓은 범위에서 사용되었다.

염소가스 다음으로 널리 쓰인 독가스는 염소가스보다 10배나 더 독성이 강한 포스겐이었다. 포스겐은 갓 베어낸 건초 냄새와 비슷해 농촌 출신의 군인들이 자기도 모르게 깊은 숨을 들이쉬게 해 더욱 치명적이었다. 포스겐은 독일군과 연합군 양측 모두 사용했다.

독일군은 독성이 더 강하고 겨자향이 나는 겨자가스도 개발해 1917년 7월 동부전선에서 러시아를 상대로 사용했다. 겨자가스는 노출된 지 몇 시간 만에 온몸은 물론 심지어 내장 안에까지 수포가 생기게 해 치명적이었다. 그러나 겨자가스를 사용할 때는 중대한 문제가 있었다. 겨자가스는 독성이 완전히 사라지려면 몇 주나 걸리기 때문에 겨자가스 사용 후 바로 적의 참호를 점령했다고 해도 오염된 적의 참호에서 아군이 가스에 노출되는 사태가 벌어지곤 했다.

전쟁 기간 다른 독가스들도 개발되었지만 염소가스, 프로겐, 겨자가스 등이 가장 많이 사용되었다. 전쟁 기간 독일은 6만 8,000t, 프랑스는 3만 6,000t, 영국은 2만 5,000t의 독가스를 사용해 모두 10만여 명의 목숨을 앗아갔다. 그 10배가 넘는 군인들은 전쟁이 끝난 후에도 끔찍한 고통 속에 살았다.

종전 후 하버는 전범으로 지명수배되어 중립국인 스위스로 피신했으나 '암모니아 합성법' 개발에 공로가 있다며 1918년 노벨 화학상을 수상하는 기쁨을 누렸다. 하버는 독일이 패전에 따른 엄청난 전쟁배상금에 휘청거리자 또다시 조국에 도움을 주겠다며 바닷물에서 금을 채취하는 기술을 연구했다가 해수의 금 함량이 생각보다 훨씬 적다는 것을 알고 중단한 적이 있다.

하버는 이렇게 조국을 위한 일이라면 그것이 무엇이든 팔을 걷어붙였으나 유대인이라는 이유로 히틀러 정권 하에서는 냉대를 받았다. 20여 년간 근무했던 카이저 빌헬름 연구소에서 쫓겨나자 결국 조국을 등졌으나 정착할 곳을 찾지 못하다가 1934년 1월 29일 스위스의 한 호텔에서 심장 마비로 최후를 맞았다.

영국·프랑스 연합군의 '갈리폴리 전투' 참사

"제군들에게는 미안한 말이지만 우리는 살아남기 위해 싸우는 게 아니라 죽기 위해 싸워야 한다."

다르다넬스 해협은 19세기부터 흑해를 통해 지중해로 진출하려는 러시아와 이를 저지하려는 서유럽 국가들 사이에 분쟁이 빈번하게 일어난 군사적 요충지다. 해협은 1841년 런던조약으로 모든 나라에 개방되었으나 1차대전 발발 후 중립을 지키던 터키가 독일의 동맹국으로 가담하고 해협을 장악하면서 영국을 난처하게 만들었다. 동부 유럽 대부분이 독일에 점령되거나 독일의 동맹국으로 가담한 상황에서 터키마저 독일의 동맹국으로 돌아서자 독일과 전쟁을 벌이고 있는 영국으로서는 영국·프랑스와 함께 3국 협상 측에 속하는 러시아와의 긴밀한 군사 협조가 불가능해졌기 때문이다.

영국이 이 문제를 해결하는 길은 다르다넬스 해협을 점령하는 것뿐이었다. 영·불 연합국이 흑해 통로를 장악하거나 터키를 점령한다면 러시아에 대한 안정적인 보급로를 확보하게 되고 또 중립을 표방한 발칸 반도 내의 여러 국가들을 3국 협상 측으로 끌어들일 수 있다는 점에 착안한 것이다. 다르다넬스 해협을 점령하려면 먼저 확보해야 하는 것이 갈리폴리(터키명 겔리볼루) 반도였다. 갈리폴리 반도는 흑해 입구의 다르다넬스 해협을 사이에 두고 터키 쪽의 아나톨리아 반도와 마주해 있는 곳이다.

문제는 해군장관 윈스턴 처칠의 무모하고 비현실적인 작전 계획과 이를 추인한 영국 정부의 안이한 판단이었다. 처칠은 식민지 개척 당시에 함포를 몇 방만 쏘고도 아프리카·아시아의 여러 곳의 무릎을 꿇게 만들었던 과거의 경험을 떠올리며 대함대로 다르다넬스 해협을 돌파한 후 이스탄불을 포격하고 단숨에 병력을 상륙시켜 오스만제국의 숨통을 끊는다는 해군만의 단독 작전 계획을 수립했다. 3국 협상 측의 일원인 프랑스는 물론 영국의 지중해함대 사령관도 육·해군의 긴밀한 협조 하에 수륙 합동작전을 전개해야 한다며 적극적으로 반대했으나 영국 정부는 해군을 통해 대영제국의 영광을 재현하려는 처칠의 손을 들어주었다.

전투는 1915년 2월 19일 영국의 전함들이 다르다넬스 해협 입구 주변에서 터키군의 해안포대와 요새를 향해 대대적으로 함포사격을 하면서 시작되었다. 영국 함대는 10여 일간 함포사격을 계속하며 해안 접근을 시도했지만 기뢰와 해협 양안에 배치된 터키군의 포대에 밀려 해협 안쪽으로는 진입하지 못했다.

영국 함대는 잠시 숨을 돌린 뒤 3월 18일 제2차 공세에 나섰으나 작전에 투입된 16척의 전투함 중에서 5척이 격침 또는 대파되는 피해를 보았다. 더불어 해협에 연한 터키군의 요새와 포대들도 영국군의 대규모 포격에 거의 방어 불능 상태에 빠졌다. 하지만 이런 사실을 알지 못하는 영국의 함대는 수 척의 전함이 격침·파손된 것에 자신감을 잃고 상륙을 포기한 채 철수했다. 이로써 영국 해군의 단독 작전은 실패로 끝났다. 영국 함대 총사령관 존 피셔 제독과 해군장관 처칠은 책임을 지고 물러났다.

훗날 군사 전문가들은 당시 터키군의 피해가 워낙 컸기 때문에 곧바로 상륙작전을 펼쳤다면 터키군도 더 이상은 버티기 힘들었을 것이라고 분석했다. 실제로 당시 터키 수비군 총지휘를 맡았던 독일의 오토 폰 잔더스 장군은 영불 연합군이 곧바로 육군을 상륙시킨다면 방어가 거의 불가능할 것이라고 비관하고 있었다.

영국 정부는 뒤늦게 패인을 깨닫고 지상군을 투입하기로 결정했으나 상륙작전을 준비하는 데 1개월 이상 허비하면서 탄약과 병력 부족으로 허덕이던 터키군이 병력을 재정비하고 전열을 가다듬는 데 도움을 주었다. 훗날 '터키의 국부'로 추앙받게 될 무스타파 케말 대령은 "우리가 무너지면 오스만제국 본국이 무너지고, 우리는 노예가 되는 생활이 기다리고 있다. 제군들에게는 미안한 말이지만 우리는 살아남기 위해 싸우는 게 아니라 죽기 위해 싸워야 한다"는 감동적인 연설로 병사들의 전투 의욕을 북돋았다.

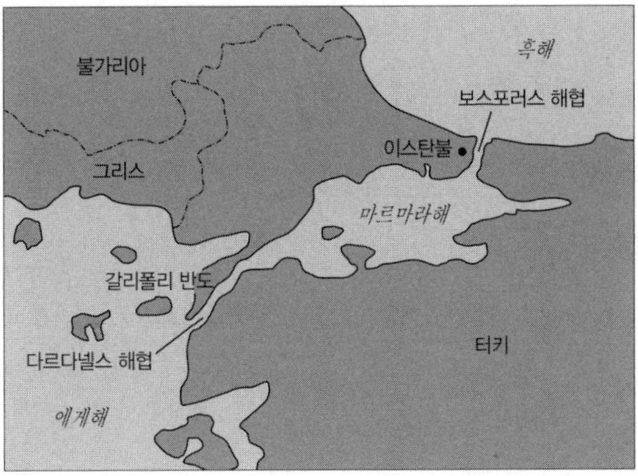

갈리폴리 반도 위치

무모한 작전과 영국 정부의 안이한 판단이 대패 이유

영국군을 주축으로 프랑스군, 인도군, 호주·뉴질랜드의 연합군인 '안작(ANZAC)' 부대로 구성된 7만 8,000여 명의 연합군이 이집트의 알렉산드리아를 출발해 갈리폴리 반도에 상륙하기 시작한 것은 1916년 4월 25일이었다. 상륙작전은 일부 지점에서는 막대한 손실을 입기도 했지만 전반적으로는 성공적이었다.

그러나 터키군의 방어가 워낙 완강해 해안선 참호만 구축했을 뿐 내륙으로는 진출하지 못했다. 결국 불과 수백m를 전진하기 위해 수천 명이 전사하는 어이없는 상황이 벌어졌다. 갈리폴리 반도 내 아키바바 고지는 어렵게 확보하고도 부대 간의 의사소통 단절로 결국 다시 해안선으로 철수해야 했다. 연합군은 도리어 해안선 교두보에 갇힌 꼴이 되었다.

케말이 지휘하는 19사단은 연합군의 교두보 확장을 저지하고 고립시키는데 핵심 역할을 했다. 케말은 이 전투에서 세운 눈부신 전과로 자타가 공인하는 위대한 군인 반열에 올랐다. 반면 오도가도 못하는 신세가 된 연합군의 일상은 고통의 연속이었다. 폭서의 참호 속에는 파리가 들끓고 환자가 급증하면서 사기는 급전직하로 추락했다. 물도 구하지 못해 이집트의 알렉산드리아에서 선박으로 실어 날라야 할 정도였다.

8월 6일, 연합군이 또다시 상륙작전을 전개했으나 수 차례의 공격 모두 실패하면서 결국 연합군은 8개월의 전투에 종지부를 찍고 12월 10일부터 이듬해 1월 9일까지 도망치듯 단계별로 철수해야 했다. 갈리폴리 전투에서 터키군도 15만 명의 사상자를 냈으나 총병력 40만 명 중 25만 명의 사상자를 낸 연합군의 피해가 더 심각했다. 영국군과 프랑스군은 각각 3만 4,000명과 1만 8,000명이 전사하고, 호주군과 뉴질랜드군도 각각 8,580명, 2,700명, 인도군은 1,300명이 목숨을 잃었다.

호주 정부가 이 전투에서 희생된 전몰 장병들의 넋을 위로하기 위해 4월 25일을 '안작 데이'로 정해 호주의 현충일로 기념할 만큼 호주에도 큰 아픔이었다. 1973년 터키는 연합군 전몰자들을 위해 갈리폴리 전투 지역에 대규모 추모공원을 지정했다. 이후 이곳은 호주와 뉴질랜드인의 후손들이 자주 찾는 굴욕의 성지가 되었다.

연합군의 결정적인 과오는 판단력 부족이었다. 처음부터 수륙 합동작전을 고려했어야 했는데도 해군 단독작전을 전개한 것이 가장 큰 패착이었다. 터키군의 피해를 정확히 파악하지 못해 공격을 중단하고 철수한 것도, 상륙작전을 바로 전개하지 않고 시간을 허비한 것도 치명적인 실수였다. 하지만 갈리폴리에서 실패한 20세기 최초의 현대식 수륙 합동작전 경험은 훗날 노르망디 상륙작전과 인천 상륙작전에서 빛을 발했고, 철수 작전의 중요성은 프랑스 북부의 됭케르크와 한국의 흥남에서 입증되었다.

1916년

김두봉 '조선말본' 간행과 '말모이' 사전
김관호의 '해질 녘' 일본 문부성전람회 특선
프랭크 스코필드, 세브란스 의전 교수 부임
일제의 공창 법제화
다다이즘의 등장
마거릿 생어 '산아제한클리닉' 개소
페르디낭 드 소쉬르 '일반언어학 강의' 출판
베르됭·솜 전투… 1차대전의 분수령

김두봉 '조선말본' 간행과 '말모이' 사전

북한 정권은 김두봉을 숙청했으나 언어 이론을 모두 부정하지는 못했다.

오늘날 남북의 언어는 기본적으로 동일한 원칙을 바탕으로 하고 있다. 어휘면에서는 이질적인 점이 많아도 문법적인 면에서는 크게 보아 동질적이다. 이는 해방 후 남북 양쪽에서 한글 정책을 주도한 김두봉(1889~1961)과 최현배(1894~1970) 두 한글학자 덕분이다.

김두봉은 경남 동래에서 태어나 1908년 보성고보를 졸업한 뒤 모교 교사로 근무하다가 최남선이 1910년 설립한 '조선광문회' 활동에 참여했다. 당시 광문회는 조선어사전을 편찬하면서 조선어와 밀접한 관련을 맺고 있는 한자에 대한 정리가 필요하다고 생각해 한자대역사전도 편찬했다.

김두봉은 스승 주시경과 함께 한자대역사전인 '신자전'의 편집과 국어 훈석에도 관여했지만 특히 그가 주력한 것은 주시경이 1911년 시작한 최초의 조선어사전 '말모이' 편찬 사업이었다. 말을 모은다는 뜻의 '말모이' 사전은 4년 동안의 작업 끝에 원고 집필이 거의 마무리되었으나 1914년 7월 27일 주시경이 38세의 젊은 나이에 세상을 떠나 더 이상 지속되지 못하고 중단되었다.

'말모이'는 비록 출간되지 못한 원고본이지만 우리말을 우리말로 풀이한 사전으로는 최초로 편찬된 것이어서 역사적 의의가 크다. 현재 남아 있는 원고는 240자 원고지 231장인데 '알기'(범례), 본문, '찾기'(색인), 한자어 자획 색인인 '자획 찾기'로 구성되어 있다. 표제어를 가나다순으로 배열하고, 비슷한 말의 경우 가장 흔히 쓰이는 말에 뜻풀이를 했고, 다의어는 그 뜻을 구분해 풀이하는 등 국어사전의 원형적 모습을 보인다.

김두봉

김두봉은 스승의 유지를 계승하기 위해 '말모이' 사전 대신 주시경의 문법 이론을 체계화한 문법책을 만들었다. 1916년 4월 신문관에서 출판된 '조선말본'이었다. 조선말본이 특이했던 것은 속표지에 '경성 신문관'이라는 출판사 이름 대신 '서울 새글집'으로 표기한 것이다. '서울'이라는 말을 쉽게 접할 수 없었던 때 '서울'과 '새글집'이라는 순수 우리말을 사용한 것은 누가 보아도 혁신적인 발상이었다.

김두봉은 1919년 3·1 운동 시위에 참가했다가 일제의 탄압과 추적을 피해 그해 4월 중국으로 망명했다. 상해에서 그는 상해파 고려공산당과 관련을 맺는 한편 신채호가 주필로 있는 순한문신문 '신대한신보' 편집을 맡았다. 특히 한글 연구에 정진해 1922년 4월 상해에서 '깁더 조선말본'을 펴냈다. '깁더'는 깁고 더한다는 뜻이므로 요즘 말로 수정 증보나 개정판에 해당한다. '깁더 조선말본'은 '조선말본'에 비해 규격이 작고 활자 상태도 고르지 않았으나 출판 사정이 좋지 않은 이국 땅에서 출판되었다는 데 그 의의가 적지 않다.

김두봉은 1924년 임시정부 의정원 의원으로 활동하고 교포들이 상해에 세운 '인성학교' 교장으로 재직하는 등 교육 문화 활동을 통한 독립운동에 관심을 쏟았다. 그러나 1929년 한국독립당 비서장으로 정치에 뛰어들면서 교육 문화 활동은 더 이상 지속하지 못했다. 1935년 7월에는 중국 남경에서 김원봉과 함께 민족주의적이거나 사회주의적 색채를 띤 9개 단체의 통일전선 정당인 '조선민족혁명당' 결성에 참여해 서기부장(총서기)을 맡아 핵심적인 역할을 했다.

1941년 초에는 중국 국민당의 점령지인 한구에서 결성(1938.10)한 조선인들의 군사 조직인 조선의용대 주력이 북쪽의 화북 지역으로 이동할 때 함께 이동하고, 1942년 7월 항일 투쟁의 최전선이던 화북의 태항산에서 결성된 '화북조선독립동맹'의 주석으로 선출됨으로써 중국 공산당에 기울었다. 당시 화북조선독립동맹의 군사조직인 조선의용군의 총사령은 김무정이었다. 조선의용군은 중국 공산당 팔로군과 함께 대일전에 적극 참가했다.

북한 언어 정책이 자리잡는 데 초석 놓아

해방 후인 1945년 12월에는 이른바 '연안파'로 불리는 정치 세력의 최고 지도자가 되어 평양으로 귀국해 북한 정권의 2인자가 되었다. 당시 북한에는 김두봉·김무정의 연안파, 김일성의 빨치산(갑산)파, 허가이의 소련파, 남로당파, 국내파 등이 혼재해 있었으나 그중 최대 세력은 연안파와 빨치산파였다.

김두봉은 북한에서 승승장구했다. 북조선임시인민위원회 부위원장(1946.2), 조선독립동맹을 개편한 조선신민당 위원장(1946.3), 조선신민당과 북조선공산당을 합친 북조선노동당 위원장(1946.6)을 거쳐 김일성종합대의 초대 총장(1946.10)이 되었으며 1947년 2월 북조선인민회의 위원장 자리에까지 올랐다.

북한에서 김두봉은 정치 활동을 계속하면서도 북한 언어 정책이 자리를 잡는 데 초석을 놓았다. 1948년 1월 제정된 '조선어 신철자법'도 김두봉이 주장한 한자 폐지와 글자 개혁을 전제로 한 것이다. 신철자법의 내용을 보면 조선어학회의 맞춤법과 차이보다는 공통점이 두드러지게 나타난다. 이는 김두봉의 의중이 반영된 결과였다. 한편 김두봉이 북한에서 활동하고 있을 때 남한에서는 최현배가 활동을 펼치고 있었다. 결국 두 사람의 노력 덕분에 남북에서 언어 혁명이 성공적으로 진행될 수 있었던 것이다.

그러나 6·25 후 김두봉의 정치적 위상은 서서히 추락했다. 사실 김두봉의 승승장구는 김일성이 정치 전면에 '등장하기 전까지'라는 한계를 안고 있었다. 1957년 9월 최고인민회의 상임위원에서 쫓겨나고 1958년 3월 종파주의자로 몰려 숙청당했다. 다행히 고령이라는 이유로 사형은 모면했으나 산골 오지의 지방협동농장에서 농사일을 하다가 1961년 전후에 사망한 것으로 알려졌다.

그의 숙청 후 북한 언어학계가 김두봉을 비판하기 시작했으나 북한의 언어 생활이 이미 정착된 상태였기 때문에 김두봉의 언어 이론을 모두 부정하지는 못했다. 1966년 발간한 '조선말 규범집'에서도 김두봉 이론의 중요한 원칙 즉 가로쓰기, 한글 쓰기, 한자어의 경우 두음법칙을 인정하지 않는 것 등은 그대로 계승되었다. 김두봉과 최현배가 각각 북한과 남한을 선택한 것이 결과적으로는 남북 모두에 한글의 세계가 열리는데 결정적으로 작용한 셈이다.

김관호의 '해질 녘' 일본 문부성전람회 특선

6·25 전쟁 때 남하하지 않아 한국 근대미술사에서는 증발해 버린 불운한 작가가 되었다.

김관호(1890~1959)는 6·25 때 남하하지 않고 북에 남았다. 이 때문에 그는 한국 근대미술사에서 서서히 잊힌 불운의 작가가 되었다. 그렇더라도 그가 우리나라 근대미술사에 새겨놓은 몇 가지 중요한 기록들까지 사라질 수는 없다. 그것은 그가 우리나라 두 번째 서양화가이고 일본 문부성전람회에서 한국인 최초로 특선을 차지했으며 한국인으로는 첫 누드화를 그리고 첫 유화 개인전을 연 서양화가라는 점이다.

김관호는 평양에서 부잣집 아들로 태어나 서울에서 중학교를 마쳤다. 1908년 9월 일본의 메이지학원, 1911년 9월 도쿄미술학교 서양화과에 입학함으로써 고희동에 이어 우리나라 두 번째 서양화가로 이름을 올렸다. 3번째, 4번째 서양화가는 김찬영과 나혜석이다.

김관호 '자화상'(1916년, 60.5×40㎝)

김관호가 갑자기 화제의 인물로 부상한 것은 1916년 3월 도쿄미술학교를 최우등으로 졸업하고 졸업 작품인 '해질 녘'이 최고작으로 선정되어 졸업식장에 전시되었다는 사실이 국내에 알려지면서였다. 이 사실은 1916년 3월 31일자 매일신보에 이렇게 보도되었다. "평양의 김관호 군이 동경미술학교 졸업식에서 양화부 전과 졸업생 중 최우등의 영광을 차지했다. 졸업작품은 '해질 녘'인데 아주 출중하여 전교의 상찬을 독차지하여 졸업식장에 진열되었다."

그런데 매일신보는 당연히 실어야 할 그림을 신문에 싣지 않았다. 이에 대해 매일신보는 "전람회에 진열된 김 군의 그림은 사진이 동경으로부터 도착하였으나 벌거벗은 그림인 고로 사진을 게재하지 못한다"고 해명했다. 매일신보는 7월 12일자에 이광수의 현지 르포를 실어 비록 그림은 아니지만 독자의 궁금증을 풀어주었다. 이광수는 그림을 본 감격을 신문에 이렇게 썼다. "조선인의 그림이라는 여학생들의 소리에 번쩍 정신을 차려 보니 대동강 석양에 목욕하는 두 여인을 그린 김관호 군의 '해질 녘'이라, 아아! 김관호 군이여 감사하노라…."

김관호가 또 다시 스포트라이트를 받은 것은 '해질 녘'이 제10회 일본 문부성전람회에서 특선을 차지한 1916년 10월이었다. 당시 응모작은 1,500여 점, 입선작은 126점이었다. 그중 11점이 특선을 차지했는데 김관호가 유일한 외국인으로 당당하게 그 안에 포함된 것이다.

'해질 녘'이 계속 화제가 된 것은 누드화였기 때문이다. '해질 녘'은 김관호의 고향인 평양 능라도 부근을 배경으로 대동강에서 미역을 감고 올라온 두 여인을 뒤쪽에서 잡은 그림이다. 물론 김관호가 대동강 야외에서 실제로 누드화를 그린 것은 아니다. 그는 먼저 학교 실기실에서 두 누드 모델을 각각 따로 그린 후 고향의 대동강변과 합성하는 식으로 그림을 완성했다. 보랏빛으로 물든 석양의 능라도 풍경은 인상파 화풍으로 아련하게 묘사하고 풍만한 두 나부의 뒷모습은 몽환적인 낭만파 화풍으로 묘사했다.

평론가들은 "누드의 포즈는 오랫동안 서양미술에서 다루던 전형성을 보여주고 있으나 굳이 해질 녘의 야외 누드를 고집한 것은 그가 인상파에 깊이 심취했음을 반영하는 것"이라고 설명한다. "강렬한 저녁 햇살에 노출된 여인의 몸에 반영되는 미묘한 빛의 뉘앙스는 인상파의 전형적인 특징 가운데 하나"라는 것이다.

한국인으로는 첫 누드화 그리고 첫 유화 개인전 열어

김관호는 귀국 후 1916년 12월 17일 평양 재향군인회 연무장에서 50여 점의 유화로 전시회를 열어 한국인 최초로 유화 개인전을 연 서양화가로 이름을 올렸다. 1923년 제2회 조선미술전람회(선전) 때도 '호수'라는 제목의 누드화를 출품했으나 입선하지는 못했다. 2회 선전 때만 해도 조선인 중 서양화를 출품한 화가는 손가락으로 꼽을 정도이고 그보다 미술적 재능이 떨어지는 것으로 평가받는 김창섭과 나혜석이 4등상을 수상했는데도 그가 입선조차 못했다는 것은 누드화가 아직 받아들여지지 않는 사회 분위기가 반영된 것으로 보인다.

김관호는 1925년 김찬영과 함께 교육기관인 '삭성회 미술연구소'를 평양에 개원하고 길진섭·문학수·정관철 등의 제자를 길러냈다. 일부 재능 있는 학생들은 자신의 땅을 판 돈으로 도쿄미술학교로 유학을 보냈다. 김관호의 그림 재능은 '우리나라 첫 서양화가' 고희동에 비해 훨씬 뛰어난 것으로 알려져 있다. 한동안 그의 후배들 가운데서도 그를 따를 만한 사람이 나오지 못할 정도였다.

'해질 녘'(1916년, 127.5×127.5cm)

그러나 김관호는 1927년 무렵부터 손에서 붓을 놓고 깊은 침묵에 빠져들었다. 술과 사냥에 빠졌다는 소식도 있었지만 전문가들은 당시의 문화 풍토가 서양화를 받아들이기에는 아직 무르익지 않았기 때문인 것으로 풀이한다. 한국인 첫 서양화가 고희동은 귀국 후 10년 만에 동양화로 전향했는가 하면 세 번째로 서양화를 공부하고 돌아온 김찬영도 화가로서보다는 문필가로서 활동하는 등 서양화 제1세대 화가 모두 중도에서 그림을 포기하는 사태를 맞았다.

광복 후에도 제자들이 화실을 다시 꾸리자고 했으나 김관호는 일절 붓을 들지 않았다. 그러던 중 6·25 전쟁 때 남하하지 않고 그대로 고향에 남는 바람에 한국 근대미술사에서는 증발해 버린 불운한 작가가 되었다. 한동안 흔적이 전혀 알려지지 않고 있다가 2001년에야 알려진 증언에 따르면 1955년 김일성으로부터 "조선을 위해 많은 그림을 그려 달라"는 요청에 따라 다시 붓을 들었고 1957년 폴란드에서 열린 '조선미술전람회'에 '모란봉의 가을'을 출품, 관람객을 매료시키는 등 활발한 활동을 펼쳤으나 곧 병석에 눕게 되어 1959년 10월 20일 눈을 감은 것으로 알려졌다.

'월간 미술' 1998년 2월호가 13명의 미술평론가를 대상으로 '한국 근대 유화 베스트 10'을 조사했을 때 '해질 녘'은 이인성의 '경주의 산곡에서'와 함께 공동 1위를 차지했다. '해질 녘'은 이처럼 미술계로부터 크게 인정을 받고 있으나 불행히도 현재 도쿄예술대에 소장되어 있다.

프랭크 스코필드, 세브란스 의전 교수 부임

총독부는 "스코필드를 본국으로 돌려보내라"며 세브란스 의전에 압력을 가했다.

1916년 이른 봄, 캐나다 토론토대의 온타리오 수의대학에서 학생들을 가르치고 있는 프랭크 윌리엄 스코필드(1889~1970)에게 멀리 조선에서 날아온 편지 한 통이 배달되었다. 세브란스 의학전문학교 교장 올리버 에비슨이 보낸 편지에는 "세브란스 의전에서 세균학 강의를 맡아주었으면 좋겠다"는 내용이 적혀 있었다. 스코필드는 요청을 받아들여 1916년 10월 아내와 함께 조선에 도착, 세브란스 의전 교수로 부임했다.

영국 워릭셔주 럭비시에서 태어난 스코필드에게 조선은 완전히 낯선 나라가 아니었다. 1897년 여름 어느 날 아버지가 교수로 근무하는 영국 클리프대에 유학 중인 여병현이라는 조선인을 수차례 만나 조선이라는 나라를 어렴풋이 알고 있었기 때문이다.

스코필드는 1905년 고교를 졸업했으나 가정 형편이 어려워 바로 대학에 진학하지 못하고 농장에서 일을 했다. 돈을 모아 대학에 진학하려 했으나 좀처럼 돈이 모이지 않자 영국에서는 아무리 발버둥쳐도 대학에 갈 수 없다는 결론을 내리고 1907년 2월 영국령인 캐나다의 토론토로 이주했다. 농장에서 부지런히 반년 남짓 일한 결과 대학에 들어갈 수 있는 돈이 모여 토론토대 온타리오 수의과대학에 입학했다.

프랭크 스코필드

그런데 장학금을 받기 위해 낮이고 밤이고 공부하던 1909년 여름 갑자기 소아마비에 걸려 왼쪽 팔과 오른쪽 다리가 마비되었다. 그래도 공부를 계속해 1910년 대학을 졸업하고 온타리오주 세균학연구소에서 근무했다. 1911년에는 토론토대에서 수의학 박사학위를 받고 1914년 모교의 세균학 강사가 되었다. 그러던 중 에비슨 박사의 편지를 받고 조선행을 결정한 것이다.

스코필드는 조선에 도착한 후 19년 만에 여병현을 다시 만나 재회의 기쁨을 나누고, 이상재 등 조선의 민족 지도자들과 광범위하게 교제했다. '석호필(石虎弼)'이라는 한국식 이름도 지었는데 발음이 스코필드와 비슷하고 뜻도 좋아서 석호필이라는 한글 이름을 좋아했다. '돌석(石)'은 자신의 철석같은 굳은 의지를 나타내고 '범호(虎)'는 자신이 호랑이같이 무서운 사람임을 보여주며 '도울필(弼)'은 영어로 알약을 나타내는 'pill'과 발음이 같아 의학과 연관이 있다며 만족했다. 세브란스에서 위생학과 세균학을 가르치는 스코필드의 한국 생활은 전반적으로 순조로웠으나 아내가 히스테리 발작을 일으켜 만삭의 몸으로 캐나다로 돌아간 후에는 홀로 남아 강의와 선교를 병행했다.

그러던 중 1919년 2월 5일, 그를 찾아온 독립운동가 이갑성의 부탁을 받고 3·1 운동 관련 임무를 맡게 되었다. 국제 사정을 알려주는 게 그의 역할이었다. 스코필드는 우드로 윌슨 미국 대통령이 발표한 '민족자결주의'에 대한 정보도 알려주었다. 1919년 3월 1일, 마침내 만세 소리가 서울의 하늘에 메아리쳤을 때는 시위 현장을 부지런히 카메라에 담았다. 3·1 만세운동 후에는 보고 느낀 것을 기록해 일본인이 서울에서 발행하는 영자신문 '서울 프레스'에 수차례 게재했다. 당시 '서울 프레스'는 한국에 있는 외국인들에게 일본의 정책 선전을 목적으로 하는 어용신문이었지만 일본인 사장은 일본 정부에 비판적이었다.

일본의 비인도적 처사를 전 세계에 폭로

스코필드가 1919년 4월 15일 일어난 경기도 화성군 제암리의 비극 소식을 들은 것은 4월 17일이었다. 스코필드는 이튿날 불편한 몸을 이끌고 제암리를 찾아가 일본 경찰 몰래 현장의 사진을 찍고 주민들의 증언을 기록했다. 일제가 제암리와 이웃한 수촌리에서 4월 5일 자행한 마을 방화 만행은 보고서로 작성했다. 이 보고서는 비밀리에 미국으로 보내져 미국 장로회 기관지에 실렸다. 그가 찍은 사진은 상해 임시정부에 전해져 임시정부 기관지에 실리고 만행 피해자 사진은 미국 국무장관에게 전달되었다.

이후에도 3·1 운동으로 투옥된 유관순 등 독립운동가들을 찾아가 위로하고, 총독부 관료들에게는 일제의 잔혹한 고문에 항의했다. 그가 3·1 운동의 34번째 민족 대표로 불리는 것은 이런 노력 때문이다. 스코필드는 1919년 9월 하순 일본 도쿄에서 열린 '극동지구 파견 기독교 선교사 회의'에 참석해 800명의 해외 선교사들을 상대로 3·1 운동의 진상을 상세히 보고했다.

일제가 이런 스코필드를 가만둘 리 없었다. 총독부는 "스코필드를 본국으로 돌려보내라"며 세브란스 의전에 압력을 가했다. 그럴 때마다 에비슨 박사는 "계약 기간이 4년이므로 계약이 끝날 때 가서 생각해보자"며 적당히 둘러댔다. 결국 1920년 4월 신학기가 되었을 때 스코필드의 4년 근무 계약은 더 이상 연장되지 않았다. 4월 하순의 어느 날 밤에는 스코필드에 대한 암살 미수 사건까지 일어나 지인들을 경악시켰다. 스코필드는 사실상의 강제 출국에 앞서 옥고를 겪고 있는 이상재, 이갑성, 오세창 등 독립지사들을 일일이 면회하고 격려했다.

조선을 떠나기 전 스코필드는 큼직한 용지에 타자기로 촘촘히 친 298장짜리 3·1 운동 목격기를 가다듬었다. 캐나다로 돌아가 '끌 수 없는 불꽃'이란 제목의 단행본으로 발간할 계획이었다. 문제는 일본의 검열을 피해 원고 뭉치를 무사히 캐나다로 가져가는 일이었다. 결국 며칠 밤을 새워 사본을 하나 만들어 훗날을 위해 세브란스병원 지하실 바닥에 묻어두고 진본은 가져갔다.

3·1 운동의 34번째 민족 대표

1920년 4월 1일 한국을 떠날 때 다행히 검열을 통과해 일본을 거쳐 7월 무사히 캐나다에 도착했다. 캐나다에서 스코필드가 먼저 하고자 했던 일은 한국의 실정과 3·1 운동의 전모를 전 세계에 소개하고 일본의 비인도적 처사를 만방에 폭로하는 일이었다. 먼저 캐나다와 미국의 신문·잡지 등에 한국에서 찍어온 사진과 함께 한국의 실상을 알렸다.

스코필드는 '끌 수 없는 불꽃' 원고를 영국 런던의 한 출판사에 보내 출판을 타진했으나 출판사는 내용이 소중하기는 하지만 일본의 비인도적 포악상을 폭로하는 것이라 출판이 어렵다는 답을 보내왔다. 미국에 체류하는 이승만의 소개를 받아 찾아간 뉴욕의 출판사는 출판은 할 수 있으나 출판 비용은 스코필드가 부담하라고 했다. 그러나 스코필드에게는 그럴 만한 경제적 능력이 없어 결국 포기했다.

출판이 사실상 불가능해지자 스코필드는 원고 내용을 단편적으로 잡지에 발표했다. 각종 강연을 통해서도 내용을 소개했다. 스코필드의 노력으로 해외의 많은 사람이 비로소 한국의 사정과 3·1 운동을 알게 되었다. 스코필드는 온타리오 수의과대학 교수로 복직했으나 한국에 가고 싶어 월급의 3분의 1을 매달 모았다. 그렇게 6년 동안 모은 여비로 1926년 6월 23일 추방 6년 만에 서울을 방문했다가 2개월 만에 돌아가고는 30년 이상

한국에 올 기회가 없었다. 1935년 온타리오 수의과대의 수의병리학 정교수가 되고 67세이던 1955년 은퇴했다.

그가 이승만 정부의 초대로 다시 한국을 방문한 것은 1958년 8월 14일이었다. 영구 귀국을 결심한 그는 서울대 수의대학 강단에 서는 한편 이승만의 독재정치에는 비판적인 입장을 취했다. 그러자 이승만 정권이 스코필드에게 압력을 가했다. 강의를 중단시키고 그와 친한 사람들은 위협했으며 4평짜리 숙소까지 비우라고 통고했다. 하지만 1960년 4·19 혁명으로 이승만이 물러나자 그해 12월 외국인으로는 처음이자 대한민국 수립 후 3번째로 대한민국 문화훈장을 받았다.

스코필드는 1961년의 5·16쿠데타는 지지했다. 신문에 투고한 글에서 "5·16은 부정부패가 만연하는 한국 사회에서 필요불가결한 혁명"이라며 "혁명은 한국의 번영을 위한 '마지막 희망이자 기회'"라고 강조했다. 간간이 캐나다와 한국을 오가다가 한국에 있을 때 기력이 급속도로 악화해 1970년 4월 12일 세상을 떠났다. 시신은 외국인으로는 유일하게 국립현충원에 안장되었다.

일제의 공창 법제화

한쪽을 누르면 다른 쪽으로 튀어나오는 풍선 효과처럼 별 실효를 거두지 못하고 있다.

우리나라에는 원래 공인된 매춘업이라는 게 없었다. 기생이나 여사당 등이 매춘을 하긴 했으나 매춘이 본업은 아니었다. 반면 일본에는 16세기 후반부터 '유곽'이라는 공인된 매춘 제도가 있었다. 일본의 매춘업이 조선으로 들어온 것은 청일전쟁 후였다. 홀로 조선에 온 일본 남자들이 여자를 찾는 일이 잦아지자 이들을 상대하는 매춘 여성이 일본에서 흘러들어온 것이다.

청일전쟁 때 일본군이 주둔한 용산 일대와 군대를 따라온 민간인들의 주거지가 된 남산 진고개 일대에 요리점을 가장한 윤락 업소가 밀집했지만 공식적으로 기록된 첫 유곽 지역은 1902년 7월의 부산이었다. 부평정 1정목에 세워진, 요리를 팔며 성매매하는 '안락정'이 국내 최초의 유곽이었다.

인근에 유사한 집들이 생겨나 '아미산하(蛾媚山下)'로 불렸던 이 유곽들은 1907년 8월 미도리마치로 장소를 옮겨 훗날 '완월동 사창가'의 뿌리가 된다. 1902년 12월 인천 선화동에 세워진 시키시마 유곽은 1960년대 숭인동으로 장소를 옮겨 훗날 '옐로 하우스'로 자리를 잡았다. 1903년에는 원산에도 신마치 유곽이 생겼다. 윤락과 유흥의 문화는 러일전쟁 이후 일본인들의 조선 진출이 급증하면서 빠른 속도로 번져갔다.

1904년 10월 서울 남산 부근 쌍림동(현 묵정동) 일대에 신마치 유곽이 생기면서 유곽은 전국적인 형태를 띠었다. 1906년 용산 도원동에 모모야마 유곽, 1908년 대구 야에가키초 유곽, 1909년 청진의 성가곤 유곽과 나남의 이하정 유곽, 1910년 목포 죽동 유곽과 대전 중동의 춘일정 10번지 등 일본인 거류지를 중심으로 매음이 근대의 코드인 것처럼 전국으로 확산되어 1910년 한일합방 당시에는 전국적으로 10개 이상의 도시에 유곽이 들어섰다.

대한매일신보 1910년 1월 25일자는 "연말에 내부 위생국에서 조사한 바 매음녀의 수효를 대강 들은즉 한인 매음녀가 2,468명이오 일인 매음녀가 2,830명인데 한성 내에 제일 많고 그 다음은 경상북도, 함경남도, 경상남도, 경기도요 제일 적은 곳은 강원도라더라"라고 보도했다.

당시의 매춘업은 원칙적으로 공창(公娼)이었다. 즉 외부와 격리된 지역에 모아놓고 그곳에서만 성을 팔게 하는 제도였다. 창기는 유곽 지대로 들어서면 외부와의 출입이나 연락이 제한되었다. 1908년 9월 일제가 창기의 자격에 제한을 두는 '창기 단속령'을 발표하고, 1911년 6월 성 검사를 받아야 성매매를 할 수 있도록 함으로써 성매매는 공인 직업이 되었다.

일제는 더 나아가 1916년 3월 31일, 일제 경무총감부령 제4호로 '유곽업 창기 취체 규칙'을 발표해 공창제를 법제화했다. 각 지방마다 달랐던 밀매음 단속과 성병 검사를 전국적으로 통일하기 위한 취체 규칙에 따라 일본식 공창제가 법의 보호를 받게 된 것이다. 이때부터 매춘이 합법화되고 창기들에게는 세금이 부과되었다. 규정을 위반하면 구류나 과료에 처해졌고 선불을 받은 창기가 도주하면 업무방해죄로 처벌받았다. 이로 인해 구류, 과료, 태형 등을 받았던 조선인은 1,797건(1916), 3,316건(1917), 4,518건(1918)으로 늘어나는 추세를 보였다.

유곽이 얼마나 빠르게 확산했는지 1919년 12월 16일자 '시카고 트리뷴'지는 "일본이 조선 땅에 도입한 공창 제도는 조선인들의 성적인 타락을 위해 고안된 악의 제도"라며 실태를 꼬집을 정도였다. 법의 보호를 받게 되자 유곽업은 더욱 늘어나 1930년에는 유곽이 25개로 증가했고 창기 수는 3,170명(일본인 1,798명, 조선인 1,372명)으로 집계되었다. 그러나 허가도 받지 않고 세금도 내지 않는 사창(私娼)도 많았기 때문에 매춘업 규모는 공식 발표보다 훨씬 컸다. 한 기록에 따르면 1931년 사창 창기 수는 조선인 5,073명, 일본인 4,361명이었다.

일본의 매춘업이 조선으로 들어온 것은 청일전쟁 후

조선인 창기 수가 늘어난 주된 원인은 가난이었다. 특히 1929년 세계대공황이 몰아치면서 빈민층 소녀들이 매춘업으로 스며들면서 빠르게 성장했다. 이 과정에서 학대를 견디다 못해 삭발 파업을 하거나 자살하는 여성들도 생겨났다. 중일전쟁 후에는 '위안부'란 이름으로 공창이 공급되었고 태평양전쟁 중이던 1944년에는 '정신대'란 이름으로 악명을 더했다.

광복 후에는 일본인 유곽업자들과 창기들이 이 땅을 떠나면서 매춘업에도 지각변동이 일어났다. 일본인이 물러간 유곽은 한국인이 차지했으나 미 군정은 공창제를 인정하지 않았다. 1947년 8월 7일 남조선과도입법의원이 공창제 폐지령을 제정하고 10월 28일 미 군정장관이 폐지령을 인준함에 따라 1948년 2월 14일 발효와 함께 공식적으로는 이 땅에서 공창제가 사라졌다.

언론은 '여권 수호의 서곡', '추한 왜정 잔재 해소'라며 반겼지만 한편에서는 사창 밀매음 성행을 우려하는 목소리도 높았다. 공창이 폐지되었다고 해서 6000년의 역사를 갖고 있는 매매춘이 하루아침에 근절될 리가 없었다. 우려한 대로 대구의 유곽은 자갈마당으로, 대전의 유곽은 중동 10번지로, 부산의 미도리마치는 완월동으로 명칭이 바뀌면서 사창이 성행했다. 미군 기지촌까지 형성되면서 유곽 지역은 더 넓게 분포되었다.

1961년 집권한 박정희 정권이 여론을 반영해 '윤락행위방지법'을 만들었지만 처음부터 선언적 의미가 강했던 데다 8년 후에야 시행령이 발표되다 보니 역시 유명무실화되었다. 오히려 1962년 정부가 32개 기지촌과 성매매 집결지 104곳을 특정 지역으로 선정해 공창 아닌 공창을 인정한 꼴이 되었다. 창녀들은 서울역, 영등포, 청량리, 미아리 텍사스, 종로3가 등지에 집단 거주하면서 포주와 공생 관계를 맺었다. 게다가 전통적 사창가 외에 다방, 찻집, 사우나, 터키탕, 이발소, 카페, 룸살롱, 여관 등으로 무대가 확대되어 전국 어디에서도 성매매가 가능하게 되었다.

2004년 9월 정부가 '성매매 알선 등 행위의 처벌에 관한 특별법(성매매특별법)'을 만들어 단속을 강화한 뒤로 사창가는 대부분 문을 닫고 사라졌지만 이 역시 한쪽을 누르면 다른 쪽으로 튀어나오는 풍선 효과처럼 별

실효를 거두지 못하고 있다. 은밀한 방법으로 여전히 활개를 치고 있어 범법자만 양산하는 결과를 낳고 있다는 목소리도 있다.

다다이즘의 등장

'다다이즘'이 한 시기의 중요한 예술 사조로 자리 잡게 된 데는 시인 트리스탄 차라의 공이 컸다.

1914년 1차대전이 발발하자 유럽의 젊은 화가들과 시인들이 무차별한 살육을 피해 안전한 중립국 스위스의 취리히로 피신했다. 그들은 인간의 광기가 초래한 전쟁의 비극을 목격하면서 과학과 경제의 발전이 결국은 자신들의 세계를 파괴하는 데 쓰였다는 사실을 깨닫고 기존의 문명을 근본부터 회의하고 부정하고 배척했다. 사회의 기준과 규범도 맹렬히 공격하고 그들의 문화도 냉소와 풍자로 비웃었다.

개별적으로 세상을 조롱하고 공격하던 그들을 하나로 묶어 구심점 역할을 한 인물은 병역을 거부하고 취리히로 피신해 온 독일의 시인이자 연출가인 위고 발이었다. 그는 취리히의 골목에 위치한 한 공간을 빌려 프랑스혁명 사상에 영향을 미친 계몽주의 작가 볼테르의 이름을 따 '카바레 볼테르'라고 명명했다. 그리고 각자 추구하는 바가 무엇이든 누구든 '카바레 볼테르' 모임에 참여해 모든 종류의 제안과 의견을 공유할 수 있다고 홍보했다. 이 광고를 보고 1916년 2월 5일 일군의 예술가, 철학자, 무정부주의자들이 '카바레 볼테르'에서 개최한 장르복합적 문화 이벤트에 참석했다.

위고 발은 물론이고 루마니아 출신의 유대인 시인 트리스탄 차라, 독일의 시인이자 의사 리하르트 휠젠베크, 알자스 출신의 조각가이자 시인 장 아르프, 루마니아 출신의 화가 마르셀 얀코 등 참석자들은 저마다 시를 낭송하고 춤을 추고 아프리카 음악을 들으며 광란의 밤을 보냈다. 기존 사회의 예술적 전통을 깡그리 무시하고 이성과 제도 속에 억압되어 있는 사람들의 상상력을 일깨우려는 것이 이벤트의 목적이었다. 얀코는 그날의 모습을 '카바레 볼테르'란 제목의 그림으로 남겼다. 이후에도 그들은 '카바레 볼테르'가 문을 닫는 7월까지 매일 저녁 모여 시끌벅적한 공연을 펼쳤다.

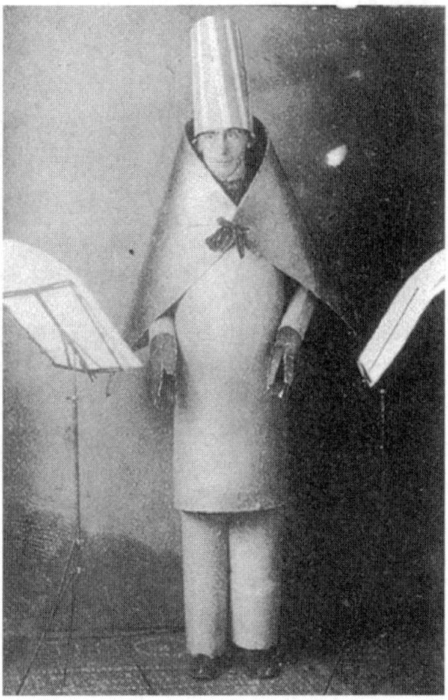
'카바레 볼테르' 무대에서 큐비즘 조형물 같은 옷을 입고 시를 낭송하는 위고 발(1916)

그들은 1916년 6월 '카바레 볼테르'라는 제목의 잡지를 처음이자 마지막으로 발간했다. 잡지에는 아폴리네르, 아르프, 얀코, 피카소, 칸딘스키, 마리네티, 모딜리아니 등의 글과 그림이 실렸다. 위고 발은 서문에서 '다다'란 말을 사용했는데 '다다'란 말이 활자화된 것은 이때가 처음이었다. 잡지를 발간하기 전, 그들은 사전을 펼쳐 아무렇게나 골라낸, 프랑스어로 어린 말을 의미하는 '다다(Dada)'를 별 뜻 없이 집단의 명칭으로 채택함으로써 이른바 '다다이즘'을 세상에 내놓았다.

다다가 전복하려고 한 유럽 문명의 근본 가치는 르네상스 이래 문화를 지배해온 이성과 합리주의였다. 다다의 기본적 원칙은 이것에 대한 철저한 부정과 파괴였다. 일관된 양식도 합일점도 없었다. 다다의 특성은 허무주의와 부정, 비이성과 역설, 모순과 충격, 반항 정신과 우연성, 아이러니와 반전통 예술, 반현대주의, 반종교, 비도덕 등으로 요약된다.

다다는 모든 우연한 것을 즉각적으로 수용하고 장난스러운 아이러니,

무의미한 수다를 늘어놓는 유아적 쾌감을 즐기며 어리석고 원시적인 것을 추구했다. 이에 따라 소음주의 음악, 아프리카 부족의 토속어로 지어진 시, 언어가 아닌 음성으로 만들어진 음성시, 여러 사람이 한꺼번에 읊어대는 동시시 등이 만들어졌다.

그들이 기성의 전통을 거부하면서 다양하게 실험했던 조형적 시도들은 이후 오토마티즘, 아이러니컬하고 유머러스한 콜라주, 사진을 이용한 포토몽타주, 프로타주 등으로 미술사를 장식했다. 별 뜻도 알 수 없는 연극과 퍼포먼스가 공연되기도 했다. 다다이스트들은 '다다(DADA)'라는 제목의 잡지를 1917년 7월부터 3회에 걸쳐 발간하고 1918년 '다다 선언'을 발표함으로써 과거의 예술 인습을 무차별적으로 공격하는 새로운 예술 활동을 펼쳤다.

다다의 기본 원칙은 기존 문화에 대한 철저한 부정과 파괴

이른바 '다다이즘'이 한 시기의 중요한 예술 사조로 자리 잡게 된 데는 루마니아 태생의 시인 트리스탄 차라의 공이 컸다. 차라는 1916년 7월에 출간한 '미스터 소화기의 첫 하늘 모험'에서 "다다는 우리의 맹렬함이다.… 다다는 통일을 원하면서 또한 통일에 적대하고 미래에 대해서는 분명히 적대한다.… 다다는 훈련이나 도덕이 없는 가혹한 요구이며 우리는 인간성에 침을 뱉는다"라고 정의했다. 1918년 차라가 작성한 '다다 선언문'에는 "다다는 어떤 것도 의미하지 않으며 어떠한 강령도 갖지 않는다는 강령을 갖고 있다"고 해 절대적인 무전제성을 내세웠다.

1차대전이 끝날 즈음 마드리드, 베를린, 하노버, 쾰른, 뉴욕, 파리 등에서도 다다 그룹들이 생겨나긴 했지만 다다이즘이 다른 주의나 양식들처럼 단일화된 형식적 특징을 갖고 있지 않아 지역적 상황과 개별 예술가들의 기질과 능력에 따라 각각 다른 형태로 나타났다. '취리히 다다'와 함께 가장 유명한 것이 '뉴욕 다다'였는데 뉴욕 다다의 선구자이고 상징적 존재는 마르셀 뒤샹이었다.

'뉴욕 다다'는 뒤샹을 중심으로 1915년과 1923년 사이에 유행했으나 '취리히 다다'처럼 선언문을 발표하거나 조직적으로 행동하지 않았다. 1913년 뉴욕의 아모리쇼에 출품된 뒤샹의 그림 '계단을 내려가는 누드 No.2'는 가장 대표적인 다다 양태를 띠었고 미국 전람회 역사상 보기 드문 화제를 불러일으켰다. 1917년 4월 10일 뉴욕의 독립미술가협회가 주최하는 전시회에 뒤샹이 남성용 소변기 '샘'을 출품한 것도 다다의 범주에 포함된 행위였다. 대표적인 뉴욕 다다이스트로는 뒤샹 말고도 프랑시스 피카비아와 만 레이가 있다. 피카비아는 유럽의 다다에까지 참여한 전천후 다다이스트였다.

취리히 다다는 주요 멤버가 취리히를 떠나고 1920년 차라마저 피카비아를 따라 파리로 이주하면서 서서히 막을 내렸다. '베를린 다다'는 1917년 러시아혁명 이후 좌익 성향을 노골적으로 표방하는 정치 선전 활동과 결부되어 나타났다. '파리 다다'의 특징은 문학적이었으나 오래가지는 못했다.

다다 운동은 일체의 다른 이론을 불합리한 것이라고 배척하는 모든 이론이 그렇듯 이미 그 자체 내에 파괴의 씨앗을 지니고 있었다. 다다는 일상 세계의 모든 것을 부정하기 때문에 결국은 자기 자신을 부정해야 했다. 어법의 무시, 의미와 논리성의 거부 등 모든 전통적 가치와 모럴의 기성 사회 질서를 철저히 파괴하고자 하다가 마침내 시 자체까지 부정하게 되어 소멸할 수밖에 없었다. 결국 현실을 전복하는 방법을 열심히 찾던 다다이스트들은 다다이즘 자체를 전복하기 시작했다.

그 무렵 앙드레 브르통과 동료들은 다다이즘의 에너지와 창의성을 집중시키려면 어떤 진지한 목표가 필요하다고 느꼈다. 기성의 권위와 질서를 파괴적으로 무너뜨리는 데는 성공했지만 새로운 세계의 구축은 초현실주의의 손에 넘겨질 수밖에 없었다. 따라서 다다와 초현실주의는 시기적으로나 정신적으로나 뗄 수 없는 불가분의 관계였다. 1922년 차라에 의해 조사(弔辭)가 읽히고 막을 내린 다다이즘은 1924년 앙드레 브르통이 선언한 초현실주의에 생명을 부여한 뒤 완전히 소멸했다.

마거릿 생어 '산아제한 클리닉' 개소

경구 피임약 '에노비드'는 생어의 또 다른 노력의 결실이었다.

1912년 어느 날, 마거릿 생어(1879~1966)가 간호사로 근무하고 있는 뉴욕 빈민 거주 지역의 한 병원으로 26세의 젊은 여성이 실려 왔다. 무리하게 유산을 시도하다 몸에 이상이 생겨 급하게 병원을 찾은 새디 작스라는 유대인 여성이었다. 2주일 뒤 병세가 호전된 여성은 다시 임신되는 것이 두려워 의사에게 "믿을 만한 피임법을 알려 달라"고 요청했다. 하지만 의사는 "임신하면 안된다"고만 할 뿐 피임에 대해 아무런 설명을 하지 않았다. '피임'이나 '산아제한'이 신을 거역하는 죄악으로 인식되고 있던 당시 상황에서 의사라고 해도 딱히 해줄 말이 없었던 것이다.

생어는 3개월 뒤, 새디 작스의 남편에게서 다시 아내가 위급하다는 연락을 받고 의사와 함께 달려갔으나 부인은 이들이 도착한 지 10분도 되지 않아 숨을 거두고 말았다. 피임 실패로 인한 유산 시도가 결국 그녀를 죽음으로 몰고 간 것이다. 당시는 산아제한이나 피임이 음란죄로 간주되고 있었기 때문에 원치 않는 임신을 한 여성들은 불법으로 낙태를 하는 의사에게 갔고 이 과정에서 목숨을 잃는 여성들이 속출했다.

생어는 피임법을 알지 못하고 죽은 새디 작스의 모습에서 11명의 아이를 낳아 기르다가 48세로 숨진 자신의 어머니를 떠올렸다. 어려서 어머니에 대한 생어의 기억은 늘 임신 중이거나 아이를 돌보는 모습뿐이었다. 원치 않는 임신과 출산, 이로 인한 산모의 죽음, 살았더라도 계속되는 빈곤과 질병은 그 시대를 살았던 모든 가난한 어머니들의 초상이었다.

마거릿 생어

생어는 미국의 뉴욕주 코닝에서 태어나 뉴욕시에 있는 간호학교를 졸업했다. 결혼 후 세 아이의 엄마가 된 그녀는 남편과 함께 사회주의자 유진 데브스, 여권 옹호론자 엠마 골드만, 노동운동가 빌 헤이우드, '세계를 뒤흔든 10일'을 쓴 기자 존 리드, 역사가 윌 듀랜트 등 진보주의적 지식인 그룹과 어울리며 진보적 사고를 견지했다. 1909년 클라크대에서 열린 지그문트 프로이트의 강연을 듣고 나서는 여성이 기독교적, 민주주의적, 금욕적 이상에 의해 지나치게 억압받고 있다는 인식을 구체화했다.

생어는 1914년 3월 미국 산아제한 운동의 신호탄이라 할 8쪽짜리 뉴스레터 '여성 반란'을 발행하고 팸플릿 '가족계획'을 준비했다. "여성은 자기 자신이 육체의 주인이 되어야 하며… 스스로 행동하고 스스로 억제할 권리, 즉 생명을 생성시키거나 그 생성을 억제할 수 있는 권리를 가져야 한다"는 생어의 그 유명한 주장이 실린 것도 '여성 반란'이었다. "육체적·정신적·재정적으로 준비가 안 된 상태에서 아이들을 낳으면 안 된다"는 생어의 주장은 당시 미국 사회에서는 가히 혁명적이었다. 따라서 이런 현실을 뒤집으려는 생어의 앞날은 순탄하지 않았다.

"여성은 자기 자신이 육체의 주인이 되어야 한다"

1914년 7월 미국 우정국이 외설금지법인 '콤스톡법'을 근거로, '여성 반란'의 우편 발송을 금지하고 그해 8월 생어를 음란 출판물 발행·배포 혐의로 기소하면서 우려했던 일이 현실로 나타났다. 1873년에 제정된 '콤스톡법'은 음란물이 공공우편을 통해 발송되는 것을 금지하는 법으로, 피임과 낙태에 대한 내용도 음란물로 간주했다. 죄가 확정되면 최대 45년 동안 옥살이를 할 수도 있는 상황에서 생어는 아이들을 남편에게 맡기고 영국으로 피신했다.

생어는 영국에서 산아제한을 지지하는 지식인들의 모임인 '맬서스 리그'의 동조자들과 연대 가능성을 모색했다. 그러나 '맬서스 리그'의 회원 대부분이 상류층이고 이 때문에 산아제한에 관한 정보가 상류층 사이에서만 유통되는 것을 알고는 정작 이런 정보를 필요로 하는 대중에게 보급되지 않는 현실을 안타까워하며 연대를 포기했다.

그러던 중 남편이 '여성 반란'보다 더 구체적인 정보와 지식이 담긴 '가족 계획' 팸플릿을 배포하다가 체포되었다. 생어는 감옥행을 각오하고 1915년 10월 미국으로 돌아왔다. 1개월 만에 딸이 폐렴으로 숨지는 개인적인 아픔을 겪으면서도 생어는 스스로 변호하고 자신의 대의를 선전했다. 그러자 그를 동정하는 여론이 들끓었다. 결국 연방정부는 1916년 생어에 대해 기소를 취하했다. 그렇다고 그 정도에서 만족할 생어가 아니었다. 미국 전역을 돌아다니며 100여 차례 이상의 순회강연을 통해 여성의 권리를 전파했다.

1916년 10월 16일에는 빈민가였던 뉴욕 브루클린의 브라운스빌에 미국 최초의 '산아제한 클리닉'을 열었다. 클리닉은 9일 동안 464명의 가난한 기혼 여성들이 다녀갈 정도로 큰 관심을 끌었으나 개소 10일째 되는 날 경찰에 의해 강제로 폐쇄되고 생어는 30일 동안 구류를 살았다. 그런 가운데 1918년 뉴욕주 법원이 "성 예방과 치료를 위해 여성에게 피임기구를 제공할 권한을 의사에게 준다"고 판결하면서 피임이 합법화되었다.

이 판결이 있은 후 그동안 생어에게 눈길조차 주지 않던 의사들이 생어의 운동에 동참하기 시작했다. 의사들이 주관하는 산아제한 임상연구소와 의료 시술 상담소들이 대도시 곳곳에 개설되는 가운데 1921년 생어는 '미국산아제한연맹'을 결성, 의사들에게 무제한 피임 처방권을 부여하는 '의사법' 제정을 위해 100만 명 서명운동을 벌였다. 1923년에는 여성 의료진과 직원으로 구성된 첫 번째 합법적인 산아제한 클리닉이 문을 열었다.

생어의 끈질긴 노력은 1936년 '환자의 생명을 구할 목적으로 의사들이 피임약을 처방할 수 있다'는 연방법원의 판결, 1937년 콤스톡법의 무효화, 여기에 '의과대에서 피임에 관한 강의를 할 수 있다'는 미 의학협회의 결의로 이어졌다. 1939년 마침내 미 연방의회를 통과한 '의사법'은 생어가 걸어온 대장정의 클라이맥스였다.

생어의 다음 목표는 여성들이 임신 공포로부터 벗어나 여성 스스로 임신을 결정할 수 있게 하는 경구피임약의 개발이었다. 1960년 5월 미 FDA(식품의약국)로부터 승인을 받은 경구피임약 '에노비드'는 생어의 또 다른 노력의 결실이었다.

페르디낭 드 소쉬르 '일반언어학 강의' 출판

15세에 '언어의 일반 체계'라는 소논문으로 스승을 놀라게 했던 천재형 인간이었다.

페르디낭 드 소쉬르(1857~1913)는 '현대 언어학의 아버지', '구조주의의 원류', '기호학의 창시자' 등으로 불린다. 스위스 제네바의 귀족 명문가에서 태어난 그는 15세에 '언어의 일반 체계'라는 소논문으로 스승을 놀라게 했던 천재형 인간이었다. 제네바대를 졸업하고 역사·비교언어학의 메카였던 독일 라이프치히대로 유학을 떠날 무렵에는 프랑스어, 독일어, 영어 등의 현대어는 물론 라틴어, 고대 그리스어, 고대 페르시아

페르디낭 드 소쉬르

어, 고대 독일어까지 능통했다.

라이프치히대에 재학 중이던 1878년 12월 '인도·유럽어 원시 모음 체계에 관한 연구'라는 논문을 발표해 언어학계의 비상한 관심을 끌었으나 당시의 독일 학계에서만은 이 독창적인 논문에 냉담한 반응을 보였다. 소쉬르는 베를린대에서 박사학위를 받은 후 24세이던 1881년부터 프랑스 소르본대에서 고트어와 고독일어 전임강사로 10년 동안 비교문법을 가르치다가 1891년 고향의 제네바대로 돌아와 후학들을 가르쳤다.

그 무렵 소쉬르는 언어에 관한 역사적 접근법에 회의를 느끼고 있었다. 언어의 진정한 의미를 밝히지도 못한 상황에서 언어의 역사를 논하고 비교한다는 것이 무의미해 보인 것이다. 이런 생각들을 정리해 제네바대에서 시작한 강의가 '일반언어학 강의'다. 1907년 1월부터 6개월간, 1908년 11월부터 7개월간, 1910년 10월부터 8개월간 3차례에 걸쳐 진행된 '일반언어학 강의'는 비록 수강생은 10명 남짓에 불과했지만 그 유명한 랑그, 파롤, 공시태, 통시태 등 그의 언어학을 설명하는 핵심 개념들이 하나둘 발표되었다.

소쉬르는 자신이 착상한 이론들의 인식론적 토대를 확실히 다지지 않고서는 어떤 출판도 할 수 없다는 결벽증 때문에 강의 후 강의 노트를 찢어 흔적조차 남기지 않았다. 제자들의 끈질긴 출판 요구도 거부하고, 학위논문을 제외하고는 단 한 권의 책도 내지 않았다. 20세기 언어학 최고 명저 중 하나로 꼽히는 '일반언어학 강의'도 생전에 그가 출판한 것이 아니라 그의 사후 3년이 지난 1916년 제자들이 자신들의 강의 노트와 소쉬르가 남긴 노트를 재구성해 파리에서 출판한 책이다. 이 때문에 '일반언어학 강의'가 소쉬르의 사상을 얼마나 정확히 담아내고 있느냐에 대해서는 지금까지 논란이 분분하다.

소쉬르는 언어 연구에 있어서 '랑그'와 '파롤'을 구분했다. 랑그는 사회적 계약들로 이루어진 언어 구조이며, 파롤은 구체적이고 개별적인 언어 행위로서 랑그의 특수한 사용이다. 언어 공동체의 구성원이 공유하는 언어 체계로서의 랑그는 각 화자의 개별적이고 특수한 발화 행위인 파롤과 구별된다.

랑그가 한국어·일본어·영어 등과 같이 개별 국가나 민족이 사회적 계약에 따라 사용하는 언어 체계라고 한다면, 파롤은 한국어를 쓰는 20대 김 모 양과 50대 이 모 씨의 말이다. 두 사람 모두 한국말이란 랑그를 공유하지만 20대와 50대가 실제 쓰는 말(파롤)은 조금씩 다른 것이다. 이처럼 일상의 언어생활은 음성언어와 문자 등을 이용해 매우 다양하게 나타나지만, 그것이 가능한 것은 언어 공동체의 구성원들이 언어 체계의 규칙과 약속들을 공유하고 있기 때문이다.

20세기 인문학의 전 분야에 큰 영향 미쳐

소쉬르는 언어를 하나의 기호 체계로 보았다. 구체적으로 언어 기호를 하나의 이름에 하나의 대상을 연결짓는 것이 아니라, 하나의 개념인 '기표'와 하나의 청각 이미지인 '기의'가 결합된 것으로 보았다. 즉 우리의 정신 속에는 소리의 사전과 관념의 사전이 내장되어 있어서 말을 할 때면 그 두 개의 사전이 결합한다는 것이다.

예를 들어 '소'라는 기호는 그 단어를 들을 때 우리의 머릿속에서 형성되는 의미와, '소(so)'라는 소리의 결합으로 이뤄진다는 것이다. 이는 그동안 사물이 먼저 주어진 것으로 보고 사물에 대한 이름이 나중에 꼬리표처럼 붙었다는, 혹은 특정 사물과 이름의 관계를 일대일 대응관계로 보아온 기존의 언어관을 뒤집은 것이다.

소쉬르는 언어기호가 그것이 지시하는 대상과 필연적인 관계를 갖는 것이 아니라 우연적인 관계를 갖는다고 본다. 예를 들어 '산'이라는 단어 자체에는 전혀 산과 관련된 이미지가 없고 '산'을 나라별로 각기 다르게 부르는 것으로 보아 기호의 형식과 내용 사이에는 필연적인 관계가 없다는 것이다. 결국 '산'이라는 언어 기호와 그것이 가리키는 대상, 또는 말의 소리와 그 의미 사이의 관계는 사람들 사이의 약속에 불과하다는 것이다. 이러한 언어의 특성을 소쉬르는 '언어기호의 자의성'이라고 설명했다.

아울러 언어적 가치는 기호 체계 안에서 다른 기호들과의 차이와 대조에 의해 생성된다. 예컨대 장기판에서 '차'와 '포'가 상아로 만들어졌건, 플라스틱으로 만들어졌건 그것은 부차적이며 중요한 것은 장기라는 놀이의 규칙 체계에서 '차'와 '포'가 지니는 상대적 기능들 즉 가치이다. 만 원권 지폐의 가치가 다른 화폐 단위들과의 차이에 따라 그 가치가 만들어지는 것과 같은 맥락이라는 것이다.

결국 단어의 실제 의미를 규정하는 것은 단어의 형태가 아니라, 그 단어가 자리한 '특정한 위치'라는 것이다. 이런 소쉬르의 생각은 '뭇 사물 혹은 현상의 이면에 어떤 체계가 있다'고 믿는 구조주의 인식의 토대가 되었다.

소쉬르는 또한 '통시태(通時態)'와 '공시태(共時態)'를 구별함으로써 언어의 역사적 변화 양상에 관심을 기울여온 기존의 통시적 연구에서 특정한 시기의 언어 현상을 총체적으로 분석하는 공시적 연구로 언어학의 연구 대상을 변화시켰다. 이런 소쉬르의 관점은 세상을 바라보는 우리의 시각에 큰 파문을 불러일으켰다.

20세기 이전까지 우리의 인식을 지배했던 것은, 세상에는 어떤 중심이 있고 이 중심은 그 밖의 덜 중심적인 것보다 더 중요하며, 이들 사이에는 일종의 위계질서가 있다는 생각이었다. 이러한 사회적 위계질서는 소쉬르식으로 본다면 사회적 약속일 뿐이며 근본적인 가치의 우열이나 또는 내적 본질의 우열에 의하여 구성되어 있는 것이 아니다. 또한 현재 구성되어 있는 모든 것도 단지 사회적 약속에 불과하기 때문에 그 약속은 언제든 깨질 수도 있다는 것이다.

오늘날 '일반언어학 강의'는 현대 언어학의 주춧돌이자 구조주의 및 포스트 구조주의와 같은 사상에 이론적 토대와 영감을 제공한 20세기 최고의 인문학 저서 가운데 하나로 꼽히고 있다. 이처럼 소쉬르는 언어학에서 구조주의적 인식의 기초를 만들고, 그의 언어학적 모델은 철학, 정신분석학, 기호학, 정보이론, 인류학, 문학 이론 등 20세기 인문학의 전 분야에 걸쳐 큰 영향을 미쳤다.

구조주의를 현대사상에서 가장 영향력 있는 이론적 도구로 만드는 데 결정적으로 기여한 레비-스트로스가 "소쉬르가 현대 사회과학에 끼친 공헌도는 현대물리학에 대한 양자역학의 기여도과 같다"고 상찬한 것도 이런 맥락에서 본다면 결코 과찬이 아니라는 게 전문가의 평가다.

베르됭·솜 전투… 1차대전의 분수령

베르됭 전투가 독일군에 의한 피 말리기 작전이었다면 솜 전투는 영국군에 의한 피말리기 작전이었다.

1차대전이 발발하고 2개월이 지난 1914년 9월 독일군이 프랑스의 마른 강변에서 대규모 공세를 취했으나 프랑스군의 강력한 저항에 부닥쳐 빠르고 완전한 승리를 노린 독일군의 계획은 좌절되었다. 이후 전선은 기동전에서 참호전으로 바뀌었다. 스위스에서 북해에 이르기까지 국경선을 따라 형성된 서부전선은 거의 대부분 지역이 요새화되어 어

베르됭·솜의 위치

느 쪽도 돌파가 어려웠다. 양쪽 모두 참호는 견고했고 화력은 강력했다. 결국 전쟁은 인적·물적 자원을 동원한 총력적인 소모전 양상으로 흘렀다.

해가 바뀌어 프랑스군이 '돌격 앞으로' 전술을 썼으나 희생자만 눈덩이처럼 불어났다. 프랑스군은 1915년 2~3월 샹파뉴에서 폭이 1.5㎞밖에 되지 않는 지역을 탈환하느라 24만 명 이상의 병력을 잃었다. 돌격 작전이 실패했다고 참호만 지킬 수 없어 양측은 전선 돌파를 위한 대규모 공격을 수차례 시도했으나 결과는 마찬가지였다.

독일·오스트리아의 동맹군과 프랑스·영국·러시아의 3국 협상군이 결전의 해로 삼은 것은 1916년이었다. 이 해에만 동부전선과 서부전선에서 3차례에 걸친 대규모 전투가 벌어졌다. 먼저 독일군이 목표로 삼은 곳은 프랑스 파리 동쪽 280㎞ 뫼즈 강 연안에 있는 프랑스의 전략 요충지 베르됭이었다. 독일군은 베르됭 요새를 점령하면 좋고 점령하지 못해도 프랑스를 지치게 한다는 작전을 구상했다. 이른바 피 말리기 작전이었다.

독일군이 베르됭 요새를 향해 대규모 돌격 작전을 펼친 것은 1916년 2월 21일이었다. 프랑스군의 완강한 저항이 있었지만 결국에는 2월 25일 베르됭 요새의 중요 보루인 두오몽 보루를 점령했다. 위기에 빠진 프랑스는 앙리 페탱 장군에게 현지 지휘를 맡겼다. 페탱은 2월 26일 방어 지역을 4개 구역으로 나누고 각 구역마다 최후의 1인까지 방어 지역을 사수할 것을 명령했다. 독일군은 2월 26일부터 29일까지 또다시 수차례에 걸쳐 공격했으나 페탱의 방어에 가로막혀 효과를 보지 못했다. 독일군의 잇따른 공격이 실패하면서 전투는 소강상태로 접어들었다. 그때까지 양측의 사상자는 엄청났고, 전투장은 공동묘지나 다름없었다.

그로부터 4개월 뒤인 6월 22일 독일군이 베르됭의 최종 관문인 수빌 보루 근처까지 진격하는 데 성공하자 프랑스군은 베르됭 요새를 모두 내줘야 하는 절박한 상황으로 내몰렸다. 다행히 7월 1일 인근 솜 강 지역에서 영국군이 독일군을 향해 대규모 포격을 가하면서 프랑스군은 위기에서 벗어났다. 영국·프랑스와 3국 협상을 형성하고 있는 동부전선의 러시아도 독일의 동맹국인 오스트리아에 공격을 감행해 기대 이상의 대승을 거두었다.

당황한 독일군은 오스트리아 전선의 붕괴를 막기 위해 일부 병력을 베르됭 지역에서 동부전선으로 이동시켰다. 이 때문에 베르됭 전투 병력이 축소되어 독일군은 수빌 보루를 지척에 두고도 모두 후퇴해야 했다. 이로써 프랑스군은 위기를 모면하고 독일군은 베르됭에서 수세로 전환했다.

독일 황제 빌헬름 2세는 책임을 물어 1916년 8월 에리히 폰 팔켄하인 참모총장을 해임하고 9년 뒤에 대통령이 될 파울 폰 힌덴부르크를 그 자리에 앉혔다. 그 후 가을이 되자 프랑스군이 대반격을 시도해 크리스마스 때까지 독일군에게 내주었던 실지를 모두 탈환함으로써 1차대전 중 가장 치열했던 베르됭 전투는 10개월 만에 막을 내렸다. 독일군과 프랑스군은 베르됭 전투에서 각각 10만 명, 16만 명의 사상자를 냈다. 결과적으로 패자만 있고 승자는 없는 전투였지만 그래도 베르됭 전투 후 독일이 내리막길을 걸었다는 점에서 베르됭 전투는 1차대전의 분수령이었다.

베르됭 전투의 또 다른 특징은 신무기와 새로운 전략·전술의 출현이었다. 화염방사기, 포스겐 독가스, 전진탄막 등이 세계 전사상 처음 사용되고 항공기가 군사작전에 투입되었으며 트럭이 보급품이나 병력을 수송하는 주요 군사 장비로 이용되었다.

프랑스는 몇몇 보루 덕에 베르됭 방어가 성공했다고 판단해 1930년대 들어 독일과의 국경선에 '마지노선'이라고 하는 요새 방어선을 구축하고 전적으로 그것에만 의존하는 방어 선술에 안수했다. 반면 독일에서는 베르됭 전투와 같은 소모전을 두 번 다시 반복해서는 안 된다는 결론을 내리고 장갑 무기와 그것을 사용하는 전술 개발에 노력을 경주했다. 그 결과 2차 대전 때 독일군은 주로 장갑부대를 이용해 프랑스를 침공했고 베르됭 전투와 같은 실패 없이 완전히 성공적인 전격전을 수행했다.

결과적으로 패자만 있고 승자는 없는 전투

솜 전투는 베르됭 전투와 함께 1916년의 서부전선을 지배한 전투였다. 프랑스 북부 피카르디 평야를 동서로 횡단하는 솜 강의 솜 주위는 기복이 없는 광활한 평야로 비교적 습지가 많았다. 이곳이 서부전선의 주 공세 지역으로 선정된 것은 1915년 12월의 영·불 간 회의에서였다. 당시 프랑스가 수립한 솜 공세 계획은 솜 강을 경계로 남쪽에서 프랑스군이 주공을 맡고, 북쪽에서 영국군이 조공을 담당한다는 것이었다.

그런데 계획이 구체화되기 전인 1916년 2월 독일군이 베르됭을 기습적으로 공격, 계획에 차질이 빚어졌다. 이 때문에 프랑스군의 발등에 떨어진 불은 솜 지역이 아니라 베르됭 지역으로 바뀌었다. 결국 솜 지역의 주공은 영국이 맡기로 해 1916년 3월 프랑스로부터 솜 지역을 인수했다.

프랑스가 베르됭에서 대규모 공격을 받고 있는데도 영국군은 솜 지역에서 독일군을 바로 공격하지 않았다. 영국은 급조된 방법보다는 철저하게 준비를 하는 게 오랜 전통이었기 때문에 전선 후방 지역에 3개의 표준궤도철도와 여러 개의 도로를 먼저 부설·확장했다. 병원, 급수 시설, 야영장, 보급 창고, 주차장 등도 지었다. 영국군은 솜 공격에 공군을 활용했다. 정찰을 수행하는 수준이었지만 항공사진 확보는 지상 작전에 큰 도움이 되었다.

영국군은 7월 1일 독일군을 대대적으로 공격했다. 그러나 독일군의 완강한 저항에 밀려 1차 파상공격은 성공하지 못했다. 영국군 84개 대대 가운데 약 30%만 목표에 도달하고 나머지는 실패했다. 날이 저물었을 때 전투 병력 손실은 5만 7,000명이나 되었다. 그날은 영국 육군 역사상 최대 암흑의 날이었다. 독일군 역시 큰 피해를 보았으나 영국처럼 심각하지는 않았다. 독일군은 40㎞의 전선을 이상 없이 지켰다.

7월 14일 야간에 이뤄진 영국군의 2차 공세는 성공적이었다. 그날 밤 영국군은 독일군이 장악하고 있는 진지 대부분을 탈취했다. 그러나 이튿날 다시 독일군의 반격에 점령 지역을 내주고 말았다. 독일군도 비효과적인 반격을 반복하면서 전투 손실이 컸다. 영국군은 9월 15일 3차 공세를 감행했다. 이 공세 때 등장한 것이 세계전쟁 사상 한 획을 그은 신무기 탱크였다. 결정적인 전과는 내지 못했지만 독일군에 가해진 심리적 효과는 컸다. 3차 공세 후에도 영국군은 전선 돌파를 위해 몇 차례 더 공격을 시도했으나 성공하지 못했다. 그러다가 겨울이 다가오자 11월 9일 공격을 중단함으로써 솜 전투는 막을 내렸다.

솜 전투는 대규모 병력이 한데 모여 대살육전을 벌인 전투였다. 영국군 55개 사단, 프랑스군 20개 사단, 독일군 95개 사단이 4개월 반 동안 벌인 혈전에서 영국군은 42만 명, 프랑스군은 20만 명이 죽거나 다쳤다. 사정은 독일군도 비슷했다. 베르됭 전투가 독일군에 의한 피 말리기 작전이었다면 솜 전투는 영국군에 의한 피 말리기 작전이었다. 연합군은 전략·전술면에서 여러 가지 문제점을 드러냈으나 솜 전투를 통해 베르됭에서의 독일군 공세를 약화시키고 서부전선에서 주도권을 장악할 수 있었다.

1917년

러시아혁명과 제정 러시아 붕괴
_ *블라디미르 레닌*
_ *카를 마르크스와 프리드리히 엥겔스*
무제한 잠수함 작전, 치머만 전보, 미국의 참전
마르셀 뒤샹, 미술 전시회에 '소변기' 출품
영국의 '맥마흔 선언'과 '밸푸어 선언'
_ *토머스 에드워드 로렌스*
마타 하리 총살형
야사 하이페츠 미국 데뷔

러시아혁명과 제정 러시아 붕괴

스톨리핀은 혁명 세력에 대해서나 정부 안의 부패 세력에 대해서나 똑같이 무자비하게 대처했다.

19세기에서 20세기로 넘어가는 세기의 문턱에서, 러시아의 차르(황제)가 맞딱뜨린 것은 혁명의 소용돌이였다. 노동자들의 잇따른 파업으로 차르의 권위가 조금씩 무너지고 있는 사이 혁명 세력들이 그 틈을 비집고 들어가 정국을 뿌리째 흔들었다. 혁명적 분위기는 1904년 초에도 뜨겁게 달아올랐으나 1904년 2월 발발한 러일전쟁으로 맹목적 애국주의가 노동자·농민에게까지 확산하면서 소강상태로 접어들었다. 그러나 러일전쟁의 참혹한 패배와 극심한 경제난은 절대왕정의 무능과 부패를 고스란히 드러냈고 이로 인해 러시아에 또다시 혁명의 한파가 휘몰아쳤다.

1905년 1월 22일(러시아력 1월 9일) 일요일 아침, 10만여 명의 노동자와 가족이 상트페테르부르크에 있는 차르의 동궁(겨울궁전) 앞으로 몰려갔다. 1개월 전 상트페테르부르크의 기관차 공장에서 파업을 벌인 일부 노동자의 해고가 발단이었다. 시위대의 선두에는 게오르기 가폰 신부가 있었고 러시아 최초의 마르크스 정당인 사회민주당 선동가들이 대열 곳곳에서 시위대를 격려했다. 가폰은 러시아정교 신부이면서도 공장 노동자 모임을 조직해온 온건파 노동운동가였다.

가폰은 차르(니콜라이 2세)에게 보내는 청원서를 손에 들고 행진을 이끌었다. "존경하는 아버지 차르"로 시작하는 공손과 애원조의 청원서에는 보통선거에 의한 제헌의회를 구성하고 1일 8시간 노동과 최저임금을 보장해달라는 내용 등이 적혀 있었다. 시위대는 무장을 하지 않았고 질서를 지켰다. 다수는 성상을 들고 찬송가와 러시아 국가를 불렀으며 앞 열 시위대는 차르의 초상화를 들고 행진했다.

시위대가 동궁 앞에 다다랐을 즈음, 군대가 시위대를 가로막고 해산을 종용했다. 그러나 시위대가 불응하고 계속 전진하면서 동궁 앞은 이내 살육의 현장으로 바뀌었다. 무차별 총격과 잔혹한 칼부림으로 한겨울 광장에 쌓인 흰 눈 위에는 붉은 피가 선연했다. 각종 발표를 종합하면 그 자리에서 150~500명이 죽고 200~3,000명이 다쳤다. 가폰은 해외로 망명했다가 1906년 봄 귀국했으나 차르 경찰과 손을 잡은 것이 밝혀져 사회혁명당원에게 살해되었다.

'피의 일요일' 사건 소식은 빠르게 전국으로 전파되었다. 믿어왔던 차르에 대한 환상이 깨지면서 전국의 노동자와 농민은 파업과 봉기로 저항했다. 철도와 통신이 마비되고 전국의 경제생활이 혼란으로 치닫는 등 국가 기반이 뿌리째 흔들리는 가운데 5월 1일의 메이데이에는 전국 200여 개 도시의 노동자들이 동시 파업을 벌였다.

6월 27일(러시아력 6월 14일) 러시아 흑해함대 소속 포템킨호 수병들까지 흑해 북쪽 오데사항 앞에서 선상 반란을 일으키면서 차르 체제의 종말이 임박한 것처럼 보였다. 노동자들은 러시아 최초로 대표자 회의를 뜻하는 '소비에트'를 구성했다. 전국의 주요 도시에도 소비에트 조직이 우후죽순처럼 생겨났다.

한겨울 광장에 쌓인 눈 위에 붉은 피 선연

서유럽으로 망명해 있던 블라디미르 레닌이 '피의 일요일' 사건 소식을 듣고 상트페테르부르크로 돌아온 것은 1905년 9월이었다. 하지만 파업과 봉기를 주도적으로 이끈 인물은 레닌이 아니라 레온 트로츠키였다. 트로츠키는 해외에서 발빠르게 귀국해 민중을 선동하고 효과적인 전술을 제시했다. 봉기는 총파업이 전국으로 확대된 10월에 절정을 이뤘다.

상황이 급변하자 지식인, 전문 직업인, 자유주의적 기업가들도 파업에 동참했다. 입헌주의자들도 파업을 지지했다. 파업 참가자들의 주장과 요구는 다양했다. 첫째는 선거에 의한 제헌의회 소집과 자유화였고 둘째는 토지 분배를 뼈대로 하는 농촌의 개혁이었으며 셋째는 노동조건의 개선과 노동자들의 생활 향상이었다.

1917년 7월 17일(러시아력 7월 4일) 케렌스키 정부군의 발포로 페트로그라드 네브스키 대로에서 시가행진을 하던 시위대가 도망가고 있다.

결국 차르는 10월 30일(러시아력 10월 17일) 두마(의회)의 설립을 약속하고 언론·집회·결사의 자유를 보장하는 '10월 선언'으로 사태를 무마하려 했다. 이후 짧은 기간이지만 언론·집회·결사의 자유가 어느 정도 보장되고 노동시간과 노동조건이 일정 부분 개선되었다. 이처럼 '10월 선언'이 중산층과 일부 혁명 세력을 만족시키자 자유주의자와 부르주아들이 차리즘의 수호와 인민혁명의 타도를 표방했다.

차리즘 타도에 앞장섰던 사회혁명당 안에서도 10월 선언에 동조하는 세력이 나타났다. 반면 좌파는 토지의 국유화와 재분배를 강력히 요구했다. 소비에트는 정치범의 전면적 석방, 토지 분배, 8시간 노동제, 검열제 폐지, 언론 자유 보장 등을 요구했다. 결국 혁명 세력의 분열로 파업 열기가 점차 식어 파업은 중단되었다.

차르 정부와 극우 세력이 반격에 나선 것은 그 즈음이었다. 그들은 폭력단을 동원해 혁명가들과 전투적 노동자들을 폭행하고 살해했다. 불과 2~3주 사이에 전국의 주요 도시에서 2만여 명이 살해되었다. 재판을 거치지 않은 총살과 교수형도 다반사로 집행되었다.

그러자 소비에트 중앙집행위가 12월에 새로운 총파업을 결의했다. 하지만 노동자들은 지쳐 있었고 준비도 충분하지 않았다. 결국 노동자들은 총파업을 벌였으나 곧바로 진압되었다. 상트페테르부르크 소비에트 역시 발족한 지 50여 일 만에 와해되었고 트로츠키는 체포되어 시베리아로 유배되었다. 결국 12월을 정점으로 그해 1월 시작된 혁명은 내리막길로 접어들었다.

한편 차르 정부는 총파업이 한창이던 1905년 12월 두마 선거법을 공포했다. 사회주의 정당이 선거를 보이콧했으나 대중은 두마를 통해 자신들의 요구를 실현할 수 있을 것 같은 환상에 빠졌다. 두마 의원을 뽑는 선거는 1906년 3월 거행되었다. 그에 앞서 차르 정부가 선거에 관한 칙령을 발표했다. 하원 격인 두마는 다단계 간선으로 구성하고 황실의 통제를 받는 상원 격의 국가회의 견제를 받으며 차르의 동의 없이 예산과 법률을 고칠 수 없다는 내용이었다. 이에 따라 모든 법안은 국가회의와 차르의 동의를 얻어야 했으며 차르는 법안에 대한 절대 거부권은 물론 두마의 소집권과 해산권 그리고 비상사태 선포권을 손에 쥐었다.

그런데 선거 결과 정부에 고분고분하지 않은 카데트(입헌민주당)가 제1당을 차지하는 이변이 일어났다. 이들은 전체 478석 가운데 179석을 차지하고 정부를 지지한 정당은 참패했다. 농민과 노동자, 그리고 사회혁명당과 사회민주당의 당선자를 포함하면 전체적으로 반정부적 색채가 짙었다.

'스톨리핀의 반동' 거세게 몰아쳐

1906년 4월 23일 제헌 헌법이 공포되었으나 차르가 여전히 행정·군사·외교 등의 실권, 법률 거부권, 비상시 입법권, 두마 해산권까지 장악한 사이비 입헌군주제였다. 그래도 4월 27일 개원한 초대 두마는 차르 체제에 대한 의원들의 분노가 폭발하는 웅변장이 되었고, 따라서 '국민적 분노의 두마'라는 별명을 얻었다.

차르는 기세가 오른 두마를 견제하기 위해 1906년 6월 표트르 스톨리핀을 총리로 임명해 전권을 위임했다. 이후 러시아에는 '스톨리핀 반동'의 바람이 불었다. 스톨리핀은 취임하자마자 개원 후 73일밖에 지나지 않은 초대 두마를 해산하고 1907년 2월 2대 두마를 구성했다.

하지만 2대 두마에도 사회민주당과 사회혁명당 등 좌파 정당이 다수 진출해 한층 더 반정부적인 색채를 띠자 스톨리핀은 이들 좌파 정당이 반국가 활동을 했다는 이유로 개원 100일 만인 1907년 6월 또다시 두마를 해산하고 개악된 새 선거법을 공포했다. 새 선거법에서는 선거인단의 3분의 2를 지주·자본가·관료·성직자로 채우도록 했다. 그 결과 1907년 11월 개원한 3대 두마는 전보다 더욱 보수화되었고 스톨리핀은 자신의 뜻을 마음껏 펼칠 수 있게 되었다.

'스톨리핀의 반동'에 따라 200여 종의 신문이 폐간되고 노동조합은 문을 닫았으며 반정부 노동자와 지식인들은 처형되거나 유배지로 쫓겨났다. 즉결 군법회의에 회부되어 사형선고를 받은 혁명가들은 즉각 교수형에 처해졌다. 스톨리핀이 피살된 1911년까지 수천 명이 처형되고 수만 명이 투옥되거나 유배되었다. 활동가들은 투옥되거나 유형지로 쫓겨났으며 사회주의 정당의 지방 조직은 거의 괴멸되었다. 레닌도 해외 망명길에 올랐다.

그런데 스톨리핀은 좌익 혁명가는 물론 정부 안의 부패 세력에 대해서도 무자비하게 대했다. 부정부패를 일삼는 우익 폭력배들까지 일소하는 정책을 펴 그에게는 '목을 베는 사나이', 교수대에는 '스톨리핀 넥타이'라는 별명이 따라 붙었다.

또한 스톨리핀은 자영농을 육성해 안정된 체제 지지 세력을 확보하는 것이 중요하다고 판단해 토지개혁령도 제정·실시했다. 토지개혁령에 따라 농민은 미르(농촌공동체)에서 해방되어 자기 이름의 사유 토지를 갖게 되었다. 토지 사유제 도입 등 포괄적인 농업 개혁으로 농민을 우군화해 혁명 세력의 침투를 막으려고 한 그의 정책에 대해 레닌은 '신선한 반동 정치'라고 평가했다. 하지만 스톨리핀이 1911년 9월 18일 키예프의 한 극장에서 살해되면서 스톨리핀의 반동도 멈춰섰다.

다행히 러시아의 정치·경제·사회적 상황은 차츰 호전되었고 산업은 발전했다. 노동자들의 생활은 개선되었고 두마는 자리를 잡아갔다. 문제는 1914년 발발한 1차대전이었다. 물자가 부족해지고 경제가 엉망이 되어 차르 정부를 안팎으로 혼란에 빠뜨렸다. 파업도 다시 꼬리를 물고 일어나 러시아 사회를 벼랑 끝으로 몰아세웠다. 그런 와중에 주술사 라스푸틴까지 러시아 황실을 농락하면서 황실의 권위가 곤두박질쳤다.

혁명은 전쟁을 먹고 자란다

'혁명은 전쟁을 먹고 자란다'는 사실을 확인시켜준 것은 1917년이었다. 전쟁으로 물자가 부족해지자 페트로그라드(1914년 상트페테르부르크에서 개칭)시는 1917년 초부터 먹을 것과 땔감 배급제를 실시했다. 그러던 어느 날 배급해줄 빵이 다 떨어지자 페트로그라드의 여성 노동자들이 '세계 여성의 날'인 1917년 3월 8일 "빵을 달라"며 거리를 행진했다. 노동자들은 파업으로 동참했다. 그해 첫 두 달 동안 1,300여 건, 70만 명이 참가할 정도로 파업은 일상사였으나 이날의 파업은 전 도시를 마비시키는 총파업으로 발전했다. 이런 상황에서 3월 11일 차르의 친위 부대가 군중에게 발포해 많은 사람을 죽거나 다치게 함으로써 사태를 더욱 악화시켰다.

그런데 갑자기 친위 부대원들이 발포를 중단하고 시위 군중과 합세하면서 '2월 혁명'은 중대 전환점을 맞았다. 3월에 일어난 일인데도 2월 혁명이라고 하는 것은 때가 러시아 구력으로 2월인 데서 연유한다. 병사들은 위에서 발포 명령을 내려도 하늘을 향해 총을 쏠 뿐 진압에 관여하지 않았다. 심지어는 장교를 향해 총부리를 겨누기까지 했다.

페트로그라드는 점차 혁명의 도가니로 빠져들었다. 3월 13일 갓 출범한 혁명위원회가 차르의 장관들을 체포하고 3월 14일 군 장성들이 전선에 나가 있는 차르에게 "제위를 포기해야 독일의 침략에서 러시아를 구할 수 있을 것"이라고 진언하면서 사태는 긴박하게 돌아갔다. 차르는 결국 3월 15일 황제직을 포기하고 동생에게 양위했으나 동생마저 신변에 위협을 느껴 황제직을 거부함으로써 303년 동안 이어온 로마노프 왕조는 역사 속으로 사라졌다.

차르 퇴위 후 임시정부를 구성한 것은 두마의 온건파 지도자들이었다. 멘셰비키(사회민주당 다수파)와 사회혁명당이 다수를 차지하는 노동자·병사 소비에트도 결성되어 이른바 '이중 권력' 상태가 시작되었다. 소비에트는 임시정부를 마르크스주의가 정의한 사회주의로 가기 전 단계인 부르주아 민주주의 혁명 단계로 보았기 때문에 임시정부가 혁명을 수호하고 민주적으로 행동하는 한 임시정부의 존재를 부정하지는 않았다. 즉 2월 혁명을 부르주아혁명으로 해석하고 부르주아가 권력을 잡는 것이 혁명 단계상 적절하다고 생각해 임시정부를 인정한 것이다.

임시정부와 소비에트는 불편하면서도 서로를 인정하는 협동 관계를 이어갔다. 그러던 중 볼셰비키(사회민주당 소수파)의 레닌이 귀국하면서 상황에 큰 변화가 생겼다. 정치 선전의 명수 트로츠키까지 귀국함으로써 혁명은 급물살을 탔다.

"모든 권력은 소비에트로!"

2월 혁명이 발화하자 스위스 취리히에 망명 중이던 레닌은 귀국을 결심했다. 그러나 전쟁의 지속을 결정한 임시정부와 영·불 연합국은 "제국주의 전쟁 반대"를 외치는 레닌의 귀국을 원하지 않았다. 레닌은 고심 끝에 러시아와 교전 중인 독일을 통과하는 방법을 선택했다. 독일 군부도 전쟁 반대를 외치는 레닌을 러시아로 보내 전쟁 의지를 약화시킬 필요가 있었다.

레닌과 30여 명의 망명가들은 훗날 '봉인(封印) 열차'로 불리게 될 열차를 타고 4월 9일, 스위스 취리히역을 출발했다. 열차는 문을 봉인한 채 여권과 짐 검사도 없이 스위스 국경을 넘어 독일을 통과한 뒤 스웨덴(중립국)과 핀란드(러시아 속국)를 거쳐 4월 16일(러시아력 4월 3일) 밤, 페트로그라드 핀란드역에 도착했다.

레닌은 곧바로 임시정부 지지를 철회하고 1차대전 참전 중단을 촉구했다. 이것을 정리한 것이 '모든 권력을 소비에트로', '전쟁을 지속하고 있는 임시정부 지지 철회', '모든 토지의 국유화' 등 10개조로 구성된 '4월 테제'다. '당면한 혁명에 있어서의 프롤레타리아의 임무'라는 제목의 연설을 통해 발표된 '4월 테제'는 찬반 논쟁을 불러일으켰다. 부르주아혁명 단계를 뛰어넘어 바로 사회주의혁명을 쟁취하자는 레닌의 주장이 생소했기 때문이다.

부르주아는 레닌을 '독일의 첩자'로 몰아세웠고 멘셰비키는 '반동'이라고 비난했으며 플레하노프는 '잠꼬대 같은 소리'라며 일축했다. 멘셰비키는 "혁명을 성공시키려면 전쟁을 계속해야 한다"며 여전히 1차대전 참전을 고수했다. 소수파였던 볼셰비키도 처음에는 레닌의 주장을 받아들이지 않고 있다가 '4월 테제'가 점차 전쟁에 지친 군인과 굶주린 노동자들 가슴속을 파고드는 것을 확인하고서야 볼셰비키의 공식 입장으로 채택했다.

1917년 6월 페트로그라드에서 제1차 전 러시아 소비에트 대회가 열렸을 때 볼셰비키는 822석 가운데 겨우 105석만 차지해 멘셰비키(248석)와 사회혁명당(285석)에 비해 현저히 열세였다. 임시정부의 실권은 온건 사회주의자 알렉산더 케렌스키가 쥐고 있었다.

그러던 중 7월에 일어난 두 개의 사건으로 반전이 일어났다. 첫째는 임시정부가 독일을 향해 총공세를 펼쳤다가 대참패로 끝나자 전쟁에 싫증이 난 수십만 명의 병사들이 탈영한 것이고 둘째는 소비에트 조직원들이 일으킨 폭동으로 임시정부의 위신이 떨어지고 반전을 외치는 볼셰비키의 인기가 높아진 것이다.

이런 상황에서 1917년 7월 17일(러시아력 7월 4일) 페트로그라드에서 "모든 권력을 소비에트로"라는 슬로건을 내걸고 수십 만 명이 참가한 대규모 시위가 벌어졌다. 케렌스키 정부는 대중의 시위를 '볼셰비키의 음모'라고 규정하고 발포를 명령했다. 이후 며칠 동안 계속된 시위에서 56명이 죽고 650여 명이 다쳤다. 케렌스키 정부는 페트로그라드에 계엄령을 선포하면서 트로츠키와 볼셰비키 지도자들을 체포했다. 핀란드로 탈출한 레닌은 '독일의 스파이'로 몰아세웠다.

인류사에 큰 변화를 몰고 온 것치고는 믿기지 않을 만큼 희생 작아

볼셰비키의 승리를 가져올 최초의 구체적인 사건이 일어난 것은 9월 초였다. 보수파 인사들이 질서를 회복하겠다며 군 최고사령관 라브르 코르닐로프를 앞세워 쿠데타를 일으킨 것이다. 코르닐로프는 9월 9일 소비에트가 장악하고 있는 페트로그라드로 진격했다. 케렌스키 정부는 쿠데타를 진압하기 위해 코르닐로프를 해임하고 트로츠키를 석방했다. 철도 노동자들에게는 도움을 요청했다.

철도와 전신 노동자들이 쿠데타군의 통신과 이동을 방해해 쿠데타는 실패로 돌아갔다. 이후 군 고위층의 신망은 철저하게 떨어지고 임시정부는 고립되었다. 반대로 볼셰비키의 인기는 더욱 높아졌다. 트로츠키는 영웅이 되어 페트로그라드 소비에트 의장으로 뽑히고 레닌은 10월 20일 몰래 페트로그라드로 돌아왔다.

레닌은 철저한 무장봉기의 준비를 촉구했다. 예정된 봉기 일자는 제2차 전 러시아 소비에트 대회 개최일인 11월 7일이었다. 노동자 적위대와 혁명파 군인들이 봉기 명령을 기다리고 있을 때 임시정부가 선제 공격을 가해왔다. 곧 임기정부 군대가 볼셰비키의 인쇄소를 점령하고 정부청사와 역에 진주했다.

레닌은 11월 6일 오후, 볼셰비키 중앙위에 긴급 편지를 보내 "봉기를 늦추는 것은 곧 죽음"이라면서 당일 밤 봉기를 요구했다. 이에 따라 6일 밤 노동자·병사들이 봉기했고 이들은 11월 7일 새벽 역, 교량, 발전소, 우체국, 전화국, 무기고, 국립은행 등을 무혈 점거했다. 그리고 11월 7일 오전 10시 트로츠키가 소비에트 정권의 탄생을 선포했다. 세계 최초로 공산주의를 표방하는 '노동자·농민의 정부'가 탄생한 것이다.

혁명군은 임시정부가 들어서 있는 동궁을 빼고 페트로그라드 전 시내를 점령했다. 동궁의 임시정부 각료들이 육사 생도들의 도움을 받으며 항복을 거부하고 있는 동안 케렌스키는 페트로그라드를 빠져나갔다. 11월 7일(러시아력 10월 25일) 밤 열린 제2차 전 러시아 소비에트 대회는 임시정부가 타도되고 소비에트가 권력을 장악했음을 선포했다.

그날의 대회는 볼셰비키가 다수파임을 확인하는 자리였다. 참석자 648명 가운데 338명이 볼셰비키를 지지하고 볼셰비키에 동조하는 사회혁명당 좌파까지 포함하면 대의원의 3분의 2가 볼셰비키 편이었다. 그리고 그날 늦은 밤, 동궁 뒤 네바강에 정박해 있던 오로라 군함이 동궁을 향해 쏜 2발의 포탄을 신호로 혁명군이 동궁으로 진입했다. 임시정부군은 맥없이 무너졌고 동궁은 11월 8일 새벽 2시 함락되었다.

8일 오전 6시, 소비에트 대의원들에게 레닌이 기초한 "혁명은 사회주의와 공산주의가 승리하는 새 시대의 막을 열었다"는 대회 선언이 낭독되었다. 소비에트 대회는 3일간의 회의 끝에 최초의 소비에트 정부인 인민위원회를 새로 창설했다. 다른 당파는 참여하지 않았다. 레닌이 인민위원회 의장, 트로츠키는 외무인민위원, 스탈린은 민족인민위원을 맡았다.

페트로그라드 봉기는 희생자를 거의 내지 않고 완료되었다. 다만 모스크바에서는 7일간의 치열한 전투 끝에 11월 16일 소비에트 권력이 확립되었다. 볼셰비키가 권력을 쟁취하기까지 전체적으로 사상자는 1,000여 명에 불과했다. 인류사에 큰 변화를 몰고 온 것치고는 믿기지 않을 만큼 작은 희생이었다.

블라디미르 레닌

블라디미르 레닌(1870~1924)은 러시아 볼가강 남쪽에 위치한 타타르 지역의 심비르스크에서 교사·장학사 아버지와 독일계 어머니 사이에서 태어났다. 얼굴은 몽골계 타타르인의 피를 이어받아 보통의 러시아인들과는 달랐다. 광대뼈가 눈에 띄게 튀어나왔고 코도 납작했다.

그가 가장 좋아했던 형 알렉산드르가 상트페테르부르크대에 재학 중이던 1887년 러시아 차르 알렉산드르 3세를 암살하려다 체포·처형된 것은 레닌의 일생에 중대한 영향을 미쳤다. 그때부터 본격적으로 마르크스주의를 연구하고 혁명에 관심을 가졌기 때문이다. 레닌은 1887년 카잔대 법대에 입학했으나 그해 12월 학생 시위 연루 혐의로 제적되었다. 이후 변호사 시험에 합격해 변호사로 활동하면서 마르크스주의에 심취했다.

1895년 파리·취리히·베를린 등을 두루 방문해 마르크스주의에 대한 이해의 폭을 넓히고 그해 9월 상트페테르부르크로 돌아와 마르크스주의를 표방한 '노동계급 해방투쟁 동맹' 결성에 참여했다. 그러나 그해 12월 체포되어 14개월간 감옥에 갇히고 3년간 시베리아에서 유배 생활을 했다. 유배지에서는 독일 사회민주당 지도자 에두아르트 베른슈타인이 제기한

블라디미르 레닌

수정자본주의를 비판하는 선언문을 발표하고, '러시아 자본주의의 발전'을 집필했다. 1900년 1월 유배 생활을 끝내고 잠시 러시아에 머물다가 그해 5월 서유럽으로 망명했다.

1900년 12월 독일 베를린에서 러시아의 대표적 마르크스주의 지도자인 게오르기 플레하노프 등과 함께 마르크스주의 최초 신문인 '이스크라'를 창간한 후 '레닌'을 필명으로 사용했다. 러시아어로 '불꽃'을 뜻하는 '이스크라'가 러시아에 밀반입되면서 레닌의 이론을 추종하는 혁명가들이 많아졌다. 트로츠키와 스탈린도 이스크라에 게재된 레닌의 글을 읽고 레닌의 지지자가 되었다.

레닌은 1902년 훗날 자신의 대표작이자 공산당 조직론의 고전으로 불리게 될 '무엇을 할 것인가'라는 팸플릿을 발표했다. 팸플릿에서 차리즘의 타도를 위한 직업적 혁명가들의 비밀스럽고 음모적인 지하 정당의 결성을 제의한 것 때문에 격렬한 논쟁을 불러일으켰다. 혁명의 객관적 조건보다 혁명가들의 주관적 의지를 중시한 레닌의 주장은 엄밀히 말하면 마르크스주의로부터의 이탈이었다. 자본주의 발달이 일정한 수준에 도달하면 자본가계급과 무산계급 사이의 모순이 폭발해 무산계급의 혁명이 반드시 일어난다고 예언한, 그래서 혁명의 객관적 조건을 중시한 마르크스의 이론과 거리가 멀었기 때문이다. 심지어 문제적 인물로 취급받기도 했다.

그런데도 레닌은 1903년 영국 런던과 벨기에 브뤼셀에서 러시아 사회민주당 제2차 대회가 열렸을 때, "당 명령에 무조건 복종할 각오가 되어 있는 열성 혁명 분자만을 당원으로 받아들여야 한다"는 주장을 굽히지 않았다. 그러자 마르크스주의 정통성을 지키는 핵심적 지도자로 자처하던 플레하노프가 "레닌의 이론은 혁명의 주체가 되어야 할 일반 대중을 무시한 음모적 엘리트들의 쿠데타를 의미할 뿐이며 만일 레닌 방식의 쿠데타가 성공해 새로운 정권이 탄생하면 그 정권은 결국 민중을 탄압하는 독재정권으로 전락할 것"이라고 반박했다. 레닌의 노선이 위에서 아래로 내려가는 엘리트형 혁명이라면 다른 다수의 노선은 아래에서 위로 올라가는 대중 중심형의 혁명이었다.

결국 레닌은 자신을 지지하는 세력만으로 소수파를 뜻하는 볼셰비키파를 만들었고 레닌의 노선에 반대하는 세력은 멘셰비키파를 형성했다. 이후 러시아 사회민주당은 다수파를 뜻하는 멘셰비키와 볼셰비키로 갈려 영원히 불화하는 사이가 되었다.

레닌의 주장은 엄밀히 말하면 마르크스주의로부터의 이탈

1914년 발발한 1차대전은 레닌의 혁명 투쟁사에서도 중요한 사건이었다. 레닌은 1916년 '제국주의론 : 자본주의의 최고 단계'라는 소책자를 발간했는데 그는 소책자에서 자본주의는 반드시 망한다는 마르크스의 과학적 이론이 왜 현실로 나타나지 않는지에 대한 해답을 추구했다. 레닌은 "서구의 자본주의가 제국주의로 변모했기에 망하지 않고 생존하고 있다"고 주장했다. 즉 자본주의 국가들이 해외에서 제국주의적 침략 정책을 써서 식민지를 확보하고 그곳을 착취해 얻은 부로써 본국 노동계급의 불만을 무마하고 있기에 노동계급이 혁명을 일으키지 않아 자본주의가 망하지 않고 생명을 유지한다는 것이다.

1917년 '2월 혁명'이 발화했을 때 레닌은 스위스 취리히에서 망명 중이었다. 어느덧 그의 나이 47세. 30여 년 동안 혁명을 위해 몸바쳐온 일생이었지만 좀처럼 희망의 빛이 보이질 않았다. 한 모임에서 "우리 같은 늙은이가 앞으로 혁명의 결정적인 전장을 보는 것은 아마 불가능할 것"이라고 말할 정도로 혁명에 대한 열정도 식어가고 있었다. 이 때문에 레닌은 1917년 2월 혁명 소식을 들었을 때도 실감하지 못했다. 러시아에서 큰 사건이 일어난 것은 분명한데 1905년처럼 좌절한 폭동인지 아니면 진짜 혁명인지를 분간할 수 없었다. 그래도 레닌은 귀국을 감행해 저 유명한 '4월 테제'를 발표했다.

레닌은 1917년 러시아혁명을 성공시켰으니 한시름 놓아야 했으나 현실은 그렇게 한가롭지 않았다. 무엇보다 볼셰비키 정부를 안착시켜야 했는데 그러려면 전쟁에서 빠져나와야 했다. 그 결과물이 1918년 3월 독일과 정전을 약속한 '브레스트 리토프스크 조약'이었다.

레닌의 건강을 결정적으로 빼앗아간 것은 1918년 9월에 일어난 레닌의 암살 기도였다. 레닌은 정치적 반대자가 쏜 총탄을 몸에 지니고 있다가 4년 후 제거해 건강을 해쳤다. 게다가 극도로 긴장해야 하는 오랜 혁명 활동과 그에 따른 과로는 1921년 중반부터 격심한 두통을 불러왔다. 1922년 5월 일어난 첫 발작은 정상적 활동이 불가능할 정도로 고통스러웠지만 공산주의가 뿌리내릴 때까지 일에서 손을 뗄 수 없었다. 1923년 3월 발병한 3번째 정신착란은 레닌을 사실상 식물인간으로 만들었다.

결국 레닌은 1924년 1월 21일, 모스크바 근교 고리키 별장에서 4번째 뇌졸중 발작을 일으켜 54세로 눈을 감았다. 시신은 미망인의 반대에도 불구하고 스탈린의 지시에 따라 방부 처리되어 모스크바 붉은광장 지하 영묘에 안치되었다. 레닌을 신격화할수록 자신의 위치도 탄탄해질 것이라는 스탈린의 계산이었다.

카를 마르크스와 프리드리히 엥겔스

인류 역사상 카를 마르크스(1818~1883)만큼 세상을 뒤흔들어 놓은 인물은 없었다. 그는 20세기 내내 한편에서는 두려움과 비난의 표적이었고 다른 한편에서는 선망과 찬사의 대상이었다. 마르크스는 독일(프로이센) 남부 라인란트 지역에 자리 잡은 트리어에서 변호사의 아들로 태어났다. 가계 혈통상 유대인이었지만 기독교로 개종한 아버지의 자유주의적인 영향을 받아 개방적인 어린 시절을 보냈다.

카를 마르크스

변호사였던 아버지의 영향을 받아 1835년 본대 법대에 입학한 후에는 낭만적인 시들을 쓰고 무도회에 나가고 싸움질에 끼어드는 자유분방한 생활을 했다. 그러다가 1836년 베를린대로 옮긴 뒤에는 전공인 법학보다 철학에 심취하고 청년헤겔학파와 어울리면서 급진적인 사상에 빠져들었다. 이로 인해 1841년 4월 예나대에서 박사학위를 받았으나 프로이센 정부의 반대로 교수의 꿈을 펼치지 못하고 뜨거운 심장이 원하는 대로 몸을 맡겨야 했다. 그러나 그것은 망명과 가난, 그리고 병으로 얼룩진 인생의 시작이었다.

마르크스는 1842년 가을부터 그해 1월 쾰른에서 창간된 반정부 기관지 '라인신문'의 편집장으로 활동하며 당대의 정치·사회적 쟁점을 날카로운 필치로 분석하고 비판했다. 그 무렵 독일의 철학자 루트비히 포이어바흐의 '헤겔 철학 비판'과 '기독교의 본질' 등을 읽었는데 포이어바흐는 헤겔 철학을 관념론으로 규정하며 역사의 원동력은 물질적 조건의 총합이라고 해석했다. 마르크스는 포이어바흐의 이 유물론적 철학을 수용하는 데서 새롭게 출발했다. 라인신문이 프로이센 왕정 체제를 집중적으로 공격한 것이 문제가 되어 마르크스는 1843년 3월 신문사를 떠나고 신문은 3월 말 강제 폐간되었다.

마르크스는 1843년 6월, 귀족 출신 예니 폰 베스트팔렌과 결혼하고 그해 10월 파리로 이주해 한동안 행복한 시간을 보냈다. 1844년 2월 독일의

프리드리히 엥겔스

저널리스트인 아르놀트 루게와 공동으로 파리에서 '독불연보' 잡지 첫 호를 발행했으나 첫 호부터 압수되어 더 이상 발행하지 못했다. 마르크스는 첫 호에 기고한 '헤겔 법철학 비판'에서 헤겔을 비판하면서 프롤레타리아 계급이 사회 변화의 주도 세력이라고 언급했다.

마르크스는 파리에서 애덤 스미스, 데이비드 리카도 등 여러 사상가들과 교류했다. 그중에는 무정부주의를 추구한 러시아의 미하일 바쿠닌과 프랑스의 피에르 프루동도 있었다. 마르크스는 파리에서 1844년 '경제학·철학 원고'를 집필했으나 이것은 출판되지 않고 있다가 러시아혁명이 성공한 후인 1920년대에 출간되었다.

마르크스가 프리드리히 엥겔스(1820~1895)를 만나 결속을 다짐한 것도 1844년 8월 파리의 한 카페에서였다. 둘은 1842년 11월 라인신문 편집실에서도 만난 적이 있었지만 그때의 만남은 일회적이었다.

마르크스는 '해', 엥겔스는 '달'로 비교되어

엥겔스는 프로이센 라인란트 지방 바르멘에서 방직공장을 운영하는 산업자본가의 아들로 태어났다. 아버지는 엥겔스가 고교 시절 문학에 심취하자 아들을 학교에서 자퇴시킨 뒤 자신의 방직공장 경영 수업을 받게 했다. 엥겔스는 1841년 군에 입대해 베를린에서 군 생활을 하면서 베를린대를 드나들며 알게 된 청년헤겔학파를 통해 반체제 철학에 눈을 떴다.

아들의 일탈을 걱정스럽게 바라보던 아버지는 군사훈련을 마친 엥겔스를 1842년 영국 맨체스터에 있는 자신의 방직공장으로 보냈다. 그러나 엥겔스는 이미 열렬한 공산주의자로 변해 있었다. 그리고 마르크스를 만나

의기투합하고 평생의 동지가 되었다.

엥겔스의 헌신과 경제적 도움이 없었더라면 마르크스는 그 엄청난 이론적 업적을 남기지 못했을 것이고 마르크스가 없었더라면 엥겔스는 한 세기를 휩쓴 정치 운동의 상징 가운데 한 사람이 되지 못했을 것이다. 더구나 20세기 혁명사에 길이 빛나는 수많은 논문과 팸플릿 등 각종 저작에 두 사람의 이름이 함께 올라 있다는 점에서도 둘은 떼려야 뗄 수 없는 특수한 관계였다.

그런데도 오늘날 마르크스는 '해'로, 엥겔스는 '달'로 비교되거나 엥겔스는 마르크스의 그림자로 인식되고 있다. 그것은 마르크스가 20세기 인류사에 엄청난 영향을 미친 방대한 규모의 '자본'을 저술·기초하고 국제공산주의 운동의 사상적 지도자로 활동했기 때문이다.

마르크스는 1845년 2월 프랑스에서 추방되어 벨기에 브뤼셀로 이주했다. 영국으로 잠시 돌아갔던 엥겔스는 당대 산업화의 정점이자 세계 최대 공업도시였던 맨체스터에서 겪은 경험을 토대로 1845년 '영국 노동계급의 실태'를 집필한 뒤 브뤼셀로 가 마르크스와 합류했다. 두 사람은 공동으로 '신성가족'(1845), '독일 이데올로기'(1845~1846)를 집필했는데 처음으로 유물사관이 제시되었다. 마르크스는 1847년 6월 런던에서 결성된 최초의 국제공산주의 비밀결사인 '공산주의자 동맹'에서 사상적 지도자로 활동했다. 이 동맹의 목적을 선명히 밝힌 문서가 저 유명한 '공산당 선언'이다.

'공산당 선언'은 1847년 11월에 개최된 공산주의자동맹 2차 대회 후 이 조직의 강령으로 작성되어 1848년 2월 런던에서 발표되었다. "하나의 유령이 지금 유럽을 배회하고 있다. 공산주의라는 유령이…"로 시작하는 선언문은 "프롤레타리아들이여, 그대들이 잃을 것은 쇠사슬뿐이고 얻을 것은 세상이다. 만국의 노동자여 단결하라"로 끝을 맺었다. '공산당 선언'은 점차 지구상에 존재하는 거의 모든 나라의 언어로 번역 출판되었고 그것이 출판된 나라마다 맹렬한 추종자가 생겨 19세기 말~20세기 초는 그가 뿌린 혁명의 씨앗으로 전 세계가 피로 얼룩지게 되었다.

"하나의 유령이 지금 유럽을 배회하고 있다. 공산주의라는 유령이…"

마르크스는 '공산당 선언' 발표 후 또다시 문제 인물로 낙인찍혀 벨기에에서 추방되자 독일로 돌아와 엥겔스와 함께 '신라인신문'을 창간하고 '임금, 노동, 자본'을 비롯해 수많은 논문을 썼다. 결국 또다시 요시찰 제1호로 지목되어 신문은 폐간되고 마르크스는 1849년 6월 추방되었다. 엥겔스 역시 체포령을 피해 영국 런던으로 돌아갔다.

1849년 8월 마르크스 가족이 런던으로 망명했을 때 엥겔스는 영국 맨체스터 공장의 공장주로 있었다. 엥겔스는 영국에서 낮에는 자본가로 일하면서 밤에는 자본가들의 노동 착취를 비판하는 혁명가라는 모순되고 이중적인 생활을 했다. 가슴속에서는 혁명을 향한 열정이 활활 타오르면서도 부르주아답게 상류층의 스포츠인 여우 사냥을 다니고 최고급 포도주를 즐겨 마셨으며 매력적인 여성들과 유흥을 즐겼다. 엥겔스는 이런 이중생활이 싫었으나 당장에 돈이 필요했기 때문에 공장주를 포기하지는 않았다.

마르크스는 엥겔스에게 끊임없이 생활비를 달라고 손을 내밀었다. 엥겔스는 공장을 운영하며 벌어들인 수입으로 마르크스 일가의 생계를 책임졌다. 게다가 엥겔스가 자신의 공장과 악명 높은 공업도시 맨체스터에서 건져 올린 자본주의 생산양식에 대한 생생한 관찰과 통계는 마르크스가 이후 '자본'을 집필하는 데 귀중한 자료로 인용되었다. 자본주의의 맨얼굴을 그대로 들여다본 자본가로서의 경험과 공장 생활, 빈민가 체험, 무장봉기 참여 등 엥겔스의 다양한 이력 역시 '자본'에 녹아들어갔다.

마르크스는 1850년 가을부터 거의 매일 대영박물관 도서관을 드나들며 경제·역사·정치·민족학·인류학 등 광범위한 분야의 책과 자료를 통독하며 연구와 집필에 몰두했다. '자본'의 설계도 격인 '정치경제학 비판'(1859)은 물론이고 1867년 4월 제1권이 출간된 마르크스의 최고 역작 '자본' 역시 그 성과물이었다.

마르크스는 집필에 몰두하면서도 1864년 런던에서 조직된 국제공산주의 단체인 '제1인터내셔널'의 서기장으로 선출되는 등 '만국의 프롤레타리아 단결'을 위해 동분서주했다. '자본' 제1권은 난해함 때문에 발간 초기에는 별 호응이 없었으나 점차 진가를 인정받아 현실 사회주의 국가가 수립된 20세기에는 '성전'으로 격상되었다.

1850년대 가난에 찌든 마르크스의 유일한 수입원은 1851년부터 10년 동안 계속된 '뉴욕 데일리 트리뷴'의 유럽 통신원 원고료였다. 엥겔스도 부친의 맨체스터 공장주로 활동하며 벌어들인 수입으로 마르크스를 지원했다. 그러나 그것만으로는 충분치 않아 마르크스 가족들은 늘 궁핍하게 살았다. 게다가 마르크스가 낭비벽이 심하고 경제적으로는 무능했기 때문에 1850~1860년대에 마르크스 가족이 겪어야 했던 고통은 상상을 초월했다. 영양실조와 열악한 환경으로 6명의 자녀 중 2명은 태어난 지 1년 만에 죽고 1명은 8살에 죽었다. 게다가 마르크스마저 병마의 구렁텅이에서 헤어나오지 못했다. 고리대금업자의 빚에도 쪼들리게 되자 '자본'은 그들을 향한 증오들로 가득했다.

두려움과 비난의 표적이자 선망과 찬사의 대상

마르크스 가족은 빈곤과 망명 생활이 주는 고통에 시달리기는 했지만 이것을 제외한다면 행복한 가정이었다. 마르크스는 부인 예니를 사랑으로 감싸고 보듬었으며 주말이면 아이들과 함께 산책이나 소풍을 갔다. 그러나 예니의 얼굴에서는 늘 어두운 그림자가 드리워져 있었다. 마르크스가 엥겔스의 묵인 하에 집안의 가정부와 불륜 관계를 유지하다가 급기야 1851년 아들을 낳았기 때문이다.

그러나 예니는 엥겔스와 함께 그 비밀스러운 불륜을 감추는 작업에 동참했다. 마르크스도 자신의 아들임을 공개하지 않았다. 결국 아이는 다른 집에 맡겨져 엥겔스의 아들로 입적되었다. 아들의 존재는 1895년 엥겔스가 죽기 전 이 사실을 공개하면서 세상에 알려졌다.

엥겔스는 아일랜드 노동자 계급 출신 여성과 20여 년간 동거했을 뿐 결혼은 하지 않았다. 그 여성이 죽은 뒤에는 그녀의 여동생과 다시 15년을 살았다. 스트레스와 건강 악화에 시달리던 엥겔스는 1869년 마침내 그 '지긋지긋한 장사'를 그만두고 1870년 마르크스의 집 근처로 이사해 마르크스가 쓴 강령을 집행하는 실무자로 나섰다.

마르크스는 생애 마지막 10년 동안 건강이 더욱 악화되어 지속적으로 집필을 하지 못했다. 1881년 12월 부인 예니가 먼저 세상을 떠나 건강이 급속도로 악화된 가운데 1883년 1월 초에는 큰딸 예니(어머니와 동명)마저 병으로 죽어 마르크스는 또다시 큰 충격에 빠졌다. 1883년 3월 14일에는 마르크스마저 폐렴으로 숨져 런던의 하이게이트 공동묘지에 묻혔다.

엥겔스의 독자적인 삶은 1883년 3월 마르크스가 죽고 난 뒤 열렸다. 하지만 그 삶도 마르크스의 사상을 전파하고 굳게 뿌리내리게 하는 데 바쳐졌다. 엥겔스는 사회주의·공산주의 조직을 건설·강화하고 전략·전술을 고안해 막후에서 조종하는 데 몰두하면서도 마르크스가 초고 상태로 남기고 간 '자본'의 원고들을 정리해 제2권(1885), 제3권(1894)으로 출간했다.

1889년에는 유럽의 사회주의 운동 분파를 아울러 새로운 국제노동자협회(제2인터내셔널)를 결성했으며 1890년대 들어서는 대중민주주의 시대에 걸맞게 독일 사회민주당의 의회주의 전략을 적극 지지했다. 1895년 8월

6일 숨졌을 때는 마르크스 옆에 눕는 대신 화장해 바다에 뿌려지도록 했다. 마르크스의 권위와 영광을 가리고 싶지 않았던 것이다.

무제한 잠수함 작전, 치머만 전보, 미국의 참전

독일은 U보트 공격의 잇따른 성공에 고무되어 무제한 잠수함 작전을 선언했다.

1차대전이 발발한 후 영국이 독일을 상대로 해상봉쇄를 취하면서 독일의 모든 선박은 발트해와 북해에 발이 묶였다. 독일은 위기 국면을 타개하기 위해 'U보트'로 불린 잠수함을 총동원했다. 개전 당시 독일이 보유하고 있는 U보트는 29척에 불과했으나 전과는 혁혁했다. 1914년 9월 5일 259명의 승조원을 태운 영국의 순양함 '패스파인더'를 침몰시키고 9월 22일 영국 순양함 3척을 연달아 격침해 2,200여 명의 승조원 중 1,459명을 수장했다. 당시 영국 해군 참모총장인 피셔 제독은 "넬슨 제독이 평생 전투로 희생시켰던 병사보다 더 많은 병사가 하루 만에 죽었다"며 탄식했다.

독일은 U보트 공격의 잇따른 성공에 고무되어 1915년 2월 영국 근해 전체를 전쟁 지역으로 선포하고 이른바 무제한 잠수함 작전을 선언했다. 영국 국적 선박은 물론 제3국 선박도 영국으로 전쟁 물자를 수송한다고 간주해 격침하겠다는 선언이었다.

독일은 1915년 한 해에만 74만 여t의 선박을 격침했다. 영국의 호화 여객선 '루시타니아호'(3만 2,000t)도 그해에 격침되었다. 독일의 U보트는 1,959명의 승객과 승무원을 태우고 미국 뉴욕을 출발해 영국 리버풀을 향해 가던 루시타니아호를 향해 1915년 5월 7일 아일랜드 근해에서 2발의 어뢰를 발사해 128명의 미국인을 포함한 민간인 1,198명을 숨지게 했다. 루시타니아호는 바닷속으로 가라앉았다.

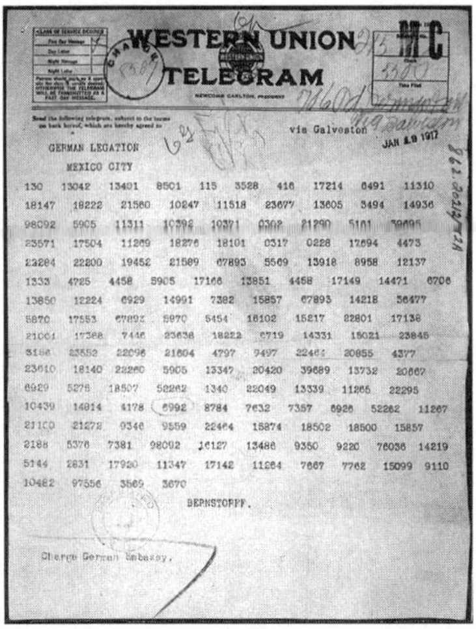
WESTERN UNION TELEGRAM

NEWCOMB CARLTON, PRESIDENT

via Galveston

JAN 19 1917

GERMAN LEGATION

MEXICO CITY

130 13042 13401 8501 115 3528 416 17214 6491 11310
18147 18222 21560 10247 11518 23677 13605 3494 14936
98092 5905 11311 10392 10371 0302 21290 5161 39695
23571 17504 11269 18276 18101 0317 0228 17694 4473
22284 22200 19452 21589 67893 5569 13918 8958 12137
1333 4725 4458 5905 17166 13851 4458 17149 14471 6706
13850 12224 6929 14991 7382 15857 67893 14218 36477
5870 17553 67893 5870 5454 16102 15217 22801 17138
21001 17388 7446 23638 18222 6719 14331 15021 23845
3156 23552 22096 21604 4797 9497 22464 20855 4377
23610 18140 22260 5905 13347 20420 39689 13732 20667
6929 5275 18507 52262 1340 22049 13339 11265 22295
10439 14814 4178 6992 8784 7632 7357 6926 52262 11267
21100 21272 9346 9559 22464 15874 18502 18500 15857
2188 5376 7381 98092 16127 13486 9350 9220 76036 14219
5144 2831 17920 11347 17142 11264 7667 7762 15099 9110
10482 97556 3569 3670

BERNSTORFF.

Charge German Embassy.

미국 워싱턴 주재 독일 대사가 멕시코 주재 독일 대사에게 1월 19일 보낸 치머만 전보

격분한 우드로 윌슨 미국 대통령이 "공격을 즉각 중단하지 않으면 미국도 참전하겠다"며 독일에 경고하자 독일은 미국의 참전을 우려해 1915년 9월 U보트에 의한 무차별 공격 중단을 선언하고 다시 종래 방식대로 해상 공격을 전개했다.

당시 윌슨 대통령은 1차대전 발발 이래 3국 협상(영국·프랑스·러시아) 측의 참전 호소에도 불구하고 "유럽 전쟁은 미국과는 아무런 관계가 없는 전쟁이고 그 원인도 우리와는 상관 없는 것"이라며 참전을 거부하고 중립 정책을 견지하고 있었다. 미국만 참전하면 전쟁은 당연히 3국 협상 측에 유리했으나 윌슨은 오히려 전쟁 당사국들에게 강화조약을 맺으라고 압력을 가했다. 독립 이래 미국 대외 정책의 기본 원칙이었던 고립주의의 연장선이기도 했지만 윌슨 개인의 이상주의적 경향도 작용했다.

그러면서도 미국은 순수한 무역 거래라는 미명 아래 3국 협상 측에 막대한 양의 전쟁 물자를 팔아 실리를 챙겼다. 반면 소비 식량의 20%를 수입에 의존하는 독일은 무제한 잠수함 작전 포기 후 강화된 영국의 해상봉쇄로 최소 수십만 명이 질병과 굶주림으로 죽었다.

영국의 항복 끌어내기 위해 무제한 잠수함 작전 전개

결국 독일은 1917년 1월 불리한 전황 타개를 위해 무제한 잠수함 작전 카드를 다시 꺼내 들었다. 전쟁 지역에서 발견되는 3국 협상 측과 중립국

의 모든 선박을 경고 없이 침몰시키면 6개월 내에 영국의 항복을 끌어낼 수 있다고 계산한 것이다. 설사 미국이 군대를 모집하고 훈련시켜 전장으로 투입한다 해도 이미 전쟁은 끝나 있을 것으로 자신했다.

바로 그럴 때 '치머만 전보 사건'이 터졌다. 사건은 1917년 1월 17일, 영국의 해군정보부가 독일에서 미국으로 발신된 전보 하나를 가로채면서 불거졌다. 암호를 풀어보니 평소와 달리 독일의 외무장관 아르투르 치머만, 주미 독일대사 요한 폰 베른스토르프 백작, 멕시코 주재 독일공사 하인리히 폰 에크하르트 등의 이름이 등장해 영국 해군정보부의 암호 해독가들을 긴장시켰다. 당시 영국은 침몰한 독일 구축함과 독일 첩보요원에게서 독일의 암호책을 확보하고 있었으나 독일은 이 사실을 전혀 눈치채지 못하고 있었다.

전보는 1월 16일 치머만 독일 외무장관이 발신한 것으로 미국 주재 독일대사를 경유해 멕시코 주재 독일공사를 최종 수신자로 했다. 전보 내용은 이랬다. "2월 1일 무제한 잠수함 작전을 시작한다. 그럼에도 미국이 계속 중립을 지키도록 해야 한다. 성공하지 못할 경우 멕시코에 다음과 같은 조건으로 동맹을 제의한다. 함께 전쟁 수행 및 평화 체결, 넉넉한 재정 지원, 멕시코가 미국에 빼앗겼던 텍사스주·뉴멕시코주·애리조나주를 회복할 때 지원. 멕시코가 일본을 설득해 일본이 3국 협상 측에서 빠져나와 하와이를 공격하도록 유도. 세부 사항은 공사가 알아서 할 것."

즉 미국이 중립을 지키지 않고 참전할 경우 멕시코가 대미전(對美戰)에 가담해 준다면 멕시코가 미국에 빼앗겼던 텍사스주·뉴멕시코주·애리조나주의 영토를 되찾는 데 독일이 지원하겠다는 내용이었다. 이것은 미국이 독일에 선전포고를 할 경우 미국을 아메리카 대륙에 묶어두겠다는 복안이었다. 주미 독일대사는 전보를 받고 1월 19일 멕시코 주재 독일공사에게 이 내용을 전송했다.

치머만 전보, 미국을 아메리카 대륙에 묶어두겠다는 복안

전보를 해독한 영국 해군정보부의 암호 해독 담당 윌리엄 레지널드 홀 제독은 전보를 두고 고민에 빠졌다. 영국이 독일의 암호를 해독했다고 눈치채지 못하게 하면서 전보를 미국에 전달하는 방법이 마땅치 않았기 때문이다. 독일이 영국의 암호 해독을 눈치챈다면 독일은 앞으로 같은 암호를 쓰지 않을 것이고 그렇다면 새로운 암호 해독을 위해 또 몇 년이 걸릴지 몰랐다. 이런 상황에서 전보 공개는 곧 암호 해독을 드러내는 것이었다.

그렇다고 전보를 공개하지 않으면 미국의 참전을 포기해야 하는 상황에 직면한다. 고민에 빠진 홀 제독은 독단적으로 전보를 공개하지 않고 자신의 금고 속에 넣어두었다. 2월 1일 시작될 독일의 잠수함 작전에 맞서 미국이 참전한다면 다행이지만 그래도 참전하지 않는다면 그때 전보를 공개할 생각이었다.

주미 독일대사는 무제한 잠수함 작전 돌입 8시간 전인 1917년 1월 31일, "2월 1일부터 무제한 잠수함 작전을 전개한다"고 미국에 정식으로 통보했다. 워싱턴은 충격에 휩싸였으나 윌슨 대통령은 여전히 "어느 쪽도 승리하는 것을 원치 않는다"며 중립을 고집했다. 이처럼 미국의 참전 의사가 분명하지 않았는데도 치머만은 만일을 위해 2월 5일 멕시코 주재 독일공사에게 "지금 멕시코에 동맹을 제안하라"고 전보를 보냈다. 홀 제독은 이 전보도 가로챘다.

홀 제독은 윌슨이 여전히 전쟁에 개입할 의사가 없음을 알고 전보를 미국에 전달하기로 했다. 미국이 참전하지 않으면 영국은 악화하고 있는 전황에서 도저히 벗어날 수 없었다. 이번에도 독일이 암호 해독을 눈치채지 못하게 하는 것이 숙제였다. 홀 제독은 주미 독일대사가 미국에서 멕시코로 보낸 전보를 확보해 이것을 미국에 전달하면 영국이 중간에서 암호를 가로챈 사실을 독일이 눈치채지 못할 것이라고 생각했다. 다행히 멕시코 내 영국 요원이 미국에서 멕시코로 보낸 전보를 확보하는 데 성공했다.

홀 제독은 멕시코에서 가로챈 전보를 2월 19일 아서 밸푸어 영국 외무장관에게 보고했다. 전보는 2월 23일 영국 주재 미국 대사를 거쳐 24일 워싱턴으로 보내졌다. 전보를 받아든 윌슨은 미국의 뒤통수를 때리는 이런 전보를 보내놓고 겉으로는 평화공세를 취해온 독일의 기만 행위에 분노했다. 전보 내용은 3월 1일자 각 신문을 통해 세상에 알려졌다. 그런데도 독일의 치머만은 미국 정부가 전모를 알고 있을 것으로 지레 짐작하고 자신이 전보를 보냈음을 시인하는 기자회견을 했다.

미국의 참전은 20세기를 '미국의 세기'로 만들어

모든 게 사실로 밝혀져 미국인 가운데 4분의 3이 참전을 지지하고 있을 때 3월 18일 3척의 미국 선박이 경고 없이 독일의 U보트의 공격에 또다시 침몰하는 사건이 벌어짐으로써 미국의 참전은 기정사실화되었다. 윌슨은 의회에 나가 "민주주의 수호와 세계의 항구적인 평화를 위해 미국의 참전이 불가피하고 이 전쟁이 지구상의 모든 전쟁을 종식시키는 최후의 전쟁이 될 것"이라고 역설하며 참전 승인을 요청했다. 의회는 1917년 4월 6일 하원 373 대 50, 상원 82대 6의 압도적 다수로 윌슨의 대독 참전 결의안을 승인했다. 이로써 미국은 1차대전에 발을 들여놓게 되었고 바야흐로 진짜 세계대전이 시작되었다.

그러나 미 지상부대의 유럽 전선 투입은 지연되었다. 전쟁을 선포했을 때 미 육군의 보유 병력이 19만 명에 불과한 데다 신병을 선발하고 훈련시키는 데만 최소한 6개월이 걸리고 그들을 유럽으로 보내는 데도 1개월이 걸렸기 때문이다. 6월 중순경 180여 명의 선발대가 프랑스 파리에 도착했으나 전선에 투입되지 않고 훈련만을 반복해 프랑스인들의 비난이 쏟아졌다. 연말쯤에 가서야 17만여 명이 유럽에 파견되어 비로소 미군은 제대로 된 진용을 갖췄다. 미국은 전쟁 기간 200만여 명의 병력을 유럽 전선에 파견, 이 가운데 5만여 명이 전사하고 20만여 명이 부상했다.

미국의 참전에도 불구하고 초기 진황은 독일에 유리하게 선개되었다. 그러나 미국 경제가 전시체제로 전환된 1918년에 이르러 전세는 역전되었고 1918년 9월 독일이 최후의 방어선으로 설정한 힌덴부르크 방어선마저 무너지면서 결국 1차대전은 3국 협상 측의 승리로 끝났다. 그때까지 독일은 975척의 U보트를 건조해 총1,482만t의 상선을 침몰시켰다.

참전은 20세기를 '미국의 세기'로 만들었고 미국의 위상을 획기적으로 끌어올렸다. 116억 달러의 전쟁 채권을 포함해 1920년 말에는 270억 달러의 해외 자본을 갖게 되어 세계 최대의 채권국이 되었다. 19세기 말 연평균 12억 달러였던 수출도 1차대전 중에는 연평균 65억 달러를 웃돌았으며 전후에도 47억 달러 이상의 활황을 유지했다. 전쟁 전 19억 달러에 못 미쳤던 금 보유량도 전후 몇 년 사이에 46억 달러로 늘어나 전 세계 금 보유량의 절반 가까이를 차지했다. 바야흐로 미국의 세기가 시작된 것이다.

마르셀 뒤샹, 미술 전시회에 '소변기' 출품

뒤샹이 평생 선정한 레디메이드는 '샘'을 포함해 대략 20여 개가 된다.

1917년 4월 10일 미국의 독립미술가협회가 주최하는 첫 전시회가 뉴욕의 그랜드 센트럴 팰리스 전시장에서 개막했다. 독립미술가협회는 관습에 얽매이지 않고 진보적인 생각을 가진 젊은이들의 집단으로 현대미술에 보수적이고 경직된 태도를 보이는 국립디자인아카데미와 정반대의 입장을 취했다. 따라서 개최 사실만으로도 미국의 기존 예술에 도전장을 내민 것이나 마찬가지였다. 전시회는 누구든 6달러만 내면 무심사로 출품할 수 있었기 때문인지 1,200여 명의 예술가들이 2,100여 점을 출품해 대성황을 이뤘다.

마르셀 뒤샹

협회 이사이자 조직위원이기도 한 마르셀 뒤샹(1887~1968)도 배관 업체에서 남성용 소변기를 구입해, 제조업자의 이름 리처드 머트에서 딴 'R.Mutt 1917'이라고 소변기에 적어 넣고 개막 이틀 전 '샘(fountain)'이라는 제목으로 출품했다.

'머트(R.Mutt)'가 뒤샹이라는 사실을 알 리 없는 주최 측은 소변기가 출품된 것에 당황하며 전시 여부를 두고 갑론을박했다. 위원 자격으로 회의에 참석한 뒤샹은 자신이 작가임을 감춘 채 출품비를 낸 예술가는 작품을 전시할 권리가 있다며 전시를 주장했다. 하지만 다수가 소변기를 미술품으로 볼 수 없다고 결론을 내려 소변기 전시는 물거품이 되었다.

뒤샹은 이 결정에 항의하는 뜻으로 협회 위원직을 사임하고, '맹인'지 1917년 5월호에 실린 '미국인에게 보내는 공개장'이라는 글을 통해 위원들의 무지를 질타했다. "혹자는 그것이 부도덕하고 상스럽다고 말하지만 머트의 작품은 부도덕하지 않다. 머트가 그것을 자기 손으로 제작했는가 여부는 중요하지 않다.… 그는 이 소재의 새로운 개념을 창출해냈다"며 "미국의 문화라는 것이 변기와 교량밖에 없지 않는가"라고 신랄하게 비판했다.

뒤샹의 소변기가 함축한 것은 '예술은 더 이상 풍경이나 인물을 손으로 재현하는 테크닉이 아니다'라는 메시지였다. 즉 '예술가의 선택'도 예술의 범주에 속한다는 새로운 해석이었다. '제작'으로만이 아니라 작가의 '선택'

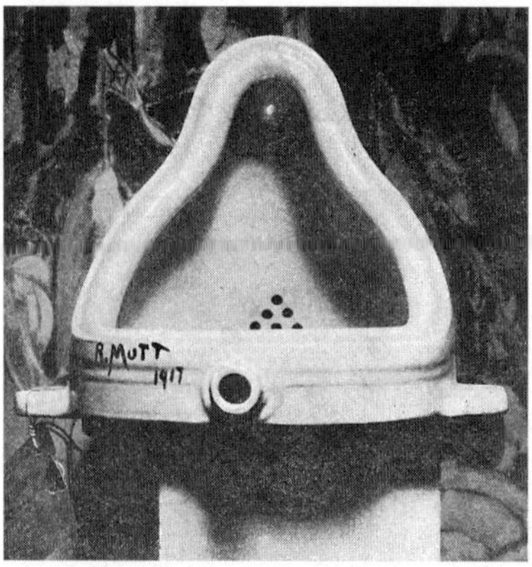

마르셀 뒤샹의 '샘(fountain)'(1917년 촬영)

만으로도 예술작품이 될 수 있다는 뒤샹의 시도는 이전 사고를 향한 도발이었고 회화의 관습에 대한 조롱이었다.

'샘'은 결국 전시에 실패하고 뒤샹도 모르게 어디론가 사라졌지만 다행히 미국의 유명 사진작가인 앨프리드 스티글리츠가 소변기의 사진을 찍어 놓은 덕분에 뒤샹은 나중에 그 사진을 보고 다시 '샘'의 복제품을 만들 수 있었다. 그런데 이 복제품 역시 행방불명되었다. 현재 전 세계 컬렉션 중 뒤샹의 서명이 새겨진 '샘'은 모두 15점으로 알려져 있다.

이전 사고를 향한 도발이었고 회화의 관습에 대한 조롱

뒤샹은 프랑스 노르망디의 작은 마을 블랭빌에서 태어났다. 1904년 10월 파리로 이주해 수련기를 거친 뒤 '계단을 내려가는 누드 No.2'를 그려 1912년 9월 입체파들이 중심이 된 파리의 '앙데팡당전'에 출품했다. 그러나 그림은 주최 측에 의해 거부되었다. 그림 소재가 누드인 데다, 기계문명이 가져온 도시의 약동감과 속도감을 새로운 미로 표현하려는 미래주의 그림으로 읽힐 수 있다는 이유에서였다.

그러자 뒤샹은 미국으로 건너가 1913년 2월 17일 뉴욕에서 개막된 아모리쇼에 파리에서 거절당한 그림을 또다시 출품했다. 아모리쇼는 유럽의 아방가르드 미술과 미국의 현대미술을 소개하는 대규모 전시회였는데 30만 명의 관객이 몰려들 정도로 인기가 높았다. 총 1,600여 점의 전시품 중에는 폴 세잔, 앙리 마티스, 파블로 피카소 등 유명 예술가들의 작품도 전시되었지만 그중에서도 단연 화제를 불러일으킨 것은 뒤샹의 그림이었다. 관객이 도발적인 그의 작품을 보기 위해 장사진을 쳤으나 전문가들로부터는 악평과 호평이 교차했다.

뒤샹은 이후 사실상 그림 그리기를 중단하고 새로운 미술 양식에 몰두하다가 공장에서 대량생산되는 '레디메이드' 즉 기성품을 예술로 끌어들이는 데 골몰했다. 미술사상 처음으로 제기된 레디메이드의 등장은 '미술품이란 무엇인가'하는 본질적인 질문이었다. 레디메이드는 2,000년 이상 당연한 것으로 받아들여지고 있던 미술의 오랜 전통을 무시하고 반기를 들었다는 데 그 의미가 있었다.

사실 뒤샹은 미국으로 건너오기 전에 자전거 바퀴를 원형 철제 의자에 붙인 '자전거 바퀴'를 제작한 바 있다. 이 '자전거 바퀴'를 '20세기의 첫 레디메이드' 작품이라고 주장하는 이들도 있으나 사람들에게 보여주려고 제작한 것이 아니므로 "첫 레디메이드가 아니다"라는 반론에 더 힘이 실리고 있다.

1915년에는 눈을 치우는 눈삽의 손잡이를 천장에 매단 '부러진 팔 앞에서' 제목의 작품도 만들었는데 눈삽에 '마르셀 뒤샹'이라고 이름을 쓰고 그 뒤에는 '작(作·by)' 대신 '산(産·from)'이라고 적어놓음으로써 만든 것이 아닌 생각해낸 아이디어가 곧 작품이 된다는 사실을 분명히 했다.

뒤샹이 평생 선정한 레디메이드는 '샘'을 포함해 대략 20여 개가 된다. 이 작품들은 모두 뒤샹의 손을 거쳐 애초 갖고 있던 기능과는 상관없는 순수한 오브제로 새롭게 탄생했다. 그런데 오늘날 대부분의 레디메이드는 사라지고 없다. '샘'조차도 파손되어 없으나 당시 찍어놓은 사진을 토대로 만든 '복제품'만이 남아 있다.

"미국의 문화라는 것이 변기와 교량밖에 없지 않는가"

뒤샹이 프랑스를 떠나 다시 뉴욕으로 갔던 1915년 6월경, 뉴욕에는 이미 다다이즘을 일으킬 만한 토대가 마련되어 있었다. 뒤샹이 주도한 '뉴욕 다다'는 1916년 시작된 '취리히 다다'의 예술가들처럼 선언문을 발표하거나 조직적으로 행동하지는 않았지만 1923년까지 지속되었다. 뒤샹은 1917년 4월 '샘'의 출품을 거부당한 뒤 미술에 흥미를 잃고 1918년 아르헨티나의 부에노스아이레스로 갔다가 1919년 6월 파리를 거쳐 그해 12월 말 다시 뉴욕으로 돌아갔다.

뒤샹은 파리에 체류하던 어느 날, 레오나르도 다빈치의 '모나리자'를 인쇄한 싸구려 그림엽서를 한 장 사, 모나리자의 얼굴에 수염을 그려넣고 아래에는 대문자로 'L. H. O. O. Q.'라고 적어 넣었다. 프랑스어로 발음하면 '그 여자는 뜨거운 엉덩이를 가졌다'라는 뜻으로, 뒤샹이 르네상스 대가의 작품에 감히 수염을 그려 넣고 지독한 농담을 보탠 것 자체가 극도의 다다적인 행위였다.

1923년 뒤샹은 1915년부터 작업해 온 '큰 유리'를 완성했는데 초현실주의를 이끌던 앙드레 브르통은 이 작품을 보고 "논리성과 비논리성이 가장 완벽하게 조화를 이룬, 20세기 미술작품 중 가장 위대한 작품"이라고 평가했다.

뒤샹은 1923년 이후 예술가로서의 표면적인 활동을 중단하고 체스에 몰입했다. 체스는 뒤샹의 무관심적 자유를 실천에 옮기는 또 다른 방식이었다. 그는 프랑스어 교습으로 근근이 생활을 유지하면서 체스로 지적 에너지를 소모했다. 극장이나 레스토랑에 가는 대신 체스 클럽을 좋아했고 지속적으로 체스 경연대회에 참가했다. 세계체스선수권대회에서 우승하기도 했다.

뒤샹은 차갑고 이지적인 사람이었다. 어떤 것에도 빠져들지 않기 위해 최대한 몸을 사렸다. 일이 생기면 그 일에 관여하지 않고 관망하는 태도로 일관했다. 그런 까닭에 예술에도 체스에도 그리고 사랑에도 모든 존재를 걸지는 않았다.

뒤샹에 대한 평가는 당대는 물론 1950년대 후반까지도 아방가르드 예술가들에게서만 호평을 받았을 뿐 제도권 비평가들로부터는 괴짜이거나 실패한 예술가 혹은 "현대미술사에서 가장 과대평가되고 있는 인물"이라는 혹평을 받았다. 그에 대한 평가가 달라지기 시작한 것은 1968년 10월 2일 세상을 떠난 후였다. 프랑스의 예술가들은 여전히 칭찬에 인색했지만 미국의 예술가들은 뒤샹을 전설의 예술가로 추앙했다. 그의 등장이 프랑스의 미술에 비해 자신들이 열등하다고 생각해온 미국 예술가들에게 확실한 이정표가 되었기 때문이다.

영국의 '맥마흔 선언'과 '밸푸어 선언'

결과적으로 그들이 한 일은 화약고를 관리하는 게 아니라 사실상 점화에 가까웠다.

팔레스타인은 현재의 요르단과 이스라엘 그리고 요르단강 서안과 가자 지구를 포함한 지중해의 동남부 지역을 지칭한다. 현지 지명은 '팔레스티나'이지만 1차대전 후 영국이 통치하면서 영어식 표현인 '팔레스타인'으로 불리기 시작했다. 유대인들이 1,800여 년 동안 떠나 있던 이 팔레스타인 땅에 그들의 국가를 세우기 위해 '시오니즘' 운동을 본격화하면서 팔레스타인이 화약고가 되는 것은 피할 수 없는 운명이었다.

영국은 팔레스타인이 장차 화약고가 될 것이라는 사실을 아는지 모르는지 팔레스타인을 어떻게든 수중에 넣기 위해 수단과 방법을 가리지 않았다. 그러다 보니 결과적으로 그들이 한 일은 화약고를 관리하는 게 아니라 사실상 점화에 가까웠다.

팔레스타인이 수난과 고통의 땅이 된 원인(遠因)으로는 1차대전 발발 후

아서 밸푸어

오스만튀르크(터키) 제국이 독일과 맺은 동맹을 꼽을 수 있다. 이로써 오스만튀르크는 영국의 적대국이 되었고 영국은 오스만 제국이 지배하고 있는 아랍에서 오스만을 교란시킬 목적으로 아랍인들의 전쟁 참여를 유도했다. 특히 팔레스타인은 아랍인과 유대인의 이해가 첨예하게 부딪치는 곳인데도 영국은 당장의 승리를 위해 상호 모순되고 지킬 수 없는 약속을 양쪽 모두에 던졌다. 이 때문에 영국 스스로는 골머리를 앓았고 양쪽에는 피의 보복전을 안겨주었다.

영국이 먼저 손짓을 한 쪽은 아랍인이었다. 당시 이집트의 카이로 주재 영국 고등판무관 헨리 맥마흔은 1915년 초부터 1916년 초까지 사우디아라비아의 헤자즈 지역을 위임통치하고 있는 후세인 이븐 알리에게 10여 차례 보낸 편지를 통해 "아랍인들이 참전하면 전쟁이 끝난 후 팔레스타인 지역의 아랍 국가 건설을 포함해 아랍 지역의 독립을 보장해주겠다"고 약속했다. 이른바 '맥마흔 선언'이었다.

후세인 이븐 알리가 영국의 제안을 받아들여 오스만 제국을 상대로 독립전쟁을 전개한 것은 1916년 6월이었다. '아라비아의 로런스'로 유명한 토머스 에드워드 로런스는 그로부터 4개월이 지난 1916년 10월 후세인을 돕기 위해 이집트 카이로에 파견되었다. 그런데 영국은 아랍 부족이 봉기하기 1개월 전인 1916년 5월, 프랑스와도 비밀협정을 체결해 놓고 있었다. 전쟁이 끝나면 영국과 프랑스 양국이 아랍 지역을 분할·통치한다는 이른바 '사이크스·피코 비밀협정'이었다. 애초부터 아랍의 독립에 관심이 없었던 것이다.

그 무렵 유대인들도 팔레스타인에 자신의 국가를 세우기 위해 다양한 활동을 펼쳤다. 가장 적극적이었던 사람은 훗날 '이스라엘 공화국 건설의 아버지'로 불리게 될 하임 바이츠만이었다. 1차대전 때 영국의 맨체스터대 교수로 재임하고 있던 그는 폭약 제조에 쓰이는 아세톤의 대량생산법을 개발함으로써 영국의 전력 향상에 큰 도움을 주었다. 이런 공로를 인정받아 영국의 고위 정치인들과 폭넓은 인맥을 형성하게 되자 기회가 닿을 때마다 팔레스타인에 유대인 국가를 세우는 것이 영국의 국익에 도움이 될 것이라며 정치인들을 설득했다.

영국으로서도 미국 내 유대인들을 통해 미국의 대독일 전쟁 참여를 유도하고, 유대인 재벌들로부터 재정적 지원을 받으려면 그들의 협조가 절실했다. 영국의 전시 내각은 1916년 10월 세계시온주의자연맹 대표이자 유럽 최대 금융재벌이던 라이어널 로스차일드와의 비밀 회동에서 전후 팔레스타인에 유대 국가 건설을 지지한다는 뜻을 밝혔다. 미국에도 특사를 파견해 유대인의 지원을 요청했다. 이런 과정을 거쳐 나온 게 1917년 11월 2일의 '밸푸어 선언'이다.

상호 모순되고 지킬 수 없는 약속을 양쪽 모두에 던져

아서 밸푸어 외무장관이 로스차일드에게 보낸 서한을 통해 알려진, 119개 단어로 된 선언 내용은 이랬다. '영국 정부는 팔레스타인에 유대 민족을 위한 고국 건설을 지지하며 이 목적이 쉽게 달성될 수 있도록 최선의 노력을 다한다….' 조항 뒷부분에 '현재 팔레스타인에 거주하고 있는 비유대인 단체의 시민적·종교적 여러 권리를 손상하지 않고, 또 다른 나라에서 유대인이 누리고 있는 여러 권리 및 정치적 지위를 손상하지 않을 것을 전제로 한다'는 조항이 있긴 하지만 밸푸어 선언은 시온주의자들 사이에 열광적인 기대를 불러일으켰다. 반면 아랍인들에게는 영국에 대해 심한 배신감을 안겨주었다.

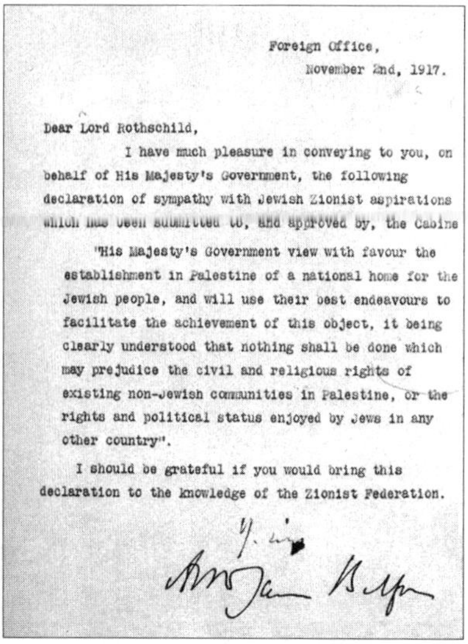

Foreign Office,
November 2nd, 1917.

Dear Lord Rothschild,

I have much pleasure in conveying to you, on behalf of His Majesty's Government, the following declaration of sympathy with Jewish Zionist aspirations which has been submitted to, and approved by, the Cabinet.

"His Majesty's Government view with favour the establishment in Palestine of a national home for the Jewish people, and will use their best endeavours to facilitate the achievement of this object, it being clearly understood that nothing shall be done which may prejudice the civil and religious rights of existing non-Jewish communities in Palestine, or the rights and political status enjoyed by Jews in any other country".

I should be grateful if you would bring this declaration to the knowledge of the Zionist Federation.

Yours,

Arthur James Balfour

아서 밸푸어 영국 외무장관이 로스차일드에게 편지로 보낸 '밸푸어 선언'(1917.11.2)

영국의 기만 정책은 여기서 끝나지 않았다. 종전 후 열린 1920년 4월의 산 레모 회의에서 팔레스타인 지역을 이라크·요르단과 함께 자국의 위임통치 지역으로 편입시킴으로써 아랍인들의 기대를 다시 한 번 무참히 짓밟은 것이다. 밸푸어 선언에 따라 유럽으로부터 팔레스타인으로 건너오는 유대인들의 이주가 현실로 나타나자 아랍인들의 분노가 극에 달했다. 그렇다고 군사 강국인 영국을 상대할 수 없어 유대인을 표적으로 삼아 분노를 터뜨렸다. 유대인들도 폭력으로 맞섰다.

당시 유대인들은 밸푸어 선언을 믿고 아랍인들의 거센 반대 속에서도 세계 곳곳에서 팔레스타인으로 속속 몰려들고 있었다. 유대인의 이주는 히틀러가 정권을 장악하고 유대인 박해를 본격적으로 시작한 1930년대 들어 급증했다. 1939년에는 유대인의 총인구가 50만 명에 달했다.

혼란 속에서 2차대전의 전운이 감돌자 영국은 아랍인들의 지원을 끌어내기 위해 20여 년 전 구사한 기만술을 또다시 꺼내 들었다. '팔레스타인에는 단일 국가만이 존재하며 유대인의 이민자 수를 향후 5년 동안 매년 1만 5,000명으로 제한하고 5년 후에는 아예 중단한다'는 이른바 '맥도널드 백서'를 1939년 5월에 발표한 것이다. 실제로 영국은 나치의 광기를 피해 팔레스타인으로 몰려드는 유대인들의 이주를 가로막았다.

이미 팔레스타인에 정착한 유대인들은 영국의 백서 정책에 격분하면서도 막상 2차대전이 발발하자 영국의 정책 변화를 유도하기 위해 대거 영국군에 가담했다. 하지만 종전 후 영국은 아랍의 손을 들어주었다. 백서 정책을 변경하지 않고 유대인들의 밀입국 러시를 저지한 것이다. 분노한 유대인들은 준군사단체인 '하가나', 사설 무장단체인 '이르군'을 중심으로 기습과 테러로 영국에 타격을 주었다. 유대인들은 팔레스타인 땅을 돌아다니며 영국군을 상대로 기습과 폭탄 공격으로 분노를 표출했다. 팔레스타인 지역은 무정부 상태로 치달았다. 1946년에는 팔레스타인 지역 영국군 최고사령부가 있는 예루살렘의 킹 데이비드 호텔을 폭파해 80여 명의 영국인을 죽음으로 내몰았다.

영국의 이중적인 태도에 회의를 품은 시오니스트들은 영국 지향적 외교에서 탈피해 미국을 새로운 후원자로 삼았다. 오늘날 유대인들은 미국 사회 요소요소에 거미줄처럼 퍼져 있다. 막후에서 행사하는 그들의 강력한 영향력으로부터 자유로울 수 있는 미국의 정치인은 드물다. 21세기에도 여전히 해결되지 않고 있는 중동 분쟁의 또 다른 이유이기도 하다.

토머스 에드워드 로런스

토머스 에드워드 로런스(1888~1935)는 영국의 웨일스에서 태어나 몽상가적 기질이 다분한 아버지의 영향을 받았다. 그러면서도 금욕주의자인 어머니를 닮아 술과 담배를 즐기지 않았고 일생 동안 여자를 멀리해 결혼도 하지 않았다.

아랍과의 인연은 옥스퍼드대 고고학과 졸업반이던 1909년 여름방학 때, 졸업논문을 작성하고 메소포타미아에서 진행 중이던 고대 히타이트 문명의 발굴을 견학하기 위해 현지를 방문하면서 이뤄졌다. 대학을 졸업한 뒤에는 대영박물관 산하 유프라테스강 상류 원정대에 참가해 1911년 초부터 1914년 여름까지 중동 지역에 머물렀다. 발굴 작업이 없을 때는 시리아, 메소포타미아, 소아시아, 그리스, 이집트 등을 홀로 다니며 중동에 대한 견문을 넓혀나갔다.

토머스 에드워드 로런스

1차대전이 한창이던 1916년 10월 영국 정부가 육군 정보장교인 로런스를 이집트 카이로에 파견한 것은 이런 그의 지식을 활용하기 위해서였다. 로런스도 평소 아랍의 독립을 돕겠다는 열정에 사로잡혀 있었다. 로런스는 이집트에서 시나이 반도의 지도를 제작하다가 얼마 지나지 않아 오늘날의 사우디아라비아 지역으로 파견되었다. 그리고 그곳의 헤자즈 지역을 지배하고 있던 후세인 이븐 알리 부족장의 아들 파이살 이븐 후세인과 함께 아랍 독립전쟁에 참여했다.

로런스가 주목을 끌었던 것은 1917년 7월 6일 홍해의 요충지이자 요르단 남부 항구도시 아카바를 점령했을 때였다. 당시 로런스는 헤자즈 지방에 위치한 내륙 도시 메디나를 고립시키기 위해 메디나와 다마스쿠스(현재 시리아의 수도)를 잇는 철도와 통신선을 파괴한 뒤 오스만튀르크군이 전혀 예상치 않은 방향으로 기습 작전을 감행했다. 50여 명의 아랍군 낙타부대를 이끌고 6주 만에 1,000㎞나 되는 사막을 가로질러 아카바의 배후를 친 것이다. '고고학자 로런스'가 '아라비아의 로런스'로 세상에 알려지는 순간이었다.

로런스는 특히 게릴라전에 능해 이후에도 79차례나 철도를 폭파하는 탁월한 전과를 거뒀다. 그러던 중 1917년 11월 아랍인의 옷을 입고 정찰 임무를 수행하다가 오스만군에게 붙잡혔다. 로런스는 온갖 고문과 폭행을 당했으나 기적적으로 탈출해 전쟁이 막바지이던 1918년 10월, 영국 부대와 합동작전을 펼쳐 다마스쿠스를 점령한 뒤 종전 바로 전에 귀국했다. 당시 그의 몸은 9군데의 총상, 33군데의 골절상, 7차례의 비행기 사고 등으로 상처투성이였다.

아라비아의 영웅이 아니라 제국주의의 영웅이라는 주장도 있어

그러나 그를 정말 괴롭힌 것은 상처가 아니라 강대국의 탐욕이었다. 1918년 11월 1차대전이 끝났을 때 승전국인 영국과 프랑스가 제국주의 탐욕을 드러냈기 때문이다. 두 나라는 1919년 1월 시작된 파리평화회의에서 아랍을 여러 지역으로 분할해 서로 자기 몫을 챙기기로 합의했다. 유대인들도 영국이 약속한 '밸푸어 선언'(1917.11) 덕에 자신들의 집단 거주지를 팔레스타인 땅에 세웠다. 이상적인 결말을 꿈꾸었던 로런스는 환멸을 느꼈다. 그는 영국 왕 조지 5세에게서 받은 훈장을 반납하면서 자신은 아랍인들에게 거짓된 희망을 불어넣었다고 괴로워했다.

당시 로런스가 '전쟁이 끝나면 영국과 프랑스 양국이 아랍 지역을 분할·통치한다'는 이른바 사이크스·피코 협정(1916.5)이 체결된 사실을 알고 아랍의 독립전쟁에 뛰어들었는지는 분명치 않다. 아랍인의 진정한 친구로 참전한 것이라는 주장도 있지만 영국의 이중적인 태도를 알고 있었을 것이라는 주장도 있다. 이 때문에 그의 아랍 지원이 오스만 제국으로부터 아랍을 독립시키는 데 도움을 준 것은 사실이지만 결과적으로는 아랍에 대한 지배권을 오스만 제국에서 영국으로 넘기는 데 일조했다는 비판이 일부에서 제기되었다. 즉 아랍이 터키의 지배를 벗어나 영국과 프랑스의 지배 아래 들어간 것이니, 결과적으로 로런스는 아라비아의 영웅이 아니라 제국주의의 영웅이라는 것이다.

로런스의 활약상이 세상에 널리 알려지게 된 것은 1918년 4월 미국의 종군기자 로웰 토머스가 아랍 전선을 시찰할 때 촬영한 로런스 관련 영상을 영화로 만들어 종전 후 개봉하면서였다. 영화는 미국과 영국에서 수년 동안 수백만 명이 볼 정도로 대성공을 거뒀고 그 덕에 로런스는 일약 아랍 민족의 해방을 이끈 전쟁 영웅으로 부상했다.

하지만 로런스는 귀국 후 철저히 은둔하는 삶을 살았다. 대령까지 진급하고도 1922년 8월 가명의 공군 일등병으로 자진 입대했다가 신분이 밝혀져 공군을 떠나야 했고, 1923년 3월에는 또 다른 가명으로 육군 전차부대에 사병으로 입대했다. 그러던 중 공군 복귀가 허락되어 10년(1925~1935)간 공군 사병으로 복무했다.

그러나 제대 후 3개월 만인 1935년 5월 12일, 오토바이를 타고 전속력으로 달리던 중 앞에서 자전거를 타고 가는 소년들을 피해 핸들을 꺾었다가 몸이 공중으로 솟구친 뒤 떨어지는 큰 사고를 당했다. 결국 5월 19일 영광과 비극의 인생에 마침표를 찍었다. 고향 교회에 묻힌 그의 관 위에는 아랍 옷을 입은 로런스의 석상이 덮였고 그곳에는 '마지막 십자군'이라는 글귀가 쓰였다.

오늘날 로런스를 유명하게 만든 것은 두 가지다. 1926년 출간된 자전적 에세이 '지혜의 일곱 기둥'과 1962년 아카데미상 7개 부문을 석권한 데이비드 린 감독의 영화 '아라비아의 로렌스'다. 특히 '지혜의 일곱 기둥'은 로런스를 진정한 친아랍 인사로 만드는 데 결정적으로 작용했다. 하지만 아랍계 미국의 문학평론가 에드워드 사이드는 그의 저서 '오리엔탈리즘'(1978)에서 "'지혜의 일곱 기둥'이야말로 제국주의의 대리인의 관점에서 쓰인 오만과 편견 덩어리"라고 혹평했다.

마타 하리 총살형

벌거벗은 몸을 드러내는 이국적인 춤과 관능적인 몸짓에 파리 사교계는 후끈 달아올랐다.

스파이 혐의로 총살형을 받고 20세기 내내 '여성 스파이의 대명사'로 불려온 마타 하리(1876~1917)는 정말 총살형까지 당할 만큼 거물 스파이였을까? 네덜란드에서 태어난 그녀의 본명은 마가레타 젤러다.

13세 때 부모가 이혼하고 2년 후 어머니가 죽어 한동안 친척집을 전전하다 수녀원 기숙학교에 들어갔다.

마타 하리

사실상 갇혀 있는 생활이 싫어 탈출을 꿈꾸고 있던 어느 날 자신보다 20세나 많은 인도차이나 주둔 네덜란드 군 장교가 신문에 낸 구혼 광고를 보고 자기 사진과 소개서를 보냈다. 그리고 19세 때인 1895년 결혼을 하고 남편의 근무지인 인도네시아 자바로 건너갔다. 네덜란드의 식민지였던 그곳에서 그녀는 남매를 낳아 키우고 틈틈이 밸리댄스를 배웠다. 그러나 남편이 술주정뱅이 난봉꾼인 데다 두 사람의 결혼 생활을 이어주던 어린 아들까지 죽자 1902년 이혼이나 다름없는 별거를 하다가 무작정 파리로 건너갔다.

먹고살 길이 막막했던 마타 하리는 프랑스 외교관의 정부가 되고 자신의 외모를 내세워 무희로 나섰다. 그녀는 흥미를 끌기 위해 인도네시아어로 '새벽의 눈동자'라는 뜻의 '마타 하리'로 이름을 바꾸고, 자바 왕족의 공주라고 꾸며내 신비감을 자아냈다. 다행히 그녀는 올리브빛 피부에 검은 머리카락, 커다란 갈색 눈의 이국적인 외모를 하고 있었다.

마타 하리는 파리 최고의 술집 물랭루주에서 아슬아슬한 의상을 입고 현란한 밸리댄스를 추었다. 대중 앞에서 옷을 벗는 일이 흔치 않던 당시에 몸을 가린 베일을 하나씩 벗다가 결국에는 벌거벗은 몸을 드러내는 이국적인 춤과 관능적인 몸짓에 파리 사교계는 후끈 달아올랐다. 마타 하리는 이탈리아 밀라노, 영국 런던, 스페인 마드리드 등 유럽의 도시들을 전

전하며 스트립 댄서 겸 고급 콜걸로 이름을 날렸다. 네덜란드 총리, 프랑스 장관, 프로이센 황태자, 스위스 백작 등 정계·재계·문화계 인사들이 줄줄이 마타 하리의 품속에서 허우적거렸다.

마타 하리 인생이 내리막길을 걷기 시작한 것은 1차대전의 전운이 감돌 무렵이었다. 나이도 한물간 30대 후반인 데다 스트립 댄서로서의 인기도 시들해져 수입이 줄어들었기 때문이다. 계속되는 사치와 낭비로 빚이 쌓여가자 마타 하리는 독일의 베를린에서 재기를 노렸다. 그때 1차대전이 발발하고 독일의 정보기관이 마타 하리를 주목했다. 그들은 마타 하리가 스파이로서 좋은 조건을 고루 갖추고 있다고 판단했다. 중립국인 네덜란드 국적이고 순회공연 명목으로 유럽 각국을 돌아다녔으며 그곳의 유력 인사들과도 친분이 있다는데 착안한 것이다.

마타 하리는 "연합군 진영의 인사들을 유혹해 군사기밀을 빼내오면 돈을 주겠다"는 독일 정보기관의 제안을 받아들였다. 수개월 동안 기초 스파이 교육을 받고 코드명을 부여받았다. 그러나 영국을 경유해 프랑스로 들어가려다가 1915년 12월 영국의 정보기관 'M15'에 체포되었다. 조사 결과 딱히 의심스러운 정보도 없고 독일에 건네주었다는 정보도 별것 아닌 것으로 확인되어 풀려났다.

"두 나라 사이에서 이용당하다 희생된 불쌍한 무용수였다"

그 무렵 마타 하리는 20세 연하의 러시아계 프랑스 청년 장교와 사랑에 빠져 있었다. 1916년 여름 이 애인이 전투 중 부상당해 프랑스 병원에 누워 있다는 소식이 들려왔다. 마타 하리가 병문안을 위해 프랑스로 입국하자 평소 마타 하리의 행적을 의심해오던 프랑스 정보기관이 그를 만나 애인을 만나게 해준다는 조건으로 스파이 행위를 요구했다. 마타 하리는 프랑스의 제안을 받아들여 이중 스파이 역할을 했다. 그런데도 1917년 2월

17일 프랑스 정보기관이 마타 하리를 체포했다. 독일군의 메시지를 가로채 해독한 결과 마타 하리가 독일의 스파이라는 사실이 밝혀졌다는 이유를 댔다.

마타 하리는 비공개 재판에서 "나는 전문적인 스파이가 결코 아니다"라고 극구 부인했으나 군사재판관은 "그녀가 빼낸 정보는 연합군 5만 명의 목숨을 잃게 할 만한 것"이라며 총살형을 선고했다. 마타 하리는 1917년 10월 15일 파리 교외에서 총살되었다. 주검은 해부용 시신으로 처리되었다.

마타 하리는 정말 총살형을 받을 만큼 거물 스파이였을까? 이에 대한 해답이 1999년 비밀 해제된 영국 정보기관의 비밀문서다. 문서에 따르면 마타 하리가 독일에 넘겨준 정보 가운데 연합군 진영에 타격을 입힐 만한 내용은 없었다. 내용도 대부분 가십 수준이었다. 프랑스에 제공한 독일 정보도 하찮은 것들이었다.

오랫동안 흘러나온 각종 정보를 종합해 추론을 확장하면 마타 하리는 1916년부터 독일·프랑스 양측 모두에 노출되었을 공산이 크다. 그런데도 독일은 독일대로 프랑스는 프랑스대로 마타 하리에게 거짓 정보를 주어 상대방을 혼란시키려고 했던 것이다. 즉 마타 하리가 양측에 정보를 제공하고 있다는 사실을 알고 있는 양국 정보기관이 마타 하리를 상대국에게 역정보를 흘리는 도구로 사용했다는 결론이다.

그런데 프랑스는 왜 갑자기 마타 하리를 붙잡아 총살형에 처한 것일까? 당시 프랑스 정보기관은 무능과 부패, 지리멸렬한 전황 때문에 국민들로부터 비판을 받고 있었다. 전선에서의 군사적 패배를 어떻게든 변명해야 할 상황에서 마타 하리 만큼 안성맞춤인 희생양은 없었다. 일단 연고가 없고 창부 출신이고 외국인이고 스파이로서는 드물게 여성이라는 점에서 대중의 관심을 집중시키는 데 마타 하리만큼 좋은 표적은 없었다.

이후 마타 하리는 각종 책과 논문으로 쓰이고 여러 편의 영화로도 만들어졌다. 그중에서도 그레타 가르보가 주연한 영화 '마타 하리'(1931)가 인기를 끌면서 마타 하리는 미모의 여간첩을 대표하는 이름이 되었다. "스파이가 아니라 두 나라 사이에서 이용당하다 희생된 불쌍한 무용수였다"는 게 오늘날 미다 하리 재단의 결론이다.

야사 하이페츠 미국 데뷔

청중에게는 경악과 감동을 안겨준 반면 수많은 바이올리니스트는 좌절하게 만든 인물이기도 하다.

19세기 최고의 바이올리니스트 니콜로 파가니니(1782~1840)가 세상을 떠났을 때 사람들은 앞으로 파가니니 같은 천재가 다시는 나오기 힘들 것이라고 여겼다. 그러나 그로부터 60년이 흘러 20세기가 막 시작될 즈음 또 한 명의 전설적인 바이올리니스트가 태어났으니 그가 바로 야샤 하이페츠(1901~1987)다.

하이페츠를 떼어 놓고는 20세기의 바이올린 연주를 논할 수 없다는 말이 있을 정도로 하이페츠가 20세기 바이올린계에 미친 영향력은 절대적이었다. 굳이 20세기에 하이페츠에 필적할 만한 바이올리니스트를 꼽으라면 우크라이나 태생의 유대인 연주자 다비트 오이스트라흐(1908~1974)를 들 수 있겠지만 그 역시 비교 대상일 뿐 하이페츠를 능가하진 못한다. 칭찬에 인색하기로 유명한 바이올리니스트 카를 플레시가 "역사적으로 절대 완벽한 연주자는 아직 없었다. 그래도 완벽에 가까운 사람이라면 하이페츠가 유일한 예"라고 극찬할 정도였다.

하이페츠는 바이올린이 보여줄 수 있는 모든 가능성을 극대화한 연주가였고 다른 바이올리니스트를 평가하는 척도였다. 완벽에 가까운 테크닉, 기계적일 정도로 정확한 템포 조절, 한 음 한 음에 부여하는 긴장감을 통해 바이올린 연주의 패러다임을 근본적으로 바꾸어 놓은 것도 하이페츠였다. 여기에 방대한 레퍼토리와 레코딩, 독주·협주·실내악을 가리지 않는 왕성한 음악 활동까지 더해져 생전에 그는 이미 '신이 빚은 바이올리니스트', '바이올린의 전설'로 불리며 온갖 권위와 명성을 얻었다.

야사 하이페츠

하이페츠는 러시아의 지배를 받던 리투아니아 빌뉴스의 유대인 집안에서 태어났다. 3살 때 오케스트라 단원이자 바이올리니스트인 아버지에게서 바이올린의 기초를 배우며 신동 소리를 들었다. 6살 때 멘델스존의 바이올린 협주곡으로 첫 공개 연주를 완벽하게 소화하자 음악 평론가들이 '파가니니의 환생'이라며 놀라워 했다.

하이페츠는 9살 때인 1910년 러시아 상트페테르부르크 음악원에 입학해 바이올린계의 대부이자 유명 교육자였던 레오폴드 아우어를 사사했다. 아우어는 훗날 자신이 가르치는 제자 가운데 뛰어난 이들의 이름을 언급하면서 하이페츠의 이름을 뺀 까닭을 물었을 때 "하이페츠는 사람의 제자가 아니라 신의 제자"라고 말했다는 일화가 있다. 10살 때인 1911년 4월 상트페테르부르크에서 공개 연주회를 성공리에 마치고 1912년 세계 최정상의 베를린 필하모닉과 차이콥스키 바이올린 협주곡을 연주해 전 유럽에 신동의 등장을 알렸다.

1913년 독일 라이프치히의 한 연주회에서 브루흐의 G단조 협주곡을 연주할 때는 당대를 풍미하던 바이올리니스트 프리츠 크라이슬러가 옆에 있던 후배 바이올리니스트에게 "자네나 나나 이제는 바이올린을 부숴버

려야겠군"이라고 농담을 건넸다는 일화가 전해질 정도로 하이페츠는 10대 초반에 이미 발군이었다.

'신이 빚은 바이올리니스트', '바이올린의 전설'로 불려

하이페츠는 1917년 미국으로 건너가 10월 27일 뉴욕의 카네기홀에서 미국 데뷔 공연을 열었다. 뻣뻣하고 오만한 표정으로 초인적인 기교를 선보이는 그의 연주 모습에 미국인들은 열광했다. 그러나 미국 데뷔 공연 10일 후 러시아에서 볼셰비키 혁명이 일어나 하이페츠는 미국에 눌러앉았다.

그로부터 3년 후 영국 런던에서 공연할 때는 영국의 극작가 버나드 쇼로부터 "제발 잠들기 전, 기도 대신 아무 곡이나 서툴게 연주하게. 인간으로 태어나 그렇게 신처럼 완벽하게 연주하다간 자칫 하나님의 시기로 요절할지도 모르니"라는 내용의 편지를 받았다.

하이페츠는 활발한 녹음과 연주 활동을 통해 미국에서 부와 영광을 누렸다. 몇 편의 영화에도 출연해 신기에 가까운 연주 모습을 선보였다. 하이페츠는 완벽한 기교와 정확한 음정을 자랑했는데 이것만으로도 다른 바이올리니스트들의 경외의 대상이 되었다.

하이페츠는 완벽을 추구하는 성격에 지독한 연습 벌레답게 어떤 연주에서도 빈틈을 보이지 않았다. 이를 뒷받침하듯 하이페츠가 한 명언 중에 유명한 말이 "하루 연습을 거르면 자신이 알고, 이틀 거르면 비평가가 알고, 사흘 거르면 청중이 안다"는 말이다. 하이페츠는 레퍼토리도 다양했다. 헨델, 바흐, 모차르트, 베토벤, 슈베르트, 멘델스존, 브람스를 넘어 20세기의 현대 작곡가들까지 모두 연주했다. 여기에 원숙함까지 더해져 음악 팬들에게는 그의 연주를 듣는 것이 하나의 꿈이 되었고 그의 무대는 언제나 매진을 이뤘다.

하이페츠는 꼿꼿이 선 채로 바이올린을 높이 치켜들고 거의 무표정한 상태로 냉정하게 연주하기 때문에 종종 음악이 차갑다는 오해를 받지만 사실 그의 가슴은 누구보다도 따뜻했다. 어려운 형편의 제자들을 아무도 모르게 도와주고 자선 공연이나 위문 공연이라면 때와 장소를 가리지 않았다. 1923년 일본 공연을 불과 몇 주 앞두고 관동대지진이 일어났을 때는 폐허가 된 일본을 방문해 무너진 건물 사이에서 예정에 없던 자선 연주회를 열었다. 2차대전 중에는 유럽의 연합군 병영에서 바이올린이 아닌 피아노로 재즈 연주를 하기도 했다.

아쉬운 것은 당대 최고의 피아니스트 중의 한 명인 아르투르 루빈스타인, 첼리스트 그레고르 피아티고르스키와 함께 구성한 일명 '100만 달러 트리오'의 실내악단 공연에서만은 하이페츠의 강한 자존심과 팀워크·하모니를 중시하지 않는 그의 개성 때문에 호연을 펼치지 못했다는 것이다. 루빈스타인은 하이페츠의 독선적인 바이올린 연주 때문에 만족스러운 공연을 보여주지 못했다고 맹비난했다. 이런 이유로 하이페츠가 남긴 수많은 명반 중 유독 실내악 분야에서만큼은 그다지 좋은 평가를 받지 못했다.

하이페츠는 86년의 생애 중 무려 83년간 바이올린을 연주하면서 청중에게는 경악과 감동을 선물한 반면 수많은 바이올리니스트에게는 좌절감을 안겨주었다. 실제로 하이페츠와 동시대에 활동하던 많은 바이올리니스트가 하이페츠의 천재성에 상처를 받고 연주자의 길을 떠나 다른 인생을 살기도 했다.

하이페츠는 1972년 10월 23일 공연을 마지막으로 부상 때문에 은퇴하고 후진 양성에 힘썼으나 세계적인 명바이올리니스트 제자는 한 명도 배출하지 못했다. 하늘은 천재에게 모든 것을 선물하지 않기 때문이다.

1918년

러시아 황제 일가 총살과 아나스타샤 공주

_ *라스푸틴*

_ *로마노프 왕조의 몰락과 혈우병*

러시아혁명 반대 내전과 열강의 무력 간섭

_ *펠릭스 제르진스키와 KGB*

우드로 윌슨 '14개조 평화 원칙' 발표

오스트리아 황제 퇴위와 합스부르크가 몰락

스페인 독감, 전 세계 강타

오스발트 슈펭글러 '서구의 몰락' 출간

_ *아널드 토인비 '역사의 연구'*

'타잔' 영화 최초 개봉

마쓰시타 고노스케 '마쓰시타 전기' 창업

일본·한국의 쌀값 폭등과 폭동

한인사회당 창당과 이동휘

러시아 황제 일가 총살과 아나스타샤 공주

아나스타샤 공주를 자처하는 여성으로 인해 90여 년간 진위를 둘러싸고 혼란스러운 일이 벌어졌다.

제정 러시아의 마지막 차르(황제) 니콜라이 2세(1868~1918)는 소심하고 무능한 군주였다. 반면 빅토리아 영국 여왕의 외손녀이자 독일 태생의 알렉산드라 황후는 강인하고 당찬 여성이었다. 황후는 무능한 황제를 지배했으나 그녀 역시 주술사 라스푸틴에게 휘둘리면서 러시아에 끼친 폐해가 막심했다.

니콜라이 2세는 1904년 러일전쟁 패배와 1905년 '피의 일요일 사건' 등의 격변을 겪으면서도 시대 변화에 능동적으로 대처하지 못하고 끌려다녔다. 그 결과는 1917년의 '2월 혁명'과 그로 인한 강제 퇴위였다. 2월 혁명이 일어났을 때 니콜라이 2세는 황제직을 포기하고 동생에게 양위했으나, 동생마저 신변에 위협을 느껴 황제직을 거부함으로써 303년 동안 이어온 로마노프 왕조는 1907년 3월 16일 막을 내렸다.

니콜라이 2세는 2월 혁명 후 출범한 임시정부에 감금되었다가 8개월 후 일어난 볼셰비키의 '10월 혁명'으로 언제 어떻게 될지 모르는 풍전등화의 운명으로 내몰렸다. 볼셰비키는 당초 황제를 공개재판할 생각이었으나 1918년 백군(반혁명군)이 기세를 떨치자 처형으로 방침을 바꿔 우랄산맥 근처 예카테린부르크(옛 스베르들롭스크)의 한 가옥에 가둬두었다.

그러다가 1918년 7월 17일 늦은 밤, 황제 부부, 황태자 알렉세이, 4명의 공주인 올가·타티아나·마리아·아나스타샤 등 7명의 황제 일가는 주치의와 시종 등 4명과 함께 한 저택의 지하실로 끌려갔다. 곧 볼셰비키 적군 병사들의 총에서 불이 뿜어져나왔고 황제 일가는 그 자리에 쓰러졌다. 이로써 1613년부터 300여 년간 이어온 로마노프 왕조의 명줄도 완전히 끊어졌다. 병사들은 11구의 시체를 20㎞ 떨어진 광산으로 싣고 가 불에 태운 뒤 땅에 묻었다. 매장 장소는 오랫동안 알려지지 않다가 소련이 붕괴된 후에 밝혀졌다.

러시아 정부는 1991년 니콜라이 2세 가족으로 보이는 유골을 발굴해 유전자 감식법으로 정밀 조사에 들어갔다. 그런데 유체는 11구가 아니라 9구였다. 게다가 심하게 손상되어 있었고 일부 뼈들은 도난당한 흔적도 있었다. 유골이 니콜라이 2세의 가족이라는 것도 100% 확신하지 못했다. 다행히 1995년 정밀 검사 결과 유골에서 채취한 황제의 유전자가 1899년 28세의 젊은 나이에 결핵으로 사망한 니콜라이 2세의 동생 게오르기의 것과 일치하는 것으로 밝혀져 니콜라이 2세의 유골임이 확인되었다.

증거는 또 있었다. 니콜라이 2세가 황태자 시절이던 1891년 일본을 방문했을 때 쓰다 산조라는 일본 경찰이 황태자를 칼로 찔렀던 적이 있었는데 당시 칼을 닦은 손수건이 일본에 보관되어 있다가 정밀 검사에 사용된 것이다. 손수건에 묻은 혈액과 유골에서 채취한 DNA를 비교한 결과 두 시료의 DNA가 일치하는 것으로 나타났다.

로마노프 왕조, 303년 만에 막 내려

황후의 유골 여부는 영국 여왕 엘리자베스 2세의 남편 필립공의 DNA를 통해 확인되었다. 필립공의 외할머니와 황후는 자매지간이었다. 필립공의 협조를 받아 추출한 DNA 지문과 암매장된 무덤에서 추출한 황후의 것으로 보이는 DNA는 완전히 일치했다. 올가, 마리아, 타티아나 3명 공주의 DNA 지문과도 일치했다. 이로써 러시아 감식팀은 9구의 유골 중 5구의 유골이 니콜라이 2세의 가족이라고 결론을 내렸다. 나머지 유골 4구는 황실의 주치의와 3명의 시종인 것으로 밝혀졌다. 황제를 비롯해 황제 일가의 유골들은 1998년 7월 성당 묘지에 안장되었다.

니콜라이 2세 가족

황태자 알렉세이와 아나스타샤 공주의 유골은 발견되지 않고 있다가 2007년 8월 황제 일가의 유해가 발굴된 장소에서 60m 떨어진 지점에서 발견된 2구의 유골이 2008년 DNA 지문 대조 결과 황태자 알렉세이와 아나스타샤 공주의 유골임이 확인되었다. 이로써 황제 일가 7명의 신원은 모두 확인되었다. 그런데 아나스타샤 공주의 유골이 2008년 과학적으로 최종 확인되기 전까지 아나스타샤 공주를 자처하는 여성으로 인해 90여 년간 진위를 둘러싸고 혼란스러운 일이 벌어졌다.

때는 20세가량의 여성이 독일 베를린의 란트베르 운하에 몸을 던진 1920년 2월 17일 밤 10시쯤으로 거슬러 올라간다. 여성은 다행히 누군가의 눈에 띄어 병원으로 실려갔다. 러시아 억양의 독일어를 쓰는 이 여성은 병원에서 이름과 직업은 물론 왜 자살을 시도했는지에 대해서도 입을 열지 않았다. 결국 병원과 경찰은 정신이상자가 투신자살을 시도한 것으로 보고 정신병원으로 보냈다.

그녀는 정신병원에서도 입을 다문 채 살았다. 그러던 중 1922년 가을, 정신병원에서 같은 방을 쓰던 한 여성이 살해된 러시아 공주에 관한 기사와 사진이 실린 잡지를 보고는 자살을 기도한 이 여성이 황제의 막내딸 아나스타샤라고 확신하면서 미스터리는 가지를 치기 시작했다. 동료 여성이 제정 러시아 당시 경찰국장이었던 사람에게 이 사실을 알리자 경찰

아나스타샤 공주

국장은 이 여성을 자신의 집으로 데려갔다. 여성은 "지금은 안나 앤더슨으로 불리지만 원래는 아나스타샤 공주였다"며 굳게 다물었던 입을 열었다.

그녀는 1918년 볼셰비키 군인들이 자신의 가족을 총으로 모두 죽였는데 자신은 한 군인의 도움으로 죽음의 현장을 간신히 빠져나올 수 있었다고 했다. 그 후 "그 군인과 함께 루마니아로 도망쳐 살다가 아이를 낳았는데 군인이 부카레스트에서 일어난 시가전에서 전사해 아이는 고아원에 맡기고 홀로 베를린으로 왔다가 사는 게 힘들어 자살을 기도했다"고 했다.

러시아 황실 재산을 노려 치밀하게 계획된 시나리오

곧 "아나스타샤 공주가 살아 있다"는 사실이 유럽 전역으로 퍼져나갔고 유럽의 왕가들이 앤더슨에게 관심을 보이기 시작했다. 죽은 니콜라이 2세가 엄청난 돈을 영국 은행에 예치했다는 소문 때문이기도 했지만 잔인하게 처형된 니콜라이 2세 가족의 죽음에 대한 동정과 연민도 작용했다. 사람들은 꽃다운 나이에 비참한 최후를 맞은 4명의 공주 가운데 1명만이라도 혁명의 소용돌이 속에서 살아 있기를 바라고 있었다. 더구나 황제가 살해된 후 1~2명의 공주가 살아 있다는 소문까지 나돌고 있었다. 바로 그럴 때 자신이 아나스타샤 공주라고 주장하는 여성이 나타난 것이다. 더구나 앤더슨은 황실에 대해 속속들이 알고 있었다. 황실 예절에도 익숙했다.

황실을 자주 방문해 공주들과 춤을 추었던 제정 러시아의 군인은 앤더슨을 보자마자 그녀가 아나스타샤 공주라고 단언했다. 아나스타샤의 숙부와 황후의 전 시종도 진짜라고 믿었다. 반면 죽은 황후의 여동생 즉 공주의 이모는 앤더슨을 만난 후 가짜 아나스타샤라고 주장했다. 유럽의 언론들은 진짜냐 가짜냐를 두고 연일 기사를 쏟아냈다.

앤더슨은 오랫동안 러시아 황실 재산에 대해서는 전혀 관심이 없는 것처럼 행동하다가 1938년 자신의 권리를 찾겠다고 했다. 자신이 진짜이므로 외국 은행에 맡겨둔 러시아 황실 재산의 잔액 중에서 자신의 몫을 찾겠다는 것이다. 그러자 러시아를 탈출한 황제 인척들은 그녀가 가짜라며 연합 전선을 구축해 소송에 대비했다. 20년이 걸린 1심에서 앤더슨은 패소했다. 1961년 독일 함부르크 법정이 그녀가 가짜라고 선고한 것이다. 그러나 독일 대법원은 1970년 "안나 앤더슨이 러시아의 황녀 아나스타샤인지 아닌지를 재판부는 증명할 수도 부정할 수도 없다"는 모호한 판결을 냈다.

그 사이 그녀는 수십 편의 영화와 소설 주인공의 모델로 등장해 많은 돈을 벌었다. 앤더슨은 1984년 87세로 죽는 순간까지도 자신이 진짜 아나스타샤라고 주장했다. 죽기 전 그녀는 자신의 시신은 화장하고 유골은 묻지 말아 달라고 요구했다. 모든 족적을 남기지 말아 달라는 유언이었다. 이 때문에 1991년 니콜라이 2세 가족의 매장지가 밝혀졌을 때 아나스타샤 미스터리를 끈질기게 추적해온 수사기관과 과학자들은 유골에서 채취한 DNA 지문과 앤더슨의 DNA를 비교 분석하려 했으나 앤더슨의 유골이 없어 DNA를 비교하지 못했다.

수사팀은 수소문 끝에 앤더슨이 사망하기 전 조직 검사를 받기 위해 한 병원에서 내장의 조직 샘플을 떼어냈다는 사실을 알게 되었다. 황실 가족의 DNA 지문과 비교한 결과 앤더슨은 러시아 황실과 전혀 관련이 없는 것으로 밝혀졌다. 결과적으로 앤더슨과 그녀를 조종한 무리들이 러시아 황실 재산을 노려 치밀하게 계획된 시나리오로 판명되었지만 그 내밀한 과정은 밝혀지지 않고 있다.

라스푸틴 러시아 제정 말기 주술사로 소문이 자자했던 그리고리 라스푸틴(1869~1916)은 시베리아의 가난한 농부의 아들로 태어났다. '방탕한 사람'이라는 뜻의 '라스푸틴'이란 이름이 말해주듯 탕아적 기질이 넘쳐난 그가 여성을 탐하기 시작한 것은 16살 때부터였다. 그랬던 라스푸틴이 다시 영적인 능력자로 탈바꿈한 것은 고행자 종파인 한 수도원에서 수도사 생활을 하고부터였다.

20대 초반 고향에서 결혼을 하고 남매를 낳은 그는 한동안 성경에 몰입하다가 언젠가부터 하느님의 계시를 받았다며 제2의 예수를 자처했다. 심지어 자신을 통해야만 천국에 갈 수 있다고 선전했다. 그것은 자신과 정신적·육체적으로 결합해야 한다는 것을 의미했다. 덕분에 라스푸틴은 자신의 교리를 무조건적으로 믿는 여성들을 마음껏 희롱했다.

이곳저곳을 방랑하면서 행하는 예언이 적중하고 환자까지 치료한다는 소문이 황실에까지 흘러들어간 것은 1907년경이었다. 알렉산드라 황후는 라스푸틴을 처음 만나는 순간 눈이 빛나고 비범해 보이는 라스푸틴에게서 강렬한 인상을 받았다. 당시 황후는 4명의 딸을 낳은 뒤 어렵게 낳은 막내아들 알렉세이 황태자가 혈우병에 걸려 마음고생을 심하게 하고 있었다.

라스푸틴이 어린 황태자의 병을 최면요법으로 고치면서 황후의 믿음은 거의 맹목적으로 바뀌었다. 라스푸틴의 처방이 어떻게 먹혀들었는지는 알 길이 없다. 하늘이 라스푸틴을 도우려 했는지 황태자의 병은 적절한 시기마다 도졌고 그때마다 라스푸틴은 황태자의 병을 고쳐 황후의 환심을 샀다. 심약한 니콜라이 2세는 매사를 대가 센 아내의 뜻에 따랐고 황후는 그때마다 라스푸틴에게 자문했다.

라스푸틴은 황후가 제공한 궁전 옆 호화 주택에서 살며 여러 여성들과 관계했다. 그중에는 귀족과 장군의 부인도 있었고 심지어 황후와도 깊은 관계라는 소문이 공공연하게 돌았다. 그는 '육체의 속죄'를 통해 구원받을 수 있다고 설교하며 여성들을 농락했다. 라스푸틴의 악명은 러시아뿐만 아니라 전 유럽에도 퍼졌다. 프랑스의 한 언론과의 인터뷰에서는 "남녀가 육체적으로 결합하고 있을 때가 가장 경건한 예배 시간"이라고 말해 세상을 놀라게 했다.

라스푸틴

하느님의 계시를 받았다며 제2의 예수 자처

라스푸틴의 권세는 하늘을 찔렀다. 그런데도 모두 황후와 라스푸틴 뒤에서만 수군거릴 뿐, 앞에서는 아무 말도 못했다. 그러나 이때까지만 해도 라스푸틴은 정치에는 깊이 관여하지 않았다. 그러나 황궁을 내 집처럼 드나들고 황후의 총애를 한몸에 받는 것을 무기로 정부 인사와 정책까지 개입하면서 귀족의 질시와 견제를 받았다. 결국 황제 니콜라이 2세가 그를 황실에서 추방했으나 황후가 다시 라스푸틴을 불러들여 결과적으로 라스푸틴의 입지만 강화해준 꼴이 되었다. 게다가 라스푸틴과 황후는 자신들을 견제해온 총사령관까지 1차대전의 잇따른 패전의 책임을 물어 1915년 8월 해임하기까지 했다.

라스푸틴의 권력은 1915년 9월 니콜라이 2세가 스스로 총사령관이 되어 1차대전 전선으로 나갔을 때 절정에 달했다. 황제가 황실을 비운 상태에서 황후 손에 쥐어진 권력은 사실상 라스푸틴의 차지였다. 라스푸틴은 러시아 최대 권력자가 되었고 막후에서 황제처럼 행동했다. 일부 장관 자리가 라스푸틴과 교분이 두터운 사람에게 돌아갔고 며칠이 멀다 하고 내각이 해산되고 조각이 이어졌다. 라스푸틴은 또한 꿈에 계시를 받았다며 황후를 통해 전선의 차르에게 '명령'을 내렸다. 황후는 차르에게 매일같이 편지를 써서 라스푸틴의 계시를 전했다.

관리들이 쫓겨나고 무능한 인물들이 자리를 메우는 일이 빈번해지자 거리에는 황후와 라스푸틴의 관계를 조롱하는 벽보가 나붙고, 둘이 동침하고 있다는 유언비어가 나돌았다. 로마노프 왕조에 대한 반감도 국민들 사이에 급속히 확산되었다. 그러자 황제의 조카사위 펠릭스 유수포프 공작, 황제의 사촌 드미트리 파블로비치, 두마 의원 블라디미르 푸리쉬케비치가 라스푸틴을 제거하기로 모의했다.

거사는 유수포프 공작이 라스푸틴을 자신의 궁으로 초대한 1916년 12월 29일 늦은 밤 이뤄졌다. 그런데 라스푸틴은 유수포프 공작이 다량의 독약을 몰래 넣은 포도주와 케이크를 먹었는데도 죽지 않았다. 겁에 질린 유수포프가 총으로 쏘았지만 라스푸틴은 벌떡 일어나 유수포프의 멱살을 잡았다. 이것을 본 2층의 공모자가 또다시 라스푸틴을 향해 총을 쏘았다. 그런데도 숨이 끊어지지 않자 공모자들은 라스푸틴을 집단 폭행한 뒤 끈으로 묶어 네바강 얼음 구멍에 처넣었다. 시체는 사흘 후 발견되었다. 경찰 발표에 따르면 사망 원인은 독약도 총탄도 아닌 엉뚱하게도 '익사'였다.

살해되기 전 라스푸틴이 황제에게 보낸 "내가 귀족에게 살해되면 황제도 1년 이내에 죽는다"는 편지 소문 탓인지 황제와 그의 가족은 2년 뒤인 1918년 7월 17일 볼셰비키에게 처형되었다. 현재 러시아 상트페테르부르크의 에로티카 박물관에는 라스푸틴의 성기로 알려진 30㎝ 크기의 대형 성기 모형이 전시되어 있다.

로마노프 왕조의 몰락과 혈우병

러시아 차르 체제의 뿌리인 로마노프 왕조의 맥이 끊어진 것은 1917년의 10월 혁명이 직접적인 원인이지만 영국 빅토리아 여왕의 고질적인 유전 질환도 간접적으로 영향을 미쳤다.

빅토리아 여왕에게는 9남매와 42명의 손자·손녀가 있었다. 증손자·손녀도 85명이나 되었다. 이들은 유럽의 주요 왕실과 결혼함으로써 영토뿐만 아니라 인적 '팍스 브리태니커'를 구현하는 데 한몫을 했다. 문제는 이들을 통해 혈우병까지 유럽 황실에 퍼졌다는 점이다. 빅토리아 여왕 이전에 영국 왕실 가문이나 빅토리아 모계 쪽에 혈우병 환자가 있었다는 기록은 없다. 때문에 혈우병 유전자를 지닌 빅토리아가 사생아가 아니냐는 의문이 한동안 제기되었다. 나중에 환자의 25%가 유전적 돌연변이라는 학설이 등장하지 않았다면 여왕은 꼼짝없이 100% 사생아로 몰렸을지도 모른다. 혈우병의 특징은, 여성은 병을 물려주는 매개 역할을 할 뿐 직접적인 고통은 여성의 아들이 당한다는 점이다.

빅토리아 여왕

빅토리아는 네 아들 가운데 한 아들만을 혈우병으로 잃었다. 하지만 혈우병의 고통은 빅토리아의 딸, 손자·손녀, 심지어 증손자에게까지 이어졌다. 혈우병이 '왕실병'이라고 불리는 것도 이 때문이다. 막내딸 베아트리스는 두 아들을 혈우병으로 잃고도 자신의 딸이 두 아들을 혈우병으로 잃는 아픔까지 지켜보아야 했다. 독일의 소국으로 시집간 빅토리아의 둘째딸 앨리스도 한 아들을 혈우병으로 잃었고 앨리스의 막내딸 알릭스는 러시아의 니콜라이 2세와 결혼함으로써 빅토리아의 혈우병 유전자는 러시아 황족에까지 침투했다.

알렉산드라 황후가 된 알릭스는 연거푸 네 딸을 낳은 뒤 결혼 10년 만인 1904년 늦둥이 아들 알렉세이를 낳았다. 고대했던 아들이었으나 6주가 되었을 때 배꼽에서 피가 발견되면서 불행이 시작되었다. 의사들은 혈우병 진단을 내렸고 황후는 충격에 빠졌다. 기적을 바라는 황후 앞에 나타난 떠돌이 성자 라스푸틴이 몇 차례 아들의 병을 낫게 해주면서 황후는 라스푸틴을 절대적으로 믿고 따르게 된다. 문란한 사생활 등 라스푸틴의 좋지 않은 소문은 안중에도 없었다. 결국 1916년 12월 라스푸틴은 그의 전횡에 불만을 품은 귀족 세력에 의해 살해되었으나 이미 러시아에는 볼셰비키 혁명의 기운이 널리 퍼져 있었다.

러시아혁명 반대 내전과 열강의 무력 간섭

생존을 위해서라면 적국이든 동맹국이든 가리지 않고 타협해야 하는 절박한 상황이었다.

1917년 10월 혁명이 성공하고 몇 개월이 지난 1918년 1월 18일 레닌이 제헌의회를 소집했다. 혁명에 성공했으니 얼굴이 밝을 법도 한데 불안한 모습이 역력했다. 제헌의회는 혁명 성공 직후인 1917년 11월 말 선거를 통해 구성되었으나 농민의 지지를 받는 사회혁명당과 그 동맹 세력이 50% 이상을 차지한 반면 레닌의 볼셰비키는 도시와 군대에서 다수를 차지했을 뿐 전체적으로는 22%의 지지를 얻는 데 그쳤기 때문이다. 결국 레닌은 제헌의회가 소집된 그날 오후 "소비에트는 민주주의가 아니라 좌익 독재"라며 제헌의회를 해산시켰다. 볼셰비키 역시 해산을 지지했다.

1차대전이 한창 진행 중이고 10월 혁명이 갓 걸음마를 뗀 상황에서 볼셰비키의 관심은 오직 '생존'뿐이었다. 생존을 위해서라면 적국이든 동맹국이든 가리지 않고 타협해야 하는 절박한 상황이었다. 볼셰비키의 첫 선택은 적국인 독일과 전쟁을 끝내는 것이었다. 결국 볼셰비키는 정전의 댓가로 1918년 3월 독일과 '브레스트 리토프스크 조약'을 체결, 영토와 인구의 4분의 1, 공업·광물·농산물의 3분의 1을 독일에 내주어야 했다. 절체절명의 상황에서 달리 선택의 여지가 없었다.

더구나 반볼셰비키 세력이 러시아 영토의 상당 부분을 장악한 채 볼셰비키 타도를 외치고 있는 상황도 볼셰비키의 앞날을 어둡게 했다. 불안해진 레닌은 펠릭스 제르진스키에게 반혁명 세력에 대한 테러, 사보타주 퇴치, 해외 첩보 활동 등을 위한 비밀경찰 조직의 창설을 지시했다. 제르진스키는 1917년 12월 20일, 장차 구 소련 땅을 동토로 만들 '체카'(KGB의 전신)를 창설했다.

열강의 군대가 러시아 블라디보스토크에 상륙 후 시가를 행진하고 있다.

한편 독일과 한창 전쟁 중이던 연합국은 '브레스트 리토프스크 조약'을 체결한 러시아에 분노했다. 동부전선에서 러시아군과 대치하고 있는 독일군이 서부전선으로 대거 투입될 것이 뻔한 데다 러시아혁명이 연합국에까지 미칠 것이 우려되었기 때문이다. 연합국의 일원인 영국과 프랑스는 1918년 비밀리에 만나 러시아혁명 정권에 대해 군사적으로 간섭하기로 합의했다. 양국 군대는 흑해를 통과해 각각 우크라이나와 자카프카지예를 침공했다. 영국군 일부는 북러시아의 무르만스크와 아르한겔스크에 상륙, 반러시아혁명 전쟁을 전개했다.

영국과 프랑스는 미국과 일본에도 군대를 시베리아로 파병해줄 것을 요청했다. 그렇게만 된다면 반러시아혁명 연합군이 동쪽과 서쪽에서 소비에트 정부를 협공, 혁명 정권을 무너뜨릴 수 있다고 본 것이다. 미국은 "정당하지 않다"며 파병을 주저한 반면 일본은 파병에 적극적이었다. 일본은 거류민 보호 명목으로 블라디보스토크에 군함을 파견해 놓은 상태인데도 1918년 4월 일본인 살해 사건을 구실로 500명의 육군을 또다시 상륙시켰다. 파병을 주저하던 미국에 참전 명분을 준 것은 체코군단의 반란이었다.

체코군단은 1차대전 개전 당시 그들을 식민 통치하고 있는, 독일의 동맹국인 오스트리아군에 편입되어 동부전선인 우크라이나에서 러시아와 싸우다가 독일·오스트리아의 패색이 짙어지자 러시아에 투항해 역으로 대 독일전에 투입된 체코슬로바키아 부대였다. 독일·오스트리아의 패전이 곧 체코의 독립을 의미했기 때문에 체코군단은 용감하게 싸웠다.

혁명 성공 후 볼셰비키의 관심은 오직 '생존'뿐

그러던 중 러시아와 독일이 강화조약을 체결하자 체코슬로바키아 망명정부가 프랑스 측과 협의해 4만 5,000여 명의 체코군단을 프랑스군에 배속시키기로 했다. 그러려면 체코군단은 동쪽 시베리아를 경유해 블라디보스토크에서 배를 타고 유럽의 서부전선으로 이동해야 했다.

그런데 체코군단이 블라디보스토크로 이동하고 있던 1918년 5월 14일 체코군단과 독일·오스트리아 포로들이 시베리아의 첼랴빈스크 철도에서 충돌하는 사건이 벌어졌다. 러시아 소비에트 정부는 독일군 편을 들며 체코군단에 무장해제를 요구했다. 그러자 체코군단은 소비에트 정부가 자신들을 오스트리아로 인도할 것이 두려워 반란을 일으켰다. 미국이 블라디보스토크로 파병한 것은 이 체코군단의 유럽행을 돕기 위해서였다.

체코군단이 시베리아와 우랄의 대부분과 볼가강 연안의 많은 도시까지 점령하자 그동안 분산적이던 반러시아혁명 세력들도 하나로 뭉쳐 러시아 혁명 정권을 위협하는 수준으로 발전했다. 당시 러시아 내에서 가장 강력한 반혁명 지도자는 알렉산드르 콜차크였다. 그는 러일전쟁과 제1차 세계대전에 종군하고, 흑해함대 사령관을 역임한 전쟁 영웅이었다. 그가 옴스크를 근거지로 삼고 있는 반혁명정부의 군사장관을 거쳐 군사독재정권을 수립하자 연합국이 본격적으로 그를 지원했다. 덕분에 콜차크 부대는 한때 볼가강 근처까지 진격할 정도로 기세를 떨쳤다.

반러시아혁명 연합군도 1918년 8월부터 시베리아의 관문에 해당하는 블라디보스토크항에 속속 상륙했다. 9,000여 명의 미군을 비롯해 영국 6,000명, 중국 2,000명, 이탈리아 1,400명, 프랑스 1,200명의 상륙으로 블라디보스토크 거리는 각국의 군대 전시장이 되었다.

일본은 1918년 8월 2일 출병을 선언한 이래 3개월 동안 자그마치 7만 3,000명이나 상륙시켜 저의를 의심받았다. 일본은 소·만(蘇·滿) 국경으로부터 동시베리아 일대 등을 점령하면서 시베리아 횡단철도를 따라 시베리아 깊숙한 지역으로 밀고 들어갔다. 혁명 세력은 빨치산 부대를 조직해 일본군의 침략에 저항했다. 반면 콜차크 정권은 연합국의 지원에도 불구하고 1919년 말 거의 붕괴 상태에 직면했다. 각지의 반혁명 세력도 급격히 동요했다. 반혁명군 병사는 빨치산 측에 대거 투항했고 콜차크는 이르쿠츠크에서 체포되어 1920년 2월 총살되었다.

체코군단이 블라디보스토크 항구에서 유럽행 배편을 기다리고 있을 때 1차대전이 끝나 체코슬로바키아는 1918년 10월 오스트리아로부터 독립했다. 결국 망명 군대의 최종 목적지는 프랑스 전선이 아닌 막 탄생한 체코슬로바키아 민주공화국으로 바뀌었다.

러시아 인구 10년 동안 2,500만 명 줄어

역사적으로 아무런 교류가 없던 한국과 체코슬로바키아 간의 접촉이 이뤄진 것도 그 무렵의 블라디보스토크였다. 당시 체코군단의 신문 '체코슬로바키아 덴니크'지는 블라디보스토크에 주둔 중일 때 일어난 한국의 3·1 운동을 수시로 보도하며 피식민지 국가 조선에 연민을 표했다. 그들 역시 300년 동안 오스트리아의 식민 통치를 겪었던 터라 일본의 식민지 국가인 조선에 동병상련의 감정을 품고 있었다.

그러던중 체코군단은 1920년 2월 러시아 볼셰비키와 정전 협약을 체결, 유럽행 배편이 아닌 시베리아 철도를 따라 본국으로 철수하기로 했다. 그러려면 철수 자금이 필요했는데 그들은 무기를 팔아 비용을 마련했다. 당시 러시아 연해주는 다수 한국인들의 거주지이자 해외 독립운동의 거점이었다. 간도 지방의 최대 독립운동 조직인 북로군정서를 비롯해 독립 투사들은 철수를 위해 블라디보스토크항에 대기하고 있는 체코군단으로부터 무기를 사들였다.

그러자 일본이 발끈했다. 연해주에 주둔 중이던 일본군은 조선인의 무기 구입을 금지하도록 러시아 정부에 압력을 가하는 한편 블라디보스토크의 한인 집단 거주 지역인 신한촌을 공격해 한국인 130명을 포함 380여 명의 사상자를 냈다. 반면 체코군단으로부터 구입한 무기로 무장한 우리 독립군은 1920년 10월의 청산리전투에서 대승을 거뒀다.

체코군단의 철수가 결정되자 미국도 철수를 결정, 1920년 4월 블라디보스토크를 떠났다. 이후 모든 반러시아혁명 연합군이 1920년 8월까지 러시아에서 철수했으나 일본만은 러시아에 계속 남아 혁명을 간섭했다. 결국은 일본도 각국의 반대에다 일본 내의 출병 반대 여론과 재정적 어려움이 겹쳐 1922년 10월 시베리아에서 철병했다. 일본군은 5년에 걸친 반러시아혁명의 시베리아 전쟁에서 약 3,500여 명이 전사하고 그 몇 배가 부상했다.

시베리아 전쟁은 일본이 메이지유신 이래 치른 가장 오랜 전쟁이자 처음으로 패배한 전쟁이었다. 일본 정부와 군부는 패배로 끝난 반러시아혁명의 진상을 국민에게는 비밀에 붙였다. 사실상 일본과 러시아의 전쟁이기도 했던 시베리아 전쟁에서 러시아는 8만 명 이상이 살해된 것으로 알려졌다. 반혁명 전체 과정에서도 700만~800만 명이 죽거나 다치고 국토

곳곳이 유린되었다. 1차대전을 비롯해 혁명과 내전, 1921~1922년의 기근까지 포함하면 10년이 채 안 되는 시기에 러시아 인구는 2,500만 명이나 줄어들었다. 이것은 당시까지 인류가 경험한 최악의 참사였다.

펠릭스 제르진스키와 KGB

74년 동안 구 소련 땅을 동토로 만들고 전 국민을 죽음의 공포로 몰아넣었던 소련의 비밀경찰 KGB(국가보안위원회)가 창설된 것은 러시아혁명이 막 성공을 거두고 한 달이 지난 1917년 12월 20일이었다. 발족 당시 이름은 '반혁명과 사보타주 퇴치를 위한 전 러시아 특별위원회'였으나 주로 '체카'라는 약칭으로 불렸다. 출발은 24명의 조직원에 본부도 없어 초라했으나 체카에는 곧 냉혈한으로 악명을 떨칠 펠릭스 제르진스키(1877~1926)가 버티고 있었다.

제르진스키는 러시아에 병합되어 있던 폴란드에서 태어났다. 고교 시절 혁명에 투신하고 20대에 유배와 탈출, 투옥과 석방을 반복하며 혁명가로 자신을 담금질했다. 1905년 레닌의 볼셰비키와 가까워진 후에는 폴란드 사회민주당을 이끌다가 1912년 또다시 체포되어 수년간 감옥 생활을 했다. 1917년 2월 혁명 덕에 석방된 후에는 레닌의 '4월 테제'를 지지하고 볼셰비키의 지도급 인사로 부상했다. 1917년 10월 혁명 때는 볼셰비키 본부 경비를 책임지는 혁명의 주역이 되었다.

10월 혁명이 성공했다고는 하지만 혁명은 여전히 진행 중이었다. 반볼셰비키 세력들이 러시아 영토 대부분을 장악한 채 볼셰비키 타도를 외치고 있었고, 혁명 전파를 우려한 열강은 노골적으로 혁명을 위협했다. 그래서 레닌의 지시로 창설된 것이 '체카'였다. 주요 임무는 사방의 적들로부터 혁명을 지키기 위해 반혁명 세력에 대한 테러와 사보타주 방지, 해외 첩보 활동 등이었다.

펠릭스 제르진스키

제르진스키는 금욕적인 수도승처럼 낮이고 밤이고 사무실에 틀어박혀 온갖 기록과 일더미에 파묻혀 살았다. 그가 그럴수록 모스크바 루비안카 거리의 체카 본부는 공포의 상징이 되었다. 체카 건물에 들어선 사람은 소리 소문 없이 건물 벽 뒤로 감쪽같이 사라졌으며 1918년 가을에는 그의 기만 작전으로 나라 안팎의 반체제 인사와 서방 정보원들이 고구마 줄기 엮이듯 일망타진되었다. 이로써 반볼셰비키 조직은 사실상 궤멸되었고 첩보원이 노출된 서방 국가들의 정보망은 회복할 수 없을 정도로 만신창이가 되었다.

체카의 권한은 1918년 8월 페트로그라드 지역의 체카 수장인 미하일 우리츠키가 살해된 사건을 계기로 더욱 강화되었다. 제르진스키는 반혁명 분자를 정식 재판에 회부하지 않고 처형할 수 있는 막강한 권한을 손에 쥐게 되자 종교인, 지식인, 군인 등 가리지 않고 수많은 사람들을 반혁명 분자로 몰아 죽음으로 내몰았다. '공화국 국내 수비대'라는 자체 무장 조직을 통해 반혁명에 가담할 것으로 예상만 되어도 재판 없이 구금·처형했다. 하룻밤에 1,500명을 총살한 때도 있었다.

고삐 풀린 권력의 횡포에 소련 전체가 공포 분위기에 휩싸였고 국민들은 제대로 숨도 쉬지 못했다. 레닌이 뒤늦게 제동을 건 것은 국내의 원성과 외국의 비난이 쏟아지고 나서였다. 레닌은 약식 처형을 중단하도록 지시하고 재판을 통해 유죄가 확정된 뒤 사형을 집행하도록 했다.

체카는 내전이 끝난 후인 1922년 2월 폐지되고 NKVD(내무인민위원회) 소속의 'GPU(게페우·국가정치보안부)'로 개편되었다. 1922년 12월 '소비에트 사회주의 공화국 연방' 즉 '소련'이 발족된 후에는 OGPU(오게페우·통일국가정치보안부)로 명칭이 바뀌었다. 그러나 이름만 바뀌었을 뿐, 책임자는 물론 건물도 역할도 모두 그대로였다. 권한이 일부 축소되었다고 해도 제르진스키는 여전히 국내 안보와 방첩 작전의 수행에서 독보적인 권한을 행사하는 저승사자였다.

그의 손에 이렇게 막강한 권력이 쥐어졌는데도 레닌과 다른 볼셰비키들이 그를 견제하지 않은 것은 그가 사익을 추구하지 않고 오로지 혁명의 성공과 완수에만 몰두했기 때문이다. 실제로 제르진스키는 청렴하고 사심이 없었으며 권력을 남용하지 않았다. 1924~1925년에도 혁명 후 해외로 망명한 100만 명에 가까운 반볼셰비키 세력들을 완벽한 사기극으로 일망타진하는 '트러스트 작전'을 성공시켜 명성을 떨쳤다. 그것은 제르진스키의 가장 위대한 승리였으나 마지막 승리이기도 했다. 1926년 7월 20일 결핵으로 병사했기 때문이다. 하지만 그가 죽는 날까지 혁명 수호라는 미명 하에 재판 없이 죽어간 사람은 100만 명 이상이나 되었다.

고삐 풀린 권력의 횡포에 소련 전체가 공포 분위기에 휩싸여

그가 죽었다고 해서 체카의 공포까지 사라진 것은 아니었다. 제르진스키보다 더 악명을 떨친 베리야 시대가 1938년 도래했기 때문이다. 라브렌티 베리야는 스탈린의 수족답게 오게페우(OGPU)를 동원해 무자비한 피의 숙청을 발휘했다. 무수한 국민을 강제노동수용소로 내몰았고 집단 학살을 자행했다. 베리야는 1953년 스탈린 사후 오게페우를 내무위원회와 통합해 자신이 관할하고 있는 내무부에 귀속시킨 뒤 더욱 막강한 권력을 휘둘렀다. 하지만 그것은 잠시뿐, 베리야를 제거하고 1953년 9월 소련 공산당 서기장에 취임한 흐루쇼프가 1954년 3월 13일 KGB(국가보안위원회)로 개편하면서 권한이 분산·약화되었다.

1971년 흐루쇼프가 죽고 브레즈네프가 등장하면서 그동안 영향력이 약화되었던 KGB는 다시 권력의 핵심으로 등장, '국가 속의 국가', '붉은 권부'로 불리며 냉전기에 계속 악명을 떨쳤다. KGB는 냉전 시대 미국 중앙정보국(CIA)과 쌍벽을 이뤘다. 해외 곳곳에 정보망을 두고 동유럽과 중남미, 아프리카의 공산 쿠데타를 지원하거나 반체제 인사를 감시했다.

그런 가운데 1980년대 중반 미하일 고르바초프 대통령이 몰고 온 글라스노스트(개방)는 KGB 몰락의 전주곡이 되었다. 글라스노스트에 위기를 느낀 KGB 핵심 요원들이 1991년 8월 크림반도 별장에 있던 고르바초프를 연금하면서 저항했지만 결국 반란은 3일 천하로 끝났고 명줄만 재촉하는 결과가 되었다. 쿠데타 실패 후 소련 국민들이 KGB 본부 앞의 제르진스키 동상을 제일 먼저 쓰러뜨린 것도 KGB에 대한 분노의 표시였다.

1991년 8월 28일, 고르바초프는 KGB의 최고 기구인 간부협의회를 해체하고 KGB의 주력 부대인 국경 수비대를 국방부로 이관하는 등 사실상 KGB 해체에 착수했다. 국내 사찰 요원 4만 명, 해외 공작 요원 2만 명, 국경 수비대 23만 명과 기타 병력을 합쳐 70만 명이나 되는 거대 공룡이었으나 고르바초프의 강력한 개혁 의지와 완전히 돌아선 민심을 당해낼 순 없었다. 결국 KGB는 소련 붕괴와 더불어 1991년 11월 6일 공식 해체되었다. 소련과 전 세계를 무대로 테러와 암살, 음모 등 온갖 악행을 저질러온 KGB가 마침내 오욕의 역사에 종지부를 찍은 것이다.

소련 붕괴 후 KGB는 국내 정보를 다루는 FSB(연방보안국), SVR(해외정보국), FAPSI(통신정보정보국)로 분리되었다. 하지만 KGB 출신인 블라디미르 푸틴 대통령이 집권한 뒤 FSB는 다시 강력해졌다. 최근에는 푸틴 대통령이 FSB, SVR, FSO(연방경호국)를 합쳐 사실상 KGB 성격의 국가안보부(MGB)라는 새 행정조직을 추진 중이다.

우드로 윌슨 '14개조 평화 원칙' 발표

미 상원의 고립주의도 작용했지만 윌슨의 아집과 독선이 더 크게 작용했다는 분석도 적지 않다.

우드로 윌슨(1856~1924) 미국 대통령은 국내 문제엔 진보적이었고 외교 정책에선 이상주의자였다. 국내에서는 소득세 개정, 아동의 노동 금지, 독과점 행위 규제 등 개혁 법안을 통과시키고 외교에서는 이상주의자답게 도덕 정치를 역설했다. 1917년 1차대전 참전을 결정할 때도 자국의 이익보다는 세계 평화를 궁극적인 목표로 삼았다.

그의 이상주의가 극명하게 드러난 것은 1918년 1월 발표한 '14개조 평화 원칙'이었다. 14개조에서 윌슨은 "세력이 강하든 약하든 관계없이 모든 민족과 국가가 자유와 안전을 동등하게 보장받으며, 더불어 살아갈 권리를 갖고 있습니다"라고 천명해 "오직 힘이 말한다"는 기존 국제 질서의 상식을 뒤흔들어 놓았다. 문제는 현실 정치의 벽을 고려하지 않는 아집과 독선으로 자신의 이상주의를 물거품으로 만들었다는 것이다.

윌슨은 버지니아주 스탠턴에서 목사 아들로 태어나 프린스턴대와 버지니아대 로스쿨을 거쳐 한동안 변호사 생활을 하다가 존스홉킨스대에서 박사학위를 받았다. 이후 이런저런 대학교수로 활동하다가 1902년 프린스턴대 총장으로 부임해 다양한 개혁을 시도했지만 학내 세력의 반발로 뜻을 이루지는 못했다. 그가 프린스턴대 총장으로 재직하고 있을 때 프린스턴대에서 학위를 딴 2명의 한국인 학생이 있었는데 김규식과 이승만이었다. 김규식은 1903년 석사학위를, 이승만은 1910년 박사학위를 받았다.

윌슨은 자신의 이상을 책과 강의실이 아닌 현실에서 실현하기를 꿈꿨다. 그 결과 뉴저지 지사 선거에 민주당 후보로 출마해 1910년 10월 당선되었고 여세를 몰아 1913년 3월 백악관에까지 입성했다. 윌슨은 취임 후 '진보적 대통령'이라는 기대에 맞게 자유와 평등을 중요시하고 어린이 노동 금지, 노동시간 단축 등 진보적 조치를 많이 취했다.

그러나 그는 전형적인 남부 출신의 백인 우월주의자였다. 이 때문에 취임 후 인종차별론자들을 요직에 앉히고 다수의 흑인 공무원을 해고했다. 남북전쟁 종전 때 철폐했던 인종 분리 사무실과 화장실 제도도 다시 도입했다. 이를 항의하는 흑인에게는 "흑백간의 인종 분리는 너희에게 치욕적인 것이 아니라 오히려 혜택"이라며 인종차별적인 발언도 서슴지 않았다. 윌슨은 백인 극우단체 KKK단을 찬양하기도 했다.

윌슨을 역사적 인물로 부각시킨 두 가지 승부수는 1차대전 참전 결정과 '14개조 평화 원칙' 발표였다. 1차대전 참전의 경우, 처음에는 소극적이었다. 본래 고립주의를 선호했던 자신의 대외 정책관도 이유였지만, 미국에 다수 존재하는 독일계와 영국·프랑스계 사이에서 한쪽 편을 들기 곤란했던 까닭도 있었다. 하지만 독일이 비무장 상선을 공격하는 등 적대 행위를 그치지 않고 독일의 치머만 전보 사건의 전모를 알고 나서는 참전을 결심했다.

윌슨의 승부수는 1차대전 참전과 '14개조 평화 원칙'

윌슨이 미국의 상하 양원 합동회의에서 '14개조 평화 원칙'을 발표한 것은 전쟁이 한창이던 1918년 1월 8일이었다. 14개조에서 이상주의에 입각한 획기적인 제안은 ▲공개적인 평화협정과 비밀외교·협정 폐지(1조) ▲주권 회복을 포함한 식민지의 모든 요구에 대한 공정한 조정과 처리(5조) ▲강대국이나 약소국의 정치적 독립과 영토 보전을 보장할 수 있는 국제연맹 창설(14조) 등이었다.

하지만 유럽의 전쟁 당사국들은 14개조를 어리석고 비현실적인 것으로 평가했다. 그러자 윌슨은 전쟁이 한창인 유럽을 상대로 선전 활동을 펼쳤다. 독일과 오스트리아·헝가리 제국 상공에 비행기를 띄워 선전물을 뿌리고 병사들로 하여금 연설문 사본을 빈 폭탄에 채워 적의 진영으로 발사하게 했다. 또한 14개조를 12개 언어로 번역해 전 세계에 배포함으로써 전 세계인들도 국제연맹에 대한 비전을 공유하게 했다. 이것은 독일 등 동맹국 영토 내의 피식민지 민족들에게 독립의 기운을 일으켜 군대의 사기를 약화하는 데 영향을 미쳤다.

우드로 윌슨

14개조에 벨기에의 주권 회복, 알자스·로렌의 프랑스 반환, 폴란드의 독립, 오스트리아·헝가리 제국과 오스만튀르크 제국 내 민족 문제까지 언급되어 있다는 사실을 알게 된 전 세계 수많은 피식민지 민족은 흥분하고 열광했다.

특히 그들을 고무시킨 조항은 '식민지의 모든 요구에 대한 공정한 조정과 처리'를 강조한 5조였다. 윌슨은 5조에서 "주권에 관한 모든 사항을 결정하는 경우, 해당 민족의 이익이 향후에 권한을 부여받게 될 정부의 정당한 요구와 마찬가지로 똑같이 중요하다는 원칙을 엄격하게 준수하면서, 모든 식민지의 요구 사항에 대한 조정 과정이 자유롭고 허심탄회하게 절대로 편견 없이 진행되어야 한다"고 강조했다. 피식민지 국민들은 윌슨을 세계평화론자나 약소민족의 수호자로 인식하고 메시아처럼 받들었다.

이런 상황에서 전쟁은 1918년 11월 11일 연합국과 독일의 종전 협정에 따라 막을 내렸다. 뒤이어 승전국과 패전국 간에 손익 결산을 따지기 위해 주요 전승국을 필두로 관련 국가의 대표들이 전후의 파리로 속속 몰려들었다. 그중 가장 환영받은 인물은 당연히 윌슨이었다. 윌슨은 1918년 12월 13일 프랑스에 도착했다. 미국 대통령의 해외 방문으로는 사상 최초였다. 윌슨은 프랑스 파리, 영국 런던, 이탈리아 로마를 방문할 때마다 "유럽의 구원자"라는 칭송을 들었다.

1919년 1월 18일 파리평화회의가 시작되자 각국의 대표들은 윌슨이 주장해온 세계 평화나 자유처럼 막연하고 고귀한 제안에는 관심을 보이지 않고 자국의 이익만을 챙기는 데 혈안이었다. 윌슨의 이상주의적 원칙은 유럽의 실리주의 이해관계에 기초한 관습과 인습의 성벽을 허물기에 역부족이었다. 결국 14개조는 승전국의 의지가 반영된 '베르사유 조약'으로 변질되었고 승전국들이 보유한 식민지에 대해서는 원칙이 거의 적용되지 않았다.

약소 민족의 염원도 아랑곳없이 승전국들은 기존 식민지를 그대로 보유했고, 러시아에는 볼셰비키 정부를 쓰러뜨리려는 열강의 침략군이 속속 투입되었다. 결과적으로 14개조는 1차대전 직후 당시 패전국이었던 독일과 오스트리아 제국을 약화시키는 데만 쓰인 셈이 되었다.

14개조, "오직 힘이 말한다"는 기존 국제질서 상식 뒤집어

윌슨은 1919년 4월 파리회의에서 그나마 국제연맹 규약이 확정된 것을 위안으로 삼았으나 이 역시 미국 내 정치 현실에 부닥쳐 물거품이 되었다. 암운의 시작은 파리평화회의 전인 1918년 11월의 중간선거에서 윌슨의 민주당이 공화당에 대패한 일이었다. 야당인 공화당은 상하 양원에서 과반수를 차지하자 국제연맹을 창설하고 미국을 가입시키려는 윌슨 외교에 반대했다. 집단안전보장을 골자로 하는 국제연맹에 가입하면 미국이 가맹국의 내전에 간섭할 공산이 크다는 게 표면적인 이유였지만 한편으로는 윌슨이 주도한 베르사유 조약 협상단에 공화당 의원이 단 1명도 포함되지 않은 것에 대한 이른바 괘심죄도 작용했다.

윌슨은 1919년 6월 28일 체결된 베르사유 조약안을 갖고 7월 중순 미국으로 돌아왔으나 다수당인 공화당은 여전히 국제연맹에 반대했다. 그렇다면 윌슨이 공화당과 타협해야 했으나 그러지 않고 국민에게 직접 호소하는 길을 선택했다. 공화당은 의회 대신 국민을 직접 상대하는 윌슨의 전국 연설 여행에 분개하면서도 조약을 아예 반대하기보다는 윌슨이 껄끄럽게 생각할 만한 유보 조항들을 덧붙이는 방식으로 대응했다. 공화당이 제시한 유보 조항들은 터무니없는 것이 아니어서 윌슨으로선 충분히 타협할 수 있었다.

문제는 윌슨이 정적들을 구슬러서 자신의 뜻을 이루는 정치적 본능과 수완을 지니지 못했다는 것이다. 더구나 윌슨은 고집불통의 이상주의자여서 자신이 구상한 당초 안에 수정이 가해지는 것을 참지 못했다. 결국 윌슨이 자신을 따르는 민주당 상원의원들에게 유보 조항들이 덧붙여진 비준안을 거부하라고 지시하는 바람에 9월 24일 상원에서 43대 40으로 부결되었다. 그래도 노벨상위원회는 윌슨의 이상주의를 인정해 1919년 노벨 평화상을 안겨주었다.

윌슨의 판단 착오를 윌슨의 건강에서 찾는 목소리도 있다. 윌슨은 재선 임기까지 다 채우긴 했지만 건강이 계속 악화해 파리평화회의 무렵에는 정상적인 집무가 어려울 지경이었다. 건강에 적신호가 켜진 것은 뇌졸중으로 쓰러진 1919년 9월 25일이었다. 목숨은 건졌지만 반신이 마비되고 왼쪽 눈의 시력을 잃었다. 1921년 3월 4일 휠체어를 타고 백악관을 나오긴 했으나 나날이 악화하는 건강 때문에 실의에 빠져 살다가 1924년 2월 3일에 숨을 거뒀다.

오스트리아 황제 퇴위와 합스부르크가 몰락

카를 5세는 '해가 지지 않는 대제국'의 수장이 되었다.

1차대전은 유럽 최고의 명가 합스부르크가에도 치명타를 날렸다. 1918년 11월 11일 독일의 항복과 함께 같은 패전국인 오스트리아·헝가리 제국의 카를 1세가 왕위에서 물러남으로써 제국을 이끌어온 합스부르크가가 역사 저편으로 사라졌다. 연합국은 1919년 9월 10일 오스트리아와 체결한 '생제르맹 조약'을 통해 오스트리아와 독일의 합병을 불허하고, 제국에 속해 있던 체코슬로바키아·폴란드·유고슬라비아의 독립을 허용함으로써 오스트리아·헝가리 제국의 해체를 확정지었다.

여기에 새로 수립된 오스트리아 공화국 의회가 1920년 4월 3일 '가계(家系)와 절연하고 왕권·재산권을 포기하는 서약서에 서명하지 않는 한 합스부르크 일족의 입국은 허가하지 않는다'는 '황제 일족 추방법'(일명 합스부르크법)을 제정함으로써 646년간 유럽을 호령해온 거대 제국의 해체에 쐐기를 박았다.

합스부르크 가문이 독일의 남부 지방에서 시작할 때만 해도 300여 개의 영주 국가들로 이뤄진 신성로마제국의 일부에 불과했다. 그러나 점점 영향력을 확대해 알자스·북스위스 등지에 광대한 영토를 소유하면서 신성로마제국의 중추 세력으로 부상했다. 그 후 신성로마제국 황제의 추대가 제대로 이뤄지지 않은 대공위 시대(1254~1273)의 혼란기를 틈타 영토를 확장하고 힘을 길러 1273년 합스부르크 가문 출신의 첫 신성로마제국 황제를 배출하는 데 성공했다. 그가 바로 루돌프 1세다.

그는 황제로 재위(1273~1291)하면서 오스트리아를 본령으로 삼고 주로 정략결혼을 통해 영토를 확장했다. 이 정책은 이후 합스부르크 왕조의 전통이 되었다. 가문의 프리드리히 3세(1452~1493)는 1452년 신성로마제국 황제까지 겸해 스위스에서 북해 연안에 이르기까지 제국의 영토를 넓히고 합스부르크 가문이 유럽 최고의 명문가로 우뚝 설 수 있는 발판을 마련했다.

그래도 합스부르크가 제국의 기틀을 마련한 대표적인 황제는 프리드리히 3세의 아들 막시밀리안 1세(1493~1519)였다. 그는 전쟁이 아닌 순전히 혼인 정책으로 제국의 영토를 넓혀나갔고 과실은 손자 카를 5세(재위 1519~1556)에게 넘겨졌다. 당시 합스부르크 가문을 둘러싼 유명한 시구가 있다. "다른 사람들은 전쟁을 하게 만들라. 행복한 오스트리아여. 그대는 결혼을 하라." 피 흘리는 전쟁 대신 결혼으로 영토를 접수하고 승리의 영광을 가져가겠다는 것이다.

합스부르크가 제국의 기틀을 마련한 막시밀리안 1세

막시밀리안 1세는 1477년 부르고뉴 공국(지금의 벨기에, 네덜란드, 덴마크·프랑스 일부)의 상속녀와 결혼해 부르고뉴를 손에 넣었다. 아들 필리프 1세는 스페인의 후아나 공주에게 1504년 장가보내 스페인과도 인연을 맺었다. 혜안인지 행운인지는 몰라도 후아나 공주의 형제들이 잇따라 죽고 후아나도 정신이 오락가락해 스페인은 졸지에 그녀의 아들이자 막시밀리안 1세의 손자 카를 5세(스페인왕으로는 카를로스 1세)의 차지가 되었다.

막시밀리안 1세는 손녀의 혼인 관계로 얻은 헝가리와 보헤미아(체코)까지 손자에게 유산으로 물려주어 카를 5세는 독일영방 외에 스페인, 네덜란드, 덴마크, 체코, 헝가리까지 지배하는 '해가 지지 않는 대제국'의 수장이 되었다.

오스트리아를 본령으로 삼고 주로 정략결혼을 통해 영토 확장

오스트리아와 항상 경쟁을 벌였던 프랑스에서만 유일하게 합스부르크 가문의 왕이 나오지 않았으나 엄밀히 말하면 프랑스도 합스부르크 왕조의 결혼정책에서 완전히 벗어나지는 못했다. 프랑수아 1세의 왕비를 비롯해 6명의 왕비가 합스부르크가 출신이었기 때문이다. 루이 16세의 왕비 마리 앙투아네트, 나폴레옹 황제의 두 번째 황후 마리 루이즈, 루이 14

세의 왕비 마리아 테레사도 합스부르크 가문 출신이었다.

합스부르크 왕조는 오스트리아 계열과 스페인 계열로 나뉘어 유럽을 지배했다. 그러던 중 1700년 합스부르크 가문 출신의 스페인 왕 카를로스 2세(1661~1700)가 아무런 사식도 낳지 못하고 숙자 프랑스와 오스트리아 간에 스페인 왕위 계승을 둘러싼 14년 전쟁(1701~1714)이 일어났다. 결국 스페인의 합스부르크 왕조는 피비린내 나는 전쟁 끝에 프랑스의 부르봉 왕가로 대체되었다. 이후 네덜란드와 스위스가 제국으로부터 떨어져 나가고 프랑스와 프로이센(독일) 등이 강대국으로 부상하면서 가문의 쇠락은 불가피했다.

1740년에는 오스트리아 제국의 카를 6세가 죽어 그의 유일한 상속녀인 마리아 테레지아(1717~1780)가 오스트리아 합스부르크 왕조의 후계자로 즉위했다. 그러자 테레지아의 즉위를 둘러싼 '오스트리아 왕위 계승 전쟁'(1740~1748)이 일어났다. 이 전쟁에서 오스트리아는 프로이센에 패해 독일영방의 주도권을 프로이센에 넘겨줌으로써 영토는 오스트리아·체코·헝가리로 축소되었다.

마리아 테레지아는 로렌(프랑스 북동부에 있는 주. 독일어로는 로트링겐)의 공작 프란츠 슈테판과 결혼했는데 둘 사이에서 태어난 요셉 2세가 오스트리아를 장악해 비엔나의 합스부르크 가문은 합스부르크·로렌 왕가로 바뀌어 1차대전의 도화선이 된 오스트리아 황태자 암살 사건 때까지 그 명맥을 유지했다. 1806년에는 프란츠 2세가 나폴레옹에게 힘의 열세를 느껴 스스로 신성로마제국 해체를 선언하고 순수 오스트리아 왕국을 선포함으로써 과거의 영광은 더 이상 기대할 수 없게 되었다.

1866년 프로이센과의 전쟁에서 또다시 패해 독일영방 내 주도권이 완전히 프로이센에 넘어감으로써 이때부터 오스트리아는 독일제국의 비주류로 남게 되었다. 힘이 약화된 틈을 타 헝가리가 독립하려 하자 오스트리아는 헝가리의 독립을 허용하지 않는 대신 오스트리아 왕 아래 대외 정책과 전쟁만 공동 대처하고 각각 독립된 헌법과 의회를 두는 절충안을 제시함으로써 위기를 모면했다. 이때부터 이름이 '오스트리아·헝가리 왕국'으로 바뀌었다.

그러나 이 합의는 합스부르크가가 통치하는 다른 소수민족 즉 체코인, 슬로바키아인, 폴란드인, 세르비아인, 크로아티아인, 일부 이탈리아인 등의 반발을 사 오스트리아는 끊임없이 내홍에 시달려야 했다. 이들 소수민족들은 1차대전 후 독립했다.

스페인 독감, 전 세계 강타

저승사자는 쓰나미처럼 3차례로 나뉘어 몰려왔다.

1차대전이 막바지로 치닫던 1918년 봄, 원인을 알 수 없는 '저승사자'가 돌연 나타나 전 세계를 죽음의 벼랑으로 몰아넣었다. 1년간의 사망자만 놓고 볼 때 14세기 중엽 유럽을 황폐화시킨 흑사병보다 더 많은 사람들의 목숨을 빼앗아간, 그래서 역사상 최악의 전염병으로 불리는 '스페인 독감'이었다. 독일의 사회경제학자 막스 베버, 프랑스의 시인 기욤 아폴리네르도 이 독감에 희생되었다. 저승사자가 남겨놓은 건 시체 더미와 공포 그리고 살아남은 자들의 슬픔과 아픔이었다. 저승사자는 쓰나미처럼 3차례로 나뉘어 몰려왔다.

첫 파고는 1918년 3월 4일 미국 캔자스주 릴리항의 군부대에서 시작되었다. 한 병사가 고통을 호소하더니 그날 하루에만 비슷한 증세를 보이는 환자가 100여 명으로 늘어났다. 하루 이틀 지나면서 환자는 더욱 늘어났고 사망자는 속출했다. 3월 말, 조지아주의 한 군부대에서는 2만 8,500여

마스크를 쓰지 않은 사람은 전차 탑승이 거부되었다.(미국 시애틀)

명의 군인 가운데 2,900여 명이 독감 증세를 보이고, 4월 말에는 필라델피아 시민 중 15.8%, 볼티모어 시민 중 14.8%가 같은 증세를 보였다. 독감 바이러스는 대서양을 넘어 전쟁이 한창인 프랑스와 유럽의 서부전선까지 휩쓸었다. 5월에는 스페인, 영국, 스칸디나비아, 폴란드를 덮쳤고 5월 말부터는 아시아의 인도까지 초토화해 1,700만 명이 고통을 호소했다.

이 악명 높은 살인자의 방문을 받으면 이내 오한이 나고 얼굴이 암갈색으로 변했으며 피 섞인 침이 부글대다가 숨이 끊어졌다. 바이러스는 전후방을 가리지 않았고 소문보다 빨리 퍼졌다. 6월에는 푸에르토리코, 브라질, 호주, 뉴질랜드가 사정권에 들어갔다. 극지방이라고 예외가 아니었다. 스페인 독감은 두 가지 점에서 다른 독감과 확연히 달랐다. 세계 인구의 20%가 감염되고 사망률이 2.5~5%에 이를 정도로 감염률과 사망률이 높았으며 노인이나 어린이가 많이 감염되던 기존의 독감과 달리 20~40대 청장년층에게 치명적이었다.

첫 번째 파고보다 더 큰 두 번째 파고가 몰아친 것은 1918년 8월 말이었다. 프랑스의 브레스트, 아프리카 시에라리온의 프리타운, 미국의 보스턴 등 서로 멀리 떨어진 세 곳에서 동시다발적으로 발병하고 유행했다. 세 곳은 주로 먼 지역에서 오는 사람들로 북적거리는 곳이었다. 브레스트는 미국을 떠난 79만 명의 미군이 도착한 항구였고, 프리타운은 유럽에서 석탄을 실은 증기선이 기항하는 주요 석탄 보급지였으며 보스턴은 조선

소와 해군 병원이 있고 전쟁 물자를 취급하는 회사들이 넘쳐나는 지역이었다.

시에라리온은 국가 전체 인구의 3분의 2 이상이 독감에 걸렸고 프리타운에서만 1,000여 명이 사망했다. 브레스트에서도 8월 22일부터 9월 15일까지 1,350명의 군인이 입원해 370명이 숨졌다. 보스턴에서는 1개월 동안 시 전체 인구의 10%가 독감에 걸려 환자들의 3분의 2 가까운 숫자가 사망했다.

1918년 9월부터 본격적으로 미국을 강타한 독감은 보스턴을 출발해 뉴욕과 필라델피아를 거쳐 철로를 따라 미 전역으로 퍼져 나갔다. 이로 인해 당시 미국 인구의 28%가 감염되었고 67만여 명이 목숨을 잃었다. 1차 대전으로 죽은 미군 전사자보다 10배나 많은 사람들이 독감에 희생된 것이다. 전쟁터에서도 3만~4만 명의 미군이 독감으로 목숨을 잃었다. 독감 때문에 당시 미국인의 평균 수명이 10년이나 낮아졌다는 통계가 나올 정도였다. 미국의 교회와 극장은 폐쇄되었고 야외에서 야구 경기를 할 때는 마스크를 착용했다.

전 세계를 죽음의 벼랑으로 몰아넣어

1919년 1월, 스페인 독감이 다시 세 번째 파고를 일으켜 또다시 많은 사람의 목숨을 빼앗았으나 이번에는 전과 달리 마지막 몸부림을 치다가 슬그머니 자취를 감췄다. 1년여에 걸친 독감으로 세계 인구의 20%가 감염되었고 2,000만 명에서 4,000만 명이 죽은 것으로 알려졌다. 일본인 39만 명의 목숨을 앗아간 저승사자가 우리나라를 덮친 것은 1918년 10월이었다. 이 때문에 추수철인데도 초상을 치르느라 벼를 거두지 못하는 집이 수두룩했고 관공서는 마비되었으며 학교는 문을 닫았다.

매일신보에는 '9월 23일부터 평북 강계군에 유행성 감기로 300명의 환자가 발생했고 특징은 머리와 밑관절 등이 몹시 아프다더라'라는 기사가 실렸다. 서울에서도 9월부터 환자가 나오고 11월엔 평양 인구 절반이 감기로 고생한다는 보도가 잇따랐다. 지역별 참상도 자세히 전했는데 경남 진주에서는 우편국 교환수와 배달부가 모두 병에 걸려 국장을 비롯한 관리들이 우편물을 배달했다고 보도했다. 백범일지에 따르면 김구도 1919년 20일간 독감으로 고생했다.

조선총독부 경무총감부 조사를 보도한 1919년 1월 30일자 매일신보에 따르면, 1918년 10월부터 1919년 1월까지 국내 거주 일본인은 15만 9,916명의 환자가 발생해 1,297명이 사망하고, 조선인은 총인구 1,670만 명 중 44%인 742만 2,113명의 환자가 발생해 14만 518명이 사망했다. 치사율이 1.88%나 되었다.

조선총독부 통계연보도 1918년의 전염병 사망자를 13만 9,152명으로 기록, 매일신보 보도와 큰 차이를 보이지 않았다. 이처럼 전 세계가 생사를 넘나들었는데도 유독 피해를 보지 않은 곳이 있었다. 베링해의 여러 섬, 아이슬란드의 북서쪽 해안 지방, 사모아섬 등 태평양의 몇몇 작은 섬들이 행운의 지역이었다.

그런데 발병지도 아니고 가장 많은 희생자를 낸 것도 아닌데 왜 '스페인 독감'이라고 불렸을까? 1차대전 교전국들은 전염병으로 많은 사람이 쓰러지고 있다는 사실이 적에게 알려지면 불리할까봐 심각한 전염병이 돌고 있다는 사실을 보도하지 못하도록 통제를 했다. 반면 교전국이 아니었던 스페인은 독감이 자기 나라에 퍼지고 있다는 사실을 방송으로 정확히 보도하며 방역과 구제 사업에 충실했다.

군인들은 전쟁터에서 심한 폐렴을 동반한 독감으로 쓰러지고, 시체가 되고 있는 전우들이 바로 스페인 방송이 보도한 독감과 일치한다는 사실을 알게 되었다. 그 후부터 군인들은 이 독감을 '스페인 독감'으로 부르기 시작했고, 결국 이 이름으로 고정되었다.

2005년 미국 질병통제센터와 미 육군병리연구소가 스페인 독감 바이러스의 전체 유전자를 해독·분석한 결과, 이 바이러스는 사람이 아닌 조류에서 인체로 감염되었고 이 바이러스에서 발견된 유전자 변이가 1997년 동남아에서 기승을 부렸던 조류독감 바이러스에도 공통적으로 존재한다는 사실이 밝혀졌다.

오스발트 슈펭글러 '서구의 몰락' 출간

암울하고 절망적인 상태에 빠져 있던 독일 시민계층 사이에서 폭발적으로 인기를 끌었다.

막연하긴 했지만 유럽인들은 20세기를 낙관적인 분위기 속에서 맞았다. 20세기 초 10여 년간 유지된 평화와 번영은 19세기에 이어 20세기도 '그들의 시대'임을 예고하는 전조로 인식되었다. 1914년 1차대전이 발발했을 때도 전장으로 떠나는 군인들에게 꽃다발을 전달하며 웃음으로 환송할 만큼 미래를 낙관했다. 그러나 전쟁은 길었고 상처는 깊었다. 곧 기존의 제도가 불신을 받기 시작했다. 유럽의 우월성에 대한 믿음에도 균열이 생겼다.

절망한 유럽인들이 "서구 사회가 어디로 갈 것인가"를 서로에게 묻고 있을 때 비관주의적 관점에서 서구 문명의 몰락을 예언한 문명 비판서가 출간되어 서구 지식인 사회를 흔들어 놓았다. 전쟁이 막바지로 치닫고 있던 1918년 7월, 오스발트 슈펭글러(1880~1936)의 문제작 '서구의 몰락'(1권)이 독일에서 출간되어 서구 지식사회를 강타한 것이다. 2권은 1922년 출간되었다.

슈펭글러는 독일의 역사철학자이자 문화사가이며 정치적 저술가였다.

독일 하르츠산맥 부근의 블랑켄부르크에서 태어나 1899~1903년 할레대·뮌헨대·베를린대에서 수학과 자연과학을 공부하고 1904년 할레대에서 박사학위를 받았다. 1908년부터 1911년까지는 함부르크에서 김나지움 교사로 재직하다가 1911년 뮌헨으로 이주해서는 어떤 신문의 문화면 편집인으로 일하면서 철학과 정치 저술가로 활동했다.

슈펭글러는 '서구의 몰락'에서 단선적인 역사 이론에 반기를 들고 순환론적인 문화사와 역사철학을 제시했다. 역사상의 모든 문화는 태어나 성장하고 노쇠하며 결국에는 몰락한다는 것이 슈펭글러의 이론이다. 즉 문화는 생명체와 마찬가지로 생애 주기를 맞는다는 것이다. 근대 서구 문화도 마찬가지라고 생각해 지구상에 등장한 모든 문화를 비교했다.

그는 철학·역사·문학·예술·과학 등 다양하고 해박한 지식이 총동원된 '서구의 몰락'에서 세계사를 이집트, 인도, 중국, 그리스·로마, 비잔틴, 아즈텍, 아랍, 마야, 서구 등 9개의 유기적인 문화권의 흥망성쇠로 분석했다. 그리고 "문명이란 한 문화의 불가피한 종결이며 운명"이라고 선언하면서 "1차대전과 러시아혁명 등으로 혼란스러웠던 당대 서구의 상황이 과거에 발전의 정점에 이르렀다가 곧 쇠퇴의 길로 접어들었던 그리스·로마 문화가 보여주었던 양상과 유사하다"며 서구 문명의 몰락을 예언했다.

19세기 러시아의 니콜라이 다니레프스키가 이와 비슷한 주장을 편 적이 있어 슈펭글러의 주장이 새로운 분석 틀은 아니었지만 혼돈의 시대를 살고 있는 당대의 유럽인들에게 유럽이 더 이상 세계사의 주역이 아니라는 점은 분명해 보였다. 서구 문명의 종착점 역시 가깝게 느껴졌다.

서구 문명의 몰락을 예언한 문명 비판서

"서구의 몰락은 운명적이고 세계의 역사가 유럽을 중심으로 돈다는 유럽식의 사관은 '역사의 천동설'"이라는 슈펭글러의 주장에 "제국주의 서양에 대한 경고"라는 자성과 비판이 제기되었지만 정통 역사·철학자들은 슈펭글러의 논리 전개에 허점이 많다며 외면하는 태도를 취했다. 슈펭글러가 고대, 중세, 근대로 구분한 기존의 3단계 역사 구분 방식이 단선적이고 근시안적이라고 비판한 것도 못마땅했지만 사료 취급 방식이 부정확하고 표면적인 정보에만 의지했다는 이유에서였다. 실제로 슈펭글러의 문화사는 경험과학적이고 실증적인 역사과학이라기보다 사변적이고 형이상학적인 역사철학의 측면이 컸다.

오스발트 슈펭글러

이런 비판에도 불구하고 '서구의 몰락'은 1차대전에서 패망해 암울하고 절망적인 상태에 빠져 있던 독일 시민 계층 사이에서 폭발적으로 인기를 끌었다. 책은 시대의 불안감에 편승해 1차대전 직후에는 수십 판을 찍었고 2차대전이 끝난 후 발행된 1950년판은 140판이나 찍었다.

아널드 토인비의 명저 '역사의 연구'(1934~1961) 역시 '서구의 몰락'의 영향을 받았다. 다만 토인비는 슈펭글러의 영향을 받으면서도 슈펭글러가 독단론자이며 경직된 결정론자라고 비판했다. 실제로 토인비의 '역사의 연구'는 도전과 응전 속에서 역사의 진보를 정당화했기 때문에 '서구의 몰락'과 명백히 대립되는 측면이 있었다.

'서구의 몰락' 이후 슈펭글러는 한때 히틀러의 나치즘에 기울어 '결정의 시각'(1933)에서는 의회제, 민주주의, 사회주의, 유색인종 등을 맹렬히 비난하는 태도를 취했다. 하지만 나치의 지나친 인종차별에 거부감을 느낀 뒤로는 나치와 거리를 두었다. 평생 결혼하지 않고 고독과 불우한 생활을 보내다 1936년 5월 8일 뮌헨에서 생을 마쳤다.

아널드 토인비 '역사의 연구'

아널드 토인비(1889~1975)는 영국의 전형적인 학자 집안에서 태어났다. 할아버지와 아버지는 의사였고 어머니는 케임브리지대에서 역사학을 공부하고 역시 관련 책을 편찬하는 인텔리 여성이었다. 이름이 같은 숙부(아널드 토인비)는 '산업혁명'이라는 용어를 처음 만들어 산업혁명의 개념을 정립한 저명한 경제학자였다. 이 중에서도 토인비의 일생에 가장 큰 영향을 준 것은 어머니였다. 어머니는 어린 토인비에게 그리스·로마와 같은 다양한 역사에 관해 많은 것을 가르쳐주었다. 이처럼 학구적 분위기로 가득한 명문가에서 태어나고 성장한 토인비는 옥스퍼드대 밸리올칼리지에서 서양의 고대사를 전공했다.

1911년 대학을 졸업한 후에는 옥스퍼드대의 그리스·로마사 연구원으로 남아 고대사 연구에 몰두했다. 1차대전 후 열린 파리평화회의(1919)에는 영국 대표단의 일원으로 참가하고 1921년에는 그리스·터키 전쟁 때 특파원 자격으로 터키를 여행하며 자신의 대저 '역사의 연구'를 구상했다. 런던대 킹스칼리지 교수로 활동하다가 1925년 영국 왕립국제문제연구소로 옮겨 본격적으로 '역사의 연구'를 집필했다. 2차대전 중 잠시 외무부에서 근무한 것을 제외하고는 1955년까지 30년간 이곳에서 근무했다.

모두 12권으로 구성된 '역사의 연구' 제1권은 1934년 출간되었다. 그 해에 2~3권이 나오고, 4~6권은 1939년, 7~10권은 15년이 지난 1954년에 출판해 시리즈를 일단 완성했다. 이후 '아틀라스' 제목의 지도와 지명사전인 11권이 1959년, '재고찰'의 12권이 1961년에 출판됨으로써 책을 구상한 지 40년, 집필한 지 27년 만에 전 12권이 모두 출판되었다.

토인비가 이 필생의 역작인 '역사의 연구'를 쓰기로 마음먹은 것은 1차대전이 몰고온 서양 문명에 대한 위기의식과 이를 헤쳐 나가야 한다는 의지가 깔려 있었다. 전체적으로 역사를 문명사적 관점에서 바라보고 서양 중심주의에 명확히 반대하는 역사관을 가졌다는 점에서는 슈펭글러와 맥을 같이했다.

토인비는 '역사의 연구'에서 인류의 문명을 고대 그리스를 비롯한 26개의 문명권으로 병렬시켜 문명 모두가 발생·성장·쇠퇴·해체의 규칙적인 주기를 지니고 있다고 해석했다. 따라서 그에게 문명은 운동이지 상태가 아니었으며 항해이지 항구가 아니었다. 그는 문명권을 분석하면서 우수한 인종이 우수한 문명을 탄생시켰다는 학설을 부정했다. 지구에 존재한 대부분의 인종은 모두 어떤 식으로든 문명을 건설하는 데 참여했다는 사실을 확인했다.

아널드 토인비

책을 구상한 지 40년, 집필 한 지 27년 만에 전 12권 출판

'역사의 연구'는 '문명의 흥망성쇠가 계속되는 도전에 성공적으로 응전함으로써 이루어진다'는 유명한 가설로부터 출발한다. 문명의 흥망성쇠가 자연조건이나 사회적 조건 등에서 비롯한 외부적 도전에 어느 정도로 응전하느냐에 따라 성장 혹은 발육 정지 등의 여러 양상을 낳을 수 있다는 그의 독창적 담론은 그 뒤 역사학은 물론이고 정치·경제사 등에도 큰 영향을 미쳤다.

그는 문명이라고 모두 똑같은 과정을 밟는 것이 아니라고 이해했다. 다른 환경 아래에서 다른 방향으로 진전될 수도 있고 또한 도전에 대한 구성원의 응전 방식에 따라 여러 형태를 나타낸다고 보았다. 즉 역사의 전개 방식은 그 구성원이 어떻게 하느냐에 따라 달라질 수 있다는 것이다. 토인비에 의하면 어느 시대이건 역사에는 당면한 도전이 있다. 도전이 너무 극심하면 응전이 성공적일 수 없고 너무 약할 경우에도 응전이 약해진다.

토인비가 제시한 또 하나의 탁월한 개념이 바로 '창조적 소수자'와 '지배적 소수자'다. 그는 문명이 발생할 때는 반드시 '창조적 소수자'가 나타났다고 분석했다. 이 소수 창조 그룹은 응전의 방식을 찾아내고 그것을 한 집단에 전파하는 역할을 하는 사람들이다. 이들은 도전에 대한 적절한 응전을 해낼 수 있는 자들이고 그들의 모범을 대중이 따르는 것이 바로 '미메시스'라는 것이다. 이들에 의해서 잘못된 인습이나 가치관은 깨지고 과거와는 다른 사회가 발생한다. 다만 '창조적 소수에 의한 진보' 가능성을 믿었다는 점에서는 슈펭글러의 '필연적 사망'과 달랐다.

그러나 '도전과 응전'에 의해 계속 번영하다가도 창조적 소수가 현재의 성공에 만족해 자아도취에 빠지고 이로 인해 새로운 도전에 안이하게 대처해 문명이 쇠퇴의 길을 겪게 된다고 보았다. 토인비는 이것을 '휴브리스'라고 설명한다. 휴브리스에 빠지게 된 창조적 소수는 과거의 업적을 이룩한 자신의 능력이나 방법을 과시하면서 창의적 지도력을 상실한 채 무력과 폭력으로 대중을 강압하고 우상화를 강요하는 '지배적 소수'로 전락하게 된다. 이것이 지속되면 문명은 쇠퇴한다고 보았다.

그러면서도 역사를 "신의 창조가 진전되는 모습"이라고 해석하고 "인간의 역사는 신의 나라가 실현되는 과정"이라고 일관되게 주장함으로써 범신론적 특징을 보였다. 자연을 극복의 대상으로만 삼아온 과학과 기술 문명의 폐해가 위기에 달했기 때문에 인류의 파멸을 막기 위해서는 자연의 생명을 중시하는 범신교로 회귀해야 한다는 것이다. 토인비는 이러한 범신교에 바탕해 인본주의를 근간으로 하는 세계국가 건설을 위해 한 나라의 강력한 중앙집권제를 모델로 제시하기까지 했다.

비판도 적지 않았다. 사실과 해석에서 오류가 적지 않아 "과학적 연구가 부족한 문학", "인류 역사를 너무 단순화하고 형이상학적 역사철학의 범주에 빠졌다"는 비판도 제기되었다.

1961년 초판본에서 한국을 일본 문명권에 포함시켜 비난이 일자 1972년 새로 펴낸 축약본에선 한국 문명을 28개 문명의 한 단위로 설정하는 해프닝을 연출하기도 했다. 토인비의 문명사관은 현대에까지 영향을 미쳤다. 1993년 '문명충돌론'을 발표해 국민국가 논쟁을 촉발시킨 하버드대 새뮤얼 헌팅턴 교수도 기본 패러다임은 '토인비적'이다.

'타잔' 영화 최초 개봉

타잔을 더욱 유명하게 만든 것은 1918년 2월 14일 개봉된 '유인원 타잔'라는 제목의 영화였다.

'타잔'의 등장은 에드거 라이스 버로스(1875~1950)가 미국의 대중잡지 '올 스토리' 1912년 10월호에 발표한 게 시초다. 버로스는 미국 시카고에서 태어나 카우보이, 광산 노동자 등의 직업을 전전하다가 1912년 2월부터 6월까지 '화성의 달 아래서'라는 공상과학소설을 '올 스토리'에 게재해 호평을 받은 것에 고무되어 '타잔'을 썼다. 버로스는 타잔 외에도 수십 편의 SF로 이름을 날렸으나 타잔이 폭발적인 인기를 끌자 '돌아온 타잔'이라는 제목의 속편을 써 '올 스토리'의 경쟁지인 '뉴 스토리' 1913년 12월호에 게재, 타잔의 명성을 이어갔다. 1914년에는 첫 단행본을 출판했다.

타잔 시리즈 첫 편의 스토리는 이렇다. 1888년 영국의 젊은 귀족인 존 클레이턴이 아프리카 서부 해안의 식민지 현황을 조사하기 위해 부인과 함께 배를 타고 가다가 선원들의 반란으로 서아프리카의 해안에 하선하게 된다. 부부는 나무 위에 집을 짓고 살면서 아이를 낳았으나 아내는 출산 후유증으로 죽고 클레이턴은 사나운 원숭이들의 공격을 받고 숨진다.

조니 와이즈뮬러

다행히 아이는 지능이 높은 암컷 원숭이 덕분에 살아남아 원숭이 젖을 먹고 자란다. 다른 원숭이들과는 달리 털이 없고 얼굴이 희어, 소년은 아프리카어로 '흰색 피부'를 뜻하는 '타잔'으로 불린다. 타잔은 부모가 남겨놓은 영어책을 보고 홀로 영어를 터득할 정도로 명민하면서도 악어나 고릴라와 싸워 이길 만큼 힘이 세고 용감했다. 결국 원숭이 무리 내에서 경쟁자를 물리쳐 밀림의 왕자가 된다.

그러던 어느 날 한 무리의 미국인이 밀림으로 들어온다. 그들은 탐험에 나섰다가 타잔의 부모처럼 선원들의 반란으로 쫓겨나 밀림으로 들어오게 된 것이다. 타잔은 그들이 사자의 공격을 받아 절체절명의 위기를 맞았을 때 암사자를 죽임으로써 그들을 구한다. 그중에는 타잔의 시선을 사로잡은 제인 포터도 있었다. 제인이 밀림을 떠나 미국으로 돌아갈 때 타잔도 그녀를 따라 미국으로 건너간다.

그런데 공교롭게도 제인의 약혼자는 타잔의 사촌동생이었다. 타잔은 미국으로 오는 도중 받은 지문 검사를 통해 자신의 아버지가 누구인지를 알게 되었는데 이를 통해 사촌동생까지 알게 된 것이다. 타잔은 결국 제인의 행복을 위해 모든 것을 양보하고 아프리카로 되돌아간다. 속편 '돌아온 타잔'은 제인이 안락한 미국 생활을 버리고 밀림으로 가 타잔과 아프리카에서 함께 보내는 내용으로 전개된다.

버로스는 아프리카에 한 번도 가보지 않고 순전히 머릿속으로만 타잔을 그렸다. 그러다 보니 아프리카에 호랑이도 등장한다. 문학적 수준도

높지 않았다. 그런데도 독자들은 영국의 상류층에서 태어난 소년이 고아가 되어 아프리카의 정글에서 유인원과 함께 자라나 그들의 왕이 된다는 환상적인 모험담에 열광했다. 타잔 시리즈는 버로스가 집필한 것만 24권에 이른다. 그의 사후 다른 작가들이 쓴 것까지 합치면 30권이 넘는다.

타잔을 더욱 유명하게 만든 것은 1918년 2월 14일 개봉된 '유인원 타잔' 제목의 영화였다. 상영시간 55분짜리 무성영화인 '타잔'의 첫 주인공은 프로레슬러 출신의 엘모 링컨이었다. 머리띠를 두르고 왼쪽 어깨에 털가죽을 비스듬히 걸친 원시인 모습의 타잔이 무성영화 사상 최초로 100만 달러의 흥행 수입을 기록하면서 타잔은 일약 영웅으로 급부상했다. 링컨은 총 3편의 타잔 영화에 출연했고 이후에도 타잔은 주인공을 바꿔가면서 계속 영화로 만들어졌다.

'타잔 중의 타잔'은 조니 와이즈뮬러

그러나 '타잔 중의 타잔'은 6대 주인공 조니 와이즈뮬러였다. 독일계로 루마니아에서 태어난 와이즈뮬러는 3살 때 부모를 따라 미국으로 이주하고 1922년 100m 수영 자유형에서 58.6초의 기록으로 세계 최초로 1분 벽을 끊은 수영계의 기린아였다. 파리 올림픽(1924)과 암스테르담 올림픽(1928)에서도 각각 3개와 2개의 금메달을 목에 걸었으며 선수 생활 동안 51차례 세계신기록을 세우고 각종 세계대회에서 모두 67차례 우승을 차지했다. 수영으로 다진 탄탄하고 늘씬한 몸매를 자랑하는 와이즈뮬러를 주인공으로 한 첫 타잔 영화는 1932년 3월 27일 개봉했다.

192㎝의 큰 키에 수려한 외모까지 뽐내며 넝쿨을 타고 "아아아~ 아아아아~"를 외치는 와이즈뮬러의 등장으로 타잔은 비로소 오늘날 우리 머릿속에 남아 있는 할리우드풍의 매끈한 타잔으로 자리 잡았다. 이후 타잔

이 공전의 히트를 기록한 덕분에 와이즈뮬러는 타잔의 대명사가 되었다.

와이즈뮬러의 트레이드 마크가 된 우렁찬 외침 소리는 처음에는 영화 제작사인 MGM 측의 효과음 담당자가 와이즈뮬러의 요들 목소리에 낙타 울음소리, 하이에나의 울부짖음, 개의 으르렁거리는 소리를 섞어 만든 것이다. 와이즈뮬러는 나중에 이 소리들을 몇 번이고 반복해 비로소 자신의 외침 소리로 대신했다. 와이즈뮬러가 등장한 타잔 시리즈는 1948년까지 모두 12편 제작되었다.

와이즈뮬러가 처음 출연한 1932년 작 '타잔'은 육체파 여배우 모린 오설리번이 처음 제인 역을 맡고 타잔의 동물 친구인 치타가 처음 등장한 것으로도 유명하다. 치타는 버로스의 원작 소설에는 없지만 할리우드 영화 제작자들이 영화화하면서 탄생했다. 배우 미아 패로의 어머니로도 유명한 오설리번은 타잔의 후속 시리즈에도 계속 '제인'으로 출연해 폭발적인 인기를 누렸다. 오설리번에 이어 제인 역을 맡아 스타덤에 오른 여배우는 브렌다 조이스다.

1949년 이후에도 10여 명의 타잔이 등장했지만 지금까지도 사람들이 떠올리는 건 와이즈뮬러다. 그 다음으로 유명한 타잔은 렉스 바커로, 193㎝의 건장한 키에 지적인 용모를 갖춘 배우였다. 바커는 '타잔의 마법 샘'(1948)에서 처음 타잔을 연기한 후 1952년까지 모두 6편에 출연했다. 결혼을 5번 한 것으로도 유명하다. 1966~1968년 TV 시리즈 57편과 1960년대 후반~1970년대 초반 타잔 영화 4편에 출연한 론 엘리 역시 193㎝의 키를 자랑했다.

1918년부터 지금까지 만들어진 타잔 영화와 TV 시리즈는 18편의 무성 영화를 비롯해 수백 편이나 된다. 첫 TV 방송용 타잔은 론 엘리가 주연을 맡아 1966년부터 2년간 방송된 것이다. 우리나라에서는 원작 소설과 영화보다 이 TV 프로그램이 훨씬 더 친숙하다.

마쓰시타 고노스케 '마쓰시타 전기' 창업

세 가지 하늘의 큰 은혜를 입고 태어났다고 했다. 가난과 허약 그리고 못 배운 것이다.

마쓰시타 고노스케(1894~1989)는 노사협조, 인재 중시, 종신 고용 등으로 상징되는 '일본식 경영'의 창시자다. 그의 경영 방식은 대다수 일본 기업의 관행으로 정착되어 엄청난 파급효과를 불러왔다. 서구 기업들은 마쓰시타의 경영 방식이 서구의 전통적인 경영 방식과 다르다는 것을 인정하고 1970년대 후반부터 10여 년간 일본식 경영의 강점을 배우는 데 관심을 기울였다. 일본에서는 '1,000년간 가장 위대한 경제인'(2000년 아사히신문 조사)으로 꼽히고 '경영의 신'으로 불렸으며 2008년 일본의 CEO들이 가장 존경하는 최고 경영자로 선정되었다.

마쓰시타 고노스케는 일본 와카야마현의 농가에서 8남매 중 막내로 태어났다. 유아 시절 집안은 풍족했으나 아버지가 투기의 일종인 쌀의 선물거래에 손을 댔다가 실패하는 바람에 마쓰시타가 4살 때 몰락했다. 이 때문에 마쓰시타는 초등학교 어린 시절을 힘들게 지내야 했다. 게다가 몸이 허약한 집안의 내력과, 가난 때문에 제대로 의료 혜택을 받지 못해 8형제 중 6명이 10~20대에 죽는 등 집안에는 늘 슬픔과 아픔이 가시지 않았다. 마쓰시타 역시 약골인 집안의 피를 이어받아 자주 누워 있어야 했다.

마쓰시타는 돈을 벌기 위해 1902년 오사카로 떠났던 아버지의 부름을 받고 10살 때인 1904년 초등학교 4학년을 중퇴하고 오사카로 갔다. 처음에는 화로 가게에서 허드렛일을 했다가 곧 자전거 점포로 옮겨 잔심부름을 하며 자전거 수리 기술을 배웠다. 그러다가 1910년 오사카 전등회사에 입사해 전기와 인연을 맺었다.

마쓰시타는 7년 뒤인 1917년 6월 회사를 그만두고 아내·처남과 함께 셋집을 개조해 전구 소켓을 만드는 가내공장을 차리고 그해 10월 소켓을 출

마쓰시타 고노스케

시했으나 물건이 팔리지 않아 한동안 실의에 빠졌다. 다행히 그해 12월 선풍기의 바닥판을 인조수지(플라스틱)로 만들어 달라는 한 선풍기 회사의 대량 주문을 받고 기사회생했다.

마쓰시타는 이렇게 모은 돈으로 1918년 3월 7일 오사카의 기타구(오늘날 후쿠시마구) 오비라키 1번가에 위치한 2층 목조 가옥을 빌려 '마쓰시타 전기기구제작소'를 창업했다. 개량 소켓과 신기능의 연결 플러그가 인기를 끌어 사업이 순항하는 가운데 1923년 마쓰시타 전기의 첫 히트 상품인 자전거용 전지 램프로 큰돈을 벌었다. 1925년에는 스위치로 밝기를 조절하는 손전등을 개발해 또다시 히트를 쳤다.

마쓰시타는 손전등을 출시하기 전 신문에서 우연히 '인터내셔널'이란 단어를 보고 국민을 위한 전기 제품을 만든다는 뜻으로 손전등 이름을 '나쇼날 램프'로 명명했다. 마쓰시타를 상징하는 나쇼날 상표가 탄생한 것이다.

마쓰시타는 "우리 회사는 사람을 만드는 회사다. 그 다음이 전기 제품을 만드는 것이다"라고 입버릇처럼 말할 정도로 종업원을 중시했다. 1921년 사내에 노사 간 친목 단체를 결성해 사주와 종업원 간의 허물없는 의사소통의 장을 마련한 것은 그 일환이었다.

이때부터 쌓인 노사간 신뢰는 1929년 대공황의 여파로 매출이 절반 이하로 줄어들고 창고에 재고가 산더미처럼 쌓였을 때 빛을 발했다. 다른 제조업체들이 너도나도 종업원을 해고하고, 마쓰시타 회사 간부들도 감원이 불가피하다고 건의했으나 마쓰시타는 단 한 명의 종업원도 해고하지 않고 위기 탈출을 시도했다. 일본에서 처음 시도한 종신 고용제의 출발점이었다. 대신 반일 조업·근무, 휴일 반납을 도입했다. 이에 감격한 종업원들이 일요일에도 직접 물건을 들고 나가 파는 노력을 기울인 덕분에 재고는 2개월도 안 되어 소진되었고 공장은 정상 가동되었다.

노사협조와 종신 고용으로 상징되는 '일본식 경영'의 창시자

이후 회사는 성장에 성장을 거듭했지만 그래도 마쓰시타의 마음 한 켠에는 뭔가 허전한 구석이 있었다. 그러던 1932년 5월 초, 마쓰시타가 일본 텐리교 본부를 방문하게 되었다. 그곳에서 그를 놀라게 한 것은 돈도 받지 않고 열심히 일하는 신도들의 모습이었다. 순간 머릿속에 "나는 돈까지 주는데 왜 우리 종업원들은 이들만큼 열심히 일하지 않나?"하는 의문이 불현듯 스쳐지나갔다. 그리고 그가 깨달은 것은 "수돗물이 무궁무진하고 값싼 것처럼 우리 회사 제품도 싸게 많이 보급해 사람들에게 행복을 줘야 한다"는 것이었다. 이른바 '수돗물 철학'이었는데 그는 5월 5일 자신의 철학을 회사에 공표하고 이날을 제2의 창업 기념일로 삼았다.

1930년대 마쓰시타 전기의 성장은 비약적이었다. 라디오, 건전지, 전기다리미 등 온갖 제품이 개발되었고 사업 규모도 확대되었다. 1936년에는 다카하시 아라타로를 기용해 제2의 도약을 꾀했다. 다카하시는 이후 '마쓰시타 경영 방식의 전도사', '마쓰시타의 오른팔'로 불리며 마쓰시타의 경영 철학을 충실히 이행했다.

1937년 중일전쟁의 발발로 마쓰시타의 공장도 군수품 생산기지로 바뀌었다. 1941년 발발한 태평양전쟁 때는 56척의 목조수송선과 3기의 비행기를 생산했다. 이 때문에 종전 후 일본에 주둔한 연합군 총사령부가 1946년 5월 미쓰이, 미쓰비시, 스미토모 등과 함께 마쓰시타 전기를 재벌로 지정하고 11월 마쓰시타를 회사에서 추방했다. 마쓰시타는 진정도 하고 항의도 했지만 별 소용이 없었다.

이처럼 마쓰시타가 실의에 빠져 있을 때 노조원들이 사주 구명 운동에 발 벗고 나서는 의외의 국면이 전개되었다. 패전으로 혼란이 극심하고 노동자들의 삶이 최악으로 추락한 상황에서 노조가 경영자 추방을 요구하는 다른 회사와 정반대 현상이 벌어진 것이다.

마쓰시타가 1946년 11월 설립한 PHP연구소도 마쓰시타의 이미지를 개선하는데 작용했다. PHP는 '번영을 통한 평화와 행복을(Peace and Happiness through Prosperity)'의 약자로, 일본에 두 번 다시 전쟁의 비극이 있어서는 안 된다는 생각에서 시작한 일종의 행복 추구 운동이자 사상 계몽운동이었다.

마쓰시타가 연구소를 기반으로 경영자의 사회적 책임과 경영 윤리 등을 연구 대상으로 삼아 노력을 기울이고, 노조가 발벗고 나서자 결국 연합군 총사령부는 1947년 5월 마쓰시타를 추방에서 제외했다. 창업 때부터 함께 회사를 키워온 처남이 독립해 일본 굴지의 '산요전기'를 창업한 것은 그 무렵이었다.

위기에 처했던 마쓰시타 전기를 비약적으로 성장하게 해준 것은 1950년 발발한 한국전쟁이었다. 덕분에 마쓰시타 전기는 경영 위기에서 벗어나고 마쓰시타는 1952년 일본 최고 부자가 되었다. 마쓰시타 전기는 1952년 네덜란드의 필립스와 합작한 '마쓰시타 전자공업'을 탄생시켰다. 이 합작은 전기 중심의 마쓰시타 그룹에 전자라는 새로운 싹을 심었다는 점에서 의미가 큰 결정이었다.

마쓰시타 그룹은 1952년 TV와 믹서, 전자레인지를 세상에 내놓았다. 1953년에는 전기냉장고와 무선마이크, 1956년에는 전기밥솥, 전기청소기, 주서기, 전기담요 등 신제품을 연이어 출시했다. 1955년에는 대미 수출용 스피커에 최초의 '파나소닉' 브랜드를 사용함으로써 나쇼날에 이어 파나소닉 시대를 열었다. 그때 이후 국내용 마쓰시타 제품에는 '나쇼날'을, 해외 수출용 제품에는 '파나소닉' 상표를 부착했다. 1960년 1월 일본 최초로 주 5일제 근무 도입을 발표하고 1965년 4월 시행했다.

'일본에서 1,000년간 가장 위대한 경제인'

마쓰시타는 1961년 1월 사위인 마사하루에게 사장직을 물려주고 회장으로 물러났다. 그 무렵 일본 경제가 세계적으로 성장하면서 마쓰시타는 전 세계 언론의 조명을 받았다. 미국의 타임지는 1962년 2월 커버스토리로 마쓰시타를 다루면서 '미국의 헨리 포드(기업가)와 허레이쇼 앨저(작가) 두 사람을 합쳐 놓은 것 같은 개척자'라고 소개했다. 1962년 3월 2일자 교토신문은 "마쓰시타는 경영의 신처럼 여겨지고 있다"라며 마쓰시타에게 최초로 '경영의 신'이라는 호칭을 붙여주었다. 1964년에는 미국의 라이프지가 특집 기사를 실으며 마쓰시타에게 일본 최고 경영자, 최고 소득자, 최고 사상가, 최고 잡지 발행인, 최대 베스트셀러 저자 등 5개 타이틀을 부여했다.

마쓰시타가 '경영의 신'으로 불린 이유는 크게 4가지가 꼽힌다. 첫째는 보잘것없는 학력과 가난에도 불구하고 마쓰시타 전기를 세계적인 대기업으로 일궈낸 것이고 둘째는 다른 업종에 한눈팔지 않고 전기·전자에만 전념하며 본업에 충실한 것이다. 셋째는 경영권을 세습하지 않고 전문 경영인을 중용한 것이며 넷째는 불황이 닥쳐도 종업원의 고용을 최대한 보장하는 종업원 중시의 경영 철학을 펼쳤다는 것이다.

마쓰시타는 자신이 세 가지 하늘의 큰 은혜를 입고 태어났다고 했다. 가난과 허약 그리고 못 배운 것이다. 가난했기 때문에 어릴 때부터 갖가지 힘든 일을 하며 세상살이에 필요한 경험을 쌓을 수 있었고 허약했기 때문에 몸을 아끼고 운동을 해 늙어서도 건강했으며 학교를 제대로 다니지 못해 만나는 모든 사람을 스승으로 모셔 그들에게 묻고 배우며 익혔다는 것이다.

마쓰시타는 1973년 7월 회장 자리를 다카하시 아라타로에게 물려주고 자신은 상담역(고문)으로 물러났다. 1977년 1월에는 세상에 알려지지 않은 야마시타 도시히코를 새 사장으로 발표해 세상을 깜짝 놀라게 했다. 왜냐하면 야마시타가 마쓰시타 전기의 26명 임원 가운데 서열이 끝에서 두 번째이고 나이도 다섯 번째로 어린 57세였기 때문이다. 게다가 학력은 고졸이었다. 그런데도 마쓰시타는 연공서열을 무엇보다 중시하는 일본의 기업 문화에서 학력과 서열을 파괴한 인사를 단행한 것이다. 야마시타는 1986년 사장 자리에서 물러날 때까지 10년간 마쓰시타 전기의 변화를 지휘했다.

일선에서 물러난 마쓰시타는 1979년 정치·경제 분야의 차세대 리더를 양성하기 위해 사재를 털어 마쓰시타 정경숙을 설립했다. 마쓰시타 정경숙은 이후 수십 명의 국회의원을 배출했다.

마쓰시타는 1989년 4월 27일 눈을 감았다. 하늘 높은 줄 모르고 성장 일로를 걸어오던 일본 경제가 버블 붕괴를 겪고 장기 불황으로 진입하기 직전이었다. 그의 죽음과 함께 일본의 고도성장과 대량생산, 대량소비 시대도 막을 내렸다. 오랫동안 나쇼날과 파나소닉으로 나뉘어 있던 브랜드는 2003년 '파나소닉'으로 통일되었고, 2008년 1월 10일 회사명마저 '마쓰시타'에서 '파나소닉'으로 바뀌었다.

일본·한국의 쌀값 폭등과 폭동

정부와 자본가들은 대도시에서 대규모 폭동이 일어나는 최악의 시나리오를 우려했다.

1918년 들어, 일본의 쌀값이 폭등하면서 사회 분위기가 심상치 않았다. 전년의 흉작에다 자본주의의 급속한 발전에 따른 농촌 인구의 감소와 노동자의 급증으로 쌀값이 꿈틀거리자 지주들이 쌀의 방출을 꺼리고 상인들이 쌀을 매점한 게 폭등의 원인이었다. 여기에 러시아혁명을 저지한다며 일본군을 시베리아로 파병한다는 소문까지 가세하면서 쌀값은 천정부지로 뛰어올랐다.

일본의 쌀 도매상점이 대중의 습격을 받고 파괴되었다.

그러나 당시 일본에서 쌀밥을 먹는 가정이 그리 흔하지 않았기 때문에 쌀값만 올랐다면 국민이 그렇게까지 민감하게 반응하진 않았을 것이다. 국민을 분노하게 한 것은 쌀값 등귀를 틈탄 상인들의 매점매석과 투기, 그리고 이로 인한 생필품 가격의 급등이었다.

민심이 동요하고 있던 1918년 7월 22일, 수백 명의 주부들이 도야마현의 우오즈항에서 홋카이도로 가져갈 쌀을 싣고 있는 배로 몰려가 선적을 중단하고 쌀값을 내려 자신들에게 쌀을 팔라고 요구했다. 일본에서 논의 비율이 가장 높은 도야마현에서조차 쌀을 구할 수 없었던 것이 행동으로 나서게 한 것이다. 주부들은 경찰의 제지로 해산했으나 이 소식은 주변 마을로 알려졌다.

그러던 중 1918년 8월 2일 일본 정부가 '시베리아 출병'을 선언했다. 그러자 쌀값이 폭등할 것을 우려한 도야마현의 도야마시 주부 200여 명이 8월 3일 쌀가게로 몰려가 쌀값을 내리고 쌀을 팔도록 요청했다. 이때만 해도 신문에 '주부 일규(一揆)'라고 보도될 정도로 소동은 미미했다. 그러나 8월 8일 쌀값 인하와 다른 현으로 쌀 방출 금지를 요구하며 쌀가게와 관청으로 몰려간 도야마시 주부들이 경찰의 무력 진압에 다쳤다는 사실이 알려지면서 소동은 폭동으로 발전했다.

신문이 '도야마 주부들의 폭동', '어부 아내들의 폭동'이라고 보도하는 가운데 폭동은 전국적으로 퍼져 나갔다. 폭동은 8월 11일부터 전국의 대도시에서도 폭발했다. 오사카에서는 전차 운행이 중단되고 고베에서는 유통 재벌 스즈키 상점의 본사가 불에 탔으며 일부 미곡상은 습격을 받았다. 한 광산촌에서는 광부들이 출동한 경찰을 향해 다이너마이트를 터뜨려 10여 명이 죽거나 다쳤다. 8월 14일로 예정된 고시엔 야구대회도 치안 악화를 이유로 연기되었다.

조선총독부의 초대 총독 출신의 데라우치 마사타케 총리가 8월 14일 폭동 사실을 보도하지 못하도록 언론에 압력을 가하고 군경을 동원해 강경 진압에 나서 대도시의 폭동은 곧 누그러졌다. 그러나 지방의 중소도시와 농촌에서는 2개월 동안 전국 500여 곳에서 70만 명 이상의 군중이 시위에 참가했다. 시위 진압에 동원된 경찰도 10만 명이나 되었다. 일본 정부는 7,700여 명을 기소해 2명은 사형, 12명에게는 무기징역을 선고하는 등 강경하게 대처했다.

쌀값 등귀, 상인들의 매점매석과 투기, 생필품 가격 급등이 원인

주도 세력 없이 돌발적이고 무계획적으로 일어난 폭동이긴 했어도 일본의 정치 지도자들은 역사상 처음 일어난 대규모 민중 폭동에 큰 충격을 받았다. 러시아혁명은 빵을 원하는 페트로그라드의 민중 폭동으로 시작되고, 독일혁명은 빵을 원하는 베를린 시민들의 봉기가 황제 정치를 붕괴시켰다는 사실을 모를 리 없는 정부와 자본가들은 도쿄를 비롯한 대도시에서 또다시 대규모 폭동이 일어나는 최악의 시나리오를 우려했다.

정계 원로들은 폭동의 불길이 혁명으로 번질 것을 우려해 군중의 불만을 해소할 필요가 있다고 판단했다. 그래서 데라우치 내각을 9월 21일 사퇴시키고 국민의 지지를 받는 정우회 총재 하라 다카시를 9월 27일 총리로 내세웠다. 하라가 등장하기 전까지 일본의 역대 총리는 모두 작위를 가진 화족 출신인 반면 하라는 작위가 없었던 평민 출신이었기 때문에 국민은 첫 평민 재상과 첫 정당 내각의 등장을 환영했다.

그러나 하라의 등장은 다른 아시아 각국에는 큰 고통을 안겨주었다. 하라 정부가 쌀값 안정을 위해 아시아의 쌀 생산 지대로 손을 뻗침으로써 아시아 각국의 쌀이 부족해지고 쌀값이 폭등했기 때문이다. 베트남에서는 베트남 쌀 수출량의 40%를 비싼 값으로 사들여 그동안 베트남에서 쌀을 수입해온 다른 나라의 불만을 샀다.

일본은 품질이 좋은 중국의 강소성 쌀에까지 눈독을 들였다. 그러자 강소성 의회가 1918년 10월 쌀 수출은 물론 다른 성으로의 쌀 반출 금지를 결의했다. 그런데도 일본의 상인들은 중국의 상인을 중개인으로 내세워 강소성 쌀을 매입하게 한 뒤 청도항에서 일본으로 보내도록 했다. 일본은 1918년 5월에 체결된 중일 군사비밀협정을 근거로 군량미를 조달한다며 쌀을 대량 매입해 대련항을 통해 일본으로 반입하는 방법도 썼다. 결국 중국에서도 쌀 부족 현상이 심각해지고 쌀값이 폭등하면서 군중이 쌀가게와 쌀 창고를 약탈하는 일이 벌어졌다. 일본이 1919년 한 해 동안 외국에서 사들인 1,900만 가마의 쌀은 일본인 950만 명이 1년간 먹을 수 있는 엄청난 양이었다.

역사상 처음 일어난 대규모 민중 폭동에 큰 충격 받아

일본에서 시작된 쌀값 폭등은 조선에도 영향을 미쳤다. 조선에서는 1917년 시작된 일본인들의 미곡 투기에다 일본으로 쌀을 수출한다는 소문까지 더해져 쌀값이 들썩였다. 매일신보 1917년 5월 29일자는 쌀값 등귀가 미곡 투기에 있음을 분명히 했다. 다만 1918년 들어 시작된 쌀값 급등은 전년도와 양상이 달랐다. 일본 정부가 조선에 진출해 있던 미곡상에게 보조금을 주면서까지 본격적으로 쌀을 사들이고 이런 사실이 알려지면서 쌀값이 폭등한 것이다.

1917년도 전반기 14원대였던 1석당 쌀값은 후반기에 22원대로 오르더니 1918년도 전반기 26~28원을 거쳐 같은 해 후반기 또다시 38원대로 급등했다. 1919년 1월 40원대를 돌파한 쌀값은 3·1 운동 직전인 1919년 2월 1석당 43원 57전까지 치솟았다. 찰흙을 떡가루처럼 만들어 곡식을 섞어 쪄 먹는다든지, 걸식에 지친 여인이 아이를 땅에 파묻었다는 기사가 연일 신문 지면을 메웠다.

쌀값 폭등에 위기를 느낀 조선총독부는 1918년 8월 빈민 구제와 쌀 염매(물건을 싼값에 삼)를 위한 구제회를 설립해 독지가의 기부를 받아 무료 또는 싼값으로 곡식을 파는 구조 활동을 벌였다. 그러나 이 구제회의 쌀 염매는 양도 적고 파는 곳도 얼마 되지 않았다. 또 쌀을 사려면 너무 오래 기다려야 하는 데다 그나마 사지 못하는 경우가 많아 곳곳에서 쌀 소동이 일어났다.

1918년 8월 28일 서울에서 일어난 쌀 소동이 대표적 사례다. 종로소학교에서 1,000여 명의 빈민이 염가에 파는 쌀을 사기 위해 줄을 섰는데 오후 2시쯤 쌀이 다 팔려 쌀을 살 수 없게 되자 이에 항의하는 과정에서 한 노파가 쓰러지고 이에 화가 난 군중이 경찰과 집단적으로 충돌한 것이다. 경찰과 헌병의 출동으로 시위는 진압되었지만, 이튿날 정오까지 종로서에 끌려온 사람이 109명이나 되었다. 이 가운데 30여 명이 재판에 회부되어 27명이 징역 또는 태형을 선고받았다.

전남 목포에서는 100여 명이 부당한 가격을 받는 쌀집을 습격한 사건이 일어났고 전남 영광에서는 주민들이 관내의 쌀을 일본이나 항구로 빼내고 있던 미곡상을 죽이려한 사건이 벌어지기도 했다. 강원도 평강에선 40여 명의 주민이 시위를 벌여 일본 경찰을 다치게 하고 이를 진압하는 경찰에게 저항하다 경찰이 쏜 총에 맞아 3명이 죽고 나머지는 체포되는 사건도 발생했다.

노동자들은 동맹파업과 임금 투쟁으로 쌀값 폭등에 맞섰다. 동맹파업은 1916년 8건에 362명, 1917년 8건에 1,128명이던 것이 1918년 50건에 4,443명으로 급증했다. 이 쌀값 폭등에 1918년 10월부터 전국을 덮친 '스페인 독감'으로 14만 명이 죽어나가면서 민심은 더욱 흉흉해졌고, 언제든지 폭발할 가능성이 높았다. 1919년의 3·1 운동도 조선 민중의 이런 절망적 상황에서 일어나 폭발력과 파급력이 컸다.

한인사회당 창당과 이동휘

한국 공산주의 운동의 시작은 두 파가 모두 해외에서 결성되었다는 특징이 있다.

1918년 3월 아무르강(흑룡강) 강변에 위치한 러시아 하바롭스크에서 조선혁명가대회가 열렸다. 대회에는 이동녕·양기탁·안공근 등 민족주의자들, 이동휘·유동열 등 민족주의적 사회주의자들, 김알렉산드라·오하묵 등 한인 2세 볼셰비키 등이 망라된 독립운동가들이 대거 참석했다.

참석자들은 몇 개월 전 러시아혁명을 통해 정권을 장악한 러시아 볼셰비즘을 받아들일지를 두고 갑론을박했다. 이동휘가 나서 볼셰비키 세력과 연대해 민족해방운동을 전개하자고 제의했으나 양기탁·이동녕 등 구신민회 간부들의 반대로 결론은 내지 못했다. 그러자 이동휘·김립·김알렉산드라·유동열 등 사회주의자들은 별도 모임을 열고 한인 사회주의 정

이동휘

당을 창당하기로 합의했다. 그 결과물이 1918년 5월 13일 결성한 한인사회당이다. 한국 최초이자 아시아 최초로 결성된 사회주의 정당의 중앙위원장으로는 이동휘(1873~1935)가 선임되었다.

이동휘는 함남 단천군에서 태어나 18세 때 단천군수의 시중을 드는 통인으로 발탁되었다. 그러나 단천군수가 주색을 탐하고 폭정을 일삼는 것을 참지 못해 군수의 생일 잔칫날에 화로를 군수의 머리에 뒤엎고 도주했다. 이동휘는 서울에서 군관학교를 졸업한 뒤 궁전 진위대장을 거쳐 강화도 진위대장으로 부임했다. 1907년 고종이 강제로 퇴위했을 때 강화도 군민들이 봉기하자 일제는 이동휘를 배후 조종자로 체포해 4개월간 감옥에 가뒀다. 이동휘는 1907년 12월 석방 후 서북학회와 신민회를 통해 구국 운동을 벌였으며 1911년 3월 안명근·양기탁 사건에 연루되어 인천 앞바다의 섬에서 1년간 유배 생활을 했다.

유배에서 풀려난 후에는 1913년 2월 만주의 북간도로 망명하고 그해 10월 러시아 연해주로 이주했다. 그곳에서 그는 이상설과 함께 연해주와 북간도 지역에서 활동하는 독립운동가들을 규합, 1914년 초 한국 최초의 망명정부인 '대한광복군정부'를 세웠다. 이동휘는 이상설에 이어 2대 정도령으로 활동하며 광복전쟁 계획을 지휘했다. 대한광복군정부는 그러나 1914년 8월 1차대전 발발 후 러시아가 전쟁 동맹국인 일본의 요청을 받아들여 모든 항일 민족운동 단체를 탄압하자 치명적인 타격을 받고 해체되었다. 한인 지도자들은 모두 추방되었다.

이동휘는 러시아의 10월 혁명 후인 1918년 5월 한국 최초의 사회주의 정당인 한인사회당 창당에 적극 동참했다. 한인사회당은 이동휘·김립 등 민족적 사회주의자들과 러시아혁명 이전에 이주한 한인들의 자녀인 김알렉산드라·오하묵 같은 귀화 2세들의 연합 전선체였다. 이 가운데 한인사회당의 산파역은 김알렉산드라(여성)였다. 그녀는 최초의 한인 볼셰비키 당원으로 하바롭스크 소비에트 외무위원이자 볼셰비키당 책임비서였다. 반면 이동휘는 볼셰비키 정권이 피압박 민족의 해방운동에 지지와 성원을 보냈기 때문에 볼셰비키 정권과 연대한 것이지 정통 사회주의자는 아니었다.

한인사회당은 산하에 조직부, 선전부, 군사부 등 집행부를 두고 교과서와 기관지를 발간했다. 또한 군사학교와 한인적위대를 조직하고 일본군을 상대로 반제반전 선전을 펼쳤다.

이동휘는 볼셰비키 정권과 연대한 것이지 정통 사회주의자는 아냐

그러던 중 1918년 8월 미국·일본·영국·프랑스 등 러시아혁명을 방해하는 열강이 속속 러시아 극동 지역으로 군대를 파병하면서 시베리아와 러시아 극동 지역의 볼셰비키 정권이 수세에 몰렸다.

이 과정에서 이동휘 등은 러시아 내전에 가담하는 것을 반대했으나 김알렉산드라 등 100여 명의 한인적위대는 우수리 전투에 참가해 백군(러시아혁명 반대 세력)과 맞서 싸웠다. 이는 국권 상실 후 재러 한인이 전개한 최초의 무장투쟁이었다.

하지만 결국에는 1918년 11월 하바롭스크가 백군과 열강의 지배 하에 들어가면서 한인사회당 세력은 하바롭스크를 떠나 아무르주(흑룡주)로 이동해야 했다. 김알렉산드라 등 일부 볼셰비키는 백군에 맞서 싸우다 체포·처형되었다. 살아남은 이동휘는 1919년 11월 3일 상해에서 통합 임시정부의 국무총리로 취임한 뒤 한인사회당 본부를 상해로 옮기고 하바롭스크에는 지부를 두었다.

그 무렵 러시아 적군이 시베리아의 중심지이자 바이칼호의 서쪽에 위치한 이르쿠츠크를 점령(1920.1)했다. 그러자 적군 부대에 소속된 수십 명의 한국인이 1920년 1월 22일 오하묵·김철훈 등을 중심으로 이르쿠츠크에서 이르쿠츠크 공산당 한인 지부를 조직했다. 다른 지역의 한인 공산주의자들도 이르쿠츠크로 모여들어 규모가 커지자 이들은 1920년 9월 자신들을 '고려공산당 중앙총회'라고 칭했다. 이로써 러시아에는 상해를 본부로 둔 한인사회당 지부와 고려공산당 중앙총회 이렇게 2개의 세력이 병존했다.

한편 상해 임정의 국무총리로 활동하던 이동휘는 이승만의 독재적인 운영과 무장투쟁 포기 노선을 비판하면서 대통령 권한 축소를 요구했다. 하지만 의정원에서 부결되자 국무총리직을 사임하고 1921년 1월 24일 임시정부에서 탈퇴했다. 이로써 1919년 11월 이동휘의 국무총리 취임 후 좌우 연합의 민족통일전선적 성격을 띠었던 상해 임정은 이승만·이동녕·이시영 등 우파 일색으로 바뀌었다.

한인사회당 지부와 고려공산당 중앙총회 두 세력 간에 힘의 우열이 생긴 것은 1921년 1월 코민테른(국제공산주의 조직) 본부가 이르쿠츠크에 동양비서부를 설치하고 초대 부장에 보리스 슈미아츠키를 임명하면서였다. 강경파 볼셰비키였던 슈미아츠키는 이동휘를 민족주의자, 상해의 한인사회당을 민족주의적 성향의 정당으로 분류하고 이르쿠츠크 공산당 한인부만 진정한 볼셰비키라며 신뢰하고 지원했다.

슈미아츠키는 시베리아 안의 모든 고려인 빨치산 부대들이 자기 통제 하에 있는 소비에트 사령부(소련 적위군 제5군단)에 예속되어야 한다며 1921년 4월 임시고려혁명군정의회를 조직했다. 의장에는 갈란다라시윌린, 부사령관에는 오하묵을 임명했다.

이르쿠츠크 공산당의 한인 공산주의자들은 자신들에게 유리해진 국면을 이용해 1921년 5월 이르쿠츠크파 고려공산당을 창당했다. 이동휘도 수일 뒤 상해에서 같은 이름의 고려공산당 창당대회를 열고 위원장이 되었다. 이처럼 한국 공산주의 운동의 시작은 두 파가 모두 해외에서 결성되었다는 특징이 있다.

한국 최초이자 아시아 최초로 결성된 사회주의 정당

두 파는 이름만 같을 뿐 정책 노선과 성격에서는 차이가 컸다. 상해파 고려공산당의 궁극적인 목적도 사회주의 혁명이긴 했지만 1차 목적은 민족해방운동이었다. 상해파는 민족주의자에서 사회주의자로 변신한 사람들이 중심을 이뤄 지지층이 두터웠다. 반면 이르쿠츠크파는 러시아혁명과 볼셰비키 운동에 적극 가담한 세력이 주도했다. 상해파에 비해 당원과 지지층이 열세였고 코민테른에 예속적이었다. 민족적 자주성도 거의 없었다. 양파 간에는 이처럼 많은 차이가 있어 분열과 대립의 소지가 컸다.

이런 가운데 코민테른 동양비서부와 이르쿠츠크파의 고려혁명군정의회가 시베리아 내 민족주의 독립군 부대들과 빨치산 부대들의 군권을 장악할 목적으로 1921년 6월 28일 이동휘를 지지하는 사할린의용대 등 독립군 부대의 무장해제를 강행했다. 사할린부대 등이 저항하는 과정에서 300여 명이 죽고 250여 명이 행방불명되는 자유시참변(흑하사변)이 일어났다.

이후 틈이 더욱 벌어진 상해파와 이르쿠츠크파 양파는 모스크바에서 열린 코민테른 대회에 참가해 서로 자파를 승인해줄 것을 요청했다. 상해의 고려공산당은 이동휘·박진순·홍도를 파견했다. 이들은 1921년 10월 레닌그라드에 도착, 레닌 등 볼셰비키 지도자들을 면담하고 자유시참변을 비롯해 슈미아츠키와 이르쿠츠크파의 불법 활동과 전횡을 고발했다. 이것을 검토한 코민테른의 결정에 따라 이르쿠츠크 감옥에 갇혀 있던 상해파 당간부들과 자유시참변 당시 체포된 병사들이 석방되었다. 코민테른은 또한 1922년 8월 자유시참변과 혁명 사업 등에서 나타난 실책 책임을 물어 슈미아츠키를 전출시키고 2개월 뒤 동양비서부도 해체했다.

이처럼 이르쿠츠크파의 세력이 급속히 악화된 가운데 1922년 10월 상해파와 이르쿠츠크파를 통합하기 위한 고려공산당 연합대회가 베르흐네우딘스크에서 열렸다. 대회는 이동휘 등 다수 상해파가 통합고려공산당의 중앙위원으로 선출되는 등 사실상 상해파의 독무대로 전개되었다. 그러자 이르쿠츠크파가 중도에 대회장을 벗어나 이르쿠츠크 동쪽 600㎞에 위치한 치타로 철수했다.

상해파는 이처럼 주도권을 장악하게 되자 코민테른이 상해파를 한인 유일의 공산당으로 승인해 줄 것을 기대했다. 그러나 1922년 12월 시베리아의 사정이 복잡하게 전개되면서 기대대로 되지 않았다. 1922년 12월 연해주까지 통치력이 미치는 소비에트 사회주의 공화국 연방(소련)이 선포됨에 따라 소련 입장에서는 일본군을 연해주에서 몰아내기 위해 필요했던 한국의 독립군 단체가 더 이상 필요하지 않게 된 것이다. 코민테른은 이동휘가 정통 볼셰비키가 아니라는 점도 감안해 이르쿠츠크파가 거부한 당을 한인 유일의 공산당으로 인정할 수 없었다.

코민테른은 통합 고려공산당을 승인하지 않고 1922년 12월 코민테른 극동부 산하에 '꼬르뷰로(고려국)'를 설치해 원격 통치에 들어갔다. 이동휘 등은 통합 고려공산당을 결성하고도 다시 코민테른에 당을 빼앗기고 코민테른 극동부의 지시를 받아야 하는 4인 위원 중의 한 명으로 전락했다. 1923년 1월부터는 코민테른 꼬르뷰로가 한국 사회주의·공산주의 운동 전반을 직접 지휘하면서 자생적으로 발전해온 해외 한인 사회주의 운동도 종말을 고했다.

이동휘는 말년에 연해주 지역의 '모프르(국제혁명가후원회)' 위원으로 활동했다. 모프르의 주요 목적은 혁명 운동 과정에서 희생되고 고통받는 혁명가와 그 가족들을 후원하기 위한 모금과 선전 활동이었다. 모프르 위원회는 이동휘의 열성적인 활동과 공적을 인정해 1932년 10월 하바롭스크에서 열린 모프르 열성자대회에서 이동휘에게 훈장을 수여하는 등 여러 차례 표창했다. 하지만 독감에 걸려 1935년 1월 31일 세상을 떠났다.

1919년

3·1 운동과 2·8 독립선언

중국·아시아·중동 등 다른 피압박 민족에도 선구자 역할을 했다.

1914년 1차대전 발발 후 일본이 3국 협상(영국·프랑스·러시아)에 가담하자 한국인들은 이들 3국 협상국을 상대로 전쟁을 벌이는 독일이 승리해야 한국의 독립에 유리할 것으로 판단하고 독일의 승전을 갈망했다. 다행히 독일이 승승장구하자 1916년 초 손병희 교주를 중심으로 천도교에서 독립만세운동이 논의되었다. 1917년에는 1만여 명이 연서해 독일 수뇌부에 독립을 청원하자는 주장이 일각에서 제기되었다. 하지만 1917년 4월 미국의 참전으로 독일의 패전과 연합국의 승전이 확실시되어 모든 계획은 중단되었다.

낙담해 있는 우리 민족에 희소식이 날아든 것은 1918년 1월이었다. 우드로 윌슨 미 대통령이 이른바 '14개조 평화 원칙'을 천명한 것이다. 14개조 가운데 전 세계 피식민지 민족들을 흥분시키고 열광케 한 것은 민족자결주의를 강조한 5조였다. "각 민족은 정치적 운명을 스스로 결정할 권리가 있고 다른 민족의 간섭을 받아서는 안 된다"는 이 민족자결주의 주장은 1918년 한 해 내내 전 세계 피식민지 민족들에게 큰 희망을 안겨주었다.

우리 민족 역시 국내외를 막론하고 한껏 기대에 부풀었다. 중국 상해에서 활동하는 여운형·장덕수·김철·선우혁 등이 1918년 8월 중국 상해에서 신한청년당을 결성한 것도 종전 후 14개조가 본격적으로 논의될 것에 대비한 자구책이었다. 그러던 중 1918년 11월 마침내 1차대전이 막을 내리고 1919년 1월부터 승전국과 패전국 간에 손익 결산을 따지기 위한 평화회의가 프랑스 파리에서 열릴 것이라는 소식이 들려왔다.

파리평화회의는 전 세계 피압박 민족에게 희망과 빛으로 다가왔다. 문제는 평화회의에서 논의될 윌슨의 14개조 원칙이 패전국이 지배했던 식민지를 승전국이 어떻게 처리할 것인가를 논의하는 자리에 불과하다는 점이었다. 더구나 일본은 패전국이 아니라 승전국의 일원이었다.

민족자결주의 원칙이 독일을 비롯한 패전국 식민지 처리에만 적용되고 승전국인 일본의 식민지 조선에는 적용되지 않는다는 사실을 한국의 독립운동 지도자들이 모를 리 없었다. 그렇다고 조선의 독립을 논의할 수 있는 절호의 기회를 놓칠 순 없었다. 어떻게든 파리평화회의에 참가해 우리의 독립 의지를 승전국에 알려야 했다. 그래서 1919년 2월 1일 신한청년당이 파리로 파견한 특사가 영어에 능통한 김규식이었다.

2·8 독립선언, 적지 한가운데서 조국 독립을 세계만방에 외친 것

상해의 신한청년당은 이런 사실을 국내에 알리기 위해 장덕수와 선우혁을 파견했다. 이들은 평안도·황해도에서 활동하는 양전백·이승훈·길선주 등 기독교계 인사들을 만나 이런 사실을 전하며 만세운동을 벌일 것을 권유해 적극적인 지지와 약속을 받아냈다. 신한청년당은 일본에는 조소앙·장덕수·이광수를, 만주 간도와 러시아령 연해주에는 여운형을 파견해 만세시위운동을 권유했다.

이와 별개로 미국의 동포들은 1918년 12월 뉴욕에서 열린 약소민족동맹회 총회에 참석, 다른 약소민족 대표들과 함께 약소민족의 독립을 결의했다. 이 사실은 영국인이 일본 고베에서 발간하는 영자지에 소개되었다. 영자지에는 1918년 12월 미국의 대한인국민회가 파리평화회의에 독립청원서를 보내기로 결의하고 정한경과 이승만을 파리로 파견한다는 사실도 실렸다.

유학생들은 이런 사실에 크게 고무되어 1919년 1월 6일 조국 독립을 위한 실천 운동을 전개할 것을 결의한 뒤 최팔용·서춘·김상덕·김도연 등 10명을 실행위원으로 선출했다. 그런 상황에서 신한청년당이 파견한 장덕수와 조소앙이 도쿄에 도착, 유학생들의 궐기를 고취했다. 뒤이어 도쿄에 도착한 이광수는 유학생들이 곧 발표하게 될 2·8 독립선언서를 기초했다.

서울 광화문 비각 앞에서 군중이 만세를 외치고 있다.

실행위원들은 상해에서 파견한 이광수·김철수와 함께 조선청년독립단을 결성한 뒤 송계백을 국내 밀사로 파견했다. 도쿄 유학생들의 독립선언 계획을 알려 국내 독립운동을 촉구하고 자금을 지원받고 독립선언서를 인쇄할 국문 활자를 구하는 게 목적이었다.

송계백은 1919년 1월 중순 국내에 잠입, 현상윤을 만나 유학생들의 거사 계획을 알렸다. 현상윤이 다시 송진우·최남선·최린에게 선언서를 보여주고 최린이 손병희·권동진·오세창에게 이 사실을 보고하자 이들도 독립선언 추진에 적극 찬동했다. 이광수는 2월 5일 중국 상해로 건너가 윌슨 미국 대통령, 조르주 클레망소 프랑스 총리, 데이비드 로이드 조지 영국 총리에게 자신이 번역한 영문 독립선언서를 발송하고 중국 내 영자신문에도 실리도록 했다.

재일 유학생들은 1919년 2월 8일 오전, 독립선언서, 결의문, 민족대회 소집 청원서 등을 일본의 귀족원과 중의원, 조선총독부, 일본의 각 언론사 등에 우송하고 오후 2시 도쿄에 있는 조선YMCA회관에 약 400명이 모여 독립선언식을 거행했다. 유학생들은 선언서를 낭독하고 4개항의 결의문을 발표한 뒤 독립만세를 외쳤다. 피식민지 국가 유학생들이 적지 한가운데서 조국 독립을 세계만방에 외친 것이다.

참가자들은 강당이 떠나가도록 큰 목소리로 "대한독립만세"를 외친 후 시가행진을 시도했으나 일경에 의해 강제해산되고 실행위원 등 27명은 체포되었다. 검거를 피한 학생 중 100여 명은 2월 12일 히비야 공원에서 다시 유학생 대회를 열었다가 13명이 검거되었다. 나머지 학생들은 독립선언서 사본을 지닌 채 고국으로 돌아와 3·1 만세운동에 동참했다.

독립선언 논의는 특히 국내에서 활발했다. 다만 대부분의 사회단체가 일제에 의해 강제 해산되고 주요 활동가들은 일제의 탄압을 피해 해외로 망명하고 언론·출판·집회·결사의 자유가 극도로 억압된 상태에서 적극적으로 활동할 수 있는 단체는 종교계와 학생 단체 뿐이었다. 종교계에서 가장 조직적으로 움직인 곳은 천도교였다.

천도교 교주 손병희는 1919년 1월 20일 권동진·오세창·최린을 만나 독립운동의 대중화·일원화·비폭력화 등 3가지 원칙을 결정했다. 이처럼 독립선언 논의가 진행되고 있을 때 1월 21일 새벽 고종이 갑자기 승하했다. 일제의 독살설이 유포되면서 고종에 대한 추모, 나라 잃은 슬픔, 일본을 향한 적개심으로 전국의 민심이 동요했고 통곡하는 사람이 끊이질 않았다.

천도교 측은 2월 초순부터 최남선·송진우·현상윤 등과 수차례 만나 계획을 구체화했다. 평안도·황해도 등 관서 지방의 기독교 측에서는 이승훈·함태영이 서울로 상경해 천도교 측과 연합전선 문제를 논의했다. 그리고 2월 24일 천도교와 기독교의 연합 전선이 최종 확정되었다. 최린은 기독교 측과 연대를 성사시킨 그날 밤 불교계의 한용운 집을 방문해 동참을 권유했다. 한용운은 전국의 여러 사찰에 긴급히 연락해 동지를 모았으나 호응을 얻지 못하고 백용성의 동참 의사만 확인했다.

민족 대표 33명은 기독교계 16명, 천도교계 15명, 불교계 2명

다만 유림과의 연합 전선은 실패했다. 유림이 다른 종단과의 연합에 반응하지 않고 천도교와 기독교계도 유림을 연합 전선에 참여시키는 데 소극적이었기 때문이다. 유림의 김창숙에게도 독립선언을 알려주고 반응을 기다렸으나 김창숙이 모친의 병환 때문에 2월 그믐에야 서울에 상경, 기회를 놓치고 말았다. 그래도 유림은 3월 1일 고종의 인산에 참여했다가 귀향해 3·1 운동을 전국으로 확산하는 데 큰 역할을 했다.

유림들은 3·1 운동이 전국적으로 확대되자 3월 하순 곽종석·김복한·김창숙 등을 포함해 전국의 유림 137명의 연명으로 독립을 청원하는 일명 '파리장서' 작성을 주도했다. 김창숙은 파리장서를 파리평화회의에 제출하는 대표로 선출되어 1919년 3월 27일 상해에 도착했으나 이미 김규식이 대표로 파리에 파견된 것을 알고 영문으로 번역·인쇄해 그중 일부는 파리의 김규식에게 우편으로 송부하고 나머지는 중국 내 각국 외교관, 중국의 정계 요인, 국내 각 학교에 배포했다.

천도교는 손병희·최린·권동진·오세창 4명 사이에서만 비밀리에 논의를 진행하다가 2월 말, 천도교 간부 11명을 합류시켜 독립선언서에 이름을 올릴 15명을 확정했다. 기독교계 역시 비밀리에 만나 주로 평안도에서 활동하는 목회자 중심으로 16명의 서명자를 확정했다. 민족 대표는 이렇게 기독교계 16명, 천도교계 15명, 불교계 2명 등 모두 33명으로 구성되었다. 다만 천도교 측의 박인호와 기독교 측의 함태영 등은 사후 수습과 교단 운영을 위해 명단에서 제외했다. 모의 단계에서부터 주동적인 역할을 해온 송진우·현상윤·최남선 등도 선언서에는 이름을 올리지 않았으나 이들 역시 33명 못지않게 중요한 역할을 했다.

종교계가 이처럼 활발하게 만세운동을 준비하고 있을 때 연희전문, 보성전문, 경성의학전문 등 청년 학생들도 1919년 1월 하순부터 독립시위운동을 계획했다. 학생들은 곧 연합전선 참가를 결정하고 종교계 인사들과 구체적인 사항을 논의했다. 최남선은 독립선언서와 함께 일본 정부와 의회, 조선총독부에게 보내는 '독립통고서', 파리평화회의 및 윌슨 미국 대통령에게 보내는 '독립청원서'도 기초했다. 한용운은 뒤늦게 선언서 초안이 확정된 것을 알고 공약 3장을 선언서 끝에 추가하는 것으로 동참했다.

민족 대표들은 처음에는 파고다공원을 만세운동 장소로, 고종의 국장일인 3월 3일을 거사일로 정했다가 국장일에 만세운동을 전개하는 것은 불경이라고 생각해 3월 2일을 검토했다. 하지만 이날이 일요일이라는 기독교 측의 반대로 다시 3월 1일로 변경했다.

독립선언서 인쇄는 오세창이 총책임을 맡고 천도교에서 운영하는 보성사 사장 이종일이 실무를 담당했다. 이종일은 2월 27일 밤늦게까지 독립선언서 2만 1,000장을 인쇄해 자기 집에 보관했다. 선언서 배포는 천도교·기독교·불교·학생단이 분담했는데 서울 시내는 주로 학생단이, 지방 각처는 천도교와 기독교 측이 분담·배포했다.

파리평화회의와 윌슨 대통령에게 보내는 독립청원서는 3월 1일 기독교 측 인사가 압록강 건너 안동에서 상해의 현순에게 우편으로 부치고, 일본 정부·의회에 보내는 독립통고서는 천도교 측 인사가 도쿄로 건너가 3월 1일 그곳에서 우송했다.

요원의 불길처럼 전국 방방곡곡에서 만세운동 일어나

33명의 민족 대표 중 23명이 상견례 겸 마지막 회의를 위해 서울 손병희 집에 모인 것은 2월 28일 오후였다. 이들은 당초 거사 예정지로 정한 파고다공원에서 독립선언식을 하게 되면 일본 경찰과 조선의 군중 사이에 충돌이 일어나 희생자가 생길 것을 우려해 중국 음식점 명월관의 지점인 태화관으로 장소를 바꿨다.

민족 대표들이 태화관에 모인 것은 1919년 3월 1일 오후 2시였다. 지방에 있던 길선주(평양)·유여대(의주)·정춘수(원산) 3명은 제 시간에 도착하지 못하고 김병조는 상해로 탈출해 참석자는 모두 29명이었다. 한용운의 사회로 3시쯤 시작된 선언식은 독립선언서의 낭독 없이 한용운의 간단한 연설과 선창으로 독립만세를 삼창하는 것으로 끝났다. 만세 소리를 듣고 놀라서 달려온 태화관 주인에게는 일제 경찰에 신고하도록 함으로써 피해가 가지 않도록 했다. 곧 연락을 받은 일제 경찰이 들이닥쳐 민족 대표 전원을 연행해갔다. 그날 지방에서 뒤늦게 상경한 3명도 경찰에 자진 출두했다.

그런데 그 무렵 발표된 독립선언서에는 2·8 독립선언서와 3·1 독립선언서 말고 또 하나가 있다. 대한독립선언서가 그것인데 현행 고교 국사 교과서나 각종 백과사전 등은 '만주·러시아·미국 등 해외에 나가 있는 김규식·김약연·김좌진·이동녕·이동휘·이승만·이시영·박용만·박은식·신채호·안창호 등 지도자급 인사 39명이 1918년 음력 11월 한국의 독립을 선언한 글로, 1918년 무오년에 선포되었다고 해 무오독립선언서라고도 하며 작성자는 조소앙으로 알려져 있다'고 소개하고 있다. 그러면서 2·8 독립선언서와 3·1 독립선언서보다 빨리 발표된 최초의 독립선언서이자 항일 독립선언의 효시라며 그 의미를 부여하고 있다.

문제는 선언서에 명시된 발표 시기가 구체적인 일자 없이 '단기 4252년 2월'로만 되어 있다는 점이다. 따라서 대한독립선언서를 '무오독립선언서'라고 칭하는 것은 명백한 오류라는 지적이 있다. '단기 4252년 2월'을 음력으로 환산하면 무오년인 1918년이 될 수 없기 때문이다. 즉 음력으로 무오년의 마지막 날인 1918년 12월 30일이 양력으로는 1919년 1월 31일이므로 양력 1919년 2월은 음력으로 결코 1918년이 될 수 없는 것이다.

역사소설가 송우혜는 여기서 한 걸음 더 나아가 "중국 길림에서 대한독립선언서 발표에 결정적 역할을 한 대한독립의군부의 구성원들은 대종교인들이 대부분이었기 때문에 양력을 사용했을 가능성이 희박하다"며 "단기 4252년 2월은 양력이 아니라 음력"이라고 주장한다. 이렇게 되면 대한독립선언서가 발표된 시점인 4252년 2월을 가장 빠르게 잡아 2월 1일로 치더라도 양력으로는 1919년 3월 2일이기 때문에 2·8 독립선언서와 3·1 독립선언서보다 시기상 늦게 된다.

송우혜는 당시 발간된 상해 임시정부 기관지인 독립신문을 근거로 제시해 이런 주장을 폈다. 독립신문 1919년 10월 7일자에 '대한독립선언은 1919년 3월 중순에 이뤄졌다'는 기록이 있다는 것이다. '길림에서'라는 제목의 이 기사는 독립신문 특파원이 대한독립선언의 현장인 길림을 찾아가 참가자들로부터 독립선언이 1919년 3월 중순에 이뤄졌다는 증언을 듣고 기사화한 것이다. 송우혜는 독립신문 다른 날짜 기사에도 2·8 독립선언서가 최초의 독립운동 관계 선언이라고 기술되어 있다고 주장한다.

전 세계 피압박 민족의 대표적인 독립 투쟁

한편 민족 대표 33인이 태화관에서 독립선언식을 준비하고 있을 때 파고다공원에 운집한 수천 명의 학생과 시민들은 민족 대표들이 오기만을 기다렸다. 그러나 민족 대표들이 태화관에서 별도의 독립선언식을 준비하고 있다는 사실을 뒤늦게 알고, 학생 대표들이 태화관으로 달려가 갑작스러운 장소 변경에 항의하는 한편 파고다공원에서 독립선언서를 낭독할 것을 요구했다.

하지만 받아들여지지 않자 학생들은 2시 30분쯤 독자적으로 독립선언식을 거행했다. 한 학생이 단상에 올라가 독립선언서를 낭독한 뒤 두 손을 들어 큰소리로 만세를 부른 것을 신호탄으로 수 천명의 학생과 시민들이 "대한독립만세"를 외쳤다. 뒤이어 동대문·남대문·서대문을 향해 시가 행진에 돌입했다. 고종의 인산을 참관하러 전국 각지에서 모여든 사람들까지 시위에 참여해 인파는 삽시간에 수만 명으로 늘어났다. 만세 시위는 늦은 밤까지 계속되었다.

서울에서 독립만세 시위가 있던 3월 1일 평양·의주·선천·원산 등 이북 지역의 6개 주요 도시에서도 독립만세 함성이 하늘을 덮었다. 3월 2일에는 함흥·해주·개성 등으로까지 시위가 확산되어 북한 전역이 시위대의 물결로 휩싸였다. 3월 3일부터는 만세 소리가 충청·전라·경상·강원도 등 남한 전역으로 퍼지고 3월 중순경에는 요원의 불길처럼 전국 방방곡곡에서 만세시위운동이 일어났다.

3월 하순부터는 노동자·농민·학생·여성 등 계층을 초월한 전 민족적인 항일운동으로 발전했다. 상인은 철시하고 노동자는 파업하고 농민은 봉기했다. 이 과정에서 관공서를 파괴하는 폭력적인 양상도 일부 지역에서 나타났다. 5월 말까지 계속된 만세시위운동은 만주, 러시아령, 미주 지역에서도 거세게 전개되었다.

박은식의 '조선독립운동지혈사'에 따르면 5월 말까지 3개월 동안 전국에서 집회 횟수 1,542회, 참가 인원 202만 명, 사망자 7,509명, 부상자 1만 5,961명, 피체포자 4만 6,948명에 이르렀고 교회 47개소, 학교 2곳, 민가 715채가 불에 탔다.

3·1 운동이 미친 여파는 엄청났다. 상해에 임시정부가 수립되고 만주와 러시아령 등에서 독립군의 무장투쟁이 본격화했으며 10년간 지속된 조선총독부의 무단통치를 문화정치로 변화시켰다. 3·1 운동 전까지만 해도 소수의 선각자나 혁명가가 담당했던 독립운동이었지만 학생·여성·농민·노동자들이 본격적으로 합류하면서 독립운동의 기반이 대중적으로 확산되었다는 점에서도 3·1 운동이 갖는 의미는 컸다.

3·1 운동은 중국은 물론 아시아·중동 등 다른 피압박 민족에도 선구자 역할을 했다. 중국의 1919년 5·4 운동과 1919년 4월 시작된 인도 국민회의파의 비폭력 독립운동에도 영향을 미쳤다. 1919년 6월 미국의 식민지 필리핀 마닐라대와 영국의 식민지 이집트의 카이로대에서 일어난 독립운동에도 나침반 역할을 하며 전 세계 피압박 민족의 대표적인 독립 투쟁으로 평가받았다.

이처럼 3·1 운동은 조선 역사상 일찍이 경험한 적이 없는 대규모 독립 시위운동이자 조선 역사를 민주주의의 길로 전환시킨 대혁명이었다. 또한 1차대전 후 세계 피압박민족의 독립운동 가운데 첫 봉화였고 정의, 인도, 인류 평화의 새로운 세계상을 그리며 용감하게 나아간 세계사적 사건이었다.

일제의 제암리 학살 만행

만행을 저질러 놓고도 군사재판에 회부된 아리타 중위에게 1919년 8월 21일 무죄를 선고했다.

서울에서 점화한 3·1 만세운동이 경기도 화성에서 본격 발화한 것은 1919년 3월 말이었고 화성 지역에서 첫 대규모 만세운동이 일어난 곳은 송산면이었다. 200여 명의 송산면 주민들은 3월 26일 면사무소로 몰려가 대한독립만세를 외치고 면장과 면서기들을 면사무소 앞마당으로 끌어내 만세를 부르게 했다. 송산면 사강리 장날인 3월 28일에는 700여 명이 대한독립만세를 외치면서 총칼로 저지하는 일본 순사를 돌과 몽둥이로 살해했다.

화성군의 항쟁은 향남면 발안 장날인 3월 31일에도 계속되어 1,000여 명의 군중이 만세운동을 벌이며 발안주재소로 몰려갔다. 일본 순사가 시위대를 향해 위협 사격을 가하자 시위대는 돌을 던지며 저항했다. 곧 시위 현장에 도착한 일본군이 총을 쏘고 칼을 휘둘러 시위를 주도한 이정근 등 3명이 살해되었다. 흥분한 시위대는 일본인 가옥과 상점에 돌을 던지고, 일본인 소학교에 불을 질렀다.

폐허가 된 제암리 모습

일제는 발안 장날 시위 후 헌병·경찰 혼성부대를 진압부대로 편성했다. 시위대는 아랑곳하지 않고 4월 1일과 2일 밤 쌍봉산 등 80개 산 위에서 야간 봉홧불 시위를 벌였다. 불안해진 일본인들은 부녀자 43명을 30리 밖의 삼계리로 피신시켰다.

4월 3일에는 우정면과 장안면 주민이 연합한 화성군 최대 만세운동이 일어났다. 장암면 수촌리 주민이 주도한 이 만세운동에는 4일 전 발안 장날 때 만세운동을 주도한 향남면의 제암리와 팔탄면의 고주리 주민도 다수 참가했다. 이날 시위는 천도교 전도사 백낙열과 감리교 전도사 김교철이 이끌었다. 2,000여 명으로 불어난 시위대는 장안·우정면사무소로 몰려가 방화하고 화수리 주재소를 습격했다. 김교철 등은 일본인 순사를 타살하는 데 앞장섰다.

이후 일제의 토벌 작전이 더욱 거칠어졌으나 수촌리·제암리·고주리 주민을 중심으로 한 800여 명의 군중은 4월 5일 발안 장날 때 또다시 일본 경찰을 향해 투석전을 전개했다. 이때 일본군이 휘두른 총칼에 또다시 여러 명이 희생되었다. 이처럼 시위가 격렬해지자 일본군은 화성군 일대를 돌며 시위 군중을 체포했다.

4월 5일 한밤중에는 시위의 진원지로 파악한 수촌리를 급습했다. 초가집마다 불을 지르고 집 밖으로 빠져나오는 사람들은 무차별로 체포했다. 그날 일본군이 저지른 방화로 수촌리 마을 전체 42채 가운데 38채와 만세운동의 구심점 역할을 해온 수촌리 교회가 불에 탔다. 일본군은 4월 11일 또다시 수촌리로 가서 나머지 4채마저 불태우고 김교철을 검거했다. 일본군은 장안면과 우정면의 25개 마을에서도 200여 명의 주민을 체포했다. 일본 헌병 측 자료에 따르면 4월 2일부터 14일까지 8개면 29개 마을에서 소실된 가옥이 348채, 사망자 46명, 부상자 26명, 검거 인원 442명에 이른다.

그래도 일제는 발안 지역의 치안을 유지하기 위해 4월 13일 보병부대를 증파했다. 그들이 볼 때 다른 지역의 시위 주모자들은 2차례에 걸친 검거 작전으로 대부분 체포한 반면 발안 시위를 주도한 제암리와 고주리의 주모자들은 아직 체포하지 못해 불안 요소로 남아 있었다.

아리타 도시오 중위가 지휘하는 보병 11명, 일본인 순사 1명, 한국인 순사보가 제암리 마을에 도착한 것은 4월 15일 오후였다. 일본군은 "지난 발안 장터 만세 사건 때 시위대를 심하게 다룬 것을 사과하려고 하니 16~58세의 기독교·천도교 남자는 모두 제암리 교회로 모이라"고 했다. 곧 20여 명의 성인 남자들이 교회로 모이자 교회 밖에 있던 일본군이 교회 안으로 총을 난사했다. 교회 밖으로 뛰쳐나오는 사람은 물론 이 광경을 보고 남편을 살려 달라며 애원하는 2명의 여성도 칼로 찔러 살해했다. 다행히 1명은 교회 밖으로 탈출해 산으로 피신했다.

교회는 석유를 끼얹어 불태웠고 인근 초가집들은 바람을 타고 옮겨 온 불로 대부분 불에 탔다. 그날 희생된 주민은 23명이었다. 천도교인이 11명, 기독교인이 10명, 종교 미상이 2명이었다. 마을 전체 33채 가운데 외딴집 2채만 남고 31채는 모두 불에 타 초토화되었다. 일본군은 곧 이웃 마을 고주리로 가서 천도교인 6명도 살해했다. 목격자들은 이 만행으로 사람과 가축·곡식 등이 타는 냄새가 10㎞까지 퍼져 나갔다고 증언했다.

교회에 가둔 후 총을 쏘고 칼을 휘둘러 23명 학살

국내에서 활동하는 서양의 선교사들이 먼저 접한 일제의 만행은 4월 5일의 수촌리 방화였다. 교회를 포함해 마을 전체가 불타고 교인들이 체포되었다는 소식을 접한 미국 장로회 선교사 호러스 호턴 언더우드(원한경)가 미국 영사 레이먼드 커티스, AP통신 서울특파원 기자 앨버트 테일러와 함께 진상을 파악하기 위해 수촌리로 달려간 것은 제암리 학살 이튿날인 4월 16일이었다.

그런데 일행은 수촌리로 가던 중 바로 전날 제암리 마을에서 학살 사건이 있었다는 사실을 알게 되었다. 그들은 살아남은 제암리 주민들에게서 잔혹했던 사건에 관한 생생한 증언을 듣고 현장을 둘러보며 분노했다. 일행은 서울로 올라와 수촌리 방화와 제암리 학살 사실을 세상에 알렸다.

세브란스 병원 의사로 활동하는 프랭크 스코필드는 4월 18일 제암리와 수촌리를 방문해 주민들의 증언을 듣고 그것을 토대로 일제의 잔학 행위에 대한 보고서를 작성해 요로에 전달했다. 당시의 참혹상을 지금까지도 생생하게 증언하는 잿더미로 변한 마을 현장 사진들은 대부분 스코필드가 일본 경찰 몰래 촬영한 것이다. 4월 19일에는 영국의 대리영사 W.M. 로이즈와 미국 감리교 소속 아서 노블 선교사가 현지를 방문해 실상을 조사했다. 이들 선교사들의 보고서는 미국·캐나다·영국 등의 교회로 전달되었고 전 세계에 알려졌다.

아서 노블 선교사의 부인인 마티 노블은 "제암리 교회 학살 말고도 화성군 일대 16개 마을, 5개 교회에서 비슷한 만행이 자행되었다"고 일기(1919.4.19)에 기록했다. 자신이 작성한 '수원 지역 구조 활동 보고서'에서는 326채의 집이 불탔고 1,600여 명의 이재민이 발생했으며 39명이 살해된 것으로 기록했다. 이처럼 선교사들이 적극적으로 진상을 파악하고 국내외에 만행 사실을 전파하자 일제도 마냥 부인할 수만은 없었다.

당시 조선군 사령관인 우쓰노미아 다로는 4월 18일자 일기에 "서울 남방에서 일본군이 약 30명을 교회에 가두고 학살·방화했다"며 학살 사실을 인정했다. 그러나 "사실을 사실대로 하고 처분하면 간단하지만 학살과 방화를 자인하는 꼴이 되어 제국의 입장에 심대한 불이익이 된다. 이 때문에 간부회의에서 조선인들이 저항해 살육한 것으로 하되 학살과 방화 등은 인정하지 않기로 결정했다"며 사건 은폐가 있었음을 시인했다.

일제는 이 같은 만행을 저질러 놓고도 군사재판에 회부된 아리타 중위에게 1919년 8월 21일 무죄를 선고했다. 행위는 유죄이지만 임무 수행상 할 수밖에 없었기 때문에 그의 행위를 처벌할 규정이 없다는 이유를 들었다.

오늘날 '제암리 학살 3·1 운동 순국 기념관'이 밝히는 공식 희생자 수는 제암리 23명, 고주리 6명이다. 다만 당시 일본군 보고서에는 희생자가 약간씩 다르게 나온다. 조선군 사령관 우쓰노미야는 일본 육군대신에게 사망자 32명, 부상자 약간 명, 방화 가옥 28채라고 보고하고, 조선 총독 하세가와 요시미치는 하라 다카시 총리에게 기독교와 천도교도 25명을 사살하고 28채가 불에 탔다고 보고했다.

유관순의 만세운동과 순국

일제의 무자비한 진압으로 아우내 장터 시위에서만 19명이 사망하고 30명이 부상했다.

유관순(1902~1920)의 부친은 일찍이 기독교 감리교에 입교한 개화 인사였으며 향촌 유지들과 함께 마을에 교회와 학교를 세워 민족교육

운동에 앞장선 계몽운동가였다. 유관순은 충남 목천군 이동면 지령리(현재 천안시 병천면 용두리)에서 5남매 중 둘째 딸로 태어났다. 부친의 영향을 받아 신앙심과 민족의식을 키우던 중, 1915년 봄 감리교 순회 선교사의 주선으로 이화학당의 보통과 2학년으로 입학했다. 이후 이화학당 옆의 정동교회를 다니며 민족혼을 불어넣는 손정도 목사의 애국적인 설교에 영향을 받았다.

유관순

1918년 이화학당 보통과를 졸업하고 이화여자보통고등학교 1학년으로 입학한 유관순은 1919년 2월 학생들 사이에 3·1 운동이 추진되고 있다는 사실을 이화학당 내의 비밀결사를 통해 알게 되었다. 그리고 3월 1일 파고다공원을 출발한 시위대가 학교 앞을 지나는 것을 보고 5명의 동료 학생과 함께 외국인 교장의 만류를 뿌리치고 뒷담을 넘어 시위운동에 동참했다.

3월 5일에는 서울에서 전개된 최대 시위운동인 남대문역(서울역) 만세 시위운동에도 참가했는데 서울 지역의 학생 거의 전부와 고종의 인산(3.3)을 마치고 귀향하던 사람들이 대거 참여해 이날 시위 때는 체포된 사람이 많았다. 유관순 역시 종로 6가에까지 진출했다가 경찰에 체포되었으나 외국 선교사의 도움으로 가까스로 풀려났다.

이후에도 만세 시위운동이 학생들을 중심으로 걷잡을 수 없이 확대되자 조선총독부가 3월 10일 중등학교 이상의 학교에 임시 휴교령을 선포했다. 유관순은 서울에 마땅히 머무를 곳이 없어 이화학당에 다니던 사촌언니 유예도와 함께 3월 13일 고향으로 내려갔다. 이미 전국적으로 뜨겁게 달궈진 만세 시위운동은 고향에서도 비등점을 향해 끓고 있었다.

고향 인근에서 일어난 최초의 시위는 3월 14일 목천면의 목천보통학교

학생 120명이 교정에서 독립만세를 부르고 거리로 뛰쳐나간 시위행진이었다. 3월 20일에는 광명보통학교 교사·학생들, 입장면 시장에 모여 있는 700명의 농민과 상인이 만세 시위운동을 벌였다. 3월 28일에는 입장면의 광산 노동자 200명이 시위운동을 일으켜 헌병 주재소를 습격하는 과정에서 헌병의 발포로 2명이 숨지고 4명이 부상했다. 3월 29일에도 천안 읍내에서 3,000여 명의 군중이 태극기를 흔들고 독립만세를 외치며 시가행진을 벌였으며 3월 30일에는 수백 명의 풍세면 농민이 횃불 시위를 전개했다.

피투성이가 된 채 독립만세를 외치며 장터 이곳저곳 뛰어다녀

유관순은 고향에 내려오자마자 동네 어른들을 찾아다니며 서울의 3·1 운동 소식을 전하고 만세 시위운동의 필요성을 설득했다. 3월 16일 주일 밤 예배가 끝났을 때는 교회에 남아 만세 시위운동을 논의하는 유중권, 유중무, 조인원 등 20여 명의 동네 유지에게 서울의 3·1 운동 상황을 설명했다. 유중권은 유관순 아버지이고 유중무는 유관순의 작은아버지였으며 조인원은 독립운동가 조병옥의 부친이자 조순형 전 의원의 조부였다.

유지들은 그 자리에서 4월 1일 이동면(현재의 병천면) 아우내 장날 때 만세 시위운동을 전개하기로 뜻을 모았다. 그날이 음력으로 3월 1일이어서 3·1 운동의 뜻을 살리자는 취지였다. 인근의 면과 촌을 연결하는 연락원은 유관순과 유예도가 맡았다. 유관순은 서울로 올라가 독립선언서를 구해 오고 틈나는 대로 태극기도 만들었다. 거사를 하루 앞둔 3월 31일에는 지령리 뒷산 매봉에서 이튿날의 만세시위를 약속하고 다짐하는 봉화를 올렸다. 사방의 산에서도 20여 개의 횃불이 그믐날 밤하늘을 밝혔다.

마침내 다가온 4월 1일, 유관순은 아우내 장터 어귀에서 만세 시위운동에 참여하러 모여드는 사람들에게 밤새 만든 태극기를 나누어주었다. 독립선언식은 오후 1시쯤 조인원이 독립선언서를 낭독하고 대한독립만세를 고창하는 것으로 거행되었다. 이윽고 조인원·유중권·유중무·유관순 등이 선두에 서서 시위대를 이끌었다. 그 뒤를 따라 3,000여 명의 군중이 태극기를 흔들며 만세 시위운동을 전개했다. 이처럼 군중이 아우내 장터 곳곳을 누비고 있을 때 일제 헌병들이 달려와 총검을 휘둘렀다. 분노한 시위대는 장터 주변에 있는 헌병 주재소로 몰려가 돌을 던지고 유리창을 깨뜨렸다.

헌병은 또다시 총검을 휘둘렀다. 결국 유관순의 부친은 총검에 찔려 숨졌고 어머니는 남편의 죽음에 분노하며 항의하다 역시 총칼에 희생되었다. 유관순도 총검에 찔려 쓰러졌으나 다시 일어나 피투성이가 된 채 독립만세를 외치며 장터의 이곳저곳을 뛰어다녔다. 일제의 무자비한 진압으로 아우내 장터 시위에서만 19명이 사망하고 30명이 부상했다. 나중에 옥사하거나 고문으로 순국한 사람도 29명이나 되었다.

헌병은 무차별 총격으로 군중을 해산한 뒤 그날 저녁 유관순·조인원·유중무 등을 잡아갔다. 공주 영명학교에 다니던 유관순의 오빠 유우석 역시 같은 날 영명학교에서 시위운동을 주도하다 체포되었다. 할아버지는 아들과 며느리의 죽음에 충격을 받아 시름시름 앓다가 2개월 보름 뒤 숨졌다. 유관순의 집안은 이렇게 풍비박산 났다.

유관순은 5월 9일 공주지법에서 조인원·유중무와 함께 5년형을, 6월 30일 경성복심에서 3년형을 선고받았다. 다만 다른 사람들이 상고한 것과 달리 유관순은 상고하지 않아 3년형이 확정되었다. 당시 서대문형무소에 기록된 수형자 기록표를 보면 유관순의 신장은 5자 6치, 즉 1자를 30.3㎝로 환산하면 169.7㎝의 큰 키인 것으로 나타나 있다. 유관순은 1920년 3월 1일 3·1 운동 1주년을 맞아 옥중에서도 수감 중인 동지들과 함께 대대적인 만세운동을 전개했다. 이로 인해 지하 감방에 감금되어 야만적이고 무자비한 고문을 받았다.

그러던 중 1920년 4월 일본 정부가 왕세제 영친왕 이은의 결혼을 경축하는 의미로 한국인 정치범에 사면령을 내려 유관순의 형량은 3년에서 반으로 줄어들었다. 따라서 머지않아 풀려날 예정이었다. 그러나 고문으로 인한 방광 파열로 1920년 9월 28일 오전 8시 20분 서대문 감옥에서 18살의 나이로 순국하고 말았다. 일제는 순국 후에도 가족을 제대로 수소문하지 않아 순국 후 보름이나 지난 10월 12일에야 이화학당에 시신을 인도했다. 그동안 가장(假葬) 상태로 있었기 때문에 시신은 부패할대로 부패해 있었다.

유관순이 세상에 알려진 건 해방 후

유관순의 장례식은 10월 14일 정동교회에서 거행되었고 시신은 이태원 공동묘지에 안장되었다. 하지만 이태원 공동묘지가 일제의 군용기지로 전환될 때 미아리 공동묘지로 이장되는 과정에서 유실되어 지금은 무덤이 사라지고 없다. 충남 천안시 병천면 탑원리에 조성한 묘는 혼백만 모신 초혼묘다.

그런데 유관순의 존재는 일제하에서 의외로 알려지지 않았다. 일제하 발간된 조선일보와 동아일보에도 유관순 관련 기사는 한 건도 검색되지 않는다. 유관순이 세상에 알려진 건 해방 후인 1945년 신봉조 이화여고 교장, 박인덕 이화학당 교사가 해방 후 회고하면서 널리 알려졌다. 박인덕이 유관순을 세상에 알릴 수 있었던 것은 그 자신 3·1 운동 때 학생을 선동한 교사로 지목되어 4개월간 옥고를 치렀기 때문이다. 그는 감옥에서 제자 유관순을 만나게 되었고 옥중에서도 죽음을 불사한 유관순의 강렬한 투쟁에 깊은 감명을 받았다.

그런데도 2014년 검인정 국사 교과서 8종 가운데 일부에서 유관순을 싣지 않은 것으로 확인되어 뒤늦게 국내 학계에서 논쟁이 벌어졌다. 교과서를 집필한 측은 "유관순이 친일파가 만들어낸 영웅이기 때문"이라고 이유를 설명했다. 친일파란 박인덕 교사와 이화학당에서 1930년대 후반 교장을 했던 신봉조를 지칭한다. 즉 이들이 자신들의 친일 행위를 감추기 위해 유관순의 행적을 과장해 만들어냈기 때문에 내막을 모르는 사람들이 허수아비를 아무 검증과 비판 없이 민족의 영웅으로 받들었다는 것이다.

이에 대해 집필자들을 비판하는 측은 "두 사람이 일제 말기에 친일 행위를 한 것은 맞지만 친일 행적이 있는 이광수가 '백범 일지'를 썼다고 해서 김구를 교과서에서 빼야 하느냐"며 반문한다. 그리고 1947년 9월 유관순기념사업회가 발족했을 때 조인원의 아들 조병옥과 후일 문교부 장관이 될 오천석이 회장을 맡고 서재필·이승만·김구·이시영·김규식·최현배 등이 고문으로 참여한 것으로 미루어 친일파가 만들어낸 영웅이 결코 아니라고 주장한다.

오늘날 유관순 가문에서 배출한 독립유공자는 3대에 걸쳐 9명이나 된다. 유관순과 부모님은 물론 숙부 유중무, 오빠 유우석, 사촌언니 유예도, 올케 조화벽, 조카 유제경, 이종조카 한필동이 그들이다. 2015년 진수된 잠수함을 유관순함으로 명명했는데 여성의 이름을 해군 함정 이름으로 채택한 것은 해군 창설 이래 처음이었다.

대한민국 임시정부 수립

임시 의정원 회의가 특히 중요한 것은 '대한민국'이라는 '국호'를 결정했다는 데 있다.

3·1 운동 후 각기 다른 임시정부가 국내외에서 조직되었다. 그러나 대부분은 실체가 없는 '전단 정부'였을 뿐 일정한 모양새를 갖춘 임

시정부가 수립된 곳은 러시아의 블라디보스토크와 중국의 상해 그리고 한성(서울) 이렇게 세 곳이었다.

그중 가장 먼저 임시정부 수립을 선포한 곳은 20만 명의 한인이 거주하는 러시아 땅 연해주였다. 이곳에서 임시정부를 발족한 산파는 연해주 지역 한인사회의 구심점 역할을 한 전로한족중앙총회였다. 한인 대표 80여 명이 1919년 2월 25일부터 3월 초까지 니콜리스크(현 우수리스크)에 모여 전로한족중앙총회 상설위원을 중심으로 '대한국민의회'를 조직하고 의장에 전로한족중앙총회 회장인 문창범, 외교부장에 최재형, 선전부장에 이동휘를 선출한 게 러시아 임시정부의 출발이었다.

대한국민의회는 1919년 3월 17일 러시아 블라디보스토크에서 임시정부 수립을 선포했다. 정부 형태는 소비에트 체제를 본떴다. 대한국민의회가 입법·행정·사법을 모두 관장하되 행정부가 임시정부 역할을 하는 것으로 했다. 대통령에는 3·1 운동 대표 손병희를, 부통령에는 국내와의 연락 관계를 고려해 박영효를 추대했으나 당시 손병희는 감옥에, 박영효는 국내에 있었기 때문에 임시정부의 정통성을 확보하기 위한 명망가 내세우기의 의도가 짙었다.

국무총리와 내무총장에 각각 이승만과 안창호를 선임한 것도 두 사람의 명성과 미주 독립운동과의 관련을 의식한 결정이었다. 따라서 실질적인 주도 세력은 러시아령 연해주 지방에 체류하는 독립운동가들이었다.

서울에서 수립을 선포한 한성 임시정부는 1919년 4월 2일 안상덕·박용희·장붕·김규·이종욱 등 종교 지도자들과 국내 13도 대표자들이 인천 만국공원에 모여 4월 23일 서울에서 대대적인 국민대회를 열기로 결정하면서 구체화되었다. 최고 수반인 집정권 총재에는 이승만, 국무총리 이동휘, 내무총장 이동녕, 재무총장 이시영, 법무총장 신규식, 군무총장 노백린 등을 선임했다.

그리고 4월 23일 정오를 기해 20여 명의 대표가 서울 서린동 봉춘관에서 한성 임시정부 수립을 선포하고 학생과 시민들이 종로·서대문·동대문·남대문 등 일대에서 국민대회를 열고 시위를 벌였다. 다만 규모는 당초 계획보다 미미했다.

그 무렵 중국의 상해에서도 임시정부 구성을 위한 날갯짓이 시작되었다. 상해는 미주와 유럽인의 내왕과 거주가 많아 국제적인 여론 형성, 정보 수집, 외교 활동 전개에 이점이 많은 곳이었다. 우리로서는 국내, 중국 만주, 러시아, 북미, 하와이 등지의 독립운동가들을 연결하는 중계 지점이었다. 이러한 특성 때문에 일찍이 독립지도자들은 상해를 독립운동의 거점으로 삼았다.

1912년 결성한 동제사는 상해에서 조직된 독립운동 단체의 효시였다. 이후 박달학원(1913), 신한독립당(1915), 신한혁명당(1918) 등이 결성되면서 상해는 다수의 청년을 집결시키는 교두보 역할을 했다. 이런 상황에서 3·1 운동은 국내는 물론, 일본과 러시아에서 활동하는 민족 지도자들의 상해 집중을 가속화했다. 100명 정도였던 상해 거주 한인은 3·1 운동 이래 급증해 500명을 넘어섰다.

일정한 모양새를 갖춘 임시정부는 세 곳

상해로 모여든 민족 지도자들은 3·1 운동에 고무되어 임시정부 수립을 준비했다. 역사적인 첫 모임은 1919년 4월 10일 밤 10시쯤 상해 프랑스 조계 김신부로 22호에 있는 허름한 셋집에서 열렸다. 이날 모임에 참석한 신익희·이시영·이동녕·신채호·신석우·여운형·이광수·현순·손정도·김동삼 등 29명의 독립 지도자들은 자신들의 모임을 '임시 의정원'으로 규정하고 밤샘 회의 끝에 4월 11일 새벽 국호를 '대한민국'으로 정하고 '대한민국은 민주공화국이다'(1조)로 시작되는 대한민국 임시 헌장 10개조를 제정했다. 임시 헌장은 임시정부의 제1차 헌법을 의미했다.

이날의 임시 의정원 회의가 특히 중요한 것은 '대한민국'이라는 '국호'를 결정했다는 데 있다. 대한민국 국호를 처음 제안한 사람은 신석우였다. 그는 한때 경영난에 빠진 조선일보를 인수, 이상재를 사장에 추대하고 자신은 부사장으로 있으면서 조선일보를 민족지로 키우는 데 힘썼던 인물이다.

'대한민국'이 국호로 논의에 붙여졌을 때 논란이 적지 않았다. 여운형이 "대한이란 말은 조선왕조 말엽 잠깐 쓰다가 망한 이름이니 부활시킬 필요가 없다"며 반대하고 나서자 신석우가 "대한으로 망했으니 대한으로 흥하자"며 맞받아쳤다. 결국 표결에 붙여진 끝에 '대한민국'이 정식 국호로 채택되었다.

'대한'이란 국호는 1897년 고종이 중국 청나라에서 독립된 나라임을 강조하기 위해 황제를 칭하고 국호를 '조선'에서 '대한제국'으로 바꿀 때 처음 등장했으나 1910년 8월 일제가 합병 조약을 강제하면서 사용하지 못하게 했다. 일제는 통감부가 칙령으로 '대한제국의 국호를 고쳐 지금부터 조선이라 칭한다'라고 하고, 가쓰라 일본 총리가 천황의 재가를 받아 '대한' 사용을 금지했다. '대한민국'에서 '민국'은 중국의 신해혁명 이후 불리기 시작한 중화민국에서 영향을 받았는데 '민국'을 채택한 것은 한국사에서 최초의 민주정체가 수립되었음을 의미했다.

임시 의정원 회의에서 정부 조직은 임시 의정원(입법부)과 국무원(행정부)을 설치하는 것으로 의견을 모으고 임시 의정원 의장에는 이동녕을 선출했다. 국무원의 수반격인 국무총리에는 이승만을, 내무총장 안창호, 외무총장 김규식, 군무총장 이동휘, 교통총장 문창범을 선출한 뒤 4월 13일 기자회견을 통해 임시정부 수립을 대내외에 공표함으로써 '상해 임시정부'의 탄생을 세상에 알렸다.

이처럼 비슷한 시기에 3개의 임시정부가 수립되다보니 자연스럽게 통합의 필요성이 제기되었다. 임시정부를 통합하기 위한 최대 관건은 이승만의 참여 여부였다. 이승만은 사실상 항구적인 독재권을 보장하는 한성 정부의 집정관 총재 직책은 받아들이면서도 상해 임정은 부인하는 태도를 취했다.

이런 상황에서 안창호가 임시정부의 통합을 위해 팔을 걷어붙였다. 안창호는 5월 25일 미국에서 상해로 건너와 6월 28일 상해 임시정부의 내무총장 겸 국무총리 대리에 취임한 뒤 통합 임시정부의 실현에 전력을 기울였다. 그 결과 ▲대한국민의회와 상해 임시정부를 해체하고 한성 임시정부를 계승한다. ▲정부 위치는 상해에 둔다. ▲정부 명칭은 대한민국 임시정부로 한다. ▲정부 임원은 모두 사퇴하고 한성 정부가 선임한 임원들이 정부를 인수하기로 의견을 모았다.

한성 임시정부의 법통 아래 하나로 통합

한성 임시정부의 법통 아래 하나로 통합하자는 결정에 따라 상해 임시의정원은 1919년 8월 18일 임시 의정원 개조 및 임시 헌법 개정에 관한 제언을 통과시키고 해산했다. 대한국민의회는 8월 30일 블라디보스토크 신한촌에서 총회를 열고 해산을 선언했다. 9월 6일에는 새로 구성된 통합 임시 의정원이 임시 헌법 개정안을 통과시켜 명실상부한 통합 임정의 헌법을 탄생시켰다.

뒤이어 9월 11일 통합 임시 의정원이 신헌법을 공포하고, 이승만을 대통령, 이동휘를 국무총리로 하는 신내각을 발표함으로써 통합 대한민국 임시정부가 탄생했다. 11월 3일에는 국무총리 이동휘를 비롯해 내무총장 이동녕, 법무총장 신규식, 재무총장 이시영, 노동국총판 안창호가 취임해 통합 상해 임정이 본격적으로 닻을 올렸다. 그러나 통합 과정에서 완전히 해소하지 못한 문제점들은 후일 임시정부를 비롯한 항일 독립운동 전선에서 분열과 대립의 씨앗이 되었다.

무엇보다 이승만 대통령이 상해에 부임하지 않은 채 미국에 머물면서 대통령명을 남발하며 비민주적으로 정부를 운영한 것이 가장 큰 걸림돌로 작용했다. 비록 부결되었지만 임시정부 소장파들이 1920년 5월 이승만 대통령 불신임안을 제출할 정도로 이승만에 대한 불신 여론이 높았다. 1920년 9월 북경의 군사통일촉성회가 임시정부의 독립운동 노선에 대해 무장투쟁을 포기한 외교 노선이라고 비판·공격하면서 또다시 갈등이 증폭되었다.

국무총리 이동휘도 이승만의 독재와 반무장 투쟁 노선을 비판하면서 대통령 권한 축소를 요구했다가 의정원에서 부결되자 국무총리직을 사임하고 1921년 1월 임시정부에서 탈퇴하는 등 임시정부는 조용한 날이 없었다.

이승만은 1920년 12월 5일에야 미국에서 상해로 건너와 통합 대통령으로 취임했으나 자신의 비폭력 외교 노선을 굽히지 않고 반무장 투쟁 노선을 천명한 탓에 임시정부는 더욱 깊은 수렁 속으로 빠져들었다. 이동휘의 임정 탈퇴 후 박은식·원세훈·김창숙 등 14명이 "국민대표회의를 열어 정부를 개조하자"는 성명을 발표하고 박용만·신채호 등 무장투쟁파도 이승만을 규탄하며 상해 임정을 부인하면서 임정은 더욱 안갯속으로 빠져들었다.

이처럼 국민대표회의 개최와 임시정부 개조로 대세가 기울자 중도 입장이던 안창호와 여운형도 5월 12일 국민대표회의 소집을 적극 지지했다. 처음 국민대표회의 소집에 반대했던 상해 임시정부 인사들까지 점차 개최 쪽으로 기울면서 소수의 임시정부 고수파를 제외하고는 대부분 국민대표회의 소집에 찬동하게 되었다.

이승만은 사태가 불리하게 전개되자 신규식·노백린·이동녕 등 5인에게 국무원을 맡기고 1921년 5월 미국으로 떠나버렸다. 1921년 5월 법무총장 신규식이 국무총리 대리로 선임되어 사태 수습에 나섰으나 곧 임정의 '개조론'과 '창조론'에 휘말려 임시정부는 또다시 표류하는 신세가 되었다.

이승만, 상해 임시정부 대통령으로 피선

그의 90년 삶을 한마디로 규정짓는 것은 사실을 곡해할 공산이 크다.

한국의 근현대 정치인 중 큰 족적을 남겼으면서도 늘 논란의 중심에 서 있는 인물을 꼽으라면 단연 이승만(1875~1965)이다. 그래서 그의 90년 삶을 한마디로 규정짓는 것은 사실을 곡해할 공산이 크다. 그럼에도 분명한 사실은 독립운동가였고 대한민국 건국의 아버지였으며 말년에는 독재자였다는 점이다.

이승만은 가난한 집안의 6대 독자로 황해도에서 태어났다. 어머니의 남다른 교육열에 힘입어 3살 때 이사온 서울에서 과거를 준비하던 중 19살 때인 1894년 과거제도가 폐지되자 그해 11월 배재학당에 입학했다. 그것은 서양의 신문명을 접하는 계기가 되었다는 점에서 개인적으로나 국가적으로나 중대한 전환점의 의미를 갖는다.

이승만은 2년 후 졸업생을 대표해 800여 명의 국내외 청중 앞에서 '한국의 독립'이라는 주제로 영어 연설을 한 것을 계기로 전도양양한 청년 인재로 부상했다. 배재학당 졸업 후에는 서재필이 조직한 독립협회에서 열성적으로 활동하는 한편 1898년 3월 10일 제1차 만민공동회에서 열변을 통해 민중의 뜨거운 지지를 받았다.

이승만은 일본에 망명 중인 박영효가 고종을 양위시키고 강력한 내각 중심제 정부를 조직하려는 쿠데타 음모를 꾀했을 때 가담했다. 그러나 음

이승만

모가 사전에 발각되어 1899년 1월 한성감옥에 수감되었다. 구금 20여 일 만에 탈옥을 시도했다가 실패해 태형 100대와 종신형 선고를 받고 기약 없는 영어 생활에 들어갔다. 종신형 선고에 앞서 사형선고가 내려질지 모른다는 불안감은 그를 기독교로 개종시켰고, 이후 성경 공부를 하면서 옥중 전도에 힘을 기울였다.

옥중에서 영어사전을 집필하면서도 자신의 옥중기이자 근대화에 관한 구상을 담은 첫 번째 저서 '독립정신'을 1904년 6월 탈고했다. '독립정신'은 6년 뒤인 1910년 2월 미국 로스앤젤레스 대동신서관에서 발간되었다. 감옥 생활은 수감된 지 5년 8개월 만인 1904년 8월 9일 고종의 석방 결정으로 끝을 맺었다.

그 후 조선이 처한 현실을 미국 대통령에게 탄원하자는 민영환과 한규설의 제안을 받고 1904년 11월 4일 도미길에 올랐다. 이승만은 하와이에서 만난 윤병구 목사와 함께 1905년 8월 4일 시어도어 루스벨트 대통령을 방문해 러일전쟁 종결 후 미국이 조선의 독립을 보존하는 데 힘써줄 것을 요청했다. 루스벨트가 정식 외교 채널을 통해서 청원서를 제출하면 그 무렵 한창 논의 중인 포츠머스 평화회의 석상에 그것을 내놓겠다고 하자 이승만은 워싱턴의 주미 대리공사 김윤정에게 청원서 제출을 요청했다. 하지만 김윤정이 고종의 명령을 받지 않았다며 청원서 제출을 거부해 무산되었다.

청원서를 제출했다 한들 아무런 효력이 없었으리라는 것은 역사가 설명해주고 있다. 이승만을 접견하기 전 루스벨트의 지시로 이미 윌리엄 태프트 미국 육군성 장관이 일본에 파견되어 가쓰라·태프트 밀약(1905.7.29)을 체결한 데다 평소 루스벨트가 한국에 대해 부정적 시각을 갖고 있었기 때문이다.

독립운동가였고 대한민국 건국의 아버지였으며 독재자였다

이승만은 고국으로 돌아오지 않고 특별장학생으로 조지워싱턴대 3학년으로 편입해 향학열을 불태웠으나 한성감옥 동지 박용만이 미국으로 데리고 온 자신의 유일한 혈육이자 7대 독자 아들인 이태산을 1906년 2월 잃는 아픔을 겪었다.

이승만은 1907년 6월 조지워싱턴대를 졸업하고 하버드대 석사과정에 입학해 1908년 8월 졸업했다. 내친김에 프린스턴대 박사과정에 입학, 1910년 6월 '미국의 영향을 받은 국제법상 중립'이라는 제목의 논문으로 훗날 대통령이 될 우드로 윌슨 총장이 정계로 떠나기 직전 마지막으로 참석한 졸업식에서 윌슨으로부터 직접 박사학위를 받았다.

당시 미국의 명문대에서 정치학 박사학위를 받았다는 것은 많은 한국인에게 존경과 경외의 대상이었다. 5년이라는 짧은 기간에 미 명문대에서 학사·석사·박사를 모두 취득했다는 것은 미국 교육사에서도 유례를 찾아볼 수 없는 쾌거였다. 이승만의 독단적이고 카리스마적 성격이 형성된 데는 바로 이런 주변의 시선과 본인의 자신감이 영향을 미쳤을 것으로 보는 시각이 많다.

이승만은 박사학위 취득 후 서울YMCA 학생부 간사 겸 학감으로 발탁되어 1910년 10월 이미 망해버린 조국 땅을 밟았다. 그러나 1911년 11월 이른바 '105인 사건'으로 체포 대상에 오르자 미국 선교사의 도움으로 1912년 3월 서울을 탈출, 위기를 모면했다. 미국에 도착한 그는 1913년 2월 하와이로 건너가 한인중앙학원을 운영하고 9월 20일 '태평양잡지'를 창간했다. 1918년 2월 대한인국민회(회장 안창호)로부터 정한경·민찬호와 함께 파리평화회의의 한국 대표로 선정되었으나 미국이 파리행 여권을 발급해주지 않아 무산되었다.

이승만은 궁여지책으로 윌슨 대통령에게 "장차 조선의 완전한 독립을 보장한다는 조건 하에 당분간 조선을 새로 창설될 국제연맹의 위임통치 하에 놓아 달라"는 내용의 청원서를 1919년 2월 25일자로 보냈다. 이때의 위임통치 요청으로 이후 많은 독립운동가로부터 집중적인 비난을 받았다. 그래도 1919년 3·1 운동 이후 생겨난 몇몇 임시정부들이 이승만을 최고수반인 집정권 총재나 국무총리로 추대할 만큼 그는 그 시대의 대표 독립운동가로서의 지위를 인정받았다.

1919년 9월 6일 상해 통합 임시정부 의정원이 그를 임시 대통령으로 추대했는데도 그는 바로 상해로 가지 않고 1년 3개월이 지난 1920년 12월에야 상해로 건너갔다. 그러나 이승만의 독재적인 임시정부 운영과 국제연맹의 위임통치에 반대하는 세력의 거부에 막혀 1921년 5월 미국으로 되돌아갔다.

이후 주로 미국에 머물면서 자신이 창설한 구미위원부를 중심으로 외교·홍보 활동을 펼치다가 1925년 3월 상해 임시정부 의정원의 탄핵을 받아 임시 대통령직에서 면직되었다. 1934년 10월 오스트리아 여성 프란체스카 도너 리와 재혼하고, 1939년 10월 워싱턴에서 영문 저서 '일본 내막기' 집필에 들어가 1941년 초 출판했다. 책에서 일본의 진주만 폭격 가능성을 개진했는데도 극찬을 한 펄 벅 여사를 제외하곤 미국 조야의 반응은 냉담했다. 이승만의 혜안이 입증된 것은 책이 발간되고 얼마 후인 1941년 12월 일본의 진주만 폭격이 있고서였다. 책은 곧 미국 내 모든 서점에서 매진되었고 영국에서도 발간되었다. 책을 계기로 그에게 '예언자'라는 호칭이 따라붙었다.

'일본 내막기', 이승만의 혜안 입증한 명저

이승만은 1945년 8월 해방 후 귀국을 서둘렀으나 좌우합작을 준비 중이던 미국 국무부의 제지로 귀국하지 못하다가 우여곡절 끝에 10월 16일 개인

자격으로 귀국했다. 귀국 후에는 좌우 간의 첨예한 갈등 속에서 홀로서기를 시도했다. 평소 특정 정파의 보스가 아니라 모든 정파의 보스이기를 원했기 때문이다. 10월 23일 전국 65개 정당·단체 대표 200여 명을 근간으로 한 '독립촉성중앙협의회(독촉)'를 발족시켜 자신의 세력 기반으로 삼았다.

해방 공간에서 이승만에 대한 도전은 좌파보다 미 군정의 존 하지 사령관이 더 노골적이었다. 하지는 이승만의 반공주의가 좌우합작에 걸림돌이 될 것을 우려해 정부의 전 단계로 출범시킨 남조선민주의원 의장직에서 이승만을 끌어내렸다. 이후에도 이승만과 미 군정은 사사건건 마찰을 빚었다.

이승만은 1946년 12월 미국으로 건너가 1947년 4월까지 머물며 지지 세력 확보에 혼신의 힘을 기울였다. 미 행정부나 의회로부터는 환영을 받지 못했으나 1947년 3월 12일 '트루먼 독트린'이 발표되면서 부활의 날갯짓이 가능해졌다. 트루먼 독트린은 미국이 소련과의 협력에서 반공 노선으로 돌아서겠다는 선언이었다.

미국은 그때까지도 이승만을 지지하지는 않았으나 이승만이 줄곧 반공 노선을 견지하고 당시 한국인들이 가장 선호한 인물이라는 점에서 언제든 그를 활용할 여지는 남겨두었다. 귀국 후 이승만은 1947년 6월 3일 남한만이라도 단독정부를 세우자는 이른바 '정읍 발언'을 통해 자신의 정치 노선이 무엇인지를 분명히 했다. 미 군정은 1947년 중반까지 도무지 말을 듣지 않는 고집스러운 이승만보다는 김규식을 더 지지했다. 미국에서 서재필까지 불러 전면에 내세워보려 했으나 서재필은 국내 정치 상황에 적응하지 못하고 쓸쓸히 미국으로 돌아갔다. 결국 미국의 선택은 이승만으로 귀결되었다.

대한민국의 초대 대통령 이승만은 12년 집권 동안 비리와 실정도 많았다. 반민특위 활동을 무산시킨 것도 그렇거니와 영구 집권을 위한 개헌, 3·15 부정선거 등은 이승만이 역사에 남긴 대표적인 오점들이다. 이것이 대표적인 '과(過)'에 속한다면 공산화를 막고 대한민국을 건국한 초대 대통령의 역할은 부인할 수 없는 '공(功)'이다. 정치인이라면 누구나 공과가 있는 법인데도 독재자라는 부정적 이미지만 덧칠하면 '건국의 아버지' 이승만은 온데간데없이 사라지고 '친일파의 비호자', '분단의 원흉', '권력에 눈먼 독재자'로만 비치게 된다는 게 이승만 연구자들의 변이다.

실제로 이승만의 굳건한 반공 반소 노선은 6·25 전쟁에서 대한민국을 지켜내는 데 크게 기여했다. 1953년 7월 휴전협정이 맺어진 뒤에도 한미상호방위조약을 미국으로부터 끌어내 대한민국의 안전과 경제 발전을 다지는 데 결정적으로 이바지했다. 그러나 1960년 4월 혁명의 함성 속에서 독재 정권은 붕괴되었고 그해 하와이로 망명해 1965년 7월 19일 망명지에서 쓸쓸히 눈을 감았다.

이동녕, 상해 임정 초대 의정원 의장으로 피선

민족 교육과 인재 육성을 실천한 독립운동가였으며 겸양과 인품이 돋보이는 강직한 선비였다.

대한민국 임시정부하면 으레 김구를 떠올린다. 하지만 이동녕(1869~1940)이 없었다면 김구가 임시정부를 대표하는 인물로 부상하는 게 쉽지 않았을는지 모른다. 김구의 임시정부 인생 주변에는 언제나 이동녕이 있었기 때문이다. 김구는 백범일지에서 "최후의 1인까지 존경해야 할 사람이 있다면 이동녕"이라고 경의를 표하면서 "금일의 오인(吾人)을 있게 한 이면에는 이동녕의 지원이 있어 가능했다"며 이동녕의 역할을 인정했다. 이처럼 이동녕은 대한민국 임시정부의 구심점이었다. 그에 앞서 민족 교육과 인재 육성을 실천한 독립운동가였으며 겸양과 인품이 돋보이는 강직한 선비였다.

이동녕은 충남 천안에서 경북 의성군수를 지낸 양반 집안에서 태어났다. 한학을 공부하다 23살이던 1892년 진사 시험에 합격했으나 관리로 나가지 않고 민권운동에 뛰어들었다. 1896년 독립협회에 참여하고 1898년 만민공동회 활동을 하다가 이승만·이준 등과 함께 옥고를 치렀다. 출옥 후에는 제국신문의 비상임 논설위원으로 개화·민권·사회계몽·과학기술 등에 관한 글을 썼다. 1904년 10월 상동교회 안에 설립된 상동청년학원의 교사로 활동하면서 신학문을 보급하고 구국의 정신을 가르쳤다. 7살 아래의 김구를 처음 만난 것도 상동청년학원에서였다.

이동녕

이동녕은 1905년 11월 을사조약이 체결되자 결사대를 조직, 대한문 앞에서 연좌 농성을 벌이려다 체포되어 2개월간 두 번째 옥고를 치렀다. 1906년에는 간도 용정으로 올라가 이상설 등과 최초의 재만 조선인 교육기관인 서전서숙을 설립, 역사·지리·국제공법 등을 가르쳤다. 1907년 4월에는 국내에서 양기탁·이승훈·이동휘 등과 비밀리에 신민회를 결성, 총서기로 활약했으며 한일합방조약이 체결된 후인 1910년 12월에는 이회영·이시영 등과 함께 서간도로 망명해 만주 봉천성 유하현 삼원보에 경제자립 실현을 위한 경학사를 조직(1911.4)하고 신흥강습소(신흥무관학교의 전신)를 설립(1911.6)하는데 힘을 보탰다.

1914년 블라디보스토크로 건너가 이상설 등과 함께 대한광복군정부를 조직해 독립전쟁을 계획하고 남만주에서 산해관까지 이르는 대종교 서도본사의 책임자로 활동했다. 1919년 2월(음력) 만주와 러시아에서 활동하는 신규식·박은식·안창호·이시영·신채호·김좌진·이승만 등 39명과 함께 '대한독립선언서'를 공표했다.

"최후의 1인까지 존경해야 할 사람이 있다면 이동녕"

1919년 3·1 운동이 일어났을 때는 상해로 옮겨 독립지사들과 함께 임시정부를 구상했다. '상해 임시정부' 결성이 구체화된 것은 1919년 4월 10일 저녁 상해 김신부로 22호에 있는 허름한 셋집에서였다. 이동녕은 모임에 참석한 신익희·이시영·신채호·신석우·여운형 등 총 28명의 독립 지사들과 함께 자신들의 모임을 '임시 의정원'으로 규정하고 밤샘 회의 끝에 4월 11일 새벽 국호를 '대한민국'으로 정하고 임시 헌장 10개조를 제정했다.

임시 의정원 의원들은 임시정부 안에 임시 의정원(입법부)과 국무원(행정부)을 설치하는 것으로 의견을 모은 뒤 임시 의정원 의장에 이동녕을, 임정의 수반격인 국무총리에 이승만을 선출하고 4월 13일 임시정부 수립을 대내외에 공표함으로써 '상해 임시정부'의 탄생을 세상에 알렸다. 이동녕은 4월 23일 서울에서 수립을 선포한 한성 임시정부의 내무부 총장으로도 발표되었다. 9월에는 국내(한성 임시정부)와 러시아(대한국민의회 임시정부), 중국(상해 임시정부)에 각각 달리 설립된 임시정부를 하나로 합친 통합 대한민국 임시정부의 내무총장으로 선임되었다.

이후 이동녕은 1940년 이국 땅에서 서거하는 날까지 22년간 임시정부 국무총리, 국무령, 주석(4차례), 의정원 의장(3차례) 등을 역임하면서 김구와 함께 임시정부의 위기 상황을 극복하는 데 혼신의 노력을 경주했다. 임정이 고난과 시련에 처할 때마다 이동녕은 정신적 기둥 역할을 하며 임시정부를 사수했다.

임시정부 내에서 이동녕의 또 다른 역할은 김구의 앞길을 틔워주는 것이었다. 1925년 제2차 개헌으로 대통령제에서 국무령제로 바뀔 때 김구가 국무령으로 오르는 것에 대해 임정 내에서 반발이 일자 이동녕은 "임정을 강하게 이끌 사람은 백범밖에 없다"며 소신 있게 밀어붙여 김구가

1945년 환국할 때까지 임정의 선장 역할을 할 수 있도록 방패막이가 되어 주었다. 1932년 이봉창·윤봉길 등 두 의사의 거사 역시 이동녕과 김구의 합작품이었다.

거사 후 이동녕과 김구는 똑같이 일제의 체포령을 피해 다녀야 했고 임시정부 역시 일제의 탄압을 피해 항주·진강·장사·광주·유주·기강 등지로 옮겨다녔다. 독립운동가 정화암은 "임정에서는 늘 이동녕 선생이 중심이 되어 일을 꾸몄다. 김구도 그분 앞에 가면 그분이 시키는 대로 했다"고 회고했다.

이동녕은 1935년 11월 항주에서 김구 등과 한국독립당을 창당하고 1939년 임시정부의 네 번째 주석이 되어 김구와 함께 전시 내각을 구성해 서안에 군사특파단을 파견했다. 그렇게 조국의 광복을 위해 헌신했으나 1940년 3월 13일 임시정부가 있는 중국 사천성 기강에서 71세로 서거했다. 눈을 감으며 동지들에게 당부한 말은 '대동단결'이었다. 이동녕의 유해는 1948년 8월 김구의 아들 김신이 중국에서 환국할 때 가져와 서울 효창공원에 안치되었다. 이듬해 피살된 김구 역시 효창공원에 묻혀 죽어서도 이동녕과 함께 했다.

김원봉의 의열단 결성과 의열 투쟁

계속된 실패에도 의열단의 거사는 거침이 없었다.

1919년 11월 9일, 한 무리의 조선인 청년들이 중국 길림성 파호문 밖의 한 중국인 집으로 모여들었다. 김원봉을 비롯해 윤세주·이성우·이종암·신철휴·한봉근 등 13명의 청년들은 밤새 논의를 거쳐 11월 10일 새벽 '의열단'을 창단하고 김원봉을 단장격인 의백으로 추대했다.

서대문형무소에 수감된 의열단원 정이소의 수형 기록 카드에서 밝혀진 의열단 창립 초기 멤버들의 단체 사진. 오른쪽부터 김원봉·곽재기·강세우·김기득·이성우. 앉은 사람은 정이소이고 오른쪽 하단에 일경이 따로 붙여 놓은 김익상의 사진이 있다.

김원봉은 경남 밀양에서 태어나 서울의 중앙고를 중퇴한 뒤 중국으로 건너가 천진의 덕화학당(1916)과 남경의 금릉대(1918)를 거쳐 조선의 민족 지도자들이 길림성에 세운 신흥무관학교(1919)에서 실력을 배양하며 때를 기다렸다.

그러던 중 1919년 3·1 운동 소식을 듣고 "마침내 일제와 싸울 때가 되었다"며 무장 군대 창설을 계획했다. 하지만 현실적으로 어렵다는 것을 깨닫고 암살·파괴·폭파를 수단으로 하는 폭력 투쟁으로 전환했다. 그래서 결성한 것이 '의열단'이었다. 비밀결사답게 일반 단원들은 전체 조직원 수를 알지 못했다. 회합 장소나 암호도 비밀이었으며 거사 후 체포될 것 같으면 자결하는 것을 원칙으로 삼았다.

의열단의 암살 대상은 ①조선 총독 이하 고관 ②군부 수뇌 ③대만 총독 ④매국노 ⑤친일파 거두 ⑥적의 밀정 ⑦반민족적 토호열신(악덕 지방 유지) 등 이른바 '7가살(七可殺)'이었고 파괴 대상은 ①조선총독부 ②동양척식회사 ③매일신보사 ④각 경찰서 ⑤기타 일본의 중요 기관 등이었다.

의열단의 첫 거사는 조선총독부를 폭파하고 조선 총독을 암살하려 한 이른바 '밀양폭파사건'이었다. 그러나 거사는 폭탄 재료를 중국 상해에서 몰래 들여와 보관하던 경남 밀양의 미곡상 집이 일본 경찰의 급습을 받고, 서울에서 폭파를 준비하던 곽재기·윤세주·이성우·신철휴·김수득·한

봉근 등이 1920년 6월 16일 조선인 형사 김태석 등에게 체포되면서 실패로 끝났다. 밀양폭파사건으로 불린 것은 체포된 단원 중에 밀양 출신이 많고 국내 연락 장소인 밀양에서 다수 의열단원이 체포되었기 때문이다.

1년여에 걸친 살인적인 고문과 신문 끝에 곽재기·이성우는 징역 8년, 황상규·윤세주 등 5명은 징역 7년의 중형을 선고받았다. 다른 동지들도 1년에서 5년형을 선고받았다. 이성우는 1928년 3월 출소 후 만주로 가 독립군의 일원으로 일본의 사주를 받은 마적대와 싸우다가 분사했다.

의열단의 제2차 거사 목표는 밀양폭파사건 동지들을 체포·고문한 부산경찰서였다. 밀명을 받은 박재혁이 중국인 고서 상인으로 위장해 상해에서 일본을 경유해 고향인 부산으로 입국한 것은 1920년 9월 13일이었다. 박재혁은 이튿날 부산경찰서 2층의 서장실로 들어가 중국 고서를 보여주는 척하다가 상해에서 가져온 폭탄을 던져 일본인 서장에게 중상을 입혔으나 자신도 크게 다쳐 체포되었다. 서장은 병원 치료를 받은 후 얼마 지나지 않아 목숨이 끊어졌고 박재혁은 사형선고를 받은 후 9일 동안의 단식 끝에 1921년 5월 10일 숨을 거뒀다.

거사 후 체포될 것 같으면 자결을 원칙으로 삼아

의열단의 다음 목표는 밀양경찰서였다. 임무는 김원봉의 어릴 적 친구로 밀양에 거주하는 최수봉이 맡았다. 최수봉이 거사를 위해 1920년 12월 27일 밀양경찰서 안으로 들어갔을 때 경찰서에서는 일본인 경찰서장이 서원들에게 훈시하고 있었다. 최수봉은 경찰서 사무실에 폭탄을 던졌으나 불발이었다. 복도에 던진 두 번째 폭탄은 큰 폭음을 내며 터졌으나 위력이 약해 집기들만 일부 부서졌을 뿐 죽거나 다친 사람은 없었다. 최수봉은 도주로가 막혀 단검으로 자신의 목을 찔렀으나 곧 체포되어 1921년 7월 8일 형장의 이슬로 사라졌다.

계속된 실패에도 의열단의 거사는 거침이 없었다. 1921년 9월 12일에는 전기 수리공으로 위장한 김익상이 조선총독부 건물 2층에 폭탄을 던지고 감쪽같이 사라졌다. 이번에도 한 발은 불발이었고 한 발은 폭음과 함께 터졌으니 책상이 부서지고 유리창이 깨졌을 뿐 인명 피해는 없었다. 식민 통치의 심장부인 총독부에 폭탄이 터졌다는 것은 예삿일이 아니었다. 그런데도 일경은 범인을 잡지 못했다. 그 사이 김익상은 포위망을 벗어나 중국 북경으로 빠져나갔다.

그로부터 반년 후 일본군 육군대장 다나카 기이치가 필리핀·싱가포르·홍콩을 거쳐 상해에 들른다는 소식이 의열단에 전해졌다. 김원봉은 다나카를 처단하는 이른바 '황포탄 부두 의거'를 위해 김익상, 오성륜, 이종암 세 사람을 선발했다. 제1선을 지킨 오성륜은 1922년 3월 28일 상해 황포탄 부두에 접안한 배에서 내린 다나카를 향해 3발의 총탄을 발사했다. 그러나 다나카는 맞지 않고 옆에 있던 영국의 신혼 여성이 총에 맞고 절명했다.

오성륜은 다나카가 총탄에 맞았다고 생각해 그 자리에서 목청이 터져라 대한독립만세를 외쳤다. 그 틈을 타 다나카가 도주하는 것을 발견한 김익상이 그를 뒤 쫓아가며 2발의 총탄을 발사했다. 이번에도 총탄은 다나카를 비껴가 모자에만 구멍이 뚫렸다. 그 다음은 제3선의 이종암이 도주하는 다나카의 차를 향해 폭탄을 던졌으나 또다시 불발이었다. 결국 다나카는 살아남아 1927년 4월 총리로 부임했으니 운명이라면 운명이었다.

현장을 빠져나간 이종암과 달리 오성륜과 김익상은 현장에서 체포되었다. 오성륜은 일본 영사경찰서 유치장을 부수고 탈출했으나 김익상은 취조 중 조선총독부 폭탄 투척 사건의 주범이라는 사실까지 밝혀져 일본 감옥에서 20년의 형을 살았다. 1942년 출옥 후 귀향했으나 1943년 일본 형사에게 어디론가 끌려가 종적이 묘연해졌다.

오성륜은 한때 의열단 소속이었던 김산의 '아리랑'에서 김산에게 총 다루는 법을 가르쳐주었다는 유명한 저격수이자 뛰어난 무장투쟁가로 묘사되었으나 1941년 변절 후 일제에 협력했다가 1947년 중국 팔로군에게 처형된 것으로 알려졌다.

의열단은 이렇듯 일본의 간담을 서늘하게는 했으나 결정적인 성과를 내지 못했다. 무엇보다 단원들의 희생이 너무 컸다. 일제에 검거되어 고문을 당하고 중형을 받은 대원만 20명이 넘고 박재혁·최수봉 두 동지는 목숨까지 잃었다. 그래도 가던 길을 멈출 수 없어 조선총독부, 동양척식회사, 조선은행 등을 파괴하고 사이토 총독, 미즈노 정무총감, 마루야마 경무총감 등을 암살하는 대규모 거사를 또다시 준비했다. 그러려면 무엇보다 필요한 게 고성능의 폭탄이었다. 그동안 일제의 경찰서나 총독부에 잠입해 폭탄을 투척했어도 폭탄의 성능이 떨어져 불발로 끝난 적이 한두 번이 아니었다.

김원봉은 고성능의 폭탄을 제조하는 외국인을 물색하던 중 이태준이라는 의사를 알게 되었다. 그는 세브란스의전 출신으로 몽골에서 개업의로 활동하며 '몽골의 슈바이처'로 널리 알려진 인물이었다. 몽골 황제의 주치의로도 활약해 상류층 인사들과도 친분이 있었다. 그러면서도 조국의 독립에 기여하겠다는 생각으로 1921년 북경에서 김원봉을 만나 의열단에 가입하고 몽골에 거주하는 폭탄 제조에 능한 헝가리 출신의 마자르를 데려오겠다며 몽골로 되돌아갔다.

그러나 이태준은 몽골에서 마자르를 데리고 북경으로 오던 길에 러시아 백군에게 체포되어 백군을 사주한 일본군의 농간으로 1921년 2월 처형되었다. 이 사실을 모르고 이태준이 오기만을 기다리던 북경의 김원봉에게 1922년 여름 마자르가 찾아와 그간의 자초지종을 설명해주었다.

김원봉은 상해의 민가에 폭탄 제조소를 비밀리에 설치하고 그곳에서 마자르가 제조한 폭탄을 1923년 1월 상해 인근의 섬에서 시험했다. 결과는 만족스러웠다. 이전까지 의열단이 사용하던 조잡한 사제 폭탄과는 비교할 수 없을 정도로 성능이 뛰어났다. 이후 수십 개의 폭탄이 파괴용·방화용·암살용으로 만들어졌다.

김원봉은 고성능의 폭탄을 제조하는 일에 열중하면서도 불현듯 자신들이 무차별적 테러 단체가 아니라 명확한 이념과 목표를 가진 혁명 단체임을 세상에 설명할 필요가 있다는 생각이 들었다. 그래서 유자명과 함께 1922년 말 북경의 신채호를 찾아가 의열단의 주의·주장을 담은 선언문을 작성해 줄 것을 요청했다. 그 결과 1923년 1월 공표된 것이 '의열단 선언문'으로 불리는 6,400자의 '조선혁명선언'이다.

'폭력은 우리 혁명의 유일한 무기다. 우리는 민중 속에 가서 민중과 손잡고 끊임없는 폭력 암살 파괴 폭동으로써 강도 일본의 통치를 타도하고…' 등의 내용을 담은, 한국독립운동사에 찬연히 빛나는 조선혁명선언은 민족주의자에서 아나키스트로 변모해가는 신채호의 사상적 전환을 상징적으로 보여주고 있다.

조선혁명선언은 의열단에 새로운 활력과 투지와 자긍심을 심어주었고 일제에 대한 적개심과 독립사상을 한층 드높이는 계기가 되었다. 그때까지의 활동이 다소 즉흥적이고 비체계적인 투쟁이었다면 조선혁명선언의 완성으로 항일투쟁 노선을 한층 정당화하고 이념적 지표를 획득할 수 있게 되었다.

가장 큰 난제는 다량의 고성능 폭탄의 국내 반입

의열단이 그토록 원했던 고성능 폭탄과 사상적 무기인 조선혁명선언이 만들어졌으니 이제 폭탄과 선언문을 국내로 반입해 거사를 실행하는 일만 남았다. 가장 큰 난제는 다량의 고성능 폭탄을 국내로 반입하는 일이었다. 김원봉은 고려공산당원이자 열성 단원인 김시현에게 폭탄 반입을 맡겼다.

김시현이 폭탄을 국내로 반입할 수 있도록 도와준 사람 중에는 아일랜드인 조지 쇼와 조선인으로 경기도경찰부에 근무하는 황옥 경부도 있었다. 당시 황옥은 친일의 외피를 입고 있었지만 비밀리에 독립운동가들을 돕고 있었다. 쇼는 김시현이 폭탄을 상해에서 압록강 북쪽의 안동까지 운반하는 데 도움을 주고 황옥은 그중의 일부를 안동에서 신의주와 서울로 반입할 수 있게 해주었다.

이제 대규모 거사를 벌일 차례였다. 먼저 나선 인물은 김상옥이었다. 김상옥은 1923년 1월 12일 종로경찰서에 폭탄을 던진 후 10일 뒤 수 명의 일경을 사살하고 자결했다. 다음 거사는 김시현과 김지섭의 몫이었다. 이들은 1923년 3월 15일을 기해 총독부, 경찰서, 재판소, 동양척식회사, 매일신보 등의 건물을 일제히 폭파하기로 작전 계획을 짜고 현장 답사 등 사전 준비를 하던 중 의열단 안으로 파고든 밀정의 밀고로 체포되었다. 폭탄과 무기는 압수되었다. 체포된 김시현과 황옥은 12년, 유석현 10년, 유시태 5년 등 12명은 실형을 선고받았다.

김시현은 1929년 석방 후 만주로 망명했다가 중국에서도 세 차례나 투옥되는 등 활발한 독립운동을 벌이다 1945년 광복 후 귀국했다. 2대 국회의원으로 당선되었으나 1952년 6월 같은 의열단 출신의 유시태가 이승만 대통령을 암살하려다 실패한 배후로 드러나 사형선고를 받고 복역 중 1960년 4·19 혁명으로 석방되었다.

상해로 탈출하는 데 성공한 김지섭의 의지는 여전했고 심장은 뜨거웠다. 김지섭은 일본의 신년 제국의회에 참석할 관료, 군벌, 조선 총독 등을 폭살하기 위해 폭탄 3개를 지니고 배의 석탄 창고 속에 몸을 숨긴 채 1923년 12월 상해를 떠나 일본으로 건너갔다. 하지만 신년 의회가 열리지 않는다는 것을 알고 1924년 1월 5일 황궁 부근의 이중교에 폭탄을 투척했다. 폭탄 1개는 불발되고 2개는 약한 폭음만 내고 폭발해 성과는 없었으나 일본 정가에 안겨준 충격은 엄청났다. 김지섭은 무기징역을 선고받고 복역 중 단식투쟁으로 항거하다가 1928년 2월 20일 순국했다.

의열단의 본격적인 투쟁은 김지섭의 도쿄 거사로 사실상 막을 내렸다. 1926년 12월 동양척식회사에 폭탄을 투척한 후 자결한 나석주의 의거는 의열 투쟁의 대미였다. 김원봉이 개별적인 암살·파괴에서 조직적이고 통일적인 항일 군대를 조직하는 것으로 의열단의 투쟁 노선을 변경한 것은 그 무렵이었다. 1926년 3월 의열단 단원들과 함께 중국의 황포군관학교 제4기생으로 입교하고 6개월 동안 군사교육을 받아 항일 군대를 조직하기 위한 첫 걸음을 뗐다.

강우규 의사, 사이토 총독에게 폭탄 투척

'단두대 위에도 봄바람이 감도는구나. 몸은 있으나 나라가 없으니 어찌 감회가 없으리오'

일제강점기 독립투사 대부분은 20~30대 열혈 청년이었다. 윤봉길·조명하 의사는 의거 당시 각각 24세·23세였고, 이봉창 의사는 32세, 김상옥 의사는 33세, 나석주 의사는 34세였다. 일본 황궁의 정문 앞에 폭탄을 던진 김지섭 의사 역시 39세였다. 그런데 환갑을 넘은 60대 중반 나이에 목숨을 던진 이가 있었으니 강우규(1855~1920) 의사였다.

강우규는 평남 덕천군에서 태어나 일찍 부모를 여의고 누나 집에서 소년 시절을 보냈다. 어린 시절 서당 공부를 했을 뿐 배운 것은 없었지만 어깨너머 한방 지식을 익혀 약간의 시술은 할 수 있었다. 강우규는 30살이던 1885년 함경남도 홍원군으로 이주해 잡화상을 운영하면서 재산을 모았다. 장사꾼으로 평범하게 살았을 강우규의 인생에 새로운 삶을 제시하고 민족의식에 눈을 뜨게 해준 인물은 국권 회복 운동과 기독교 선교를 목적으로 1908년 홍원을 방문한 18살 연하의 이동휘였다.

강우규

이동휘는 강화도 진위대장으로 활동하던 1907년 7월 고종이 강제 퇴위했을 때 강화도 군민의 봉기 배후로 지목되어 4개월간 감옥에 갇혔다가 풀려난 후 서북학회와 신민회를 통해 구국 운동을 펼쳤다. 함경도 전역을 순행하며 서북학회 지회와 학교 설립 운동을 펼치고 기독교 전교에 심혈을 기울인 것은 그 일환이었다. 강우규가 기독교를 받아들인 것도 이동휘의 영향을 받은 것으로 추정된다.

강우규는 1910년 한일합방으로 조국이 일제의 총칼 아래 놓이게 되자 "눈에 들어오는 것이 모두 보고 싶지 않은 사람, 보고 싶지 않은 물건"이라며 그해 가을 큰아들 가족을 러시아 연해주로 먼저 보내고 자신은 1911년 봄 북간도 두도구로 이주했다. 이후 각지를 유랑하며 한인촌에 소재한 교회에 나가고 한방의술로 환자를 진료했다. 따로 살던 강우규와 아들 가족은 1915년 한곳에 모여 살다가 1917년 북만주 길림성 요하현 벽촌으로 이주했다. 그곳은 강을 사이에 두고 러시아 연해주와 마주하고 있어 중국 만주와 러시아를 연결하는 지리적 요충지였다.

강우규는 독립운동 기지를 염두에 두고 그곳에 신흥동이라는 한인촌을 개척했다. 신흥동은 불과 1년 만에 100여 호로 늘어나 강우규는 그곳에 광동학교를 지어 청소년들에게 민족의식을 고취하고 기독교 전도에 힘썼다. 신흥동은 점차 러시아와 북만주를 무대로 활동하는 독립군의 근거지 역할을 하고 강우규의 집은 독립단원들이 무시로 드나드는 사랑방 구실을 했다.

3·1 운동 소식이 알려진 1919년 3월 4일에는 신흥동 동포들과 함께 독립을 선포하고 만세운동을 전개했다. 강우규는 그해 4월 블라디보스토크로 건너갔는데 이동휘의 부친인 이발(이승교)과 김치보 등 16명이 한 날 전 결성한 '노인동맹단'에 가입하기 위해서였다.

노인동맹단은 나이를 46세 이상 70세 이하로 제한한 독립운동 단체로 실전에 참여하는 청년 독립투사들을 지원하는 것을 목표로 삼았다. 노인동맹단이 그해 5월 국내로 파견한 이발·윤여옥 등 7명은 5월 31일 서울 종로 보신각 앞에서 태극기를 흔들며 "조선독립만세"를 외치다가 체포되었다. 이발은 항거하는 뜻으로 자신의 목을 찔렀고 다른 대원들은 징역 8월~1년을 선고받거나 추방당했다. 그 무렵 조선총독 하세가와 요시미치가 떠나고 후임 총독이 부임한다는 사실이 노인동맹단에 전해졌다. 노인동맹단이 후임 총독을 처단하자고 모의할 때 강우규가 자원해 그 중차대한 임무를 맡았다.

강우규는 러시아인에게 구입한 폭탄을 기저귀 처럼 다리 사이에 차고 블라디보스토크를 떠나 1919년 6월 14일 원산항에 도착했다. 그곳에서 지인들의 도움을 받아 거사 자금을 마련하고 23살의 청년 독립운동가 허형을 소개받아 8월 5일 그와 함께 서울로 잠입했다. 지인의 집에서 정세를 살피고 있을 때 사이토 마코토가 제3대 총독으로 부임한다는 사실을 신문에서 보고 남대문역(현재의 서울역) 근처의 여인숙에 투숙해 거사를 준비했다.

사이토는 일본 시모노세키에서 '신라환'을 타고 부산으로 건너와 하룻밤을 부산에서 머문 뒤 9월 2일 부산역에서 특별열차를 타고 오후 5시쯤 남대문역에 도착했다. 그 시간 강우규는 폭탄을 허리춤에 찬 채 남대문역 다방에서 사이토가 오기를 기다렸다.

사이토는 흰색 해군대장 복장에 군모를 쓰고 가슴에는 훈장을 패용한 모습으로 기차에서 내린 뒤 호위 경찰과 신문기자들 대동하고 남대문역 광장으로 이동했다. 광장에는 사이토 내외가 타고 갈 마차가 대기하고 있었다. 사이토를 태운 마차가 막 출발하는 순간, 인파 속에서 구경꾼인 체하던 강우규가 허리에 차고 있던 폭탄을 마차 근처로 던졌다.

폭탄은 사이토의 마차에서 7보 가량 떨어진, 총독이 마차에 오르는 모습을 촬영하던 한 사진기자 바로 옆에서 무서운 굉음을 내며 폭발했다. 순간 역 광장 일대에는 사방으로 튄 파편에 맞아 여러 사람이 피를 흘리며 나뒹굴었다. 역 광장은 부상자들의 비명 소리로 아비규환을 방불케 했다.

현장에서 즉사한 사람은 없었지만 경찰, 신문기자, 철도·차량 관계자 등 37명의 중경상자가 발생했다. 경상자 가운데는 미국인 여성도 있었다. 그러나 정작 목표물인 사이토는 혁대에 작은 파편이 튀겨 혼비백산했을 뿐 신체에는 아무런 이상이 없었다. 중상자 가운데 일본 경찰 1명은 사건 발생 9일 만인 9월 11일, 일본 신문기자는 11월 1일에 각각 사망했다.

환갑을 넘은 60대 중반 나이에 목숨 던져

일경은 사건 직후 남대문역을 에워싸고 범인 색출에 나섰지만 범인은 이미 유유히 사라진 뒤였다. 범인이 설마 환갑이 지난 노인이라고 차마 생각하지 못했기 때문이다. 사실 강우규는 거사 직후 할 일을 다 했다고 생각하고 담담한 자세로 그 자리에서 누군가 자신을 체포해 가기를 기다렸다. 자신이 폭탄을 투척하는 것을 본 목격자도 있었다. 그런데도 아무도 자신을 체포하지 않아 현장을 빠져나왔다.

이후 강우규는 이집 저집 숨어다니다가 뒤늦게 노인이 범인이라고 파악한 일경의 탐문 수사로 9월 17일 종로구 누하동에서 체포되었다. 그를 체포한 경찰은 애국지사 탄압으로 악명이 높은 김태석이었다. 비록 거사는 강우규가 단독으로 기획하고 준비하고 결행했지만 그 과정에서 물심

양면으로 도움을 준 8명도 혐의자로 체포되었다. 이 중 최자남·허형·오태영 3명이 재판에 회부되었다.

1920년 2월 25일 1심 판결 결과 강우규 사형, 최자남 징역 3년, 허형 징역 1년 6개월이 선고되었나. 오태영은 증거가 충분치 않아 무죄를 선고받았다. 1심 판결 후 허형은 공소(항소)하지 않았으나 최자남은 공소를 제기했다. 강우규 역시 공소를 제기했는데 이는 최자남을 변호하기 위해서였다. 하지만 4월 26일의 선고 공판 결과는 1심 재판부의 형량과 동일했다. 강우규는 고등법원에 다시 상고했으나 5월 27일 기각되어 1920년 11월 29일 서대문형무소에서 사형이 집행되었다.

사형 집행일에 마지막 순간의 심경을 묻는 일본 검사에게 '단두대 위에도 봄바람이 감도는구나. 몸은 있으나 나라가 없으니 어찌 감상이 없으리오(斷頭臺上 猶在春風 有身無國 豈無感想)'라는 유시를 남겼다.

조지 쇼 '이륭양행'에 임시정부 교통국 설치

일제의 온갖 탄압에 굴하지 않은 채 31년간 조선의 독립운동을 지원했다.

1910년대, 압록강 너머 중국 안동(현재의 단동)의 흥륭가에 조지 쇼(1880~1943)가 운영하는 3층짜리 회사 '이륭양행'이 있었다. 이륭양행은 무역회사이면서도 홍콩에 본사를 둔 영국계 대형 해운회사의 안동현 대리점을 겸했다.

조지 쇼는 중국 복건성 복주에서 아일랜드계 영국인 아버지와 일본인 어머니 사이에서 태어나 줄곧 중국에서 성장했다. 그가 한국과 인연을 맺은 것은 1900년 한국 금광회사의 회계로 근무하면서였다. 하지만 광맥이 단절되고 채산성이 맞지 않아 1907년 한국을 떠나 중국 안동현에 이륭양행을 설립했다. 1912년 일본인 여성과 결혼해 두 아들을 낳았는데 둘째 아들도 나중에 일본인 여성과 결혼함으로써 범일본계 가족을 형성했다.

조지 쇼

쇼가 39살이던 1919년 7월 상해 임시정부가 국무원령 제1호로 임시 연통제를 공표했다. 연통제는 임시정부 내무부 산하에 설치한 임시 연통부가 담당했다. 임시정부 법령 등의 국내 전포(傳布), 독립전쟁 개시 때 군인·군속의 징모와 군수품 징발, 재정단원 모집, 정부 발행 공채 발매, 임시정부와 국내를 연결하는 통신 등이 임무였다.

일제의 감시가 심해 전국적으로는 활동이 활발하지 못했으나 평안도, 황해도, 함경도 등 한반도 북쪽 지방에서는 비교적 순조롭게 조직되었다. '활명수'로 유명한 동화약품의 초대 사장 민강이 책임자로 임명된 서울연통부도 활동이 활발했다. 민강은 연통부를 통해 각종 정보와 군자금을 임시정부에 전달했다. 하지만 국내 연통부는 1921년 군자금 모집 과정에서 조직이 발각되어 사실상 유명무실해졌고 서울연통부 역시 1922년 적발되어 민강도 갖은 고초를 겪었다.

임시정부는 1919년 8월 산하 교통부 안에 임시 교통국을 설치해 국내 각 도·군·면과의 연락망도 구축했다. 교통원을 통해 임시정부에서 발행한 선언문·지령·독립신문 등을 국내에 배포하고 국내 사정을 임시정부에 보고하고 국내에서 모은 독립자금을 임시정부에 송금하는 게 임무였다. 상해와 국내를 내왕하는 인사들의 길잡이 역할도 했다. 이 모든 일의 본부 겸 사무국 역할을 한 곳이 이륭양행 2층에 설치한 안동 교통지부였다. 명칭은 10월 17일 안동교통사무국으로 바뀌었다.

동병상련으로 조선의 독립 도와

사실 쇼는 임시정부가 수립되기 전부터 독립운동가 망명, 독립 자금 모집, 무기 반입 등을 도와주고 있었다. 김구도 3·1 운동 직후에 동지 14명과 함께 이륭양행이 운행하는 계림호를 이용해 상해로 망명했다. 당시 국내에서 상해로 가는 지름길은 신의주를 거쳐 압록강을 건너 안동에서 상해행 배를 타는 것이었다. 안동교통사무국이 설치된 후에는 1919년 10월 조선조 고관 출신의 김가진이 아들 김의환과 함께 이륭양행 배를 이용해 상해 임시정부에 합류했다. 1919년 11월에는 정보가 사전에 누설되어 실패하기는 했지만 의친왕 이강도 이륭양행을 통해 망명을 시도했다.

교통국의 통신원이 국내에서 모금한 군자금을 상해로 수송할 때도 쇼의 도움은 필수적이었다. 쇼가 군자금을 이륭양행 명의의 수표로 발행해주면 통신원은 그 수표를 쇼가 거래하는 상해 회풍은행에서 현금과 교환해 임시정부에 전달했다. 상해 임시정부가 위장 명칭인 '강남공사' 이름으로 부치는 선전물이 중국 우편으로 안동의 이륭양행에 도착하면 교통국 상주 요원이 마대에 담아 중국인을 시켜 압록강 넘어 의주지국으로 보내 전국으로 배포했다.

집안의 3대가 일본 여성과 결혼했는데도 쇼가 한국의 독립운동 지원에 그토록 열심이었던 이유에 대해서는 2가지가 거론된다. 첫째는 일제의 방해로 막대한 피해를 보아 대체로 반일적인 중국 내 다른 영국 상인들처럼 그 역시 사업을 하는 과정에서 자신을 축출하려고 공작을 벌이는 일본인에게 강한 거부감을 품었다는 것이다. 쇼는 일본인과 사업상 거래조차 거부할 정도로 일본에 부정적이었다.

둘째는 그가 아일랜드계라는 점이다. 쇼가 중국에서 활동하던 1916년 4월 아일랜드인들은 부활절 봉기를 일으켜 영국과의 혈전을 감행했고 1919년 1월 본격적인 독립전쟁을 개시했다. 이런 아일랜드의 피가 동병상련으로 조선을 돕게 했다는 것이다.

일제가 이런 쇼를 가만 놔둘 리 없었다. 1920년 7월 11일 쇼가 일본에서 오는 아내를 맞기 위해 안동역에서 기차를 타고 신의주로 갔을 때 여권을 소지하지 않았다는 이유로 일본 경찰이 그를 검거한 것이다. 일본이 내란죄로 기소하자 영국 정부와 언론이 극동 지역 거주 영국인의 지위와 위신에 관한 문제라며 무조건 석방을 요구했다. 결국 일본이 11월 19일 보석으로 석방해 쇼는 4개월여 만에 안동으로 돌아갔다.

쇼는 1921년 1월 상해로 가서 임시정부로부터 금색공로장을 받고 안동으로 돌아와서는 겉으로는 한국인과 관계를 끊고 근신하는 척하면서 비밀리에 조선을 돕는 일에 매진했다. 1921년 3월 안동 해관에서 근무하다 퇴직한 김문규를 이륭양행의 직원으로 채용해 비밀통신, 정보 수집, 군자금 모집, 무기 보관·전달 업무 등을 맡겨 안동교통사무국에 다시 활기를 불어넣었다. 일제는 김문규를 조선의 치안을 위협하는 인물로 규정, 1922년 8월 형사를 몰래 안동에 보내 김문규를 체포한 뒤 국내 신의주경찰서로 끌고 갔다. 이후 안동교통사무국은 사실상 해체되어 임시정부를 비롯한 독립운동 단체에 큰 타격을 주었다.

독립운동가 망명, 독립 자금 모집, 무기 반입 지원

그래도 쇼의 독립운동 지원은 멈추지 않았다. 1923년 3월 의열단의 황옥·김시현·황종우 등이 국내 거사를 추진할 때 이륭양행을 이용했고 1923년 12월 임시정부 요원들은 이륭양행의 선박을 이용해 상해와 안동 사이를 왕래하면서 폭탄 등 무기를 운반했다. 임시정부가 통의부·정의부 등 만주 지역의 독립운동 단체들과 연락을 취하면서 무기와 탄약을 운송할 때도 이륭양행을 거점으로 활용했다.

항일 독립투사 김산은 훗날 미국 작가 님 웨일스가 쓴 '아리랑의 노래'

에서 "쇼는 한 푼도 받지 않고 오로지 동정심에 스스로 한국을 도와주었다. 한국인 테러리스트들은 몇 년 동안 그의 배로 돌아다녔으며, 위험할 때는 안동에 있는 그의 집에 숨었다…"고 회고했다.

쇼가 이처럼 계속 반일 운동을 벌이자 일제는 쇼를 안동에서 축출하려는 공작을 벌였다. 1931년 만주 침략 후 압록강의 국경 지대 단속을 강화한다는 명분으로 이륭양행의 기선들을 불법 임검하고 이륭양행이 대대적으로 밀수에 종사하고 있다는 중상을 서슴지 않았다. 반관반민의 어용 기선회사에 거액의 보조금을 주어 이륭양행과 경쟁토록 하고 이륭양행 소속 선박을 압류하는 등 쇼의 사업을 와해시키기 위해 온갖 수단을 동원했다.

중일전쟁 발발 직후인 1937년에는 군부까지 나서 쇼의 배에 화물을 싣는 것을 방해했다. 결국 쇼는 더 이상 견디지 못하고 이륭양행의 선박과 압록강 항로권을 매각하고 1938년 4월 안동을 떠나 복건성 복주로 이전했다. 이로써 일제의 온갖 탄압에 굴하지 않은 채 31년간 전개했던 쇼의 독립운동 지원도 사실상 막을 내렸다.

쇼는 복주에서 석유 판매 등 사업을 벌였으나 일제의 중국 침략이 본격화하면서 적지 않은 압박을 받다가 1943년 11월 13일 복주에서 생을 마감했다. 우리 정부는 1963년 건국공로훈장을 수여했으나 후손을 알지못해 전달하지 못하다가 2012년 광복절 49년 만에 친손녀에게 훈장을 전달했다.

안재홍 일제하 9차례의 구속 중 첫 구속

일제는 안재홍을 조선일보에서 쫓아낼 구실을 찾는 데 혈안이었다.

안재홍(1891~1965)은 일제하 민족 지사이자 학자였으며 언론인이었다. 광복 후에는 이상이 아닌 현실에 발을 딛고 좌우합작을 도모한 정치 지도자로 활약했다. 안재홍은 경기도 평택에서 태어나 1910년 황성기독교청년회 중학부를 거쳐 1911년 일본 와세다대 정경학부에 입학했다. 유학 시절 조국의 독립운동에 깊은 관심을 갖고 중국으로 건너가 신규식 등 독립운동가들을 만났으나 경제적 토대가 없는 해외 운동보다는 국내 투쟁에 주력하는 것이 낫다는 판단을 하고 다시 도쿄로 돌아와 학업을 마쳤다.

안재홍

1914년 귀국 후 중앙학교 학감, 중앙기독교청년회 교육부 간사 등으로 활동하던 중 1919년 3·1 운동이 일어나자 그해 6월 독립운동 비밀조직인 '대한민국 청년외교단' 총무를 맡아 상해 임시정부의 연통부 임무를 수행하다가 일제에 발각되어 3년간 옥고를 치른 후 1922 6월 만기 출옥했다. 일제하 9차례에 걸친 7년 3개월 옥고의 시작이었다.

안재홍은 1924년 5월 최남선이 주도하는 시대일보에 논설기자로 입사해 언론계와 첫 인연을 맺었다. 1924년 9월에는 조선일보의 주필로 입사해 본격적으로 언론인의 길을 걸었다. 이후 조선일보의 대표 논객으로 1932년 조선일보를 떠날 때까지 8년 동안 사설 980여 편, 시평 470여 편 등 모두 1,450편에 이르는 방대한 글을 썼다. 문체가 독특해 '민세체'로 불렸다.

동서고금에 대한 해박한 지식과 날카로운 문제의식을 바탕으로 한 그의 글은 독자의 가슴을 후련하게 했다. 그러나 그럴 때마다 압수와 게재 금지가 끊이지 않았다. 벌금형을 받거나 구속되는 때도 많았다. 대표적인 글이 조선일보 1928년 5월 9일자 사설 '제남사변의 벽상관'이다. 그는 사설에서 외국의 사례를 인용해 일본의 산동 출병을 비판했다. '제남사변'은 일본이 중국 장개석의 국민군을 견제하기 위해 군대를 보내 산동성 제남에서 벌인 전투를 말하고 '벽상관'은 사마천의 사기에 나오는 말로 '형세를 중립적으로 관망한다'는 뜻이다.

일제에 눈엣가시 같은 존재였던 안재홍은 결국 이 사설로 세 번째 구속되어 금고 8개월의 실형을 선고받았다. 조선일보는 무기정간 처분을 받아 133일간 신문을 내지 못했다. 당시 조선일보가 일제하 최대 규모의 민족운동 단체인 신간회의 사실상 본부 역할을 하고 있을 때 안재홍은 신간회의 총무간사로 활동했다.

안재홍은 1929년 1월 만기 출소해 조선일보 부사장으로 복귀했다. 1931년 5월 조선일보 사주 신석우가 상해로 망명한 뒤에는 그해 7월 조선일보 사장에 취임했다. 안재홍이 조선일보 사장으로 재임하며 근대 민족문화사에 끼친 가장 큰 공로는 1930년대 '조선학 운동'의 중추 역할을 한 것이다. 역사학자이기도 했던 그는 신채호·문일평·장도빈·최남선 등 당대 최고의 민족주의 지식인들을 필진으로 영입, 조선일보를 조선학 운동의 산실로 발전시켰다. 그중 가장 두드러진 것이 신채호가 중국 여순의 감옥에 있으면서 조선일보에 연재한 '조선상고사'와 '조선상고문화사'다.

동서고금에 대한 해박한 지식과 날카로운 문제의식이 특징

일제는 안재홍을 조선일보에서 쫓아낼 구실을 찾는 데 혈안이었다. 결국 일제는 1932년 3월 안재홍이 만주 동포 구호 의연금을 유용했다는 혐의를 씌워 징역 8개월을 선고했다. 안재홍은 그해 4월 옥중에서 사장직을 내놓았고 출옥 후에는 국학 연구와 문화운동에 매진했다. 1937년 6번째 투옥에서 풀려난 후에는 고향에 칩거하며 '조선상고사감', '조선통사'를 집필했다. 그러던 중 1942년 조선어학회 사건에 또다시 연루되어 9번째 옥고를 치르고 1943년 3월 출감했다.

1945년 광복 후에는 민족국가를 건설하려면 공산주의와 민족주의가 협동하는 '초계급적 협동 전선'이 시급한 과제라고 인식해 여운형이 주도하는 건국준비위원회(건준) 부위원장을 맡았다. 일제하에서 신간회 운동에 앞장섰던 그에게 좌우 협동은 민족문제를 해결하기 위해 당연히 요청되는 '시대정신'이었다. 하지만 건준이 좌경화하자 20일 만에 탈퇴하고 좌익 노선과 선을 그었다.

건준 탈퇴 후에는 곧바로 국민당을 결성해 중앙집행위원장에 취임하고 저서 '신민족주의와 신민주주의'(1945)를 출간했다. 책에서 그는 "기존의 어느 한 이데올로기에 얽매이지 말고 민족 구성원 모두가 함께 살아야 한다는 정신 아래 초계급적인 통합 민족국가를 건설하자"고 제안했다. 그 후 국민당을 김구의 한국독립당에 통합시켜 중앙상무위원이 되고 1946년 2월 한성일보를 창간했다.

안재홍은 좌우합작으로 정치 세력을 통합하고 이 힘을 기반으로 미 군정으로부터 점차 군정을 이양받아 자주 행정권을 얻어내고자 했기 때문에 미 군정이 추진하는 미소공동위의 현실을 인정했다. 1946년 12월 미 군정의 남조선 과도입법위원에 참여하고 1947년 2월 미 군정하 한국인 최고 책임자인 민정장관직을 받아들인 것도 이런 이유에서였다. 그러나 당시 안재홍이 속해 있는 한독당이 '모스크바 3상회의'를 관철하려는 미 군정에 맞서 싸웠기 때문에 그는 반탁 동지들로부터 '독립운동의 방해자'라는 비난을 받아야 했고 결국 한독당에서 제명되는 수모를 겪었다.

안재홍의 좌우합작 노선은 이승만·한민당 계열, 중경 임시정부 계열과 크게 달랐다. 안재홍은 이 두 계열의 우익과 구별해 자신과 중도우파를 '순정(純正) 우익'이라고 칭했다. 그러나 그가 기대한 제2차 미소공동위마저 1947년 10월 결렬되자 미·소 협조에 따른 통일정부 수립이 무망하다고 판단해 유엔 참관하의 단독정부 수립을 수용했다.

1948년 5월 제헌국회 선거가 무난히 치러지도록 민정장관직을 수행하고 6월에 퇴임했다. 1950년 5월 제2대 국회의원 선거 때 무소속으로 당선되었으나 6·25 발발 후 자택에서 납북되어 1965년 3월 1일 북한에서 숨졌다.

김광서 만주로 망명…'김일성 신화'의 시작

운명은 그에게 빼앗긴 나라를 되찾는 데 온 삶을 바치도록 했다.

김광서(1888~1942)는 만주와 러시아 경계를 오가며 일본군과 중국 마적의 간담을 서늘케 한 '김일성 신화'의 주인공이다. 그는 증조부, 부친, 숙부가 병조판서를 지낸 무인 집안의 후손답게 장군을 꿈꾸며 군인의 길을 선택했으나 운명은 그에게 빼앗긴 나라를 되찾는 데 온 삶을 바치도록 했다. 1910년 나라가 망했을 때 군인의 길을 포기하고 무장 독립운동에 투신한 것도 운명이 그에게 제시한 길이었다.

김광서의 출생지와 출생년도는 기록에서 약간의 차이가 있다. 고향은 함경북도 북청과 서울, 출생년도는 1887년과 1888년으로 엇갈린다. 일본 육사 출신의 한국인 앨범에는 '1887년, 함북 북청 출생'으로, 서울 종로구청 호적계에는 '1888년, 서울 사직동 출생'으로 다르게 기록되어 있다. 김광서는 이름도 여럿이다. 본명은 김현충이나 일본 육사를 다닐 때 김광서로 바꾸고 1919년 만주로 망명할 때 다시 김경천으로 바꿨다. 만주·러시아 경계를 무대로 활동할 때는 김일성으로도 불렸다.

김광서는 관비 유학생으로 뽑혀 1909년 12월 일본 육사 23기로 입학했다. 육사에 재학 중이던 1910년 8월 일제의 강제 합병으로 대한제국이 문을 닫으면서 김광서도 고뇌에 빠졌다. 당시 일본에는 대한제국 육군무관학교에 입학했다가 무관학교가 1909년 8월 강제로 문을 닫자 일본으로 보내져 중앙유년학교에 다니던 한국인 후배가 40여 명 있었다. 이들은 2~3년 뒤 일본 육사 진학이 예정되어 있었다.

김광서(김경천)

어느 날, 김광서는 한국인 후배들과 함께 요코하마의 한 술집에 모여 나라가 없어진 자신들의 신세를 한탄하며 진로를 논의했다. 일본 육사 26기로 입학할 예정인 지청천(이청천), 홍사익, 이응준 등도 참석한 모임에서 "당장 때려치우고 귀국하자"는 비분강개의 목소리와 "힘이 있어야 독립도 하는 것"이라며 귀국을 반대하는 목소리가 갑론을박했으나 결국에는 "군대 경험을 쌓은 뒤 때가 되면 독립 전쟁에 뛰어들자"는 쪽으로 결론이 났다. 이른바 '요코하마 맹세'였다. 하지만 몇몇 학생은 망국의 수모를 참지 못하겠다며 보따리를 싸고 귀국했다.

김광서는 1911년 5월 육사 기병과를 졸업한 뒤 도쿄 제1사단 기병 제1연대에 근무했다. 몇 년 후 중위로 진급한 그의 심경에 변화가 생긴 것은 1919년 도쿄의 2·8 독립선언을 접하고서였다. 김광서는 병가를 내고 1919년 2월 귀국한 뒤 기회를 엿보았다. 육사 3년 후배인 이응준과 지청천도 뒤따라 귀국했다. 이 가운데 서울에 있던 김광서와 지청천은 1919년 6월 6일 밤 서울을 벗어나 신의주에서 국경을 건넜다. 일제는 뒤늦게 김광서와 지청천의 망명 사실을 알고 현상금을 내걸었으나 허공에 대고 주먹질하는 분풀이에 불과했다.

평양에 있던 이응준은 함께 가지 못했다. 이응준의 역사적 소명이 광복 후 대한민국 군대를 초석에 올려놓는 것이었기 때문이다. 이응준은 일본군 대좌까지 진급했다가 1945년 광복 후 미 군정청 국방사령부 고문으로 활동했다. 1946년 5월 조선국방경비대를 창설하는 데 힘을 보태고 이듬해 제1여단장을 거쳐 1948년 대한민국 정부 수립 후 준장으로 진급, 초대 육군 총참모장으로 취임했다.

지청천·신동천과 함께 '남만삼천(南蠻三天)'으로 불려

김광서와 지청천이 찾아간 곳은 만주 유하현 고산자에 있는 신흥무관학교였다. 그들이 교관으로 활동한다는 소식을 듣고 곧 만주와 조선에서 많은 청년이 신흥무관학교로 몰려들었다. 당시 신흥무관학교에는 구대한제국군 정위(대위) 출신의 신팔균도 교관으로 있었다. 세 사람은 합심단결해 조국 광복을 쟁취하자는 뜻에서 '하늘 천(天)'자를 돌림 별호를 쓰기로 했다. 그래서 정한 이름이 신동천, 김경천(김광서), 이청천(지청천)이다. 그들은 곧 '남만삼천(南蠻三天)'으로 불렸다. 이 남만삼천에 열혈 청년 장교가 한 사람 더 있었는데 이범석이었다. 그는 1919년 봄 중국 운남군관학교를 졸업하고 중국군에 장교로 배속되었다가 1919년 10월 신흥무관학교를 찾아와 남만삼천과 합류했다.

남만삼천은 첫 삼일절에 해당하는 1920년 3월 1일 한·중 국경 남쪽의 한 곳을 점령, 그곳을 기반으로 삼아 제2차 3·1 운동을 일으키자며 역할을 분담했다. 신동천은 남만주 한인 사회의 지원을 얻고, 지청천은 상해 임시정부와 연락하는 임무를 맡았다. 김광서는 무기 구입 루트를 개척하기 위해 1919년 초겨울 러시아 연해주로 떠났다. 이 때문에 김광서는 지청천과 신동천이 참가한 1920년 10월의 청산리전투에 참가하지 못했다. 지청천·신팔균·이범석은 청산리대첩에서 맹활약했다.

무기 구입 루트를 확보하기 위해 김광서가 달려간 러시아 블라디보스토크 등지에는 볼셰비키 혁명의 파급을 막기 위해 일본군이 대거 출병해 있었다. 김광서는 1920년 3월 조선 독립군 부대 700여 명과 볼셰비키 적군 2,000여 명이 연합, 니콜라옙스크에 주둔하고 있는 일본 군대에 총공격을 가해 일본군 수백 명을 사살한 전투에 참가했다. 볼셰비키 적군도 많이 죽은 이 전투에서 조선 독립군 부대는 전사자가 6~7명에 불과했다.

그러자 일제가 1920년 4월 초 볼셰비키 적군과 한국인 거주지를 무차별로 공격, 블라디보스토크 신한촌의 한국인 300여 명을 학살했다. 희생자 가운데는 상해 임시정부의 재무총장으로 추대되었던 최재형과 극동공화국 외무인민위원을 지낸 조선인 여성 혁명가 김알렉산드라도 포함되었다.

일본군이 한인 독립운동 근거지까지 공격해 들어오자 김광서와 한국인 부대는 인근의 산림지대인 수청 지역으로 피신했다. 김광서는 그곳에서 창해청년단 총사령관, 수청고려의병대의 총책임자로 활동하면서 한인들을 괴롭히는 마적 소탕에 전력을 기울였다. 1921년 10월부터 1923년 초까지는 러시아 적군과 연합해 반대 세력인 백군·일본군과 수시로 전투를 벌였다. 당시 김광서가 이끄는 부대 규모는 1,000여 명에 달했다.

이런 활약에 힘입어 1922년 7월 연해주의 혁명군사위원회에 의해 포시예트 군사구역 조선부대 사령관으로 임명되었다. 그가 김일성이라는 별호를 쓰게 된 것은 그 무렵이었다. 그가 백마를 타고 홀연히 나타나 일본군을 응징하고 귀신같이 사라지는 일이 빈번해지면서 김일성 신화가 국내에까지 널리 퍼졌다.

당시 일본의 군경이 조사한 김일성에 대한 유언비어에 따르면, 만주 벌판에 신출귀몰하면서 100리 간격으로 있는 3명의 일본 장수들 목을 동시에 베고, 휘파람을 불면 100리 안에 있는 말들이 순식간에 몰려들고, 일본군이 쏜 대포를 손바닥으로 잡아 다시 대포를 쏜 곳으로 되돌린다는 식이다.

1922년 10월 일본군이 시베리아에서 철수한다는 소식을 듣고 독립운동 단체들은 고려혁명군을 조직했다. 이중집이 고려혁명군 총재, 김규식이 총사령이었는데 각각 동서남북부 사령관을 두었다. 김광서는 동부 지역 사령관으로 선임되었다. 그런데 일본군이 철수하자 러시아 적군이 갑자기 돌변하더니 1922년 12월 독립군을 무장해제했다. 시베리아 지역에서 신생 소비에트의 권력을 강화하기 위한 목적이었지만 우리 독립군으로서는 배신감에 치를 떨었다. 일본군이 철수한 후 러시아 적군의 후원을 얻어 국내 진공 작전을 전개하려 했던 김광서 역시 실의에 빠졌다.

백마를 타고 홀연히 나타나 일본군을 응징하고 귀신같이 사라져

그 무렵 중국 상해에서 독립운동 단체들이 모두 모여 재기를 도모한다는 소문이 들려왔다. 김광서도 1923년 2월 상해로 가서 국민대표회의에 참석했다. 국민대표회의에는 국내외와 좌우익을 망라해 전 세계의 135개 지역·단체에서 125명의 대표가 참가했다. 하지만 김광서는 상해 임시정부를 인정하고 정부를 개조하자는 개조파와 상해 임시정부를 완전 부정하고 새로운 임시정부를 창조하자는 창조파의 싸움에 실망하고 1923년 4월 블라디보스토크로 돌아갔다.

1923년 7월 29일자 동아일보에 김광서가 기고한 장문의 기사가 실렸다. '빙설에 쌓인 서백리아(서시베리아)에서 홍백 전쟁한 실지 경험담'이란 제목의 기고문에서 김광서는 지난했던 자신의 역정을 소상하게 밝혔다. 해외 독립운동 투사가 자신의 전투 내용을 신문기자에게 떳떳이 알린 경우가 사실상 전무하다는 점에서 그의 기고는 파격적이었다.

1925년 4월 28일자 매일신보에 '김광서가 독립 노선 문제 때문에 공산주의자들과 결별했다'는 보도가 실리고 2개월 뒤 6월 21일자 동아일보에 '원(元) 중위 김광서 활약' 기사를 마지막으로 김광서에 대한 소식은 국내에서 두절되었다. 1925년은 그해 1월 일본과 소련이 수교조약을 맺어 러시아령에서 한인의 독립운동을 금지한 해이고 만주에서도 1925년 5월 만주의 장작림 군벌과 일제가 삼시협정을 체결해 한인 독립운동가들의 활동을 막은 해라는 점에서 김광서의 활동도 제동이 걸린 것으로 추정된다.

1925년 그가 사라지자 그를 전설적 영웅으로 인식하는 경향이 뚜렷해졌다. 국경 지대에서 전개되는 국내 진공 작전도 대부분 김일성(김광서)에 의해 이뤄지는 것으로 생각하는 사람들이 많았다.

김광서는 1926년 블라디보스토크에서 김규식 등과 함께 민족당주비회를 조직했으나 성과를 거두지 못하자 실의의 나날을 보내면서 한동안 블라디보스토크에 있는 극동고려사범대에서 군사학과 일본어를 가르쳤다. 그러다가 소련의 블라디보스토크 지배가 확실해지면서 김광서의 역할도 사실상 끝나고 말았다.

김광서는 1937년에 있을 스탈린에 의한 한인들의 중앙아시아 강제 이주를 앞두고 간첩죄로 체포되어 1936년 9월 원동지방 국경수비대 군법회의에서 3년형을 받았다. 2년 반의 형을 복역하고 1939년 2월 석방된 후에는 가족이 있는 카자흐스탄으로 갔다. 하지만 1939년 4월 인민의 적이라는 혐의로 다시 체포되어 같은해 12월 간첩죄로 유죄판결을 받아 8년형을 선고받고 강제노동수용소에서 복역했다.

1941년 독소전쟁 발발 후에는 시베리아로 이감되었다가 1942년 1월 2일 소련의 북동쪽 끝 아르한겔스크주에서 심장 질환으로 사망했다. 스탈린이 사망한 후인 1959년 2월 복권되고 1998년 대한민국 정부 수립 50주년 기념식에서 건국훈장 대통령장을 받았다.

김동인, 순수 문예지 '창조' 창간

'창조' 동인들의 당면 목표는 신문학 초창기의 독보적 존재였던 이광수 문학에 대한 극복이었다.

김동인(1900~1951)이 스스로 밝힌 바에 따르면 그가 한국 문학사에 끼친 공로는 ▲'더라', '이라' 등 구투(舊套)의 탈피 ▲현재법 서사체

김동인

에서 과거체 서사체로의 변혁 ▲'he', 'she'에 해당하는 3인칭 대명사 '그'의 사용 ▲사투리의 사용 등으로 요약된다. 그러나 엄밀히 말하면 '사투리의 사용'을 제외한 세 가지는 이광수가 먼저 시작한 것이다. 그렇더라도 문장의 시간 관념을 또렷이 하고 간결한 문장으로 현대 소설의 문체를 개척한 김동인 덕분에 한국 문학이 한 단계 발전했음은 부인할 수 없는 사실이다.

김동인은 평양에서 대지주의 차남으로 태어났다. 김동인보다 18살이 많은 장남이자 이복형이 광복 후 제헌국회 부의장을 지낸 김동원이다. 김동인은 1913년 평양 숭실중학에 입학했다가 곧 그만두고 1914년 일본으로 유학을 떠나 도쿄학원을 거쳐 메이지학원 중학부로 전학했다. 그곳에는 1년 먼저 와 있던 동갑내기 고향 친구 주요한이 있었다. 1917년 부친의 사망 소식을 듣고 귀국했다가 1918년 4월 결혼한 뒤 다시 일본으로 건너가 잠시 미술학교에서 그림에 대한 개념을 익혔다.

1919년 2월 8일은 재일 도쿄 유학생이 2·8 독립선언문을 발표한 날로 역사적 의미가 있는 날이지만 김동인과 주요한이 같은 도쿄에서 순수 문예지 '창조'를 창간한 날이라는 점에서도 각별하다. 전영택·김환·최승만도 창간 때부터 '창조' 동인으로 참여했으나 재정적 부담은 언제나 부잣집 아들인 김동인의 몫이었다.

김동인이 "4,000년 역사 이래 최초의 신문학의 꽃봉오리"라고 자부했던 '창조' 창간호에는 김동인의 단편소설 '약한 자의 슬픔', 주요한의 신시 '불놀이'가 실렸다. 김동인은 창조 2호(1920)에는 중편 '마음이 옅은 자여'를 실었고, 1921년 5월에 종간된 9호에는 강렬한 낭만주의적 색채가 짙은 '배따라기'를 발표했다. 창간호부터 제7호까지는 도쿄에서, 8호와 9호는 서울에서 발간된 가운데 소설 19편, 시 70여 편, 희곡 4편, 평론 16편, 번역시 49편 등이 1~9호에 수록되었다.

참다운 신문학 개척을 기치로 내건 '창조' 동인들의 당면 목표는 신문학 초창기의 독보적 존재였던 이광수 문학에 대한 극복이었다. 김동인은 '창조' 창간호에서 기존의 이야기와는 다른 묘사법과 작법을 선언했다. 이것은 이광수의 계몽적인 문학을 이상화해 관념적으로 도구화한다든지 혹은 '정사(情事)의 문학'으로 일관하는 것에 반기를 들겠다는 의지의 표현이었다.

'창조' 폐간 후 '개벽'과 '동명'지 등에 발표된 김동인의 초창기 단편소설은 낭만적 정열과 감상이 짙은 낭만적 리얼리즘에 가까웠다. 그러다가 '조선문단' 1925년 1월호에 실린 '감자'를 계기로 자연주의적 경향을 띠었다. '감자'는 종래의 감상적인 탐닉이나 영탄적인 세계가 아닌 자연주의 문학의 절정이었다.

김동인 덕분에 한국 문학이 한 단계 발전한 것은 부인할 수 없는 사실

문학적 성취와는 별개로 김동인은 호사스럽고 방탕한 작가로 동료 작가들의 손가락질을 받았다. 평양에서 서울로 올라오면 최고급 호텔에서 밤마다 기생들을 옆에 끼고 살았으며 마음 내키면 도쿄를 산보 다니듯 한다고 해 '동인식 도쿄 산보'라는 말이 유행할 정도였다. 그러나 1926년 평양 보통강 관개사업 실패로 막대한 유산을 잃은 뒤에는 갖가지 불행이 겹치기 시작했다. 경제적으로는 궁핍해지고 1927년 아내까지 집을 나가는 등 가정 파탄까지 가중되면서 김동인의 삶은 뿌리째 흔들렸다. 게다가 우울증 등 신경 증세의 악화로 수면제와 최면제를 과다 복용하면서 몸까지 망가졌다.

김동인은 1930년대 들어 이광수의 계몽주의는 물론 신경향파나 카프의 사회주의 문학에 맞서서 '예술을 위한 예술'을 내걸고 탐미주의적 순수 문학을 지향했다. 예술지상주의가 극적으로 체현된 대표적인 작품들로는 '광염 소나타'(신민공론·1930)와 '광화사'(삼천리·1930) 등이 있다.

김동인이 신문소설을 쓴 것은 1929년부터였다. 평소 신문소설은 예술이 아니라고 경멸하고 '문학을 위한 문학'을 소리 높여 주장하던 김동인이었지만 당장의 생계를 위해서 어쩔 수 없었던 것이다. 첫 신문소설은 1929년 동아일보에 연재한 장편 '젊은 그들'이었다.

평소 김동인은 기자로 변절한 문인들에게 혹독한 비난을 퍼부었다. 동아일보 편집국장 이광수에게는 "비상한 노력 끝에 위선적 탈을 썼다"며 "그의 작품은 한낱 인도주의를 과장한 문자의 유희에 멈췄을 뿐"(조선일보 1929.7.28)이라고 비난했고, 역시 동아일보 기자로 입사한 주요한에게는 "요한이 '사회인이 된다'는 것은 시인으로서의 파멸을 뜻한다"고 비판했다. 그는 주요한에게 "신문사를 그만두고 시인으로 돌아가라"며 "이것은 나의 권고인 동시에 조선 문예 애호가를 대표한 나의 명령"(조선일보 1929.12.3)이라고도 했다.

이런 김동인이 1933년 4월 주요한이 편집국장으로 있는 조선일보의 학예부장으로 입사한 것은 그야말로 '사건'이었다. 더구나 그는 일찍이 대중의 흥미를 끄는 일은 "문학을 배반한 훼절", "자기의 존재를 굽히고 자기의 존재를 망각하게 만드는 것"이라고 주장했다.

이런 그가 학예부장으로 있으면서 하루 두 편의 소설을 썼다는 것 역시 사건이었다. 1931년 재혼한 그의 아내는 "연재물 두 회분을 30분 내에 쓴다. 글을 쓸 적에 원고지 다음 장을 넘기는 소리가 마치 글을 읽을 때 책장 넘기듯 했다"고 회고했다. 또한 "파지 한 장 없었다. 쓸 분량만큼 원고지를 미리 책으로 만들어 쪽수까지 매긴 후에는 수정을 하지 않고 단번에 써 내려갔다"는 차남의 증언도 있다. 김동인이 '금동'이라는 필명으로 발표한 장편 역사소설 '운현궁의 봄'도 그중의 하나였으나 학예부장 업무를 처리하며 소설 두 편을 매일 쓴다는 것은 역시 무리였다.

결국 '운현궁의 봄'은 재직 기간 중 9회밖에 나오지 못했다. 탁월한 능력의 소유자였지만 결국에는 다른 사람을 무시하는 오만한 성격에 소설가 추천 문제를 둘러싸고 주요한 편집국장과의 의견 충돌로 40일 만에 조선일보를 퇴사했다. 그가 직장 생활을 한 것은 일생을 통틀어 이때가 처음이자 마지막이었다. 그는 훗날 기자 생활을 한 것에 대해 "과부의 서방질이나 마찬가지로 나 스스로도 창피하게 생각하는 바"라고 했다.

"4,000년 역사 이래 최초의 신문학의 꽃봉오리"

1930년대 중반부터 극도의 신경증으로 집필이 불가능한 상태가 되면서 김동인은 마약에까지 손을 댔다. 1938년 무렵에는 정신착란 증세까지 보였다. 한때는 약물중독 상태에서 총독부 관리가 옆에 있는 것도 모른 채 꺼낸 말이 천황 모독죄에 걸려 반 년간 옥살이를 한 적도 있었다.

김동인은 1939년 여름 자진해서 총독부를 찾아가 황군 위문 작가단에 끼워 달라고 요청해 '성전종군작가'라고 쓴 어깨띠를 두르고 중국의 전선을 시찰하는 등 노골적으로 친일 활동을 펼쳤다. 매일신보에는 "(조선인과 일본인은) 한 천황 폐하의 아래서 생사를 같이하고 영고를 함께할 백성" (1942.1.23)이라는 글을 실었고 1943년에는 조선문인보국회 간사를 지냈으며 1944년에는 친일 소설 '성암의 길'을 발표했다. 다만 그 무렵 기억상실증과 심한 난독증으로 거의 1년간 글을 읽지도 쓰지도 못했다.

광복 후에는 좌익을 규탄하는 필봉을 휘둘렀다. 하지만 젊은 시절 술과 기생으로 이어진 무절제한 생활과 수면제 과용으로 인해 1949년 5월부터는 글을 전혀 쓰지 못하고 1949년 6월에는 뇌졸중이 발병하고 1949년 말에는 완전히 누울 정도로 건강이 악화되었다.

결국 중풍 중세를 보여 왼쪽 몸이 마비된 채 누워 있을 때 6·25 전쟁이 일어났다. 미처 피란하지 못하고 있을 때 인민군이 그를 체포하기 위해 집에 들이닥쳤으나 김동인의 몸 상태를 보고 포기했다. 1·4 후퇴 때는 아내가 자식을 지키기 위해 결단했나. 1951년 1월 3일 자식들과 피란을 떠나면서 "누구든지 이분을 발견하거든 잘 보살펴 달라"는 편지와 돈을 집에 놓고 피난을 떠났다.

부인이 1951년 8월 초 집으로 돌아왔을 때 집은 이미 아수라장이 되어 있었고 김동인의 시신은 집에서 20m 정도 떨어진 밭고랑에서 형체를 알아볼 수 없는 상태로 발견되었다. 부인은 시신을 그곳에 매장했다가 11월 홍제동 화장터에서 화장했다. 하지만 민간인을 화장해줄 수 없다고 거부해 군인 사체 20여 구와 함께 화장되었다. 가족은 결국 누구의 뼈인지도 모를 유골 일부를 받아 한강에 뿌렸다.

조선 최초 영화 '의리적 구토' 상영과 박승필

공연계에서 두각을 나타내고 질식 상태에 빠져 있던 전통 예술인들에게 힘을 실어주었다.

조선 최초의 영화는 박승필이 제작하고 김도산이 감독·각본·주연을 맡아 1919년 10월 27일 단성사에서 처음 상영된 연쇄극 영화 '의리적 구토'다. '연쇄극 영화'란 한정된 무대에서는 표현하기 어려운 야외 신이나 특수 장면을 미리 필름에 담아두었다가 무대 사이사이에 보여주는 이를테면 무대극과 영화를 합친 것이다. 따라서 '의리적 구토'는 100% 필름 영화가 아니다.

이런 연유로 1923년 4월 9일 공개된 최초의 극영화 '월하의 맹서'를 우리 영화의 기점으로 삼아야 한다는 영화인도 있다. 하지만 '의리적 구토'

중간에 '경성 전시의 경(景)'이라는 기록영화가 상영되었다는 점에서 우리 영화계는 '의리적 구토'를 조선 영화의 출발점으로 삼는다. '영화의 날' 역시 '의리적 구토'가 처음 상영된 10월 27일이다.

박승필

사실 '의리적 구토'는 이 땅에서 공연된 최초의 연쇄극은 아니다. 첫 연쇄극은 1915년 10월 부산의 부산좌에서 개연된 '짝사랑'이고, 서울 최초의 연쇄극은 1917년 3월 을지로 황금관 무대에 오른 '문명의 복수'다. 그러나 두 연쇄극 모두 일본인이 만든 것이기 때문에 '우리나라 최초'로는 인정하지 않는다.

'의리적 구토'는 죽은 아버지의 재산을 탐내 음모를 꾸미는 계모와 그 일파를 아들이 혼내주는 권선징악을 주제로 만들어진 활극조의 신파 연쇄극이다. 1,000피트 길이의 필름을 연극 중간에 끼워 넣은 것에 불과하지만 공연 도중 무대 위에서 스크린이 내려오고 눈에 익은 조선의 풍광이 상영되는 것을 신기하게 여긴 관객들로 대성황을 이뤄 한 달 동안 장기 공연을 했다.

매일신보 1919년 10월 29일자는 당시 상황을 이렇게 전하고 있다. "초저녁부터 조수같이 밀려든 관객 남녀는 삽시간에 아래 위층을 물론하고 빽빽히 차서 만원의 패를 달고 표까지 팔지 못하는 대성황이었더라." '의리적 구토'에서는 한강철교, 장춘단, 노량진공원, 청량리, 뚝섬 등 서울 시내의 볼 만한 풍경과 기차, 전차, 자동차 등을 이용해 찍은 '경성 전시의 경(景)'이 상영되었다.

'의리적 구토'는 연쇄극 제작에 앞서 먼저 연극으로 공연되었다. 김도산이 연출하고 신파극단 '신극좌' 단원들에 의해 만들어진 연극은 1919년 7

월, 우미관에서 5일 동안 공연되었다. 이 연극을 연쇄극으로 제작한 것은 박승필(1875~1932)이었다. 모두 8막 28장으로 구성된 '의리적 구토'의 감독·각본·주연은 김도산이 맡았으며 그가 이끄는 '신극좌' 단원들이 출연했다. 촬영과 편집은 일본인이 맡았다.

김도산은 일찍이 '신소설의 개척자' 이인직의 문하생으로 들어가 원각사에서 연극 수업을 쌓았다. 1911년 신파극단 '혁신단'에 들어가 이론과 기초를 닦은 뒤 극단 '신극좌'를 창단해 수 편의 극을 무대에 올렸다. 김도산은 '의리적 구토'를 성공시킨 후에도 연쇄극 '시우정', '형사의 고심', '의적' 등을 잇따라 발표하며 과도기의 영화계를 이끌었으나 한강에서 연쇄극을 찍던 중 당한 낙상 사고와 늑막염이 겹쳐 1921년 7월 유명을 달리했다.

'영화의 날'은 '의리적 구토'가 처음 상영된 10월 27일

박승필은 서울에서 태어나 판단력이 좋고 광무대의 소리꾼으로 활동했다는 사실만 알려졌을 뿐 그밖의 성장 배경이나 신상에 대해서는 밝혀진 게 없다. 하지만 박승필은 '의리적 구토'를 제작하기 전부터 공연계의 유명 인사였다. 그가 세간에 알려지기 시작한 것은 1908년 9월 미국인 콜브란으로부터 '광무대'를 임차해 구극 전용 극장으로 개설하면서였다. 광무대는 한성전기회사가 활동사진 상영관으로 개설한 '동대문 활동사진소'를 창극과 연극 상연을 위해 1907년 6월 개조한 곳이다.

박승필은 이동백·김창환·송만갑 등 당대의 명창을 모아 각종 공연을 주선했다. 이를 통해 공연계에서 두각을 나타내고 질식 상태에 빠져 있던 전통 예술인들에게 힘을 실어주었다. 그러나 1910년 한일합방 직후 콜브란이 한성전기회사의 소유권을 일본인에게 넘기면서 박승필은 광무대에서 손을 떼야 했다. 대신 1913년 일본인이 소유하고 있는 '연기관'을 임차해 광무대로 간판을 바꿔 달고 구극의 메카로 만들었다.

박승필은 1917년 단성사의 일본인 소유주 다무라 미네에게서 단성사를 임차해 그해 말 건물을 신축·확장한 뒤 단성사를 활동사진과 신극 전용관으로 1918년 12월 재개관했다. 박승필은 광무대에 이어 단성사까지 경영함으로써 구극·신극·영화를 아우르는 흥행계의 거물이 되었다. 박승필은 '의리적 구토' 이후에도 연쇄극 제작에 더욱 힘을 쏟다가 1923년 단성사 안에 영화부를 신설하고 100% 필름 영화 '장화홍련전'을 제작해 1924년 9월 5일 단성사에서 상영했다.

'장화홍련전'은 몇 가지 지적에도 불구하고 일본인의 도움 없이 순수 우리 자본과 기술과 인력으로 제작한 최초의 조선 영화라는 데 각별한 의미가 있었다. '장화홍련전'은 박승필에게 큰돈을 안겨주었다. 그러나 유감스럽게도 단성사 영화부는 '장화홍련전' 한 편을 제작하는 것을 끝으로 공식 제작 활동을 중단했다.

1926년 10월 나운규가 연출·각본·주연을 맡은 '아리랑'이 단성사에서 개봉되어 큰 반향을 불러일으키자 박승필은 나운규를 주목했다. 마침 나운규가 잇따른 흥행 실패로 그가 소속되어 있는 '조선키네마프로덕션'에서 위치가 불안해지자 나운규에게 재정적 후원을 약속하며 독립을 권했다. 나운규는 1927년 '나운규프로덕션'을 설립하는 것으로 독립했다. 박승필은 윤백남프로덕션에서 '심청전', '개척자' 등을 감독한 이경손의 독립도 지원했다.

박승필은 이처럼 조선 영화계의 대부로 활약하며 영향력을 넓혀나갔으나 1932년 1월 4일 57세 나이로 세상을 떠났다. 장례는 단성사장으로 치러졌으며 그를 애도하는 뜻에서 하루 동안 극장 문을 닫았다. 윤백남은 매일신보에 "싸움의 마당에서 후생을 위하여 피 흘리다 화살이 다 떨어져 명예의 전사를 하고 말았다"는 글을 실어 박승필의 죽음을 애도했다.

베르사유 평화조약 체결

주요 권한을 쥐고 흔든 것은 프랑스·영국·미국·이탈리아·일본 등 5개 열강이었다.

1918년 11월 11일 체결한 연합국과 독일의 종전 협정으로 1차대전의 총성이 멎었다. 그러자 승전국 대표들이 손익 결산을 따지기 위해 전후의 파리로 속속 몰려들었다. 그들이 파리에서 첫 회의를 연 것은 1919년 1월 18일이었다. 회의에는 27개국 대표들이 참석했으나 주요 권한을 쥐고 흔든 것은 프랑스·영국·미국·이탈리아·일본 등 5개 열강이었다. 그중에서도 최종 결정권을 손에 쥔 것은 프랑스의 조르주 클레망소 총리, 영국의 로이드 조지 총리, 미국의 우드로 윌슨 대통령이었다.

특히 조지 총리는 "오렌지(독일)를 씨가 나오도록 짜겠다"며 별렀고 클레망소 총리는 "독일을 철저히 약화시켜 다시는 독일군이 프랑스 땅을 밟지 못하게 하겠다"며 회의장에 들어섰다. 윌슨은 1918년 1월 자신이 제시한 '14개조 평화 원칙'을 회의의 기초로 삼기 위해 평화 조정자로서의 꿈을 안고 회의장 문을 노크했다. 이탈리아의 비토리오 오를란도 총리, 일본의 사이온지 긴모치 총리는 변방에서 참전하고도 승전국의 일원으로 회의장에 입장했다.

그런데 각국 대표들은 겉으로는 평화를 내세우면서도 속으로는 잇속 챙기기에 여념이 없었고 임자 없는 땅을 자기 것으로 만들려고 혈안이었다. 1914년과 1917년 각각 독일에 선전포고를 했다는 이유만으로 승전국 명단에 이름을 올려 회의에 참석한 일본과 중국은 독일의 조차지였던 중국 산동반도의 소유권을 놓고 격돌했다. 중미의 니카라과, 아프리카의 라이베리아 같은 나라들까지 패전국들과 외교 관계를 단절했다는 이유만으로 대표단을 파견해 먹이를 찾아 기웃거렸다.

반면 독일과 오스트리아·헝가리 제국, 오스만튀르크 제국, 불가리아 등 패전국들에는 회의 출석 자체가 허용되지 않았다. 러시아는 볼셰비키 혁명 후인 1918년 3월 독일과 단독 강화조약을 체결했기 때문에 협상 테이블에 나서지 않았다. 회의에 참석하고 싶어도 참석할 수 없었던 피식민 약소국 대표들의 모습도 눈에 띄었다. 그들을 파리로 오게 한 것은 1918년 1월 윌슨 대통령이 발표한 '14개조'에서 강조한 '민족자결주의'였다.

파리평화회의 당시 4대 승전국 정상들. 왼쪽부터 로이드 조지 영국 총리, 비토리오 에마누엘레 올란도 이탈리아 총리, 조르주 클레망소 프랑스 총리, 우드로 윌슨 미국 대통령

승전국들이 6개월 동안의 논의 끝에 440개조로 구성된 이른바 '베르사유 조약'을 베르사유 궁전 '거울의 방'에서 서명한 것은 1919년 6월 28일이었다. 5년 전 오스트리아 황태자가 사라예보에서 피살되어 1차대전이 발발했던 바로 그날이었고 48년 전인 1871년 독일이 프랑스로부터 굴욕적인 항복을 받은 뒤 통일 독일제국을 선포했던 바로 그 장소였다.

베르사유 조약은 전후 지도를 대폭 바꿔놓았다. 그중에서도 가장 변화가 큰 곳은 독일과 오스트리아였다. 독일은 13%의 영토와 600만 명의 인구를 빼앗겼다. 알자스·로렌 지방이 프랑스로 넘어갔고, 라인강 서부 지역은 연합국이 15년 동안 점령했다. 폴란드에는 동프로이센의 일부 영토를 빼앗겨 독일 본국과 동프로이센으로 분리되었다. 독일이 점유하고 있던 중국의 산동반도와 적도 이북의 태평양 유역 식민지는 일본의 차지가 되었으며 아프리카의 식민지는 승전국들에 분할되었다. 공군은 해체되었고 육군은 지원 병력에 한해 10만 명으로 제한되었으며 해군의 군함 보유량은 10만t 이내로 묶였다.

각국 대표, 임자 없는 땅을 자기 것으로 만들려고 혈안

베르사유 조약의 후속 조약은 실무 협상단이 조율했다. 그 결과, 오스트리아와는 생제르맹 조약(1919.9.10), 불가리아와는 뇌이 조약(1919.11.27), 헝가리와는 트리아농 조약(1920.6.4), 오스만튀르크와는 세브르 조약(1920.8.10)을 체결했다. 이에 따라 오스트리아·헝가리 제국은 해체되었고 오랫동안 그들이 지배해온 체코슬로바키아, 폴란드, 유고슬라비아 등은 독립했다. 오스트리아는 전 영토의 73%와 인구의 75%를 잃어 경제적 자립도가 한참 떨어지는 인구 620만 명의 약소국으로 추락했으며 300만 명의 오스트리아계 독일인은 체코슬로바키아로 편입되었다.

헝가리는 영토의 3분의 2를 잃고 인구는 800만 명으로 쪼그라들어 마자르 족의 옛날 헝가리 왕국 판도로 축소되었다. 빼앗긴 영토는 체코슬로바키아, 세르비아·크로아티아·슬로베니아 왕국, 루마니아, 이탈리아 등에 귀속되었다. 무장 병력도 3만 5,000명으로 제한되었고 병력은 치안 유지와 국정 안정을 위할 때만 사용할 수 있게 했다. 이로써 헝가리는 오스트리아와 마찬가지로 바다로 빠져나갈 출구가 없는 내륙 국가가 되었다. 불가리아는 일부 영토를 루마니아, 유고슬라비아, 그리스에 양도했고, 병력도 2만 명으로 줄어들었으며 에게해로 나가는 출구도 잃었다. 또한 무장을 해제당하고 배상금을 지불해야 했다. 반면 세르비아는 보스니아, 슬로베니아, 마케도니아, 몬테네그로를 통합해 유고슬라비아를 건설했다.

오스만튀르크 제국은 중동 지역 대부분을 상실하고 이스탄불과 소아시아 반도로 축소되었다. 오스만의 지배하에 있던 팔레스타인·요르단·이라크는 영국으로, 레바논·시리아는 프랑스의 위임통치령으로 편입되었다. 동유럽에서는 러시아의 지배를 받아온 핀란드·에스토니아·라트비아·리투아니아·폴란드가 독립했다. 독일의 항구였던 단치히(현재 폴란드의 그단

스크)에 자유시의 법적 지위를 부여함으로써 그동안 바다가 없던 폴란드는 단치히와 연결하는 회랑을 통해 해양과 연결되었다.

배상은 1921년 4월 회의에서 330억 달러(1,320억 마르크)로 결정되었다. 독일인이 꼬박 3년 동안 빵 한 조각 먹지 않고 일해야 겨우 모을 수 있는 거액이었다. 독일은 조약안이 지나치게 가혹하다며 반발했지만 승전국들은 그들의 이해관계에 따라 조약안을 다르게 보았다. 클레망소 눈에는 조약이 너무 온건했고 조지가 보기에는 너무 가혹했으며 윌슨이 보기에는 너무 결함이 많았다.

가장 큰 문제는 330억 달러의 배상금을 독일이 감당할 수 없다는 것이었다. 이 때문에 여기저기서 우려의 목소리가 쏟아졌다. 영국 대표단의 일원이었던 케인스조차도 "추악하고 비열한 요구"라고 꼬집었다. 결국 상환 일정이 다소 조정되기는 했지만 과도한 배상액은 두고두고 독일 경제의 발목을 잡았다.

독일은 지불할 금도 없었고 수출도 정상적인 상태가 아니었다. 따라서 지불할 수 있는 유일한 길은 통화 남발뿐이었다. 마르크 가치는 계속 하락해 1922년 11월 1달러에 7,000마르크, 12월에는 5만 마르크로 폭락했다. 독일 정부는 외국의 점령에 대해 수동적 저항으로 맞섰다. 모든 독일 노동자들은 직장을 떠났으며 직장을 떠난 노동자들을 지원하기 위해 독일 정부는 화폐를 무제한 발행하는 정책을 취했다. 1923년 8월 1달러에 460만 마르크, 12월에는 무려 42억 마르크라는 천문학적인 숫자로 마르크 가치는 계속 폭락했다.

가혹하기 이를 데 없는 베르사유 조약을 받아들일 수밖에 없었던 독일인들의 굴욕감은 장차 조약의 비합법성과 부당성을 영토 확장의 야욕으로 정당화하려는 히틀러에게 이용되어 나치즘이 발호하는 자양분이 되었다.

한국 대표 세계 각국의 약소민족들도 파리평화회의에 줄줄이 청원서를 들고 왔다. 호찌민은 베트남을 프랑스로부터 독립시켜 달라고 윌슨 대통령에게 탄원했고 한국에서는 신한청년단이 김규식을 파견했다. 1918년 1월 윌슨이 14개조를 발표했을 때 여운형·조소앙 등 독립운동가들은 파리평화회의에 청원서를 보내는 단체를 설립할 필요가 있다고 판단해 1918년 8월 상해에서 신한청년당을 결성한 뒤 영어에 능통한 김규식을 대표로 선정했다.

1919년 2월 1일 상해를 떠난 김규식이 3월 13일 파리에 도착했을 때 국내에서 윌슨의 민족자결주의에 대한 기대감으로 3·1 운동이 일어났다는 소식이 들려왔다. 김규식은 파리에 한국대표관을 개설하고 3·1 운동 사실을 각국 대표단에게 전파했다. 4월 11일 발족한 상해 임시정부가 김규식을 임정 외무총장 겸 파리평화회의 대표위원으로 임명한 것은 임정 최초의 외교 미션이었다.

김규식은 한국대표관을 대한민국 임시정부 파리위원부로 개칭하고 부위원장에는 이관용을, 서기장에는 황기환을 임명했다. 이관용은 정미7적의 한 사람인 이재곤의 아들로 영국 옥스퍼드대를 중퇴하고 스위스 취리대에 유학 중이던 1919년 초에, 황기환은 미국 유학 중이던 1919년 6월 파리로 가 김규식과 합류했다. 파리위원부는 3·1 운동 등 한국 독립운동에 관한 소식을 참가국에 알리고 조르주 클레망소 파리평화회의 의장에게는 임시정부 대통령 이승만의 서한을 전달했다.

그러자 유럽 신문들이 파리위원부 활동에 관한 기사를 싣기 시작했다. 파리위원부가 발행한 '구주의 우리 사업'에 따르면 1919년 3월부터 1920년 10월까지 프랑스 신문에 한국 관련 기사의 게재 건수가 133종 423건이나 되었다. 교황 베네딕토 15세도 "한국 교회의 총애하는 자녀들이 받는 핍박에 대해 우려하며 속히 자유와 행복의 생애를 하기를 천주께 기구한다"는 내용의 서한을 파리위원부에 보냈다.

그 무렵 미국에 체류 중이던 이승만도 정한경·민찬호와 함께 파리평화회의에 참석하려고 했으나 미국이 파리행 여권을 발급해주지 않아 성사되지 않았다. 김규식의 이런 노력에도 평화회의의 목적 자체가 서구 제국주의 국가 간 영토 재분할이다 보니 한국 문제는 회의에 상정되지 못했다. 결국 피식민지 국가들의 기대와 희망은 착각이었음이 판명되었다.

독일 바이마르 공화국 수립

히틀러에게서 희망을 찾은 것이 비극의 씨앗이었다.

독일 킬 군항 수병들의 출동 명령 거부(1918.11.3)를 신호탄으로 노동자·병사 평의회 결성이 전국의 주요 도시로 확산하고 있던 1918년 11월 9일 오전, 독일의 베를린에서도 총파업이 결행되었다. 총칼로 무장한 노동자·병사 시위대의 손에는 "자유와 평화와 빵을! 형제들이여 쏘지 말라. 오라, 우리에게!"라고 적힌 플래카드가 들려 있었다. 무장 군인이 봉기를 진압하기 위해 동원되었으나 노동자·병사 시위대를 상대로 전투를 벌일 엄두를 내지 못했다. 시위대는 왕궁을 향해 행진하며 "황제는 필요없다", "황제는 민주정치를"이라고 외쳤다. 하지만 빌헬름 2세는 왕궁에 없었다. 열흘 전쯤, 베를린을 떠나 독일군 총사령부로 피신했기 때문이다.

이런 상황에서 독일제국의 상층부는 갈피를 잡지 못하고 우왕좌왕했다. 11월 9일 정오 무렵, 1개월 전 1차대전의 휴전 회담 임무를 띠고 총리가 된 막스 폰 바덴 대공이 일방적으로 황제 퇴위를 선언하며 사회민주당 당수 프리드리히 에베르트를 후임 총리로 지명한다고 발표했다.

프리드리히 에베르트
바이마르 공화국 초대 대통령

오후 2시쯤에는 사회민주당 의원이자 제국의회 부의장이던 필립 샤이데만이 제국의회 의사당 발코니에서 수만 명의 군중을 향해 "독일 인민은 선번석으로 승리했습니다. 낡은 군주제는 붕괴했습니다. 에베르트 내각이 새 정부의 총리로 모든 사회주의 정당에 의한 내각을 조직합니다. 독일공화국 만세!"라고 외쳤다. 러시아 볼셰비키 정권과 같은 성격의 '소비에트 공화국'의 수립이 선언되면 혁명의 주도권을 빼앗길 것을 우려한 샤이데만이 선수를 친 것이다. 군중은 박수와 만세로 화답했다.

샤이데만의 열변이 대중을 사로잡고 혁명 정부도 아직 구성되지 않은 상황에서 샤이데만의 사적인 선동 연설과 선언은 공식 포고와 같은 결과를 가져와 사실상 독일공화국의 수립으로 이어졌다. 황제는 결국 11월 10일 네덜란드로 망명하고 1차대전은 11월 11일 체결된 종전 조약에 따라 막을 내렸다. 이후 독일은 군부의 지지를 받는 온건 사회주의자 에베르트와 좌파 혁명 세력 간의 싸움에 휩싸였다.

본격적인 충돌은 1918년 12월 수천 명의 좌익 군사 조직 '인민해병단'이 베를린으로 진군해 황궁을 장악하면서 시작되었다. 군부는 민간인으로 구성된 '의용군'을 앞세워 인민해병단에 맞섰다. 칼 리프크네히트와 로자 룩셈부르크가 이끄는 스파르타쿠스단도 에베르트의 의회주의 노선에 반대하며 반정부 투쟁을 전개했다. 1919년 1월 5일에는 스파르타쿠스단이 노동자·병사 평의회를 중심으로 한 정부 수립을 요구하며 유혈 폭동을 일으켰다가 의용군에 의해 가혹하게 진압되었다. 리프크네히트와 룩셈부르크는 살해되었다.

이런 혼란 속에서 1919년 1월 19일 총선이 실시되었다. 새롭게 구성된 국민회의는 베를린의 불안정한 정세를 피해 독일 고전문학의 본고장인 바이마르에서 1919년 2월 6일 첫 회의를 소집했다. 국민회의는 2월 10일 입헌공화주의를 바탕으로 하는 임시 헌법을 가결하고 2월 11일 사회민주당 소속의 에베르트를 공화국의 첫 대통령으로 선출했다. 같은 사민당 소속 샤이데만은 총리로 임명되었다.

2월 13일에는 제1당이지만 과반수를 확보하지 못한 에베르트의 사회민주당이 중앙당·민주당과 연합해 바이마르 연립내각을 구성했다. 법률가이자 좌파 정치인이던 후고 프로이스가 주도하고 사회학자 막스 베버 등이 참여해 이른바 바이마르 헌법이 제정되자 7월 31일 국민회의가 의결하고 8월 11일 에베르트 대통령이 서명·공포했다.

바이마르 헌법은 당시까지 인류가 만들어낸 가장 자유롭고 민주적인 헌법이자 현대 복지국가의 초석을 다진 진보적인 헌법이었다. 여성에게 참정권을 부여해 프랑스·영국 같은 민주주의 선진국들을 부끄럽게 했으며 언론·집회·신앙·양심의 자유를 인정했다. 의무교육, 사회보장제, 노동력 보호 등도 규정했다. 국민의 직접선거로 선출된 7년 임기의 연방 대통령은 총리를 임명하고 의회를 해산할 수 있는 권한과 긴급조치권을 부여받았다. 총리는 의회에 대해 책임을 지도록 해 의회주의의 원칙을 분명히 했다.

당시까지 인류가 만들어낸 가장 자유롭고 민주적인 헌법

이로써 독일 역사상 최초로 민주적인 절차와 헌법을 토대로 한 정치체제가 출범했지만 의회가 신임을 철회하면 총리와 장관들이 즉각 사임해야 한다는 조항 등은 바이마르 체제의 안착과 순항을 가로막았다. 이 때문에 각 정당들은 자신들의 정치투쟁을 목적으로 불신임을 남발했고 바이마르 공화국 14년 동안 내각이 16차례나 바뀌고 정당은 한때 40개에 이를 정도로 정치적 혼란을 초래했다.

1919년 6월 조인된 '베르사유 조약'은 신생 바이마르 공화국에 결정적인 짐으로 작용했다. 조약에 따라 많은 영토를 상실했지만 더 큰 문제는 독일 경세에 치명적인 부담으로 작용한 1,320억 마르크의 전쟁 피해 배상금이었다. 프랑스가 배상금 지불 불이행을 빌미로 1923년 1월 루르 지방을 점령하기까지 하자 독일 정부는 배상금 지불을 위해 통화를 남발했다.

결과는 극심한 인플레로 나타났다. 1921년 1달러 대 75마르크였던 환율은 마구 치솟아 급기야 1923년 11월에는 마르크의 가치가 1조분의 1로 떨어졌다. 경제가 혼란 상태에 빠지고 좌우익의 반공화주의 세력들이 곳곳에서 폭동과 내란을 일으켜 사민당의 대중적 지지율은 급격하게 떨어졌다.

이런 파국적 상황에서 1923년 8월 신임 총리가 된 구스타프 슈트레제만의 연립내각은 통화 안정을 위해 화폐를 평가절상하고 미국에서 대규모 차관을 들여왔다. 1924년 8월에는 전쟁배상금을 낮추는 것을 골자로 한 미국의 '도스안'이 채택되어 배상금의 과중한 부담에서도 벗어났다. 덕분에 경기는 회복되고 경제는 안정되었다. 1925년 12월 로카르노 조약으로 라인란트의 비무장화가 실현되어 루르 지방을 점령하고 있던 프랑스군이 철수하고 1926년 9월 국제연맹의 일원이 된 것도 사회 안정에 도움이 되었다.

문화적으로는 엄청난 지적 생산력과 예술적 창조력이 폭발한 '황금의 20년대'를 구가했다. 문학과 예술 전 분야에 활력이 넘치고 후대에 남을 위대한 작품들이 속속 발표되었다. 토마스 만의 '마의 산', 라이너 마리아 릴케의 '말테의 수기' 등 산문의 개화에 이어 표현주의 시들이 독일의 현대문학을 다채롭게 장식했다. 헤르만 헤세의 초기작, 프란츠 카프카의 주요 작품들도 이 시기에 발표되었다. 음악에서는 아르놀트 쇤베르크가, 희곡에서는 베르톨트 브레히트가 당대를 풍미했다.

그러나 1930년대 세계를 강타한 세계 대공황은 경제적으로 호전되던 독일 경제를 또다시 수렁에 빠뜨렸다. 산업 생산량은 급격하게 줄어들고 노동인구의 3분의 1은 실업자로 전락했다. 국민들은 정치적 투쟁과 경제 혼란으로 얼룩진 현재보다는 군사적 영광을 누렸던 과거를 회상하기 시작했다. 단합과 엄격한 규율로 복귀하려는 열망은 불가피한 것이었으나 결과는 치명적이었다. 히틀러에게서 희망을 찾은 것이 비극의 씨앗이었다. 1933년 1월 파울 폰 힌덴부르크 대통령이 마침내 제1당이 된 나치당의 히틀러를 총리에 임명함으로써 바이마르 공화국은 히틀러의 총리 취임과 함께 사실상 막을 내렸다.

로자 룩셈부르크 피살

그래서 찍힌 '민족 허무주의'라는 주홍 글씨는 죽어서도 쫓아다녔다.

"마르크스 이후 가장 뛰어난 두뇌", "강철 같은 여성 혁명투사", "피에 굶주린 로자" 등등…. 로자 룩셈부르크(1871~1919)를 가리키는 수식어는 이렇듯 강렬하고 섬뜩하다. 로자는 제정 러시아의 폭정 아래서 신음하는 폴란드의 유대인 집안에서 태어났다. 가정은 부유했으나 어릴 적 앓은 골반관절염으로 다리를 절고 키가 작았다. 로자는 고교 졸업 후 폴란드사회당이 창당할 때 주도적으로 참여했다. 결국 경찰의 체포령을 피해 스위스로 망명, 취리히대에서 철학과 법학을 전공했다.

1890년 무렵 대학에서 알게 된 리투아니아 출신의 유대인 혁명가 레오 요기헤스는 로자의 정치적 동반자이자 투쟁의 동지였다. 두 사람은 혁명을 위해 죽음을 불사해야 하는 긴장 속에서도 사랑을 꽃피웠다. "이 세상

로자 룩셈부르크

에 오직 하나뿐인 당신", "당신을 포옹하고 수없이 입맞춤을 합니다", "나는 아기를 가지면 안 되나요?" 등 도무지 혁명 투사에 어울릴 것 같지 않은 표현이 로사가 레오에게 보낸 편지에 가득했다.

사랑 감정은 16년 동안 이어졌으나 두 사람 사이에는 사랑을 편하게 나눌 시공간적 여유가 없었다. 너무 자주 떨어져 있고 수시로 감옥을 드나들었기 때문이다. 그 무렵 로자는 단순하면서도 고급스러운 옷을 선호했고 괴테, 실러, 롤랑, 모차르트, 베토벤, 렘브란트의 예술을 즐겼다.

로자는 1897년 취리히대에서 박사학위를 받고 1898년 독일 베를린으로 잠입해 본격적인 혁명 활동을 펼쳤다. 로자는 추방의 위험 없이 독일에서 활동할 목적으로 독일 남자와 위장 결혼을 했다. 로자가 독일사회민주당에 가입했을 무렵 베를린에는 독일사회민주당 지도자들 간에 격렬한 이론투쟁이 전개되고 있었다. 독일을 사회주의화하는 수단으로 의회정치를 통한 점진적 개혁을 택할 것인지 아니면 마르크스 이론에 따라 노동대중의 폭력혁명을 택할 것인지 하는 이른바 '수정주의 논쟁'이었다. 논쟁에 불을 지핀 인물은 점진적이거나 평화적인 방법으로도 사회주의 실현이 가능하다고 본 '유럽 사회주의 운동의 대부' 에두아르트 베른슈타인이었다.

로자도 논쟁에 뛰어들었다. 로자는 '사회 개혁인가 혁명인가'라는 제목의 소책자에서 부르주아 체제는 프롤레타리아의 폭력적 집권에 의해서만 타도되고 그래야만 프롤레타리아의 새 세계가 열린다고 강조했다. 베른슈타인의 주장을 '이단'이라고 공박하며 당에서 축출해야 한다고 목소리를 높였다.

로자는 논쟁을 통해 폭력혁명론자로 부각되었고 이 때문에 정부의 집중적인 감시를 받았다. 로자는 레닌과도 1904년 '당 조직 논쟁'을 벌여 또다시 존재감을 과시했다. 직업혁명가들이 프롤레타리아 독재 정부를 세워야 한다는 레닌의 주장에 대해 로자는 몇몇 지도자들이 당의 권력을 독점하면 안 된다고 맞섰다.

"마르크스 이후 가장 뛰어난 두뇌" vs. "피에 굶주린 로자"

1904년 여름 독일사회민주당을 위한 선거운동에서의 발언이 문제가 되어 2개월간 투옥된 것은 이후 로자가 감내해야 할 투옥과 석방의 전주곡이었다. 로자와 레오는 1905년 1월 러시아에서 '피의 일요일' 사건이 일어났을 때 각각 위조 여권을 만들어 러시아로 잠입하려다가 폴란드 경찰에 체포되기도 했다.

'피의 일요일' 사건 후 로자는 '농민에 의존하는 프롤레타리아의 혁명적 독재론'을 전개했다. 사회주의자들이 농민과 연합하고 그들의 혁명적 행동에 의존해 절대주의를 타도한 다음 단독으로 정부 권력을 장악하고 노동자·농민으로 구성된 혁명적 대중을 군대 조직으로 편성해야 한다는 내용이었다.

이 주장 역시 레닌의 이론과는 큰 차이가 있었다. 레닌은 농민의 중요성을 배제하고 혁명적 대중의 필요성을 인정하지 않은 채 직업적이고 음모적 혁명가들이 당의 중앙을 형성하고 국가의 핵심인 무력 기관들을 장악함으로써 혁명적 쿠데타를 성사시켜야 한다는 입장이었다.

로자는 1905년 12월 폴란드의 바르샤바로 돌아가 총파업을 지원했다. 그러나 폴란드사회당의 지도자들은 러시아혁명이 달성되면 폴란드가 러시아에서 독립할 수 있는 희망이 사라진다고 생각해 총파업을 저지하는 등 사실상의 '부르주아 민주혁명'으로 선회했다.

로자는 총파업이야말로 프롤레타리아의 유일한 전투 수단임을 외치며 투쟁을 선도하다가 1906년 3월 '반국가음모죄'로 체포·투옥되었으나 매수 공작을 벌여 석방되었다. 로자와 레오는 1907년 베를린에서 다시 만났으나 사랑의 감정은 이미 식은 뒤였다. 그래도 둘은 혁명 동지로 서로 연락하고 편지를 주고받았다.

로자는 1907년부터 7년 동안 베를린의 독일사회민주당 학교에서 강의하는 한편 자본주의와 제국주의의 필연적인 연관을 밝혀낸 '자본 축적론'(1913)을 틈틈이 썼다. '자본 축적론'은 자본주의가 제국주의로 변화하는 과정과 제국주의가 일으키는 전쟁에 대해 날카롭게 분석해 마르크스의 '자본'에 필적하는 명저로 꼽히고 있다. 몇몇 전문가들은 "천재의 주도면밀한 저술"이라고 상찬하며 마르크스가 '자본'에서 보인 몇 가지 이론적 허점을 보완함으로써 마르크스주의에 중대한 공헌을 했다고 평가하기도 한다.

'자본 축적론', 마르크스의 '자본'에 필적하는 명저

로자의 투쟁 과정에서 빼놓을 수 없는 인물이 같은 해에 태어나 같은 날 살해된 카를 리프크네히트(1871~1919)다. 카를은 베를린대에서 법학을 전공한 변호사로 활동하며 정통 마르크스주의자로 활약했다. 1907년 청년인터내셔널 창설을 주도하고 독일의 군국주의 정책을 공격했으며 사회주의를 강력히 옹호하는 논문을 발표했다. 이런 일련의 일들로 18개월 동안 투옥되었는데도 옥중에서 지방의회 의원에 당선되었다.

카를은 자본주의를 타도하고 사회주의를 실현해야만 평화를 성취할 수 있다고 믿었다. 이런 그에게 수정주의로 기울고 있는 사회민주당 역시 비판의 대상이었다. 로자와는 수정주의와 사회민주당의 연립정부 구성을 반대하는 등 모든 면에서 일치했다. 1914년 8월 1차대전이 발발했을 때 사회민주당은 독일 국민의 민족주의와 애국심에 편승하기 위해 정부의 전쟁 예산을 통과시켜 세계 사회주의자들을 깜짝 놀라게 했다. 로자와 카를은 당의 결정에 맞서다 1915년 2월 함께 투옥되었다.

1년 후 석방된 로자와 카를은 전쟁이 한창이던 1916년 1월 사회민주당 내 급진 좌파들과 함께 '스파르타쿠스단'을 결성했다. 스파르타쿠스는 고대 로마의 검투 노예로 자신의 동료들을 규합해 반란을 일으켰으나 체포되어 십자가 형틀에서 목숨을 잃은 영웅적 혁명가였다. 두 사람은 1916년 5월 1일 스파르타쿠스단의 메이데이 봉기를 주도했다. 하지만 봉기는 진압되었고 둘은 체포되어 남은 전쟁 기간 감옥에 갇혀 있거나 보호 조치를 받았다. 이 때문에 1917년 2월과 10월에 러시아에서 혁명이 일어났을 때 현장을 지키지는 못했다.

로자는 1918년 레닌과 또다시 논쟁을 전개했다. 1917년의 러시아혁명 성공 후 레닌이 "러시아 사회의 후진성을 고려해야 한다"며 민주적으로 선출된 제헌의회를 무력으로 해산하고 자신의 추종 세력들을 중심으로 관료적 레닌주의를 구축하자 이를 비판한 것이다.

로자는 "혁명운동은 자의적으로 만들어질 수 없고 또한 당 간부들의 결정에 의해 야기되는 것이 아니라 어떤 특정한 역사적 시기 하에서 자발적으로 폭발한다"는 점을 강조했다. 레닌은 이런 로자를 가리켜 "대중 추수(追隨)주의자"라며 맞받아쳤다. 레닌을 추종하는 다른 동지들도 로자의 '자발성 주장'이 "계급투쟁에서 당의 지도적 역할을 부정 내지 과소평가하고 비인격적이고 객관적인 요소를 과대평가함으로써 의식적이고 조직된 행동의 중요성을 망각했다"고 비판했다.

'레닌주의에 반대하는 이론적 오류의 총합'으로 비판받아

1918년 11월 1차대전이 끝나 독일의 제2제국이 무너졌을 때 독일의 과도 연립정부를 이끈 것은 사회민주당의 프리드리히 에베르트였다. 그는 마르크스주의에 빠지지 않은 채 노동자들의 생활 향상에 관심을 쏟아 1905년 독일사회민주당의 사무총장이 되고 1913년 당수로 선출되었다. 온건 노선을 이끌었던 그의 지도력 아래 임시 공화정부는 제헌국민의회 구성을 위한 선거 일정을 발표했다. 그러자 로자와 카를은 각각 반기를 들고 1918년 12월 독일공산당을 창당했다.

다만 로자는 1917년의 러시아 10월 혁명을 독일에 그대로 재현할 생각은 없었다. 로자는 10월 혁명 후 러시아에 나타난 정치체제는 프롤레타리아를 위한 독재 체제가 아니라 프롤레타리아에 대한 독재 체제라고 비판했다. 그가 지향했던 것은 노동자계급이 권력과 국가와 역사 발전에 당당하면서도 창조적 주체가 되는 이상주의적이고 인간주의적인 체제였다.

로자와 카를이 독일공산당을 창당하고 프롤레타리아 혁명을 추구하자 독일 정부의 우익 세력은 로자와 카를이 등 뒤에서 칼을 찔렀다며 두 사람을 표적으로 삼았다. 이런 가운데 로자와 카를은 1919년 1월 5일 '스파르타쿠스 봉기'를 일으켰다. 그러나 봉기는 군부와 의용군에 의해 진압되었고 주동자들은 체포되거나 살해되었다. 로자와 카를 역시 1월 15일 밤 체포되었다. 카를은 도주하다 사살된 것처럼 꾸미려는 군부와 경찰의 음모에 의해 등 뒤에서 쏜 총을 맞고 죽었으며, 로자는 총의 개머리판으로 머리를 맞아 실신한 상태에서 차로 끌려가 권총으로 살해된 후 베를린의 란트베르 운하 속으로 내던져졌다. 로자의 시신은 5월 31일 부패된 모습으로 강에서 발견되었다.

격분한 레오 요기헤스는 진상 조사에 나서 살해자들이 살해를 마친 뒤 열었던 술자리의 사진을 입수해 그들의 음모를 폭로하는 데 성공했으나 이 일로 보복을 당해 1919년 3월 10일 경찰에 살해되었다.

로자는 서유럽의 보수 우파에게만 '피에 굶주린 붉은 악마'가 아니었다. 스탈린주의자들에게도 '볼셰비즘의 적'이었으며 '레닌주의에 반대하는 이론적 오류의 총합'으로 호된 비판을 받았다. 1956년 흐루쇼프의 스탈린 비판 이후 복권되긴 했지만, 독일사회민주당의 수정주의와 개량주의에 반대하는 투쟁을 이끌었다는 맥락에 한정되었다.

로자는 '프롤레타리아 국제주의'의 신봉자답게 자신의 조국인 폴란드 독립에 반대하고 사회주의 연방을 선호한 탓에 폴란드 인민공화국에서도 푸대접을 받았다. 그래서 찍힌 '민족 허무주의'라는 주홍 글씨는 죽어서도 쫓아다녔다.

베른슈타인과 수정자본주의 논쟁

에두아르트 베른슈타인(1850~1932)은 독일 베를린에서 태어나 1872년 독일사회민주노동당에 입당하고 1878년 비스마르크 총리가 만든 '사회주의자 진압법'에 반대하다가 독일에서 추방되었다. 이후 영국에서 20년 동안 망명 생활을 하면서 영국형의 점진적 개혁주의 운동이 거둔 성과에 크게 공감하고 자본주의 체제의 자기 변화 능력을 인정했다. 망명 생활에서 풀려난 뒤에는 마르크스의 프롤레타리아 혁명론을 비판하고 의회민주주의와 노동조합을 통한 평화적 개혁 노선을 제시했다.

베른슈타인은 1896년부터 1898년까지 사민당의 기관지 '새 시대'에 "자본주의의 생명은 폭력적이고 극적인 타도에 의해 종결될 수 있다"는 마르크스의 파국 이론을 정면으로 공격하는 논문을 연이어 발표했다. 그런데도 논문은 그다지 논란에 휩싸이지 않았다. 그가 점진적이거나 평화적 방법에 의한 사회주의 실현이 가능하다고 주장했는데도 당원들이 별로 저항하지 않은 것은 나름대로 설득력이 있음을 인정받은 것으로 보인다.

그러나 '러시아 마르크시즘의 아버지'로 불리는 게오르기 플레하노프, 스위스에서 박사학위를 마치고 1898년 베를린으로 건너온 유대계 폴란드인 로자 룩셈부르크가 거칠게 반발하면서 논쟁은 뜨겁게 달궈졌다. 로자

에두아르트 베른슈타인

는 '사회 개혁인가 혁명인가'라는 소책자를 통해 지속적인 혁명을 주장했다. 베른슈타인 역시 1899년 출간된 '사회주의의 전제 조건들과 사회민주당의 과제'라는 제목의 논문을 통해 자신의 소신을 굽히지 않았다.

베른슈타인의 주장은 자본주의 붕괴론 및 폭력혁명론에 대한 비판으로 요약된다. 즉 자본주의 붕괴에 대한 마르크스의 예언이 잘못되었다고 비판하고 폭력혁명을 통한 프롤레타리아 독재가 아니라 민주적·점진적 개혁을 통해야만 사회주의적 가치들을 실현할 수 있다는 것이다.

실제로 당시 서유럽 산업국가에서는 아직 불완전하기는 하지만 민주주의가 점차 확대되고 있었고 노동시간은 줄어들고 있었으며 실질임금도 조금씩 늘어나고 있었다. 마르크스가 말한 10년마다의 경제 위기도 20년 넘게 나타나지 않았고 1870년 이후 유럽에서는 전쟁도 없었으며 독일제국 빌헬름 2세의 정책 변화로 노동운동도 합법 상태에 놓여 있었다.

베른슈타인의 이런 예측과 주장은 유럽 자본주의를 실증적으로 분석한 뒤에 나온 것이어서 나름대로 타당성을 갖고 있었으나 당시 한껏 고양되어 있던 사민당 내 강성 당원들 특히 로자 룩셈부르크 등 당내 이론가들로부터 격렬한 비판을 받았다. 이 논쟁에서 베른슈타인은 수세에 몰리고 수정주의자로 분류되었다.

특히 1917년의 러시아혁명 후에는 그의 이론이 무가치한 것으로 호된 비판을 받아 이후 공산권에서는 '수정주의자' 하면 변절과 욕설의 대명사로 인식되고 있다. 하지만 한 세기가 지난 오늘날 독일 사민당과 사회주의 일반이 겪어온 성쇠는 베른슈타인이 역사의 승리자임을 보여주고 있다.

일본의 21개조 요구와 중국의 5·4 운동

하지만 이 모두는 힘없는 자의 허망한 외침일 뿐이었다.

1차대전이 한창이던 1914년 9월 2일 일본군이 중국의 산동반도 북쪽에 상륙했을 때 중국의 원세개 정부는 1차대전 중립을 선언하며 일본군이 그곳을 벗어나 다른 지역으로 이동하지 말 것을 요구했다. 그러나 일본은 중국의 요구를 묵살한 채 산동반도 서쪽에 위치한 제남까지 점령했다.

1915년 1월 18일에는 주 중국 일본공사가 원세개 대총통을 만나 '21개조 요구'를 전달했다. ▲산동성의 독일 권익을 일본이 승계한다 ▲산동성 내 새 철도 부설권을 일본이 갖는다 ▲중국 연안의 섬·항구·만 등을 일본이 이용할 수 있도록 한다 ▲중국 정부의 군사·재정 기관에 일본인 고문을 두되 다른 외국인 고문보다 일본인을 더 많이 둔다는 등, 중국이 정상적인 독립국가였다면 감히 꺼낼 수 없는 치욕스러운 요구였다. 일본은 여기서 그치지 않고 남만주와 동부 내몽고에 대한 독점 지배도 중국에 강하게 요구했다.

일본은 원세개에게 황제 제도의 부활을 눈감아 주겠다는 당근 정책도 병행했다. 하지만 원세개는 곧 열강이 지원에 나서고 중국 민중의 분노가 폭발할 것을 기대하며 "중국을 개·돼지처럼 취급하느냐"고 반발했다. 예상대로 중국인들의 분노가 폭발하긴 했으나 조직적이지도 끈질기지도 않았다.

일본은 1915년 5월 7일 원세개에게 이틀간의 말미를 주며 최후 통첩을 전달했다. 원세개는 뒤늦게서야 열강의 원조를 기대할 수 없다는 사실을 깨닫고 1915년 5월 9일 21개조 요구를 수락하겠다는 의사를 표명했다. 5월 25일 조약이 체결되자 중국인들의 분노가 절정에 달했다. "국가

학생과 시민 수천 명이 북경의 천안문 광장에 모여 '21개조 요구'의 폐지를 요구하고 있다.

의 치욕을 잊지 말자(毋忘國恥·무망국치)"라고 적힌 현판들이 전국 도처에 나붙었으며 담벽·상표·편지지에도 '무망국치'가 선명했다.

점차 일본 상품 불매운동이 확산하고 일본인과 일본 영사관에는 테러가 가해졌으며 군사력 강화를 위해 모금 운동이 전국적으로 전개되었다. 하지만 이 모두는 힘없는 자의 허망한 외침일 뿐이었다. 일본은 1차대전 개전 후 독일에 선전포고를 했다는 것을 명분으로 내걸고 전쟁의 혼란한 틈을 이용해 독일이 점령하고 있는 청도와 교주만까지 일방적으로 점령했다.

그로부터 4년 뒤인 1919년 1월 18일. 2개월 전 끝난 1차대전의 전후 처리를 위한 평화회의가 프랑스 파리에서 시작되었다. 중국은 1917년 8월 독일에 선전포고를 했기 때문에 승전국의 일원으로 대표단을 파리 회의에 파견했다. 회의에는 27개국이 참가했지만 주요 결정권을 행사한 것은 승전국인 프랑스·영국·미국·이탈리아·일본 등 5대 열강이었다.

중국의 산동반도 문제가 회의 의제로 오른 1월 27일, 일본 대표가 "산동반도 남쪽에 위치한 독일의 교주만 조차지와 독일 소유의 철도 그리고 그밖의 권리를 일본에 무조건 양도할 것"을 요구했다. 이에 중국 대표는 "과거 중국이 독일과 체결한 조차 조약은 중국의 대독일 선전포고에 의해 무효가 되고 독일이 중국에 갖고 있던 모든 권리는 즉각 중국에 반환되어야 한다"고 반박했다. 그러자 일본 대표가 1915년 5월 일본이 중국과 체결한 '21개조 요구'를 제시하며 재반박했다.

중국이 정상적인 독립국가였다면 감히 꺼낼 수 없는 치욕스러운 요구

중국으로서는 상황이 바뀐 만큼 일본의 '21개조 요구'를 받아들일 수 없었다. 중국 대표는 "21개조 요구는 일본이 중국 정부를 위협하는 비정상적인 상태에서 중국이 굴복한 것"이라며 부당성을 강조했다. 중국과 일본이 이처럼 팽팽하게 대립하고 있을 때 우드로 윌슨 미 대통령이 손을 들어준 것은 일본이 아니라 중국이었다.

윌슨이 중국 정부의 주장에 힘을 실어준 덕분에 산동반도 문제를 둘러싼 중·일 간의 논쟁은 중국의 승리로 끝이 났다. 이 소식을 전해 들은 중국인들은 곧 산동반도가 중국으로 반환될 것이라며 파리회의 결과에 큰 기대를 걸었다. 반면 산동반도 문제를 낙관했던 일본은 당혹감에 빠졌다.

하지만 일본에는 믿는 카드가 있었다. 그것은 1차대전 중 열강과 체결한 산동반도 관련 비밀협정이었다. 종전 후 있을 평화회의에서 산동반도에 관한 일본의 요구를 영국이 지지한다는 내용이었다. 비밀협정은 1917년 2월 독일의 무제한 잠수함 공격으로 고전하게 된 영국이 일본군의 지중해 출동을 요청하면서 그 대가로 일본에 제공한 선물이었다. 일본은 같은 내용의 비밀협정을 프랑스·러시아·이탈리아와도 체결했다. 1918년 9월에는 중국의 군벌 정권인 단기서 정부와 '산동 문제 처리에 관한 공문'을 교환했다. 중국 정부는 공문을 통해 산동에서 독일이 차지했던 권리를 일본에 양도하는 것을 인정했다.

일본은 유럽의 열강은 물론 중국과 체결한 모든 것이 비밀협정이었기 때문에 5대 열강 회의에서는 이런 사실을 공개하지 않았으나 사태가 불리하게 전개되자 비밀협정을 공개했다. 영국과 프랑스는 전후의 영토 재분할을 둘러싸고 각 나라와 밀약을 교환한 당사자였기 때문에 자신들의 이익을 위해 일본과의 밀약을 지켜야 했다.

이런 상황에서 산동 문제가 파리 평화회의에 또다시 부쳐진 것은 1919

년 4월 중순이었다. 일본은 미국의 반대를 약화하기 위해 협박 전술을 구사했다. 일본 대표는 산동 문제에 관한 일본의 요구가 관철되지 않을 경우 파리 평화조약의 조인을 거부할 뜻을 넌지시 비쳤다.

이탈리아 대표단이 영토 처리 문제에 불복해 4월 21일 본국으로 철수한 상황에서 일본까지 탈퇴 의사를 비친 것은 윌슨에겐 골칫거리였다. 일본마저 탈퇴하면 5대국 가운데 두 나라가 빠져버리게 되어 평화회의는 권위와 체면을 손상당할 것이 뻔했다. 결국 윌슨까지 일본의 요구를 받아들이면서 4월 30일의 미·영·불 3대국 회의에서는 산동 문제에 대한 일본의 요구를 사실상 인정하는 결정을 내렸다.

중국 최대의 반제국주의 운동이자 사회변혁 운동

이 사실이 5월 1일 중국에 알려지자 중국인들의 분노가 일거에 폭발했다. 그것은 자국의 이권과 주권을 빼앗아가려는 제국주의 열강을 향한 분노였고, 외세와 결탁해 권력을 유지하려는 군벌 정부에 대한 경고였다. 1919년 5월 4일, 3,000여 명의 학생과 시민이 북경의 천안문광장에 모여 21개조 폐지, 파리 평화조약 조인 거부, 산동성 권익 회복, 청도 반환 등을 한목소리로 외쳤다. 5·4 운동의 봉화가 오른 것이다.

학생들은 조약 체결의 당사자인 조여림·육종여·장종상 등 친일 매국노를 처단하고 주권을 쟁취하자는 구호를 내걸고 국민대회 소집을 요구했다. 시위대는 먼저 조여림의 집으로 몰려갔다. 하지만 조여림이 집에 없는 것을 알고 마침 조여림의 집에 있던 장종상을 구타하고 조여림의 집에 불을 질렀다. 이 과정에서 30여 명의 학생들이 체포되었다, 이 소식이 북경 시내에 알려지면서 이튿날부터 구속 학생 석방을 요구하는 시위가 북경 시내를 뒤흔들었다.

4년 전 일본이 원세개에게 21개조 요구를 했던 굴욕의 날인 5월 7일이 되자 북경에는 일본 상품 배척 집회가 열리고 데모가 전국적으로 확산되었다. 정부는 항의 여론에 굴복해 체포 학생 전원을 석방하면서도 평화조약을 그대로 조인하겠다는 입장은 굽히지 않았다.

학생들은 이 같은 정부 방침에 격분, 5월 19일부터 총동맹 수업 거부, 일본 상품 배척, 국산품 장려 운동을 벌였다. 6월 3일과 4일 이틀간 1,000여 명의 학생이 체포되자 전국의 노동자와 시민이 시위에 동참했다. 특히 상해에서는 수업 거부(罷課), 상인 철시(罷市), 노동자 파업(罷工) 등 이른바 '3파(罷) 투쟁'이 1주일 동안 전개되었다.

결국 군벌 정부는 6월 10일 파리 평화회의 조약에 조인하지 않겠다는 성명을 발표했다. 조여림·장종상·육종여 등 3명의 친일파 관료는 파면하고 구속 학생들은 석방했다. 6월 28일 중국 정부는 약속대로 파리 평화회의 조인을 거부했다.

5·4 운동은 1919년 7월 22일 학생들의 시위 종결 선언으로 사실상 막을 내렸으나 5·4 운동을 계기로 지식인들은 그들의 주장이 광범위한 대중적 동조를 얻었다는 점을 확인하고 처음으로 대중의 힘을 실감했다. 중국공산당의 창당 준비도 빨라졌고 손문도 신삼민주의를 새롭게 제창했다. 5·4 운동은 중국 최대의 반제국주의 운동이자 사회변혁 운동이었다.

발터 그로피우스와 바우하우스 개교

옛 건축 교육 대신 20세기 산업사회에 부응하는 새로운 전인 교육을 제시했다.

미술과 공예와 건축을 종합한 독일의 바우하우스(1919~1933) 학교는 현대 산업디자인과 모더니즘 건축의 산실로 인정받는다. 이 바우하우스 설립의 직접적인 연원을 좇다 보면 독일 근대 디자인 운동의

발터 그로피우스

선구자 헤르만 무테지우스를 만나게 된다.

그가 활약한 20세기 초, 독일은 영국과 함께 유럽에서 가장 강대한 산업국가였다. 그러나 예술적 독창성과 상업적 활용면에서는 영국에 뒤졌다. 독일은 질시 어린 눈으로 영국을 주시하다가 1896년 건축가이자 공무원인 무테지우스를 주영 독일 대사관의 문화 담당관으로 런던에 파견했다. 무테지우스는 대사관 직원(1896~1903)으로 근무하면서 영국의 합리적인 주택 건축과 참신한 공예품 생산에 관심을 기울였다. 그 결과물이 영국의 미술공예운동을 체계적으로 정리한 '영국의 주택'(1904)이라는 3권짜리 책이었다.

무테지우스는 영국의 공예와 건축물에서 받은 감명을 독일에서 미술공예학교를 진흥하는 것으로 구체화했다. 그의 주도로 건축가·디자이너·기술자·공예가·기업인들을 규합한 '독일공작연맹'이 1907년 가을 뮌헨에서 발족했다. 설립 목적은 미술과 공예와 공업을 결합해 더욱 향상된 제품을 생산함으로써 다른 국가들과의 산업 경쟁에서 우위를 차지하는 것이었다.

그는 수공예를 전통 장식의 모방에만 의존하는 구습으로 치부하며 산업화 시대에 맞는 새로운 공예의 기준으로 규격화(표준화)를 역설했다. 그러면서 산업화 시대의 규격화는 생산 증대뿐만 아니라 예술적 질도 담보해야 한다고 주장했다. 이후 디자인은 전통 공예에서 산업 예술로 급격한 변화를 겪었다.

그 변화를 주도한 사람은 독일공작연맹에 창립 회원으로 참여한 건축가 겸 디자이너인 페터 베렌스였다. 그는 1903년 뒤셀도르프 지역의 미술공예학교 교장으로 임명되었을 때부터 전통 공예와 기계 생산을 조합하는 방향으로 교과과정을 재구성했다. 1907년에는 독일 최대 가전 회사인

'아에게(AEG)'의 디자인 고문으로 활동했다. 베렌스는 상품 디자인, 인쇄물, 건물 등에서 독창적인 디자인을 제시하고 기업 로고, 광고, 전구, 건물 등 회사 내에서 이뤄지는 모든 심미적 결정을 감독했다. 사실상 세계 최초의 브랜드 컨설턴트였던 것이다. 베렌스가 설계한 AEG 터빈 공장은 현대적인 건축의 전형으로 극찬을 받았다.

당시 베렌스의 건축사무소에는 훗날 세계적인 건축가로 이름을 날릴 르코르뷔지에, 발터 그로피우스, 미스 반 데어 로에 등이 포진했다. 조수들 가운데 10여 년 후 바우하우스 설립의 주체가 되어 초대 교장으로 활동하게 될 인물은 발터 그로피우스(1883~1969)였다.

그로피우스는 독일 베를린에서 건축가의 아들로 태어나 뮌헨 공과대(1903~1907)에서 건축을 전공했다. 독일공작연맹에 가입·활동하고 베렌스 설계사무소에서 근무(1907~1910)했다. 그때의 경험은 "기계화는 거부할 수 없는 대세이고 기계 제품에 인간의 영혼을 불어넣기 위해서는 미술가의 개입이 반드시 필요하다"는 생각으로 이어졌다.

현대 산업디자인과 모더니즘 건축의 산실

기능과 실용을 중시한 그로피우스의 미의식은 1911년 그가 처음 의뢰받아 설계한 라인강변 알펠트에 있는 파구스 제화공장에서 그대로 나타났다. 전체 10개 동으로 지어진 이 공장 단지는 근대건축과 산업디자인의 발전을 보여주는 기념비적 건물로 인정받아 2011년 유네스코 세계유산으로 등재되었다. 1914년 독일공작연맹 박람회에 지어진 관청 사무실은 파구스 공장의 주요 특징을 더욱 과감하게 발전시켜 근대건축에 가장 크게 기여한 건물 중 하나로 평가받고 있다.

그로피우스는 건축 실력을 인정받아 1915년 작센대공국이 문화도시 바이마르에 설립한 조형예술학교와 공예학교 교장에 발탁되었다. 곧 산학을 연계한 혁신적인 학교 체제를 시도했으나 기존의 아카데미 교육 방식에 젖어 있는 교수들과, 수공업을 고집하는 장인연맹의 반대에 부닥쳐 실패했다. 1918년 11월 독일제국이 공화국으로 바뀌고 사회민주당 정권이 들어선 뒤에는 급진적 예술가 단체인 '그룹 11월'과 '예술을 위한 노동회의' 등에 가입·활동했다. 전쟁으로 초토화된 조국의 새출발을 돕기 위해서도 팔을 걷어붙였다.

이런 그에게 바이마르시가 젊은 세대에게 실용적이고 지적인 기술을 가르쳐달라고 도움을 요청했다. 그로피우스는 1919년 4월 조형예술학교와 공예학교를 통합한 '바이마르 국립 바우하우스'의 문을 열고 초대 교장으로 부임했다. '바우하우스(Bauhaus)'는 독일어로 '집을 짓는다'는 뜻의 '하우스바우(Hausbau)'를 도치한 이름이다.

그로피우스는 바우하우스 창립 선언문에서 "이제 미술가와 공예가 사이에 가로놓인 높다란 장벽을 없애고 새로운 공예가 집단을 만들자. 건축과 조각과 회화를 하나의 통일 속에 포용하고… 새로운 미래의 건축을 창조하자"고 역설했다. 예술과 기술을 통합하고 그 실현의 장으로 미술과 산업을 연결하는 바우하우스를 구상한 것이다. 그로피우스는 미술과 공예가 건축으로 귀결되는 것을 목표로 했으나 바우하우스의 건축학과는 1927년 설치되었다.

바우하우스가 등장하기 전까지 유럽의 건축을 지배한 것은 화가·판화가·조각가·건축가의 고등교육을 목적으로 설립된 프랑스 국립미술학교 에콜 데 보자르였다. 보자르식 건물에서, 강철 지주(支柱)는 무거운 석재 뒤에 숨겨져 마치 석재가 건물의 중량을 지탱하는 것처럼 보였고 콘크리트 외장은 화려한 장식 속에 감춰졌다. 건물 거의 모두가 로마 궁전이나 고딕식 대성당 같은 아름답고 웅장한 것들과 어딘지 닮아 있었다. 그로피우스는 이러한 건축을 '현대의 후퇴'로 생각하고 옛 건축 교육 대신 20세기 산업사회에 부응하는 새로운 전인 교육을 제시했다.

바우하우스에는 학교라면 당연히 있어야 할 교수(선생)와 학생이라는 전통적인 구분이 존재하지 않았다. 교수와 학생 간의 일방적인 위계와 차별도 없앴다. 가르치는 사람은 중세의 길드 전통에 따라 장인으로 불리고 배우는 사람은 수준에 따라 직인이나 도제로 불렸다. 바우하우스는 천재의 감각에 의존하는 예술적 감각과, 숙련을 필요로 하는 장인의 기술을 통합하는 데 진력했다. 통합의 이유는 낮은 신분으로 인식되고 있는 직공과 고귀한 예술가의 구분을 없애는 데 있었다.

바우하우스 교사(校舍). 1926년 10월 탄광 도시 데사우에 세워졌다.

학생들은 6개월간 형태와 색채에 대한 기본 원리를 배우는 예비 과정을 마친 뒤 합격 판정을 받으면 도제로 등록되어 자신이 선택한 공예나 기술 분야에서 3년간 엄격한 훈련을 쌓았다. 그로피우스는 예술적·장인적·공업적 기술을 종합하기 위해 라이오넬 파이닝어, 파울 클레, 바실리 칸딘스키, 하네스 마이어, 미스 반 데어 로에 등 당대의 쟁쟁한 화가·건축가들을 바우하우스로 초빙했다.

이런 바우하우스에 새로운 변화가 시도된 것은 1923년이었다. 그해 교수로 합류한 헝가리 태생의 예술가 라슬로 모호이너지의 제안에 따라 바우하우스의 교육 방향을 중세주의와 낭만주의적 공예 중심에서 산업디자인 중심으로 방향을 틀었기 때문이다. 1923년 8월 바우하우스의 첫 전시는 이러한 전환을 입증하는 자리였다.

하지만 바이마르 시민들은 바우하우스의 작품을 이해하지 못했고 학생들의 자유분방한 행동을 못마땅하게 여겼다. 더욱이 바이마르 지역 의회는 바우하우스의 혁신적 실험을 달가워하지 않았으며 지역 공예가들은 산업체들과 긴밀한 협력을 주장하는 바우하우스에 적대적인 입장을 취했다. 여기에 바우하우스가 공산당이나 유대인과 관련이 있다는 비방까지 난무했다.

결국 1924년 그로피우스에게 사임 압력이 가해지고 바우하우스의 재정 지원까지 삭감되면서 학교가 폐교될 위기에 처했다. 다행히 바우하우스의 명성을 익히 알고 있는 데사우, 프랑크푸르트, 뮌헨 등 여러 도시가 괜찮은 유치 조건을 제시해 그 가운데 1925년 사회민주당이 집권하고 있는 탄광 도시 데사우에 둥지를 틀었다.

데사우는 급격한 인구 증가에 따른 주택 문제를 해결해주기를 기대했다. 그로피우스는 건축의 산업화를 데사우에 실현하는 것으로 기대에 부응했다. 1926년 10월에 완공된 바우하우스 교사(校舍)는 이러한 활동의 출발점이었다.

교사는 강의실, 공방, 극장, 식당, 체육관, 스튜디오, 사무실, 기숙사를 서로 연결하고 옥상에는 정원이 있는 복합 건물로 꾸며졌다. 특히 그동안 유럽과 독일에서 일반적으로 지어진 뾰족한 지붕의 전통적인 건물들과는 달리 비대칭적인 평면 구성, 평평한 지붕, 흰색으로 칠한 벽, 길 쪽으로 나 있는 수평적인 창문 등으로 설계해 당시의 건축 문화에 큰 반향을 불러일으켰다. 교수들의 사택으로 지어진 4채의 '마이스터 하우스' 역시 현대 기능주의 건축의 획기적인 건물로 평가받았다. 바우하우스 교사와 마스터스 하우스는 1996년 유네스코 세계문화유산으로 지정되었다.

바우하우스라는 교향악단을 세계 최고로 키운 위대한 지휘자

바우하우스의 유산은 건물로 한정되지 않았다. 오늘날 우리가 사용하는 낯익은 물건 가운데 바우하우스에서 디자인한 것이 꽤 많기 때문이다. 벽을 따라 위아래에 찬장을 붙여놓은 싱크대, 쇠파이프로 만들어진 의자 등의 가구, 이동식 벽, 조립식 건축 자재, 소리를 흡수하는 천 등이 그것이다.

바우하우스의 작업장에서 생산된 가장 성공적인 작품은 1924년 첫 선을 보인 바겐펠트 램프 디자인으로, 튼튼함과 기능성을 인정받아 1920년대 후반과 1930년대에 대량 제조되어 유행했다. 이는 바우하우스의 실험적 디자인이 성숙 단계에 이르렀음을 알리는 신호였다. 가장 잘 알려진 바우하우스 제품은 마르셀 브로이어가 디자인한 바실리 의자와 캔틸레버 의자다. 그로피우스는 1928년 2월 "할 일은 다했으니 앞으로 건축에 전념하겠다"며 교장에서 물러났다.

하네스 마이어가 후임 교장으로 부임했으나 공산주의 이념을 가르치는 것을 부담스럽게 생각한 시 당국에 의해 1930년 여름 해임되었다. 뒤를 이어 부임한 3대 교장은 기능주의 옹호자인 미스 반 데어 로에였다. 그는 마이어의 정치 성향이 남긴 흔적을 지워나갔으나 1932년 데사우의 시정을 장악한 나치가 "볼셰비즘과 퇴폐주의를 만연시킨다"며 바우하우스를 폐쇄하는 바람에 바우하우스는 다시 베를린으로 세 번째 이사했다. 하지만 베를린 바우하우스 역시 나치 정권의 탄압과 게슈타포의 감시로 인해 1933년 4월 자진 폐교했다. 14년 동안 33명의 교수와 1,250명의 학생이 배출되었다.

학교 폐쇄는 교수와 학생들을 영국, 프랑스, 미국 등 세계 도처로 분산시켜 오히려 국제적인 영향력을 발휘하는 계기가 되었다. 그로피우스는 영국을 거쳐 1937년 하버드대 건축학과로 자리를 옮겨 바우하우스의 정신을 미국에 이식했다. 미스 반 데어 로에는 미국 일리노이 공과대에서 건축과 교수로 활동하며 많은 건축가를 배출했고 라슬로 모호이너지는 시카고에서 ‘뉴바우하우스’ 운동을 전개했다.

바우하우스 출신 교수와 학생들이 전파한 바우하우스 철학은 전 세계 건축 동향에 영향을 미쳤다. 이스라엘의 텔아비브에도 1933년부터 바우하우스 형식의 건물이 4,000여 채나 선립되었다. 이 건물들은 2003년 유네스코 세계문화유산에 선정되었다.

바우하우스는 현대사회의 시각 환경을 바꿔놓고 현대건축의 발전에 지대한 공헌을 했다는 평가를 받고 있다. 그로피우스는 건축가라기보다는 지도자로 바우하우스라는 교향악단을 세계 최고로 키운 위대한 지휘자였다.

찾아보기

ㅇ

ㅋ

ㅌ

ㅍ

ㅎ